PHONAI

Texte und Untersuchungen zum gesprochenen Deutsch

Herausgegeben von
Walter Haas und Peter Wagener

Band 45

Sprachbewahrung nach der Emigration – Das Deutsch der 20er Jahre in Israel

Teil II: Analysen und Dokumente

Herausgegeben von
Anne Betten und Miryam Du-nour
unter Mitarbeit von
Monika Dannerer

MAX NIEMEYER VERLAG TÜBINGEN
2000

Zu diesem PHONAI-Band gehört eine CD, die eine Auswahl der zugrundeliegenden, analog aufgezeichneten Originalaufnahmen enthält.

Die Deutsche Bibliothek – CIP-Einheitsaufnahme

Sprachbewahrung nach der Emigration [Medienkombination] : das Deutsch der 20er Jahre in Israel / hrsg. von Anne Betten. – Tübingen : Niemeyer

Teil 2. Analysen und Dokumente
Buch. . – 2000
  (Phonai ; Bd. 45)

ISBN 3-484-23145-9   ISSN 0939-5024

Druck: Weihert-Druck GmbH, Darmstadt
Einband: Nädele Verlags- und Industriebuchbinderei, Nehren

Inhalt

Vorwort

Mehr als vier Jahre nach Erscheinen des ersten Transkriptbandes (Phonai 42) liegt hier nun endlich der zweite, spezieller sprachwissenschaftliche Teil mit Auswertungen von 145 Gesprächen vor, die zwischen 1989 und 1994 in Israel mit ehemaligen Emigranten der 30er Jahre gemacht wurden. In der Einleitung des ersten Bandes (S.3-30) finden sich ausführlichere Informationen über Zustandekommen und Durchführung dieses Projektes, das von der Deutschen Forschungsgemeinschaft und der Katholischen Universität Eichstätt von 1989 bis 1995 finanziell unterstützt wurde und in dieser Zeit eine größere Zahl vor allem studentischer Mitarbeiter/innen hatte, deren Vorarbeiten auch diesem zweiten Band noch zugute kommen. Nach meinem Wechsel an die Universität Salzburg 1995, durch den sich die Weiterarbeit zunächst sehr verzögert hat, haben sich neue Mitstreiter/innen eingearbeitet und den Abschluß ermöglicht. Seit 1991 wurde das Projekt kontinuierlich von der israelischen Linguistin und Hebraistin Dr. Miryam Du-nour begleitet. Alle weiteren Vorgehensschritte wurden mit ihr diskutiert und die Textauswahl des zweiten Bandes gemeinsam vorgenommen. Daher fungiert sie als Mitherausgeberin dieses zweiten Teils. Der Universität Salzburg sei gedankt, ihr von 1995 bis 1999 Beihilfen zu vier mehrwöchigen Arbeitsaufenthalten in Salzburg gewährt zu haben.

Die Transkripte des vorliegenden Bandes gehen in der "Rohfassung" z.T. noch auf Sigrid Graßl, M.A., zurück, die alle Texte des ersten Bandes transkribiert und zum Druck eingerichtet hat. Für die Fortsetzung dieser Arbeit in Salzburg ist zunächst Dr. Beatrix Schönherr zu danken, für verschiedene Hilfestellungen des weiteren Mag. Roland Zauner und besonders Dr. Peter Mauser sowie für Schreibarbeiten und Registererstellung Mag. Ria Deisl. Ganz außerordentlicher Dank jedoch gebührt Dr. Monika Dannerer: ohne sie würde es dieses Buch nicht geben. Sie hat nicht nur den Transkriptteil ergänzt und verantwortlich bearbeitet und die CD-Auswahl mitbetreut, sondern das Layout des ganzen Bandes in mühevoller Detailarbeit erstellt, alle Aufsätze mehrfach gründlich Korrektur gelesen und inhaltliche, stilistische und formale Überarbeitungen angeregt. Die vielen unbezahlten Überstunden, die sie in die Herstellung dieses Bandes investiert hat, sind allenfalls durch den Dank aller künftigen Benutzer wieder gut zu machen.

Die Gespräche wurden von mir und vier weiteren Interviewerinnen geführt; dazu kommen zwei Selbstaufnahmen (genauere Angaben u. S.X). Auch ihnen sei für ihre große Einsatzbereitschaft herzlichst gedankt.

Der Dank, der all unseren Gesprächspartnerinnen und Gesprächspartnern gebührt, die sich bereit erklärten, uns zu empfangen und sehr private Erfahrungen und Meinungen preiszugeben, ist wiederum anderer Natur; ich habe ihn u.a. mit der Widmung des ersten Bandes auszudrücken versucht. Viele der Interviewpartner/innen sind im Laufe dieser Jahre zu Freunden geworden – ein ganz besonderes Geschenk! Schmerzlich ist, daß nicht wenige inzwischen verstorben sind. Um so mehr hoffen wir, ihnen mit den vorliegenden Publikationen eine bleibende Erinnerung, ein Sprachdenkmal, zu setzen.

Die 105 Textausschnitte des vorliegenden Bandes stammen aus 81 Interviews, an denen 101 Personen, 22 Frauen und 79 Männer, beteiligt waren. Von den vielen aktiven Hilfeleistungen zur Durchführung des Projekts aus dem Kreis der Interviewten selbst sei stellvertretend für alle nochmals Abraham Frank genannt, der im Rahmen seiner Tätigkeiten für den "Irgun Olej Merkaz Europa", aber auch privat immer mit Rat und Tat zur Verfügung stand.

Um sinnvolle Analysen der Texte machen zu können, war es unabdingbar, zumindest einen größeren Teil der Aufnahmen zu kennen. Aus diesem Grunde konnten linguistische Beiträge nur aus dem Kreis der langjährigen Mitarbeiter/innen und Kolleg/inn/en erwartet werden. Es freut mich, außer zwei grundlegenden Aufsätzen der Mitherausgeberin Dr. Miryam Du-nour auch meinen Salzburger Kollegen Prof. Dr. Andreas Weiss sowie meine frühere Eichstätter Mitarbeiterin Priv. Doz. Dr. Claudia M. Riehl und meinen Salzburger Mitarbeiter Dr. Peter Mauser als Beiträger/innen gewonnen zu haben. Besonderer Respekt gilt den drei Beiträgen von Christian Albert, M.A., Mag. Maria Gierlinger und Astrid Kossakowski, die hier mit Resümees bzw. Teilaspekten ihrer thematisch einschlägigen Magister- und Examensarbeiten zum ersten Mal die Textsorte eines wissenschaftlichen Aufsatzes erprobt haben.

Dr. Peter Wagener vom Institut für Deutsche Sprache/Mannheim hat beide Bände als Herausgeber betreut, und Toningenieur Wolfgang Rathke hat mit viel technischer Erfahrung die Auswahl-CDs zu beiden Phonai-Bänden erstellt. Herr Rathke hat außerdem in den letzten Jahren 130 unserer auf Kassetten aufgenommenen Interviews digitalisiert, wofür ihm besonderer Dank gebührt. Diese nun jeweils auf CD vorliegenden vollständigen Einzelaufnahmen können im Spracharchiv des IDS angehört bzw. von dort ausgeliehen oder in Kopie erworben werden.

Dank sei schließlich noch Frau Birgitta Zeller, stellvertretend für alle Mitarbeiter/innen des Niemeyer Verlags, gesagt, die auf diesen zweiten Band geduldig gewartet und seine Herstellung beratend begleitet hat.

Noch einige Anmerkungen zu Aufbau und Besonderheiten dieses Bandes. Um seine selbständige Benutzung ohne ständigen Rückgriff auf den ersten Band zu erleichtern, sind im Anschluß an das Vorwort die wichtigsten Informationen zum Transkriptteil nochmals zusammengestellt. Auch die Kurzbiographien und linguistischen Kurzcharakteristiken vor dem jeweils ersten Textabdruck eines/r Interviewten werden hier wiederholt. Neu ist, daß am Ende des Vorspanns angeführt wird, ob die folgende Textpassage auf die CD aufgenommen ist (mit Angabe der CD-Nummer bzw. der Zeilenzahlen des Textes). Das am Ende stehende Gesamtregister für beide Bände enthält Text- und CD-Hinweise auf alle Primärtexte der Interviewten sowie ihre Erwähnung im Analyseteil. Die Verweise auf die Transkripte der beiden Bände werden mit den Abkürzungen Ph 42 (für Phonai 42, 1995) und Ph 45 (für den vorliegenden Band) vorgenommen.

In meinem Einführungsbeitrag (Ph 45: 157ff.) gehe ich auf die dem Projekt zugrunde liegende Forschungshypothese in Auseinandersetzung mit einiger neuerer Literatur, vor allem aber mit den Ergebnissen der Beiträge dieses Bandes näher ein. Der erste Beitrag von Miryam Du-nour (Ph 45: 182ff.) arbeitet Hintergrundwissen für das ganze Projekt aus soziolinguistischer Perspektive auf und schafft für die im Transkriptteil abgedruckten Einzelbeispiele einen größeren Bezugsrahmen. Dieser Artikel sollte daher mit dem bewußt mehr von subjektiven, z.T. recht konträren Meinungen geprägten Transkriptteil zusammen als Bestandsaufnahme der Sprachsituation der Befragten vor und kurz nach der Emigration sowie zur Interviewzeit, rund 60 Jahre später, betrachtet werden. In den weiteren Analysen wird z.T. auf abgedruckte Primärtexte aus beiden Phonaibänden zurückgegriffen, z.T. aber auch aus dort nicht veröffentlichten Interviewpassagen neu transkribiert.

Aufgrund der angedeuteten Schwierigkeiten, daß Analyse-Beiträge nur von Linguist/inn/en zu erwarten waren, die mit dem Projekt eng vertraut sind, bleiben natürlich viele Themen, darunter einige wirkliche Desiderata, offen. Ich wiederhole daher meine Aufforderung aus dem ersten Band an alle Interessenten, mit dem Material, das jetzt gut aufbereitet zugänglich ist, selbst weiterzuarbeiten. Sowohl linguistisch wie historisch und allgemein menschlich bieten die 300 Aufnahmestunden dieses Corpus einen Fundus, der noch lange nicht erschöpft ist.

Salzburg, 23.9.1999   Anne Betten

Erläuterungen zum Transkriptteil

Die allgemeinen, für beide Phonai-Bände geltenden Hinweise finden sich ausführlicher im ersten Band (Ph 42: 20ff.). Hier wird nur das zum Verständnis Wichtigste und für diesen Band Spezifische angeführt.

Der Vorspann

Jedem Transkriptionstext ist ein kurzer Vorspann über den biographischen Hintergrund des/r Interviewten und die Aufnahmesituation sowie eine grobe linguistische Charakterisierung, eine Angabe zur technischen Qualität des Gesamtinterviews und gegebenenfalls die Nummer des Textausschnitts auf der CD vorangestellt.

Zur Präsentation der biographischen Daten s. Ph 42: 21f. Bei den Angaben zur Aufnahmesituation werden außer der Interviewerin, dem Ort und Jahr der Aufnahme auch eventuell zusätzlich anwesende Personen genannt: am Interview an anderen Stellen voll beteiligte als "mit teilnehmend", nur gelegentlich sich einschaltende, u.U. an der transkribierten Stelle ganz stumme als "mit anwesend". Die 105 Transkripte stammen aus 81 (von insgesamt 145) Interviews. In ihnen kommen 22 Frauen und 79 Männer zu Wort. 34 der Gespräche wurden von mir geführt (Sigle AB), 23 von der Mitarbeiterin der ersten Projektphase Dr. Kristine Hecker (KH), 14 von Dr. Miryam Du-nour (MD), 7 von unserer Interviewpartnerin Eva Eylon (EE), 1 von Interviewpartnerin Nira Cohn (NC); dazu kommen 2 Selbstaufnahmen (Cary Kloetzel und Josef Amit).

Die linguistischen Kurzcharakterisierungen konzentrieren sich, gemäß den Hauptuntersuchungen in diesem Band, auf Syntax und Stil; sie sind im Vergleich zum ersten Band z.T. leicht erweitert. Da fast alle Interviewpartner/innen sehr standardsprachlich orientiert sind und nur vereinzelt stärker Dialekt sprechen, werden nur wenige Angaben zum Grad der phonetischen regionalen Einfärbungen gemacht. Gelegentliche Angaben zur Morphologie beziehen sich fast ausschließlich auf Phänomene, die einen etwas salopperen, "umgangssprachlicheren" Sprechstil anzeigen. Wo auffällige Wechsel zwischen narrativen, deskriptiven, argumentativen und dialogischen Partien innerhalb des Interviews zu verzeichnen sind, wurde dies meist vermerkt.

Die Textausschnitte in den ersten drei biographischen Kapiteln von Ph 42 sind fast ausschließlich narrativ und stellen großteils abgerundete kleine Geschichten/Episoden dar; das vierte Kapitel dort ("Persönliche Meinungen zu zentralen Themen") weist eher argumentative Textstrukturen auf. Demgegenüber entstammen die Transkripte dieses Bandes zur Sprache meist dem letzten Teil der Interviews, der in den meisten Fällen stärker dialogisch geprägt war. Viele der hier gewünschten Informationen wurden – mehr als im übrigen Interview – im Frage-Antwort-Verfahren erhoben. (Zu den unterschiedlichen Textsortenstilen innerhalb eines Interviews vgl. u. S.161, 165.) Da sich die vorangestellten linguistischen Kurzcharakteristiken auf das vollständige Interview und nicht speziell auf den folgenden Textausschnitt beziehen, können gelegentlich Diskrepanzen zwischen der Beschreibung und dem konkreten Transkript auftreten. Es sei betont, daß auch im vorliegenden Transkriptteil – wie in Ph 42 – keiner der Texte im Hinblick auf eine besonders "gute" sprachliche Präsentation, die als Beleg für die zugrunde liegende Forschungshypothese (schrift-)normorientierten Sprechens geeignet wäre, ausgewählt wurde; hierfür waren vielmehr nur inhaltliche Kriterien ausschlaggebend. So ist es manchmal den Aufsätzen und ihren speziellen Textbelegen vorbehalten, die Brücke zu der allgemeinen linguistischen Charakterisierung zu schlagen.

Genaueres über die Angaben zur Tonqualität ist dem ersten Band zu entnehmen (Ph 42: 23).

Die Transkriptionen

Da die Untersuchungsziele unseres Projekts im wesentlichen syntaktisch-stilistische, gesprächsanalytische und soziolinguistische sind, wurde keine phonetische, sondern eine für Gesprächsanalysen entwickelte Transkription gewählt. Sie basiert auf neueren Transkriptionsrichtlinien des IDS, wurde aber in Absprache mit Dr. Peter Wagener leicht abgewandelt. In die Kommentarzeilen sind nur Begleitphänomene aufgenommen, die u.U. einen Einfluß auf den Verlauf oder die Interpretation des Gesprächs haben könnten (also z.B. kein Hintergrundgeräusch, das von den Sprechern ignoriert wurde).

Die Transkripte sind in Partiturschreibweise erstellt. Die Umschrift erfolgt generell in Kleinschreibung. Werden Buchstaben einzeln gesprochen, wie in bestimmten Kurzwörtern (z.B. *SA*) oder beim Buchstabieren, wird groß geschrieben. Sonst wird in Anlehnung an die Orthographieregeln verschriftlicht, mit folgenden Ausnahmen: Lautgetreu wiedergeben werden Spirantisierung von /g/, Dialektmerkmale wie z.B. deutliche Entrundung, /e/- Elision, wenn eindeutig kein silbisches [n] realisiert ist (z.B. *könn*), Kontamination im Wort (z.B. *ham*). Eigennamen erscheinen stets in korrekter Schreibung; bei hebraisierten Namen gibt es jedoch öfters mehrere Schreibweisen (vgl. u. S.85, Anm. 31). Ortsnamen sind hingegen gegebenenfalls phonetisch adaptiert. Werden Fremdwörter so ausgesprochen, wie es in der Herkunftssprache korrekt ist, sind sie ohne Zusatzbemerkung in der Normalorthographie der jeweiligen Sprache wiedergegeben; nur bei abweichender Aussprache erfolgt eine weite phonetische Transkription in der Kommentarzeile. Die Transkriptionen aus dem Hebräischen sind nach linguistischen Gesichtspunkten vorgenommen und weichen daher häufig von den heute in Israel auf der Basis des Englischen erstellten, aber auch von den früher in Deutschland üblichen Schreibungen ab; bei Namen von Organisationen u.ä. wurden einige Kompromisse gemacht, obwohl sich auch hier aufgrund der besonderen Probleme der Übertragungen aus dem Hebräischen die unterschiedlichsten Schreibungen finden lassen. Eine linguistisch befriedigende und allen Traditionen gerecht werdende Lösung ist hier leider nicht möglich.

Transkriptionszeichen

<u>ja aber</u> das <u>ist kein</u>	simultan gesprochene Äußerungen; durch das Unterstreichen wird die Extension markiert
LACHT	Wiedergabe einer nichtverbalisierten Äußerung
IRONISCH	Kommentar zur Äußerung (auf der Kommentarzeile)
LEISE, LAUT, LANGSAM, SCHNELL	auffällige Lautstärke oder Sprechgeschwindigkeit bei Beginn eines Beitrages (auf der Kommentarzeile)
LEISER, LAUTER, LANGSAMER, SCHNELLER	auffällige Veränderungen der Lautstärke oder der Sprechgeschwindigkeit während eines Redebeitrages (auf der Kommentarzeile)
TELEFONKLINGELN, HUPEN	Hinweis auf nicht-kommunikative (akustische) Ereignisse bzw. nonverbale Handlungen in der Gesprächssituation (auf der Kommentarzeile)
#	Bezugsbereich des Kommentars am Anfang und Ende
(war)	vermuteter Wortlaut
(mag?sag)	Alternativlautungen
(???)	unverständliches Wort
(???) (???)	unverständliche Wortgruppe, Phrase
*	Pause bis 1 Sekunde
**	Pause von 1 bis 3 Sekunden
3	Pause ab 3 Sekunden, mit Zeitangabe
+	unmittelbarer Anschluß (Anklebung) bei Sprecherwechsel
↓	fallende Intonation
↑	steigende Intonation
:	auffällige Dehnung eines Vokals oder Konsonanten
=	Verschleifung eines oder mehrerer Laute zwischen Wörtern
/	Wortabbruch
hm	kurze Interjektion
hm:	einfache Interjektion
hmhm	reduplizierte Interjektion

Die Compact-Disc

Von den 105 Transkripten dieses Bandes konnte nur ein Teil auf die CD übernommen werden. Während bei der Auswahl für die CD des ersten Bandes auch eine möglichst breite Streuung der Sprecher/innen nach regionaler Herkunft in Europa sowie nach Ausbildung und Beruf eine Rolle spielte, sind es bei dieser zweiten CD fast nur inhaltliche Kriterien. Es wurde versucht, ein möglichst breites Spektrum an Daten zu den einzelnen Themenbereichen zu präsentieren, das die Vielfalt an (Sprach-)Schicksalen und (Sprach-)Einstellungen sowie -Bewertungen widerspiegelt. Allerdings wurde versucht, möglichst viele Personen vorzustellen, die noch nicht auf der ersten CD (zu Ph 42) vertreten waren. Auf den 41 neuen Ausschnitten sind 15 Frauen und 29 Männer zu hören. Da die thematische Gruppierung nicht immer der des Transkriptteils folgt, sind die Seiten der zugehörigen Texte im folgenden angegeben; außerdem sind sie über das Register am Ende des Bandes zu ermitteln. Am Ende des jeweiligen Vorspanns zu den Transkripten finden sich ferner genaue Angaben, ob der volle Transkripttext oder nur Ausschnitte auf die CD übernommen sind (im letzten Fall mit Zeilenangaben). Die Anordnung auf der CD ist folgende:

1   Sprache(n) vor der Emigration, Hebräischkenntnisse
    1   Ada Brodsky, S.6f.
    2   Oskar Jeshajahu Wahrmann, S.13ff.
    3   Paul Avraham Alsberg, S.21
    4   Ernst Georg Martin Pfeffermann, S.23f.
    5   Akiba Eger, S.24f.

2   Hebräisch und Deutsch nach der Einwanderung
    6   Paul Feiner, S.26.
    7   Micha Michaelis, S.54
    8   Leni Yahil, S.34f.
    9   Heinrich Mendelssohn, S.82f.
    10   Alfred Abraham Wachs, S.36f.
    11   Ruth Luise Tauber, S.39f.
    12   James Springer, S.44
    13   Uri Rapp, S.46
    14   Efraim Orni, S.45f.
    15   Herr Y, S.47f.
    16   Moshe Ballhorn, S.48f.

1
Transkripte zum Thema Sprache

1.1 Sprache(n) im Elternhaus in Europa

Deutsch mit Jüdisch gewürzt

Dr. **Josef Burg** (vollst. Shlomo Yossef Burg), * 1909 in Dresden
Studium (Psychologie, Altes Testament, Jüdische Philosophie, Geschichte), Promotion, Staatsexamen
für das Höhere Lehramt, Rabbinerseminar in Berlin, Rabbineramtsautorisation, im geschäftsführenden
Ausschuß der zionistischen Bewegung; 1939 Emigration nach Palästina, zurück nach Europa für illegale
Alija-Arbeit, zurück nach Palästina 1940; anfangs Talmud-Lehrer, seit 1949 im israelischen Parlament,
verschiedene Ministerämter (u.a. für Gesundheit, Soziales, viele Jahre Innenministerium); zahlreiche
weitere öffentliche Ämter.
Aufnahme: Miryam Du-nour, Jerusalem 1994.
Hochlautung. Sehr flüssiges, gewandtes, ungezwungenes Sprechen, Wechsel zwischen Berichten mit
manchmal verblosen, meist jedoch mittellangen korrekten Sätzen und lebhaft erzählten Episoden mit
direkter Rede. Viele metakommunikative Kommentare und Rückfragen zum Aufbau und Umfang seiner
Ausführungen.
Tonqualität: mittel; Hintergrundrauschen.

```
 1    MD:  [...] ä sagen sie ä ha/ habt ihr ä zu hause habt ihr jid-
 2         disch gesprochenꜛ        deutschꜛ *            in der
 3    JB:                   neinꜜ              ja sicherꜜ
 4    MD:  famili    hat man deutsch gesprochen *
 5    JB:       jaꜜ nur (manchmal ein)              irgendeine art
 6    MD:                                    ja
 7    JB:  deutschꜜ mein vater kannte gut deutschꜛ    auch in schrift
 8         und wortꜛ * denn er hat in einer baron-hirsch-schule ge-
 9    MD:        hmhmꜛ                                        ja
10    JB:  lerntꜛ     das war der baron hirsch aus parisꜛ     der
11         zwei jüdische sachen gemacht hatꜛ er hat in ostgalizien *
12         schulen für deutschn/ ä deutsche sprache und kultur einge-
13         richtetꜛ * wo mein vater lernteꜛ * und er hat in argen-
14    MD:  argentinien    (gebaut)              jaꜜ *
15    JB:  tinien (???) (???)        die PICA¹ꜜ      das war der
16    MD:                  jaꜜ                                ja
17    JB:  gegensatz zu baron rothschildꜜ der sein geld hier gegeben
18    MD:     (ja) * jaꜜ *    also ä: das eine art deutsch habt ihr
19    JB:  hatꜜ           (das war)
20    MD:  d/ ä gesprochenꜜ das war mit * mit jüdisch etwas=ä:
21    JB:       na (richtig deu/) ri:ch/ ja (???)         manchmal
22    MD:  +gefärbtꜜ jaꜛ *          gewürztꜜ ja LACHT #gutꜜ LACHT ge-
23    K                                      #LEISE UND LA-
24    JB:            gewürztꜜ
```

---

¹ Abkürzung für "Palestine Jewish Colonization Association"; 1924 von Baron Edmond de Rothschild gegründet
   und von seinem Sohn James de Rothschild bis 1957 geleitet; danach wurde die Organisation aufgelassen.

```
25    MD:  würzt# HOLT LUFT *
26    K     CHEND#
27    JB:                       da die eltern aus ostgalizien kamen↑
28    MD:                              hmhm
29    JB:  dort sprach man deutsch↓ in westgalizien sprachen sie pol-
30          nisch↓ [...]
```

"Wir Kinder sind wirklich mit drei Sprachen groß geworden"

Paula Peshe Bernstein (geb. Lipschitz), * 1895 in Windau (Lettland)
Klinisch-medizinische Laboratoriumsassistentin in Berlin und Frankfurt/M., Sozialarbeiterin; 1929
Emigration in die USA, 1973 nach Israel; Hausfrau.
Aufnahme: Kristine Hecker, Kidron 1989.
Deutsch-baltischer Akzent; kräftiges, flüssiges Sprechen. Häufige Einstreuung englischer Wörter und
Wendungen. Dialogisch orientiertes Gespräch mit vielen sprechsprachlichen Erscheinungen (Aus-
klammerungen, Ellipsen, Anakoluthen etc.); kürzere, überwiegend parataktisch gereihte Sätze.
Tonqualität: gut bis mittel.

```
1     KH:  [...] und zu hause ham sie doch alle deutsch gesprochen↓
2           nur deutsch↓ * ja↑
3     PB:                    i   wouldn't say nur deutsch↓ nein↓ * wir
4     KH:                                                       ja:↑
5     PB:  ham auch jiddisch gesprochen↓ * und=n wir hatten ein
6           dienstmädchen mit der ham wir * lettisch gesprochen↓ also
7           wir kinder sind wirklich mit drei sprachen groß geworden↓
8     KH:                                        und das russisch
9     PB:  * jiddisch * lettisch * und deutsch↓
10    KH:  spielte zunächst keinerlei rolle↓
11    PB:                                  +russisch * nur * nach-
12    KH:                          ja:↑ *
13    PB:  dem ich i/ auf die schule kam↓       ich kam auf die
14    KH:                                +und mit den ge-
15    PB:  schule↓ war ich schon zehn jahre alt↓
16    KH:  schwistern↓ welche sprache haben sie mit den geschwistern
17          gesprochen↓ *
18    PB:            jiddisch * deutsch↓ * lettisch ** verschie-
19          den↓
```

Hochdeutsch, Hunsrücker Dialekt und der Dialekt der Landjuden

Hans Simon Forst, * 1917 in Kastellaun, Bezirk Koblenz
1934 Abbruch des Realgymnasiums, 1935-37 Umschichtung (Landwirtschaft) in Luxemburg; 1937
Emigration nach Palästina; anfangs im Kibbuz (u.a. Arbeit in der Landwirtschaft und in der Bibliothek),

Fernabitur, in der Administration der israelischen Armee tätig; Studium (Ökonomie/Soziologie), u.a.
Sekretär in einem Metallverarbeitungsbetrieb; daneben Abendstudium, M.A. in jüdischer Geschichte,
seit der Pensionierung Studie über das Landjudentum in Deutschland.
Aufnahme: Eva Eylon, Tel Aviv 1991 (Version 1).
Ganz leichte moselfränkische Färbung. Im Gegensatz zum viel stärker monologischen Ergänzungs-
interview mit Anne Betten in sachlichem Berichtstil (s. S. 89f.) hier überwiegend dialogisch, mit vielen
Stilwechseln (überlegt-nachdenklich bis lebhaft-episodisch). Relativ häufig Suche nach deutschen Wörtern, viele Selbstkorrekturen und metasprachliche Kommentare. Syntax durch Tendenz zu Ausklamme-
rungen und (häufig wörtlichen) Wiederaufnahmeformen geprägt; großes Nebensatzrepertoire.
Tonqualität: mittel.

```
 1   HF:  [...] wir hatten * eigentlich drei verschiedene * drei
 2        verschiedene sprachen! * d/ erstmal hochdeutsch! wie wir=s
 3   EE:                        ja:! *
 4   HF:  in der schule gelernt haben! *        aber unter uns ä: *
 5        unter den kindern und mit mit den nachbarn! haben wir * ä
 6   EE:                                                      ja!
 7   HF:  den=ä dialekt gesprochen! der dort üblich is! hunsrücker
 8        dialekt! * aber zu hause gab es einen * wieder einen be-
 9        sonderen ä jüdischen dialekt! * der unter den landjuden
10   EE:             ja:!
11   HF:  üblich war!       mit=ä: einer ganzen menge he/ hebräischer
12   EE:               ja! *
13   HF:  ausdrücke!         der=ä: in gewissem maße j/ ä: ähnlich is
14   EE:               ja! *
15   HF:  wie jiddisch! *       nicht ganz j:iddisch aber aber *
16   EE:                                        und so ham sie
17   HF:  es=hat sehr viel ähnlichkeit mit jiddisch!
18   EE:  mit den eltern gesprochen!
19   HF:                            so haben wir mit=n eldern ge-
20        sprochen! ja! * mit=n eltern und mit mit der großmutter
21        besonders haben wir gesproch/ haben wir diesen * diesen
22   EE:                              könn=sie das heute noch!
23   HF:  jiddischen dialekt gesprochen! *
24        * SCHNAUFT #wenn=es sein muß ja!#
25   K                #SEHR LEISE            #
26        [KOMMENTAR; 0:26 Min.]
27   EE:                             ausdrücke! ja!
28   HF:  [...] dies waren nur gewisse * ausdrücke! gewisse ausdrük-
29        ke wie zum beispiel * ä: das is ein chammer! * ein chamor!
30   EE:  chamor! ja!             ja!      ja!           ein esel!
31   HF:            chamor ein esel! *      (o:r=dat)          esel!
32   EE:  ja:!                                  ä=is ver/ betrunke-
33   HF:  oder das: * ä: das is ein schicker! *
34   EE:  ner!  ja:!                         ja! zum trinken! ja! *
35   HF:  (gut) * und ä: er hat er neigt zu ä: zum trinken!
36   EE:  oder du bist meschug/ ä meschuggel! *
37   HF:      ä: o/ oder das is            oder er ist meschug-
```

```
38    EE:            ja↓ *      ja:↓                                      die
39    HF:  ge *          und solche solche ausdrücke meistens↓ *
40    EE:  aber a/ nich eigentlich nich nur auf dem lande↓ sondern
41         sogar auch in der stadt gebraucht wurden↓      wie geht es
42    HF:                                   hier und da ja↓
43    EE:  deiner mischpoche↓ * das heißt deiner familie↓    solche ä
44    HF:                                   ja↓      richtich↓
45    EE:  solche ausdrü/ ä ausdrücke↓ * aber so hat man mit den äm
46         ham die elt/ äm hat man mit den eltern gesprochen↓ * und
47    HF:                                                       ja↓
48    EE:  auch mit j/ andern jüde↓ juden aus der ge/ jüdischen ge-
49         meinde↓ **
50    HF:            ä:m * ich glaube ja↓ [...]
```

"Wir sprachen ein akzentfreies Deutsch – ein Deutsch, das nirgendswohin gehört"

Ada Brodsky (geb. Neumark), * 1924 in Frankfurt/O.
Gymnasium; 1938 Emigration nach Palästina; Jugend-Alija, Abitur, Studium (Judaismus, Englische
Literatur), Musikakademie, Unterricht an Schulen/Akademien, Tätigkeit beim Radio, Übersetzerin,
Schriftstellerin.
Aufnahme: Miryam Du-nour, Jerusalem 1991.
Hochlautung. Ruhiges, gewandtes Sprechen mit gelegentlichen Verzögerungen bei den bevorzugt
komplexen Satzkonstruktionen; häufige Selbstkorrekturen und Neuansätze, auch Anakoluthe. Überwie-
gend sachlich-berichtender Stil, doch auch viele veranschaulichende Episoden mit direkter und indirek-
ter Rede.
Tonqualität: gut; im Hintergrund Vogelgezwitscher.
CD Nr. 1: Z. 12-48.

```
1     AB:  [...] jetzt in den letzten jahren hab ich wieder deutsche:
2     MD:                     (wovon)↑          aus deutschland↓
3     AB:  freunde und bekannte↓ ** aber das  is wirklich nur↑
4     MD:            ja↓ * #waschechte#     **
5     K             #LACHEND    #
6     AB:  ä äw/ waschechte #deutsche↓ ja↓# LACHT       #das heißt die ä
7     K                     #LACHEND      #             #LEICHT LACHEND
8     AB:  die eine sprache sprechen die lebendich is↓ ä die es wirk-
9          lich gibt↓ * weiß ich was wir# * die behaupten * die be-
10    K                                 #
11    AB:  haupten daß=ä: daß ä mein deutsch=ä: * mehr oder wenjer
12         LACHT KURZ ** ä lebendich is↓ aber ich weiß wie wie ich
13    MD:                                                        wann
14    AB:  das #erste # mal nach deutschland kam↓ ** ä da    haben
15    K         #BETONT#
16    MD:  wann war das↓ * wann war das↓ **
17    AB:  uns die leute                  SCHNAUFT #wann war das↓
18    K                                            #LEISE
```

```
19    AB:  siebenunsechzichⵏ# n ä ä ä: in ein/ in sechsnsechzichⵏ *
20    K                     #
21    AB:  das war sechsnsechzichⵏ * die leute ham uns angestaunt sie
22         wußten nich wer wir sindⵏ * denn einerseitsⵏ ich war mit
23         einer freundinⵏ dieser freundin XYⵏ die auch ** mehr oder
24         wenjer * was das deutsch anbetrifft so=me/ ä ä * so die-
25         selbe HOLT LUFT * in derselben situation war wie wirⵏ wir
26         sprachen ein akzentfreies deutschⵏ und trotzdem sprachen
27         wir ein deutsch das nirgenswohin gehörtⵏ * denn es gibt
28         kein akzentfreies deutschⵏ * na akzentfrei jaⵏ aber es gibt
29         aber wir sprachen ohne jeglichen * dia/ also irgend ä
30         nichts nichts örtlichesⵏ näⵏ ** ä: im grunde in berlin in
31         frankfurt-oder wo ich wohnteⵏ ** ä: ** ä gab es nicht so
32         eine: * so eine: * ä mundart wie sagen wir das bairische
33         oder württembergische oder so sondern es gab nur=sch/ * es
34         gab das * berlinerische or frankfurterische was im grunde
35         ** schlechtes deutsch warⵏ es war nich eine lebendige **
36         mundartⵏ sondern es war irgend etwas was=ä: ** was=ä kul-
37         tivierte leute nich sprechenⵏ ja icke decke:[2] * kieke=maⵏ *
38         so ein merkwürdiges deutsch ä wir sprachen es unter unsⵏ
39         aber: es kam gar nich in frage als=ä mundartⵏ also * was
40         wir was uns dann hier geblieben istⵏ das war irgendwie
41         eine * sprache die * nirgenswohin gehörtⵏ * ich trotzdem
42         ich glaube daß ich auch so in frankfurt gesprochen habⵏ in
43         der schule oder so un wenn wir nich grade unter uns kinder
44         warenⵏ * oder mit meinen elternⵏ * wir hatten keine richtje
45         mundartⵏ ** und trotzdem war irgend etwas scheinbar steri-
46         les daran denn die leute wußten nich sie g/ einerseits
47         waren wir keine deutscheⵏ andererseits sprachen wir deut-
48         sche wie deutsche und doch nich wie deutscheⵏ jaⵏ **
49         aber=d/ * aber meine: * diese freunde eben die ich jetz
50         habe die behaupten das wäre in ordnungⵏ dieses #deutsch
51    K                                             #LACHEND
52    AB:  es:=is ein deutsch das es gibtⵏ# [...]
53    K                             #
```

"Das richtige Deutsch ist das Burgtheaterdeutsch"

Aharon Doron (ehem. Erwin Weilheimer), * 1922 in Ludwigshafen
Mittelschule, jüdische Schule; 1939 Emigration nach Palästina mit Jugend-Alija, bis 1949 Kibbuzmitglied; 1941-46 Hagana und Jewish Settlement Police, 1948-65 in der israelischen Armee (zuletzt Generalmajor), Studium in den USA (public administration), danach u.a. Vizepräsident der Universität Tel

---

2   Wohl irrtümlich für die feste Formel "icke dette kieke mol ...", vgl. M. Cederbaum Ph 45: 103, Z. 29.

Aviv, Direktor des Jüdischen Diaspora Museums, seit 1993 Ombudsmann der israelischen Armee;
zahlreiche weitere öffentliche Ämter.
Aufnahme: Miryam Du-nour, Tel Aviv 1994.
Tendenziell Hochlautung, doch mit hörbarer pfälzischer Färbung und leicht umgangssprachlicher
Morphologie. Meist bedächtig, aber mit Rhythmusschwankungen auch sehr lebendig und spontan
sprechend. Trotz gelegentlicher Verwendung hebräischer und englischer Begriffe sicher formulierend;
Wechsel von explikativen und argumentativen Monologpartien mit schriftsprachlich komplexen
hypotaktischen Konstruktionen und anschaulichen Erzählungen sowie lockeren Dialogsequenzen.
Rhetorische Textgestaltung.
Tonqualität: mittel; starkes Rauschen.

```
 1   AD: [...] österreicher waren ja unter uns: * keine jeckes! *
 2   MD:                                               LACHT
 3   AD: die warn ja * kamn ja: aus ner ganz anderen welt!        ob
 4       das nun wahr war oder nich! ich weiß zum beispiel daß die
 5       östreicher sachten die mit mir zusammen waren! ** die be-
 6       standen darauf! * daß unser deutsch kein deutsch ist! * das
 7   MD:                                        hmhm! ** aber
 8   AD: richtige deutsch ist das burgtheaterdeutsch!
 9   MD: da wa/ * da war ja also bei unsern=ä: * interviews ham
10   AD: (ja)
11   MD: sie: * sie waren ganz erstaunt als man s/ ä * als wir sie
12       ä angesprochen ham! ja * ihr sucht doch das: deutsche
13       deutsch! ihr sucht doch nicht de österreicher! * gehören
14       wir dazu!
15   AD:            ja=ja=ja=ja! aber die bei uns ich war zum (mi/)
16       bei mir in dieser gruppe! in der * jugendalijagruppe in
17       irgun! * wir waren ungefähr die gleiche zahl von ** erz-
18       deutschen! * und von östreichern! * ä: * und da war so=n
19   MD:                                                    born
20   AD: unterschied wie sie sagen die hier eingebo/ einge*bore-
21   MD:                        hmhm!               (ja n)
22   AD: nen! und wi/ so war=s auch=n unterschied zwischen den
23   MD: österreichern
24   AD: österreichern und den deutschen! * äm * auch sprachlich! *
25       in den ersten monaten! ** ich war so überrascht ich glaub-
26       te daß ich ausgezeichnet deutsch konnte! das war auch wahr!
27       *3* und nun fand ich * angeschrieben! * an der tafel! *
28       heute nachmittag is eine versammlung! * bringt eure * ä
29   MD:                                          sessel! *
30   AD: wie hieß das: mit! * ä:m *5* für stuhl! **           sessel
31   MD:      nein!           sessel (???) (???)
32   AD: nein!      nein! sessel das: sessel hätt ich noch gewußt!
33       nein! das war * ä * ä: irgend/ gott weiß (jema/)! oder wenn
34       es hieß ** a:m * die * der kasten! * jeder hat einen ka-
35   MD:             statt einen stran/ schrank! LACHT ja!
36   AD: sten! **                                        das is=n
```

```
37    MD:              das ist ein kasten┤
38    AD:  kasten┤              ja┤     ja┤ * alle möglichen sachen gab
39         es┤ * ä:m ** wahrscheinlich ä:m: wenn ich so nachdenke┤
40         wahrscheinlich auch innerhalb der hagana┤ und innerhalb
41         des palmachs┤ waren wahrscheinlich einige * die eigentlich
42         östreicher waren┤ * die ich deshalb nicht zu den deutschen
43    MD:              LACHT
44    AD:  zähle┤    LACHT das gab es wahrscheinlich auch┤
```

1.2 Erwerb des Hebräischen

1.2.1 Spracherwerb vor der Emigration

Hebräisch und Deutsch in einer bayrischen staatlichen Volksschule gut gelernt

Jehuda Amichai (ehem. Jehuda Ludwig Pfeuffer), * 1924 in Würzburg
1935 Emigration nach Palästina mit der Familie; im 2. Weltkrieg Jüdische Brigade, Palmach; Volks- und Mittelschullehrer, Universitätsdozent; Lyriker und Schriftsteller, viele Preise, u.a. 1982 Israelpreis, übersetzt in 30 Sprachen.
Aufnahme: Miryam Du-nour, Jerusalem 1993.
Hochlautung, nur gelegentlich minimale phonetische Einflüsse des Fränkischen (z.B. beim /r/). Weitestgehend standardsprachlich, schriftnah formulierend, Variation der Sprechweise zwischen *detachment* und *involvement*; großer Wortschatz, abwechslungsreicher Satzbau: in den argumentativen und theoretisch-abstrakten längeren monologischen Partien überwiegend hypotaktisch, bei emphatischen oder illustrativen Partien meist kürzer und parataktisch. Wirkungsvolle, doch unaufdringliche Rhetorik (Antithesen, Parallelismen, Steigerungen und v.a. Wiederholungen); relativ häufig syntaktisch-stilistische Selbstkorrekturen zur Erreichung ästhetisch befriedigender Formulierungen.
Tonqualität: schlecht.

```
 1    YA:  jal ich bin neunzehnhundertvierundzwanzig in würzburg ge-
 2         bornl * ging * ä: dort in * einen jüdischen kindergarten
 3         und die jüdische volksschule bis zum fünften jahrl * lern-
 4         te dort hebräisch und deutsch ä: gleichzeitigl=das war
 5         eine staat/ eine bayrische staatliche: volksschulel * ä:
 6         da gab es auch ein lehrerseminar dort (es gab) eine sehr
 7         gute * erziehungl (???) (???) konnte schon hebräisch vom *
 8         fünften jahr (an)l
 9         [VERSCHIEDENE THEMEN; 1:15 Min.]
10    MD:  [...] also wieviel klassen hast du in würzburg noch
11    YA:                                                  fünfl
12    MD:  fünf * fünfl klassen in der              in der volks-
13    YA:                              volksschulel
14    MD:  schulel              jüdischen vol/ aber ä die: * also
15    YA:  jüdischen volksschule (???) (???)
16    MD:  die: unterrichtssprache war deutschl
17    YA:                                   war deutsch aber wir
18         hatten auch i: * im ersten: * schuljahr schon auch hebrä-
19         isch schreiben und lesen gelerntl wie wie deutschl und auch
20    MD:              also als du herkamstl hast du keine sprachpro-
21    YA:  nachherl *
22    MD:  bleme gehabtl                          bist in eine gewöhn-
23    YA:                    +absolut nichtl neinl *
```

```
24    MD:  liche * schule (ge/)
25    YA:           in eine gewöhnliche schule↑ und=ä: ** (nichts=ä)
26         dabei versäumt↓ und * (habe) auch mit meinem orthodoxen
27         hintergrund↓ das hat mir noch eine * weitere schicht von
28         sprach- ä:* ä: kenntnis gegeben↓ [...]
```

Wir hielten uns einen hebräischen Hauslehrer aus Palästina

Elisheva Pick (geb. Elisabeth Ester Kohan), * 1917 in Berlin
Aus der Lehre entlassen, Arbeit in der Hechaluz-Organisation, 1938 Umschichtung in Schweden und
Italien; 1939 Emigration nach Palästina; anfangs Kibbuz, im 2. Weltkrieg beim englischen Militär in
Ägypten, dann Chefsekretärin (Buchverlag, Wirtschaftsministerium, 20 Jahre bei der Zeitung "Ha-
aretz"); Volontärarbeit an einem Universitätsprojekt.
Aufnahme: Kristine Hecker, Ramat Gan 1990.
Hochlautung, sehr prononciert artikulierend; daher Eindruck sehr gepflegten, ja gewählten Sprechens –
trotz dialogbedingt eher sprechsprachlichem Satzbau, verhältnismäßig vielen Fremdwörtern aus dem
Hebräischen und Englischen und interferenzbedingten Unsicherheiten speziell im Gebrauch von
Präpositionen.
Tonqualität: gut bis mittel.

```
1     EP:  [...] wir haben hebräisch zu hause gelernt↑ meine eltern
2          waren erstens * fromme leute↑ * und zweitens zionisten↓
3          also das gab es↓ * und hielten uns einen hebräischen haus-
4          lehrer↓ * zu hause↓ * das war ein junger * ä:m ein junger
5          mediziner der hier in israel schon gewesen war↑ nicht ein
6          israelisch/*eli↑ * sondern ein mann aus=m osten↓ aus polen↓
7          * der nach israel gegangen war und dann beschlossen hat
8          hier medizin studieren ** und * man konnte damals nicht↓
9          da wurde noch nich seziert und lauter so sachen↓ und das
10         konnte man eigentlich nich medizin studieren und da kam=er
11         nach berlin↑ * studierte medizin↑ und ä * verdiente sich
12         seinen lebensunterhalt durch: privatstunden im hebrä-
13         ischen↑ und der war bei uns kind im hause * mein bruder
14         der * etwas jünger is als ich anderthalb jahre der hat
15         grammatik zuerst auf hebräisch gelernt und nachher auf
16    KH:            aha↓
17    EP:  deutsch↓ *          bei mir war das so ungefähr gleichzeitich↓
18         * und ä: * so daß ich mit gutem hebräisch * herkam↓ [...]
19         [FORTSETZUNG MIT EINER SPÄTEREN STELLE DES GESPRÄCHS]
20    EP:  [...] mein vater war ein * ä: * s/ sehr aufrechter und
21         sehr * ä: sch:/ * ein guter deutscher sagen wir mal auch↓
22         aber er war aus * aus östreich↓ was später galizien wurde↓
23    KH:  ja↑ *                                         ja↓
24    EP:  *          neunzehnhundert nach berlin gekommen↓ * und hatte
25         zu hause ä nur eine volksschule besucht↓ * ja↑ * und ä: war
```

```
26   KH:                           was war seine hauptsprache⌐ jid-
27   EP:   im schriftlichen so⌐ *
28   KH:   disch⌐ oder      deutsch⌐           ja⌐
29   EP:         deutsch⌐           deutsch deutsch⌐ nein⌐ gutes
30   KH:            ja⌐
31   EP:   deutsch⌐ * ein geschäftsmann hat ein gutes deutsch⌐ * aber
32         hebräisch hat er zu hause kaum gelernt⌐ das war nur die
33         gebetssprache⌐ * und * er wollte daß wir wissen was wir
34   KH:                 ja⌐        aha⌐              ja⌐ *
35   EP:   beten⌐ * das war eigentlich der grund⌐ * ja⌐      un:d=es
36         war vielleicht eine merkwürdige lösung einen jungen palä-
37   KH:                                     ja:⌐
38   EP:   stinenser zu nehmen⌐ also da so=n jungen israeli zu nehmen
39         * der uns modernes hebräisch beibrachte aber das is was
40   KH:                  und das galt genauso für sie als * tochter⌐
41   EP:   dabei rauskam⌐
42   KH:   * wie für den sohn⌐ *
43   EP:                    ja⌐ [...]
44         [FORTSETZUNG MIT EINER FRÜHEREN STELLE DES GESPRÄCHS]
45   EP:   [...] und als ich hier ins land kam⌐ ä: war=es sehr ko-
46         misch⌐ ich konnte natürlich⌐ ich kannte nichts hier im
47         land⌐ außer theoretisch⌐ * von den * s/ von der landkarte⌐
48         und ich fragte die dümmsten fragen⌐ * und die leute sagten
49         immer ja sag mal * wie lange bist du denn im land⌐ und
50         dann hab ich gesagt drei tage⌐ und das glaubten sie nich⌐
51   KH:                                 LACHT
52   EP:   mein hebräisch war sehr gut⌐ LACHT * #und also  # ** also
53   K                                        #SEHR LEISE#
54   EP:   hebräisch konnte ich eigentlich immer⌐ * gutes * hebräisch⌐
55         so wie man es heute⌐ * ä viele sachen nicht mehr lernt⌐ ein
56         exaktes eine exakte grammatik⌐ [...]
```

Ein ganz modernes Hebräisch mit Schulbüchern aus Palästina

Dr. **Yehoshua Arieli** (ehem. Yehoshua Löbl), * 1916 in Karlsbad
Gymnasium; 1931 Emigration nach Palästina; Landwirtschaftsschule, Kibbuz, Matura, Studium (Geschichte, Philosophie), Professor für Geschichte.
Aufnahme: Miryam Du-nour, Jerusalem 1991.
Hochlautung nach altösterreichischer Art mit leichter nordwestböhmischer Färbung; ruhiges Sprechen, Überlegungspausen. Sehr schriftsprachlich orientierte Ausdrucksweise in Wortwahl und Komplexität des Satzbaus.
Tonqualität: gut bis mittel; im ersten Teil Brummen, diverse Hintergrundgeräusche.

```
1    YA:   ich hab seit mein sechsten lebensjahr privatlehrer gehabt
2          zuhause⌐ * alle haben hebräisch gelernt⌐ bei uns * auch
```

```
3           mein vaterⱵ der hat es nie erlerntⱵ #aber er hat    # ge-
4      K                                          #LEICHT LACHEND#
5      MD:                      aber was war das für ein hebräischⱵ was
6      YA:  lerntⱵ * und ä:m *
7      MD:  was für texte hast du (gelesen)
8      YA:  das war ein d/          na qa/    n ganz modernes hebräischⱵ
9           das waren diese schulbücher die man hier * gi/ ge:/ ä: die
10          man aus=m land geschickt habenⱵ * und ich hab ä: grammatik
11          gelernt mit wiesenerⱵ dieses ä: die wiesener grammatik
12          noch (ge/) * und das waren ä: ich da waren immer * da war
13          der herr XYⱵ im d/ ä: ä der mich der * seit=m sechsten
14          jahr n/ * mich unterrichtet habnⱵ dann warn * später warn
15          dort * studenten oder j/ ä: d palästinenserⱵ die * mit uns
16          * heb/ ä: wie wie ich ins land kamⱵ * h/ sch/ ä: k/ v:er-
17          stand ichⱵ ä: * hab ich das hebräisch ä: vollkommen ver-
18          standenⱵ * mehr oder wenigerⱵ * auch das literarische
19     MD:                                              und lesenⱵ
20     YA:  hebräischⱵ * u:nd=ä konnte auch sprechenⱵ so: ich
21          und lesenⱵ [...]
```

Gutes Hebräisch durch Schule, Jeschiwa und Sprachschule

Oskar Jeshajahu Wahrmann, * 1908 in Rakowce (Polen), aufgewachsen in Frankfurt/M.
1 Jahr Jeschiwa, kaufmännische Lehre, kurz in der väterlichen Buchhandlung, Abitur, dann u.a. Vertreter, 2 Jahre Mathematikstudium; 1933 nach Frankreich, 1934 zurück, Umschichtung (Gärtnerei); 1937 Emigration nach Palästina; zunächst im Kibbuz (u.a. Waldarbeit), dann u.a. bei einem Buchprüfer angestellt, Vertreter, später Eintritt in Verlagsbuchhandlung und Antiquariat seines Vetters, schließlich selbständig (Antiquariat, Verlag).
Aufnahme: Anne Betten, Jerusalem 1991.
Nur ganz leichte frankfurterische Färbung; auffällig rollendes /r/. Überlegtes Sprechen in z.T. umfangreichen Satzkonstruktionen; Tendenz zu Verzögerungen und Korrekturen, häufig Stockungen und Stottern.
Tonqualität: gut.
CD Nr. 2: Z. 1-15; 33-57.

```
1      OW:  [...] ich ging ja auch in eine hebräische=ä:=sch/ privat
2      AB:                                hmⱵ
3      OW:  in eine hebräische sprachschuleⱵ * und dort hatte ich von
4           dort hatte ich ä meine hauptsächlichen hebräischen kennt-
5      AB:    hmhmⱵ
6      OW:  nisse   dannⱵ * aberⱵ * basiert auch auf dem hebräisch das
7      AB:                                hmⱵ
8      OW:  ich in der schule und in der je/ jeschiwe² hatteⱵ * aber
```

---

2   Talmudhochschule (aschkenas. hebr.: *jeschiwe*, sephard. hebr.: *jeschiwa*; vgl. M. Du-nour in diesem Bd., S.213, 454).

```
 9            MURMELT aber ich ging schon vorher in die:=ä sprachschule↑
10    AB:                                       (eine)
11    OW:   * die hebräische sprachschule↑ die übrigens von einem an-
12    AB:                                                          in
13    OW:   dern vetter von mir gegründet wurde↑ LACHT VERHALTEN
14    AB:   frankfurt↑    ja:↑           aha↓ * ä eine dumme frage↑ ä:w
15    OW:            in frankfurt↑ ja↑
16    AB:   * hat man in der jeschiwa damals so ein niveau im hebrä-
17           ischen gehabt daß man hebräisch: mündlich diskutieren
18           konnte↑ *        nein↓             sie haben immer nur
19    OW:           nein↓ * dort hatte man deutsch gesch/
20    AB:   schriftlich das hebräische↓   so wie=m * hmhm↑ *
21    OW:         hm (richtig)↓ (ä:b/)↓                    es war ja
22    AB:         hm↓                                         hm
23    OW:   wenich heb/ ä: nicht sehr viel hebräisch↓ das war meistens
24    AB:            hm↓ *                             hm
25    OW:   aramäisch↓        denn der talmud is ja in der hauptsache
26    AB:                                    hm
27    OW:   aramäisch↓ ** o: in aramäischer sprache↓ und nicht in
28    AB:        hm                                  hm↑
29    OW:   hebräischer sprache↓ * die mischna³ is hebräisch      u:nd
30    AB:                               hmhm↑
31    OW:   is ein teil des talmuds       (später) geworden dann↓ **
32           u: * nein↓ die: leute konnten nich:t LACHT KURZ konnten
33           #nicht so viel hebräisch↓#  * ich kann mich erinnern↑ #(an)
34    K      #LEICHT LACHEND          #                          #LA-
35    OW:   eine # anekdote↓ * ä in der: RÄUSPERT SICH schule↑ * hatten
36    K      CHEND#
37    AB:                                          (???) (???)
38    OW:   wir mal eine * RÄUSPERT SICH * entschuldigung↓
39    AB:        ja↓
40    OW:   nja    in * in der sch/ [KURZE UNTERBRECHUNG] hatten wir
41           mal einen lehrer zur: aushilfe↓ * und * der hat=ä: * m
42           m=ä: * gesagt er will: nachdem wir einen:=ä: ** etwas:
43           MURMELT ä: ein kapitel ä: ich glaube das war aus den pro-
44    AB:                                                         hm↑
45    OW:   pheten ä: ä aus den ersten propheten in der bibel↑ * gele-
46           sen hatten↑ * ä ob man das ä den inhalt: * in hebräischer
47           sprache wiedergeben kann↓ * wollte er von den schülern↓ *
48           MURMELT * das ei/ erste und einzige mal↓ * ich hab mich *
49           gemeldet↑ ich war der einzige wahrscheinlich der * ä: s/
50           hebräisch sprechen konnte↑ ** u:/ durch die sprachschule↑
51    AB:   hm↑
52    OW:       und hab mich noch entschuldigt daß es: möglicherweise
53           die sphardische und nicht die aschkenasische aussprak/ ä:
```

---

³ Gesetzesauslegung, -kommentar; Sammlung von Lehrsätzen der mündl. Tora, Grundlage des Talmuds.

```
54          ä daß ich ä nein! * ä daß ich ä vielleicht schwierichkei-
55          ten haben werde mit der aschkenasischen aussprache weil
56          ich * gewöhnt bin ä s:phardisch z/ ä hebräisch zu spre-
57          chen! * u:nd ä * ä * und das ä: * und das ging! * und ich
58          habe LACHT KURZ hab es trotzdem in aschkenasischer #aus-
59    K                                                           #LA-
60    OW:   sprache# *ä: * hm bringen können! aber das war eine große
61    K     CHEND  #
62    AB:               hmhm! **
63    OW:   ausnahme!            denn=ä: * ä: * ich weiß auch nich wa/
64          wieso dieser lehrer das gemacht hatte! * da * aber (die)
65          die: * orthodoxie in deutschland war ja nicht so:: hm war
66    AB:                                       hm!
67    OW:   ja nicht so extrem wie hier!      wie sie hier is und auch
68    AB:                                               dann kam ihnen aber
69    OW:   nicht so wie in polen! * so extrem! *
70    AB:   die sephardische aussprache! die sie ä b/ bereits konnten!
71          für die sie sich da entschuldigen wollten!      die kam
72    OW:                                             ja
73    AB:   ihnen aber hier dann * zugute!     LACHT VERHALTEN
74    OW:                                ja! nu sicher! #also i/ ich
75    K                                                 #LACHEND
76    AB:                  hm:!
77    OW:   kann mich# * #ich kann mich noch erinnern wie:: ä# wie:
78    K             #    #LEICHT LACHEND                       #
79    AB:              HUSTET
80    OW:   einmal im kibbuz: * hat ä:: * (das gehört) einen * zufall
81          es gab k/ * der strom war ausgefallen! * u:nd irgendwie
82          kamen wir alle zusammen * in:=ä: * ei/ d/ nachher sind wir
83          alle ins ä: * MURMELT in chadar ochel also in den speise-
84          saal gegangen! ** u:nd hatten dort ä: * (a wir sin/) ir-
85          gendwie hat man da so was=ä: * ä ä d/ da das ein kibbuz
86          war v/ hasorea[4] übrigens! kibbuz hasorea also man hatte
87          dort deutsch gesprochen! ich hatte dort dann nicht ä viel
88          deutsch gesprochen! * mal gelegentlich mit jemand! * und
89          ä:m ä:m * ä: da° hatte man irgendwie * is man auf deutsche
90          lieder gekommen! * und * ä: * und da hatte sich einer! *
91          dann sehr gewundert daß er gehört hatte daß ich überhaupt
92          ä: * deutsch sprechen kann! [...]
```

---

[4] Vgl. Ch. Sela in Ph 42: 322ff. und in Betten/Du-nour (1995: 319).

Hebräischunterricht in der Hirsch-Realschule

David Cohen (ehem. Kahn), * 1910 in Frankfurt/M.
Handelsschule, kaufmännische Lehre, tätig in Weinimportfirma; 1933 Emigration nach Palästina;
kaufmännische Berufslaufbahn (Weinbranche, Kino, Industriekonzern).
Aufnahme: Eva Eylon, Tel Aviv 1991.
Ganz leichte frankfurterische Färbung, gelegentlich umgangssprachliche Einschläge auf der mor-
phologischen Ebene. Überwiegend berichtender, parataktischer Stil, meist kürzere Sätze, flüssig trotz
häufiger Neuansätze und gelegentlicher Satzbrüche; Vorliebe für bekräftigende Wiederholungen.
Tonqualität: gut bis mittel.

```
 1   EE:  aber wie ham sie sich dann hier im hebräischen fortgebil-
 2        det↑ *
 3   DC:           ich hab mich nich ä ich brauchte mich nicht fortzu-
 4   EE:  nein↑         sie konnten genug↑      na welche zeitung ham
 5   DC:  bilden↑ nein               ich (habe genug)
 6   EE:  sie zum beispiel gelesen↑              von vornherein↑
 7   DC:                        haaretz↑ *                    ä ä
 8   EE:  ja↑ von anfang an↑
 9   DC:  ziemlich von vornherein↑ bis heute (ich lese ä:)
10   EE:  ja↑             aha↑ *      das heißt also d/ daß es auch
11   DC:  (den aretz) ja=ja      ja↑
12   EE:  keinerlei↑ * denn zuerst heute gibt es ulpanim↑ die sprach-
13   DC:                                              (nei:n)
14   EE:  kurse↑         da gab es das   ja gar nicht↑ *
15   DC:  damals hat=s gar nichts gegeben↑              des gab
16   EE:    ja↑
17   DC:  es nicht und=ä * mir hat es nicht gefehlt↑ * meiner frau
18   EE:                ja:↑ die konnte weniger als sie↑
19   DC:  hat=s ja gefehlt↑ *                     die konnte
20   EE:          nja sehn sie↑ s=is doch gut wenn man * wenn man
21   DC:  weniger↑ *              ja:
22   EE:  schon in deutschland hebräisch gelernt hat↑ denn diese
23   DC:                                        (sicher) MUR-
24   EE:  ganzen * ä: a: ä: schwierichkeitn ham sie dadurch nicht ä:
25   DC:  MELT
26   EE:  gehabt↑
27   DC:          +es war mir auch dadurch leicht wie sie eben ge-
28        sagt habn↑ durch das * dadurch da/ durch die gebetüber-
29   EE:        ja↑
30   DC:  setzung↑    das hat man in=ä: in der hirsch-realschule[5]
31   EE:             ja↑
32   DC:  gut gelernt↑ *    ä genau zu übersetzen wörtlich↑ und ä:
33        auch selbst ä: selbst die * iwrit-grammatik hat man ge-
```

---

[5] Vgl. Ph 42: 38, Anm. 3.

```
34    EE:              +na gu:t aber ä:m viele ham=s ge/ gel/ etwas ge-
35    DC:   lernt! ä:
36    EE:   lernt! aber nicht z/ nicht zu allzuweit gebracht!
37    DC:                            ja viel        viel/ viele
38    EE:                     nja!
39    DC:   konnten=s nicht fassen!      ä:m ä außerdem gibt=s auch
40          viele die in die * die nicht die: die gebete ge/ ä: * ge-
41          betet habn!
```

Erster Hebräischunterricht in der Kultusgemeinde

Wilhelm Theodor Seev Kahn, * 1904 in Weidling bei Wien
Technikum (Elektrotechnik), Betriebsingenieur (Radiotechnik); 1933 Emigration nach Palästina;
Elektriker, später Elektroingenieur.
Hochösterreichische Grundfärbung, ausdrucksvolle Artikulation. Klarer, überwiegend kürzerer Satzbau;
durch die oft starke Dialogizität des Dreiergesprächs verschiedene Phänomene der gesprochenen
Sprache.

Rut Wittels (geb. Ruth Berger), * 1912 in Köln
Haushalts- und Gewerbeschule, Kunstakademie (Modezeichnen), Schneiderlehre; 1933 Emigration nach
Palästina; anfangs in einem Konfektionsgeschäft, dann Ausbildung zur Röntgen- und Krankenschwester,
Heimleiterin, Privatpflege im Ausland.
Hochlautung, fast keine rheinischen Anklänge. Meist klare, kürzere Sätze mit syntaktischen Merkmalen
der Sprechsprache; Gesamteindruck sehr flüssig und kommunikativ flexibel.

Aufnahme: Kristine Hecker, Haifa 1990. (Beide Gesprächsteilnehmer sind im gleichen Altersheim,
siezen sich.)
Tonqualität: gut bis mittel.

```
1     WK:   [...] unser erster hebräischunterricht sah so aus! * daß
2           wir die * die: * wie war das denn nur! * die zwan/ die au/
3           die zwangs/ ä: * aufgaben! die das ministerium oder re-
4           spektive die kultusgemeinde gestellt hat! * durchlesen muß-
5           ten! und der lehrer gab immer für zwei drei worte! * die
6           deutsche übersetzung dazu * damit wir verstehen was wir
7           lesen! * und das hat er sehr schön gemacht! ** un:d s:o ham
8           wir * die ersten hebräischen ** grundbegriffe bekommen! *
9           der zweite lehrer der viel aktiver war der ä der ha/ ist
10          schon mit der hebräischen grammatik gekommen! **
11    RW:                                                   aber die
12    KH:                                           ato:[6]!
13    WK:                  as/ aussprache war die aschkena-
14    RW:   aussprache war die aske/ aschkenasische aussprache!
```

---

[6] Aschkenas. hebr.: 'du'; sephard. hebr.: *ata*.

```
15   KH:                      ja↑
16   WK:  sische *              aussprache war askenasische aussprache
17   RW:          ja↑
18   WK:  nicht die sephardische↑ * die hab ich erst umgelernt als
19        ich wirklich * privat hebräisch gelernt hab↑           das
20   RW:                                          ja  ich auch↑
21   KH:                                          und wann↑ **
22   WK:  hab ich in späteren jahren dann gemacht↑ *
23        kann ich ihnen genau sagen↑ * ich hab hebräisch gelernt *
24        drei intensive jahre ganz allein bei einem lehrer↑ * einem
25        ganz jungen lehrer↑ * und zwa:r * #in: * siebzehn * und
26   K                                    #LEISE
27   KH:                                          ah↑
28   WK:  vier is ein/# im jahre * einunzwanzich zweiunzwanzich
29   K                #
30   WK:  dreiunzwanzich↑ * hab natürlich nachher↑ * alles was ich
31        konnte vergessen↑ * aber immerhin so viel behalten daß ich
32        bei einem * einem zionistischen kongreß der damals in wien
33        stattfand↑ * den mei/ den * ein den meisten teil der reden
34        * der hebräischen reden verstanden habe↑
```

"So wie das ausschaut: ich möchte, daß ihr auch Hebräisch lernt"

Herr Y (auf Wunsch anonym), * 1920 in Wien
Realgymnasium; 1938 Emigration nach Palästina; anfangs Gelegenheitsarbeiten, später Beamter der
Mandatsregierung, schließlich selbständiger Unternehmer; heute noch freier Mitarbeiter für Zeitungen
in Deutschland, Übersetzer.
Aufnahme: Kristine Hecker 1990.
Wiener Verkehrsmundart; nachdrücklich akzentuierend. Sehr bewußter, normgerechter, syntaktisch
komplexer Redestil; großes Spektrum von Satzanschlußmitteln. Stilistisch gewählt durch häufige
bildhafte Vergleiche und Einstreuung von Zitaten und Anekdoten.
Tonqualität: mittel.

```
1    KH:          ham sie iwrit (irgnwo mal) gelernt↑
2    HY:  [...]⁷ (anders)                            ja↑ * und zwar
3    KH:                    a↑
4    HY:  schon in wien↑ *    ja * mein vater * war ein ** sehr *
5         wenig gebildeter mann↑ * er hatte naturverstand ** er hat
6         * glaube ich nur drei oder vier schulklassen gehabt↑ * und
7         das nicht in einer schule sondern in einem he/ in einem
```

---

[7] Unmittelbarer Anschluß an Ph 45: 47f.

```
 8    KH:                            +jal *
 9    HY:  cheder⁸l * in einem          also in polen * in einer * reli-
10         giösen schulel * er kam ganz jung nach wienl * und da/
11         was=er gelernt hat hat er sich beigebrachtl * deutsch
12         schreiben und so weiterl * mei vater hat daran geglaubtl
13         daß seine kinder bildung haben sollenl * wir haben zu hau-
14         se französisch gelernt vom siebnten oder achten lebensjahr
15         anl * wir haben in der schule englisch gelernt und lateinl
16         und wir haben * seit neunzehnzwei- oder dreiundreißig hat
17         mein vater gesagt ** so wie das ausschaut * ich möchte daß
18         ihr auch hebräisch lerntl [...]
```

"Mein Mann hat beim katholischen Geistlichen Hebräisch gelernt"

Ruth Luise Tauber (geb. Schönfeld), * 1919 in Lugnian (Oberschlesien)
1 Jahr Schneiderlehre, daneben Kunstgewerbeschule, Umschichtung; 1938 Emigration nach Palästina;
seitdem im Moschaw, Landwirtschaft und Puppenherstellung.
Aufnahme: Anne Betten, Sde Warburg 1991.
Hochlautung; klares, flüssiges, z.T. sehr schnelles Sprechen, jedoch unterschiedlich rhythmisierend.
Sehr lebendiges, anschauliches Erzählen; Tendenz zu Einschüben und Nachträgen führt öfter zu
Umformungen der komplexen Konstruktionen.
Tonqualität: gut.

```
 1    AB:  wie war denn das bei ihnen allen mit den hebräischkennt-
 2         nissenl (zunächst einmal)l
 3    RT:  also mein vat/ mein mann konnte schon * in=ä in deutsch-
 4         landl * der hat bei=m katholischen geistlichenl * hebräisch
 5         gelerntl * und der konnte prima hebräischl HOLT LUFT äm: *
 6         ich konnte gor nichl [...]
 7         [WEITERE KOMMENTARE; 0:11 Min.]
 8    AB:                     (darauf geachtet)
 9    RT:  [...] meine eltern ham darauf wert ge*legt ich mußte pri-
10    AB:                                                    hmhml
11    RT:  vatstunden haben wegen ä * ä der gebetel und das hat mich
12         so nich intressiert also ich muß ehrlich sagen daß ich ä
13         * ä * ich konnte dann schon viel voka:belnl aber m/ *
14         sprechen konnte ich nichl HOLT LUFT und ä: hier in sde
15         warburg⁹ konnte man eben sehr gut mit deutsch durchkommn
16         [...]
```

---

[8] Hebr.: 'Stube', 'Zimmer'; Bezeichnung der Lehrstube, der traditionellen ostjüdischen Elementarschule für
    Knaben, vom 4./5. Lebensjahr bis zur Bar Mizwa.
[9] Zu den Verhältnissen im Moschaw Sde Warburg vgl. Ph 42: 335ff. und Ph 45: 57-59.

Sprachpraxis durch Vorlesen für einen Erblindeten

Jehudit Gardi (ehem. Käthe Ledermann), * 1914 in Berlin
Abitur, Hochschule für die Wissenschaft des Judentums in Berlin; 1934 Emigration nach Palästina;
Lehrerseminar, Kibbuz (Lehrerin in Schule und Ulpan), nach Verlassen des Kibbuz' Lehrerin und eigene
Landwirtschaft.
Aufnahme: Eva Eylon, Kfar Chajim 1992.
Hochlautung, sehr klare Artikulation. Überwiegend Frage-Antwort-Struktur, häufig Sprecherwechsel mit
Hörersignalen und gegenseitigen Unterbrechungen; u.U. deswegen überwiegend kürzere, parataktische
Sätze.
Tonqualität: mittel bis schlecht.

```
 1    EE:  a sie konnten schon gut hebräisch!
 2    JG:                                      ich konnte: ja! * wir
 3         haben=ä: * dann war ich * bei in derselben zeit oder *
 4         #vielleicht auch vorher noch# * ein bekannter von meinen
 5    K    #LEISE                      #
 6    JG:  eltern! * war schimon bernfeld! wenn sie wissen wer das
 7    EE:       +von dem * n/ nein!
 8    JG:  war!            schimon bernfeld war ein historijon! *
 9         ein historiker der * am ersten kongreß mit david yellin
10         und so weiter * der war ä: * und der wohnte in der letzten
11         in den letzten jahren * in berlin! * und das war eine
12         freu/ * von einem beka/ guten * freund meines vaters ein
13         verwandter! * und der war erblindet! ** und sein größtes *
14         glück war * er wollte noch mal alles hören was er ge-
15         schrieben hat! * da bin ich jeden tach zu ihm hingefahren!
16    EE:  wo war das!            a in berlin war das noch!
17    JG:            in berlin! *     und da hab ich mit   ihm he-
18    EE:              ja:!
19    JG:  bräisch gesprochen! *   und hab ihm seine sachen vorgele-
20    EE:          ä in deutsch vorgelesen!     * in hebräisch!
21    JG:  sen! *             #(hebräisch)#              ja!
22    K                       #SEHR LEISE #
23    EE:  das heißt sie konnten als sie sie sie hm würd ich sagen
24         sind eine der wenigen * ä gezählten! * die ä * sehr gut
25         hebräisch konnten als sie hier ins land einwanderten!
```

Zum Iwrit-Lernen auf das Rabbinerseminar in Breslau

Dr. **Paul Avraham Alsberg** (ehem. Paul Alfred Alsberg), * 1919 in Elberfeld
Abitur, 1937/38 Studium am Jüdisch-Theologischen Seminar in Breslau; 1939 Emigration nach Palästina; Geschichtsstudium, Promotion, Zionistisches Zentralarchiv, Leiter des Staatsarchivs, Professor;
vielfältige ehrenamtliche Führungstätigkeiten (u.a. für den Irgun Olej Merkas Europa).
Aufnahme: Anne Betten, Jerusalem 1994. Mit teilnehmend: seine Ehefrau Betti Alsberg, s. S. 84.

Hochlautung mit minimaler westfälischer Einfärbung; ruhige, ausdrucksvolle Sprechweise. Argumentativ-sachlicher Stil, weitgehend schriftsprachlich orientierte Syntax mit abwechselnd komplexen hypotaktischen und (v.a. in persönlichen Passagen) kürzeren parataktischen Satzgefügen. Sehr partnerbezogenes Dreiergespräch.
Tonqualität: gut.
CD Nr. 3: Z. 1-26.

```
 1   PA:  [...] ich bin auf=s rabbinerseminar gekommen↑ * und konnte
 2        doch gar nichts↓ * und der leiter des rabbinerseminars hat
 3        mich interviewt↑ * ich will ihnen das jetzt nich genad/
 4   AB:                                    aber war das (ihre)
 5   PA:  genau in seinen details erzählen↑ * dieses interview↑
 6   AB:  entscheidung die jetzt also in unter dem druck der nazi-
 7        jahre vielleicht gereift ist oder↑
 8   PA:                         es war überhaupt nicht um rabbiner zu
 9   AB:            hmhm↑                      hmhm↑
10   PA:  werden↓ ich wollt ja nich rabbiner werden↓ * ich wollte *
11   AB:                                    hmhm
12   PA:  einfach * jüdische kenntnisse mir an*eignen um hier auf
13        der universität es später leichter zu haben↓ * ich wollte
14        iwrit lernen↑ ** und ich wollte eine gute basis↑ * in den
15        jüdischen fächern bekommen↓ * die wir einfach nicht *
16        in=ä: in=ä: * elberfeld bekommen hatten↓ * der rabbiner
17   AB:                                    hmhm↑
18   PA:  der gemeinde hatte mir das gesagt↓       ä: er würde das
19        empfehlen↓ * und=ä: ** der:=ä:m ä=ä=ä ich bin dann↓ in
20   AB:                                    hmhm↑
21   PA:  breslau↓ ** dadurch daß ich privatstundn nehmen mußte↓ **
22        sonst hätt ich es überhaupt nicht geschafft↑ * ä: * hab
23        ich mir ein: * glänzenden privatlehrer genommn * einen * ä
24        bereits fertigen rabbiner * aus polen↑ ** der sein dokto-
25        rat in breslau machen wollte↓ * der auch am rabbinersemi-
26        nar noch studierte↑ [...]
```

Teilnahme an einem Kurs für hebräische Lehrer in Palästina am Breslauer Rabbinerseminar

Efraim Orni (ehem. Fritz Schwarzbaum), * 1915 in Breslau
1933 Abitur, Aufenthalt in Dänemark, nach Rückkehr Umschichtung (Landwirtschaft), Hebräischlehrer; 1938 Emigration nach Palästina; zunächst Lehrerseminar, dann im Kibbuz (Landwirtschaft), später Beamter beim Jüdischen Nationalfonds, daneben Geographiestudium, Geographielehrer, Fachpublikationen und journalistische Tätigkeit.
Aufnahme: Anne Betten, Jerusalem 1991.

Prononcierte Hochlautung. Stark durchstrukturierter, souverän gesprochener Text in variierenden Stilmustern mit sehr schriftsprachlicher, oft komplexer Satzgestaltung, überwiegend argumentativ-sachlich im Wechsel mit stärker narrativen, parataktischeren Passagen.
Tonqualität: gut.

```
 1    EO:   [...] undↄ * vom frühjahr neunzehnhundertfünfundreißich anↄ
 2          * ä * kamen zwei große umschwünge in meinem lebenↄ * der
 3          eine war * daß ich ä doch * die zionistische ideologie
 4          annahmↄ * und in * die * pionierbewegung hechaluz eintra:/
 5          eintr/ eintratↄ HUSTET und * das zweite warↄ * daß ich *
 6          vom * ä: * februar oder ä märz neunznhundertdrei/ a
 7          neunznhundertfümundreißich anↄ * an einem kursↄ * fürↄ *
 8          hebräische lehrerↄ * lehrer fü/ in palästinaↄ * am berühm-
 9          ten breslauer lehrersemin/ a ä rabbinerseminar teilnahmↄ *
10          HUSTET und dieser kursↄ * ä brachte vor allem hebräische
11          sprache beiↄ * dazu aber auch ä: * toraↄ also: * bibelↄ *
12          und etwas auch * talmudↄ * und daneben auch * ein wenich
13    AB:                                          darf ich mal nach den:
14    EO:   englisch und arabischↄ ** und mä/ * und
15    AB:   mitschülern mitstudenten der damaligen zeit fragenↄ * hat
16          w/ ä: wie war da unter ihnen: die stimmung die motivation
17          wieviele waren zionistisch und auf eine * auswanderung
18          nach palästina eingestelltↄ ä:=w: was hatten die andern
19          vorↄ *
20    EO:           alle mit/ * alle * die an diesem kurs teilnahmenↄ *
21          waren ausgesprochen schon zionistenↄ und entschlossen * so
22          bald wie möglich * ins land zu gehenↄ * mir selbstↄ * war
23          bewußt daß ich am besten die sprache lerneↄ wenn ich sie
24          gleichzeitig lehreↄ so nahm ich mir * den schwächstenↄ *
25          der mitschüler * ä nahm ich mir zu * privatstundenↄ und *
26          lehrte ihn * was ä: und wiederholte mit ihm was wir * am
27          vormittag dort im rabbinerseminar gelernt hattenↄ und so
28          kam ich schnell vorwärtsↄ so daß ich im herbst * neunzehn-
29          hundertfünfundreißich schon so weit warↄ daß ich offiziel-
30          ler hebräischlehrer werden konnteↄ * und wurde dann von
31          der jüdischen gemeinde in ratiborↄ in oberschlesien * ä:
32          wurde ich engagiertↄ * als * hebräischlehrer * für kinder
33          * und erwachseneↄ und das füllte mich vollkommen ausↄ * und
34          dort blieb ich bis ende neunzehnhundertsiebenundreißichↄ *
35          ä: oberschlesien * war damals noch unter einem regimeↄ *
36          wo die nazis nicht alles machen konnten was sie sel/
37          selbst in deutschlandↄ * in: * übrigen deutschland tatenↄ *
38          denn * ä: das stand noch unter * aufsicht des völkerbundsↄ
39          * nachdem * anfang der zwanziger jahre * oberschlesien ja
40          zwischen polen und deutschland * geteilt worden warↄ [...]
```

Angewandtes Hebräisch bei einem Privatlehrer aus Litauen

Ernst Georg Martin Pfeffermann, * 1917 in Berlin
Abitur, Ausbildung als Gummitechniker; 1936 Emigration nach Palästina; Anfangsarbeiten in Kabel-
fabrik und Orangenplantage, danach Hilfspolizist; später in der Personalabteilung der Ölraffinerie Haifa,
zuletzt Personalchef.
Aufnahme: Anne Betten, Haifa 1991.
Deutliche berlinerische Färbung. Sehr lebhafter Redestil; meist sehr schnelles Sprechen mit Tilgung von
Endsilben, allerdings in Rhythmus und Tonhöhe stark abstufend. Vorwiegend parataktisch, doch mit
vielen Einschüben, ohne den "Faden" zu verlieren.
Tonqualität: gut; im Hintergrund Muezzin.
CD Nr. 4: Z. 1-48.

```
 1    EP:  [...] ä: ich erwähnte vorher daß ich äm:=ä daß ich aus
 2         einem=ä * sehr liberalen haus binⅼ * und äm ** und von
 3         hebräisch keine ahnung hatteⅼ
 4         [KURZE UNTERBRECHUNG; 0:26 Min.]
 5    EP:  [...] in dem moment wo ich=ä:m m: * wo mein ziel palästi-
 6         na warⅼ * und das wußte ich ja schon äm einige zeit vorherⅼ
 7         jaⅼ * ä:m * da sucht ich einen lehrer für hebräischⅼ ** und
 8         ä:m ich fand da einen einen einen sehr netten herren der
 9         aus litauen stammteⅼ und selbstverständlich der der * den
10         richtigen religiösen background da: hatteⅼ * und äm * der
11         dieses sogenannte neuhebräischⅼ die sprache die eben hier
12         schon drüben gesprochen wurde * ä: fließend beherrschteⅼ *
13         und bei dem ich anfing grammatik zu pauken die ich bis zum
14         heutigen tage ich hab ihm das zu verdanken immer noch wun-
15         derbar * wunderbar beherrscheⅼ * nichⅼ ich korrigiere hier
16         noch * alle möglichen leuteⅼ * ich erinner mich ä mei/
17         meine sekretärinⅼ die die die die die * deren deren ä f/
18         hm deren=ä: * ä * buchstabierungsfehler ich ich kon/ ä:
19         ich korrigierteⅼ * manchmal trotzdem sie hier aufgewachsen
20         is zur schule gegangen isⅼ nichⅼ * also das das bleibt eben
21         erhaltenⅼ ** also der ging mit mir spazierenⅼ und wir un-
22         terhielten uns auf hebräischⅼ * und ä:m ä: ä wir redeten
23         praktisches hebräischⅼ da fährt die * die straßenbahn num-
24         mer sechsenfünfzich fährt da fährt da un da hin also *
25         alles das wurden wa (un un) war für (unsre haltungⅼ) * ein
26         ein richtjes ein richtiges ä angewandtes hebräisch ä lern-
27    AB:                    +das hast du in berlin an der spree nir-
28    EP:  te ich bei ihmⅼ    (außer)            in berlinⅼ in ber-
29    AB:  gendwo (???) (???)ⅼ * jaⅼ
30    EP:  linⅼ im (???) (???)       wo wir wohntenⅼ der kam immer
31         dahin * und eines tages brachte er eine zeitung den ha-
32         aretz das is eine der größten zeitungen (is) hierⅼ * ä den
33         brachte er mitⅼ * und wir fingen an dieses * diesen aretz
34         zu studierenⅼ * also wenn ich was vorhabe dann führ ich=es
35         auch ausⅼ * ich setzte mich hinⅼ un er sachte mir * wenn
```

```
36      du=en wort nich weißt‖ * spielt gar keine rolle‖ * mach=en
37      strich darunter‖ * du such nichts nach sondern mach ein
38      strich‖ * versuche den * den inhalt dieses satzes zu ver-
39      stehen‖ * irgendwie‖ ich hab (ich mein) ich hatt schon bei
40      ihm etwas gelernt‖ ja‖ * ä:m und ä streich unter‖ * und ich
41      muß sagen‖ ich ich hatte also am anfang wenn die zeitung
42      voller striche war‖ ja‖ * das reduzierte sich im laufe der
43      zeit‖ * ich habe bei ihm wirklich eine ein eine eine gute
44      grundlage für ein: für ein praktisches hebräisch gelernt‖
45      * und wie ich hier ankam‖ beherrscht ich schon so viel von
46      der sprache‖ daß ich eine * ohne weiteres ä mit leichtich-
47      keit eine konversation führen konnte‖ * und das war schon
48      sehr viel‖ [...]
```

In Frankreich auf Hachschara bei einer Lehrerin aus dem Kibbuz gelernt

Dr. **Akiba Eger**, * 1913 in Königsberg
Studium (Sozialökonomie, Geschichte, Philosophie); 1933 Emigration nach Frankreich, Fortsetzung des Studiums, Umschichtung (Landwirtschaft); 1935 Emigration nach Palästina; seitdem im Kibbuz mit verschiedenen Tätigkeiten; Besuch der London School of Economics; Leiter des Afro-Asiatischen Seminars, später des Afro-Asiatischen Instituts in Tel Aviv; heute Archivar im Kibbuz.
Aufnahme: Kristine Hecker, Kibbuz Nezer Sereni 1991.
Ostpreußische Färbung (v.a. beim /r/). Überlegtes Sprechen; gewandte, rhetorische Formulierungsgabe. Tendenz zu sehr komplexen, hypotaktischen Sätzen mit häufigen Parenthesen. Überwiegend sachlich berichtend, doch anschaulich durch viele Beispiele und Zitate, z.T. in lebendiger direkter Rede. Tonqualität: gut.
CD Nr. 5: Z. 1-4; 15-29.

```
1   AE:  [...] das letzte jahr=in: * frankreich bin ich ** weniger
2        als ein jahr=auf: landwirtschaftliche ausbildung gegangen‖
3        weil ich wußte schon daß ich nach * ä: nach palästina ge-
4        he‖ damals gab=s ja noch nich israel‖
5        [ÜBER SEIN STUDIUM; 1:00 Min.]
6   KH:  [...] haben sie während der * ausbildungszeit * ä: damals
7        auch iwrit gelernt‖ oder kam das erst dann hier hinzu‖
8   AE:                                            ä:: ich
9        habe als kind * in der religiösen schule‖ ja‖ die wir ä
10       gehabt haben (wir habn ja) religiöse sch:/ * ä: * studien
11       gemacht‖ da haben wir etwas hebräisch gelernt‖ ** auch noch
12  KH:                     +aha‖
13  AE:  etwas neuhebräisch‖      das hatte mich schon interessiert
14       (damals)‖ * aber da hatte ich noch keine ** neigung ä: *
15       zum zionismus‖ im gegenteil‖ ** in frankreich hab ich ei-
16       gentlich dann=ä: mehr ä: hebräisch gelernt‖ * ich hatte
17       dann einen lehrerin * ä: die aus einem kibbuz war und die
18       dort=ä: * eine mission hatte ä: hebräisch zu unterrichten‖
```

```
19            ** und als ich ins land kam neunzehnhundertfümundreißig⌐
20            da: konnte (ich) mich schon: ein bißchen unterhalten⌐ hab
21            schon angefangen zeitung zu lesen⌐ ** und mein erstes he-
22            bräisches buch hab ich schon ä:m me:/ weniger als ein jahr
23            nachdem ich * hier war ä: gelesen⌐ ** und ich ging in ei-
24            nen kibbuz der von:=ä * sabres¹⁰ gew/ gegründet wurde⌐ wis-
25    KH:                        ja:⌐
26    AE:     sen sie was sabres sind ja⌐ ** na'an⌐ das war der erste
27            kibbuz de:r * m israelischen arbeiter*jugend⌐ ** und da
28            sprach man nur hebräisch⌐ ** und da hab ich sehr schnell⌐ *
29            hebräisch gelernt⌐ ** hm das war kein problem für mich⌐
```

---

[10] Von hebr. *zabra*, einer wild wachsenden Kaktusart: Bezeichnung für die in Israel geborenen Juden, deren Charakter nach dem Volksmund äußerlich stachlig, aber innerlich zart sein soll.

1.2.2   Erfolgreicher Spracherwerb nach der Einwanderung

Die drei Einwanderungsgruppen, die gut Hebräisch lernten

Paul Feiner, * 1919 in Wien
Technikum (nicht mehr beendet); 1938 Emigration nach Palästina; diverse Anfangstätigkeiten, u.a. in
Zitrusplantagen, Steinbrüchen, als Hilfspolizist; Besuch des British Institute of Technology, dann als
Industrieingenieur tätig; heute Volontärarbeiten, u.a. an der Universität und für Senioren.
Aufnahme: Anne Betten, Haifa 1990. Am Ende dazukommend: seine Ehefrau.
Wiener Verkehrsmundart mit einigen Dialektmerkmalen (v.a. morphologischen); auffällig: Vorherrschen
des Imperfekts als Erzähltempus. Relativ häufig englische Ausdrücke. Flüssiger, überlegter Sprachstil,
oft mit komplexen Satzkonstruktionen.
Tonqualität: gut.
CD Nr. 6: Z. 1-22.

```
 1    PF:   [...] ich bin der meinung daß * die einwanderungswellen
 2          die hierher kamen! ** mit respekt zu den verschiedenen al-
 3          tersgruppen! * es gab * solche die: mit=ä der was man *
 4          jugendalija nannte! * von henrietta szold[11] organisiert
 5          kamen! * ä dreizehn vierzehn fünfzehn! ** die kamen in kib-
 6          buzim! * arbeiten einen halben tag! * und lernten einen
 7          halben tag! * d/ all diese! * beherrschen die hebräische
 8          sprache perfekt! ** das=is eine gruppe! * #perfekt# ** ich
 9    K                                            #BETONT #
10    PF:   glaube viele von denen denken auch in hebräisch! ** akzent!
11          ** bleibt! ** komischerweise! * dann gab es solche! ** die
12          * älter waren! so wie ich! * aber die hier studierten! *
13          ich hab kollegen die zum beispiel jura studierten! * die
14          mußten * danach ** und talmud * teilweise! * auch lernen! *
15          deren hebräisch * ist auch * in schrift * und lesen per-
16          fekt! *4* dann gab es solche * die das glück ha:tten! *
17          zertifikate zu bekommen * und auf die technische hochschu-
18          le hier gingen! oder auf die universität in jerusalem! *
19          denn das waren die zwei einzigen ** akademischen institu-
20          tionen die es gab! ** alle die! * die dort ihre studien
21          beendeten! ** beherrschen hebräisch! ** in schrift und
22          sprache ** perfekt! * fehlerlos! ** aber mit akzent! [...]
23          [FORTSETZUNG MIT EINER FRÜHEREN STELLE DES GESPRÄCHS]
24    PF:   zu meiner schande muß ich gestehen daß=ä zum unterschied
25          von vielen andern die schon in wien hebräisch lernten * ä
26          speziell die die sich in zionistischen bewegungen befanden
27          daß ich kein wort hebräisch konnte! * das heißt kein wort
28          is übertrieben * ich wußte was schalom heißt! ja! ** aber
29          ** als ich meinen ersten gehalt bekam hab ich nahm ich mir
```

---

[11] Vgl. Ph 42: Einleitung S. 14 und Bericht von J. Stern, S. 154.

```
30           einen hebräischen lehrer * und=ä: der mich=ä: * grammatik
31           lehrte! ** und da er latein konnte und ich auch etwas la-
32           tein gelernt hatte! * half uns das sehr! ** die hebräische
33           grammatik is: * sehr sehr logisch! * aufgebaut! ** ä: *
34           später hatt ich dann keine zeit und kein geld mehr dafür!
35           ** und ä: ** unternahm nicht viel! * ä: * bezüglich * des
36           * erlernens: * der hebräischen sprache! * selbstverständ-
37           lich * lernte man * hebräisch sprechen! * da das die um-
38           gangssprache war! * ä denn nicht alle! * ä: von unserm
39           freundeskreis * kamen aus * oder österreich aus deutsch-
40           sprachigen ländern! ** die hebräische sprache! * ä: * in
41           schrift * in schrift! ** i/ nicht in lesen! ** vielleicht
42           in schrift und in lesen! * ä: mußte ich selbstverständlich
43           lernen im moment wo ich=ä: * ä anfing * im jahre einun-
44           fünfzig * für meine firma zu arbeiten! * aber ** die: **
45           die beherrschung der hebräischen sprache! * in schrift! *
46           und * lesen! auf dem gebiet der * fachliteratur! ** ä habe
47           ich * gemeistert! ** aber nicht * auf dem gebiet der poe-
48           sie oder der belletristik! * ich lese bis heute nicht *
49           hebräische bücher! * ich #könnte# sie lesen! * aber * ich
50    K                       #BETONT#
51    PF: lese sie zu langsam! * und * man hat dann einfach nicht
52           mehr die nerven dazu! * ä: ** während der kriegsjahre! **
53           während des: ** f/ fünf jahre die ich im englischen mi-
54           litär verbrachte! * und mich * hauptsächlich * zum großen
55           teil der englischen sprache! * bediente! * auch englisch d/
56           zu lesen hatte! * und zu schreiben hatte! * so daß ä ** ich
57           die englische sprache de facto * ä * während dieser zeit *
58           zu einem * größern extent * beherrschte * als hebräisch!
```

Iwrit im Kibbuz schnell gelernt, aber ungern gesprochen

Nira Cohn (geb. Erna Kraushaar), * 1920 in Hannover
Gymnasium in Berlin; 1937 Emigration nach Palästina; anfangs Jugend-Alija im Kibbuz, danach u.a. Bedienung, Sekretärin, später Ausbildung zur Englischlehrerin; gibt Privatunterricht (auch Deutsch).
Aufnahme: Anne Betten, Kirjat Motzkin 1990. Teilweise anwesend: ihr Ehemann Yair Cohn.
Hochlautung; sehr lebendige, stark modulierende Sprechweise, teilweise recht schnell. Häufige Verwendung englischer Wörter. Der meist parataktische Satzbau wird durch viele Einschübe oft komplex; trotz Anakoluthen, Ellipsen und Satzabbrüchen sehr geläufiger Redefluß. Überwiegend Berichtstil, doch mit vielen eingestreuten Episoden; gegen Ende stark dialogisch.
Tonqualität: gut.

```
1    AB:                                            hmhm!
2    NC: [...] und ich habe iwrit schnell gelernt!       ich hab
3           nach neun monaten protokoll! * g/ geführt! und gm/ mein
4           lehrer hat damit angegeben! * im: * kibbuz-diningroom! bei
```

```
 5           den: versammlungn hab ich * mitgeschriebenⵏ ** und konnte
 6           gut hebräischⵏ * und wir sind na die ham=en archivⵏ ich
 7           hab=s nachgekuckt es stimmtⵏ * is nur eine sacheⵏ mein mf/
 8           lehrer wußteⵏ wo man deutsch spricht ist die niraⵏ * alle
 9           haben b/ versucht hebräisch zu sprechen und ich konnte
10           wohl er hat sich darüber geärgertⵏ * und ich hab so gut
11           geschriebenⵏ * und war so=ne gute schülerinⵏ ich mochte
12   AB:                                          hmhmⵏ
13   NC:     nicht gern hebräisch sprechenⵏ            also es hat * dies is
14   AB:                                              njaⵏ
15   NC:     eben wenn man so perfekt sein will wie das so is hat m/ so
16           begonnenⵏ * also ich konnte aber dann b/ bald sehr gut *
17   AB:                           also das  schreiben und das spre-
18   NC:     weil ich mir eben mühe gegeben habⵏ
19   AB:     chen gingen zuerst ausnanderⵏ nja ja=ja gingen (lange)
20   NC:     schreiben              ja jaⵏ ich hab sehr gut
21   AB:     ausnanderⵏ
22   NC:     schon       #ganz bald# sehr * denn es gab viele die über-
23   K                   #BETONT   #
24   AB:     hmhmⵏ                                        hmhmⵏ
25   NC:     haupt schon hebräisch vorher gekonnt hattenⵏ         oder
26   AB:                hmhmⵏ                         hmhmⵏ
27   NC:     gelernt hattenⵏ  ich hatte nich ein wort gelerntⵏ [...]
```

Eines der ersten hebräischen Bücher war "Emil und die Detektive"

Usi Biran (ehem. Edgar Birnfeld), * 1920 in Ludwigshafen
Realgymnasium, jüdische Aufbauschule; 1937 Emigration nach Palästina; Berufsschule, anfangs
Kibbuz, Palmach, später Tischler, Studien, Dozent am Lehrerseminar, Schulrat, Abschluß des Studiums
(Pädagogik, Geographie).
Aufnahme: Miryam Du-nour, Jerusalem 1991. Mit teilnehmend: seine Ehefrau Rina Biran-Langrod, s.
S. 75.
Hochlautung, auf allen Ebenen sehr standardsprachlich. Durch viele Selbstkorrekturen, Suche nach dem
richtigen Ausdruck wirkt der Satzbau weniger kontinuierlich und korrekt als er ist. Im ersten, mehr
monologischen biographischen Erzählteil auch komplexe Sätze, nach der späteren Einbeziehung seiner
Frau häufig kurze dialogische Sequenzen.
Tonqualität: mittel.

```
1   MD:     wa/ ward ihr nur deutsche:=ä jungen in de:r in der schu-
2   UB:                                      wir warn nur allen
3   MD:     leⵏ[12]                                              in der
4   UB:     spra/ (alle ä) warn nur ä: leute aus deutschlandⵏ *
```

---

[12] Gemeint ist die Tietz-Schule, vgl. den nächsten Interviewausschnitt von A. Doron, Ph 45: 30-33.

```
 5   MD:  schule↓                                                  (bewerks/ al-
 6   UB:  in in  der schule↓ * (???) (???) wenigsten in den ersten
 7   MD:  so das war) eine (bewerks)schule↓ ja↑
 8   UB:  zwei jahren↓                               es war eine berufs-
 9   MD:           berufsschule↓ ja↓
10   UB:  schule↓ ja↓           ja↓ * und ä: wir hatten lehrer aus
11        dem kibbuz↑ die uns eben ** ä: die uns eben hebräisch bei-
12        gebracht hatten↑ und versuchten uns * ä:: langsam in den
13        hebräischen kulturkreis einzuführen↑ * und auch ä: ver-
14        suchten * daß ä: daß ä uns * zu beeinflussen daß wir he-
15        bräisch sprechen↓ * sollen↓ * und daß ä:: so daß ich * zu
16        der gruppe gehörte * die versuchte↑ * in obwohl die * die
17        umgebung deutschsprechend war hebräisch zu sprechen↓ * was
18        im/ nicht immer sehr einfach war↑ das führt zu ma/ a
19        manchmal zum k/ zu irgendwelchen ** ä: nicht direkten
20        kämpfen↑ aber auf auf jeden fall es * es˚ gab da irgendwel-
21   MD:                         wielange haben diese jungen=ä: leu-
22   UB:  che * ä: spannungen↓ *
23   MD:  te deutsch gesprochen↓ * in der schule↓
24   UB:                                  +alle drei jahre↓
25   MD:  alle       die  ganzen drei jahre↓
26   UB:  LACHT LEICHT                  ja↓ ja↓ mehr im letzten jahr
27   RB:  LACHT LEICHT
28   UB:  gab=s schon einige ko/ einige die sprachen me/ * mehr he-
29        bräisch↓ denn schließlich die umgebung war eine heb/ hebrä-
30        ischsprechende↓ * die lehrer und die: leute im kibbuz wa-
31   MD:                                          aber unter *
32   UB:  ren eine hebräischsprechende gesellschaft↓
33   MD:  unter sich und
34   UB:       unter unter uns ham wir sprach man deutsch↓ LACHT
35        [WEITERE KOMMENTARE; 2:49 Min.]
36   MD:  [...] wann hast du dich: * eigentlich richtig in die spra-
37        che eingelebt↓ *
38   UB:               m::↓ *3* ein/ voll und ga:nz ä: ** wo ich
39        fast nur noch hebräisch schrieb ä ä ä sprach * das fing in
40        dem * kibbuzleben an↓ ** wie die: * ä: wie in dem moment↑
41        wo ich ** im: in de/ in dem * jungen kibbuz oder * vor-
42        bereitungskibbuz war↑ * da sprach man nur hebräisch↓ und
43        ich auch↓ * und das deu/ das einzige mal daß ich deutsch
44        sprach daß wenn ich meine familie besa/ * mein bruder
45   MD:               mit=m bruder hast du bis zum ende deutsch ge-
46   UB:  besuchte↓ **                        (n deu/ n deu/)
47   MD:  sprochen                                       deutsch↓
48   UB:             mit=m meim bruder sprach ich deutsch↓
49   MD:  #hmhm↓       # *3* un:d ä: * was hast du gelesen↓ **
50   K    #LEICHT LACHEND?#
51   MD:                         wann↑
52   UB:  oh↓ ** hebräisch↓ LACHT      von: ä:=a: ich spra/ ich *
```

```
53              las deutsch und hebräisch↑ ** un:d=ä: * von wann↑ *5* ä: **
54              ä eines der ersten hebräischen bücher war emil än emil und
55    MD:                    LACHT
56    UB:  die dedektive↑          ** und ä: kropotkin↑ ** die ä die er/
57    MD:                                    na und dann hast du a/
58    UB:  die: gegenseitige hilfe↓ * LACHT
59    MD:  auf deutsch         ja
60    UB:  und dann ging=s ä:     ganz ganz la/ langsam über ins he-
61              brä/ in hebräisch (geschriebene) bücher und deutsche bü-
62              cher und * dann fing ich auch eigentlich an zu ler/ zu
63    MD:              zu lernen↓   LACHT
64    UB:  lernen↓ *              LACHT
```

"Also es gab solche Gruppen, denen das Hebräische schwergefallen ist"

Aharon Doron, s. S. 7f.

```
1     MD:  [...] sie sind dann mit der jugendalija: * ä: * in=n kib-
2              buz jagur gekommen↓ * in die tietz-schule↓ * das weiß ich
3     AD:                                                      ja
4     MD:  alles schon *      ja↓ * ich hab von der tietz (schon) ich
5     AD:              ja↓
6     MD:  hab nämlich den usi:[13] * auch↓    ä: * ä: interviewt↓ und
7     AD:                                ja
8     MD:  er hat erzählt näml/ daß in die↓ * in der tietz-schule
9              waren * so zwei gruppen unter den schülern↓ die: die: *
10             nur deutsch gesprochen haben↓ und die die * ä: schon:=ä:
11             ei/ ä: etwas hebräisch: sprechen wollten↓ * wa/ ham sie
12             das auch so: gesehen↓ oder war das *              hmhm↑ *
13    AD:                                    ja und nein↓ *
14             ja und nein↓ * ich kann:=ä: n:icht genau übe:r das spre-
15             chen wie er (denn) * ich bin * zwei jahre nach usi in die
16    MD:        aha↓
17    AD:  schule gekommen↓ * in=ä: * dem zweiten jahrgang der schule↓
18             er war im ersten jahrgang↓ vielleicht be/ vielleicht war
19    MD:                        aha↓ *
20    AD:  da noch=n unterschied dabei    ohne jeden zweifel gab es
21             auch bei uns ** ä:m * nich nur einzelfälle↓ sondern grup-
22             pen die ** denen ist einfach das hebräisch schwer gefal-
23    MD:              naja↓ aber wa/ we/ mit siebzehn jahren↓ * fällt es
24    AD:  len↓ **
25    MD:  einen schwer↓ * nur wenn man da hal/ so ein et/ eine bar-
```

---

[13] U. Biran, s. Interviewausschnitt Ph 45: 28-30.

```
26          riere (hat)
27    AD:        +ja:=ä: nicht nur! * nicht nur! * zum beispiel oder
28          ich * erinner mich ** wenn sie das nachher * aufnehmen auf
29    MD:                                                      LACHT
30    AD: ihrem apparat dann wird man mich ä: * steinigen!         ich
31          #erinnere mich# wir hatten vier schüler die aus graz ka-
32    K     #LACHEND     #
33    MD:       ja! *          ja! LACHT LEICHT *
34    AD: men!        österreicher!                    die kamen über-
35          haupt die kamen weder aus deutschland noch aus österreich!
36    MD:                           aus graz! LACHT **
37    AD: sie kamen #aus graz!#           LACHT       denen ist **
38    K             #LAUTER   #
39    AD: palästina! * israel! * der kibbuz! * und die sprache *
40          fremd gewesen und fremd geblieben! ** ich weiß nich ob das
41          nun die tatsache war daß das vier jungens waren denn (für
42          mich sind=s:) * ich kann nich sagen daß die * so zusammen-
43          gelebt haben! also diese vier be/ * waren eigentlich keine
44          gruppe! * aber * ich erinnere mich sehr wohl daran! daß
45          diese vier jungen! von denen auch keiner im lande geblie-
46    MD:      aha! die sind ausgewandert!
47    AD: ben is!                      ja! im laufe der jahre!
48    MD: hmhm!
49    AD:      der eine ist in der: im englischen militär gewesen
50          und nicht zurückgekomm der andere ist nachher zu seinen
51          verwandten nach amerika gefahren der dritte nach austra-
52          lien! * auch nach dem * freiheitskrieg hier im lande! * die
53          verbindung * hat sich einfach nich so hergestellt wie bei
54    MD:              hmhm!
55    AD: den andern! also es gab solche gruppen! * ä:m ** es gab
56          auch welche bei denen das * denen das hebräische schwerge-
57          fallen ist! ä * ich will ihnen=n gutes beispiel geben! **
58          bei mi:r in meinem jahrgang! * gab es ** drei ** ä zwil-
59    MD:        hm! ** drei zwillinge drei paare von
60    AD: linge! *                             drei paare von
61    MD: #drei paare von zwillingen!# das is selten!
62    K   #ÜBERRASCHT             #
63    AD:   zwillingen!            drei paare     von zwillingen!
64          * die einen kamen aus wien! * geboren in krakau! ** ä: **
65          die waren ** fließend in hebräisch nach * kurzer zeit!
66    MD:                                 die haben wahr-
67    AD: hatten sich auch dafür interessiert! *
68    MD: scheinlich auch zu hause!
69    AD:                         vielleicht auch zu hause etwas
70          davon bekommen! * n:icht sehr viel! ich ke/ ich kannte die
71    MD:       hm!
72    AD: eltern!    nachher! * hier im lande! ** das zweite paar! *
73          ä: * wie soll ich sachn so! so! *4* das dritte paar! *4*
```

```
74            nach dem einen gibt es eine stadt hier im lande↓ * tel
75   MD:           hmhm↓ ja↑ *
76   AD:   chanan↓              chanan salinger is in berlin geboren↑
77         * ä: * hatte einen zwillingsbruder * der auch in dieselbe
78         sch/ * schule ging mit mir zusammen↑ ** chanan wa:r * wie
79         ich selbst aktiv in der hagana↑ * das war eigentlich sein
80         ganzes leben↓ *3* sein hebräisch war ** wie soll ich sagen↑
81         * schwach↓ ** wenn es zum schreiben kam * ganz bestimmt↑ *
82         er hat sich schwer getan dabei↓ * und das gleiche=ä: war
83         sein bruder↓ * #auch für ihn war das schwer↓# * obwohl
84   K                  #LEISE                               #
85   AD:   #beide # * ä: * hier im land=ä sich eingelebt hatten↑ und
86   K     #BETONT#
87   AD:   und und=ä: * für die war das * wie für mich auch ä: * ihr
88         ganzes leben↑ * ham sich dabei schwer getan↓ ** hä: * das
89         hat mit ihren * wurzeln und den zusammenhängen (un=dann)
90         der der der ä ihrem kulturleben eigentlich nich viel zu
91         tun gehabt↓ * die tatsache war↑ daß sie=sch innerhalb der
92         sprache schwer getan haben↓ * da kamen noch ä: * dinge da-
93         zu↓ zum beispiel *3* mein i/ innerhalb der gruppe * in-
94         nerhalb dieser dieser meines jahrgangs wir waren in vier
95         gruppen geteilt * ä: ** in * in der schule↓ * wer mehr
96         hebräisch kannte wer weniger hebräisch kannte *3* mein
97   MD:                                    hmhm↓
98   AD:   lehrer↑ * kam aus * wolyn↓¹⁴          aus polen↓ ** den hab
99         ich am anfang zwar nich so gut verstanden↓ * aber das hat
100        mich viel schneller innerhalb in die sprache reingebracht↓
101        ** der lehrer von den salingers↑ * der kam aus berlin **
102  MD:   da konnte er                        aha↓ *
103  AD:          er war der leiter der schule          der hat he-
104        bräisch gesprochen↓ der kannt/ (der) konnte gut hebräisch↓
105        * aber g/ hebräisch gesprochen wie ein guter jecke ** und
106  MD:                                    hmhm *
107  AD:   so #haben auch die schüler# gesprochen↓          es gab
108  K       #LEICHT LACHEND         #
109  AD:   schon gründe dafür noch dazu↓ * ä: manches mal war ein
110        grund auch das ei/ sich-einleben in das: * in den kibbuz↓
111  MD:   ja↓ das (kennt man)
112  AD:          obwohl   es in dem fall von den salingers zum
113        beispiel * nicht der fall war↓ * aber zum teil war das
114        auch ein grund↓ * ä: ich bin ja zu den * ä: versammlungen
115        des kibbuzes gegangen↑ * und ä:: ** wenn man daran so teil-
116        nimmt↑ muß man schon irgendwie nich nur verstehen↓ sondern
117        sich auch * auszudrücken v/ ä ausdrücken können und so
```

---

¹⁴ Volhynia (russ. Volyn): Gebiet im Nordwesten der heutigen Ukraine.

```
118        weiterı ** es gab also solche die ** sich da nich so ein-
119        lebtenı * das gab esı
```

Der Übergang zum Hebräischen war ein sehr bewußter Vorgang

Dr. **Leni Yahil** (ehem. Hoffmann, geb. Westphal), * 1912 in Düsseldorf
1 Jahr Studium, Hochschule für die Wissenschaft des Judentums in Berlin; 1934 Emigration nach
Palästina; Fortsetzung des Studiums (Geschichte, Literatur), journalistische und politische Tätigkeiten,
Promotion, Professorin für moderne jüdische Geschichte (Holocaust), Gastprofessuren in den USA;
Fachpublikationen.
Aufnahme: Miryam Du-nour, Jerusalem 1993.
Hochlautung. Gleichbleibend berichtender Stil mit theoretischen Erörterungen; überwiegend dialogisch,
an Fragen orientiert. Trotz verhältnismäßig vielen Selbstkorrekturen, Anakoluthen und Abbrüchen
Gesamteindruck schriftsprachlich orientierten Formulierens.
Tonqualität: gut.
CD Nr. 8: Z. 1-18; 30-58.

 1   LY: [...] ich hab mich auch zur ä:m in d/ in der ersten zeit
 2   auch noch während ich noch ä: i/ d/ dort in=ä: chederaı in
 3   dieser gruppe warı die da ft/ also sich vorbereitete für
 4   die ansiedlung * und da w/ arbeitete man ja auchı nichtı ä
 5   n ich hab mich da auch noch etwas mit deutscher literatur
 6   beschäftichtı also: ich könnt das gar nich sagenı ich er-
 7   innere mich daß ich damals den gundolf gelesen habe und *
 8   o:=ä: alle möglichen: anderen dinge die: m: die m/ mich
 9   damals interessiert haben nochı * aber (da)=später * dann
10   wie ich nach jerusalem gekommen bin in: steigendem maßeı ä
11   hab ich mich davon abgewandtı * nicht daß ich nich noch
12   gelesen habeı ich hab sehr viel noch ä deutsche literatur
13   und philosophie und alles mögliche auch hier noch gelesenı
14   * aber meine aktivität die: intellektuelle aktivität hab
15   ich sehr auf das=ä: * m:=ä: auf d/ dann auf das hebräische
16   und auf die: die die n/ auf den jüdischen sektor sozusagen
17   MD: wannı an welchem * punkt * ob das über-
18   LY: konzentriertı *
19   MD: haupt möglich istı * ä: * kannst du sagen daß du dich ge-
20   fühlt hast daß du ganz * frei * hebräisch: * ä * liestı *
21   ich sag nicht sprecheı also natürlich spreche ein punktı *
22   ä liest zweiter punkt #und schreibst# * nicht nur gewöhn-
23   K   #BETONT   #
24   MD: lich alltäglich sondern * wirklich * ä: * geistlich=ä: *
25   a/ ä au/ ä ausf/ ä geistlicher ausdruck im hebräischenı
26   hast du a:
27   LY: gut   ich sagt=ä: das is ein ä sehr das war ein sehr
28   bewußter: vorgang bei mirı ich hab zum beispiel RÄUSPERT
29   SICH ich glaube das hab ich euch neulich schon mal er-
```
```

```
30        zählt↑15 * ich hab auf der universität systematisch * ja
31        ich hatte natürlich auch in geschichte und allen möglichen
32        dingen↑ ä:m allgemeine literatur zu:=ä zu lesen↓ in ver-
33        schiedenen sprachen↑ ja↑ ä: ich hab=ä meine MA-arbeit hab
34        ich über tocqueville gemacht↓ das war alles französisch↓ ä:
35        * und RÄUSPERT SICH da sehr viel=ä: literatur war auch
36        damals schon englisch↓ und=ä: deutsch natürlich war * in
37        jüdischer geschichte k/ konnte man ohne deutsch ni=ä si-
38        cherlich nich auskommen↓ aber ich habe damals von vorn-
39        herein ä: meine notizen die ich * die ich mir selber die
40        ich mir gemacht habe↓ * aus den büchern oder während der
41        arbeits(seite)↑ ä die die hab ich immer in der jü/ ä auf
42 MD:                          hm↓ bewußt↓              obzw/ obz/ aha↓
43 LY:  hebräisch gemacht↓              bewußt↓ um um mich an
44 MD:  obzwar es schwieriger war↓      um/ obzwar es schwieriger
45 LY:       um das * um/ umzudenken↓
46 MD:  war↓ *                                    hmhm↓
47 LY:      ä ja↓ aber das ging dann sehr schnell↓        das
48 MD:                                      hmhm↓
49 LY:  ging sehr sch/ ich war ja schließlich noch jung↓ nicht↑
50 MD:      ja↓                                ja↑
51 LY:  LACHT    da gehen solche dinge schneller↓      also daß *
52        daß ich wirklich die hebräische (ja und dann) hab ich sehr
53        viel gelesen auch und sehr viel te/ * ä bibel wie gesagt
54        studiert auch↑ * und=ä: auch andere: quellen * und das=ä:
55        m m m ä * das hat=ä: ich bin (also) so: sechsundreißich
56        hier auf die universität gekommen↑ * ich könnte sagen daß
57        nach zwei jahren ich schon keinerlei probleme mehr gehabt
58        habe↓ [...]
```

---

[15] L. Yahil ist eine persönliche Freundin des Ehepaars Du-nour, spricht aber sonst mit ihnen nur Hebräisch (wie auch die anderen Interviewpartner/innen von M. Du-nour).

1.2.3 Später bzw. unvollständiger Spracherwerb

"Aber ich habe hier hauptsächlich Englisch gelesen und gesprochen"

Katherina Rahel Sophie Kloetzel (gen. Cary Kloetzel), * 1919 in Berlin
Lyzeum; 1934 Emigration nach Palästina; noch 1 Jahr Schule, Verkäuferlehre und -tätigkeit, danach u.a.
Arbeit in meteorologischer Station, später in einem großen Kunstgewerbegeschäft, Leiterin einer Kunst-
gewerbeausstellung; heute Volontärtätigkeiten, u.a. in der Touristikbranche.
Selbstaufnahme (freies Sprechen), Jerusalem 1990.
Manchmal leichte berlinerische Färbung; stark akzentuierend. Konzentrierter, zugleich sehr lebendiger,
abwechslungsreicher Redestil in teilweise komplexen Konstruktionen und gewählter Ausdrucksweise.
Tonqualität: gut.

```
 1   CK:  [...] ich glaube sie fragten mich damals: * welche sprache
 2        mir am leichtesten fällt⌐ ** ä:: * wie sie merken⌐ * mein
 3        deutsch ist noch ganz fließend⌐ * ich kam mit vierzehn
 4        jahren hierher⌐ das war neunzehnhundertvierunddreißig⌐ *
 5        also schon eine kleine weile her⌐ * aber ich habe hier *
 6        hauptsächlich englisch gelesen und gesprochen⌐ * ich war
 7        auch im englischen militär⌐ * und ä: zu meinem glück⌐ *
 8        wenn ich so sagen darf⌐ * hab ich keine deutsche ausspra-
 9        che⌐ * man weiß nie * ä: * man is vielleicht nicht hundert
10        prozent davon überzeugt daß ich engländerin bin⌐ aber man
11        is meistens überzeugt daß ich aus einem englischsprechen
12        land komme⌐ * was: mir * nur angenehm is⌐ * hebräisch⌐ is
13        eine sprache⌐ ** die ich leider hier nie gelernt habe⌐ *
14        die tatsache * daß ich nur ein jahr in die schule hier
15        ging⌐ * und dann * herausgenommen wurde aus dem einfachen
16        * grund weil mein vater * sechs jahre lang⌐ * von de:r
17        hand in=dn mund wie man sagt * verdiente⌐ * keine feste
18        anstellung hatte⌐ * und einfach * ä ich dazuverdienen muß-
19        te⌐ * so daß ich ein jahr nach der schule hier abging *
20        und ein:=ä: * lehrling⌐ in einem geschäft wurde⌐ * wo man
21        mich den * staubwischendn sonnenschein⌐ * taufte⌐ * weil
22        ich immer guter laune war⌐ * und sehr viel staubwischen
23        mußte⌐ * ä: * so: * habe ich was ich an: hebräisch⌐ * iwrit
24        * kann⌐ * im grunde genommen * erst viel später⌐ durch:
25        radio⌐ * und ganz spät durch #television⌐    # * ä: er-
26   K                              #ENGL. AUSSPRACHE#
27   CK:  lernt⌐ * ich spreche * fließend hebräisch⌐ * aber ich spre-
28        che nicht hundertprozentich korrekt⌐ * das liegt daran daß
29        es: in dieser sprache * männliche und weibliche worte und
30        zahlen gibt⌐ * und wenn man die nich mit der muttermilch
31        oder zumindest LACHT mit der anfangsklasse * ä:m * aufge-
32        nommen hat * so wird das verdammt schwer * um wirklich zu
33        wissen was * feminin und was maskulin: is⌐ * noch dazu wo
```

```
34        es worte * gibt die zwar im singula:r weiblich sind im ä:
35        männlich sind * in der mehrzahl aber weiblichⵏ * also *
36        man muß es wissenⵏ ** ä:: hebräisch lesenⵏ hab ich deshalb
37        so gut wie nie getanⵏ * ich kann heute absolutⵏ * wenn ich
38        will * artikel lesenⵏ zu büchern hab ich mich * ehrlich
39        gesagt noch niemals aufgeschwungnⵏ * in den::=letzten zei-
40        tenⵏ * wo: sehr viele en:glische oder auch im: * im * is-
41        raelischen programmⵏ * aber * die arabische stunde sozusa-
42        genⵏ * filme gegeben werden * die: auch andere leute inter-
43        essierenⵏ * sind hebräische: * titelⵏ * überdrucktⵏ *
44        und=da ich nicht nur schnell spreche sondern auch schnell
45        lese * so bin ich eine von den wenigen * meines kreisesⵏ *
46        die: * mit diesen titeln mitkommtⵏ * und dadurch=ä: hab
47        ich mein lesen * doch sehr verbessertⵏ [...]
```

"Zehn Jahre, nachdem ich ins Land kam, fand ich, daß es so nicht weitergehen könnte"

Dr. **Alfred Abraham Wachs**, * 1914 in Berlin

Abitur, Volontariat bei Kaufhauskonzern (abgebrochen), 1934-35 Umschichtung in Jugoslawien, Studium an der Hochschule für die Wissenschaft des Judentums in Berlin, 1936-38 Studium (Agronomie) in Florenz, Aufenthalt in der Schweiz; 1939 Emigration nach England, dort u.a. auf einer Ausbildungsfarm tätig, ab 1940 in australischem Internierungslager, 1942 Ankunft in Palästina; kurz im Kibbuz, dann in psychiatrischem Krankenhaus tätig, später israelischer Marineoffizier; nach früher Pensionierung Psychologiestudium und Promotion in der Schweiz, anschließend in Israel in der Schulpsychologie und als Psychologe bei der Handelsmarine tätig; noch heute freiwillig arbeitend.
Aufnahme: Anne Betten, Haifa 1990. Zum Schluß teilweise anwesend: seine Ehefrau.
Leichte berlinerische Färbung. Sehr schriftsprachlich orientierter, überlegter, flüssiger Redestil in teilweise sehr komplexen Konstruktionen mit abwechslungsreichem Einsatz von Satzanschlußmitteln.
Tonqualität: gut.
CD Nr. 10: Z. 1-29.

```
1    AB:              hmhmⵏ          hmhmⵏ *
2    AW:  [...] ich will es kurz ä:        fassenⵏ * ich kam also: *
3         ins landⵏ * mit * englisch als meiner: hauptspracheⵏ schon
4         einige jahre langⵏ * die ich dann in der * marine wei-
5         ter*führteⵏ * und auch in den ersten jahren der israeli-
6         schen marine da ich dort hauptsächlich als verbindungsmann
7    AB:                                             hmhmⵏ
8    AW:  zu den * englischsprechendenⵏ * ä:: * kollegenⵏ * die in
9    AB:                      hmⵏ        hmⵏ
10   AW:  der führung der marine damals maßgeblich warenⵏ * ä bis
11        ich=ä: etwa um neunzehnhunderteinunfünfz/ zweiunfünfzich
12        das heißt also * bereits zehn jahre * nach meiner * nach-
13        dem ich ins land kamⵏ * fand daß es so nicht weitergehen
14        könnteⵏ daß mein hebräisch auf einem so absolut * niedrigen
```

```
15            ä niveau * stand↓ * ich habe damals mit einigen kollegen↑ *
16   AB:                                              (nja)
17   AW: einen * crash*kurs↓ wie sagt man das auf deutsch↓ * einen
18   AB:   * intensiv
19   AW:            einen intensivkurs↑ wir haben uns eine lehre-
20        rin genommen↑ * und haben ungefähr ** sechs wochen lang↓ *
21        ein sechzehnstündiges tagesprogramm↑ hebräisch: * erworben↓
22        * das is die grundlage meiner hebräischen kenntnisse↓ die:
23        * das war die basis↓ * ich habe seitdem * wie gesacht doch
24        immerhin die fähichkeit errungen * hebräisch einijermaßen
25        anständich zu schreiben zu verstehen und auch * ä zu spre-
26        chen↓ * wobei ä ich mir der immer noch darüber klar * bin↑
27        daß es also * nich ganz und gar dem entspricht was ich
28        eigentlich von der #sprache * erwarte↓# [...]
29   K                   #LEICHT LACHEND    #
```

"Ich konnte die ausgefallensten Sachen sagen, aber ich konnte nicht mal fragen 'Wie geht's Ihrer Schwester?'"

Frau X (auf Wunsch anonym), * 1911 in Berlin
Lyzeum, Sekretärin im väterlichen Notariat; 1933 Emigration nach Palästina; Sekretärin, später im Büro ihres Mannes und im eigenen Geschäft tätig.
Aufnahme: Kristine Hecker 1990.
Ganz leichte berlinerische Färbung. Relativ häufiger Gebrauch englischer, seltener hebräischer Wörter und Wendungen. Sehr lockeres Gespräch, daher oft sprechsprachliche Phänomene wie Ellipsen, Parenthesen mit nachfolgendem Anakoluth, Ausklammerungen; überwiegend Parataxe, doch bei den hypotaktischen Konstruktionen breites Spektrum an Nebensatztypen. Durchgehend flüssiges Erzählen. Tonqualität: mittel bis schlecht.

```
1    KH: wie haben sie denn beide iwrit gesprochen↓ * doch wenn sie
2        ä kunden hatten mußten sie=s doch gut können↓
3    FX:                          ja das=s eine * very
4        good question↑ wie man sagt * in amerika↑ * ich habe * ir-
5        gendwie wie man hier sacht mistaderet[16]↑ * aber ä * ich
6        mein mann * der sprach besser↑ * der hatte die gabe mit ein
7        paar ha/ wor/ hundert vokabeln↑ * so umzugehen daß man ge-
8        glaubt hat da steckt viel mehr dahinter als wirklich war↑ *
9        und ä aber * mit meinem iwrit is=es * sehr sehr schwach↓ *
10       ich kann mich verständijen auf der straße und=ä im bus
11       oder banken oder garage↓ * also was ich unbedingt muß und
12       ihre frage sehr gut im geschäft * hab ich gesprochen fra-
13       gen sie nich mit wieviel fehlern↑ * und wieviel leute nach-
14       her leibschmerzen bekommen haben ja wenn sie ä lange mir
```

---

[16] Hebr.: 'ich komme zurecht'.

```
15          zugehört haben * und ich habe sogar gelernt mittels wör-
16          terbuch * rechnungen zu schreiben⌐ * auf iwrit⌐ * aber je-
17          denfalls ä mein sohn war immer sehr sehr böse bis zum heu-
18          tigen tach⌐ * denn er sacht du warst so jung damals⌐ ja⌐ *
19          aber ich muß:=ä offen sagen es is mir sehr schwer gefallen⌐
20          * und es is nich daß ich(=s) nicht versucht habe⌐ * ich hab
21   KH:                                                              und
22   FX:    drei ulpanim¹⁷ ä:: mitgemacht⌐ ja⌐ also drei jahre lang⌐
23   KH:    welche zeit ungefähr⌐ * noch gleich am anfang o̲d̲e̲r̲ ̲s̲p̲ä̲t̲e̲r̲⌐
24   FX:                                                        ä̲:̲ ̲i̲c̲h̲
25          hab am anfang * ja am anfang da haben wir sogar war=s die
26          frau von unserm partner in dem meschek bajit¹⁸-geschäft⌐
27   KH:    j̲a̲⌐
28   FX:    w̲a̲s̲ ich (vorhin) ge/ * erwähnt habe und ich⌐ * haben uns
29          einen lehrer kommen lassen und ham zu ihm gesacht⌐ * wir
30          bitten sie eins⌐ * wir wollen jetzt erstmal nur * lernen *
31          was * vorkommt im geschäft⌐ * und das waren haushaltssa-
32          chen⌐ * und ich konnte sagen reibeisen und ich konnt=die *
33          ausgefallensten sachen sagen⌐ * und ich konnte einn wasch-
34          korb * verkaufen für neuverheiratete für ihre einrichtung
35          alles auf iwrit⌐ * aber ich konnt nich mal fragen wie
36   KH:                                                      j̲a̲:̲⌐
37   FX:    geht=s ihrer schwester⌐ ** also ä so is mein i̲w̲r̲i̲t̲ eigent-
38          lich * bis heute⌐ ja⌐ * ich versteh die nachrichten ä einn
39          teil nur * ä meine enkelin zum beispiel spricht mit mir
40          fast nur iwrit und schnattert wie ein maschinengewehr⌐ *
41   KH:           L̲A̲C̲H̲T̲ ̲K̲U̲R̲Z̲
42   FX:    und da v̲e̲r̲s̲t̲e̲h̲      ich sehr viel⌐ * aber einzelne worte da-
43          raus=ä würd ich nicht=ä wissen was sie * sondern im zusam-
44          menhang⌐ * komme ich dann absolut mit⌐ [...]
```

"An und für sich bin ich durch das Gesprochene reingekommen"

Stefan Schmuel Rothstein, * 1911 in Kitzingen
Lehre in einer Weinhandlung, Mitarbeit in der Weinhandlung des Vaters; 1933 Emigration nach Palästi-
na; eigener Wäschereibetrieb.
Aufnahme: Anne Betten, Kirjat Ata 1990. Mit anwesend: eine Bekannte.
Unterostfränkische Färbung (südlicher Würzburger Raum); sehr klare, bestimmte Sprechweise, lebendi-
ge Redegestaltung. Weitgehend standardsprachliche Orientierung und komplexe Sätze, v.a. in argumen-
tativen und berichtenden Passagen; bei szenischem Erzählen und im Dialog auch viele Kurzsätze,
Ellipsen, Satzabbrüche, Anakoluthe.
Tonqualität: gut bis mittel.

---

[17]   Plural von hebr. *ulpan*: Hebräisch-Intensivkurs für Neueinwanderer.
[18]   Hebr.: 'Haushaltswaren'.

```
 1    AB:  [...] konnten sie * hebräisch als sie hier ankamen⌐
 2    SR:                                                      +nein⌐
 3    AB:  nicht⌐             kein wort⌐ LACHT wie hat sich das ent-
 4    SR:          kein wort⌐
 5    AB:  wickelt⌐ ham sie überhaupt hebräisch gebraucht dann⌐
 6    SR:                     ich hab (sch/)                  ich
 7         hab hebräisch gebraucht⌐ weil ich äm: erstens im geschäft⌐
 8    AB:    hm⌐
 9    SR:  *       und zweitens war ich in den jahren von neunzehnhun-
10         dertachtvierzig bis neunzehnhunderteinundfünfzig war ich
11         #leiter #  * der militärwäscherei in:=n:ord**palästina
12    K    #[laedɐ]#
13    SR:  damals noch⌐ ** also hier in haifa außerhalb haifas⌐ * und
14         dort=ä: mußte ich hebräisch sprechen⌐ hab gar keine ande-
15    AB:                                     sind sie durch=s sprechen⌐
16    SR:  re: * möglichkeiten gehabt⌐ *
17    AB:  also in die gesprochene sprache reingewachsen oder ham sie
18    SR:                                                       durch
19    AB:  a/ * (schreiben)                     hm⌐
20    SR:  spre/ ä ä:       ich hab am anfang gelernt⌐ aber das hat
21    AB:              hm
22    SR:  nicht viel genü/ an und für sich⌐ * bin ich durch das ge-
23    AB:            hm⌐ *                 hm
24    SR:  sprochene      reingekommen⌐ und ich s/ ich habe auch
25         heute noch einen stammtisch⌐ * wo nur hebräisch gesprochen
26    AB:        hmhm⌐                              hmhm⌐ * sind
27    SR:  wird⌐ deswegen⌐ * daß ich=s nicht vergesse⌐
28    AB:  sie ins schreiben und * lesen dann auch gut reingekommen⌐
29    SR:                      nein⌐               lesen
30    AB:  oder⌐ hmhm       hmhm              hmhm⌐
31    SR:  ja⌐    schreiben:=m::   *3* geht es so ich weiß in deutsch-
32    AB:                                     LACHT        [...]
33    SR:  land wär ich warscheinlich durchgefallen aber:  LACHT
```

Hebräisch durch Radiohören gelernt, als die Söhne im Krieg waren

Ruth Luise Tauber, s. S. 19.
CD Nr. 11: Z. 1-44.

```
 1    RT:  [...] hebräisch hab ich angefangen v/ v/ vom * mit durch
 2         radio⌐ * und #television      # zu lernen⌐ HOLT LUFT etwas
 3    K              #ENGL. AUSSPRACHE#
 4    RT:  g/ hab ich schon ge*konnt⌐ ich konnte bloß keine * keine
 5         anständige unterhaltung führen⌐ nich⌐ * also d/ w/ nim/ ä
 6         wie die kinder än zum * beide zum militär gingen hab ich
 7         ange/ mein: ä ältester sohn * war z/ über zwei jahre am *
```

```
 8         kanal hm nach dem siu/ nach dem sechstagekrieg↓ äm * ver-
 9         schleißkrieg dort im=s/ im * im sinai↓ HOLT LUFT und des
10         de:r ä da hab ich natürlich dauernd radio gehört↓ * und
11         davon hab ich hebräisch gelernt↓ HOLT LUFT außerdem ham=wir
12         da schon ne telev/ die erste zeit #television      # ge-
13    K                                      #ENGL. AUSSPRACHE#
14    RT:  habt↓ HOLT LUFT nu ich hatte ja keine möglichkeit↓ ich muß-
15    AB:                                        hm↓
16    RT:  te doch die nachrichten hören↓ nich↑     also erst hab ich
17         nich alles verstanden↓ und immer m/ immer mehr hab ich ver-
18         standen↓ genauso mit=m lesen↓ und * wenn etwas mit iw/ *
19         englisch kann ich ganz gut↓ * ä mit englisch mit iwrit
20         untertiteln HOLT LUFT * da hab ich g/ a gemerkt wenn ich
21         anfange * von: * rechts nach links↓ * ich komm gar nich bis
22         zum ende is schon wieder das nächste↓ * also dann hab ich
23         manchma: * das letzte wort gelesen↓ HOLT LUFT und * durch
24         diese * routine also das jahrelange * #television      #
25    K                                        #ENGL. AUSSPRACHE#
26    RT:  sehen↓ * hab ich sowohl lesen richtiger gelernt↓ das geht
27         mir schon viel schneller↓ HOLT LUFT und ich könnte auch
28         eine zeitung lesen↓ bloß die zeit hab ich nich↓ * verstehen
29         sie das is ä HOLT LUFT aber ich hab viel iwrit gelernt↓ *
30    AB:  hm:↑
31    RT:       und vorträge * beim radio↓ * es gibt mal ein wort das
32    AB:                    also       man könnte sagen ihre alltachs-
33    RT:  ich nich kann↓ * aber dann
34    AB:  kommunikation ä und ihre nachrichten * und vor allen din-
35         gen fernsehen und so das beziehen sie: iwrit↓ *
36    RT:                                         a ja↓ *
37         auch hab ich heute ich muß noch etwas sagen * ich hab vie-
38    AB:                    hm↓                              hm↓
39    RT:  le junge freunde↓     die sprechen natürlich nur iwrit↓
40         also mit denen sprech=ich iwrit↓ * wenn ich b/ ä es gibt
41         welche ich sage immer das is bei mir * lotterie des iwrit↑
42         also unsere lotterie heißt hier mif'al hapajis↑ * ä wenn
43         manchmal gewinn ich auch↓ also=s is auch alles richtich↓
44         nich↓ [...]
```

"Unser Iwrit ham wir nur durch Osmose gelernt"

Anton Fritz Peretz Steiner, * 1907 in Königshof (bei Prag)
Technische Hochschule, Diplomingenieur; 1939 Emigration (Ziel: Palästina), 1940-45 auf Mauritius
interniert, dort Sekretär des Campkomitees; 1945 nach Palästina; Ingenieur.
"Prager Deutsch", doch mit deutlich österreichischer Färbung (Eltern aus Wien). Innerhalb des stark
dialogisch geprägten Dreiergesprächs auch längere monologische Passagen in gewählter Diktion.

Chana Steiner (geb. Frank), * 1910 in Mannheim

Handelshochschule, Sekretärin, 1934 nach Prag geheiratet; 1939 Emigration (Ziel: Palästina), 1940-45 auf Mauritius interniert, 1945 nach Palästina; Sekretärin in gehobener Position.

Nur ganz leichte mannheimerische Einfärbung. Gelegentlich hebräische und englische Wörter (und auch österreichische wie *Feber*). Sehr korrekter, schriftsprachlich geprägter Satzbau, z.T. in längeren, hypotaktischen Konstruktionen.

Aufnahme: Kristine Hecker, Ramat Chen 1990.

Tonqualität: gut bis mittel.

```
 1   KH:  und wann ham sie beide iwrit gelerntⵏ *
 2   CS:                                       mit den kindern
 3   AS:                                       (???)
 4   KH:  (dankeⵜ)
 5   CS:  zusammenⵏ *           wir ham mit den kindern nur iwrit ge-
 6   AS:              wir ham
 7   KH:    ahaⵜ
 8   CS:  sprochenⵏ *
 9   AS:               unser iwrit ham wir nur durch osmose gelerntⵜ
10   KH:  ja:ⵜ *
11   CS:                                           nur mit den
12   AS:        das is was uns so eingedrungen isⵏ **
13   CS:  kindernⵜ *           un  jetz is hier eine sehr gute
14   AS:            jaⵜ * ja wir ham
15   CS:  sacheⵜ direkt gegenüber von dem heimⵜ * is ein mo'adonⵜ *
16        lewatike ramat chenⵜ * mit * mit chu/ mit chugimⵜ mit ä: *
17   KH:                                        seit wann gibt es
18   AS:  kursenⵜ
19   CS:    kursenⵜ * und da nehmen wir teilⵜ und=da
20   KH:  dieses ä: ma/ mo'adon dieses ha/ ä: treffcenterⵏ
21   CS:                                           das gibt
22   KH:                          ahⵜ
23   CS:  es ungefähr vier jahreⵜ    mir sin schon hingegangen wie
24        wir noch nicht hier gewohnt=hamⵜ * und da lernen wir jetzt
25        tenachⵏ * das is für unser iwrit wunderbarⵜ * weil dort is
26        die umgangssprache iwritⵜ * tenachⵏ und ä: * mein mann
27        macht dort hit'amlutⵏ turnenⵏ [...]
```

"Ich bedaure, daß ich mich mit den Enkeltöchtern nicht richtig unterhalten kann"

Erich Josef Kahn, * 1908 in Mainz

Kaufmännischer Angestellter, Umschichtung (Tischler); 1936 Emigration nach Palästina; Tischler, zwischendurch u.a. in einer Raffinerie tätig.

Größerenteils leichte mainzerische Färbung; teilweise undeutliche Artikulation. Innerhalb eines Ehepaarinterviews meist nur kurze Beiträge; eher spontaner Gesprächsstil, manchmal stockend.

Ruth Kahn (geb. Kaliski), * 1909 in Liegnitz

Handelsschule, Sekretärin, 1934-36 Umschichtung in der ČSR; 1936 Emigration nach Palästina; anfangs Kibbuz, dann Haushaltshilfe, Sekretärin, Köchin.

Hochsprache, leicht schlesische Färbung; klare, energische Artikulation. Im lebendigen Dreiergespräch syntaktisch auch viele Erscheinungen gesprochener Sprache (Korrekturen, Ausklammerungen, Ellipsen, Anakoluthe).

Aufnahme: Kristine Hecker, Kirjat Bialik 1990.
Tonqualität: mittel.

```
 1    KH:  wie ham sie beide denn iwrit gelernt! * und wie spre/ ä ä
 2    RK:                                          ich wi/ ä
 3    KH:  ä    (jetzt)                      ah!              ja zu
 4    RK:     ich kann überhaupt kein iwrit!
 5    EK:                                        nich viel!
 6    KH:  nachon¹⁹ langt es ja zum beispiel noch!           (LACHT)
 7    RK:                                      naja nun gut (i/ i/)
 8    EK:                                      LACHT
 9    RK:  ich muß ja *  ich muß ja mit den enkeltöchtern muß ich ä
10    KH:                        ja:!
11    RK:  * sch/ iwrit reden! und mit dem schwiegersohn muß ich iwrit
12         reden! aber * mir fehlt ä d/ (ein) großer wortschatz * nur
13    EK:              (wir könn)
14    RK:  das * allgemeine!
15    EK:        n sinn versteh ich wenn se wenn se (sch/) televisia
16    RK:                                               das all-
17    EK:  höre! * versteh ich den sinn ungefähr! * aber * (versteh/)
18    KH:                                      ja:!
19    RK:  gemeine! * so das tägliche iwrit! aber * n bißchen tiefer *
20    KH:  ja:!              ja:!
21    RK:  ä: rein! verstehen sie in die * und das is das was ich
22         bedaure daß ich mich mit den * enkeltöchtern nich richtich
23         unterhalten kann! nich=n:ur immer so=n bissl oberflächlich!
24         und das tut mir leid! * denn (disch) ham ein wunderbaren *
25         verhältnis zusamm!
```

"Es ist leichter sich zu schämen als zu lernen"

Nora Hauben (geb. Lebenschuß), * ca. 1925 in Chemnitz

Gymnasium, 3 Jahre im KZ; 1947/48 Emigration nach Palästina; Verkäuferin, Dienstmädchen, Bibliothekarin, schriftstellerische Tätigkeit. (Angaben unvollständig.)

Aufnahme: Kristine Hecker, Ramat Gan 1990.

---

[19] Hebr.: 'gut, in Ordnung'; bezieht sich auf die unmittelbar vorangehende Textstelle, in der Kahns das Wort benutzten.

Hochsprache, leichte sächsiche Färbung. Klare, fast mädchenhafte Stimme, lebendige Intonation mit vielen Untertönen (leidend, resignativ, etc.). Überwiegend dialogisch geprägt, daher oft elliptische Äußerungen, in einer längeren Monologpartie wesentlich mehr hypotaktisch konstruierend.
Tonqualität: mittel; Hintergrundrauschen.

```
 1   KH:                                      ja:↓
 2   NH: wenn ich etwas über die sprache sagen wollte↓ * dann muß
 3       ich sagen ** daß ich leider meistens deutsch spreche↓ *
 4       weil ich die iwritsprache nicht so beherrsche↓ ** eine sehr
 5       schwere sprache↓ die absolut keine annäherung hat an
 6       irgendeine * sprache wie englisch französisch deutsch und
 7       so weiter↓ * also: * ich muß mich zufrieden mit dem geben
 8       was ich kann↓ * und das hab ich auch sehr schwer erlernt↓ *
 9   KH: und wie ham sie=s gelernt↑
10   NH:                 HOLT LUFT * durch den umgang
11   KH:    ja:↓
12   NH: mit menschen mehr oder weniger↓ * in einem ulpan war ich
13       drei monate↓ * und da hab ich eine kleinichkeit erfaßt↑ *
14       aber ** wenigstens eines kann ich sagen und darüber bin
15   KH:                                                       ja:
16   NH: ich sehr zufrieden * mein sohn hat profitiert↓ dadurch↓
17   KH:                                              in wel-
18   NH: er kann deutsch sprechen↓ schreiben und lesen↓ * durch
19   KH: chem jahr [...]
20   NH: mich↓
21       [DER SOHN WURDE 1948, KURZ NACHDEM SIE INS LAND KAM, GEBO-
22       REN; 0:40 Min.]
23   KH:      ja↓                               ja
24   NH: [...] mit meinem sohn sprech ich nur deutsch↓    #ja↓  #
25   K                                                    #LEISE#
26   NH: weil ich zu wenig iwrit kann↓ * und ä mit andern leuten die
27       überhaupt meine sprache nich verstehen in deutsch↓ * muß
28       ich doch sprechen↓ * aber nicht gut↓ * ich sag das offen↑ *
29   KH:                        ja↓
30   NH: und ich schäme mich↓     aber ich sag es is leichter sich
31   KH:                     ja↓ LACHT KURZ #(???) (???)# *
32   K                                      #SEHR LEISE #
33   NH: zu schämen als zu lernen↓
34       also: * was ich sei/ weiter sagen wollte↓ ** u:nd man muß
35       mich so nehmen wie ich bin hier im land↓ * [...]
```

"Ich bin scheinbar ein Sprachidiot"

James Springer, * 1907 in Berlin
Werbetexter; 1933 Emigration in die Schweiz, 1936 nach Palästina; anfangs Gelegenheitsarbeiten, dann
in der Kantine der britischen Armee tätig, danach Angestellter bei der israelischen Schiffahrt und in der
Hotelbranche; journalistische Hobbies.
Aufnahme: Anne Betten, Ramat Gan 1991.
Berlinerische Färbung; umgangssprachliche Einschläge auf der morphologischen Ebene. Gelegentlich
englische Wörter und Wendungen einstreuend. Überwiegend berichtender, überlegter Redestil mit
komplexen Sätzen, doch auch kurze, sehr lebendige Redepassagen.
Tonqualität: gut.
CD Nr. 12: Z. 1-29.

```
 1    JS:   das wer ich ihnen sagen! ** ä: es gibt sehr viel touristen!
 2          * die viel mehr * hebräisch können als ich! * nach so viel
 3          jahren! * ich hatte ich bin ei/ ä: scheinbar ein ein ein
 4          sprachidiot! * äm: ich habe #nie * die sprache erfassen
 5    K                                #BETONT
 6    JS:   können!# * deshalb vielleicht auch selbstverständlich * ä:
 7    K           #
 8    JS:   * m: meine beschäftigung mit ä:: korrespondenz mit deut-
 9          schen meine * lektüre! * die ich * ä:m * zum großen teil
10          vom goethe-institut * in=ä tel aviv beziehe! * se/ sie ham
11          (da) eine herrliche bibliothek! * SCHLUCKT ich lese zwar
12          englisch! * ä:m (w)=ich doch in der schule * ä:: englisch-
13          unterricht bekommen habe und dann * sieben jahre lang *
14          bei den engländern ä: tätich war! * und die engländer * äm
15          meistens kein #hebräisch sprachen! sondern n/ ä * nur eng-
16    K                  #AMÜSIERT
17    JS:   lisch!# * ä (dat) vervof/ vervollständichte: * (mir) mein
18    K          #
19    JS:   englisch! un konnte nachher * im hotelwesen * a und auf
20          einem schiff * ä: äm: nu/ meine kenntnisse * nutzbringend
21          anwenden! * HOLT LUFT un=dann ging es doch auf siebzehn
22          jahre nach amerika! ** so:! * daß von von m:/ * mein iwrit
23          sich * ä: höchstens ä: * ä:m * bezieht auf * das is zu
24          teuer! * oder * das is billig! * und ä wo is die straße! *
25          und=ä: * schalom! lehitra'ot lehitra'ot heißt see you again
26          un see you again heißt auf wiedersehen! * und=ä: * aber ä
27          so habe ich=ä SCHLUCKT * den #viernachzichsten geburts-
28    K                                     #LACHEND
29    JS:   tag# erreicht ohne hebräisch! * und es is auch komisch daß
30    K        #
31    JS:   sie einkommensteuer * ä von mir ge(???) haben! * ob ich ä
32          ob ich hebräisch konnte oder nicht! das war ihnen ganz
33    AB:                   na nun ist das ja wahrscheinlich! * also was
34    JS:   schnuppe! *
35    AB:   sie schildern! * typisch für jemand der mit knapp drei/ ä
```

```
36            mit dreißich ins land gekommen ist↑                    nicht
37   JS:                               rich tich↑ mit neununzwanzig↓
38   AB:  aus einer j/ ä: religiösen familie↑            nicht↑
39   JS:                          nicht typisch↓ **         nicht
40   AB:  ä::
41   JS:  typisch↓ * es gibt wenige↓ * ä es gibt wenige * ä: gleich-
42   AB:           ja↑
43   JS:  altrige↓      die so lange hier sind wie ich * die so wenich
44        und so gar nicht können * wie ich↓ ich glaube HOLT LUFT ich
45        bin * um einen guten witz schlecht zu machen ich bin der
46        letzte der m/ mohi:*koner↓
```

"Das deutsche Prinzip, man habe eine Sprache rein und fehlerfrei zu sprechen", war das größte Hindernis

Efraim Orni, s. S. 21f.
CD Nr. 14: 1-29.

```
1    EO:  [...] nun↑ * das: ä: * lernen einer sprache↓ * ä: ich habe
2         vielleicht das glück gehabt↓ * daß ich gleich * ä: * als
3         sehr junger mensch↓ * in skandinavien die gelegenheit hat-
4         te↓ * eine sprache zu lernen ohne irgendwelche grammatik↓ *
5         und ohne irgendwelche systematische vorbereitung↓ * davon
6         zu haben↓ * und * dadurch dann auch * das lebendije sprach-
7         lernen↓ * ä: mir viel leichter gefallen ist * als vielen *
8         die im * einsprachigen deutschland * dann * ä: * großge-
9         worden sind↓ * und * die von der schule her↓ und das=is war
10        noch viel schlimmer↓ * d/ ä: * zwei dinge eingebleut beka-
11        men↓ * erstens mal↓ * ä die * grundlage einer sprache be-
12        steht in der grammatik↓ * und wenn man * ä: nun↓ * in der
13        grammatik alle * worte ä durch*konjugiert↓ um dann sagen zu
14        ä ä können↓ * morgen werde ich nach tel aviv fahren↓ * das
15        ä bis man zum zur zukunft kommt↓ ist der autobus längst
16        weggefahren↓ ** das zweite↓ noch schlimmere↓ * ist * die
17        deutsche↓ * ä das deutsche prinzip↓ * man habe eine sprache
18   AB:                                    früher (war es das)
19   EO:  rein und fehlerfrei zu sprechen↓      und wenn jemand fehler-
20        frei sprechen will↓ * ä wenn er fehler vermeiden will↓ wird
21        er nie eine lebendije sprache * sprechen lernen↓ * das ist
22        das größte hindernis * beim erlernen einer sprache↓ deswe-
23        gen gibt es * so viele die in deutschland ihre bildung *
24        mehr oder wenijer abgeschlossen waren * und mit * im alter
25        von dreißich oder vierzich jahren hergekommen sind * daß
26        von diesen viele * bis heute nach fünfzich oder sechzich
27        jahren * das hebräische noch immer nicht richtig erlernt
```

28   haben! * weil sie sich einfach genieren mit fehlern zu
29   sprechen!

"Die deutschen Juden waren so verwurzelt in einer einzigen Sprache"

Dr. **Uri Rapp** (ehem. Siegfried Rapp), * 1923 in Hanau
Hirsch-Realschule Frankfurt; 1936 Emigration nach Palästina; Abitur, Studium (Philosophie, Ge-
schichte, Pädagogik), Lehrer am Gymnasium und am Lehrerseminar, 1971 Promotion in Deutschland,
Senior Lecturer an der Universität Tel Aviv (Soziologie und Theaterwissenschaft), Gastprofessuren in
Deutschland; Fachpublikationen.
Aufnahme: Anne Betten, Tel Aviv 1994 (Ergänzungsinterview).
Hochlautung. Gepflegter, schriftsprachlich orientierter sachlicher Berichtstil. Sowohl in dialogischen
wie in monologischen argumentativen Passagen meist korrekter Satzbau, vorwiegend in kürzeren,
parataktisch gereihten Sätzen.
Tonqualität: gut bis mittel; leichtes Hintergrundrauschen.
CD Nr. 13: Z. 10-22.

```
1    AB:      (???) (???) das deutsche!                          ja
2    UR: [...] schwierig war es die hebräische sprache zu lernen!
3    AB: sicher! * und uns ham natürlich auch manche gesacht also
4    UR:           und
5    AB: ich hab mich umgedreht und hab gesacht ich spreche die
6        sprache herzls oder des ersten zionistenkongresses das
7    UR:                                                    ja!
8    AB: wurde mir a:
9    UR:           schauen sie das * das ist eine: * eine rationa-
10       lisierung im: * im nachhinein! * ä der grund is eigentlich
11       daß die * ä einige ** gruppierungen die deutschen juden
12       die ungarischen juden und so weiter an: eine einzige spra-
13       che gewöhnt waren! * die juden aus ostdeutschland die mei-
14       sten juden aus ostdeutschland aus polen rußland * sind
15       aufgewachsen mit drei oder vier sprachen! ** und der *
16       übergang von einer sprache in die andere war i/ * ist
17       ihnen z/ sehr leicht gefallen! ** die deutschen juden waren
18       so verwurzelt in einer einzigen sprache! * daß es ihnen
19       wirklich schwer gefallen ist! * man muß dazu noch sagen daß
20       die hebräische schrift! * ein: ein fast unüberwindliches
21       hindernis is für jemand der ni/ der sie nicht von kind auf
22       kann!
```

1.3   Sprachverwendung im privaten Bereich in Palästina/Israel

1.3.1   Sprache(n) mit Ehepartnern und Freunden – Bedeutung der verschiedenen Siedlungsformen

Die Verteilung der Sprachen

Paul Feiner, s. S. 26.

```
 1   AB:              hmhm↑                              hmhm↑
 2   PF: [...] die sprache die wir im allgemeinen benützten * ä *
 3       oder die * würd ich in drei teile teilen↓ * ä zu haus↑ *
 4       sprachen wir deutsch der mutter wegen↓
 5       [KURZE PASSAGE ÜBER SEINE SCHWIEGERMUTTER; 0:32 Min.]
 6   PF: ä: d/ * mit der mutter↑ sch/ mit der mut/ mit der mutter
 7   AB:                          ja↑ *
 8   PF: sprachen wir deutsch↑          als wir unsere tochter adop-
 9   AB:               hmhm↑
10   PF: tierten↓ *         selbstverständlich * ä: wurde hier mit
11       der tochter hebräisch gesprochen↓ ** das social life↓ das=ä
12       gesellschaftsleben↓ * ä: spielt sich so ab * hauptsächlich
13       daß man sich an den abenden zu haus trifft↓ * und da (ham)
14       wir viele freunde hatten * ä: * die aus nicht-deutsch*-
15       sprechenden * ländern kamen↓ ** polen rumänien etcetera↓ *
16       so war die sprache an den abenden * in diesen fällen *
17       hebräisch↓ ** und die dritte sprache is dann * waren * da/
18       g/ es im * jahre achtunvierzig kamen viele einwanderer
19       aus=ä: englisch*sprechenden ländern↓ * und da wir viele
20       freunde unter denen hatten * ä wurde auch * manchmal an
21       den abenden englisch gesprochen↓ ** also das sind die
22       sprachen ** also die verteilung der sprachen↓
```

"Kanton Iwrit"

Herr Y (auf Wunsch anonym), s. S. 18.
CD Nr. 15: Z. 1-18.

```
 1   KH: +das heißt sie ham mitnander natürlich #immer # deutsch
 2   K                                          #BETONT#
```

```
 3    KH:  gesprochen↓ nich iwrit↓
 4    HY:                          #+nie↓ # * untereinander #nie↓  # **
 5    K                            #BETONT#                    #BETONT#
 6    HY:  außerdem müssen sie wissen↓ wenn sie dreißich jahre her-
 7         kommen↓ * daß vor dreißich jahren der: * anteil der
 8         deutschsprachigen bevölkerung ein ganz anderer war↓ * gan-
 9         ze stadtviertel * nicht wahr daß man zum beispiel * die
10         dizengoffstraße kanton iwrit nannte↓ wissen sie warum↓ *
11    KH:  nein↓
12    HY:       also weil österreichisch↓ * nicht wahr der dialekt
13    KH:                     ja↓                a:↓ *
14    HY:  ka:n ton h/ also kein ton hebräisch↓    #ka:nton iwrit
15    K                                            #LEICHT LACHEND
16    KH:                                   ja:↓
17    HY:  hat man das genannt↓# LACHT
18    K                        #
```

"Der Kikar Hamoschawot, der hieß der Alexanderplatz"

Moshe Ballhorn (ehem. Max Ballhorn), * 1913 in Berlin
Kaufmännischer Angestellter; 1933 Emigration nach Palästina; anfangs u.a. Arbeit auf dem Bau, später
Polizeireiter, Polizeioffizier; heute Reiseleiter.
Aufnahme: Anne Betten, Tiberias 1990.
Leichte berlinerische Färbung; gelegentlich umgangssprachliche Klitisierung, ebenso Neigung zu
umgangssprachlicher, salopper Lexik und Regionalausdrücken. Flüssiger, lebendiger Erzählstil, sprech-
sprachlich geprägt u.a. durch Nachträge und Parenthesen; überwiegend parataktische Satzreihung mit
und, da, dann.
Tonqualität: gut bis mittel.
CD Nr. 16: Z. 1-20.

```
 1    AB:                                                              hm↑
 2    MB:  [...] ich habe ja hauptsächlich in tel aviv gearbeitet↓
 3         also man kann fast sagen daß hebräisch in tel aviv in
 4    AB:                          hm:↑ *
 5    MB:  jenen jahren eine fremdsprache war↓   die herrschende
 6         sprache war deutsch↓ besonders da wo ich gewohnt habe↓
 7    AB:  hm:↓       war das nord tel aviv↓ *
 8    MB:  sehen sie↓          und ä:      da gab es eine straße
 9    AB:                                  hm↓
10    MB:  die ä: * eli'eser * ben-jehuda-*straße↓ * die nannte man
11         bei den deutschen nur elisabeth-jehuda-straße↓ * #verste-
12    K                                                      #LEISE
13    MB:  hen sie↓# * dann gab=s den * kikar * mograbi↓ auf * hebrä-
14    K            #
15    MB:  isch↓ * der platz von mograbi↓ das war der * potsdamer
```

```
16          platz↓ * der * kikar hamoschawot↑ das war der * der platz
17          der siedlungen↑ * der hieß der alexanderplatz↓ * #das=is#
18     K                                                  #LEISE #
19     AB:            hm↑            hm↓
20     MB: * so war es↓ un man hat deutsch gesprochen↓ * aber nicht
21     AB:            hm↑     hm↑
22     MB: auf=m bau↓ * die leute die *      das waren meistens=ä: *
23          ä:: leute die aus polen kamen↑ und das=ä: so wie ich die
24     AB:            hm↓       hm:↓
25     MB: (die) un/ im grun/ äm: nichts gelernt ham vorher↑ * oder
26          ä: * deutsche juden habn da wenich gearbeitet↓ * doch↓ habn
27          auch welche gearbeitet↓ * da erzählt man sich folgende ge-
28     AB:                                         hm *
29     MB: schichte↓ ich selber habe sie nicht erlebt↓      als das
30          war in dieser ein/ d/ d/ in:=en emigrationsjahren↓ dreien-
31          dreißich bis siebndreißich achtndreißich↓ da kamn viele
32     AB:            hmhm↓
33     MB: juden aus deutschland↓ * und juden aus deutschland genauso
34          wie heut die ru/ juden die aus rußland kommen↑ waren *
35          fünfzi/ dreißich prozent akademiker↓ und die konnten über-
36          haupt nischt machen mit ihren berufen↓ * und da hat man
37          erzählt↑ wenn man auf einen neubau kam↓ * und hat geschrie-
38          en dokter cohen↑ * dann haben drei leute ihre köppe raus-
39          jesteckt aus=m neubau↓ * mindestens↓ * ich persönlich↑ *
40     AB:            hm↑
41     MB: habe gemauert↑ und hatte einen assistenten↓ * einen hilfs-
42          arbeiter der mir den: * kalk und die steine gebracht hat↓
43          das war doktor der chemie↓ * ein tscheche↓ * sehn sie↑ **
44     AB:                                       hmhm↑
45     MB: der später dann aber weggewandert is↓      die hatten
46          nüscht * die hatten nicht zu essen↓ * die hattn n:/ sie
47          konnten auch keine arbeit machen↓ keine facharbeit machen↓
48     AB: hmhm:↑
49     MB:       akademiker↓ okay↓ [...]
```

Die deutschen "Sprachinseln"

Dr. **Iwan Gabriel Lilienfeld**, * 1910 in Rybnik (Oberschlesien)

Jurastudium, Referendarexamen, Promotion 1932; nach Entlassung aus dem Staatsdienst 1933 Emigration nach Italien und Holland, 1935 nach Palästina; Übergangstätigkeiten (Autoschlosser), dann Journalist (u.a. für die deutschsprachige Zeitung "Jedioth Chadashot" und das Mitteilungsblatt des Irgun Olej Merkas Europa).

Aufnahme: Anne Betten, Ramat Gan 1994.

Hochsprache mit etwas "legeren" umgangssprachlichen Einschlägen. Wechsel von dialogischen, sehr fragebezogenen Partien in eher sprechsprachlich-spontaner, partnerorientierter Syntax mit längeren

Monologen, die wesentlich schriftsprachlicher konstruiert sind. Überwiegend ruhig berichtend, einzelne
Episoden jedoch v.a. durch lange Einschübe und Nachträge spannend gestaltend.
Tonqualität: sehr gut.
CD Nr. 17: Z. 1-45.

```
 1    AB:          sie     sind in tel aviv hauptsächlich erst mal in
 2    IL:  [...] konnte↓
 3    AB:  deutschsprachigen kreisen gewesen↓ (und dann) ja ja↓
 4    IL:     ja↓                      ja:↓ sicher↓ sicher↓         das
 5         war ja also ein * ein großer nachteil↓ an und für sich↓ ja↑
 6         * sprachlich war=s ein riesiger nachteil↑ * auch für die
 7    AB:     hmhm↑     hm↑        ja↑
 8    IL:  älteren ä: menschen↓        denn in ä jedem lebensmittel*ä*-
 9         laden↓ * sprachen die ä * wollten die * besitzer↓ ja↓ oder
10    AB:          hm                                          hm↑
11    IL:  die ä verkäufer den * käufern↑ * ja entgegenkommen↓ ja↓ *
12         und habn: eben ä LACHT #nicht  # * ä * deutsch↑ oder je-
13    K                          #LACHEND#
14    IL:  denfalls * versucht ä d/ ä: * nicht hebräisch sprechen↑
15    AB:                            hm              hm
16    IL:  sondern das deutsch zu sprechen↑ was sie     für deutsch
17    AB:                            LACHT LEISE
18    IL:  gehalten haben↓ viel also↑              so hat man sich also
19    AB:  ja↓
20    IL:      ä: da mehr oder wenijer verständicht↓ * aber ä: das
21         hat * die sprachliche ä integration * ä sehr behindert↓ *
22    AB:                    hm↑
23    IL:  #sehr  # behindert↓ [...]
24    K    #BETONT#
25         [AB FRAGT, OB IHM OFT "JUDE SPRICH HEBRÄISCH" ENTGEGEN-
26         GEHALTEN WURDE; 0:22 Min.]
27    IL:  [...] es gab also so=ä: sozusagen die drei * wie soll ich
28         sagen↓ * ä: ä deutsche sprachinseln↑ * das eine war tel
29    AB:                kanton     iwrit↑ *        LACHT LEISE
30    IL:  aviv nord↓ * das zweite            kanton iwrit↑     das
31         zweite war * also sozusagen rings um die: * um die *
32         ds=zentrum war die ben jehuda↓ * und die ich weiß nich ob
33         sie tel aviv so genau kennen↓ * ben jehuda↓ gordon * und
34    AB:                hmhm↑
35    IL:  ruppinstraße↓       die hieß damals aber noch nich ruppin↓
36         sondern schiwte israel↓ * ä:m das zweite zentrum war der
37         karmel in haifa↓ * also der hadar hakarmel und oben der
38         karmel↓ und das dritte zentrum * war rechawija in jerusa-
39    AB:                    hmhm↑
40    IL:  lem↓ ja↓ rechawija↓   ja * naja und dann natürlich die *
41         einzelnen kibbuzim↓ wie hasorea und und=ä: * und dann die:
42    AB:              hmhm↑            hmhm↑        hm↑
43    IL:  naharija ja↓ naharija bleibt deutsch↓ ja↓ * war immer ge-
```

```
44            sagt ja↑ * was auch immer kommt naharija bleibt #deutsch↑#
45   K                                                          #LACHEND #
46   AB:            ja
47   IL:  LACHT ä:     aber das hat sich alles also wesentlich geän-
48   AB:          hmhm↑
49   IL:  dert↓ aber jedenfalls * ä: * das große problem * ä: war
50        die s:prache↓ [...]
51        [SCHWIEGERMUTTER UND FRAU ALS PARADEBEISPIELE; 1:31 Min.]
52   IL:  [...] ein berühmtes: ä wort von churchill * hat man damals
53        abgewandelt noch niemals * haben so viele menschen * mit
54   AB:                                              LACHT
55   IL:  ä so viel mühe * so wenig erreicht↓
```

"Kinder sprachen Iwrit, Erwachsene sprachen Deutsch"

Joseph Amit (ehem. Heinz Reich), * 1923 in Wien
Realgymnasium 1938 abgebrochen; November 1939 legale Emigration nach Palästina mit Jugend-Alija,
Kibbuz (Landwirtschaft); 1959 nach Australien (eigene Konfektionsfirma); teils in Australien, teils in
Israel lebend.
Selbstaufnahme (freies Sprechen), Frankfurt/M. 1996, im Beisein seiner Tochter.
Hochösterreichische Grundfärbung. Sehr klare, ausdrucksvolle Artikulation, schriftnahe Satzkon-
struktionen, bevorzugt parataktisch reihend.
Tonqualität: mittel.

```
1    JA:  [...] es war für uns * ein ganz: * spezielles * erstmali-
2         ges erlebnis die mauer²⁰ zu berühren↑ * wir gingen weiter
3         durch kleine gäßchen und * da fand ich gerade das was ich
4         suchte↓ * in so einem alten haus war eine türe ein bißchen
5         offen und ich hab mich hineingeschlichen und drinnen steht
6         ein mann↑ * ein alter↑ mit einem: großen bart * und sieht
7         so wirklich aus wie eine richtige biblische figur↑ * ä: er
8         hat uns überhaupt ä nicht beachtet↑ * #wir waren zwei↑# *
9    K                                            #LEISE UND RASCH#
10   JA:  un:d=ä langsam schob ich mich vor zu ihm↓ * un:d=ä: * sag-
11        te ihm * also schalom↓ wir sind aus kirjat anavim↓ * er hat
12        ein bißchen * auf uns gesehen und fragt er seinem jünger
13        neben ihm * #in jiddisch↓# wos will=er↑ ** eine enttäu-
14   K                 #BETONT       #
15   JA:  schung↓ und dann gsa/ wiederhole das↑ * also kirjat anavim↓
16        eine der größten pioniere unserer zeit und wir sind sehr
17        stolz dort zu sein und dran teilzuhaben * und er fragt in
18        jiddisch den * den jüngling dort↓ * ä: wos sogt der↑ ** von
```

---

²⁰ Gemeint ist die sog. Klagemauer in Jerusalem

```
19          wannenⅼ * a: ä #kolonieⅼ # ** ä: ** und * ging * zurück in
20    K                    #[kolɔnjə]#
21    JA: sein großes buchⅼ * es war eine bittere enttäuschungⅼ ** äm
22        * der weise alte mannⅼ * äm: * verweigerteⅼ * ä die hebrä-
23        ische spracheⅼ * er l/ lernt nur in der heiligen spracheⅼ
24        ** mit dieser enttäuschung gingen wir weiterⅼ ** und kamen
25        schließlich nach merchawijaⅼ * hier konnte man wieder kein
26        iwrit sprechenⅼ * hörenⅼ * #nu:r deutschⅼ# * #ein sehr
27    K                              #BETONT         #  #LANGSAM
28    JA: intelligentes hochdeutsch wurde gesprochen und wir wurden
29        sehr sehr freundlich empfangenⅼ# ** merchawija war ein=ä:
30    K                                  #
31    JA: zentrum * von akademikernⅼ * aber ein * diesen in diesen
32        zeiten heute natürlich nicht mehrⅼ * in diesen zeiten ein
33        * deutsches kulturzentrumⅼ * wir haben uns wohlgefühltⅼ
34        aber als wir (ihn)²¹ verlassen habenⅼ * haben wir wieder
35        nur unser weniges iwrit gesprochenⅼ *6* zur selben zeit=ä
36        * wegen ä: der deutschen * die deutsche sprache gespro-
37        chenⅼ * im süden von tel aviv wurde kein ** ä deutsch ge-
38        sprochenⅼ da wurde jiddisch oder auch iwrit gesprochen
39        aber hauptsächlich jiddischⅼ * und im norden von tel aviv
40        war deutsch die ** vorherrschende spracheⅼ * jeder sprach
41        * im norden von tel aviv * deutschⅼ ebenso * wie zum bei-
42        spiel in merchawijaⅼ * hä:m da is:=ä der * ä: ausspruchⅼ
43        daß: ein * jemand=ä * fragt den autobuschauffeurⅼ ä in
44        iwrit * bis wohin fahre ich um zu der flugstraße zu kommen
45        * worauf der=ä * der autobuschauffeur antwortet * ä * ä *
46        m: * was redtst zu mir * zu mir diese spracheⅼ bin ich ein
47        kindⅼ * kinder sprachen iwritⅼ erwachsene sprachen deutschⅼ
48        [...]
```

"Die Kreise, in denen man verkehrt hat, waren deutschsprachig, alle"

Alice Schwarz-Gardos (geb. Schwarz), * 1916 in Wien, ab 1929 in Bratislava
Medizinstudium (abgebrochen), Ausbildung zur medizinischen Laborantin in Prag; 1939 Emigration
nach Palästina; anfangs Gelegenheitsarbeiten, dann im elterlichen Lokal tätig, Schreibmaschinen- und
Stenographiekurse, Sekretärin, später Journalistin, schließlich Chefredakteurin der "Israel Nachrichten";
Schriftstellerin.
Aufnahme: Anne Betten, Tel Aviv 1991.
Wiener Verkehrsmundart. Gesprächsentwicklung von routiniert-offiziellem Interviewstil zu lebendigem
Erzählen, letzter Teil stark dialogisch; daher überwiegend gewandter, komplexer Erzählstil mit vielen
Merkmalen spontanen Sprechens.
Tonqualität: gut bis mittel; im Hintergrund Verkehrslärm.

---

²¹ Gemeint ist der Kibbuz Merchawija.

```
 1  AB:        ja↑                        hm↓        ja=ja↓ in
 2  AS: [...] damals war eigentlich alles ein deutschsprachiges
 3  AB: haifa   viel↓ nich↑              hmhm↑
 4  AS: gebiet↑              haifa ja↑        also was nicht deutsch-
 5  AB:        hm:↑                     hmhm↑ *
 6  AS: sprachig war  das war jiddischsprachig↓     ä die die leu-
 7      te aus polen die konnten doch wenigstens jiddisch↑ * und
 8      infolgedessen ham=wir auch nicht iwrit gelernt↓ es war
 9  AB:        hmhm↓          so daß bei den eltern↑ obwohl im café
10  AS: einfach nicht nötig↓
11  AB: sich die sprachen mischen↑ aber ma hat sich doch wahr-
12      scheinlich etwas        ä:: getroffen↓
13  AS:                    +vorwiegend↓ ja also sie konnten dann
14  AB: irgendwo↓ * ja↑                        ja↓
15  AS:   ja↓      konnten dann ein paar * brocken iwrit↑ das
16  AB:              aber die kundschaft war froh daß
17  AS: allernotwendigste↑ nicht↓ aber:            kund-
18  AB: sie in einem deutschsprachigen café↑        ja↓
19  AS: schaft war       nein obwohl auch andere  kundschaft da
20  AB: hmhm↑      hmhm↑ *
21  AS: hinkam↓ ja↑        aber die: m: unsere * die kreise in
22      denen man verkehrt hat warn * deutschsprachig↓ alle↓ *
23  AB:              so sind sie ganz lange dringeblieben↓ im
24  AS: durchwegs↓ *                             ja↓
25  AB: (???)↓ im * deutschsprachigen milieu↓    was immer ne
26  AS:        ja↑ ja↑                    +also es war da-
27  AB: große rolle gespielt hat für die:     sch/
28  AS: mals:                 man hat miteinander ver-
29  AB:        hm:↑
30  AS: kehrt↓ das  is ja klar↓ das is bis heute so↓ ja↓ (wie) die
31  AB:              hm↑
32  AS: russen untreinander    befreundet sind und * und=ä: die
33  AB:                hm↓
34  AS: a/ die die äthiopier mit ihrem amharisch untereinander
35      verkehren↑ * ham die deutschsprachigen miteinander ver-
36      kehrt↓
```

"Das ging so halb Hebräisch, halb Deutsch"

Micha Michaelis (ehem. Fritz Michaelis), * 1908 in Berlin (Sigle: HM)
Zunächst kaufmännischer Beruf, dann Sozialarbeiterausbildung angefangen; Umschichtung in Holland,
Deutschland und Dänemark, Arbeit mit zionistischen Jugendgruppen; 1938 Emigration nach Palästina;
seitdem im Kibbuz, u.a. in Steinbruch, Obstbau, Fabrik und Verwaltung tätig.
Leichte berlinerische Färbung; etwas brüchige, doch markante Stimme. Gelegentlich hebräische
Ausdrücke und Suche nach deutschen Wörtern. Innerhalb eines Dreiergesprächs oft kurze Sätze und

Verlebendigung durch direkte Rede, jedoch auch häufig geschlossene längere Erzählpassagen mit
langen, reihenden Satzkonstruktionen; Neigung zu Selbstkorrekturen.
Aufnahme: Anne Betten, Kibbuz Dalija 1991. Mit teilnehmend: seine Ehefrau Dr. Mirjam Michaelis
(geb. Lotte Adam), * 1908 in Berlin, Promotion in Zeitungswissenschaften, Lyrikpreis; 1938 Emigration
nach Palästina; Kibbuz, Schriftstellerin (vgl. genauer Ph 42: 53).
Tonqualität: gut.
CD Nr. 7: Z. 1-23.

```
 1   AB:  war der kibbuz damals: noch deutschsprachich↑ oder w/ hat
 2        man * und wie groß war wie gut waren ihre hebräischkennt-
 3        nisse jetzt inzwischen↓ *
 4   HM:                          meine hebräische kenntnisse wa-
 5        ren gleich null↑ * und mirjam: etwa * gleich zwei↑ *
 6        un:d=ä: * ä: STOCKT in=ä: * wir sin natürlich in die: ver-
 7        sammlungen gegangen wo * ma of:t * ä begann es so↑ * hebrä-
 8        isch↑ * und dann sachte jemand * also damit ä mich alle
 9        verstehen werd ich deutsch sprechen↓ * also das ging so
10        halb hebräisch halb deutsch↑ * un:d wir wohnten damals
11        noch zusammen mit XY↑ * SCHLUCKT und noch jemand ich weiß
12        gar nich wer der vierte war↓ ** un:d=ä der hat mit mir *
13        nur hebräisch gesprochen und ich hab gesacht ich verstehe
14        kein wort hat=er gesagt al=sonst lernst du=s nie↓ ** naja
15        und ich habe an un für sich niemals=ä: * richtich hebrä-
16        isch gelernt↑ ich war einmal * in einem seminar in=ä: *
17        in: bei natanja↑ * ein monat↑* um=ä: mir einen * grund zu
18        legen↑ und habe dort ä * hebräisch gelernt↑ und sonst hab
19        ich mal in der * ä: kreisschule * ein kurs gemacht das war
20        einmal in der woche zwei stunden↓ also alles für die rä/ *
21        für die katz↑ * un:d ich habe eigentlich mehr oder ä/ wen-
22        jer eigentlich nur * aus dem * gemeinschaftlichen hebrä-
23        ischen leben mein hebräisch gelernt↓ [...]
```

Im Kibbuz war es verpönt, Deutsch zu sprechen

Nachum Gadiel (ehem. Norbert Immerglück), * 1917 in Zwickau
Tischlerlehre, Abendschule für Innenarchitektur (kein Abschluß), Arbeit in der Landwirtschaft, 1937/38
landwirtschaftliche Umschulung in Italien; 1939 Emigration nach Palästina; anfangs im Kibbuz, dann
Ausbildung zum Feinmechaniker, zunächst als Tischler, dann bei der Post als Fernmeldetechniker tätig;
zuletzt Reiseleiter.
Aufnahme: Eva Eylon, Tel Aviv 1991.
Weitestgehend Hochlautung (aber Tendenz zur sibilantischen Aussprache von /x/ und zur binnendeut-
schen Konsonantenschwächung); sehr exakte Artikulation. Stark normorientierte Syntax; häufig
umfangreiche syntaktische Konstruktionen. Zunächst überwiegend sachlich berichtend in ruhiger
Sprechweise, gegen Ende zunehmend heiter, gelöst.
Tonqualität: gut bis mittel; z.T. starker Verkehrslärm.

```
 1    EE:   also in den ganzen jahren↑ * haben sie im kibbuz mit den
 2          f/ mit ihren ä * deutsch gesprochen↓ * oder hebräisch↓
 3                                                              und wie
 4    NG:   nei:n↓ das war #verpönt# dort deutsch zu sprechen↓
 5    K                  #BETONT #
 6    EE:   waren ihre
 7    NG:     wir haben uns nur ä wir haben nur iwrit gesprochen↓ *
 8    EE:   und woher konnten sie das↑ *
 9    NG:                         ich hab schon in deutschland
10          angefangen zu lernen↑ * und im kibbuz↑ hab ich mich am
11          abend nach der arbeit hingesetzt↑ * um weiter: * hebräisch
12    EE:                   also man hat wirklich untereinander * he-
13    NG:   * zu lernen↓ *
14    EE:   bräisch gesprochen↓
15    NG:                  jawohl↑
16          [ZUR SPÄTEREN ZEIT AUSSERHALB DES KIBBUZ'; 0:14 Min.]
17    EE:   und * in ihrem freundeskreis hier in tel aviv↑ *
18    NG:                                           das kommt
19          drauf an↓ * ich hatte freunde: * die: unbedingt mit mir
20          deutsch sprechen wollten↑ * und wieder andere mit denen
21    EE:                                         und welche
22    NG:   ich natürlich nur hebräisch gesprochen habe↓ *
23    EE:   zeitungen haben sie zum beispiel gelesen↑ *
24    NG:                                       ich hab nur
25          eine hebräische zeitung gelesen↑ * als: nachdem ich heira-
26          tete↑ * ä: * wollte ä wollte meine frau daß wir die
27          deunts:/ die deutsche zeitung kaufen↑ * aber ich bestand
28          darauf↑ * un:d wir haben weiter nur: * die hebräische zei-
29          tung gelesen↑ * aber: * mit meiner frau hab ich leider *
30    EE:                         nur deutsch↓
31    NG:   deutsch gesprochen↓ *              nur deutsch:↑ * fast nur
32          deutsch↑ * denn sie sagte mir wenn ich mit ihr iwrit spre-
33          che dann komm ich ihr so fremd vo:r↓
```

Die Hebraisierung im Kibbuz ging sehr schnell

Ellen Glasner (geb. Berger), * 1920 in Berlin
1933 Emigration nach Prag, Abitur; 1939 Emigration nach Palästina; Landwirtschaftsschule, seitdem im Kibbuz; heute noch Arbeit in der Buchhaltung und Volontärarbeit im Krankenhaus.
Aufnahme: Miryam Du-nour, Kibbuz Kfar Ruppin 1993.
Hochlautung in klarer Artikulation. Interviewstil wechselt nur geringfügig zwischen sachlichen Berichten, Argumentation und etwas anschaulicher erzählten kurzen Geschichten (ohne direkte Reden). Sätze meist kurz, doch viele lange Einschübe, dadurch auch größere, z.T. leicht anakoluthische Konstruktionen. Stets auf die Fragen bezogen.
Tonqualität: gut.

```
 1  MD:  [...] du hast schon gesagt daß=ä: * ihr sehr bald * in der
 2       famili: zwischen euch ä: hebräisch gesprochen habt↓
 3  EG:                                                +ja↓ *
 4  MD:  habt ihr von anfang an mordechai und du he̲b̲r̲ä̲isch gespro-
 5  EG:                                                ja↓
 6  MD:  chen
 7  EG:        +er war ein großer hebraist↑ er konnte auch schon
 8       mehr↑ * und er hat sehr drauf bestanden↑ * und die allge-
 9       meine: atmosphäre war eben hier * ä: hebräisch zu spre-
10       chen↓ es gab da ein zwei leute die schon=ä: * wa/ aus eu-
11       ropa gut: * hebräisch konnten↑ jemand der in litauen ein
12       hebräisches:=ä: * ä gymnasion absolviert hat↑ und der war
13       sehr streng mit uns * und wir haben das auch akzeptiert↑ *
14       natürlich es haben hier und da noch leute zu anfang ä un-
15       tereinander deutsch gesprochen aber↑ * (die) hebraisierung
16       ging sehr schnell↓ und wie dann die kinder geboren wurde
17       war schon deutsch eine * eine geheimsprache #für die kin-
18  K                                                #LACHEND
19  EG:  der# ab und zu mal ein * ein wort↑ abe:r * die allgemeine:
20  K          #
21  EG:  atmosphäre * war bei uns a * entschieden hebräisch↓ iwrit↓
22  MD:  ja↓ * obzwar ihr↑ * eigentlich nicht ä ä in eurer gruppe *
23       nicht deutschsprechende leute ha ä: * also der ganze kib-
24       buz war e̲i̲g̲e̲n̲t̲l̲i̲c̲h̲            (v̲o̲r̲ ̲a̲l̲l̲e̲m̲ ̲d̲a̲s̲ ̲w̲a̲r̲ ̲d̲e̲u̲t̲s̲c̲h̲-
25  EG:                  war e̲i̲g̲e̲n̲t̲l̲ich damals w̲a̲r̲ ̲a̲l̲l̲e̲s̲ ̲d̲e̲u̲t̲s̲c̲h̲s̲p̲r̲e̲c̲h̲e̲n̲d̲e̲
26  MD:  s̲p̲r̲e̲c̲h̲e̲n̲d̲)
27  EG:  l̲e̲u̲t̲e̲↓̲ j̲a̲↓ * entweder aus deutschland oder aus der tsche-
28       choslowakei↑ österreich↑ * es warn=n paar wiener dabei↑ **
29  MD:                                                  +u:nd=ä
30  EG:  u:nd=ä: * das ging sehr schnell mit dem hebräisch↓
31  MD:  der ganze kibbuz ist der ä auf=s hebräische übergegangen↑
32       u̲n̲d̲ ̲m̲a̲n̲ ̲h̲a̲t̲ ̲w̲i̲r̲k̲l̲i̲c̲h̲ ̲a̲u̲c̲h̲           in den familien
33  EG:  j̲a̲↓ sehr schnell↓ sehr schnell↓                        in der
34  MD:       u̲n̲d̲ ̲a̲u̲c̲h̲
35  EG:  fam̲i̲l̲i̲e̲ ̲u̲n̲d̲=̲ä̲: offiziell und und privat und mit den kin-
36  MD:                                          a̲l̲s̲o̲ ̲w̲a̲/̲ ̲w̲a̲r̲u̲m̲
37  EG:  dern und im spiel und im * (???)↓ LACHT V̲E̲R̲H̲A̲L̲T̲E̲N̲
38  MD:  frag ich↓ weil in in: mehreren interviews * haben wir ä: *
39       gehört↑ daß wo * wo also gemischte gesellschaft war↓ wo
40       (man) nicht nur deutschsprechende waren↓ mußte man hebrä-
41       isch s̲p̲r̲e̲c̲h̲e̲n̲ * um sich * um eine gemeinsame sprache zu
42  EG:               j̲a̲↓ ̲j̲a̲↓
43  MD:  haben↓ und dann g̲i̲n̲g̲ ̲e̲s̲ ̲s̲c̲h̲n̲e̲l̲l̲e̲r̲↓     aber w̲o̲ ̲e̲i̲n̲e̲:̲ *
44  EG:                        ja (das stimmt)↓   ja↓   (n̲e̲i̲n̲ ̲b̲e̲i̲ ̲u̲n̲s̲
45  MD:  e̲i̲n̲e̲        eine nur * deutschsprechende * ä: gesellschaft
46  EG:  n̲i̲c̲h̲t̲↓̲)̲ ̲j̲a̲↓
47  MD:  war↓ hat sich das deutsch=ä: ä mehr erhalten↓ d̲a̲s̲
48  EG:                                              d̲a̲s̲ stimmt↓
```

```
49   MD:      das hebräisch weniger durchgesetztⳑ            drum
50   EG:  jaⳑ aber bei uns                    jaⳑ bei uns sied-
51   MD:  fraq ich=sⳑ                              ja
52   EG:  lern        ich erz/ kann (was) kurioses erzählenⳑ * daß
53        d/ zwei hier unter anderem zwei deutschsprechende leute
54        waren einer aus österreich aus der steiermark * und eine:r
55        aus norddeutschlandⳑ und die haben zwar beide deutsch ge-
56        sprochenⳑ aber jeder hat seinen * sehr starken dialekt
57        gesprochen so daß man dann zum schluß halt aus scherz ge-
58        sagt hat die müssen miteinander hebräisch sprechen damit
59   MD:                          #hm ja: # LACHT * ä: *
60   K                            #LACHEND#
61   EG:  sie einer den anderen verstehenⳑ
62   MD:  und=ä also das war sehr ideolo/ ä: idi/ i/ ideologisch ge-
63        stütztⳑ diese          ä:
64   EG:                    jaⳑ * jaⳑ unbedingtⳑ unbedingtⳑ mit sehr viel
65        willenⳑ und mit n bißchen * manchmal=n bißchen kopf- oder
66        zähnezerbrechenⳑ aber der * vor allen dingen der wille war
67        daⳑ
```

"In Sde Warburg[22] hat man die ersten 25 Jahre Deutsch gesprochen"

Gabriel Walter (ehem. Herbert Walter), * 1921 in Simötzel (Pommern)
Gymnasium bis 1935, Vorbereitungskurs; 1936 Emigration nach Palästina; anfangs mit Jugend-Alija im Kibbuz, seitdem im Moschaw (Landwirtschaft).
Aufnahme: Anne Betten, Sde Warburg 1991. Mit teilnehmend: seine Ehefrau Käthe Noemi Walter, * 1925 in Katscher/Oberschlesien.
Hochlautung (interessant im Vergleich zu seinem Bruder Michael, Ph 42: 335); Tendenz zur Dehnung einzelner Silben. Klares, sicheres, oft sehr nachdrückliches Erzählen.
Tonqualität: gut; im Hintergrund Verkehrslärm, Hundegebell und Vogelgezwitscher.
CD Nr. 18: Z. 1-46.

```
1    GW:  [...] in sde warburg hat man die ersten fümunzwanzich jah-
2         re deutsch gesprochenⳑ * ä: ich war so weit daß ich hebrä-
3         isch die zeitung lesen konnteⳑ ä:: ein buch les ich heute
4         noch lieber in deutscher sprache als in hebräischⳑ wenn=s
5         unbedingt sein muß les ich hebräischⳑ aber * es * dauert
6    AB:                                       also als sie hier-
7    GW:  mir zu langeⳑ is kein reiner genußⳑ **
8    AB:  herkamen waren sie wenn ich da so richtig mitrechne so
9    GW:                                          #siebzehnⳑ #
10   K                                           #SEHR LEISE#
```

---

[22] Zu Moschaw Sde Warburg vgl. Ph 42: 335ff. sowie R. Tauber Ph 45: 19 und 71f.

```
11   AB:  um die sechzehn rum! oder was nich!                      sieb-
12   GW:                     #ja!       siebzehn! siebzehn jahre! ja!
13   K                       #LEISE
14   AB:  zehn ja! * ä: im kibbuz hatten sie noch etwas unterricht!
15   GW:  (so)#
16   K       #
17   AB:  aber dann ging=s hier absolut in die praxis denn ihre mut-
18        ter wird ja jetzt hier jemanden für die wirtschaft auch *
19        gebraucht haben! nicht!                      hm!
20   GW:                    ja:! im gegenteil! hier hab ich hebräisch
21   AB:                 aha!
22   GW:  unterrichtet! mit meinen riesen #kenntnissen   # * hab ich
23   K                                    #LEICHT LACHEND#
24   GW:  de:r die * älteren herrschaften unter/ ä unterrichtet! und
25        wir haben * ä: meistens im oktober * angefangn=ä: * einen
26        kurs ä für die älteren herrschaften hab ich gegeben! *
27        und=ä:: der ging dann von oktober bis märz! und vo/ ä: ab a
28        im märz war begann dann die:=ä hauptarbeit! und die:=ä * es
29        war keine keine kraft und keine zeit mehr um weiter zu
30        lernen! * und wie wir dann un wenn wa dann im oktober des
31        j/ nächsten jahres weitergelernt (habn) ham=wa ungefähr da
32        wieder angefangen wo=wa von anfang angefangen haben! * man
33        hat inzwischen fast alles vergessen! eben auch weil man
34   AB:                    hm!
35   GW:  nicht gesprochen hat! ja! es waren siebnundreißich familien
36        hier! * die alle deutsch sprachen! und nur deutsch spra-
37        chen! un:d da (bob)=ä: war auch nicht die absolute notwen-
38        dichkeit gegeben! daß man hebräisch konnte!
39        [FORTSETZUNG MIT EINER SPÄTEREN STELLE DES GESPRÄCHS]
40   GW:  mit=ä: mit dem=ä de:r=ä: dem anfang der neu/ der neunzehn-
41        hundertachtunfumfzich! * ä: beschloß man daß die: tagungn:
42        der generalversammlung * von jetzt an auf hebräisch:=ä
43        stattfinden! * daraufhin traten drei der mitglieder der
44        leitung zurück! * da sie nicht hebräisch stottern wollten
45        auf den=ä:: * diesen tagungn! und=ä: es wurde eine neue
46        neue leitung gewählt! [...]
47        [KOMMENTAR ZUM WAHLVORGANG; 0:31 Min.]
48   GW:  [...] aber seit damals is eben sind die=ä: ** die=ä ver/
49        versammlungn auf deut/! auf hebräisch! * und naja * es gibt
50   AB:                                         LACHT
51   GW:  leute die deswegen nich kommn * gibt=s auch!
52        [KOMMENTAR; 1:04 Min.]
53   AB:                                                  ja!
54   GW:  [...] wir sprechen praktisch frei hebräisch!     ja! auch
55        den=ä: zum beispiel ich ä:: ich erzählte ihnen schon vor-
56   AB:                                                       ja!
57   GW:  her * ich leite hier das n/ den golden age klub in sde
58        warburg! wir machen alles auf hebräisch! (auf) leicht/
```

```
59    AB:                              hm↑
60    GW:  leichtem hebräisch↑    und ich bemühe mich so viel wie
61         möglich eben auch=ä: lichtbildervorträge zu geben so daß
62         man ä * daß auch die die nicht genügend hebräisch kön-
63         nen=ä:: sich daran beteiligen können↑
```

Die landsmannschaftlichen Vereinigungen der Jeckes

Friedel Loewenson (geb. Elfriede Hollenderski), * 1908 in Königsberg
Gymnasium, Haushaltsschule in Hamburg, Ausbildung zur medizinischen Laborantin in Berlin und dort
als Laborantin und Sprechstundenhilfe tätig; 1932 Emigration nach Palästina; Hausfrau, Aufnahme von
Pensionskindern.
Aufnahme: Anne Betten, Haifa 1990.
Hochlautung; lebendige, fast mädchenhafte Stimme. Überwiegend parataktische Satzanschlüsse, häufig
mit *und, da, dann*; trotz gelegentlichen Anakoluthen sehr flüssiges, gewandtes Erzählen.
Tonqualität: gut.
CD Nr. 26: Z. 1-17.

```
1    AB:                     hm↑
2    FL:  [...] kucken sie↓ ich s:/ zog nach haifa hatte hier auch
3    AB:        hmhm↑
4    FL:  freunde aber * natürlich nich so:↓ ja↑ * wenn man neu in
5         eine stadt kommt * ä:m * und bin * zum beispiel bin mit-
6         glied g/ gewordn²³ i/ das hieß damals * forum↓ * das waren
7         so=so: * das waren lauter jeckes↑ * aber verschiedene
8    AB:              hm↑
9    FL:  landsmannschaften↓ ja↑ * dieser mann der das gegründet hat
10        is nachher gestorben↓ und seine frau is mit den mitgliedern
11        übergegangen↑ * ä zu den ehemaligen kölnern und rheinlän-
12   AB:                                      hm↑
13   FL:  dern↓ * die sind ungeheuer aktiv↓ da gibt es die interes-
14        santesten vorträge↓ da gibt es ausflüge jetz schon weniger
15        weil die leute selbst die * die: organisatoren sind ja
16        auch schon älter geworden↓ nich↑ ä:: da wird in den * in
17        den kreisen wird natürlich deutsch gesprochen↓ aber was ist
18        das↓ * sagen wir es sind zwei vorträge=ä: * im im monat↑ *
19   AB:        hmhm↑
20   FL:  ja↑         da hab ich aber zum beispiel hier↓ * mein ä:m *
21        pangsionärsverband↓ * da:: da hab ich * ich (hörte) eine
22   AB:              hm↑        hm↑  hm↑ *
23   FL:  menge vorträge:    in hebräisch↓      ja↑ * ä dann:=hab
24        ich=ä: m:=ä: * d/ dann gibt es englische vorträge↑ * dann
```

---

²³ Die Rede war vorher von Organisationen wie dem Verein der Einwanderer aus Mitteleuropa (Irgun Olej Merkas
Europa) und deutschsprachigen B'nai B'rith Logen und Altersheimen; vgl. dazu Ph 42: 7f.

```
25          bin ich in einem #conversation#kurs * in einem englischen!
26    K                   #ENGL. AUSSPRACHE#
27    FL: denn ich bin der meinung dja! * der kopf muß arbeiten! *
28          ja! [...]
```

1.3.2 Sprache(n) mit den Kindern

Hebräisch – "denn damals galt die Theorie: ein Kind nur mit einer Sprache erziehen!"

Eugen Jechiel Laronne (ehem. Löhnberg), * 1914 in Unna
Gymnasium (mittlere Reife), Beginn einer kaufmännischen Lehre, Umschichtung (Landwirtschaft); 1934 Emigration nach Palästina; anfangs im Kibbuz, danach Mitarbeit in der Firma des Bruders (hydrologische Erforschung der Grundwasserschätze), später am Institut für Geophysik (Generalsekretär).
Leichte westfälische Färbung. Ruhiger, überlegter Berichtstil mit oft langen, hypotaktischen Konstruktionen, die meistens korrekt durchgehalten sind, gelegentlich aber auch sprechsprachliche Charakteristika wie Ellipsen, Parenthesen, Herausstellungen, Wiederholungen aufweisen.

Ayala Laronne (geb. Helene Grosser), * 1916 in Zwickau
Oberschule 1933 abgebrochen, danach jüdische Haushaltungsschule in Frankfurt, jüdisches Oberlyzeum und hebräische Sprachschule in Berlin; 1935 Emigration nach Palästina; Nachholen des Abiturs, Lehrerseminar; Sekretärin, u.a. bei der britischen Armee, zuletzt Chefsekretärin in einer Elektrofirma; nach der Pensionierung Tätigkeit im Diaspora-Museum in Tel Aviv.
Leichte sächsische Färbung; sehr schnelles Sprechen. Aufgrund des Dreiergesprächs Wechsel zwischen dialogisch sprechsprachlichen und längeren erzählenden, komplexer konstruierten Beiträgen.

Aufnahme: Anne Betten, Kfar Schmarjahu 1991.
Tonqualität: gut.
CD Nr. 22: Z. 1-35.

```
 1    AB:  [...] wie ham=s zuhause gesprochen in der zeit (???)(???)⌐
 2    AL:                                            wir haben zu
 3    AB:  mit dem ersten kind⌐          ja⌐
 4    AL:  hause immer iwrit gesprochen⌐    mit unsern kindern habe
 5         ich bis: ** eignlich bis mein vater ins land kam ham wir
 6         kein * deutsch gesprochen⌐ * denn damals⌐ auch im seminar *
 7         galt die theorie * daß eine zusätzliche sprache die intel-
 8         lektuellen=ä: * intellektuelle entwicklung des kindes *
 9         stören kann⌐ * das heißt nur eine sprache⌐ ein kind nur mit
10    AB:                     hmhm⌐
11    AL:  einer sprache⌐ *        erziehen⌐ aufziehen⌐ * und da haben
12         wir überhaupt kein deutsch gesprochen mit den kindern⌐
13         erst später als mein vater ins land kam da waren * die
14         kleine war * zwei jahr⌐ und der ** der der sohn war fünf
15         jahr * da haben wir angefangen mit den kindern * #deutsch
16    K                                                     #SEHR
17    AL:  zu sprechn# das heißt ich hab kaum mit ihnen gesprochen⌐
18    K    SCHNELL    #
19    AL:  aber mein vater⌐
20    EL:             mit den mit den kindern haben wir tats/ mit den
21    AL:                                                      ja⌐
22    EL:  kindern haben wir tatsächlich nur hebräisch gesprochen⌐
```

```
23   AL:                                              +(mehr) deutsch
24   EL: aber unter uns * während der ganzen jahre↓
25   AL:                        (das weiß ich noch) die ham (das
26   EL: haben wir auch deutsch gesprochen↓ ja↓ RÄUSPERT SICH wir
27   AB:                  hmhm↓
28   AL: gehört)↓                die kinder haben das deutsch ge-
29   EL: haben uns          wie↑
30   AL: hört↓
31   EL:      m:=ja:↓ aber mit den kindern oder in anwesenheit der
32       kinder glaub ich haben wir * bewußt oder unbewußt was mich
33       angeht * hebräisch gesprochen↓ * RÄUSPERT SICH (nur) unter
34       uns haben wir * #auch  # deutsch gesprochen↓
35   K                  #BETONT#
```

Entscheidung für einsprachige Erziehung war tragisch für die Großeltern

Arje Eflal (ehem. Wilhelm Appel), * 1918 in Posen, aufgewachsen in Berlin
Gymnasium; 1934 Emigration nach Palästina; anfangs mit Jugend-Alija im Kibbuz, dann Mitbegründer
eines neuen Kibbuz' (u.a. Arbeit im Steinbruch; Besuch des Lehrerseminars, Lehrer), danach Leiter eines
Kinderdorfes, Inspektor in der Jugend-Alija; Mitarbeit im Holocaustmuseum eines Kibbuz'.
Aufnahme: Kristine Hecker, Haifa 1990. Mit anwesend: seine Ehefrau und eine Bekannte.
Hochlautung. Gelegentliche Verwendung hebräischer, jiddischer und englischer Wörter; z.T. Suchen
nach deutschen Ausdrücken, auch metasprachlich kommentiert. Trotz häufigen Pausen flüssiger Sprechstil. Da stark interviewerbezogen, überwiegt neben hypotaktischen, z.T. fast schriftsprachlichen Kon-
struktionen der parataktische Satzbau mit Merkmalen spontaner Sprechsprache.
Tonqualität: gut bis mittel.

```
1    KH: und mit den kindern auch natürlich nur iwrit↓ **
2    AE:                                            ja↓      mit=n
3        kindern war ein bißchen eine tragische sache↓ (könn wir)
4        auch auf#nehmen↓# LACHT KURZ * die:=ä: * meine eltern ha-
5    K          #LACHEND#
6    AE: ben nich * mehr iwrit gelernt↓ * (ach) die warn beide lan-
7        ge im lande↓ viele jahre↓ * als sie kamen waren sie=ä: füm-
8        unfünfzich↓ * aber sie ham in deutscher um:/ * in deut-
9        scher gesellschaft also * gelebt↑ und * (de) haben über-
10       haupt nich iwrit gelernt↓ * und da konnten die kinder mit
11       den eltern↓ * meine * f/ kinder↓ * die enkel also mit ihren
12       ** großv/ -vater und großm*mutter nich ä: * sprechen↓ **
13       und das war eben d/ ä: * besonders wenn ich sie jetz so
14       aus * von * weitem * mir * das * durch den kopf geht↓ und
15   KH:                                                       ham
16   AE: nich einmal↓ * war das für die seh:r * ä: * schwer↓ ** aber
17   KH: sie in deutschland schon↑ * ä damals iwrit gelernt↑ *
18   AE: ich hab dann                                         ich↑
```

```
19   KH:  ja!                                                    also nur
20   AE:      ja! ich hab #aber nich (gut) ä: gekonnt!#
21   K                   #SEHR LEISE                    #
22   KH:  theoretische kenntnisse ohne *
23   AE:                              nein! ich hab nachher in
24   KH:                                            ja:!
25   AE:  de:r als ich in der jugendalija war! in en charod! *
26        da ham wir n halben tag gearbeitet! ja nur! * der halbe tag
27        arbeit das war ein langer halber tag! * und der halbe tag
28   KH:                                         ja!
29   AE:  lern das war ein #kürzerer# halber tag! *      denn das war
30   K                   #BETONT   #
31   AE:  die erste gruppe! es waren noch keine regeln für diese din-
32        ge! ** als mein sohn eben geboren wurde und später nachher!
33        als er jung war! * habe ich eine * auffassung gehabt die
34        halt ich auch jetzt noch für richtich * ich weiß nich mehr
35        woher das kam! irgendein buch auch! und so * das ä: * das
36        hängt auch sie sind ja mehr dafür fachmann! die * entwick-
37        lung der sprache im menschen! * daß man nicht von * ä ge-
38        burt an! * nich in zwei sprachen groß: * werden soll! *
39        denn man faßt: es die welt auf! * man sieht die welt! * und
40        * und spricht die welt aus! * und baut die:=ä: * konzepti-
41        on! * ä mit worten! * denn anders nicht! * und es is klarer
42        und und * organisch * richtiger * so * wenn das nur in
43        einer sprache is! und die zweite sprache soll ma erst spä-
44        ter lernen!
```

Nur Hebräisch, "nachdem wir erfahren haben, was mit unseren Eltern geschehen ist"

Hans Simon Forst, s. S. 4f.
Aufnahme: Eva Eylon, Tel Aviv 1991 (Version 1).

```
1    EE:                                                  ja:!
2    HF:  [...] zu hause: sehr oft deutsch! nicht immer! *  bis
3         nachher die kinder kamen! da haben wir hebräisch gespro-
4    EE:         nur hebräisch! *              können ihre kinder ä
5    HF:  chen!                   meistens! *
6    EE:  wieviel kinder ham sie! *                    und ä
7    HF:                          #drei=ä töchter!# *     die kin-
8    K                           #SEHR LEISE       #
9    EE:                          gar kein deutsch!
10   HF:  der können kein deutsch! *      nein!        wir haben be-
11        schlossen nachdem die eltern=ä: das heißt ihre großeltern
12        nicht n/ nicht da sind! daß=s * daß es keinen zweck hat ä:
13   EE:  keine notwendichkeit!
14   HF:       sie sie       sie * sie=sie einzuführen in die
```

```
15         deutsche sprache↓ und wenn sie mal lernen wollen↑ * müssen
16         sie=s später nachholen↓ [...]
17         [SPRACHKENNTNISSE DER KINDER; 0:26 Min.]
18    EE:  is=es nich eigentlich schade↓ denn sie hätten doch
19         schmerzlos eine sprache noch ä * noch dazu↑/ ä -lernen
20         können↑ ** (owi/) heute rückblickend↓ * würden sie sagen
21    HF:                                                        wi/
22    EE:  vielleicht war=es doch nich so↑
23    HF:  wir ha:m          wir waren      damals * erstmal * nach-
24         dem=ä: nachdem wir erfahren wa/ was mit unseren: eltern
25         geschehen is↓ * #und mit unsren geschwistern die noch dort
26    K                      #LEISE
27    EE:                              anti*deutsch↓*
28    HF:  waren↓# * waren wir=ä:m *                     #antideutsch↓#
29    K          #                                       #LEISE       #
30    HF:  antideutsch wir wollten * mit * mit deutsch un mit
31    EE:                       nichts zu tun haben↓
32    HF:  deutschland * un mit deutschen so wenig wie möglich #zu
33    K                                                        #LEI-
34    EE:            ja↓        (was al/)
35    HF:  tun ham↓ *      ja↓# * das war * das war anfangs unsere ein-
36    K     SE                #
37    HP:  stellung↓ * #später# hm:=ä: hat man sich vielleicht ä an-
38    K                #LAUT  #
39    HF:  dere gedanken gemacht nachdem man=ä: * nachdem man sich
40         mehr * daß wir immer mehr * erfahren haben nachher * le-
41         benserfahrung nachdem auch die kinder * selber ihre mei-
42         nung ausdrücken ä: * ihrer meinung ausdrück/ ä ausdruck
43         geben konnten↑ * daß es=ä: vielleicht doch schade war daß
44         * daß man nicht=ä: * daß ma sie nich eingeführt #hat in
45    K                                                    #SEHR
46    HF:  deutsch↓# * denn: deutsch hat * deutsch an sich hat * mit
47    K     LEISE   #
48    EE:                              ja↓ * die sprache (nur) das
49    HF:  * nazis ja #nichts zu tun↓ *      nein das# sind zwei
50    K               #SEHR LEISE            #
51    EE:  kulturtu/↓      -tum              -gut↓ * ja:↓
52    HF:  verschiedene (???)      das kulturgut↓ *        +was
53         hat deutsche musik mit * mit nazis zu tun we/ wenn sie is
54         nur ausgenutzt worden #von den nazis↓#
55    K                          #SEHR LEISE     #
```

Es war damals völlig unmöglich, mit den Kindern Deutsch zu sprechen

Dalia Grossmann (geb. Hildegard Sachs), * 1919 in Berlin
Lyzeum; 1933 Emigration nach Palästina; zunächst weiterer Schulbesuch, dann Kindergärtnerinnen- und Lehrerseminar, Kindergärtnerin; viele Volontärtätigkeiten im sozialen Bereich.
Aufnahme: Miryam Du-nour, Jerusalem 1991.
Hochlautung. Gelegentlich Begriffe aus dem Hebräischen und Englischen einstreuend sowie Suche nach deutschen Wörtern; dennoch sehr flüssiges, teilweise lebendiges Erzählen. Häufig komplexe Satzkonstruktionen, überwiegend schriftsprachlich orientiert mit abwechslungsreichem Einsatz von Satzanschlußmitteln.
Tonqualität: gut bis mittel; zwischendurch Mikrophongeräusche.

```
 1   MD:  sprechen ihre kinder deutsch!                  verstehen
 2   DG:                      LACHT #nein!   #
 3   K                              #LACHEND#
 4   MD:  sie deutsch!
 5   DG:             +ja! * meine eltern haben sich #sehr berühm/#
 6   K                                        #BETONT    #
 7   DG:  bemüht mit den kindern * iwrit zu sprechen! HOLT LUFT und
 8        * zur zeit als meine kinder geboren warn war es natürlich
 9        überhaupt nich vorzustellen daß man mit ihnen deutsch
10        sprach! * iwrit war das*jenje welche! * was man im land
11        sprach auch dadurch daß * wir noch so * chauvinistisch auf
12        die * sprache gewesen sind und auch so * eingeschlossen
13        warn! man konnte ja aus israel palästina n/ nirgendswo hin-
14        fahren! * so war eben iwrit die sprache! * heute verstehen
15        meine kinder dar/ * doch deutsch! hm und sie sch/ SCHNALZT
16        mein sohn behauptet daß er ein bißchen * kann! das heißt
17        daß er nich verloren geht! keiner geht verloren! sie ver-
18        stehen alle! * aber heute sind sie sehr * im grunde ha/
19        machen sie mir vorwürfe daß ich sie nicht damals ** zwei-
20        sprachich erzogen hab! * aber * SCHLUCKT es war damals
21        völlich * unmöglich so etwas überhaupt zu tun! HOLT LUFT *
22        aber natürlich: heutezutage sieht man das anders an! [...]
```

"Im Umgang mit unserer Tochter haben wir eine Ausnahmestellung gehabt"

Dr. **Hilde Rudberg** (geb. David), * 1909 in Breslau
Jurastudium, Promotion, 1933 Abbruch der Referendarzeit, zunächst als Stenotypistin tätig, dann in der Leitung der Jugend-Alija und eigene Umschichtung; 1938 Emigration nach Palästina; anfangs im Kibbuz (in der Wäscherei), dann Stenotypistin und Sekretärin, 1949 "foreign advocates' examination", schließlich juristische Beraterin im Ministry of Communication.
Aufnahme: Anne Betten, Jerusalem 1991.
Hochlautung. Verhaltene, ruhige, überlegte Sprechweise mit langen Formulierungspausen und -verzögerungen; beim juristischen Fachwortschatz oft Suchen nach dem deutschen Wort. Sehr interviewer-

orientiert (Frage – Antwort), oft nur knappe 1-Satz-Repliken, häufig Rückfragen; doch auch anschauli-
che episodische Erzählungen mit viel direkter Rede neben schriftsprachlich orientierten Erörterungen.
Tonqualität: gut.
CD Nr. 21: Z. 1-21.

```
 1    HR:   [...] in: in meiner familie↑ * ä: muß ich sagen ham wir
 2          außer dem: * dem deutschen namen↑ * ä:=jä: im=ä: * umgang
 3          mit=ä: mit unserer tochter↑ * ham wir auch eine ausnahme-
 4          stellung gehabt↓ es war * ä: damals absolut * ä: * unge-
 5          wöhnlich und sehr ungern gesehen * ä: daß man mit kindern
 6          deutsch gesprochen hat↓ * ä: die=ä die=ä: alle meine: mei-
 7          ne bekannten * haben mit ihren kindern: ä: hebräisch ge-
 8          sprochen↑ * was den=ä: erfolg hatte daß=ä später * als=ä:
 9          * als diese junge generation auf die universität kam und
10          ä: die notwendichkeit=ä: bestand=ä: * ä literatur in: in
11          deutscher sprache zu lesen * daß sie alle mit not und mühe
12          * kurse in deutsch nehmen mußten↑ * um=ä: um=ä: ä: die:
13          die möglichkeit zu haben die=ä: die deutsche literatur d/
14          ä: zu lesen↓ * während wir↑ * mein mann und ich haben: *
15          haben mit unserer tochter von anfang an deutsch gespro-
16          chen↓ HOLT LUFT * n: weil wir auch zu hause deutsch gespro-
17          chen↓ und wir haben untereinander deutsch gesprochen↓
18          und=ä: wir haben ä: * ä: es für richtig gefunden auch
19          mit=ä: mit unser mit unserem kind deutsch zu sprechen↓ **
20          und=ä: das hat man=ä: * m: es war es war absolut unüblich
21          * aber ich bedauere es in:=ä in keiner weise↓ [...]
```

Hebräisch, um den Kindern einen Schock im Kindergarten zu ersparen

Anton Steiner, Chana Steiner, s. S. 40f.

```
 1    AS:   [...] wir ham nur iwrit mit den kindern gesprochen↑ * wir
 2          hatten damals die an/ wir waren damals der ansicht * wenn
 3          die kinder in den kindergarten kommen↑ * ist das sowieso
 4          ein gewisser schock für sie↓ * und wenn sie dann nicht
 5          iwrit können * ist der schock doppelt↓ * das war mit ein
 6          grund↓ aber es hat sich herausgestellt daß=es für uns *
 7          der größte nutzen war↓
 8    CS:                 wir hatten aber nachbarn in cholon↓ die ne-
 9          ben uns gewohnt ham↓ * die mit uns auch in mauritius waren↓
10          und das waren sozusagen die großeltern unserer kinder↓ *
11          und die konnten nicht iwrit↓ * die ham mit den kindern
12          deutsch gesprochen↓ * so daß unsere beiden söhne auch
13    KH:                     ja↓
14    CS:   deutsch sprechen↓
```

"Hebräisch ist die einzige Muttersprache, die die Mütter von den Kindern lernen"

Else Admoni (geb. Goldschmidt), * 1908 in Fulda
Ev. und kath. Schulen, Abitur, Handelsschule, im Büro ihres Vaters; 1933 Emigration nach Palästina; anfangs Kibbuz (u.a. Köchin), später Hausfrau; Volontärtätigkeit (u.a. in ihrem Altenheim).
Minimale hessische Färbung. Flüssig formulierend, bevorzugt in korrekter parataktischer Satzreihung. Lebendiges, häufig szenisches Erzählen. Im Rahmen des dialogischen Vierergesprächs oft sehr spontane Beiträge; bei Unterbrechungen durch die Gesprächspartner oder assoziativen Sprüngen häufiger Anakoluthe.
Aufnahme: Kristine Hecker, Haifa 1990. Mit teilnehmend: ihr Ehemann Chaim Admoni, * 1907 in Lodz (Polen), und eine Bekannte, Frau Lasch (Sigle: FL), * ca. 1901 in Hamburg, Kunstgeschichtestudium in München und Berlin, Arbeit am Warburg-Institut Hamburg, 1936 Emigration nach Palästina.
Tonqualität: mittel.

```
 1    EA:  ach:↓ d/ die kinder ham ja nie * die kinder ham nie die
 2         nie deu/ wi/ wir ham nie deutsch gesprochen mit den kin-
 3    CA:                                    meine eltern ka-
 4    EA:  dern↓ erst als meine eltern einge/ s/ die eltern meines
 5    CA:  men↓
 6    EA:  mannes kamen fünfundreißich↓ * meine eltern erst neunun-
 7         dreißich * und die ham mit den kindern angefangen deutsch
 8    CA:                    (mit den)   (mit den)
 9    EA:  zu sprechen↓ *              ä: weil    es keine andere wahl
10    CA:       (???) (???)
11    EA:  gab↓       und da haben die kinder deutsch gelernt↓ aber *
12         ihre kinder könn * deutsch↓    +meine kinder könn sich in
13    FL:                         ja↓   meine kinder↓ meine en-
14    EA:  deutsch         ja meine kinder könn/ unsere kinder
15    FL:  kelkinder nich mehr↓   kein wort↓
16    KH:                                       und sie haben dann
17    EA:  können sich in deutsch verständigen↓ (unter sich)
18    KH:  mit * u/ m/ praktisch so geringen hebräischkenntnissen
19    EA:                              (wie (???) schon ge-
20    KH:  haben sie trotzdem * mit den kindern hebräisch gesprochen↓
21    EA:  sagt hat)                                   die mut-
22    KH:                  die lernt man von den
23    EA:  tersprache↓ * hier↓    die (die) mütter von den kindern
24    KH:         ja↓ LACHT VERHALTEN
25    EA:  lernen↓    LACHT                hebräisch die ein-
26    FL:                     ja ja↓ * (???) (???)
27    EA:  ziche muttersprache die die mütter von dn kindern lernen↓
```

Mit dem Großvater Martin Buber[24] mal Deutsch, mal Hebräisch

Emanuel Strauss, * 1926 in Düsseldorf
3 Jahre Montessorischule in Aachen; 1935 Emigration nach Palästina; weiterer Schulbesuch (u.a. in Jerusalem, im Kibbuz, in Ben Schemen); Tischler, Werk- und Fachlehrer, Planung der Berufserziehung für Holzberufe.
Aufnahme: Miryam Du-nour, Jerusalem 1991.
Hochlautung. Überlegtes, ruhiges Sprechen; sehr normorientiert, mit häufig komplexen hypotaktischen Satzkonstruktionen; abwechslungsreiche Verwendung von Satzanschlußmitteln.
Tonqualität: mittel.
CD Nr. 23: Z. 1-9; 14-27; 41-45.

```
 1    ES:  [...] * und ä: nachdem mein großvater nach israel kaml er
 2          konnte ja * hebräischl obsi/ obwohl ein biblisches hebrä-
 3          ischl * aber * ä:m * er konnte hebräischl er sprach und
 4          verstand sehr gutl * ä meine großmutter * konnte kein=ä: *
 5          hebräischl und hat bis zuletzt kaum ä hebräisch gelerntl *
 6          vielleicht hat sie etwas verstandenl aber ma/ wir ham *
 7          mit ihr weiter deutsch gesprochenl und * wir ham=s auch
 8          ihr zu verdankenl * und auch meiner mutter daß * die deut-
 9          sche sprache bei uns erhalten geblieben istl [...]
10          [DAS VERHÄLTNIS ZUM GROSSVATER; 5:53 Min.]
11    MD:  habt ihr mit ihm deutsch oder hebräisch gesprochenl
12    ES:                                                  ä:m *
13          das=is eine gute fragel * ich glaube daß wir am anfang
14          #deutsch gesprochen haben# und am schluß hebräischl also:
15    K     #LEICHT LACHEND          #
16    ES:  * in der frühen zeit haben wir deutsch gesprochen und ä: *
17          mein großvater selber fühlte sich noch nicht im hebrä-
18          ischen also in dem geläufigen tagtäglichen hebräischl *
19          fühlte er sich noch nicht so ganz ä zu hausel ich kann
20          mich noch erinnern daß er meinen vater bat * am anfang
21          telefongespräche für ihn=ä zu führenl * aber das hat sich
22          dann #sch:nell      # begeben man sagtl * es is ihm sehr
23    K          #LEICHT LACHEND#
24    ES:  schnell gelungen * sich schon in hebräisch unverständlich
25    MD:              LACHT VERHALTEN
26    ES:  #zu machenl# LACHT            das ist natürlich ein spaßl
27    K     #LACHEND    #
28    MD:  (nu)jal LACHT * also in den=ä: in den=ä: * ä: * späteren
29    ES:       LACHT
30    MD:  jahren habt ihr mit ihm=ä hebräisch gesprochenl *      jal
31    ES:                                   HUSTET          jal
32    MD:  ja
33    ES:  jal jal * mein bruder mehrl * und ä: aber auch ichl ä:m *
```

---

[24] Vgl. Ph 42: 265f.

```
34          wir haben dann ä hebräischꜜ * wir sind aber auch manchmal
35   MD:                           jaꜜ wenn es: wenn    es etwas:
36   ES:  ins deutsche übergegangenꜜ *       das schonꜜ
37   MD:  philosophischer wurdeꜜ neinꜛ * LACHT VERHALTEN
38   ES:       #hm:: ja:ꜛ#                              auch im
39   K         #BRUMMEND #
40   MD:             jaꜛ
41   ES:  persönlichenꜜ     ich muß ihnen sagen daß ich mich nicht
42          genau * so ganz genau an diese aufteilung erinner (da)
43          aber * es waren gespräche in hebräischꜛ es waren welche
44          in=ä * deutsch *3* es gab da keine: * sagen=wir mal ä: *
45          bestimmte gewohnheitꜜ * wenn meine großmutter da war haben
46          wir immer deutsch gesprochenꜜ nichtꜛ * also meine großmut-
47          ter hat bis zu(r) schluß * auch * im freudeskreis und be-
48   MD:                                           und ihre
49   ES:  kanntenkreis weiter deutsch=ä * gesprochenꜜ **
50   MD:  mutterꜜ
51   ES:         HOLT LUFT tjaꜛ * ä:m * meine mutterꜛ * mit meiner
52          mutter ham wir wirklich ä: mehr deutsch gesprochenꜜ * als
53          hebräischꜛ * obwohlꜛ es eben eine zeit gabꜜ * die zeit *
54          ä:m also die ersten die ersten jahre wo man sich besonders
55          mühe gegeben hat hebräisch zu sprechen aber * ich glaube *
56          hm: daß auch bis heute * ist mir das deutsch zum teil er-
57          halten geblieben durch freunde die deutsch sprechenꜛ und
58          ä: * deutsche mit denen ich mich getroffen habeꜛ und auch
59          durch meine mutter * also die bis heute lebtꜛ und mit der
60   MD:                                deutsch sprecheꜜ jaꜛ
61   ES:  ich heute noch deutsch sprecheꜜ          jaꜜ [...]
```

Mit der Mutter Deutsch gesprochen, mit dem Vater Hebräisch geschwiegen

Kela Marton (geb. Kati Popper), * 1924 in Hamburg
Jüdische Mädchenschule; 1936 Emigration nach Palästina; Gymnasium, 2 Studien (Agronomie, Biologie), heute Biologin.
Aufnahme: Kristine Hecker, Rechowot 1990. Mit teilnehmend: ihre Eltern Dr. Erich und Charlotte Popper, s. S.76.
Hochsprache mit leichter hamburgischer Einfärbung, aber auch Intonationseinflüssen des Hebräischen; etwas metallische Stimme, sehr deutliches Sprechen. Am lebhaften Vierergespräch gewandt teilnehmend. Syntax im allgemeinen schriftsprachlich geprägt, aber viele dialogisch bedingte sprechsprachliche Formen.
Tonqualität: gut bis mittel; zwischendurch im Hintergrund Gänseschnattern.
CD Nr. 19: Z. 1-32.

```
1    KM:  [...] zum beispiel als wir eingewandert sind hie:rꜛ * das
2          is nur ein beispiel aber sehr typischꜜ * durften wir nicht
3          * deutsch sprechen und auch nicht deutsch lesenꜜ * und ich
```

```
4              war so ein=ä * bücherwurm↑ * und ich #las so gerne↑# und *
5        K                                         #BETONT          #
6        KM:  dann ha/ hab ich * ä hat mein vater erstens nich erlaubt↑
7             * unsere deutschen * bücher * durften wir nich * hierher-
8             bringen↑ * kein deutsches buch * außer klassik↑ * natür-
9             lich↑ * shakespeare * und=ä * goethe un schiller * diese
10       KH:                          mit zehn  nich so unbedingt eine *
11       KM:  sachen die ham wir natürlich                      aber das
12       KH:  interessante lektüre↑                      ja↑
13       KM:  ä das hat mich natürlich überhaupt nich intressiert↑ * und
14            ä: * ich hab versucht sogar in diesen büchern zu lesen↑
15            weil * weil ich nichts anderes hatte↑ * und da ä das * ich
16       EP:                                               entschuldi-
17       KM:  konnte das e/ es war mir ä einfach über meinem kopf↑
18       EP:  ge (eine)
19       KM:      aber damals war m/ mein vater * hat * nich erlaubt
20            nich * deutsch zu lesen↑ und nich deutsch zu sprechen↑ *
21            unter uns kindern↑ * und wir konnten doch noch nicht r/ so
22       KH:  ja:↑
23       KM:  gut hebräisch daß wir * uns miteinander verständigen konn-
24            ten↑ * also un mein vater arbeitete den ganzen tach da
25            konnten wir ja gut sprechen und auch mit meiner mutter↑
26       CP:  LACHT LEISE
27       KM:  * und=ä:      dann * später↑ * ä we/ aber wenn mein vater
28            nach hause kam↑ * w/ wenn wir dann * deutsch anfingen un-
29            tereinander↑ * #nein↑ * ihr dürft nicht↑     # * na ham wir
30       K                 #TONFALL DES VATERS IMITIEREND#
31       KH:                                               LACHT
32       KM:  einfach * ä hebräisch gesch/ * -schwiegen↑ ** LACHT
```

Die Kinder haben "spielend eine zweite Sprache erlernt"

Gabriel Walter, s. S. 57.

```
1        GW:  [...] die kinder haben im haus * bis zu ihrem dritten jahr
2             nur deutsch gesprochen↑ * dann sind sie in den kindergar-
3             ten gegangen↑ * wo nur hebräisch gesprochen wurde↑ * und ä:
4             * wir haben * wenn sie zurückkamen↑ sich an uns gewandt
5             haben↑ ham sie sich in deutsch gewandt haben wir deutsch
6             geantwortet haben sie sich in hebräisch gewandt haben wir
7             hebräisch geantwortet es gab keine probleme↑ und sie habn:
8             * spielend eine zweite sprache * erlernt↑ * und ich * mei-
9             ne: jü/ die jüngere tochter is heut/ * heute lehrerin↑
10            [...]
11            [KOMMENTAR ZU SPRACHKENNTNISSEN DER TÖCHTER; 0:34 Min.]
12       GW:  [...] +die: enkelkinder zum beispiel sprechen überhaupt
```

13   AB: hm↓
14   GW: kein deutsch↓ * <u>die</u> enkelkinder haben in der schule * eng-
15   lisch gelernt↑ sie können sich englisch sehr gut verständi-
16   jen↓ aber deutsch können sie nich↓ * außer ein paar * wor-
17   ten↓

"Ich möchte nicht in die Situation kommen, mit meinem Kind zu stottern"

Ruth Luise Tauber, s. S. 19.

1   RT: [...] und hier (hä/) wenn ich im winte:r dann * zu:m ä in
2   einen hebräischkurs ging hier in der siedlung[25] * war ich
3   so müde meistens bin ich eingeschlafen↓ HOLT LUFT also
4   hebräisch hab ich erst gelernt ** vom hören↑ * nachdem
5   AB: ich
6   RT: meine beiden söhne zum militär gegangen sind↓ * (hm:)
7   AB: möcht das deswegen rausstellen↓ weil jetzt unter meinen
8   gesprächspartnern↑ (ä bei) jedenfalls bei der wiederho-
9   lung↑[26] * sie die ersten sind die in einem doch überwie/
10   <u>zunächst überwiegend deutsch</u>sprachigen <u>mo</u>schaw waren↓ <u>wo</u>
11   RT: <u>damals</u>↓   <u>damals</u>↓   ja↓   ja↓
12   AB: die verhält<u>nisse doch ganz an</u>ders warn <u>a</u>ls im <u>kibbuz oder</u>
13   RT: <u>zuerst</u>↓ <u>ja</u>↓   ja↓   <u>also langsam</u>
14   AB: (<u>sonstwo</u>)↓   hmhm↑
15   RT: <u>langsam</u>   hat sich das <u>dann</u> natürlich * erst hat man noch
16   AB: hmhm↑   hmhm↑
17   RT: die a: d<u>ie:</u>   sitzungen und alles in <u>deutsch</u> gemacht↓ das
18   AB: hmhm↓
19   RT: hat is dann langsam langsam   ins hebräische überge-
20   AB: <u>es war</u> einfach so viel arbeit da daß diese <u>sprachsache</u> im
21   RT: <u>gangen</u>↓   (???) (???)
22   AB: hintergrund <u>stand</u>↓ hier <u>funktio</u>nierte <u>das</u> gemeinwesen (ja
23   RT: <u>genau</u>↓   <u>genau</u>↓   ja↓   <u>also zum bei-</u>
24   AB: <u>in der sprache</u>)↓   hm↑
25   RT: <u>spiel und zu</u>   haus hat man auch imm<u>e:r</u> bei uns deutsch
26   gesprochen↑ * mein vater hat doch ein bißchen * ä: * nich
27   ä schlecht und recht also jiddisch konnten meine eltern
28   auch nich↓ aber der vati hat * war doch sprachbegabter als
29   die mutti↓ die konnte * sie hat [KURZE UNTERBRECHUNG] nie:↓
30   * konnte hatte wohl wo/ ein vokabelschatz↓ weil se auch
31   gelernt hat↓ ja↓ * abe:r sprechen konnte sie nich↓ und da ä

---

[25] Moschaw Sde Warburg; vgl. G. Walter, Ph 45: 57-59 (mit weiteren Querverweisen).

[26] Bezieht sich auf die Wiederholung vieler Gespräche 1991, nachdem 50 Erstaufnahmen 1990 abhanden gekom-
      men waren (vgl. Ph 42: 8f.).

```
32        wir ham sechs jahre keine kinder gehabtⵏ * wie unser *
33        erster sohn geboren wurdeⵏ HOLT LUFT * da hab ich zu mei-
34        nem mann gesagt ich möchte nichtⵏ * in die situation kom-
35        men mit meinem kind z/ t/ * mich nicht unterhalten zu kön-
36        nen oder zu stotternⵏ * und wir ham beschlossen * er wird
37        * ab drei w/ nachdem chanan drei jahr warⵏ * ä: hat er mit
38        ihm nur hebräisch gesprochenⵏ und wir ham deutsch gespro-
39        chenⵏ * und so sind die kinder zweisprachich aufgewachsenⵏ
40        also:: de:r * beherrscht sogar die klassikerⵏ * deutschenⵏ
41        w/ HOLT LUFT #aber der kann viel sprachen das=s nich wich-
42   K                    #SEHR SCHNELL
43   RT:  tichⵏ# HOLT LUFT also das ä nat/ ä da hat sich natürlich
44   K         #
45   AB:                                            war des bei *
46   RT:  auch viel geändert denn * s erste kindⵏ das war
47   AB:  den andern familien hier in sde warburch ähnlichⵏ     jaⵏ *
48   RT:                                               jaⵏ
49        es gab natürlich manche die: vom kibbuz schon * gekommen
50        sind und * die konnten hebräisch [...]
```

"Wenn sie wichtige Fragen stellen, will ich es ihnen in meiner Muttersprache sagen können"

Dr. **Lothar Eisner**, * 1909 in Guttentag (Oberschlesien)
Studium der Rechtswissenschaften, Rechtsreferendariat, Promotion, Umschichtung; 1939 Emigration
über England nach Palästina; unterrichtete zunächst Englisch, dann Bibliothekslaufbahn, Universitäts-
bibliothekar.
Aufnahme: Kristine Hecker, Jerusalem 1990. Gegen Ende mit anwesend: seine Ehefrau Chana Eisner.
Hochlautung; etwas heisere Stimme. Neigung zu komplexen Sätzen, die nicht immer vollständig sind.
Überwiegend narrativ, häufige Verwendung direkter Rede.
Tonqualität: mittel; brummendes Nebengeräusch.

```
1    LE:  [...] jaⵏ ich hab immer gesagt ich will auch mit meinen
2         kindernⵏ ** ä deutsch sprechen damit wenn ich ihnen einmal
3         etwas ganz privat zu sagen haben werdeⵏ wenn sie wichtige
4         fragen stellen * dann will ich es ihnen in meiner mutter-
5         sprache sagen können * und sie sollen es so verstehen und
6         so is=es auch gebliebenⵏ * meine kinder werden mich
7    LE:  #nie   #  * eine * wichtige frage fragen und sagen * aber
8    K    #BETONT#
9    LE:  * erklär mir das vielleicht in englischⵏ * MURMELT * da is
10        das * herrscht das deutsch * abso/ absolutⵏ * selbstver-
11        ständlich vorⵏ auch wenn sie natürlich * nicht ä: selbst
12        nich so * nich so gut deutsch sprechen und * kein intresse
13        haben sie lesen thomas mann aber sie lesen es nich in * in
14        deutscher * in in deutschⵏ * und ä: * in englisch oder in
```

```
15        hebräisch es is ja alles in hebräisch übersetzt * ja **
16        ein seltsames ** ein seltsames durcheinander↓
```

"Wir fanden unser Hebräisch zu schlecht, um unsere Kinder in einer Sprache, die wir nicht voll beherrschen, zu erziehen"

Paul Heinz (Perez Chanoch) Laboschin, * 1908 in Berlin

Handelshochschule, kaufmännische Arbeit im väterlichen Geschäft (Holzhandel), Umschichtung (Glaser); 1935 Emigration nach Palästina; zuerst Glaser am Bau, dann eigener Glasereibetrieb.
Aufnahme: Nira Cohn, Haifa 1991. Mit anwesend: ihr Ehemann Yair Cohn.
Hochlautung, sehr klar artikulierend. Auffällig schriftsprachlich korrekte, z.T. recht umfangreiche Satzgefüge.
Tonqualität: mittel; starkes Rauschen.

```
 1    PL:  [...] unsere kinder * haben wir * in der * mit * ä: vollem
 2         bewußtsein↓ * in der deutschen sprache erzogen↓ * denn die
 3         mutter meiner frau↓ * ist auch hier eingewandert hat mit
 4         uns zusammengelebt↓ und hätte sich in iwrit * nicht mit
 5         ihnen verständigen können↓ * wir fanden unser hebräisch
 6         auch zu schlecht um unsere kinder in einer sprache die wir
 7         nicht voll beherrschen zu erziehen↓ * und wir haben uns
 8         gesagt in ihrem leben werden sie hier schnell genug hebrä-
 9         isch lernen↓ wir werden uns bemühen↓ sie dann auch * zu
10         verstehen↓ um: auch mit ihnen * uns später unterhalten zu
11         können↓ * ä: so * sprechen meine kinder↓ die heute * drei-
12         undfünfzich und siebenundvierzich jahre alt sind↓ f/ noch
13         vollkommen iwrit↓ * der ei/ der ältere sohn völlig fehler-
14    NC:                                                     deutsch↓
15    PL:  frei↓ sch*reibt ebenfalls beinah fehlerfrei↓
16    YC:                                         deutsch↓
17    NC:            (???)
18    PL:  deutsch↓ * der jüngere sohn * ä spricht r/ sehr gut
19         deutsch↓ hat etwas mehr schwierichkeiten worte zu finden↓ *
20         ä: seine orthographie in deutsch ist unmöglich↓ LACHT völ-
21         lig phonetisch↓ * während mein älterer sohn wie gesacht z/
22         zirka fünfundneunzich prozent ä: deutsche orthographie be-
23         herrscht↓ sie lesen beide↓ * lateinisch und gotisch↓
24    NC:            fabelhaft↓ *
25    PL:                  ä: * meine enkelkinder * verstehen *
26    YC:  das is (???)
27    PL:  der älteste enkelsohn is ä fünfundzwanzich jahre alt↓ *
28         der * versteht ä: * wahrscheinlich deutsch↓ er gibt es
29    NC:                       hm                       hm↓
30    PL:  zwar nicht zu↓ aber aus seinen antworten↓ *      merke ich
```

```
31        daß er * versteht! * ä: so: kam es daß * ich mich mit mei-
32        nen enkelkindern heute nur in hebräisch * unterhalte!
33        [...]
```

Mein Sohn hat immer darauf bestanden, mit mir Deutsch zu sprechen

Eva Michaelis-Stern (geb. Stern), * 1904 in Breslau

Schule zuletzt in Hamburg, dort später Gymnastiklehrerin, eigene Gymnastikschule, 1928 ein halbes Jahr Aufenthalt in Palästina (Ben Schemen), wegen Krankheit zurück, ab 1933 leitend in der Jugend-Alija in Berlin; 1938 Emigration nach Palästina; 1938-45 Gesandte der Jewish Agency in London, danach weiter in Palästina für die Jugend-Alija tätig; später Gründung einer Gesellschaft zum verantwortlichen Handeln; Arbeit für geistig Behinderte (Hospitalgründung); Vortragstätigkeit; Mitarbeit bei der Neuherausgabe der Schriften ihrer Eltern, des Psychologen William Stern und seiner Frau Clara.

Aufnahme: Anne Betten, Jerusalem 1991. Gegen Ende mit anwesend: Miryam Du-nour.

Hochlautung. Im allgemeinen ruhiger und reflektierter Redestil mit Neigung zu umfangreichen, bevorzugt parataktisch reihenden Satzgebilden; in szenischen Darstellungen jedoch wesentlich lebhafter und spontaner, mit häufigen Selbstkorrekturen und Konstruktionsänderungen. Etwas brüchige Stimme. Tonqualität: gut; im Hintergrund Klavierspiel.

CD Nr. 20: Z. 1-39.

```
 1    EM:   [...] nachdem also mein sohn geboren war! und * ä ich ihn
 2          sprechen lehren sollte! * hab ich beschlossen! * daß ich
 3          mit ihm deutsch spreche! * denn: * hebräisch konnte ich
 4          noch nicht genug! und englisch * konnte ich zwar sehr gut!
 5          aber mit=m #accent!        # * und ich wollte nicht daß
 6    K                #FRZ. AUSSPRACHE#
 7    EM:   e:r d/ * mein englisch ä mit=m #accent        # lernt! *
 8    K                                    #FRZ. AUSSPRACHE#
 9    EM:   und=ä: * so hab ich ihn also m/ * mit meiner muttersprache
10    AB:               hab ich grad gehört!²⁷ perfekt! LACHT VERHALTEN
11    EM:   aufgezogen! (a:m)                njal
12          ja:! * er spricht perfekt! aber leider gottes! ä: mit lesen
13          * is nich viel her! * er kann es wenn er muß! * wenn er
14          beruflich muß und e:r * hat sehr viel kontakt mit=ä:m d/
15          deutschen kollegen! * aber ä: f:/ * er=is ä merkwürdiger-
16          weise in der zeit * in der man hier! * noch verpönt war
17          wenn man deutsch gesprochen hat und das war ziemlich lange
18          nach der nazizeit! * hat er * immer darauf bestanden und
19          hat n/ auch nich verstanden warum ich manchmal im geschäft
20          oder im autobus oder so zu ihm gesacht habe also * ä:
21          sprich nich deutsch mit mir! nä n das: * konnte er s/ *
```

---

²⁷ Der Sohn war während des Interviews kurz zu einem Besuch seiner Mutter hereingekommen.

```
22          konnte er nich verstehen LACHT #warum ich# das sagteⵏ * nu
23    K                                  #LACHEND  #
24    EM: war er damals natürlich noch kleinⵏ * aber dabei is er ge-
25    AB:                      hat sich auch in der schule nich ge-
26    EM: bliebenⵏ * und=ä ä im beruf
27    AB: niertⵏ * dann späterⵏ und ä: * ä
28    EM:                                    neinⵏ in der schuleⵏ ä w/
29        * konnte er das überhaupt nich anwendenⵏ ich mein er hat
30    AB:                                    nein ich  mein ob
31    EM: im kindergarten sofort hebräisch gelerntⵏ        (???)
32    AB: er sich nich geniert hat dann wenn mitschüler kamen oder
33        sonst was das ä:        na neinⵏ
34    EM:                neinⵏ    nein das ge/ da: * dafür hatte
35    AB:                hmhmⵏ
36    EM: er gar kein gefühlⵏ daß das: was is was * nich beliebt is
37        hierⵏ HOLT LUFT und=ä: * ich muß sagen ä: beruflichⵏ * ä
38        hat ihm: das * enorm geholfenⵏ daß: daß er: * (für) daß er
39        in deutsch keine schwierichkeiten hatⵏ [...]
```

"Sie haben mehr als wir geglaubt haben mitbekommen"

Rina Biran-Langrod (geb. Irene Langrod), * 1932 in Berlin
1934 Emigration nach Palästina; Schule, Lehrerseminar, Studium (Sonderpädagogik), Sonderpädagogin, Schulleiterin, Ausbilderin von Sonderpädagogen im Lehrerseminar.
Aufnahme: Miryam Du-nour, Jerusalem 1991. Mit teilnehmend: ihr Ehemann Usi Biran, s. S. 28.
Hochlautung. Gelegentlich etwas ungewöhnliche, manchmal auch fehlerhafte Formulierungen beeinträchtigen nicht den Gesamteindruck eines recht flüssigen Redestils. Überwiegend parataktischer Satzbau; dialogorientiertes Dreiergespräch.
Tonqualität: gut; zwischendurch im Hintergrund Papierrascheln.

```
1     MD: ä: * was glaubt ihrⵏ ** daß ihr von der * deutschen oder
2         von der mitteleuropäischen kultur ** ä: * behalten habenⵏ
3         ** und was habt ihr ihr euern kindern übergebenⵏ **
4     RB: es is unvorstellbar wieviel unsere kinder doch bekommen
5         habenⵏ * obwohl ** erstens verstehen sie doch deutschⵏ sie
6         g/ sprechen nicht deutsch aber sie verstehenⵏ rafi wie er
7         ** in: in der schweiz war und ** hat eigentlich alles ver-
8         standen was man um ihn (gege/) gesprochen hat ** und=ä: **
9         sie haben mehr als wir geglaubt haben mitbekommenⵏ **
10    UB:               jaⵏ RÄUSPERT SICH
11    RB: glaubst du nichtⵏ
```

1.3.3 Spätere Vorteile von Deutschkenntnissen für die Kinder

Es war doch vorteilhaft, das Deutsche nicht zu vergessen

Kela Marton (geb. Popper), s. S. 69.
Mit teilnehmend: ihre Eltern, Dr. Erich Benjamin Popper, * 1898 in Elmshorn, Zahnarzt, 1935 Emigration nach Palästina, und Charlotte Popper (geb. Levinsky), * 1898 in Preußisch Stargard, Mathematiklehrerin, 1936 Emigration nach Palästina, Hausfrau, u.a. journalistisch tätig (vgl. genauer Ph 42: 123f., 149f.).
Tonqualität: gut bis mittel; im Hintergrund Vogelgezwitscher und Hühnergackern.

```
 1    KM:   [...] und dann hat meine mutter aber * endlich meinen va-
 2          ter überzeu:gt * daß es für uns vorteilhaft sei⌐ * das
 3          deutsche nicht zu vergessen⌐ * und daß wir das deutsche
 4          doch * weiter pflegen sollten⌐ * und * hat meinen vater
 5          dazu überzeu:gt⌐ * und dann durften wir gott sei dank wie-
 6          der deutsch reden⌐ * und deutsche: bücher auch⌐ * und ä *
 7          dann hat meine mutter weil doch schon hebräisch nich mehr
 8          notwendich war⌐ * hat uns * jedenfalls uns z/ zwei schwes-
 9          tern und eine gruppe von andern mädchen unsren freundinnen
10    KH:          deutsch weiter beigebracht⌐   LACHT
11    KM:   aus deutschland⌐    deutsch   weiter beigebracht⌐ und
12          deutsche literatur und * kunstgeschichte⌐ und alles mögli-
13          che * hat einige jahre * so einen kursus geführt⌐ einmal
14          in der woche oder zweimal ich erinner mich nich genau⌐ *
15          und das war * so intressant⌐ und wir ham uns * das mit
16          sehr großem vergnügen gemacht⌐ denn meine mutter is ja *
17          so ge/ * wie gesacht⌐ eine * pädagogin und * sie hat uns
18    EP:                          und für unsern sohn war das von
19    KM:   das immer seh:r intressant beigebracht⌐
20    EP:   außerordentlichem * vorteil⌐ * er war nämlich der einzige
21          am technikum⌐ * an dem er studiert hatte⌐ * wo * ä: sehr
22          viele * ä deutsche * technische bücher vorhanden waren⌐ *
23          die von=n an/ die nur von ihm gelesen wurden⌐ * und er hat
24          dadurch eine sehr tiefe * technische vorbildung⌐ * sich
25    KH:          aber die dozenten waren doch weitgehend * ä viele
26    EP:   erwerben können⌐
27    KH:   waren doch deutschsprachich⌐            spielte keine
28    EP:                                nein⌐          (nu:r)
29    KM:                          nein⌐ aber das wurde alles
30    KH:   rolle⌐           ja:⌐
31    EP:                nur hebräisch⌐       nicht⌐ * ja⌐ er
32    CP:                                LACHT VERHALTEN
33    KM:   nur   hebräisch gelernt⌐ geführt⌐ das war immer nur hebrä-
```

```
34   KH:          ja=ja:↓
35   KM:  isch↓
36   EP:  hat     (als kind * durch die hin/) * dadurch daß meine
37        frau das so gefördert hat↑ * ist mein: * ä ä * sohn↑ der
38        bo'as↑ * der ein * jetzt ein großer internationaler *
39        i:ndustrieller und erfinder is↑ * hat der auch einen rie-
40        sigen vorteil daraus gezogen↓
```

"Mein Sohn muß immer mit den Ingenieuren aus Deutschland verhandeln"

Rut Wittels, s. S. 17.

```
1    RW:  [...] aber die kinder * mein sohn hat zum beispiel wie er
2         ganz klein war↓ ich hab auch mit ihm deutsch gesprochen↓
3    KH:                                                   ja:↓
4    RW:  meine el/ meinen eltern zuliebe natürlich↓ HOLT LUFT und
5         der hat alles übersetzt↓ * der hat immer doppelt gespro-
6         chen↓ * wie er ganz ganz klein war hat=er zum beisp/ (wie)
7    KH:                      LACHT         ja↓
8    RW:  gesacht * ä essen↑ chol↓        lechol↓ ja↑ * un:d solche
9    KH:                                          a:ja↓
10   RW:  sachen↓ sagt=er heia↑ schon↓²⁸ * so hat=er angefangen zu
11        sprechen↓ * es war sehr schwer↓ * aber dann: nachher *
12        war=s * hat er die sprachen geteilt↓ * aber er hat nie
13        sehr viel deutsch gekonnt↓ nicht sehr gut↓ * weil er eben
14        nich wollte↓ * und wie er im kibbuz war↑ wollt er überhaupt
15   KH:                                              sie ham
16   RW:  nich mehr deutsch sprechen↓ ** aber es geht noch↓ jetzt
17   KH:   ihren mann hier nat/ ä kennengelernt↓ selbstverständlich↓
18   RW:  (n/)                                              ja↓
19   KH:  * ja↓
20   RW:       jetzt * is er=is ingenieur↑ und arbeit bei der hafen-
21        behörde↓ * die ham sehr oft ingenieure aus deutschland↓ *
22        da muß er mit ihnen immer * verhandeln↓ und au/ d/ weil er
23        der einzige is der dort deutsch spricht↓ ** ist ganz gut
24        wenn man noch eine sprache kann * es kann nichts schaden↓
25        [...]
26        [FORTSETZUNG MIT EINER SPÄTEREN STELLE DES GESPRÄCHS]
27   RW:  meine tochter die deutsch bei meinen eltern gelernt hat
28        hat absolut einen kölschen: * anklang↓ man * hat wenn sie
29        in deutschland is hat man sie oft gefragt ob sie aus köln
30   KH:                                                   ja:↓
31   RW:  is↓ * das ham die kinder ham das gleich mitgenommen↓
```

---

[28] Wie zuvor bei hebr. *lechol* 'essen' (verkürzt zu *chol*) ist *schon* eine verkürzte Form von hebr. *lischon* 'schlafen'.

Mein Sohn konnte in Deutschland die Fernsehschule besuchen

Hugo Hans Mendelsohn, * 1918 in Berlin
Gymnasium; 1934 Emigration nach Palästina; zunächst im Kibbuz, dann Telefonist, später Handels- und
Banklehre, Kaufmann; auch journalistisch tätig.
Aufnahme: Miryam Du-nour, Jerusalem 1991.
Leichte berlinerische Färbung; umgangssprachliche Einschläge auf der morphologischen Ebene.
Thematisch bedingter Wechsel im Redestil zwischen sehr schriftsprachlich orientierten Berichten und
Argumentationen sowie lebhaften, eher sprechsprachlichen Erzählpassagen.
Tonqualität: gut bis mittel.

```
 1   MD:  was habn sie von diesem * von dieser deutschen=ä: kultur *
 2        ihren kindern mitgegeben! *
 3   HM:                          oh! das (kam) sehr einfach! *
 4        ich hab zum beispiel=en sohn! ** der hat ** ä: soweit
 5        deutsch gelernt! * wohlgemerkt * phonetisch! ** daß er sich
 6        frei im deutschen ausdrücken kann! so frei! * daß er in
 7        deutschland fernsehschule besuchen konnte! und am radio
 8        als a/ ansager funktionieren konnte! * was seine recht-
 9        schreibung anbetrifft! dafür möch/ möcht=ich meine hand
10        nich ins feuer legen im gegenteil! * besser nich hinkucken!
11   MD:  LACHT
12   HM:  LACHT    * aber * die andern kinder * je älter sie * die
13        nä/ * die ersten kinder! sind meistens noch * sehr *4*
14        vokabelreich im deutschen! * gesp/ gesprochenen deutschen!
15        * während die späteren nachher! das immer weniger wird!
16        weil sie untereinander dann alle hebräisch sprechen! ja!
```

Tochter und Sohn beruflich in Deutschland

Elisheva Pick, s. S. 11.

```
 1   EP:  [...] und=ä ä die kinder waren gewohnt mit den großeltern
 2        deutsch zu sprechen! und besonders meine tochter hat ein
 3        sehr gutes deutsch gesprochen! * ich weiß daß einmal die
 4        schwiegertoch/ die schwiegermutter erzählte * sie hätte
 5        eine karte von ihr bekommen die war völlich fehlerlos! in
 6        einfachem hebräisch! * ja da war sie noch=n kleines kind!
 7        acht vielleicht! oder neun! * aber vollkommen fehlerlos! *
 8   KH:  eine deutsche oder eine hebräische! deutsche karte!
 9   KH:                      ja!
10   EP:  +deutsch! *        deutsch! ja die großmutter konnte n/ kein
11        wort hebräisch! * die: konnte gar nichts! * aber das eng-
12        lisch hat das natürlich verhindert! * sie ha/ war auch so
13        gut noch im deutsch! daß sie von der univisität aus * ä:
14        zweimal also erstens mußte sie für ihren * professor der
```

```
15         kein:=ä deutsch kannte * ä deutsche fachliteratur oft le-
16    KH:                              ja:↓
17    EP:  sen und=ä * auswerten↑ *      in ihrem fach und=ä: war
18         zweimal auch in deutschland↑ einmal in berlin und einmal
19         sie hat zuerst nich biochemie gemacht * sondern physika-
20         lische chemie↓ und da hat ma * hier gibt es keinen so gro-
21         ßen reaktor↓ * (zuerst)↓ * und da war sie zweimal in
22         deutschland einmal in berlin und einmal in irgendeinem *
23         ort * an der * ostgrenze sogar wo ein großer reaktor war↑
24         um dort zu arbeiten↑ also * deutsch war für sie ä: * nicht
25         wie hebräisch↓ aber * sie konnte es gut↓ * und das englisch
26         hat das natürlich sehr verdorben↓ heute ä fehlen ihr worte↑
27         * deutsch sie kann lesen sie versteht aber sie * das spre-
28         chen is schon schwach↓ * und der sohn hat zum teil auch
29    KH:                                                      ja↓
30    EP:  der war jetz in würzburg↓ der große↓ der professor↓ der hat
31         jetz er hat in würzburg ei/ an der universität * einen
32         kumpan mit dem er zusammen ein projekt bearbeitet der war
33         jetz vierzehn tage in würzburg und da is also * ich war
34         ich * sprech mit ihm nie deutsch↓ ich weiß nich wie gut
35         sein deutsch is↓ aber er is öfter in deutschland↓ * und
36         (de/) freiburg hat er mal ne weile gearbeit↓ er kann * hm↑
37    KH:  er kann=s auch↓ *                        ja↑
38    EP:                  ja=ja↓ sicher kann=er↓ er spricht * ja↓
39         ja↓ er kann↓ * aber wie gut sein deutsch is weiß nich↓ al-
40    KH:  ja:↓
41    EP:  so ich weiß nich↓ ein ä ä gsch/ * er wollte letztens mal
42         von mir ein buch↓ er w:ollte anfangen deutsch zu lesen↓ *
43         und ich suchte lange und suchte ihm etwas was im text doch
44         * nich so schwer war↓ und gab ihm so was eisenbahngeschich-
45         ten↓ so ne sammlung↓ * denn ich glaube ein gutes literari-
46         sches deutsch könn=die nich verstehen↓
```

"Ich hab' ihnen gutes Deutsch beigebracht, und das hat sich sehr bezahlt gemacht"

Charlotte Rothschild (geb. Richheimer), * 1915 in Dermbach (Thüringen)
Schneiderlehre; 1939 Emigration nach Palästina; als Hausschneiderin tätig.
Aufnahme: Kristine Hecker, Giwatajim 1990.
Meist deutliche thüringische Färbung (z.B. binnendeutsche Konsonantenschwächung). Flüssiges, gro-
ßenteils lebendiges Erzählen, überwiegend in korrekten, parataktisch reihenden Konstruktionen. Charak-
teristisches Erzählmittel: szenische Darstellungen mit viel direkter Rede.
Tonqualität: gut bis mittel.

```
1     CR:  [...] ja da hat meine schwester im kibbuz immer zu mir
2          gesacht * was glaubst du↓ * du kannst hier * so laut
3          deutsch mit den kindern reden hier will niemand die deut-
```

4   sche sprache h/ m/ * hören! * niemand will was wissen von
5   deutschland! * und da sach ich meine kinder werden zwei-
6   sprachich aufwachsen! * das kostet mich überhaupt nichts *
7   geld für spielsachen hab ich nich aber papier und blei-
8   stift! und lateinische buchstaben! * die hab ich meinen
9   beiden kindern beigebracht * wie mein sohn durch die=ä
10   militär das erste mal nach frankreich geschickt wurde *
11   mirageflugzeuche er hat sich ja immer für technische sa-
12   chen interessiert! * da schrieb er mir die ulkichsten
13   briefe! also die soll die sollte ma wirklich in die zei-
14   tung setzen! da hat=er * wirklich alles in deutsch ge-
15   schrieben! * aber * von * hebräischen übersetzt! [...]
16   [DER JÜNGERE SOHN STUDIERTE IN AACHEN; 1:21 Min.]
17   KH: sie ham praktisch in der familie immer deutsch gesprochen!
18   *   ja:! * naja viele * grade die so
19   CR: ja:! nu wie denn sonst!
20   KH: spät kamen wie sie! * die ham kein wort iwrit gekonnt! und
21   ham sich aber schrecklich abgeplagt und ham mi/ auch wie
22   bei meinen freunden! ham mit den kindern nur iwrit geredet!
23   * aus prinzip und aus angst vor dem druck der umgebung
24   CR: ja!   und
25   KH: (her)!
26   CR: ich   aus prinzip! wollte kein falsches iwrit den kindern
27   KH: ja!
28   CR: beibringen! * und da hab ich meine brocken runterge-
29   schluckt! und hab ihnen gutes deutsch beigebracht! * und
30   das hat sich sehr bezahlt gemacht! * zumal! * der ronni! *
31   KH: ja! *
32   CR: n/ nach in deutschland! * studiert hat!   und (en=paar)
33   KH: ja!
34   CR: * wechen schriftlich * ein paar stunden * privat genommen
35   hat! * und wir ham uns das: studium vom mund abgespart! *
36   aber er hatte das beste! das höchste stipendium bekommen! *
37   und is jedes semester durchgekommen! währenddem * deutsche
38   immer schwänze nachholen mußten! * er hat sich sehr ange-
39   strengt! * und ihm war=s doppelt schwer eben wechen der
40   sprache! * er spricht * auserlesen * gute sätze in deutsch!
41   * a:ber * er steht auf kriegsfuß * mit=ä: den artikeln! *
42   KH: ja:!
43   CR: der die das! wessen dessen uns ihr euch * das * und
44   KH: das is
45   CH: ich schimpf mit meiner schwiegertochter[29] warum:! * erzä/
46   KH: schwer wenn=s man einmal   ja!
47   CR: sagst du ihm   das nich! s=er hört doch das

---

[29] Die Schwiegertochter ist Deutsche, der Sohn arbeitet in Deutschland.

```
48   KH:   nein das kann=ma nich mehr wenn=er schon gewohnt is so zu
49   CR:   ständig!                                    alles spricht doch nur
50   KH:   sprechen!
51   CR:            das! * sacht=er ach gott das brauch ich gar
52         nicht! die halten mich wechen der schokolade sowieso nur
53   KH:                                                         ja:! *
54   CR:   für=n belgier! * und die belgier sprechen alle so! *
55         so sagt=er mir!
```

1.4   Sprachverwendung in Ausbildung und Beruf in Palästina/Israel

Damals war die Umgangssprache an der Hebräischen Universität Deutsch

Dr. **Heinrich Mendelssohn**, * 1910 in Berlin
Studium (Medizin, Zoologie); 1933 Emigration nach Palästina; Fortsetzung des Studiums, Promotion in
Zoologie, Professor der Zoologie, heute noch an der Universität Tel Aviv tätig; internationaler Experte
für Arten- und Umweltschutz.
Aufnahme: Anne Betten, Tel Aviv 1991.
Berlinerische Färbung; sehr unterschiedlicher Sprechrhythmus, häufig schnell. Flüssiger, lebhafter,
ungezwungener Redestil mit vielen Charakteristika gesprochener Sprache (Ellipsen, Wiederaufnahme-
formen, Ausklammerungen, etc.), vorwiegend parataktisch reihend; viele Hörersignale und evaluative
Kurzkommentare.
Kassettenqualität: gut.
CD Nr. 9: Z. 1-69.

```
 1    AB:  war das so eindeutich überwiegend↓ die situation an der
 2          hebräischen universität↑
 3    HM:  (hä/)↑        ich mußte doch in hebräisch geprüft werden↓
 4    AB:  ja↑
 5    HM:  nich↑ dabei bin ich dreimal durchgefallen↓ nich↑ * u:nd
 6          beim vierten mal da kam ich nur durch weil se: ä: schon
 7          die: * na die prüfungszeremonie die zo/ zeu/ ä: zeugnis-
 8          verteilungsz/ -zeremode * -nie schon sehr nah war↑ * und
 9          der prüfer bekam * ä anscheinend ein wink er muß diesen
10    AB:                             #(ich weiß↓ hmhm↓)#
11    K                               #SEHR LEISE        #
12    HM:  jecken↑ * sie wissen was=n jecke is↓           also diesen
13    AB:                                     LACHT KURZ #der kriecht=n
14    K                                                 #LEICHT LA-
15    HM:  jeckn * durchbringn durch die prüfung↓ das is auch noch
16    AB:  preis wahrscheinlich↓# LACHT                      ja↑
17    K    CHEND              #
18    HM:  eine eine * eine besondere geschichte↑ aber die kann nur
19          jemand würdijen * der hebräisch kann↓ was für fehler ich
20          da machte↓ * also jedenfalls dieser sehr nette professor
21          torczyner↑ * der sagte mir er fragte mich=ä: * wo ich ar-
22          beiten wer da sacht ich ja↑ beim a margolin im biologisch-
23          pädagogischen institut in tel aviv↑ * da: sachte=er na
24          gott sei dank da werden ä da: werden sie ja es ging auf
25          hebräisch↓ * in einer hebräischen * umgebung sein↓ * un
26          nich in * ä: * in unserer hebräischen universität die
27          nennt sich hebräische universität und is=ne deutsche uni-
28          versität↓ * LACHT LEICHT * al(so) damals war die umgangs-
```

```
29   AB:                                    hmhm⌐ * ja und mit solcher
30   HM:  sprache da deutsch⌐ nicht⌐ *                    im zoo-
31   AB:  (???)⌐
32   HM:   logischen institut professor bodenheimer geborner deut-
33   AB:     hm⌐
34   HM:  scher⌐ * pro/ ä dokter haas war=n=ä östreicher⌐ * u:n dok-
35        ter reich⌐ n pole⌐ der in=ä wien studiert hat #also auf ä ä
36   K                                              #LEICHT
37   AB:                                             hmhm⌐ *
38   HM:  deutsch sprach⌐ nich⌐# ja=es war deutsche atmosphäre⌐
39   K    LACHEND            #
40   AB:  kam der wechsel ins hebräische mit diesem: ä mit der stel-
41        le die sie antraten⌐   ja⌐
42   HM:            ja⌐    da war ich dann in=ner hebräischen=ä
43        umgebung da wurde hebräisch gesprochen (un da) lernte⌐ *
44        und * mein chef der war sehr nett=ä der sch/ ä starb im
45        jahre siebenunvierzich⌐ ein russischer jude⌐ * mit guter
46        jüdischer erziehung⌐ * u:n der sachte * du hast noch ein
47        so gutes sprachgefühl du könntest doch viel besser hebrä-
48        isch=ä: * ä ler/ es ä s/ sprechen wenn du dich bemühen
49   AB:                                               LACHT
50   HM:  würdest⌐ * #aber ich hab mich (eben) nie bemüht⌐# **
51   K             #LEICHT LACHEND                   #
52   AB:  LEICHT ä da hat ja sicher auch die fachsprache und das
53        dürfte in ihrem fall doch englisch gewesen sein⌐ auch da-
54        mals schon * oder w/ in welcher sprache ham=se studiert⌐ *
55   HM:                                   ja⌐ ä sicher⌐ das
56   AB:  ä hauptsächlich⌐        da          ja⌐
57   HM:  ä da die          die=die unterrichtssprache war hebräisch⌐
58   AB:  war hebräisch⌐
59   HM:            ja⌐ * also es war sehr komisch wenn der
60        professor bodenheimer vortrag⌐ was der * für fehler der da
61   AB:                                          hm⌐
62   HM:  machte⌐ in seinen v/ kollegs⌐ nich⌐    also die meisten=ä:
63        * die meisten studenten warn ja eingeborne sabres⌐ * nicht⌐
64        die ge/ die verstanden den ja kaum⌐ * nich⌐ * und de:r * ä
65        doktor haas⌐ hm der hat sich sehr vorbereitet auf hebrä-
66        isch⌐ * aber es ging son sehr langsam⌐ nich⌐ da:nn kam so
67   AB:                                              wie ä
68   HM:  ungefähr jede halbe minute ein #wort⌐         # *3*
69   K                                 #LEICHT LACHEND#
70   AB:  sie sie hatten ja an der: ä schule an der sie waren⌐ dann
71        sicher schon viel ä englisch⌐ * ä ausgiebich gehabt⌐ es war
72        ke/ sie warn in einer      nein⌐
73   HM:                    nein das wurde    vor allem französisch *
74   AB:  ja⌐                                            hm⌐
75   HM:  schaun=se * ä: wir lernten sieben jahre französisch⌐ zwei
76        jahre englisch⌐ aber englisch konnt ich dann besser als ä:
```

```
77          französisches weil ja englisch dem deutschen vor allem lä
78  AB:                   hm:↓        hmhm↑
79  HM:  pl/ plattdeutsch viel näher is↓ nich↑ * also ich konnte↑ d/
80       als ich die schule * fertich machte↑ * englä/ englisch
81  AB:                        hmhm↑ ** ä sie ham ja wahr/ ä in ihren
82  HM:  besser als französisch↓
83  AB:  publikationen↑ wahrscheinlich dann * meistens das engli-
84  HM:                                             alles eng-
85  AB:  sche benutzt↓ alles englisch↓ ja↑            a:    ä: wie
86  HM:  lisch↓ englisch           ja=ja↓ alles englisch↓
87  AB:  verteilt sich das ä: in: * so * hm m: lehrjahren↓ studien-
88       jahren↓ ersten berufsjahren↓ also * ä d/ die vorlesungen
89       waren trotzdem ä * hebräisch↓ also wenn auch nich gerade
90       LACHT    #vorbildliches↑ # HOLT LUFT ä gab=s denn schon ne
91  K             #LEICHT LACHEND #
92  HM:  ja:↑                 ja:↑
93  AB:  ganz ä perf/ ausgeprägte fachsprache für ihr fach↑ auf he-
94       bräisch↑ oder we/ ä       m: mußte doch noch    sicher
95  HM:                    nein↓ fast gar nich↓ s gab      ganz
96  AB:            ja↓                               hm↑
97  HM:  weniche bücher nein↑ * schaun=sie↓ hebräisch hat sich auch
98  AB:     ja     sicher↓
99  HM:  geändert↓          zum beispiel * meine frau die is so ne
100 AB:            hmhm↑ *
101 HM:  eingeborne↓            u::nd * die hat briefe von ihrem va-
102      ter der als der aus rußland in den zwanzijer jahren ein-
103      wanderte↓ * ä de:r der briefe mit der: er war angestellt
104      bei der jewish agency↑³⁰ * u:nd die briefe↑ * wenn sie die
105      liest heute aus hebräisch da lacht se sich tot↓
```

Nur der einzige Professor, der kein Jecke war, sprach ein wunderbares Hebräisch

Dr. **Paul Avraham Alsberg**, s. S. 20f.

Betti Alsberg (geb. Keschner), * 1920 in Hattingen
Lyzeum, 1937/38 Studien am Jüdisch-Theologischen Seminar in Breslau und Vorbereitungskurse für das Lehrerseminar in Jerusalem; 1939 Emigration nach Palästina; Abschluß des Lehrerseminars, Schwesternschule, Krankenschwester, Buchhandel, Volontärarbeiten.
Standardsprache mit leichter westfälischer Einfärbung. Gepflegte, natürliche Redeweise, fast ausschließlich kürzere dialogische Beiträge.

Aufnahme: Anne Betten, Jerusalem 1994.
Tonqualität: gut.

---

[30] 1922 gebildetes Organ der Zionistischen Weltorganisationen, um Aufbau und Entwicklung von Erez Israel zu unterstützen (vgl. Ph 42: 156).

```
 1    PA:  [...] aber ä der * ä: der hauptlehrer für mich↑ * von dem
 2         ich sehr viel * n: ä ä: * profitiert habe↑ * war richard
 3         koebner↓ * professor richard koebner↑ ** der ä:m * moderne
 4         geschichte hier unterrichtete↑ ** und der ordinarius für
 5         geschichte war↑ * und=ä: mittelalterli geschichte↑ mittel-
 6         alterliche geschichte j/ sowohl jüdische wie allgemeine↑ *
 7         war professor yitzhak baer:↑ der auch aus deutschland
 8         stammte↑ * ein hervorragender historiker↑ ein schrecklich
 9         langweiliger dozent↑ * aber ein glänzender historiker↑ *
10         und dann=ä jüdische soziologie war * arthur ruppin↑ * ä: ä
11         der ä m m m seine gu/ ungeheuren verdienste hat um den
12         aufbau des landes↑ * und auch ä als soziologe↑ aber ein
13         schlechter lehrer war↑ * und der sehr schlecht iwrit konn-
14         te↑ * der las seine eigenen bücher vor↑ man konnte genau
15         wissen wo er weiterliest näch<u>stes mal</u>↑              nein
16    BA:                                    (<u>baer auch</u> genau so) *
17    PA:  nein↓ baer nicht↓ * und=ä: ä: der ä: ä: ruppin↓ * baer und
18         * koebner↓ * waren↑ und tcherikove:r * darf ich nich ver-
19         gessen↓ bei dem hab ich iwrit eigentlich gelernt↓ * ä:m ä
20         professor tcherikover war der historiker für alte ge-
21         schichte↓ * der sprach ein herrliches hebräisch↑ * und ein
22         leichtes hebräisch↑ n: der * ä: * ä er war russe↑ * war der
23         einzige der kein jecke war↑ * und ä: * ein wunderbares he-
24         bräisch↓ * und das war a sowohl geschichtsunterricht wie
25         iwritunterricht für mich↓ * ich hab=als erstes hier im lan-
26         de↑ * einen hebräischen intensivkurs gemacht↓ * bei=ä ä: *
27         einem russischen juden der in breslau gelebt hatte↓ <u>und</u>
28    BA:                                                         <u>mein</u>
29    PA:            und bettis lehrer w/ gewesen war↑ * ä reznicov↑³¹ *
30    BA:  lehrer↓
31    PA:  und bei dem haben wir in wenigen monaten↑ * wochen↑ *
32         auf*grund der g/ grundlage die ich aus breslau mitbrachte↑
33         * sehr gut * für die damaligen verhältnisse hebräisch ge-
34         lernt hatte↑ * also ich konnte * bereits * im * ich kam im
35         februar an↑ * und im * oktober↑ in dem neuen seme/ studien-
36         jahr↑ * konnte ich bereits allen vorlesungn komplett fol-
37         gen↑ * aber ich war auch schon * in den vorlesungen * im
38         sommersemester neundreißich↑ das heißt * von * ä: * april
39         bis * juli↓ * nur hatte ich da große schwierichkeiten↑ und
40         wie gesagt * tcherikover war der * war der für mich der
41         beste lehrer↓ [...]
```

---

³¹ So laut Alsbergs die Unterschrift auf Betti Alsbergs Zeugnis; es gab jedoch später auch andere Schreibweisen. (Ähnliches gilt für andere Namen, z.B. für Avigdor Tcherikover, Z. 18, auch Cherikover.)

"Im Alter von ungefähr sechzehn hatte ich drei verschiedene Kulturen"

Dr. **Uri Rapp**, s. S. 46.

```
 1    AB:  [...] sie hatten wahrscheinlich doch noch weitere sprachen
 2         ä außer * deutsch und hebräisch schon als dreizehnjähri-
 3         ger! was ham * was ham            englisch und franzö-
 4    UR:       englisch und      französisch!
 5    AB:  sisch!      und ä f/ ham sie=s französische auch noch wei-
 6    UR:        ja!
 7    AB:  ter gemacht dann in israel!   in palästina!        ja
 8    UR:                    ä: einige jahre lang nicht!
 9    AB:                hmhm!
10    UR:  aber nachher hat sich herausgestellt daß ich das französi-
11    AB:            hmhm!
12    UR:  sche brauche!        ich kann lesen! * es fällt mir etwas
13    AB:                also sprachlich is es eigentlich für
14    UR:  schwer zu sprechen! *
15    AB:  sie dann: fast kein m bruch gewesen! sie (sehen) das ä
16    UR:                                 nein!
17    AB:  seh:r harmonisch im gegensatz zu den allermeisten alters-
18    UR:  nein!                              sehr harmonisch!
19    AB:  genossen!                     ja!
20    UR:  · auch    auch die deutsche sprache! weil ich immer wieder
21         deutsche bücher da ä wie die: die die jeckes die nach is-
22         rael gekommen sind die hatten alle HOLT LUFT deu/ deutsche
23         bibliotheken! und ich hab diese ganze bibliotheken durch-
24         gelesen! alle bei bei allen bekannten meiner eltern! * und
25         dazu die israelische literatur! die hebräische literatur!
26         [...]
27         [LESEVERHALTEN, KULTURELLES SELBSTVERSTÄNDNIS; 1:13 Min.]
28    UR:  [...] meine mutter zum beispiel! hat in vierzig jahren in
29    AB:                         hat sie nicht!
30    UR:  israel nie hebräisch gesprochen! *              nein! *
31         mein vater mußte! * und konnte auch etwas die sprache! *
32         aber ich habe von anfang an hebräisch gesprochen! auch mit
33    AB:                         HOLT LUFT aber
34    UR:  meiner schwester hebräisch gesprochen! **
35    AB:  dann war ja doch eigentlich schon ä: vom elternhaus her!
36         also * ihre welt nich nur sprachlich sondern auch kultu-
37         rell sehr ä unterschiedlich! bei den einzelnen * mitglie-
38    UR:                    ja!
39    AB:  dern der familie!              ä da/ das: war für sie
40    UR:              ja! * stimmt!
41    AB:  aber dann schon was normales! also von von klein auf!
42    UR:                    ja! das war für mich=ä
43    AB:                              sie ham das
44    UR:  das war für mich ganz normal von klein auf!
```

```
45   AB:  so: jeder lebt ä im in der lese- und kulturwelt die ihm
46        zugänglich is und die er sich selbst zu eigen macht! ä:
47   UR:              ja!                                      ja!
48        also ich muß sagen daß mit dem alter * im alter von unge-
49        fähr sechzehn hatte ich drei verschiedene kulturen! [...]
50        [FORTSETZUNG MIT EINER FRÜHEREN STELLE DES GESPRÄCHS]
51   UR:  [...] ich habe sofort englisch gelernt! * ich kannte ä ich
52        konnte schon etwas englisch von der schule her von
53        deutschland! * und die englische kultur hat mir sehr zu-
54        gesagt! ** ich habe ä v: von anfang an englische bücher
55        gelesen! und und war sehr interessiert daran! ** und habe
56        habe sehr viel englisch gesprochen auch! * das war damal/
57        wir waren ein englisches mandat und ** englisch war die: *
58        war die hauptsprache des landes!
```

Die Verschiebung des Sprachengefüges

Dr. **Esriel Hildesheimer** (ehem. Hans Esriel Hildesheimer), * 1912 in Halberstadt
Studium (Philosophie, Psychologie; Rabbinerseminar), 1933 abgebrochen, Emigration nach Palästina;
zunächst Talmudhochschule, Mitbegründer eines religiösen Kibbuz', Arbeit in Gärtnerei und Buchanti-
quariat; dann im Verteidigungsministerium und beim Staatskontrolleur (≈ Rechnungshof) tätig; spätes
Studium, M.A. und Promotion in Geschichte, Forschungsarbeiten über jüdisch-deutsche Geschichte.
Aufnahme: Anne Betten, Jerusalem 1991.
Hochlautung; ausdrucksvolle Sprechweise. Argumentativer, sehr komplexer und normgerechter Redestil;
z.T. tiefgestaffelte Nebensatzgefüge, häufige Parenthesen, argumentative Partikelsetzung; streckenweise
starke rhetorische Durchformung.
Tonqualität: gut.

```
1    AB:  welche sprachen ham sie denn ab dreiendreißich in diesem
2         land gepflecht! und wie hat sich das so allmählich verscho-
3         ben!
4    EH:        ja! das hat sich sehr wohl verschoben! * also gekommen
5         bin ich natürlich mit deutsch und etwas hebräisch! * ä: *
6         ich sagte schon ich hab sogar in deutschland schon einen
7         kleinen vortrag gehalten in hebräisch! * und französisch! *
8    AB:  hmhm!
9    EH:        und als ich hier ins denn wir hatten in der * ober-
10        realschule * ä viel mehr französisch gelernt als englisch!
11   AB:            hmhm!
12   EH:  englisch       t/ konnt ich sehr wenig! [...]
13        [MIT DEN SCHWIEGERELTERN ENGLISCH; 1:22 Min.]
14   AB:  wie ham sie=denn als buchhändler hauptsächlich gesprochen
15        mit der kundschaft was war da überwiegend!
16   EH:                           ä:                +hebräisch und
17   AB:            ja! * englisch war ein großer kundenkreis da!
18   EH:  englisch!      hebräisch und englisch!       ja=ja=ja!
```

```
19  AB:  hmhm↑              ja↑                        (ja)
20  EH:        ja↓ * s=viele englische kunden gehabt↓ * aber immer-
21  AB:  ä   deutschsprachige:: haben keine rolle gespielt↓ (oder)↑
22  EH:  hin              hm: auch:↓ * auch auch aber
23  AB:  also we/ aber wenn wenn sie damals mit deutschen emigran-
24  EH:  nicht
25  AB:  ten zusammenkamen mit anderen↑ * automatisch deutsch↑ oder
26  EH:                              hm:                        mehr
27  AB:  hebräisch↓                          ja↑
28  EH:  nein=nein↓ mehr oder weniger hebräisch↓     mehr oder weni-
29  AB:                    aber wenn sie gemerkt ham daß sich
30  EH:  ger↓ ich glaube daß wir in unser
31  AB:  einer schwerer tat als sie↑ * auch↑
32  EH:                                    vielleicht sogar mit
33  AB:        hmhm↓            ja↓
34  EH:  absicht (dann sch/ hebrä/)↓    wir haben doch eine ganz
35  AB:        ja↑          ja↓          hm↓          hm↓
36  EH:  grade als junges ehepaar hattn wir doch ne ganze reihe von
37  AB:              hmhm↑          ja na selbstverständlich↓
38  EH:  freunden↑ natürlich deutsche↑              und  wir
39  AB:                              hmhm↑
40  EH:  haben uns bemüht hebräisch zu sprechen↓ untereinander↓
41       [FORTSETZUNG MIT EINER SPÄTEREN STELLE DES GESPRÄCHS]
42  AB:  ab wann hat ihnen das hebräische keine schwierichkeiten im
43       alltag mehr gemacht↓ kam das sehr schnell↓ sie warn ja *
44  EH:                                    sehr bald↓
45  AB:  ja sie warn ja noch jung↓              sehr bald↓
46  EH:  seh:r bald↓              seh:r bald↓          sehr bald↓
47  AB:  ja↑                                    hm:↑
48  EH:        und dann hab ich allerdings durch meine tätigkeit im
49       * ä staatskontrolleursbüro↑ * hab ich * mein hebräisch
50       sehr verfeinert↓ * denn ich war unter der anleitung eines:
51  AB:                              hm↓
52  EH:  ganz besonderen fachmanns für die hebräische sprache *
53       mitverantwortlich für die * ä: * edierung * edition der
54  AB:        hm↓                              hm↑
55  EH:  schriften des büros↓ * ein ganzes b/ grade das gebiet der
56  AB:  hm↑ *                          hm↓
57  EH:        der=ä: hm ä: staats:/ ä cooperates des * (al) corpo-
58       ra/ government cooperations * war mein fach und ich habe
59       das alleine fast alleine * ä: * ä verfaßt und ediert↓ *
60       und das hat mein hebräisch sehr sehr * verfeinert und ver-
61       bessert↓ das=s keine frage↓
62       [FORTSETZUNG MIT EINER FRÜHEREN STELLE DES GESPRÄCHS]
63  AB:                    hm:↑        hm↑
64  EH:  [...] also ich mußte englisch:=ä mich an englisch gewöh-
65       nen↑ und habe es langsam gelernt↓ * aber g/ richtig habe
66       ich  englisch erst gelernt als ich dreiunsechzig * oder
```

```
67        gut englisch hab ich gelernt als ich dreiunsechzig auch
68        von * dem staatskontrolleurs*m*office * nach * england
69        geschickt worden bin zu einem * ä: kurs in * high adminis-
70        trationǀ darf ich so sagenǀ [...]
```

"Im Laufe meiner Karriere hatte ich öfters Gelegenheit, mich in der Kenntnis der Sprache zu vertiefen"

Hans Simon Forst, s. S. 4f.
Aufnahme: Anne Betten, Eichstätt 1994 (Ergänzungsinterview).
Tonqualität: gut.
CD Nr. 37: Z. 1-50.

```
 1   HF:  ja=(also) ich kann:=ä ohne weiteres behaupten * daß ich
 2        heb/ hebräisch * auf einem * ä: akademischen niveau be-
 3        herrscheǀ * ä:m * was=sie=ä:m * ä:m * die aneignung der
 4        sprache anbelangtǀ * ä hat hier natürlich meine frühere *
 5        ä:m * berührung mit * mit de:/ dem relis/ religiösen le-
 6        benǀ * gebeteǀ * ä: das lesen der * hebräischen sprache
 7        auch eine rolle gespieltǀ * es war mir natürlich leichterǀ
 8        * viel leichterǀ daß ich ä: die hebräische die hebräische
 9        sprache zu erlernenǀ * ä:m weil ich ä:m hebräisch lesen
10        konnteǀ * aber * die die heb/ hebräisch war war mir natür-
11        lich unbekannt als umgangsspracheǀ ich hab zwar auf hach-
12        schara schon etwas hebräisch gelerntǀ aber * es wär uns
13        nicht eingefallen zu behauptenǀ * doch auch mir und meinen
14        kameradenǀ * daß wir uns in hebräisch zum beispiel unter-
15        haltenǀ das wär nicht gegangenǀ * aber ä: im moment wo: ich
16        in eine * hebräischsprechende * umgebung kam im kibbuz *
17        war das=ä selbstverständlich daß ich erst mal * diese
18        sprache beherrschen mußǀ * und ä:m * im=äm laufe meiner **
19        hm * meiner m ämä: * karriereǀ * im im weiten sinnǀ * ä:
20        hatte ich öfters gelegenheit auch di/ mich in der in: der
21        kenntnisse der sprache zu vertiefenǀ * so hab ich kurse
22   AB:                                                        ham
23   HF:  gemacht in: * äm in der bibelǀ ** und=ä: auch kurse * die
24   AB:  sie die    bibelkurse aus sprachlichen gründenǀ oder aus
25   HF:  im weiten                                            jaǀ
26   AB:  jaǀ (und aus * und doch nochǀ)                       jaǀ
27   HF:  aus sprachlichen un=aus        und aus kulturellen gründen
28   AB:  jaǀ            wann  wann ham sie die gemachtǀ in welchem
29   HF:  auchǀ jaǀ * u:nd=ä:
30   AB:  alterǀ *                                         hmhmǀ *
31   HF:           HOLT LUFT naj=so in=n zwanziger jahren *
32        und=ä:m dann hatte ich auch gelegenheit=ä: * im laufe der
33        zeit bis zu meinem studium das ich erst * ä vor * ungefähr
```

34   fünfzehn jahren angefangen hab⌐ ä=vor * vierzehn oder
35   fünfzehn jahren⌐ * ä: in meinen:=äm * studium von:=ä jü-
36   discher geschichte⌐ * an der universität⌐ * hab ich auch
37   ä:m=ä: an verschiedenen kursen teilgenommen die natürlich
38   in hebräisch geführt worden sind⌐ und hatte gelegenheit⌐ *
39   ä fachliteratur in:ä * in verschiedenen gebieten * ä: ken-
40   nenzulernen⌐ * ich mußte auch für meine jobs die ich * ä
41   gehabt habt habe⌐ * ä sowohl im militär⌐ ä im im: jüdischen
42   m/ im: * auch im englischen militär⌐ in=unserer: formation⌐
43   und⌐ nachher natürlich im jüdischen militär⌐ * und dann
44   auch ä: * in den:=ä:m verschiedenen * ä:m gebieten in de-
45   nen ich dann später tätig war⌐ * mußte ich natürlich he-
46   bräisch * gut beherrschen⌐ * um:=ä * eben um den beruf
47   richtig auszuüd/ -zuüben⌐ * HOLT LUFT * also im im zusam-
48   menfassend kann ich sagen daß ich heute * hm: die hebrä-
49   ische sprache * wahrscheinlich genauso gut beherrsche wie
50   die deutsche⌐

"Es war mir nicht so dringend, denn beruflich war ich nicht dazu gezwungen"

Emanuel Rosenblum (ehem. Helmut Rosenblum), * 1912 in Frankfurt/M.
Kürschner; 1933 Emigration nach Paris, dann nach Lissabon, 1934 nach Palästina; im Winter Kürschner,
im Sommer in der Hotelbranche, später eigenes Geschäft.
Aufnahme: Kristine Hecker, Tel Aviv 1990. Mit anwesend: seine Ehefrau.
Stellenweise leichte frankfurterische Färbung. Gewandtes, z. T. recht lebhaftes Sprechen in vorwiegend
korrekten einfachen Konstruktionen. Überwiegend Bericht- und Argumentationsstil, bei Episodenerzäh-
lungen auch szenische Darstellung mit viel direkter Rede.
Tonqualität: mittel.

1   ER: [...] die sprache⌐ ich mußte lern⌐ durch kur/ in kurse un:d
2   * schriftliche: arbeiten machen zuhause⌐ und lehrer⌐ und
3   und so weiter⌐ HOLT LUFT es war nicht so einfach⌐ weil ich
4   ja * meinem * beruf nachgehen mußte⌐ besser meiner ernäh-
5   rung⌐ * ja⌐ RÄUSPERT SICH heute⌐ * da sich das * ja⌐ dann
6   ä: * sozusagen zu meiner entschuldigung=ä: kann ich sagn *
7   mein * beruf⌐ * der fast nur mit frauen zu tun war⌐ * ich
8   KH: a:⌐
9   ER: bin von beruf kürschner⌐ *   ein pelzhändler⌐ g/ gewesen
10   später⌐ * hab ich nur mit frauen zu tun gehabt⌐ * und die
11   frauen mit denen ich zu tun gehabt habe⌐ * die waren auch
12   nur sehr schwach in iwrit⌐ * in hebräisch⌐ * ä: aus
13   deutschland⌐ aus polen⌐ aus=ä osteuropa⌐ oder sonst wo auch
14   immer sie hergekommen sind⌐ * die waren sehr froh daß sie
15   ein gefunden haben⌐ * der mit ihnen * ä: sprechen konnte⌐
16   in ihr/ * nicht in ihrer sprache⌐ denn polnisch kann ich
17   nicht⌐ * aber RÄUSPERT SICH ä: ich verstand ** ä: jiddisch⌐

```
18        * das konnt ich gut verstehen! * obwohl das nicht meine
19        sprache is! is eine fremdsprache wie jede andre auch! aber
20        * ä: also wir haben uns gut verstanden! ** u:nd dadurch
21        hab ich nicht notwendich gehabt mich so sehr zu bemühen! *
22        ja! ich mußte natürlich=ä die sprache des landes lernen!
23        erstmal wollte ich! * aus patriodischn gründn! aus ä: orga-
24        nisations:gründe! * und=ä: * aber! * es war mir nicht so
25        dringend! * denn d/ beruflich! * war ich nicht dazu gezwun-
26        gen! * mußt ich auf ein amt gehen hier! * natürlich mußte
27        man=ä: * die hebräische sprache können! * in den aller-
28        meisten fällen! * oder::! * es hat genuch gegeben die auch
29        sehr zufrieden waren! sie konnten mit mir dann in deutsch
30        oder in jiddisch * ä: verhandeln! wenn es notwendich war!
31        oder sie haben deren iwrit war auch nich so: * schwer und
32        so * eingefleischt! * daß=se: * daß es so schwer gewesen
33        wär se zu verstehen! oder! * mich zu verstehen! * aber!
34        heute:! * wo wir * enkel haben! die: * ä schon die zweide
35        generation! * nur iwrit * können! und sprechen! * is das
36        was anders!
```

Iwrit hat nach dem Ende der Berufstätigkeit längst nicht mehr die Bedeutung

Dr. **Rudolf Goldstein**, * 1908 in Berlin
Medizinstudium, Medizinalpraktikant in Berlin; 1934 Emigration nach Palästina; Beendigung des praktischen Jahres, als Arzt tätig: zunächst Volontärassistent, Übernahme von Ferienvertretungen, dann am Malariainstitut, später in einer Kinderabteilung, zuletzt in der Pathologie.
Aufnahme: Anne Betten, Naharija 1990.
Im Verlauf des Gesprächs wird die berlinerische Färbung etwas ausgeprägter. Sehr korrektes Sprechen, langsam und betont, Eigenkorrekturen, öfter Pausen; intervieweorientiert. Wechsel von sachlichem Bericht in überwiegend komplexeren hypotaktischen Konstruktionen, narrativen szenischen Darstellungen mit direkter Rede und sehr kurzen Sätzen sowie vielen dialogischen, sprechsprachlich-salopperen Gesprächsabschnitten.
Tonqualität: gut.
CD Nr. 27: Z. 1-19.

```
1     AB:  wie sprechen sie denn heute! in ä jetzt ä: seit ihrer
2          pangsionierung zuhause wieder * ausschließlich deutsch!
3          und                    hmhm!
4     RG:  hier sprechen wir deutsch!        und mit den ä ä ich glau-
5          be allen bekannten! oder fast allen bekannten * nich! a ä
6     AB:                                     hmhm!
7     RG:  fast allen! * auch deutsch!        mit unseren nachbarn
8          hier direkt neben uns iwrit! * ä:: das is=n zufall! aber
9          das=ä: * un:d ä: ** und jetz ham wir immer wieder nachbarn
10    AB:                                         a:ja! * hmhm! *
11    RG:  durch die UNO! * da spricht man englisch!
```

```
12   AB:  so * leben sie mit den drei sprachen↓ * also * aber das
13        iwrit is jetzt nachdem ihre berufstätichkeit ä: zu ende
14        is: tritt zurück↓                                    +hmhm↑
15   RG:       hat längst    nich mehr die bedeutung↓         längst
16   AB:  hmhm↑               ham sie denn fachlich * auch in h/ iwrit
17   RG:  nich mehr↓ ja↑ *
18   AB:  ä gelesen↑ ä mehr und mehr dann↑ oder is die         [...]
19   RG:                                   wenijer und wenijer↓
20        [ZUR ENTWICKLUNG DER MEDIZINISCHEN FACHSPRACHE; 0:47 MIN.]
21   AB:  und mit den patienten↑ n/ n/ das: hat w/ w/ wie sie kommen↓
22   RG:                           (spricht man)  nein↓
23   AB:                      hm↑ wie sie kommn
24   RG:  iwrit↓ wie sie kommn↓    also früher    auch arabisch↓
25   AB:  hmhm↑ hm↑
26   RG:  aber das: ä: ** das is ja heute k/ * spielt glaub ich
27        keine rolle mehr↓
```

Auf einmal hat man Deutschlehrer gesucht

Nira Cohn, s. S. 27.

```
1    NC:  [...] auf einmal kam=ne zeit↑ * da wurde deutsch * sehr
2         populär↓ * da fingen die beziehungen an↑ die wirtschaftli-
3         chen beziehungn und leute haben begonnen deutschland zu
4         besuchen und zu studieren↑ * und da hat * da ha/ waren
5         keine deutschlehrer↑ * und da hab ich mich im * goethe-
6         institut interessiert↑ und da bin ich eingeladen worden↑
7         und hab versch/ an verschiedenen kursen teilgenommen↓
8         [ÜBER KURSE UND LEHRER; 1:27 Min.]
9    NC:  [...] sie haben sehr gesucht↓ sie waren sehr daran inter-
10   AB:                                                  hmhm↑
11   NC:  essiert↑ deutsche * deutschlehrer auszubilden↓ und man
12        hät/ ich hätte * achtnvierzich stundn am tach arbeiten
13   AB:                                      hmhm
14   NC:  können nur als deutschlehrerin↓      hier in m:otzkin und
15        in d/ ä in k/ * bialik↑ * das hab ich dann nich gemacht
16        weil ich ä: erstens mal * wußte daß ich ne bessere eng-
17        lischlehrerin bin↑ * weil ich das systematisch gelernt hat-
18        te↑ * und zweitens=ä: * ja↑ das war eigentlich der haupt-
19        grund↓ (d/ ä) ich hatte viel zu viel zu tun↓ * aber es war
20        mir schade das * laufen zu lassen↑ da hab ich beschlossen
21        ich nehme jedes semester mindestens einen schüler↓ [...]
```

Als Jurist für Entschädigungsangelegenheiten das Deutsch wiederaufgenommen

Dr. **Abraham Eran** (ehem. Otto Ehrenwerth), * 1907 in Stettin
Jurastudium, Assessorexamen, Promotion; Umschichtung (Landwirtschaft) in England; 1934 Emigration
nach Palästina; anfangs im Kibbuz, dann auf einer Regierungsfarm und eigene kleine Landwirtschaft;
später bei der englischen Arbeitsaufsichtsbehörde, danach beim israelischen Arbeitsministerium tätig;
seit der Pensionierung Beschäftigung mit Archäologie, Fachpublikationen.
Aufnahme: Eva Eylon, Jerusalem 1992.
Hochlautung; sehr exakte und bestimmte Sprechweise. Häufig komplexe, meist korrekt durchgeführte
Satzkonstruktionen, bevorzugt hypotaktisch. Überwiegend berichtender oder argumentativer Stil, nur
selten episodisches Erzählen mit direkter Rede u.ä.m.
Tonqualität: mittel.

```
 1    AE:  [...] dann wurde ich eines tages=ä: * ä beim staat israel
 2         nach: * aufgefordert mitzuwirken in einer abteilung für
 3         entschädigungsangelegenheiten↑ al:s jurist↑ #deutscher ju-
 4    K                                                #LEISER
 5    AE:  rist# * un:d: da hab ich also eigentlich erst das deutsch
 6    K        #
 7    EE:                                                      wieder
 8    AE:  * wiederaufgenommen↑ * bis dahin hatten wir kein deutsch
 9    EE:  englisch↑ * ja↑              natürlich↑
10    AE:  gesprochen↑ ich mit meiner frau ein bißchen aber * aber:
11    EE:  nur ein bißchen↑ untereinander ham sie auch manchmal eng-
12    AE:                    ja↑
13    EE:  lisch gesprochen↑ * nö:↑              hebräisch↑
14    AE:                       nein nein↑ englisch haben wir nicht
15         gesprochen↑ aber ein bißchen hebräisch bißchen deutsch↑ *
16         und da hab ich das deutsch (irgendwie) es war ein sehr
17         merkwürdiger zustand↑ dieses deutsch dann wiederaufzuneh-
18         men↑ * daß man es zu einem schriftdeutsch * verwenden
19         konnte * aber es is natürlich sehr schnell wiedergekommen↑
20         das is=ä * ä: war keine große schwierichkeit↑ * u:nd dann
21         kam ich ja wie gesacht auch nach deutschland auf einem *
22         vierteljahr↑ * und ä: das förderte die sache natürlich
23    EE:          aber ä mit den kindern ham sie doch immer hebrä-
24    AE:  auch↑ **
25    EE:  isch gesprochen↑ * das war gut genuch↑ * mit von    anfang
26    AE:            ja↑                                 doch↑
27    EE:  an↑ * nur hebräisch↑ * nun die kinder ham ja auch selbst-
28    AE:       (von anfang an)
29    EE:  verständlich in der * im kindergarten und schule nur he-
30         bräisch gesprochen↑          (ja)
31    AE:  ja↑ das kann schon  sein↑ * nein das hebräisch is bei mir
32    EE:                                       also würden sie sagen
33    AE:  nich sehr entfaltet↑ das kann man * nicht
34    EE:  eine arme sprache↑              und sie spre/
35    AE:                    ja sicher↑ * sicher↑
```

```
36    EE:  spra/ schreiben dann auch sicher mit fehlern! * orthogra-
37         phie! *                            LACHT ja! * ja!
38    AE:            ich schreib gar nicht!              LACHT        +ist der
39         beste ausweg * um orthographisch richtich zu schreiben!
```

1.5 Veränderungen in der Einstellung zur deutschen Sprache

1.5.1 Boykott des Deutschen in der Hitler- und Nachkriegszeit

"Die Deutschen wurden von oben herab angesehen"

Gad Landau (ehem. Gustav Landau), * 1909 in Lübeck
Technische Hochschule in Karlsruhe, Bauingenieur; 1933 Emigration nach Palästina; Tätigkeiten in einem Ingenieurbüro und bei der Stadtverwaltung von Tiberias, dann Stadtingenieur, daneben Grundstückschätzer, später bei der Stadtverwaltung Haifa, zuletzt freiberuflich tätig; nach Berufsaufgabe Studium der Ägyptologie.
Aufnahme: Kristine Hecker, Haifa 1990.
Hochlautung. Sehr gewandter, normorientierter, z. T. syntaktisch recht komplexer Redestil mit vielen Nebensatzstaffelungen; häufig Hörersignale und evaluierende Kommentare.
Tonqualität: gut bis mittel.

```
 1   GL:  [...] so wie jetzt‌↓ daß alles plötzlich auf russisch ge-
 2   KH:                       ja:‌↓
 3   GL:  schrieben ist‌↑ * das gab=s (so) nicht‌↓ deutsch‌↑ * man durf-
 4   KH:                                         ja‌↓        ja‌↓
 5   GL:  te doch kein deutsch sprechen‌↓ *        nich wahr‌↑ * und=ä: *
 6        die=ä: die die die ganze‌↑ * alles was hier war‌↑ war * war
 7        russisch polnisch orientiert‌↓ * HOLT LUFT und die deut-
 8        schen d/ einige von denen sind ä * nicht akzeptiert worden
 9        aber durch * besonders wichtig waren‌↑ * zum beispiel der
10        chefingenieur von der elektritätsgesellschaft‌↑ * auch
11        durch die beziehung von dem gründer der gesellschaft ru-
12        tenberg‌↑³² * ä: ä:m ä: äm m * die sind also d/ an bestimmte
13        posten gekommen‌↓ aber ganz ganz wenige‌↓ * und sonst‌↑ ä: die
14        deutschen wurden von oben herab angesehen‌↓ besonders von
15        den russen‌↓ * aber auch von den polnischen‌↓ * und jiddisch‌↑
16        * wenn einer jiddisch gesprochen hat das durfte man‌↓ *
17        aber deutsch‌↑ nein‌↓ * so daß die * information‌↑ die sie von
18        denen kriegen kö/ die fühlten abs/ über alles‌↓ * über über
19        all‌↑ deutschland über alles‌↓ LACHT so wie das heute hier
20        interpretiert wird was ja gar nich stimmt‌↓
```

---

[32] Pinhas Rutenberg (auch Pinchas Ruthenberg) war der Gründer der Palestine Electric Corporation.

"Es kam schon vor, daß einen jemand angeschnauzt hat: Sprich Hebräisch!"

Alice Schwarz-Gardos, s. S. 52.

```
 1   AB:  [...] sind sie von denen auch manchmal deswegen angefein-
 2   AS:              ja↓
 3   AB:  det worden↑ wie kann man in dieser zeit so: weiter *
 4        deutschsprachich leben↑ oder wa/ war das in dem vi/ wo wo
 5   AS:                        hm:↑            nei:n↓ ei/
 6   AB:  sie wohnten so homogen daß das gar nich durchdrang↓
 7   AS:                 nein↓ also      in:=nicht            nicht
 8   AB:                 hm↑                         ja↓
 9   AS:  in den: kreisen in  denen ich verkehrt hab↓ aber schon auf
10   AB:                              da schon↓        hmhm↑
11   AS:  der straße oder im autobus↓ **        ja↓ da kam es
12        schon vor daß einen jemand angeschnauzt hat sprich hebrä-
13   AB:        hm↓ *                 was ham sie da gesagt↑
14   AS:  isch↓ *       oder so was↓ ja↓ *
15   AB:  LACHT LEICHT
16   AS:            entweder gar nichts oder ich hab gesagt der
17        herz↓ hat auch * kon/ ich sprech nicht hebräisch ich
18        sprech kongreßdeu/ ä nich deutsch spreche ko/ die kongreß-
19   AB:            aha↓ LACHT quat↓ LACHT
20   AS:  sprache↓ *           LACHT LEISE
```

"Immer in Hebräisch im Ausland"

Paul Feiner, s. S. 26.

```
 1   PF:  ä während des krieges↓ * RÄUSPERT SICH * ä: und knapp nach
 2        dem krieg↑ ** ich wüßte nicht wie lang nach dem krieg↑ * ä:
 3        zweifellos * ä: hat man vermieden * im autobus und * auf
 4        irgendwelchen ö/ andern öffentlichen * plätzen * sich laut
 5   AB:                                    ham sie da mal=allergische
 6   PF:  in deutsch zu unterhalten↓ *
 7   AB:  reaktionen erlebt↑ selber↑
 8   PF:                      * RÄUSPERT SICH selten↓ * sel-
 9   AB:        selten↓
10   PF:  ten↓           selten↓ * ä vielleicht hauptsächlich deswegen
11   AB:     (weil=s) vermieden haben↓              hm:↑
12   PF:  weil wir=es=ä:            weil wir es vermieden haben↓
13   AB:  ham sie auch englisch mit ihrer frau manchmal gesprochen↑
14   PF:  ja↓
15   AB:  *  oder dann mehr hebräisch↓ wenn sie nicht * nein↑
16   PF:     ä                         nein nein↓              nein↓
```

```
17        englisch=ä ham wir * ä: unteranander nur dann gesprochenⁱ
18   AB:                       hmⁱ
19   PF: * wenn es ä notwendig warⁱ ä oder wenn man einen besuch
20   AB:                                                    hmⁱ
21   PF: hatteⁱ * oder wenn ä: wir uns mit freunden unterhalten ham
22        mit denen wir * gewöhnt sind englisch zu sprechen da wir
23   AB:                  hmⁱ
24   PF: immer mit ihnen englisch sprechenⁱ * aber auch dann glaub
25        ich in:=ä om in * ä: * auswärts oder im:=ä im autobus oder
26        in irgendwelchen öffentlichen ä le/ lokal/ in lokalenⁱ *
27        ä: * haben wir uns im allgemeinen immer in hebräisch un-
28   AB:                    in hebräischⁱ           hmhmⁱ **
29   PF: terhaltenⁱ      in      hebräischⁱ jaⁱ          RÄUSPERT
30   AB:        w: * anteilmäßich also ** unterhalten englisch we-
31   PF: SICH
32   AB: nichⁱ obwohl ihre frau auch im englischen doch sehr viel
33        gearbeitet hatⁱ nichⁱ *      jaⁱ wie kommt das daß sie
34   PF:                      ja:ⁱ
35   AB: dann nich ä: * auch öfters mal englisch mitnander gespro-
36        chen hamⁱ * also diese verteilungen wie entscheidet man
37        dasⁱ ich hab auch ehepaare erlebt die sie jaⁱ
38   PF:            (weil) ich versteh die frageⁱ       ich versteh
39   AB:               hmⁱ
40   PF: die spracheⁱ     ä: ä ä: * ä die sch/ ä in wir haben uns
41        fast nie wir würden nie daran denken uns untereinander in
42        englisch zu unterhaltenⁱ * ä: wie man auf englisch sagt *
43   AB:                                            hmhmⁱ *
44   PF: just for the sake of talking englishⁱ * neinⁱ         neinⁱ
45        ** sich/ aber ein ein wichtiger punkt würde ich sagen is
46        daß=ä * wenn immer wir mit unserer tochter zusammen waren
47        oder mit unsern ä: * oder jetzt mit unsern ä: eng/ ä: *
48        mit meinem schwiegersohn und mit den enkelkindern also
49        sprechen wir selbstverständlich ä * nur hebräisch * einen
50        punkt würde ich unterstreichen * daß wenn #immer # wir ins
51   K                                            #BETONT#
52   PF: ausland fahrenⁱ * ä sei es ä: m:eine frau und ich alleinⁱ
53        oder sei es was wir sehr oft tunⁱ * mit einem andern ehe-
54        paar oder mit freundenⁱ * ä: unterhalten wir uns * unter-
55   AB:                                          im auslandⁱ
56   PF: anander * ä immer * in hebräischⁱ **          im aus-
57   AB:        hmhmⁱ *
58   PF: landⁱ          das heißt wir sind n/ nicht interessiertⁱ *
59   AB:                                            hm:ⁱ
60   PF: ä: uns in speziell in deutschsprechenden       ä ländernⁱ *
61   AB:                                    hmhmⁱ ** werden sie da
62   PF: ä: * in deutsch zu unterhaltenⁱ *
63   AB: darauf angesprochenⁱ * daß sie jemand fragtⁱ * also
64   PF:                                            ä:   manch-
```

```
65        mal=ä is=es uns auch vorgekommen daß man gefragt ham wel-
66        che sprache sprechen sieↂ * worauf wir natürlich antwortenↂ
67        * und sich die leute sehr wundern daß wir * ein so akzent-
68  AB:          LACHT LEISE
69  PF:  loses * oder          * #ä akzent akzent*orientiertes auf
70  K                              #LEICHT LACHEND
71  PF:  deutsch sprechenↂ#
72  K                        #
73        [KOMMENTAR VON AB; 0:15 Min.]
74  AB:                         hmↂ              jaↂ
75  PF:  +ja beim skilaufen is  uns is mir das sehr oft vorgekom-
76  AB:                                           beherrschen sie
77  PF:  menↂ wenn ich mit meinem kollegen der * ä:
78  AB:  denn das vokabular fürs skilaufenↂ auf hebräischↂ *
79  PF:                                               neinↂ
80  AB:          LACHT
81  PF:  beim ä sch/ ä * speziell ä: * ä noch nicht sehr viel is
82  AB:                       #ja ebenↂ# LACHT LEISE
83  K                         #LACHEND #
84  PF:  übersetzt wordenↂ jaↂ          aber wenn wir im in in
85        österreich oder in der schweiz und speziell in österreich
86  AB:                                               hmhmↂ
87  PF:  ä skilaufenↂ * mein ä: skikumpane kommt aus steyrↂ * und
88        spricht mit ä: * sehr akzentuiertↂ LACHT VERHALTEN * und
89        da wundern sich eben die leute immer daß * wir sind die
90        zwei israelis und * ja der spricht mit seinem steyrischen
91        LACHT #dialektↂ#
92  K          #LACHEND #
```

1.5.2 Wiederbegegnungen mit dem deutschen Sprachraum

Beim ersten Besuch in Deutschland nicht fähig, Deutsch zu sprechen

Dr. **Benjamin Kedar** (ehem. Kopfstein), * 1923 in Seesen/Harz
Jüdische Oberschule Berlin; 1939 Emigration nach Palästina mit Jugend-Alija; anfangs Kibbuz, dann
Jewish Settlement Police, Abitur, Erzieher im Kinderheim, Kulturemissär, Studium im Ausland, Lehrer
im Kibbuz, weitere Studien und Promotion in Jerusalem, Universitätsprofessor (Biblische Philologie).
Hochlautung mit ganz leichtem Berliner Einschlag (einschließlich des für Berliner Männer typischen
Lispelns). Obwohl stark auf die Fragen bezogen, auch längere monologische Ausführungen, meist in
berichtend-reflektierendem Stil; besonders bei theoretischen Erörterungen sehr schriftsprachlich wohlge-
formte Sätze.

Miriam Kedar (geb. Margita Heymann), * 1922 in Breslau
Ev. und kath. Schulen, Anfang einer Schneiderlehre; 1938 Emigration nach Palästina; anfangs Kibbuz,
Bibliotheksstudium, Bibliothekarin.
Hochsprache mit leicht schlesischer Färbung. Klare, präzise, flüssige Formulierungen; bei kurzer Suche
nach Ausdrücken öfters Einhilfen ihres Mannes.

Aufnahme: Miryam Du-nour, Jerusalem 1993.
Tonqualität: gut bis mittel; leichtes Rauschen.
CD Nr. 30: Z. 1-43.

```
 1    MD:   (na:un) was ich fragen wollte eigentlichⵏ * also * seid
 2          ihr * f/ m/ * frühⵏ * nach deutschland zurückⵏ jaⵏ nach dem
 3          kriegⵏ
 4    BK:        jaⵏ ichⵏ                        achtundfünfzichⵏ
 5    MK:           eigentlichⵏ wi/ ja wegen:=ä: benⵏ ich
 6    MD:        +ja achtundfünfzichⵏ            ah jaⵏ
 7    BK:                        (im september)
 8    MK:   nichtⵏ            ich nichtⵏ        ich bin das erste mal
 9    BK:                        jaⵏ
10    MK:   vierundsiebzichⵏ und war nichtⵏ * u:nd war nicht fähich
11          deutsch zu sprechenⵏ ich hab englisch dort gesprochenⵏ ich
12          konnte nich * ich hab kein ä mit meiner mutter jaⵏ aber
13          auf der straße * und=ä ich * irgendwie * also ich * es war
14          mir furchtbar schwerⵏ * nach deutschland zurückzugehenⵏ das
15          war das erstemal viernsiebzichⵏ * denn meine mutter is als
16          allende in: * chile kamⵏ is die nach ä deutschland zurück-
17    BK:                  ja (natürlich)ⵏ
18    MK:   gegangenⵏ * mein vater      war inzwischen gestorbenⵏ
19          und=ä: meine mutter is zurückgegangenⵏ * und hat dann in
20    BK:                        für dieses programm könnte interessant
21    MK:   münchen gelebtⵏ **
22    BK:   sein so ä mir ist das auch so gegangenⵏ * als ich meine
23          mutter besucht habe in ach/ ä * achtundfünfzichⵏ hab ich
24          mit ihr natürlich deutsch gesprochenⵏ * auch mit dem ganz
```

```
25          kleinen bekanntenkreis den sie hatte‖ ** aber in geschäf-
26          ten und in institutionen und so weiter * habe ich nicht
27          deutsch gesprochen‖ * ich habe englisch gesprochen‖ * und
28          da is mir das passiert‖ das #kann * (kann auch dazu)#
29   K                                  #LEICHT LACHEND            #
30   MK:                                         ja das war ä jeden-
31   BK:                                    ich * ich war im ä: am ersten
32   MK: falls war=es eine ablehnung der deutschen kultur und der
33   BK: abend ä                     ä dort und habe * war auf der
34   MK: ab/ der deutschen sprache‖
35   BK: post und hab ihnen gesagt ä: * i want to send a ni/ a a
36          telegram‖ * to my wife‖ * ä but it could be cheaper a
37          nightletter‖ * versteh ich nicht‖ (sagt der) * a well↑ *
38          you you don't have it ä to ä to send it during the day‖ it
39          can be: * at night‖ if it's cheaper‖ * ä at night‖ * ach
40          ja=ja‖ jetzt versteh ich‖ * ä meine frau‖ * mir↑‖ * hat ein
41   MD:                                                          LACHT
42   BK: telegramm bekommen‖ happy and healthy auch bei nacht‖
43          ja da mußt ich dann einije erklärungen dazu abgeben‖ [...]
```

"Andererseits haben wir eine Ader für das Deutsche"

Ishak Naor (ehem. Lerner), * 1910 in Bielitz, aufgewachsen in Mährisch-Ostrau
Mitarbeit in der Kartonagenfabrik des Vaters; 1939-40 und 1942-44 in verschiedenen Lagern, dann im Untergrund; 1946 Emigration über Ungarn und Italien nach Palästina; anfangs Mitarbeit im Betrieb des älteren Bruders, dann gemeinsam mit dem jüngeren Bruder selbständig (Kartonagen, Elektronik).
Aufnahme: Kristine Hecker, Tel Aviv 1990. Mit teilnehmend: seine Ehefrau Judith Naor.
In phonetischer Hinsicht hochösterreichische Basis mit mährisch-schlesischer Färbung; überwiegend langsam sprechend. Auffällig: nichtstandardsprachliche Numerus- und Kasusverwendung, Wortstellungsbesonderheiten, v.a. Verbzweitstellung im Nebensatz, keine Satzklammer im Hauptsatz (tschechischer oder jiddischer Einfluß?). Lange Erzählpassagen mit klarer, einfacher Satzgestaltung. Tonqualität: gut bis mittel.

```
1    KH: und das werdn sie vor zehn jahren‖ oder zwanzich jahren
2          noch nicht gedacht haben daß sie mal so viel zeit im jahr
3          in deutschland verbringn‖[33] *
4    JN:                              n:ein‖ aber wir sind gern
5    KH:                              auch schon vorher↑
6    JN: nach deutschland gefahren‖ auch vor meiner schwiegertoch-
7    KH: a:‖ ja‖
8    JN: ter‖ +ja‖ ja * mein mann hat=ä: sich zum beispiel:=er
9          hat sehr gelitten mit=ä * atemwege‖ sind wir nach bad
```

---

[33] Der Sohn lebt mit seiner deutschen Frau und Familie in Deutschland.

```
10   KH:                              ja↓                          ab
11   JN:  reichenhall gefahren↓     ja↓ oder bad ems waren wir↑
12   KH:  wann ham sie * ä angefangen↑ * wieder nach deutschland
13        zurückzufahren↑                           aber nicht ä jähr-
14   IN:                +seit * achtesiebzich↓ *
15   KH:  lich↓ **
16   IN:            schauen sie ich hab ihnen gesagt mit diese * mit
17   KH:                                      ja↓ *
18   IN:  diese st/ belgische statt deutsche↓³⁴    vielleicht hat-
19   JN:                                       (und jetzt)
20   IN:  te ich das noch eingepflanzt vom * vaterhause↓ **
21   JN:                                                     wir ham
22   IN:  etwas fürs deutsche↓ ** eine seit * einerseits ** weiß ich
23   JN:  uns
24   IN:  was deutschland getan hat↓ * ich weiß auch was deutschland
25        uns getan hat im laufe der geschichte↓ * aber anderseits↓ *
26        haben wir eine * eine wie soll ich das nennen↓ ** eine
27        ader für das deutsche↓ * nicht weil wir die deutsche spra-
28        che sprechen↓ ich sage das ist bei mir eine * leihsprache↓
29        * auch wenn ich * unsere volkssprache nicht gut kenne↓
30        aber ich weiß das ist nur eine * geliehene sprache↓ * aber
31        wir ha/ ich habe etwas * ich kann das nicht so: * ge-
32        nau=ä:: * sagen aber ich habe etwas fürs deutsche↓ * ich
33   KH:                                          nein nein↓
34   IN:  weiß ich sprech auch nicht mehr gut deutsch↓ * ich weiß
35   KH:  s=schon immer noch↓
36   IN:                na gut↓ ich weiß ich mach auch fehler
37        im schreiben↓ * aber es sind nicht fehler weil ich * ich
38        vergesse↓ * aber nach wenn ich man man * nachlese↓ sehe ich
39        halt da hab ich fehler gemacht↓ * dann kann ich se ausbes-
40        sern↓³⁵ * aber ä wer richtig
41   JN:                      wir ham auch * wir ham auch viele freunde↓
42   IN:  wir ham auch viele * nichtjüdische freunde↓ (in: ja)
43   JN:  * deutsche↓         deutsche nichtjüdische freunde↓ was
44   KH:                                  alle (der na/)
45   IN:                          kommen uns besuchen↓
46   JN:  heißt * wir rufen uns an↑ und
47   KH:  natürlich neueren da/ also n/ ä m * nach dem krieg [...]
```

---

³⁴ An einer früheren Stelle des Interviews erzählte I. Naor eine Anekdote aus dem Zeichenunterricht, wo er die deutsche mit der belgischen Fahne verwechselt hatte.

³⁵ 1994 hat I. Naor (wie viele andere seiner Generation) für seine Kinder und Enkelkinder einen autobiographischen Bericht von 322 Seiten über seine Erlebnisse bis zur Einwanderung in Israel verfaßt; er trägt den Titel "Dem Leben wiedergegeben – Ein neuer Tag beginnt" und ist in deutscher Sprache geschrieben.

"In den ersten Tagen wird mein verrostetes Deutsch ausgegraben"

Josef Amit, s. S. 51.

```
 1    JA:  [...] es ist meine erfahrung↑ nach ä: zehn monaten↓ * nicht
 2         die deutsche sprache zu benützen↓ dann komme ich nach
 3         deutschland↑ * wie ich sehr oft komme↑³⁶ * dann ä: * in den
 4         ersten tagen ä wird mein verrostetes deutsch ausgegraben↑
 5         * es (liegt) bei mir drinnen aber ich muß es freilegen↑ *
 6         und es dauert ** einige zeit bis ich mich aufgelockert
 7         frei * ä: in der deutschen sprache wieder fühle↑ ** ich
 8         mach kein geheimnis daraus ich habe * sehr viel für die
 9         deutsche sprache↑ * aber das is: irgendwo tief drinnen bei
10         mir↑ und kommt nur selten raus↓ [...]
```

"Ich hab' mich gefühlt wie ein Fisch im Wasser"

Moshe Moritz Cederbaum, * 1910 in Hannover, aufgewachsen in Berlin
Kaufmännische Lehre, Versicherungsgesellschaft; 1933 Emigration nach Frankreich, 1934 nach Palästina; anfangs im Kibbuz, dann Tischlerarbeit, später Krankenpfleger, zuletzt in der Militärwirtschaft tätig; Volontärarbeiten für Senioren.
Aufnahme: Anne Betten, Tel Aviv 1991. Mit anwesend: sein Bruder.
Ganz leichte berlinerische Färbung. Häufig kurze Formulierungssuche (meist signalisiert durch *ä:*); viele metasprachliche Kommentare. Bevorzugung komplexer, oft hypotaktischer Konstruktionen, Neigung zu Parenthesen und Herausstellungen. Vorwiegend berichtender Stil, doch mit häufiger Einschaltung lebendig geschilderter Episoden in szenischer Darstellung.
Tonqualität: gut.
CD Nr. 31: Z. 1-10; 24-39.

```
 1    AB:  [...] sind sie jemals wieder nach deutschland gefahren↑ *
 2    MC:  ä:m * ich bin: * einmal neunzehnhundert*achzich↓ zu meim
 3         siebzichsten geburtstag↑ wurde ich von der stadt berlin
 4         eingeladen↑ und fuhr mit meim bruder nach berlin↓ * das war
 5         sehr schön↓ * der empfang war schön * und=ä: es war nur *
 6         zu kurz↓ * ä:m: wir sahen wir w/ ä w/ wurden von der
 7         stadt=ä: berlin * herumgeführt↑ ä: haben d/ d/ d/ touren
 8         v/ in berlin gemacht * auf dem wannsee * mit dem:=ä: aus-
 9         flugsdampfer zur pfaueninsel rüber * dort war=n schöner
10         empfang↑ * also das war sehr schön↓ a seitdem nicht↓ *
11    AB:  das war das            war das      einzige mal↓  das das
12    MC:  und dann      außerdem ich sprech              bitte↑
13    AB:  war das einzige mal seit ihrer emigration↑ und das war
14    MC:                        ja das           ja das war das ein/
```

---

³⁶ Die Tochter von J. Amit ist in Deutschland verheiratet.

```
15   AB:  im in * in der stadt in der sie groß geworden sind↓
16   MC:                                            +ja↓ *
17   AB:      a: habn sie sich da: w/ unter menschen die so:
18   MC:  in berlin↓
19   AB:  sprachen wie sie↑ LACHT LEICHT        ä: sie sprechen na-
20   MC:                            ä:w
21   AB:  türlich auch * da ham=man jetzt noch gar nicht sicher
22        mittlerweile sehr gut iwrit↑ trotzdem↓      ä:w d/ so viel
23   MC:                                         ja:↓ ä:
24   AB:  berufstätichkeit wie sie berichtet haben↑ * aber hm ä ham
25        sie sich da sprachlich↑ ä momentan zuhause gefühlt↑
26   MC:                                               ä: also
27        das is ne nette frage↓ * ich hab mich gefühlt wie ein
28        fisch im wasser↓ * ä:: d/ ich hab nur so rumgespielt mit
29        den alten worten icke dette kieke=mol o:gen fleesch und
30        beene * ja↓ also den berliner: jargon * und ich war mit
31        meinem bruder↓ wir wurden zus/ da er * seine frau auch
32        damals schon * nich mehr lebte↓ wurden wir zusammen einge-
33        laden↑ und nahmen ein enkelkind mit↓ * von ihm↓ * also w/
34        wir fühlten uns * #sauwohl# muß #man sagen↓ mit der deut-
35   K                     #BETONT #      #LEICHT LACHEND
36   MC:  schen sprache↓# sofort kontakt gefunden auf der straße mit
37   K                 #
38   MC:  menschen gesprochen und=ä: ä: also das war direkt himm-
39        lisch↓ * muß ich sagen↓ [...]
```

"Sie wollen mit Deutschland wenig zu tun haben"

Schlomo Lion (ehem. Siegfried Leopold Lion), * 1920 in Sötern (Saarland)
Volksschule, Umschichtung (Landwirtschaft); 1936 Emigration nach Palästina; anfangs Gelegenheitsar-
beiten, dann Ausbildung zum Radiotechniker.
Aufnahme: Kristine Hecker, Haifa 1990. Mit teilnehmend: seine Ehefrau Hanna Lion.
Leichte moselfränkisch-saarländische Färbung; flüssiges, z. T. sehr schnelles Sprechen. Da Dreier-
gespräch, z. T. stark dialogisch mit vielen sprechsprachlichen Erscheinungen (Parataxe, Ellipsen etc.).
Tonqualität: mittel.

```
1    SL:  ja↓ es gibt dabei gibt es hier n ganzen haufen bekannte **
2         die ham genau ä: die deutsche bildung * bekommen wie ich
3         aber sie lesen * iwrit↑ * und sie wollen mit * mit
4         deutschland wenig zu tun haben↓ * wern auch nie nach *
5         nicht nach deutschland fahren↓ gibt es immer noch=n ganzen
6         haufen leute↓        die wollen * sie können das nich ver-
7    HL:              +ja↓
8    SL:  gessen↑ nich nich verzeihen↓ * was sich da getan hat↓ ich
9         kann sie verstehen↓ ** wollen nichts mit deutschland (zu)↓
10        wir unterhalten uns mit trotzdem mit ihnen deutsch aber
```

```
11          wenn ich irgend a deutsches buch geb * wenn=s sehr inter-
12          essant is kucken=s sich anⁱ aber ich weiß nich ob se=s le-
13          senⁱ * weil irgendwie * das steckt * zu tief in was man
14          ihnen angetan hat den leutenⁱ (die ham) ihre geschwister
15  KH:                                              in    ihrer alters-
16  SL:  umgebracht und so weiter sie wissen dochⁱ
17  KH:  gruppeⁱ oder ältereⁱ                                      jaⁱ
18  SL:           ja    jaja in meiner altersgruppeⁱ *
```

"Ich habe nie die deutsche Sprache verweigert"

Ellen Glasner, s. S. 55.
CD Nr. 29: Z. 1-34.

```
1   MD:  [...] hast du nicht gefühlt diese ja/ a ganzen jahre also
2        der * ersten jahreⁱ * ä:: daß du etwas verlierst daß ihr
3        etwas verliert * weil * ä: vielleicht ä ä die hebräische
4        sprache * euch nicht so gut * ä:jä * behilflich ist ein
5        kulturelles leben=ä zu haben und daß ihr etwas verliertⁱ
6        daß die ihr die deutsche sprache * ä: so: ä verweigertⁱ *
7                                                            hmⁱ
8   EG:  neinⁱ * niemand hat die deutsche sprache verweigertⁱ
9        absolut nichtⁱ * ä: ich gehör auch nicht zu den leutenⁱ
10       die:: vielleicht nach europa kommen und * und partout nur
11       englisch sprechenⁱ wenn sie in einem deutschsprachigen
12       land sind weil sie die deutsche sprache verweigern oder
13       nicht anerkennen oder hassenⁱ * es gibt ja alle abstufun-
14       gen davonⁱ absolut nichtⁱ ich spreche bei gelegenheitⁱ wie
15       eben auch jetzt bei jeder * passenden gelegenheit sprech
16       ich deutschⁱ ich hab sehr viele bekannte aus deutschlandⁱ *
17       die ich im laufe der jahre hier kennengelernt habⁱ die ä
18       sehr es gibt sehr viel begeisterte israel*anhängerⁱ * leu-
19       te aus deutschland die: herkommenⁱ * um:=ä hier an entwe-
20       der an ä archäologischen ausgrabungen teilzunehmen oder
21       als volonteer im kibbuz seinⁱ oder einfach touristen * und
22       mit denen ich in * kontakt gekommen bin und mit denen ich
23       weiterhin kontakt pflege mündlich und schriftlich mit de-
24       nen sprech ich natürlich deutschⁱ und ich lese auch
25       deutschⁱ und ich lese englischⁱ und ich lese hebräischⁱ *
26       aber ich hab nie die * die deutsche sprache verweigertⁱ
27       und=ä: * ä da ich überhaupt an sprachen interessiert bin
28       also benütz ich jede gelegenheit deutsch oder englisch
29       oder * sogar auch manchmal tschechisch oder französisch *
30  MD:                              jaⁱ aber ä: ä kom/
31  EG:  soweit es geht zu sprechenⁱ              ich  hab kein
32       absolut kein=ä * ä negatives verhältnis zur deutschen
```

33   sprache⌐ * auch nicht zu deutschen von heute⌐ die ja
34   schließlich die dritte generation sind⌐ * und ich schätze
35   es sehr⌐ wenn ich in deutschland sehe daß dort mahn- und
36   warntafeln * ä: sind⌐ * und ä an die: vergangenheit⌐ die
37   schreckliche vergangenheit dort * daß die ver/ vergangen-
38   heit dort aufgedeckt wird⌐ und=ä: * und die leute sich
39   dessen bewußt sind was: geschehen ist⌐

1.6 Vergleich der heutigen Beherrschung und Verwendung der einzelnen Sprachen

"Meine schriftliche Ausdrucksfähigkeit ist im Hebräischen größer – das hängt zusammen mit meiner religiösen Bildung"

Dr. **Joseph Walk**, * 1914 in Breslau
Lehrer und Erzieher im jüdischen Schulwesen, Umschichtung (Landwirtschaft); 1936 Emigration nach Palästina; im Schul- und Erziehungsbereich tätig, später daneben Studium (Pädagogik, Jüdische Geschichte der Neuzeit), Dozent an der Universität, Direktor des Leo Baeck Instituts, nach Pensionierung Vizepräsident des Vorstands und freier Forscher.
Aufnahme: Anne Betten, Jerusalem 1991.
Hochlautung; ausdrucksvolle, leicht belegte Stimme. Gepflegtes, sehr schriftnahes, manchmal geradezu literarisierendes Sprechen, abwechselnd in teils distanzierteren, teils spontaneren, stets rhetorisch wirkungsvollen Stilmustern; auch bei sehr komplexen Satzkonstruktionen werden schriftsprachliche Wortstellungsregeln meist korrekt eingehalten.
Tonqualität: gut.
CD Nr. 35: Z. 1-62.

```
 1    JW:  [...] nun * besteht sicherlich ein unterschied! * wenn
 2         ich=ä: * heute * mich frage * wie steht es um deine aus-
 3         drucksfähichkeit! * im vergleich zum hebräischen! * ich
 4         glaube nicht! * jedenfalls erinner=ich mich nicht daß man
 5         mir irgendwie mal * daß je mal eine bemerkung gemacht hät-
 6         te! * daß * weder mein hebräisch * noch mein deutsch! * von
 7         der zweiten sprache beeinflußt is! * #sicherlich nicht# *
 8    K                                        #BETONT         #
 9    JW:  mein deutsch! * im hebräischen könnte es vielleicht einmal
10         vorkommen * daß mir jemand sagt * ja * RÄUSPERT SICH  du
11         hast hier * bewußt oder unbewußt * etwas aus dem deutschen
12         übersetzt! aber * auch das glaub ich kommt sehr selten vor!
13         * weil ich glaube * nicht also * parallel denke! und nicht
14         die beiden schienen etwa * miteinander zusammenkomm! *
15         auch im satzbau! * glaub ich kaum daß=ich beeinflußt bin!
16         ich werd ihnen gleich wieder ein beispiel bringen! * als
17         ich meine arbeit über die: * deutsche ä jüdische erziehung
18         im nazideutschland schrieb! * war mir klar! * daß als dok-
19         torat ich=es hebräisch schreiben muß! * aber daß:=ä * ich
20         die absicht habe! es später in deutsch zu veröffentlichen!
21         das wird jetzt endlich * nachdem der verlag pleite gemacht
22         hat! * wird das jetzt endlich in deutschland im mai er-
23    AB:                                        bei welchem ver-
24    JW:  scheinen! in erweiterter form! * ich habe versucht
25    AB:  lag! wenn ich fragen darf! in welchem    hain!
26    JW:                      bitte!  hain verlag! das=is der nach-
```

```
27   AB:        hmhm↑                                      +hmhm↑  **
28   JW:  folgeverlag vom: * jüdischen verlag↓        ä:m * ich
29        habe versucht damals↓ * ä: * gleichzeitig↓ * hebräisch und
30        deutsch zu schreiben↓ * ein #vollkommener# mißerfolg↓ ich
31   K                          #BETONT        #
32   JW:  hab=s nach einigen tagen aufgegeben↓ * ich habe sofort
33        gemerkt * daß es zwei #vollkommen# * andere gedankengänge
34   K                          #BETONT        #
35   JW:  sind↓ * und=ä: * daß * ich zunächst einmal↓ wenn ich hebrä-
36        isch schreibe hebräisch denken muß↓ * und mich freimachen
37        muß↓ von * nicht nur vom deutschen sprach*bau↓ sondern auch
38        vom * nicht satzbau allein↓ sondern auch vom * ganzen
39        sprachgefüge↓ * und * wie ich dann später↓ * deutsch ge-
40        schrieben habe↓ da hab ich zunächst mein * doktorat zwar
41        übersetzt↓ das sollte ursprünglich mal * in dieser gekürz-
42        ten form herauskommen↓ später ganz neu geschrieben↓ * ä: *
43        wenn ich heute zusammenfasse dann * weiß ich↓ * daß meine
44        #schriftliche# ausdrucksfähichkeit↓ * im * hebräischen
45   K    #BETONT        #
46   JW:  größer ist↓ * weil ich einen viel größeren assoziativen
47        sprachschatz habe↓ * und wenn ich mich * ganz präzise aus-
48        drücken will↓ * is mir keine schwierichkeit↓ * heute briefe
49        etwa↓ * aufrufe * ä: * einen artikel↓ * in hebräisch zu
50        schreiben↓ während im deutschen↓ * ich mehrfach * nach wör-
51        tern suchen muß↓ besonders dort wo es um so sün/ si/ syn-
52        onyma handelt↓ * und da hab ich eben meine schwierichkeit
53        mit dem duden↓ * den ich dann zurate ziehe↓ * und sehe daß
54        * was ich mir vorstelle * als paralleles wort↓ * eigent-
55        lich bei duden gar nich mehr vorkommt↓ oder * er eine ganz
56        andere bedeutung diesen worten beimißt↓ * im sprechen↓ *
57        besteht kein unterschied↓ * ich spreche noch heute *
58        deutsch auch in vorträgen * eigentlich=ä: * ohne jede
59        schwierichkeit↓ vielleicht auch weil wir zu hause mitein-
60        ander * doch * wesentlich deutsch sprechen↓ * was ja bei=n
61        meisten der fall is wenn das ihre muttersprache ist↓ * ä:
62        so daß ich hier↓ * keinerlei unterschied eigentlich sehe↓ *
63        es kommt * ab und zu vor auch grade gestern wieder in ei-
64        nem gespräch↓ * daß ganz zufällig mir plötzlich ein deut-
65        sches wort fehlt↓ aber * daß ich mich dann selber frage *
66   AB:                                     hm↓
67   JW:  wie gestern das wort tonband↓ *       RÄUSPERT SICH aber
68        das=ä kommt eigentlich sehr selten vor↓ [...]
69        [FORTSETZUNG MIT EINER SPÄTEREN STELLE DES GESPRÄCHS]
70   JW:  [...] das is für mich eine: * wirklich eine LACHT ein rin-
71        gen↓ * mit dem: * geschriebenen wort↓ wobei * die schwie-
72        richkeitn mit dem deutschen eben heute größer sind↓ das is
73   AB:              ja das ham sie angedeutet↓              sprach-
74   JW:  das zweite↓          weil eben          der * ä: assozia-
```

```
75   AB:  wandel           hm↑                    hmhm↑
76   JW:  tive   sprach*hintergrund↑        weit größer ist↑ das hängt
77   AB:                                                 hmhm↑
78   JW:  wirklich zusammn↑ * mit meiner religiösen bildung↑        das
79        heißt * überhaupt bin ich der meinung↑ das * ä würde jetzt
80        wiederum zu weit führen↑ gehört nich mehr auch ganz * in
81        unser * thema vielleicht↑ * ich weiß nicht↑ * dazu bin ich
82        zu wenig mit deutscher literatur:=ä * ä bewandert↑ * ä:
83        ich könnt es vergleichen↑ * wie etwa gewisse * dinge im
84        deutschen * ohne luther * gar nicht eingebracht werden
85        könnten↑ * und nicht verwen/ -wandt werden könnten in ei-
86        ner guten klassischen sprache * sie können kein gutes he-
87        bräisch schreiben↑ * ohne biblische beziehungsweise * ä:
88        talmudische zitate↑ ä: * nun gibt es die gefahr im hebrä-
89   AB:                                                         hm↑
90   JW:  ischen↑ daß dadurch die sprache * zu belastet ist↑       mit
91   AB:              hm↑
92   JW:  klassischem hebräisch↑ genauso wie wenn sie * im deutschen
93   AB:                                                         hm↑
94   JW:  jetzt dauernd * goethe und=ä schiller einbringen würden↑ *
95        aber: * das=is im hebräischen * viel geläufiger und viel
96   AB:                                       hm↑ *
97   JW:  häufiger↑ * mit dieser gefahr↑        daß man eben * dann zu
98        schöngeistich wird↑ * aber * es gibt bestimmte hebräische
99        ausdrücke die w/ etwas so #exakt # ausdrücken↑ * ä: das
100  K                                  #BETONT#
101  JW:  kann ich nur im hebräischen sagen↑ und das fehlt mir * ä:
102  AB:                                   und da sind sie schon von
103  JW:  irgendwie doch im deutschen↑
104  AB:  kindheit an eigentlich durch ihre religiöse erziehung
105  JW:                                        nein↑    nein↑
106  AB:  reingewachsen↑ doch erst im lande↑³⁷
```

"Im Deutschen und im Englischen hab' ich die Assoziationen"

Dr. **Hilde Rudberg**, s. S. 65f.

```
1    HR:  [...] ä:m * im deutschen und im englischen: * und ich den-
2         ke das=is ä das=is entscheidend für: für eine sprache HOLT
3         LUFT hab ich die assoziationen↑ * HOLT LUFT das heißt ä:
4         jä:: #ähäm * bei jedem wort# und jedem satz sind ä ä: gibt
5    K          #LEICHT LACHEND         #
6    HR:  es=ä: eine assoziation zu dem was man ge/ ä: von=s aus
```

---

³⁷ Ph 45: 121f. schließt unmittelbar an diese Stelle an.

```
 7            einem buch↓ oder aus einem lied↓ oder aus einem gedicht↓ *
 8            oder aus einem theaterstück↓ * in deutsch und englisch↓ *
 9    AB:                            ja sie ham auch nicht den tie-
10    HR:   im hebräischen fehlt es↓ *
11    AB:   fen kreis biblischer assoziationen↓ wie einige meiner ge-
12    HR:                     hm↑           und genau das↓
13    AB:   sprächspartner die immer (gerade) sagen↑ * ich drück mich
14    HR:                             genau↑
15    AB:   in allen sprachen gleich gut aus↑ aber im hebräischen hab
16          ich die assoziationstiefe↓ sacht mein professor walk↓ nich↑
17          * (umfeld * ja↑)                        hmhm↑
18    HR:        ja↓ * ja↓    ja↓ ge/ genau das is=es↓ * genau das
19          is=es↓ * daß=es=ä: daß=es mir fehlt auch die hebräische
20    AB:                    hm↑ *
21    HR:   literatur fehlt mir↓         denn=ä:: ä: ein hebräisches
22          buch zu lesen is=ä is für mich eine: eine aufgabe der ich
23          ä: * ä m bis heute ge/ bestimmt nicht unterziehe↓ * das=st
24    AB:                    hm↑ *
25    HR:   mir viel zu anstrengend↓ *          ich=ä ich les die hebrä-
26          ische zeitung↑ * jeden tag↑ * leider nur: * sehr: auszugs-
27          weise↑ * und es tut mir um jeden artikel leid den ich nich
28          lese↑ ich hab den haaretz der eine * hervorragende zeitung
29          is↑ * aber: es ist mir viel zu anstrengend↓ ich kann das
30          nich=ä: * kann es nich lesen und ä die hebräischen bücher
31          die ich gelesen hab die kann man:=ä: * sicher * LACHT KURZ
32          sehr schnell t/ ä sehr schnell=ä: * ä: * aufzählen↓ * u/
33          und es ge/ ich hab einige gelesen↓ aber: aber: * ä: viel
34          zu wenich natürlich↓ und=äm: ** ä ä:: ** und die=ä: natür-
35          lich die:=ä die ganzen assoziationen die die=ä: bibelstu-
36          denten haben↑ oder jeschiwa³⁸studenten↑ und ä d/ aus der:
37          aus der relijösen literatur das fehlt↓
```

Trotz viel hebräischer Kultur fehlen im Hebräischen die Assoziationen

Dr. **Paul Avraham Alsberg, Betti Alsberg**, s. S. 20f. und 84.
Zu Beginn Geschirrklappern.
CD Nr. 39: Z. 1–26.

```
 1    AB:                                         hm↑
 2    BA:   [...] ich hab sehr sehr gerne gelesen↓ und * mir hat es
 3          sehr gefehlt daß ich in hebräisch eigentlich * überhaupt *
 4    AB:                     hm↓ **
 5    BA:   #überhaupt# nich gelesen habe↓         hebräisch:: * he-
 6    K     #BETONT   #
```

---

³⁸ Talmudhochschule. Vgl. auch Ph 45: 13, Anm. 2.

```
 7    BA:  bräische bücher hab ich nicht gelesen↓ *
 8    PA:                                                    ja das ist die
 9    AB:          hmhm↑              hm
10    PA:  frage die   sie eben anschnitten↓ da fehlt betti die asso-
11    AB:  hm↑         hm↑
12    PA:  ziation↓       also ä: der * der ä: * obwohl sie↑ * grade *
13         viel mehr hebräische kulturs/ * ä: * -güter get/ getrieben
14    AB:                                         hmhm↑
15    PA:  hat gelesen hat bekommen hat↑   im bet hakerem[39] als ich↓ *
16    BA:  na sicher↓ aber (ds:=is:)
17    PA:              aber * aber die assoziationen haben da viel
18    AB:          ja↓
19    PA:  mehr gefehlt↓ * also * da würd ich sagen ** ä: * ins he-
20         bräische sind wir nicht hineingewachsen↑ * wir sprechen↑ **
21         ich sprech sicher besser hebräisch als betti↑ * ä: ** für
22         mich is=es keine schwierichkeit * einen hebräischen vor-
23    AB:                  hmhm↑
24    PA:  trach frei zu halten oder einen deutschen vortrach frei zu
25    AB:                                               das gibt
26    PA:  halten↓ * beides * kann ich genauso * machen↓ *
27    AB:  ja dann sicher auch für die:=sehr intellektuellen unter
28         ihnen * aus der * deutschen alija doch immer noch wieder
29         die rückbindung an diesen kreis↓ die man sonst vielleicht
30         gar nich in diesem maße suchen würde↓ * ä das is natürlich
31         hier im lande nichts ganz (so) ausgefallenes↑ es werden
32         die ganzen sprachgruppen untereinander * a ä: im alter ä
33         engere kontakte noch haben↓ ja↑ **
34    PA:                                       HOLT LUFT ja↓ das is
35         erstens beruht=s auf der sprache↓ * zweitens beruhen die
36    AB:                                             hm
37    PA:  dinge * auf * einem gemeinsamen erleben↓      ** all das
38         bindet↓ *5* sie fragten mich eben * ä: * die nach der=ä:
39         nach dem:=ä: * organisation der mitteleuropäischen ein-
40         wanderer↓[40] sicher↓ * das wird sich a/ * das l/ wird aus-
41         laufen↓ ** a a obwohl ich annehme↑ * daß in irgendeiner
42         form↑ * es sich * in hebräisch fortsetzen wird↓ * verstehen
43         sie mich recht↓ * unsere tochter↑ * HOLT LUFT die intellek-
44         tuell viel mehr zu diesem kreis von uns gehört↓ * aber
45         selbstverständlich hebräisch spricht↓ * die lebt im he-
46    AB:                                                       hm
47    PA:  bräischen kulturkreis↓ ** obwohl sie sehr gut deutsch
48    AB:                  nun habn aber die meisten jeckes↑ * also auch
49    PA:  spricht↓ *
```

---

[39] Stadtteil von Jerusalem, in dem die – hier gemeinte – traditionsreiche Lehrerbildungsanstalt liegt; vgl. M. Dunour in diesem Bd., S.213.

[40] Hebr. 'Irgun Olej Merkas Europa', vgl. Ph 42: 270, Anm. 115.

```
50    AB:   die intellektuell führend tätich sind das gefühl↑ * daß
51          bei ihren kindern nichts weiterleben wird↓ das glaub ich
52          gar nicht↓ denn hier im land ist doch die suche nach den
53          wurzeln * ä: etwas was * ä: nich nur in der schule ge-
54          pflecht wird↓ wo heut die enkelkinder schreiben und so↓ *
55          ich denke vielleicht wenn die übergabe an diese generation
56          ä: * ä so erfolgt↑ wi/ jetzt wissen sie * die eltern sind
57          noch da↑ die tragen das ja selbst↓ aber * was n/ glauben
58          n/ glauben sie
59    PA:   ja↓ sie habn    recht↓ also ich bin überzeucht↓ daß * daß=ä:
60          ä * das auch irgendwie weitergeht↓ * sehen sie * ich hab
61    AB:                         hm↑           hmhm↑
62    PA:   einen stammbaum ge/ aufgebaut↓      gemacht      ä: ganz
63          einfach damit die kinder wissen solln↑ mit wem sie * ver-
64          wandt sind und so weiter↓ * #der hat für die kinder↑# *
65    K                               #LAUTER              #
66    PA:   sowohl von=ä: * von mir wie von meinem bruder ein inter-
67          esse auch für die enkel↓ *3* das=is * das gehört bei ihnen
68          mit dazu↓
```

"Wenn ich lese zu meinem Vergnügen, dann les' ich deutsch"

David Bar-Levi (ehem. Heinz Levisohn), * 1912 in Essen
Nach 6 Semestern Jurastudium Wechsel zur Lehrerbildungsanstalt, Lehrer an einer jüdischen Schule in
Stettin; 1939 Emigration nach Palästina; anfangs Eierverkäufer und lange Kellner, später Beamter im
Finanzministerium.
Aufnahme: Anne Betten, Jerusalem 1991. Mit teilnehmend: seine Ehefrau Ruth Bar-Levi.
Hochlautung; sehr flüssig, teilweise sehr schnell sprechend. Im Dreiergespräch neben dialogisch
geprägten Passagen viele lebhafte Erzählungen von sehr gewandtem Aufbau in überwiegend klaren
Satzkonstruktionen, passagenweise mit elliptischen Kurzformen, Nachträgen, Hörersignalen.
Tonqualität: gut.

```
1     DB:   [...] für mich ist * ä * hebräisch↑ in diesem sinne möcht
2     AB:                                            hm↓
3     DB:   ich mal sagen immer noch eine fremdsprache↓      obwohl ich
4     RB:         hm↓
5     DB:   sie beherrsche↓ * ich spreche tadellos hebräisch↑ ich
6     AB:                                      hm↓
7     DB:   sch:reibe und lese selbstverständlich↓      und trotzdem
8     AB:                            hm↓
9     DB:   ist es nich für mich dasselbe↓ * ä: ich * g/ ob ich ein *
10          hebräisches buch les=ich kann auch n hebräisches buch le-
11          sen↓ ich kann auch=n englisches buch lesen↓ * aber es macht
12    AB:                  hm↓
13    DB:   mir keine freude↓ ich * wenn ich * ich lese zu meinem ver-
```

```
14   AB:                                        hm⌐ nur ham sie ja wahr-
15   DB:  gnügen⌐ dann les ich deutsch⌐
16   AB:  scheinlich ihre fachliteratur⌐ und die schriftst/ die ak-
17        tenschriftstücke das hatten sie alles hebräisch im amt⌐
18        nich⌐ in der zeit⌐ ja=ja sicher⌐                    ä: m/ ä is
19   DB:  im amt⌐ selbstverständlich        ging es nur hebräisch⌐
20   AB:  ä spüren sie da=n sehr großen unterschied in ihrer sprach-
21        fähichkeit * soweit das berufliche und das alltachshebrä-
22        isch⌐ * so was man im alltach brauch⌐ * und zwischen dem
23        was sie vielleicht jetzt im kulturellen sektor oder so
24        brauchen würden⌐ um d/        ja⌐        das: spürt man⌐
25   DB:                     sicher⌐ sicher is * sicher⌐ is das * si-
26   AB:  ja⌐                      hmhm⌐ *
27   DB:  cher ist das en unterschied⌐        aber ich meine ich d/
28        da:⌐ * ich (dsch) ich hab die sprache natürlich im är/ amt
29        völlig beherrscht⌐ ich hab * hab se besser b:=beherrscht
30        als meine * als meine stenotypistinnen⌐ denn die * die hab
31        ich verbessert⌐ also * ich mein ich konnte schon⌐ ich konn-
32        te schon hebräisch⌐ * außerdem ich war sogar redakteur von
33        dem * von der m: der der * der sammlung der * ä devisen-
34        vorschriften also die die die: * vom: vom * finanzministe-
35        rium die banken bekamen⌐ ich hab das re/ ä redigiert⌐ ich
36   AB:                                                      hmhm⌐
37   DB:  hab die * ich hab die: die proof reading: gemacht⌐ also
38   AB:                            korrekturlesen⌐
39   DB:  die die die * wie heißt das auf deutsch       +korrekturle-
40   AB:                                               nja⌐
41   DB:  sen und=so=weiter * also f/ soweit=ä: hab ich das be-
42   AB:            ja⌐
43   DB:  herrscht⌐       das hat für mich nix ausgemacht⌐ * aber aber
44        ein buch zu lesen⌐ ** das ist nich * das ist nich für mich⌐
45        [...]
46        [WEITERER KOMMENTAR; 0:20 Min.]
47   DB:  [...] ich hab neulich grad n n nen ganz langen brief ge-
48        schrieben⌐ nach amerika⌐ zu einer * einer g/ ä: ä: wie so
49        mich wie nennt man das⌐ zu ner jungen freundin⌐ * die hier
50        einige jahre gelebt hat⌐ un und studiert hat⌐ und=so=weiter
51        und jetzt in amerika is⌐ * die legt großen wert darauf *
52        weiter ä: hebräisch zu korrespondieren⌐ * schreib ich ihr
53   AB:              hm⌐
54   DB:  natürlich hebräische briefe⌐ * aber wenn ich mich dann
55        hinsetze diesen hebräischen brief schreibe das dauert dann
56        bei mir zwei stunden⌐ wenn ich=n * wenn ich=n deutschen
57   AB:                                                      hmhm⌐
58   DB:  brief schreibe schreib das in dreißig minuten⌐ nich⌐
59   RB:  heinz⌐ *
60   DB:           und dann nehm ich mir das lexikon auch dazu⌐ dann
61        denk ich manchmal ach * wie schreibt man denn das⌐ nich⌐
```

62   dann will ich natürlich auch keine fehler machen↑ und so *
63   das ist nicht dasselbe für mich↓ das is ganz klar↓

"Ich hab' noch Goethe und Schiller und Heine und Droste-Hülshoff da oben stehen"

Ayala Laronne, Eugen Jechiel Laronne, s. S. 61.

```
 1    AB:  ä:m * ja↓ frau laronne sie ham grad gesacht * sie lesen
 2         überhaupt nich mehr deutsch↓ * oder ä:        haben nie
 3    AL:                                 nein↓ nur wenn wir sind
 4    AB:  * nie mehr getan seitdem sie im lande sind↑
 5    AL:                        n d/ nein↓       das kann ich
 6         nich sagen↓ aber ich * hier im lande: ** hm * komm ich
 7         nicht zu deutschen büchern↓ nicht↓ * aber w/ wenn ich
 8    AB:  haben sie welche↓ ich sitz da   vor ihrm bücherschrank↑
 9    AL:                    aber ich hab               ä
10         hier oben hab ich die ganze b/ ä: hm bibliothek die ich
11         von zuhause mitgebracht hab noch↓ ich hab noch=ä * noch
12         goethe↓ und schiller↓ und und heine↓ und * und droste-hüls-
13         hoff↓ und alle diese hab ich immer noch da oben stehen↓
14         alles andere ist fast alles ä * englisch↓ * aber ä ä sie
15         haben * wie sie gesehen hab ich noch einige deutsche bü-
16    AB:                 hm↓
17    AL:  cher↓ und zwar hat mir die XY * die aus zwickau hat mir
18    AB:       hmhm↓
19    AL:  einige       bücher geschickt↓ * aber w/ * wenn ich bei *
20         bei der * beim friseur bin↓ und zufällig deutsche magazi-
21    AB:                                liegen die beim
22    AL:  ne seh zum beispiel wie * die frau oder
23    AB:  friseur rum↓ in kfar schmarjahu beim friseur aha
24    AL:       die li/ ja den * ja in kfar schmarjahu gibt es * und
25         zwar meine friseuse die hat=ä: * die hat=n verwandten der
26         arbeitet bei der lufthansa↓ und wenn dann dies * die maga-
27         zine nich mehr gebraucht werden dann bringt er sie zu ihr↓
28    EL:                                      (die bunte)
29    AL:  da les ich dann die * die freundin↓ oder * alle diese alle
30    AB:          in in tel aviv jetzt↓ also im norden wo ich jetzt
31    AL:  die bunte ja↓
32    AB:  das hotel hab↓ da seh ich auch bei den n ä zeit/ ä zeit-
33         schriftenständen da liegen allerhand deutsche illustrierte
34    AL:                                         alle deutsche zeit/
35         alle deutschen illustrierten werden hier verkauft↓ hier im
36    AB:                 hm↓ *
37    AL:  land↓        u/ und ü/ aber wenn wir in deutschland sind
38         und zwar sind wir die letzten jahre jedes jahr in deutsch-
```

39   AB: hm↓   <u>also jetzt muß ich</u> * <u>das is</u>
40   AL: land da les ich immer↓   da <u>les ich natürlich deutsch</u>↓
41   AB: <u>natür</u>lich mein nächster punkt jetzt↓ [...]
42   AL: <u>nich</u>↑

"Hebräisch les' ich rabbinische Literatur – Deutsch fast nur Fachliteratur – in Englisch ab und zu mal einen guten Roman"

Esriel Hildesheimer, s. S. 87.
CD Nr. 36: Z. 1-97.

1   AB: was ham sie mitgenommen als sie her sind↓ * überhaupt bü-
2   cher↑
3   EH: alles was ich gehabt hab↑ * meine g/ gesamte biblio/
4   gesamte bibliothek↑ die wahrscheinlich=ä: * zweihundert
5   AB: was <u>war</u> das außer den
6   EH: dreihundert bände gewesen war↑ *   <u>kur</u>/
7   AB: klassikern↓ * die * <u>jeder gebildete jude mitgebracht</u> hat↓
8   EH: ä: <u>hebräische literatur</u>↓
9   AB: was ham sie=n an deutscher literatur
10   EH: hebräische literatur↓
11   AB: <u>mitgebracht</u>
12   EH: <u>schiller</u>   goethe * ä:: * einen heine hab ich nicht be-
13   AB: ja↑ *
14   EH: sessen↑   hab ich erst spä/ viel später bekommen↑ * ä
15   AB: <u>ja</u>↑
16   EH: schiller goethe lessing chamisso lenau solche sachen <u>hab</u>
17   AB: (<u>das ham sie mitgebracht</u>↓)
18   EH: ich gehabt↑ <u>die hab ich wahrscheinlich</u> * zur bar mizwa[41]
19   AB: <u>ja</u>↑
20   EH: geschenkt beko<u>mmen</u>↑ und die hab ich auch mitgebracht↑ * und
21   AB: hmhm↑
22   EH: das alles konnte mir hierhergeschickt <u>werden</u>↑   das einzige
23   buch was mir mein vater #nicht # schicken konnte war * sie
24   K   #BETONT#
25   EH: dürfen es raten↑ * dreiunddreißig hierhergeschickt↑ * war
26   AB: hmhm↓ * <u>ja</u>↓   <u>ja</u>↓
27   EH: karl marx das kapital↓   <u>das</u> konnte <u>er</u> nicht mehr
28   AB: sie könnten aber * obwohl sie die-
29   EH: schicken↓ * LACHT KURZ
30   AB: ses klassische ä * bildungs: ä -repertoire in <u>ihrm</u>
31   EH: SCHNAUFT

---

[41]   Akt der Einführung des 13jährigen Jungen in die jüdische Glaubensgemeinschaft.

```
32   AB:  bücherschrank mitgebracht       haben↑ aber wahrscheinlich
33   EH:           #ja:↑         #
34   K            #LEICHT LACHEND#
35   AB:  dann gar nich mehr so besonders viel drin gelesen haben
36   EH:               kaum↓   kaum↓          nein↓
37   AB:  nach allem (was sie jetzt)              ja↑ noch
38   EH:  sch/ schiller und        goethe doch hab ich noch gele-
39   AB:  gelesen     ab/     sie sie könnten      [...]
40   EH:  sen↓ ja↓ ebenso wahrscheinlich wie shakespeare↓
41        [WEITERE KOMMENTARE; 1:28 Min.]
42   EH:  [...] und ich muß sogar hinzufügen daß ich hier↑ * #hier↓#
43   K                                              #BETONT#
44   EH:  * im land↓ ** eine liebe * erworben habe für einen deut-
45        schen * dichter und schriftsteller von dem ich fast in
46        deutschland nichts gewußt habe↓ * und das ist hölderlin↓
47   AB:  hmhm↑ *
48   EH:        ich habe mir * vieles von hölderlin angeschafft↑
49        ich hab vieles von hölderlin gelesen #erst  # als ich hier
50   K                                         #BETONT#
51   AB:        hmhm↑
52   EH:  war↓ *        und ich glaube daß während der zeit * in der
53        ich * antiquar war↓ * ich doch * noch eine gewisse nähere
54        beziehung hatte * auch zur deutschen literatur als später↓
55   AB:  hmhm↑ ** ja das warn sie ja doch ziemlich lange↓    ja↑
56   EH:           wahrscheinlich             wahrscheinlich
57   AB:       hmhm↑     ja↓      ja↓        ja↓
58   EH:  nach:      achtnvierzig neunundvierzig wahrscheinlich viel
59        weniger * ä: auch ä berührungspunkte hatte mit * deutscher
60        literatur↓ * ganz abgesehen davon daß ich: sehr beschäftigt
61        war häufig↑ * und auch dann ä: mich nicht mehr so weit ä:
62        hm: nochmal zurückgesehnt habe↓ soll ich so sagen↓ * an
63   AB:                        +verteilt sich denn das in
64   EH:  irgendwelche deutsche literatur↓
65   AB:  welcher sprache sie was lesen↑ jetzt ä:m sehr nach den:
66        bereichen↑ * lesen sie im englischen und hebräischen auch
67        literatur↑ oder mehr fachliteratur↑ ** schöne (litera/ so-
68   EH:                                    ä: na↓ so hebrä-
69   AB:  genannte)                    +ja↑
70   EH:  isch↑   * hebräisch is eine andere sache  denn hebräisch
71   AB:                             nja↑ *
72   EH:  les ich rabbinische literatur↓ *         immer wieder↓ ä:
73   AB:  und        ja↑          ja          ja↑         hm
74   EH:  kommentare↑    kommentare zum * zur bibel zum talmud und
75   AB:                                         ja↑ ja↑
76   EH:  so weiter und so weiter↓ * responsen[42]literatur↓      ä das
```

---

[42] Schriftlicher Meinungsaustausch zwischen Gelehrten über ein Problem der Halacha (das gesamte Gesetz).

```
77          is ne ganz andere * ein ganz anderes gebiet↓ * wenn ich
78          aber englisch oder * deutsch * lese oder sagen wir mal so↓
79   AB:                                                        hmhm↑
80   EH: deutsch is fast nur * fachliteratur↓ * #fast nur↓# es sei
81   K                                          #BETONT    #
82   AB:      hm↑
83   EH: denn    daß mir jemand mal sagt * hier is ein gon/ ganz
84          besonders gutes buch oder ein interessantes buch das mußt
85          du lesen↓ * ä dann les ich es↓ oder es schenkt mir mal je-
86          mand ein ein buch * dann les ich es↓ * aber ä: sehr wenig
87   AB:                            hmhm
88   EH: ä schöne literatur↓      * in englisch * auch * ab und zu
89          mal irgend * m:an muß sich ja auch mal ein bißchen * ä
90          entspannen↓ dann les ich mal einen guten roman oder so et-
91   AB:            lieber auf englisch als auf deutsch↓
92   EH: was↓ *                                  +ä: heute lie-
93   AB:                      gegenwartsliteratur vielleicht
94   EH: ber auf englisch als auf deutsch↓
95   AB: mehr im englischen verfolgt als im deutschen↑      ja↓
96   EH:                      ja↓              ja↓ *      ja↓
97          * ja↓ wahrscheinlich ja↓
```

Kontemporäre Literatur in Englisch

Paul Feiner, s. S. 26.

```
1    AB: ham sie im deutschen weiter gelesen↑ sie ham anfangs ge-
2          sacht also * ä schöne literatur auf hebräisch so ham sie *
3          ä: * kaum gelesen↓⁴³  ja↓ ** w:enn sie * ham sie überhaupt
4    PF:              wenig↓
5    AB: also so so schöne literatur verfolgt in einer sprache↑ in
6          englisch oder sonstwie↑                      in englisch↓
7    PF:              neununneunzig prozent englisch↓
8    AB:        hmhm↑
9    PF: ja↓ das hat meine frau ihnen schon erklärt↓ * zur kriegs-
10   AB: ja↑                                          hmhm↑
11   PF: zeit * ä konnte man nur englische bücher bekommen oder
12          hebräisch↓ * auch hebräisch nicht viel↓ * denn damals wurde
13   AB:                            hmhm↑ *
14   PF: sehr wenig in hebräisch übersetzt↓          es war äm z/ zu
15          die die die hm bevölkerung war zu klein↓ * ja↓ und es war
16   AB:            hmhm↑              und die ham noch in original-
17   PF: nicht ä * es    war nicht ä:
```

---

⁴³ Vgl. Ph 45: 27.

18 AB: sprachen mehr f/ ä wo sie herka<u>men häufich</u> gelesen↑ und *
19 PF: <u>und ä:</u>
20 AB: war noch noch <u>kein gro</u>ßer ab<u>satz</u>↓
21 PF: (<u>und es</u>)   <u>es war</u> englisch englisch war
22 AB: <u>hmhm</u>↑   <u>hm:</u>↑
23 PF: das=ä was man hier gelesen <u>hat</u>↓ und speziell wenn <u>man</u>=ä
24 AB: <u>hm:</u>↑
25 PF: die kontemporäre * literatur lesen <u>wollte</u> um up to date zu
26 AB: <u>hm</u>↑
27 PF: <u>sein</u> * in englisch und da da ha/ da is is man in englisch
28 AB: <u>hm</u>↑
29 PF: * <u>so</u>zusagen * hineingerutscht↓ ja↓
30   [PF ZU ABs AUFENTHALT IN AMERIKA; 0:15 Min.]
31 PF: [...] ä: die englische sprache * is: ä: * hat kürzere sät-
32   ze↑ * is weniger kompliziert↓ * als die deutsche sprache↓
33   ** ä: * und ä: ** so daß man=ä daß=es=ä * im gewissen sinn↑
34   * trotzdem MURMELT daß auch in englisch da selbstverständ-
35   lich worte fehlen↓ ja↑ * ä: das englisch lesen * ä le/
36   leichter und ä leichter uns fällt↓ * uns beiden↓ * als
37 AB: <u>das lesn</u>   fällt ihnen eng-
38 PF: das deutsch↓ * speziell * <u>das jetztige</u>
39 AB: lisch leichter↑ * also das schreiben würde deutsch leichter
40   fallen↑ aber das lesen wäre <u>ihnen</u> im eng<u>lischen</u> leich-
41 PF: <u>ja</u>↓   <u>ja</u>↓
42 AB: ter↑
43 PF: ja↓ ja↓

Als Pensionär wieder viel Lektüre auf deutsch

Efraim Orni, s. S. 21f.

1   AB: [...] <u>wie</u> is=s denn jetzt mit der ä literatur was sie
2   EO: <u>ja</u>↑
3   AB: sonst lesen↓ außerfachlich↓ * ä:m m: wie ist das: ä seit
4   ihrer einwanderung hier gewesen↓ in welchen sprachen haben
5   sie gelesen↑ was lesen sie überhaupt an nichtfachlichen
6   sachen↓
7   EO: tja↓ also * heute * wieder↑ als=ich * da ich heute
8   pensionär bin↑ * lese ich sehr sehr viele sachen * ä roma-
9   ne und andere dinge↑ * auf deutsch↑ zum beispiel hab ich
10   wieder viel * von thomas und von klaus mann * wieder neu ä
11   gelesen↑ * ein * ä: verfasser * der mir nun * seiner gan-
12   zen geistesart und seiner * seinem stil nach besonders

```
13         nahe is is eri/ ä is kästner↑ * erich kästner↑44 * und ä:
14         das ä läßt mich nun auch wieder näher daran herankommen↑ *
15         außerdem * ä habe ich heute da durch meine kontakte↑ *
16         bekomm ich auch wieder mehr * ä deutsche * ä zeitschrif-
17         ten↑ * auch politische zeitschriften↑ * und ä * lese das
18         nun auch * wieder mit größerer leichtichkeit als ich das
19         vielleicht vor zehn oder * vor zwanzich jahren getan hät-
20  AB:            die lesen sie↑ gestern hat mich eine dame gefracht↑
21  EO: te↑ *                              ja↑
22  AB: gibt es: wirklich↑ leute↑ die deutsche zeitungen und zeit-
23       schriften lesen hier im lande↑ * ich hab gesagt ich glaub
24  EO:                                                        ja
25  AB: ziemlich viele↑
26  EO:              oh ja↑ * zum beispiel * grade vor ein paar
27       tagen↑ * wurden mir * drei oder vier * hefte des spiegel
28       eingesch/ * eingeschickt↑ und * die hab ich nun * in den
29  AB:                                                      gierich
30  EO: letzten tagen↑ * ziemlich gierich verschlungen↑ *
31  AB: warum↑
32  EO:       ä weil * sowohl der ausdrucksweise nach↑ * als auch
33       weil sie ä viele * ä: * anschauungen die heute in deutsch-
34       land gang und gäbe sind↑ * wiedergaben↑ oder auch kritiken
35       * einstellungen zum letzten politischen geschehen↑ * und
36       auch ä berichte aus * ländern außerhalb von deutschland↑ *
37       an die ich * ä durch die hiesije presse oder das * die
38  AB:                                          hmhm↑ * also inhalt-
39  EO: hiesije television wenich herankomme↑
40  AB: liche politische weltanschauliche aber auch sprachliche
41       gründe↑    die spiegelsprache is oft beschrieben worden↑ *
42  EO:        ja
43  AB: und ä nicht jeder steht ihr positiv gegenüber↑ * für   sie
44  EO:                                                  nein↑
45  AB: ist das eine herausforderung↑         ä ein reiz↑ oder ein
46  EO:                            n:nein↑       also
47  AB: ärgernis↑
48  EO:          für mich is=es * manchmal ein reiz↑ häufijer ein
49  AB:              aber sie setzen sich damit ausnander↑
50  EO: #ärgernis↑    #                              ja↑
51  K   #LEICHT LACHEND#
52  AB:          LACHT LEICHT   sie wolln nicht ganz in ruhe
53  EO: ich kann da/↑ LACHT LEICHT **          ich habe
54  AB: gelassen werden↑    mit goethe↑
55  EO: mich so abgehärtet          +ich habe mich so abge-
```

---

44 E. Orni schreibt selbst gern Gelegenheits- und humorvolle Tiergedichte, bevorzugt auf deutsch (vgl. Betten/Du-
nour 1995: 340f.).

```
56   AB:                                                         wär ihnen
57   EO:  härtet daß es mir nicht mehr viel ausmacht↓ **
58   AB:  lieber das wär in anderer sprache geschrieben↓ * oder emp-
59        finden sie das als einen gewissen * ärgerlichen * LACHT
60        #reiz↓  #
61   K       #LACHEND#
62   EO:                 nicht als ärgerlichen reiz↓ es ist * ich nehm
63   AB:                   in kauf↓ *3* und was ä: haben sie sich
64   EO:  es in kauf↓ sagen wir↓
65   AB:  mit * moderner literatur auch noch ausnandergesetzt↑ tun
66        sie das überhaupt in einer der drei sprachen↑ das ist ja
67        ne einstellungssache↓ * ja↑
68   EO:      oh ja↓              oh ja↓ zum beispiel im deutschen↑ *
69        hab ich in der letzten zeit wieder eine ganze masse von
70        böll * gelesen↑ * allerdings↑ * jetzt hab ich ein buch ge-
71        lesen↑ da * hab ich in der mitte * beschlossen ich mache
72   AB:                                         was ist das↑
73   EO:  es zu und lese es nicht bis zum ende↓         +das *
74   AB:                        mit dame↓ * hmhm↑
75   EO:  das ist ä: * gruppenbild mit frau↓           gruppenbild
76   AB:              ja↓ **         hmhm
77   EO:  mit #dame↓  #         also LACHT       das wa/ war mir
78   K          #LACHEND#
79   EO:  dann schon * nach hundert seiten↓ * war es mir schon * doch
80        zuwider↓ ** aber ä man/ aber andere bücher von böll *
81   AB:                                               hmhm *
82   EO:  habe ich mit großem genuß bis zum ende gelesen↓ *
83        und * im englischen natürlich auch↑ * im hebräischen muß
84        ich gestehen↑ * ä: * die neuesten schriftsteller * sind mir
85        wenich bekannt↓ und ich lese sie wenich↑ einfach weil ich
86        wenich * zufällig * wohl * ziemlich wenich an solche bü-
87        cher herankomme↓ * nun * wird mir grade we/ wird mit gra/
88        werden mir grade * ins haus gebracht↑ viele deutsche über-
89        setzungen aus=m englischen oder aus=m hebräischen↑ * die *
90        wo=es ganz einfach is↑ * ich bekomme sie auf diese weise↓
91        und kann sie auf diese weise lesen↓ * nun * ä bin ich na-
92        türlich in den letzten jahren * ä: * da ich fachlich nicht
93        mehr so aktiv * bin wie früher↑ * bin ich natürlich * für
94        allgemeine * ä=s literarisches lesen * ä wieder * viel
95        mehr verfügbar↓* und kann ä: mich wieder viel mehr damit
96        auseinandersetzen↓
```

"Hebräisch lesen kann man nämlich nicht diagonal"

Hans Chanan Grünthal (ehem. Hans Berthold Ephraim Grünthal), * 1915 in Breslau
Gymnasium, kaufmännische Lehre, Umschichtung (Motorradwerkstatt); 1933 Emigration über die
Tschechoslowakei nach Palästina; Handwerkerschulung (Metallurgie), Bauschlosser, weitere Techniker-
ausbildung, 40 Jahre Techniker an Kraftstationen (Elektrizitätswerk), Ausbilder.
Beinahe Bühnenaussprache, gelegentlich minimale schlesische Färbung.

Jutta Grünthal (geb. Jensen, später Jacob), * 1913 in Würzburg
Abitur; 1933 Emigration nach Italien (Kindermädchen), 1935 nach Palästina; 15 Jahre Putzfrau, später
Sekretärin, Verkäuferin (u.a. Blumen, Bücher), Hausfrau, Volontärarbeit im Museum.
Hochlautung, Bühnenaussprache (Vater Schauspieler und Schauspiellehrer). Im Dreiergespräch oft nur
kurze Beiträge, dadurch viele Merkmale gesprochener Sprache bei beiden, doch insgesamt sehr flüssig
und gepflegt wirkender Stil.

Aufnahme: Kristine Hecker, Kirjat Bialik 1990.
Tonqualität: gut; leichtes Rauschen.

```
 1    HG:   [...] ich weiß (dann wann) we/ i/ ich weiß was ich lesen
 2          muß! ich hab * deswegen hab ich auch so wenich hebräisch
 3          lesen gelernt! * hebräisch lesen kann man nämlich nich
 4    KH:              ja:! **
 5    HG:   diagonal!           es gibt zwar kurse
 6    JG:                                man kann nich überfliegen!
 7    KH:      ja:!
 8    HG:                  man kann ** lernen!        wer gut iwrit
 9    JG:   man klebt am wort!          wer wer=s gut kann kann
10    HG:   kann k/ nein! nein auch nich!  nein=nein!
11    JG:   er=s! ja! wer damit aufwächst!           wer damit auf-
12    KH:                                      vielleicht
13    HG:            nein!        nein=nein! ich hab (nicht)
14    JG:   wächst kann=s auch! nich!
15    KH:   weil man immer ja einen teil selber rekonstruieren muß!
16    HG:   nein! man kann man kann lesn aber de/ * durch die ganze
17    JG:   ja! das is ja! * jaja!
18    HG:   schriftart! und durch * könn sie * müssen sie immer * li/
19    JG:                                                    weil
20    HG:         lesen!           [...]
21    JG:   die vokale fehlen! *
```

Ein berühmter Jeckes-Witz

Alice Schwarz-Gardos, s. S. 52.

```
 1    AB:   [...] das hebräisch ist ä: rein im lesen und übersetzen
 2          und im im alltachsgespräch! ä: gewachsen! im lauf der
 3    AS:                 ja:!      ja           ja
```

```
 4    AB:  zeit↑ *
 5    AS:  ja      ja * ich hab also nie einen * richtigen kurs: *
 6    AB:          hmhm↑                                hmhm↑
 7    AS:  durchgemacht↓ meine grammatik is: ** mehr als anrüchig↓ *
 8    AB:       LACHT LEISE * ja↓ [...]
 9    AS:  ja↑ LACHT
10         [AS LIEST ABER BERUFSBEDINGT SCHNELL HEBRÄISCH; 0:21 Min.]
11    AB:                                              hmhm↑
12    AS:  [...] also ich übersetze fließend↓ nicht↑ ich:        leg
13    AB:          hmhm↑
14    AS:  das neben mir hin   und=ä f/ wie man vom blatt↑ * vom
15    AB:       hmhm↑
16    AS:  blatt:   musik (sch:t) oder singt↓ ja↓ oder spielt↓ * über-
17    AB:                       hmhm↑ *
18    AS:  setze ich vom blatt↓        fehlerlos↓ kann man sagen
19    AB:  hmhm↑                +hmhm↓ * also sie werden durch die
20    AS:  fast ohne verbesserungen↓
21    AB:  * unterschiedlichen anforderungen↓ die dieses leben in
22         verschiedenen sprachen mit sich bringt auch ganz verschie-
23         dene fähichkeiten (???) nich↑ [...]
24    AS:                      ja↓
25         [AB: AUCH GUT HEBRAISIERTE BERICHTEN, DASS SIE AUF DEUTSCH
26         UND ENGLISCH NOCH SCHNELLER LESEN; 0:30 Min.]
27    AS:  das is der berühmte witz↓ der trifft also zu↓ man sagt=ä: *
28         ä viele jeckes hätten also sich schon soweit akklimati-
29         siert daß sie ** täglich die: hebräische zeitung lesen
30         ohne we/ irgendwelche schwierichkeiten * am freitag kaufen
31         sie sich die deutsche zeitung↓ warum↓ * am schabat darf man
32         nicht arbeiten↓
```

Freies Sprechen im Deutschen nie verlorengegangen, Lesen im Deutschen immer noch schneller

Joseph Walk , s. S. 106.

```
 1    AB:  [...] im lande↑
 2    JW:       mir ist   sehr schwer gefallen hebräisch s/ ä: *
 3    AB:                            hm↑
 4    JW:  wirklich gut zu beherrschen↓ * das dauert überhaupt bei
 5    AB:           hmhm↓                                    also
 6    JW:  deutschen juden länger↓ wir sind ja sprachunbegabt↓ wie die
 7    AB:  sie ham=s nicht gut gekannt↓ a ä ham sie * konnten noch
 8    JW:  deutschen auch↓            bitte↑
 9    AB:  nicht gut he/ n/ hebräisch als sie kamen↓           (s
10    JW:                      nein↓ ich konnte natürlich aus dem ge-
11    AB:  war ja)
12    JW:  bet her↓ aber ich hab ä: ich erinner mich um nur um ein
```

```
13        #beispiel zu    # bringen * daß ich * i/ ä: monatelang! *
14   K    #LEICHT LACHEND#
15   AB:                                                          hm!
16   JW: noch mich gefreut habe daß mir die jugendalija*zöglinge
17       gesagt haben ja uns is=s leichter wenn du * ä: bibel in
18   AB:                hm!
19   JW: deutsch unterrichtest! weil ich selber noch hengu/ hem-
20   AB:                  hmhm!
21   JW: mungn hatte!        bis ich=ä: * wirklich ganz frei hebrä-
22       isch gesprochen habe! * ich glaube verging anderthalb bis
23   AB:              #(das kann ich gar nicht glauben) (???) (???)#
24   K                #SEHR LEISE UND SEHR SCHNELL                #
25   JW: zwei jahre!                    doch!            und wo ich
26       das gefühl hatte! jetzt kann ich nun wirklich * frei ä:
27   AB:              hmhm!
28   JW: sprechen!          das is natürlich im deutschen nie verloren
29   AB:                    hm!        hm!        hmhm!
30   JW: gegangen! weil ich=s ja mitgebracht habe! * (na also) in
31       dieser hinsicht=ä: * durchaus ä: ein schwerer prozeß! aber
32       * auch bezeichnend! [...]
33       [ZUR MANGELNDEN SPRACHBEGABUNG DER JECKES; 1:06 Min.]
34   AB: sie schreiben im fragebogen! sie würden immer noch etwas
35       leichter deutsch lesen! *
36   JW:                                    ja! das hängt mit zweierlei zu-
37       sammen! * einmal mit der * schrift * die viel leichter zum
38       lesen is als die hebräische! * und ä die vokale sind ja im
39       deutschen eingebaut! * nicht wie im hebräischen! * ä:m *
40   AB:                                hmhm!
41   JW: das sprachbild ist mir vertrauter! es geht schneller! *
42       aber das geht nicht nur mir so! da/ dage/ -rüber gibt es
43   AB:                              hm!    +gilt das auch wenn man:
44   JW: untersuchungen übrigens!        ä:
45   AB: das hebräische als erstsprache hat!        ja!
46   JW:                                ja!        also es gibt
47       darüber untersuchungn ä:m * hab ich mal vor jahren gelesen!
48       * was die schwierichkeit beim hebräischen is is das
49   AB:                                hm!                hm!
50   JW: auge muß immer auf und runterwandern!      a wegen de:r
51   AB:        hm!
52   JW: vokale!      h/ (ansch/) * im allgemeinen lesen wir ja
53       un*vokalisiert! * aber * das is eine schwierichkeit weil
54       sie (auch manchmal sich) überlegen müssen! * ja wie hast du
55       denn dieses wort zu lesen im zusammenhang des satzes! [...]
```

"Ich fühle mich in allen drei Sprachen, Englisch, Hebräisch und Deutsch, ziemlich wohl"

Salomon Epstein, * 1916 in Leipzig
Dekorateurlehre begonnen; 1933/34 Umschichtung (Landwirtschaft) in Dänemark; 1934 Emigration
nach Palästina; anfangs im Kibbuz (Chauffeur: Patrouille), dann Minensucher beim englischen Militär,
später bei der Polizei, Polizeioffizier; nach der Pensionierung bei der International Police Association
tätig (in den letzten Jahren Vizepräsident).
Aufnahme: Eva Eylon, Tel Aviv 1991.
Leichte sächsische Färbung. Überlegtes Sprechen mit Neigung zu Selbstkorrekturen. Stark interviewer-
orientiert, durchgehend dialogischer Frage-Antwort-Stil; Überwiegen kurzer parataktischer, meist
korrekt gebauter Sätze.
Tonqualität: gut bis mittel.
CD Nr. 38: Z. 1-48.

```
 1   EE:  in welcher sprache würden sie sagen fühlen sie sich am
 2        wohlsten! **
 3   SE:            ich kann: * heute sagen daß ich mich in bei/
 4        in drei sprachen * ganz wohl * also * ä: * ich bin kein
 5   EE:                                       ja!
 6   SE:  gelehrter! ich bin kein akademiker! aber * ich fühle mich
 7        in allen drei sprachen englisch hebräisch un:d=ä: *
 8        deutsch * ziemlich wohl ich kann in allen drei sprachen
 9   EE:                        fehlerlos! ** hebräisch! * ma-
10   SE:  schreiben und lesen und * (???)          fehler m/
11   EE:  chen sie wahrscheinlich doch=n paar orthographische feh-
12        ler! oder nicht!
13   SE:            ä::   man macht schon fehler! ich meine * per-
14        fekt ist kein mensch! * ich bin ja auch nich perfekt in
15        allen sprachen! * aber ich kann: * jede unterhaltung=ä:
16        ziemlich * ä: gut führen! auch:=ä: * mit natürlich satz-
17   EE:                        ja:!
18   SE:  fehlern oder ste/ stilfehlern * der stil is wie gesagt=ä:
19        kein moderner stil mehr! * und * ich kann mich natürlich
20        nicht mit=ä: studenten der universität i:m hebräischen
21   EE:                        no qu::t          ja:!
22   SE:  vergleichen! oder leute die hier die sprache *  gelernt
23        haben! aber ich habe bei der polizei * briefe korrespen-
24   EE:                        ja:!
25   SE:  denz führen müssen und HOLT LUFT wie (gesacht meine) an-
26        ordnungen geben müssen und schreiben müssen so daß ich
27   EE:                                       welche zeitung
28   SE:  ziemlich * geläufich in allen drei sprachen bin!
29   EE:  lesen sie heute!
30   SE:            ich lese heute drei zeitungen! eine eng/
31        die jerusalem post!=ä: * (de=ha)aretz und=ä: * ne abend-
32        zeitung! und * f/ freitach die israel nachrichten! LACHT
```

```
33    EE:  #sogar die deutsche zeitung#
34    K    #LACHEND                    #
35    SE:                                         un      dann von: ä irgun merkas
36    EE:                              kriegen sie auch!           das mittei-
37    SE:  europa⁴⁵ les ich die:              nachrichten!         au-
38    EE:  lungsblatt!
39    SE:  ßerdem      ich gebe selber die leipziger na/ * ru/ das
40    EE:                                                     ja!
41    SE:  leipziger rundschreiben unseres verbandes heraus!      das
42          bereite ich selber vor! * mit hilfe von andern! * das ver-
43          teilen wir an * ungefähr vierhundert vierhundertfuffzich
44    EE:                                   aha! auch ins ausland
45    SE:  leipziger in * amerika england * und=so=weiter!    und
46    EE:  schicken sie das!                         ja:!
47    SE:                       auch * in * in israel!       also wir
48          halten zusammen in dieser beziehung
```

Schimpfen am liebsten auf Iwrit – aber mit "schrecklichem" Akzent

Abraham Goldberg (ehem. Adolf Goldberg), * 1923 in Altenburg (Thüringen)
Realgymnasium; 1938 Emigration nach Lemberg; weiterer Schulbesuch, 1941-44 im KZ, dann in der
Ukraine Beginn eines Studiums an einem Maschinenbauinstitut; nach Kriegsende nach Berlin, dort Be-
such der Textilhochschule; 1949 Emigration nach Israel; Technikstudium, Maschinenbauingenieur, zu-
nächst in der Militärindustrie tätig, dann eigene kleine Fabrik; noch halbtags in der Metallbranche tätig.
Aufnahme: Kristine Hecker, Ramat Gan 1990.
Ostthüringisch-altenburgische Färbung. Überwiegend sachlicher, distanzierter Berichtstil, doch zunehmend auch episodische Einlagen mit direkter Rede; relativ häufig Einschübe, Anakoluthe und Satzabbrüche.
Tonqualität: mittel.

```
1     KH:  was ham sie von anfang ihrer familie für eine sprache ge-
2           sprochen mit ihrer frau!
3     AG:                          mit meiner frau! sprech ich
4           deutsch! * am anfang habn wir deutsch gesprochen! * als die
5           kinder als grade die große geboren wurde! die XY! * da habn
6           wir deutsch gesprochen! * bis drei jahre! * und sie hat
7           deutsch gekannt! (und) so weiter! und dann ging es ä dann
8           kam sie in kindergarten! ja! * und da fing es an * die leu/
9           die: m andern kinder ham gelacht * daß sie deutsch spricht
10          und nich so gut iwrit! und so weiter * und da ham wir be-
11          schlossen! * aus deutsch! * wir reden * wir reden iwrit!
12          und seit dieser zeit reden wir also: * zwischen uns wenn
13          wir jetzt allein! jetzt sind wir alleine! also die kinder
14          sind drauß=dann reden wir deutsch! * aber wenn: * die kin-
```

---

⁴⁵ Vgl. Ph 45: 59, Anm. 23, sowie Ph 42: 270, Anm. 115.

```
15            der oder enkel da sind dann reden wir nur hebräisch! **
16   KH:   und sie sprechen=s auch beide=ä:m              ja!
17   AG:                                        fluently! (wir haben)
18       kein problem! * meine frau hat auch hier studiert an der
19       universität * also sie hat * englisch und französisch=ä
20   KH:               tel aviv oder *        oder jeru/
21   AG:   studiert! und sie hat pädagogie gemacht!             in tel
22       aviv! in tel aviv! * hat pädagogik gemacht! und sie war
23       später * lehrerin in in: in=(sie war) hochschullehrerin! **
24       nich=hochschul! nein! das is * nich hochschule! das is=ä:
25   KH:   gymnasium!
26   AG:   gymnasium!      gymnasium! * un:d=ä: ** ä b/ bei uns is
27       ja=also: iwrit d/ is s kein problem! * sprechen persönlisch
28       ** im gegenteil! * wenn ich jemand * wenn ich mit jemand
29       schimpfen will oder (aussingn) * dann schrei ich auf iwrit!
30       * das ist mir viel * viel bequemer wie auf englisch! oder
31       auf de/ ich sprech auch (heute) gut englisch! abe:r * auf
32       iwrit ist (es lieber)! * ä: des interessante is * ich hab
33       einen schrecklichen also mein akzent! * den wer ich nich
34       los! * den * heute noch wenn ich in deutschland sacht man
35   KH:                              LACHT
36   AG:   mir * ach sie sind aus sachsen! #(und so weiter und so
37   K                         #SEHR SCHNELL UND LEISE
38   AG:   weiter)# und und * ä: * ä: f/ i/ wenn ich englisch spreche
39   K          #
40   AG:   * im ausland * dann sacht (mir) * oh you are from germany!
41   KH:   #LACHT   * und im iwrit!# * klingt es auch durch!
42   AG:   #LACHT                        iwrit auch! in iwrit
43   K      #TELEFON KLINGELT      #
44   KH:                                      LACHT
45   AG:   (is es auch) (???) ah:! der jecke! ah der jecke! LACHT
```

Deutsch mit fränkischem Akzent: die Tochter meint, "des ghört dazu"

Stefan Rothstein, s. S. 38.

```
1    AB:   mit ihrer frau ham sie dann zuhause * deutsch gesprochen!
2        oder (in de/)         ja!
3    SR:   deutsch gesprochen!     und auch meine tochter die
4        heute: einundfünfzich ist! spricht ein hervorragendes
5        deutsch! ** also:=ä:: * schade daß sie nicht da is! sie
6        spricht=ä: * ein unverfälschtes deutsch! fast ohne fehler!
7    AB:   spricht sie wie sie! mit dem fränkischen akzent!
8    SR:                         ja a: das ä: wa/ wahr-
9    AB:             wahrscheinlich!                 ja! LACHT
10   SR:   scheinlich!   (ja die hat) gemeint des ghört dazu! LACHT
```

"In Hebräisch redet man, was man kann, und Deutsch redet man, was man denkt"

Elsa Belah Sternberg (geb. Else Rosenblüth), * 1899 in Messingwerk (bei Eberswalde)
Kindergärtnerin; 1933 Emigration nach Palästina; zunächst Mithilfe im Geschäft ihres Mannes, Hausfrau, dann psychologische Weiterbildung, Erziehungsberaterin; heute noch Volontärarbeiten in ihrem Altenheim.
Aufnahme: Anne Betten, Kfar Saba 1991.
Hochlautung; markante, wenngleich leicht brüchige Stimme. Überlegtes, sicheres, vorwiegend sachlich argumentierendes Formulieren, klare Satzführung; überwiegend kurze Sätze, doch gelegentlich auch sehr komplexe Konstruktionen.
Tonqualität: gut.
CD Nr. 25: Z. 1-27.

```
 1    AB:   [...] ä sie ham dann aber wahrscheinlich nicht nur * in
 2          deutschsprachigen kreisen ä: verkehrt↓ wenn das durch die
 3          kinder↑ und auch durch     (ihrn) beruf↑    (ach) schon↓
 4    ES:                      doch sehr sehr   st/   das hat sich
 5    AB:          ja↑    ja↑              ja        ja↓
 6    ES:   sehr stark↓    ja↓ die landsmannschaften waren doch sehr
 7    AB:                  hmhm↑
 8    ES:   stark↓ * waren doch sehr stark↓ * das hebräische hat man
 9    AB:                hmhm↑
10    ES:   gepflegt↓       im jiddischen haben die leute immer gesagt
11    AB:                                                     hmhm↑
12    ES:   die sich umgestellt haben vom * jiddischen auf hebräisch↑ *
13          die haben gesagt ** hebräisch spricht man↓ und jiddisch
14    AB:             LACHT                        hmhm↑
15    ES:   #red sich↓#      #und so war das mit uns↓# * auch↓ nich
16    K     #[Re:d̥sɛχ]#       #LEICHT LACHEND       #
17    ES:   wahr↑ hebräisch * pflegt man↓ und lernt man↓ und spricht
18          man↓ * und deutsch * redet man * was man denkt↓ * nich↓ *
19          (die) hebräisch redet man was man kann↓ und deutsch #redet
20    K                                                         #LEICHT
21    AB:                     (das:)
22    ES:   man was man denkt↓# * das so * das ging viele jahre↓ also
23    K     LACHEND          #
24    ES:   heute is=es nich mehr ganz so↓ natürlich↓ heute * is dat/
25          is das gewicht nicht verla:gert↓ aber * gemildert↓ LACHT
26    AB:                   hmhm sicher↓[...]
27    ES:   KURZ stark gemildert↓
```

"Wenn er mit bestimmten alten Jecken zusammenkommt, geht's plötzlich bei ihm runter mit Deutsch"

Dr. **Elchanan Scheftelowitz** (ehem. Erwin Scheftelowitz), * 1911 in Berlin
Studium (Jura), 1934 Promotion, Rabbinerseminar, Arbeit in jüdischer Gemeinde und Schule; 1937 Emigration nach Palästina; "foreign advocates' examination", Rechtsanwalt und Notar, Publikationen über jüdisches Familien- und Staatsrecht.
Hochlautung, sehr prononcierte Artikulation (fast theatralisch beim Vorlesen); in dialogischen Partien leichte berlinerische Einfärbung mit umgangssprachlichen Einschlägen auch auf der morphologischen Ebene. Variationsreiche Sprechmuster: sachliche Berichte, polemische Argumentationen, lebendige Erzählungen mit direkter Rede, spontanes Dialogverhalten. Bevorzugung kürzerer, parataktisch gereihter Sätze; Neigung zu elliptischen Äußerungen (Telegrammstil).

Sara-Ruth Scheftelowitz (geb. Frankenthal, verw. Goldschmidt), * 1915 bei Kassel (Sigle: RS)
Kindergärtnerin; 1934 Emigration nach Holland, 1943-45 im KZ (Westerborg und Bergen-Belsen), 1945 zurück nach Holland, 1949 nach Palästina; Hausfrau.
Leichte hessische Einfärbung. Im Kontrast zu ihrem Mann sehr natürlich, spontan, alltagssprachlich wirkender Gesprächston, spannend und geläufig erzählend, nicht irritiert durch die vielen Unterbrechungen seitens ihres Mannes.

Aufnahme: Anne Betten, Jerusalem 1994.
Tonqualität: gut.
CD Nr. 28: Z. 1-43.

```
 1    ES:  [...] ich habe einen #sehr sehr# guten freund! * aus alter
 2    K                          #BETONT  #
 3    ES:  zeit noch! * wir waren zusammen im berliner rabbinersemi-
 4         nar! * das heißt also von damals: an! ** er ist später jah-
 5         relang! * jahrzehntelang * minister! in der israelischen
 6         regierung gewesen! * bis er vor einijen jahren! * aus al-
 7         tersgrün(dn) * vor zwei jahren ungefähr * austrat! * dies
 8         is ein israelischer * #hoch#angesehener minister! bei al-
 9    K                          #BETONT#
10    AB:                        burg! *                    den ham=wa
11    ES:  len parteien hier! *                        ja!
12    RS:                           doktor burg! ja!
13    AB:  auch dabei! LACHT
14    ES:                    so! * wenn wir beide uns treffen!
15    RS:                                             LACHT
16    ES:       und ich beginne mit ihm iwrit zu reden * dann re-
17    RS:  LEISE *
18    ES:  det er nur weiter auf deutsch!
19    RS:                                der redt nur auf deutsch mit
20    ES:       und jetzt hab ich ihm dann mal gesagt * f/ ä ä wenn
21    RS:  uns! *
22    ES:  viele auch noch ä drum rumstanden und so weiter! * sagt ich
23         hör mal! * wir duzen uns! * aus alter zeit! * hör mal * die
24         umgebung kann doch das verstehen was du da auf deutsch
25    RS:                                                  LACHT
26    ES:  sagst! * sagt er! nu was macht das! * soll se alles ver-
```

```
27          stehen was wir reden↓ * und er blieb weiter dabei↑ * und
28    RS:          LACHT
29    ES:   ich konnte nich anderes machen als * daß wir uns * auf
30          deutsch unterhalten↓ * #dabei is es so# ich hab ihn ge-
31    K                         #LAUT          #
32    RS:                        (???)
33    ES:   fragt↓ * mal↓ * er hat * er is verheiratet↓ * mit * einer
34          frau↓ * die aus hebron stammt↓ * alter jisch/
35    RS:                                      sie spricht ganz gut
36    ES:          alter jischuw↓⁴⁶ ** redet sch/ spricht schon
37    RS:   deutsch die frau↓           (???)
38    ES:   ganz gut deutsch↓ ** und sie hat gelernt auch deutsch↓ *
39           zu reden↓ * so↓ ** un:d * aber↓ * wenn er * mit verst/ mit
40    RS:    (???)
41    ES:   bestimmten * alten jecken↓ * wie ich=s mal nennen will↓ *
42          zusammenkommt↓ * geht=s plötzlich bei ihm runter mit
43          deutsch↓ ** mit andern↓ * und mit mir auch↓
```

"Wir sind dann doch wieder aufs Deutsch zurückgegangen"

Elisheva Pick, s. S. 11.

```
1    EP:   [...] und es gab auch jahre wo ich mit meinem mann hebrä-
2    KH:                                                    eben↓
3    EP:   isch gesprochen habe * was=n bißchen künstlich war↓ wir
4    KH:        (denk ich mir↓) ja↓
5    EP:   sind dann doch wieder aufs   deutsch zurückgegang↓ * ja↓
6          wir ham es gemacht um vor den kindern nich eine fremde
7          sprache zu sprechen↓ * damit die kinder nicht das gefühl
8          ham * es wären geheimnisse und so↓ * aber ä: später sind
9          wir dann wieder auf deutsch übergangen besonders seit die
10         kinder aus=m haus sind↓ das glaub is bei den meisten men-
11         schen so * daß sie ä * je älter sie werden↓ je mehr sie in
12         die vergangnheit zurückgehen und dann auch dies * deutsche
13         sprachgut deutsche literatur und so weiter↓ * doch ihnen
14         näher is als das später * ä * errungene hebräisch↓ * bei
15         mir is=es dadurch nich so↓ weil ich immer noch * im hebrä-
16         ischen ja arbeite↓ und im im ar/ im berufsleben bin [...]
```

---

[46] Bezeichnung für die jüdische Bevölkerung in Erez Israel vor 1948.

Im kleinen Kreis spricht man noch ganz gerne ein bißchen in der Muttersprache

Männy Moshe Seligmann (ehem. Manfred Seligmann), * 1912 in Gießen
Kaufmann, Umschichtung (Landwirtschafts- und Gartenbaulehre); November bis Dezember 1938 im KZ
Buchenwald; dann Emigration nach Dänemark, Arbeit in der Landwirtschaft, 1943-46 in Schweden, dort
zuletzt Betreuung von Mädchen aus KZs; 1947-48 auf Zypern interniert, 1948 Ankunft in Palästina;
seitdem im Kibbuz, tätig in der Landwirtschaft, im Kibbuzhotel, in der Buchhaltung.
Aufnahme: Anne Betten, Kibbuz Ginosar 1990.
Mittelhessische Färbung. Bevorzugung der Parataxe mit oft kurzen Sätzen, relativ häufig mit Ellipsen
und Anakoluthen. Überwiegend berichtender Stil, doch auch narrative Passagen, Episodendarstellung
und direkte Rede.
Tonqualität: gut bis mittel.
CD Nr. 24: Z. 1-22.

```
 1    AB: wie is denn * in dieser zeitǀ die sprachsituation in hier
 2        im kibbuz ginosar gewesenǀ ham sie alle konsequent hebrä-
 3        isch gesprochn mitnanderǀ * und wenn ma ausnandergegangen
 4    MS:                      jaǀ
 5    AB: is doch nochmal die * muttersprachenǀ
 6    MS:                                      also ä:m äm offi-
 7        ziellǀ und im allgemeinn die die=ä: eingebornen ham nur
 8        iwrit gsprochnǀ klarǀ * neuhebräischǀ HOLT LUFT aber * von
 9        den deutschen und auch von östreichernǀ * wenn man ä:m am
10        abend zusamm warǀ und soǀ da hat man auch noch n bißchen
11        deutsch gesprochnǀ oder die östreicher * ham wienerischǀ
12    AB:            RÄUSPERT SICH *
13    MS: und die tschechn            also da bis heute is das noch
14    AB:           hm
15    MS: soǀ wenn ma irgendwie was=ä: * so=n kleiner kreisǀ da
16        spricht man auch noch ganz gerne n bißchen ** in der mut-
17    AB:                  und aus diesem kreisǀ            aus diesem
18    MS: terspracheǀ *      damit man se nicht vergißtǀ
19    AB: kreis wern sie noch männy genanntǀ LACHT LEICHT       jaǀ
20    MS:                                              ja:ǀ
21    AB:               jaǀ
22    MS: aus=m ganzen: kibbuzǀ
```

"Das ist, als ob man irgendwie versagt hat hier mit seinem Zionismus"

Nira Cohn, s. S. 27.

```
 1    AB: in ihrem sonstigen bekanntenkreis der jeckesǀ ä beobachten
 2        sie ähnliche veränderungen (heute)ǀ
 3    NC:                          na dann d/ das=s bei liegt je-
 4    AB:              (jeder)
 5    NC: der fall andersǀ * die     behaupten * also erstmal wollen
 6        sie beweisen wie klug sie sind und wie gut hebräisch sie
```

```
 7            können↑ * und w/ wissen genau daß ich besseres hebräisch
 8            kann als sie↑ * und wenn ich zum beispiel mit
 9            deutsch*sprechenden freunden telefoniere↑ * spreche ich
10            lieber deutsch↓ nicht deswegen weil=s mir schwerfällt↑ son-
11            dern weil ich weiß daß ich besser hebräisch kann als die↓ *
12            aber das möchten di/ j/ s/ * das hat mir (mal neulich)
13            jemand vorgeworfen↑ * weil das is das das wäre weil ich aus
14            han/ wieder so in hannover war↓ das stimmt nich↓ * ich hab
15            das * ich bin kritischer↓ * ich sehe daß er mal=n wort in
16            hebräisch sucht daß er in hebräisch daß er=n grammatik-
17            fehler macht↑ weil ich gut grammatik kann↑ * ja wozu brauch
18            ich mit ihm falsch sprechen wenn er richtig sprechen kann↓
19            ja↑ * also das is=ä: d/ anders↓ * die leute wollen sich
20            auch was damit beweisen↓ und ich kann es auch verstehen↓
21            und * und dann ist es auch was für=n partner se haben↓ wie
22            gesagt↓ *4* das is auch so: * das ist doch auch n versagen
23            wenn man (auf all/) ä das is=n gewisses versagen daß man *
24            wenn man das zugibt↓ * das wollen auch das is auch=n grund
25            weswegen viele nicht deutsch reden wollen↓ oder wenich
26            deutsch reden wollen↓ * oder mir vorwerfen daß ich=ä: oft
27     AB:                       hmhm↓ *
28     NC:    deutsch rede↓ *            das is als äw als ob man irgendwie
29            versagt hat hier mit seinem zionismus↓ oder mit seinem **
30            also hebräischkenntnisse↑ sie können mir das * das wirft
31            mir keiner vor denn sie wissen ja daß ich übersetzt hab↓
32            und * sie sagen auch ja du kannst ja auch besser sogar
33            hebräisch als ich aber trotzdem↓ [...]
```

"Ich bin durchaus hebraisiert, nur nicht in dem Maße, wie ich es gerne möchte"

Micha Michaelis (Sigle: HM), s. S. 53f. Mit teilnehmend: seine Ehefrau Dr. Mirjam Michaelis (Sigle: FM), s. S. 54.

```
 1     HM:    wissen=sie ich bin vollkommen sprachunbegabt↓ natürlich
 2            sprech ich heute * fließend hebräisch a/ ab und zu sch/ *
 3            geht mir ein * fehler ein↓ un ich spreche auch in der ver-
 4            sammlung * wenn ich ich glaube↓ * daß ich etwas zu sagen
 5            habe↓ * und im=ä in der fabrik a: sprech ich nur hebräisch↑
 6            * aber se/ * hier im: zimmer mit mirjam sprech ich sehr
 7            viel * deutsch↓ * denn sach ich durchaus=ä * gib mir mal
 8            den zucker rüber↓ ken[47]↑ * aber ich glaube wenn wir in ein
 9            ernstes gespräch komm * dann wird das doch wohl mehr * auf
```

---

[47] Hebr.: 'ja'.

```
10          hebräisch geführt↓          un:d=ä: *3* ich bedaure eigent-
11  FM:                          hm↓ *
12  HM:   lich sehr daß ich=ä * ä:: * daß mein hebräisch * ä: nicht
13         ausreichend is↓ * ich habe also * wir haben ä: im archiv *
14         we/ * persönliche ma/ a mappen↓ * wo all: das was * wir * ä
15         was uns angeht: aufbewahrt wird↓ also ich habe * wurde
16         neulich mal * gebeten↓ * ä: * meine m/ * unsere mappen zu
17         sortieren↓ * also ich habe zwei dicke mappen↓ * nur von
18         aufsätzen die ich in der kibbuzzeitung * ä veröffentlicht
19         habe * un:d mirjam hat * so=n stoß * dinge↓ * un:d=ä: * ä ä
20         es is durchaus also so daß ich nich * von der * hebrä-
21         ischen kultur abgeschnitten bin↓ ich lese auch hebräische
22         bücher↓ * un:d=ä: * ä bin durchaus auch #hebraisiert↓# *
23  K                                        #BETONT     #
24  AB:                                             hmhm↓ *
25  HM:   nur nich in dem maße wie ich=es gerne möchte↓ *
26  AB:   also diese artikel in der kibbuzzeitung ham sie in späte-
27         ren jahren auch auf hebräisch ge̲s̲c̲h̲r̲i̲e̲b̲e̲n̲↓
28  HM:                              i̲c̲h̲ ̲h̲a̲b̲e̲   nur auf hebrä-
29  AB:        o̲h̲n̲e̲:      überarbeitung von mirjam↓ *
30  HM:   isch g̲e̲s̲c̲h̲r̲i̲e̲b̲e̲n̲↓                         ä:
31  FM:                                           (was)↑
32  AB:                                       aha↓
33  HM:   mitunter hat sie hier und da ein wort ä ä ge/    geän-
34  AB:                                            ja↓ * naja↓
35  HM:   dert↓ aber * im allgemeinen ohne überarbeitung↓
36  AB:   dann übertreiben sie ja doch sehr mit ihrer sprachun*fä-
37         hichkeit↓ HOLT LUFT d̲e̲n̲n̲ ̲v̲o̲r̲ ̲a̲l̲l̲e̲n̲ ̲d̲i̲n̲g̲e̲n̲ ̲d̲a̲s̲ ̲k̲l̲i̲n̲g̲t̲↑
38  HM:                  j̲a̲ ̲a̲l̲s̲o̲ ̲ä̲:̲ ̲i̲c̲h̲ ̲e̲m̲p̲f̲i̲n̲d̲e̲ ̲e̲s̲       als
39  AB:   j̲a̲↓              j̲a̲↑     nja * aber * ä was sehr er-
40  HM:   d̲a̲s̲ ̲*̲ ̲g/ mein größtes m̲a̲n̲ko↓
41  AB:   staunlich ist w/ war die bemerkung die sie grad gemacht
42         ham↓ wenn=s ernst wird das gespräch dann geht es ins he-
43         bräische↓ und sie ham grad gesacht leider können se sich da
44         nich so perfekt ausdrücken↓ *
45  HM:                            ja aber trotzdem so is=es
46  AB:        ja:↑
47  HM:   eben↓    also * ä: * es is nich so daß mir die: die wor-
48  AB:            hm:↑
49  HM:   te fehlen↓    es is so daß ich ä: * also sagn=wir mal
50         wenn ich etwas schreibe * daß ich buchstaben verwechsle↓
51  AB:   hm:↑ *
52  HM:        oder daß ich=ä: * ä: ä ein wort nachschlagen muß
53         gehen↓ * aber: * ä ä: * im: * wenn ich also ein * wirklich
54         ein ein: ** etwas was mich ich seh innerlich angeht↑ *
55  AB:                                            hmhm↑ *
56  HM:   dann sprech ich glaub ich mit mirjam hebräisch↓ **
57  AB:   ja=aber * das steht für mich in einem gewissen widerspruch
```

```
58        zu dem ungenügen das sie an ihren sprachkenntnissen finden⌐
59        denn * meistens is=es doch umgekehrt⌐ daß die leute bedau-
60        ern daß ihr hebräisch im alltag reicht⌐ aber leider nich um
61        sich in schwierigen situationen differenziert genuch aus-
62        drücken zu können *
63  HM:                        ä: * ich habe drei jahre im kibbuz
64        arzi gearbeitet⌐ * in der zentralbewegung⌐ * un:d=ä ich
65        hätte das nich * kö/ * machen können wenn ich nich durch-
66        aus ** fließend hebräisch könnte⌐ * und da es also sich um
67        schilderungen * aus dem holocaust handelte die ich aufnehm
68        ä nahm⌐ * ä und * die teilweise sehr tragisch waren⌐ * also
69        wenn ich da * nich ä * ä * he/ hebräisch hätte mitgehen
70        können * dann wäre das einfach unmöglich gewesen⌐
```

"Wenn ich einen Wunsch hätte, würde ich gern eine Sprache hundert Prozent beherrschen"

Gad Elron (ehem. Felix Elperin), * 1918 in Berlin
1934 Emigration nach Palästina mit Jugend-Alija; später Studium an der École des Sciences Politiques in Paris; seit 1949 im Dienst der israelischen Regierung, seit 1951 im Außenministerium, u.a. als Vertreter Israels im Europäischen Parlament und als Botschafter in Sambia und Norwegen/Island; nach der Pensionierung Spezialaufgaben für Außen- und Finanzministerium.
Hochlautung, minimale berlinerische Färbung, gelegentlich auch umgangsprachliche Erscheinungen auf morphologischer Ebene; klar und nachdrücklich artikulierend. Großenteils ruhig berichtend und erzählend; viele Retardierungen durch Suche nach der optimalen Formulierung und Selbstkorrekturen. Gesamteindruck eines sehr gepflegten Sprechstils schriftsprachlicher Orientierung, große Bandbreite an Nebensatztypen, hypotaktische neben parataktischen, meist gut überschaubaren Satzgefügen.

Miriam Elron (geb. Marianne Gabriele Berta Pariser), * 1922 in Berlin
1. 4. 1933 Emigration in die Schweiz (Lausanne), 1939-51 in England (Studium: Economics), Arbeit in Holland am israelischen Konsulat, 1953 nach Israel; viele Auslandsaufenthalte zusammen mit ihrem Mann, Übersetzerin (ins Englische).
Hochlautung, ganz geringe berlinerische Färbung. Durch ihre mehr ergänzenden Beiträge eher sprechsprachlich-spontaner Stil, kürzere, z.T. elliptische Konstruktionen neben teilweise anakoluthischen Großgefügen. Oft Suche nach dem geeigneten Wort, Gesamteindruck jedoch gewandt, lebendig im Erzählen.

Aufnahme: Anne Betten, Jerusalem 1991.
Tonqualität: gut.
CD Nr. 40: Z. 1-65.

```
1   AB:                                ja⌐
2   GE:  [...] was ich sagen wollt wir haben eigentlich #beide #
3   K                                                  #BETONT#
4   GE:  das gefühl daß wir * keine der sprachen die wir sprechen
5        und in der wir lesen * so beherrschen wie wir es gerne
6   AB:              hm:⌐ * aber
7   GE:  wollten⌐ *          ä ich würde sagen mein hebräisch is: **
8        obwohl ich es a nie auf einer hebräischen schule gelernt
```

```
 9        habe sondern selbst ** durch viel lesenl * und hörenl *
10   AB:  was lesen sie im hebräischenl herr elronl und seit wannl
11   GE:  ä:=m
12   AB:  * ä geht das quer durchl die verschiedenen * gattungenl von
13        der zeitung bis in die literaturl * sie ä ham=s ä u/ und
14        in in fachtextel * sicherl sie sind ja ä: ich mein in ja
15   GE:                                                ich muß (allge-
16   AB:      jal              ja=jal                          jal
17   GE:  meine) berichte immer auf hebräisch schreibenl        natür-
18   AB:        ja=jal *                                hmhml
19   GE:  lichl           ä: * ich hab da keine problemel       trotz-
20        dem * ä: * hebräisch #kann a:(hab) ich eigentlich (würd)#
21   K                         #MURMELT                              #
22   AB:                          hm:↑
23   GE:  ich sagen * beherrsche ichl (so) ziemlich gutl * aber die
24        andern sprachenl ** was * einem engländer seine to master a
25        languagel (to) eine * (to) eine * sprache * wirklich z/
26   AB:                  hm↑ *
27   GE:  * zu beherrschenl        das tun wir beide nichtl [...]
28        [VERSCHIEDENE THEMEN; 26:42 Min.]
29   ME:  die sprachsituation meine is so daß ich sagen wenn ich
30        einen wunsch hätte würd ich sagen * würde gern eine spra-
31   AB:                                        jal *
32   ME:  che * b/ richtich * be:/ be/ beherrschenl *        hundert
33   GE:                                        jal
34   AB:                          jal                        ja↑
35   ME:  prozent beherr/ also so weit wie man=es kann beherrschenl
36        ich b/ ich * drücke mich gerne aus * ich schreibe gern ich
37        mach das * nie auf deutschl immer wenn ich was schreibe
38   AB:                          hmhm↑ *
39   ME:  (hab) ich auf (englischl)        und * ä also mein hebrä-
40        isch is eben * für mich also ich seh das genau daß das
41        eben * sehr sehr ich hab * bin nie in die schule gegangen
42        wir ham auch weil wir immer weggefahren sindl hab ich auch
43        nie * eigentlich zeit gehabtl immer * ein zwei jahre und
44        die kinder waren kleinl und * noch mehr hebräisch zu ler-
45        nenl (nicht) * also * es kam nicht dazul #sagen wa mall das
46   K                                            #SCHNELL UND LEI-
47   ME:  is ne tatsachel# HOLT LUFT und=ä: ich glaube sicher daß
48   K    SE             #
49   ME:  dadurch meine be/ beziehung zu den kindern nicht das is
50        was ich ä: es gerne hättel * was es sein würdel wenn ich
51        jetzt mit meinem jüngeren * ä mich unterhaltel un ihm gern
52        beib/ * erklären möchtel weil warum vielleicht es gut is: *
53        trotzdem zu heiraten trotzdem vielleicht es * die und die
54        probleme gibtl * äw/ ä fehlen mir die ausd/ fehlen mir die
55   AB:  jal
56   ME:  wortel * aber ich glaube nicht daß ich=s auf deutsch bes-
```

```
57          ser machen könnte! * auf englisch ja! * vielleicht ja! *
58     AB:  hmhm!
59     ME:  mei/ englisch is meine * sagen wa mal beste sprache! * aber
60          auch die is weit von entfernt! also das is ä ä is wirklich
61          ein problem und ich glaube auch * daß es keine so gute
62          idee war weil (da) auch das deut/ daß wir bloß auf hebrä-
63          isch sprechen! ** das is auch nich aber deutsch wär nich
64          besser und französisch und englisch wär auch nich all/ es
65          wär nich normal gewesen!
```

" – und das ist eines der wesentlichen Schicksale dieser Emigrationen"

Mordechai Heinz Gilead (ehem. Heinz Guttfeld), * 1906 in Luckenwalde
Realgymnasium, Arbeiter in einer Metallfabrik, Externabitur, Studium (Geographie, Mathematik, Pädagogik), Mittelschullehrerexamen, Doktorand; 1933 Emigration nach Italien mit einer jüdischen Kinder-
gruppe, 1935 nach Palästina; als Meteorologe tätig (ab 1948 Direktor des Israel Meteorological Service);
nach der Pensionierung Volontärtätigkeit im sozialen Bereich.
Aufnahme: Kristine Hecker, Ramat Gan 1990.
Hochlautung; betont artikulierend. Ruhiges, überlegtes Formulieren; im allgemeinen sehr normorientierte Sprechweise, doch große Variationsbreite in der Darstellungsart: komplexe Satzkonstruktionen
bevorzugt in sachlich-argumentativen Partien, dagegen relativ viele Merkmale spontaner Sprechsprache
in erzählenden und dialogischen Abschnitten (z.B. Nachträge, Parenthesen, Anakoluthe; Satzanschlüsse
mit *und, da, dann*).
Tonqualität: gut bis mittel.
CD Nr. 41: Z. 1-42.

```
 1     MG:  [...] und dann bin ich hierhergekommen und habe * bin bald
 2          danach in den ** in den offit/ * öffentlichen dienst vom
 3          mandat gekommen! ** und dieser dienst in dem hat man eng-
 4          lisch gesprochen! * und da hab ich also englisch lernen
 5          müssen! * dann kam der krieg! * da war ich in der #RAF!
 6     K                                                      #ENGL.
 7     MG:            # da hab ich also englisch noch besser lernen
 8     K    AUSSPRACHE#
 9     KH:                             +was ist #RAF!
10     K                                         #ENGL. AUSSPRA-
11     MG:  müssen! aber lernen müssen! nicht!
12     KH:    # *                                      a:! **
13     K    CHE#
14     MG:       #RAF!            # royal air force!         nicht
15     K         #ENGL. AUSSPRACHE#
16     KH:                                              a   rote
17     MG:  die rote * rote * peoples army! wie nennen sie die!
18     KH:  armee fraktion da hab ich ne/ nein! LACHT
19     MG:                  nein!        nein! das ist=s nich!
20          da war ich bis jetzt noch nicht! * HOLT LUFT un:d ä: * dann
21          lernte ich nebenbei etwas hebräisch! wenich! denn das war
```

22	damals nich so leicht wie heuteⳑ * ma hat niemandem gehol-
23	fen dabeiⳑ * und geld hat man nicht verdientⳑ ** und=ä dann
24	bin ich also * durch meine kinder anfänglichⳑ * die hebrä-
25	isch gelernt an der schuleⳑ und auch mich heute noch ver-
26	bessern * HOLT LUFT zu hebräisch gekommenⳑ * ich habe also
27	deutsch vergessenⳑ * englisch zwar gut gelernt aber nicht
28	mei/ ist nicht meine ** spracheⳑ ** nich wahr ich lese zwar
29	fast alles in englischⳑ * das meiste was ich lese is eng-
30	lischⳑ * englisch hebräisch und deutsch * (aber) ich bin in
31	keiner sprache etwa zu hauseⳑ * und das nenn=ich illiteratⳑ
32	das=s eines der wesentlichen schicksaleⳑ * HOLT LUFT dieser
33	emigrationenⳑ * von denen sich wahrscheinlich ein kleiner
34	teilⳑ * ein sehr wesentlicher aber kleiner teil * perfekt
35	in hebräisch ausdrücktⳑ * ich bin ziemlich gutⳑ * ich habe
36	es lange zeit und viele jahre machen müssenⳑ * aber je
37	älter man wirdⳑ desto leichter geht man zurück * auf ein
38	wort das ich früher nicht kannteⳑ das man hier so nennt das
39	nennt man mameloschenⳑ ** is die frag/ die sprache der mut-
40	terⳑ nich der mamaⳑ * HOLT LUFT und=ä das is so das schick-
41	KH: <u>nei:n</u>ⳑ aber die ma/ sie
42	MG: salⳑ *#aller leuteⳑ nichtⳑ# ** <u>daß das</u>
43	K #LEISER #
44	KH: doch auch sie sind doch im deutschen noch gut zu hauseⳑ
45	vielleicht nich so * ä: ich mein ich vermute wenn sie al-
46	leine sind werden sie deutsch denken oder iwritⳑ in welcher
47	spracheⳑ **
48	MG: es gibt sehr verschiedene sachenⳑ da gibt es
49	KH: ja: *
50	MG: eines der interessantesten dingeⳑ * für michⳑ hmⳑ in
51	genf * zu einer der großen kongresseⳑ * der metrologischen
52	weltorganisationⳑ * ich weiß sogar noch das jahr und darum
53	is es besonders neunzehnhundertfümunfünfzich glaub ichⳑ **
54	oder neununfünfzich mußt ich vorgehen um irgend etwas zu
55	sagenⳑ * was ich sehr ungerne tueⳑ und ich saß also dort
56	eine * eine versammlung von dreihundert vierhundert * leu-
57	ten aus allen ländern nicht wahr * und ich man geht nich
58	sehr gerne vor zum podium um irgendein * sache zu sagen *
59	die man vorher * nicht hat erledigen können im kommitteeⳑ
60	*3* und da war ich sehr erregtⳑ und habe also angefangen
61	plötzlich zu sprechenⳑ * wie man das so tutⳑ * bis dann die
62	zeichen hinter den glasfensternⳑ * von den simultanen über-
63	setzungenⳑ * sag was machst duⳑ * ich habe gemerkt ich habe
64	hebräisch gesprochenⳑ * nichⳑ * es hat natürlich niemand
65	verstandenⳑ * aber * dann hab ich ge/ hab ich ä also an-
66	gefangen zu lachen sehr heftig * und das hat mich erlöst
67	und auch wahrschein die leute dortⳑ [...]

"In dem Augenblick, wo er Deutsch sprach, hat seine Kultur geglänzt"

Josef Amit, s. S. 51.

```
 1    JA:  [...] es gab in kirjat anavim * den doktor warburg der ein
 2         kleiner * arzt war ein * ein dorfdoktorⅠ * RÄUSPERT SICH *
 3         von einer ** m: berühmten familie stammendⅠ die f/ finan-
 4         zier warⅠ * aber er hat dazu: wahrscheinlich ä: sich nicht
 5         geeignetⅠ * und ä * verließ seine familie und * versuchte
 6         sein leben allein * als * hm so * kleiner dorfarzt * RÄUS-
 7         PERT SICH * sein leben aufzubaunⅠ aber er hatte eigentlich
 8         nie ** sich wieder eingelebt in * die andere * kultur die
 9         sich eben (ausdrückt in) in spracheⅠ * das war einer aber
10         wir haben ihn natürlich sehr sehr geschätztⅠ * und der
11         andere war ein=ä:m * zahnarzt doktor ** rosen/ #wie heißt
12    K                                               #SEHR LEISE
13    JA:  der# rosenfeldⅠ ** ebensoⅠ der ä * als: gebildeter mann *
14    K         #
15    JA:  damals nach #palestine        # kamⅠ und * ä:m * mit mühe ä
16    K              #ENGL. AUSSPRACHE#
17    JA:  die iw/ ä die hebräische sprache lernte aber immer * wenn
18         er sprach sprach er so * wie ein: ä junger burschⅠ oder *
19         bißchen kindischⅠ * und im augenblick wo er deutsch sprach
20         hat seine * ä: die kultur hat geglänztⅠ RÄUSPERT SICH * wir
21         hatten mit beiden * einmal in der wocheⅠ * so: nicht offi-
22         ziell ich (kann) nicht sagen illegal aber es war nicht
23         offiziell da hatten wir so eine privateⅠ * einen privaten
24         abend in unserem: lehrzimmerⅠ * zwanzich von uns und da *
25         haben * die uns: * ein bild * lebendich gemacht * über
26         goetheⅠ * und wir waren wirklich begeistert davonⅠ * vieles
27         war ganz neu RÄUSPERT SICH * ä: * war nu/ für war diese: *
28         unterrichtsstunde einmal in der woche wirklich ein kultur-
29         genußⅠ * RÄUSPERT SICH * der höhepunkt davon warⅠ daß sie
30         beide * bei uns=ä: * also mit verteilten rollen den faust
31         gaben * ä:m * ä: der zahnarzt als faustⅠ und der arzt war
32         mephistophelesⅠ * ä: sie haben sich selbst übertroffen *
33         u:nd sie haben * wirklich etwas: nicht nur für unsⅠ sondern
34         für sich selbst getan * da sie * ä: * zurück in: in die
35         welt ihrer kultur * wenigstens * für den abendⅠ [...]
```

1.7 Subjektive Bewertungen der beherrschten Sprachen

1.7.1 Ansichten über das "neue Deutsch" und Einschätzung der eigenen Sprachkompetenz im Deutschen

"Das neue Deutsch, das ist mir fremd"

Paul Heinz Laboschin, s. S. 73.

```
 1    PL:  [...] schlimm is=es bei mir↑ * mit der * mit dem hebräisch
 2         lesen↑ * das fällt mir sehr schwer↑ * ich bemühe mich↑ *
 3         kann auch * überschriften * oder eventuell leichte artikel
 4         mal lesen↑ * wenn=es gedruckt ist↑ schreibschrift is
 5         furchtbar schwer für mich↑ * aber es nimmt mir viel zu
 6         viel zeit * so daß * meine zeitungslektüre in englisch is↑
 7         * bücher les ich * auch hauptsächlich in englisch↑ * aber
 8         auch deutsche bücher↑ * ich lehne es nicht ab↑ deutsche
 9         bücher zu lesen↑ * wehre mich manchmal gegen dieses * das
10         neue deutsch↓ * das ist mir fremd↑ * un:d ich habe nicht
11         den vollen genuß * eines buches↑ das in deutsch geschrie-
12    NC:         +können sie mir mal=n beispiel geben↑ von so nem
13    PL:  ben is↑
14    NC:  buch↑                                        ja↓ aha↑
15    PL:       ä: zum beispiel ä * günter grass kann ich nicht le-
16    NC:       gut↓ hmhm↑                        hmhm↓
17    PL:  sen↓ ja↓    ä   lenz↑ * konnte ich lesen↑ ich habe jetzt
18         ein buch↑ das in deutscher sprache übersetzt worden is
19         aus=m dänischen gelesen↑ * das ist ausgezeichnet↑ * ich
20    NC:       hmhm↑         hmhm↑
21    PL:  habe es gern gelesen↑         u:nd=ä: * wie gesacht=ä die=es
22         * die modernen schriftsteller die deutschen * fallen mir
23         schwer zu lesen↓
```

"Da stehen Sätze, da sind nur zwei Worte darin – das gab's doch früher nicht"

Herr Z (auf Wunsch anonym), * 1907 in Stettin
Banklehre, Färberlehre, Färbermeister im elterlichen Betrieb; 1933 Emigration nach Palästina; Reinigung und Färberei (leitend).
Aufnahme: Kristine Hecker 1990.
Hochlautung, prononcierte Artikulation, gelegentliche für norddt. Umgangssprache typische Assimilationen. Sprache klingt sehr gepflegt, korrekt; im ersten Teil entspricht dem ein weitgehend schriftsprachli-

cher, auch hypotaktischer Satzbau, im zweiten Teil bei persönlichen Erzählungen oft unvollständige
Sätze. Einige grammatische Interferenzen aus dem Hebräischen, manchmal Suche nach dem deutschen
Ausdruck.
Tonqualität: mittel; Rauschen.

```
 1   EW:  [...] da is mir b/ * also besonders aufgefallen daß es *
 2        worte gibt die früher eine ganz andere bedeutung hatten! *
 3        es warn=ä * besonders drei worte! * aber ich hab zwei ver-
 4   KH:            LACHT LEICHT                            ja! * ach
 5   EW:  gessen!                aber eins davon is: ehrlich!
 6   KH:  das hat eine andere bedeutung heute!
 7   EW:                                  ja! sicher! n: ä heute
 8   KH:                           das is:    regional! *
 9   EW:  sacht man ehrlich * für wirklich! * früher hat
10   KH:  das sagt man nich überall! das is glaub ich süddeutsch **
11   EW:                         nein!
12   KH:  so   ehrlich! *     ja!        das is: ä: regional glaub
13   EW:  ja:!              ja!      +ehrlich!
14   KH:  ich!
15   EW:        aber das hat=es: früher nich gegeben! * ehrlich war
16   KH:                                       ja * ja
17   EW:  was anderes! ehrlich is ein ehrlicher mensch!          und
18        es gab noch zwei worte! ich hab aber jetzt vergessen wel-
19        che das waren! aber ich meine * zum beispiel was mir ä *
20        besonders aufgefallen is! * die interpunktion! * in den *
21        in den:=ä:m * ä:m * in der reklame! * ich wollte sogar für
22        sie was raussuchen! * eine reklame*schrift aus m jahre
23   KH:                    ah!
24   EW:  neunzehnhundert! *      die ich * ich samm/ ä ich hab doch
25        früher briefmarkn gesammelt * und ä die hab ich weiß nich
26        wo ich sie habe! sie muß irgendwo sein! * und ä ** der un-
27        terschied is so unglaublich gegen heute ** und wenn ich
28        heute d/ manchmal seh ich * da stehen sätze da sind nur
29        zwei worte darin! * könn zwei hauptworte sein! punkt! das
30   KH:                      ja:!
31   EW:  gab=s doch früher nich! früher mußte ein h/ satz mußte ha-
32   KH:                            und prädikat
33   EW:  ben * ä wie war das! subjekt! *        p/ prädikat
34   KH:             ja!
35   EW:  und objekt! nich! * und und und * heute die reklame! w/ es
36        is so: a abgehackte sätze finde ich! (zum) großen teil!
```

"Überhaupt hab' ich empfunden, daß sie sehr im Dialekt sprechen"

Anna Robert (geb. Marcus), * 1909 in Wien
Schneiderakademie, Schneiderin; 1934 Emigration nach Palästina; Schneiderin; Hobby: Gedichte schreiben.
Aufnahme: Kristine Hecker, Ramat Gan 1990.
Hochösterreichische Grundfärbung. Ausdrucksvolle, variationsreiche Artikulation, lebendiges, sehr abwechslungsreiches Formulieren in dialogischen, erzählenden und argumentativen Passagen. An sich kürzere Sätze, doch durch viele Einschübe oft auch umfangreiche Konstruktionen.
Tonqualität: schlecht.

```
 1   AR:  [...] ich versteh manches gar nicht! ich versteh auch das
 2        deutsche nicht mehr! ich versteh auch das wienerische
 3        nicht mehr so * also wie wir in wien waren da diese *
 4   KH:                                                    ja!
 5   AR:  sechs tage hat man uns einmal * in die volksoper! *   ge-
 6        führt! und zwar * hätten wir sehn sollen die fledermaus
 7        und dann is es gewordn wiener blut! (is) das is nicht wich-
 8        tig! * da kommt im letzten akt! * und das is so iblich daß
 9        in diesn strauß-operetten im letzten akt ein * ein ir-
10        gend=a komiker noch (vorkommt)* ich bin doch in wien gebo-
11        ren und ich hab auch wienerisch gesprochen! * auch in der
12        werkstatt und so * da hat ein schauspieler wienerisch ge-
13   KH:                                                  und das
14   AR:  sprochen ich hab #nicht ein wort verstandn!# *3* überhaupt
15   K                   #LANGSAMER UND BETONT      #
16   KH:  publikum hat ihn verstanden! also (???)
17   AR:                          (ja eben) die wiener! *
18        ä sicher! überhaupt hab ich em/ ä * empfundn! * daß sie
19        sehr im dialekt sprechen! * daß die un/ m * wenn man in
20        ein geschäft kommt wenn man es is wenig hochdeutsch ge-
21        sprochen wordn * ich hatte eine s/ * das muß ich ihnen
22        #auch erzähln# ** vor das sind jetzt elf jahre! * da war
23   K    #LACHEND      #
24   AR:  ich in * der steiermark! * das is in österreich! * mit mei-
25        nen beiden freundinnen! * mit der engländerin mit der is-
26        raelin die eine is gestorbn! * und dann war ich noch vier-
27        zehn tage allein dann bin ich auf eigene faust * in eine
28        pension gezogn! nur in eine frühstückspension! * und * ich
29        hatte * immer vor wenn ich wo ge/ hingekommen bin! * ich
30        hab sofort gesagt! * ich bin aus israel! * um vor * um un-
31   KH:                                                  ja!
32   AR:  angenehmen überraschungen * ä * vorzubeugen! verstehen sie!
33   KH:  ja! *
34   AR:       ich will nicht mit jemandn eine stunde sp/ ich bin
35        keine fanatikerin! * und keine chauvinistin! * aber ich
36        will nicht mit ein * eine stunde vielleicht mit jemandem
37        gesprochen ham! * und nachher stellt sich dann heraus *
```

```
38   KH:                                                       ja↓ *
39   AR:  der hat etwas gegen mich↓ verstehn sie↑      hat diese
40        frau gesagt↑ *3* eigentlich hätt ich ma des gleich denken
41   KH:                                              LACHT KURZ *
42   AR:  können↓ * sie redn ja a burgtheaterdeutsch↓
43   KH:    komisch↓     ja↓    ja↓                   LACHT ja↓
44   AR:  verstehn sie die komik↑      ich komm (dorthin)
45        sag=ich wieso kommen sie sagt sie * aber dann hat sie auch
46        gesagt warum ham sie mir das gesagt↑ aus israel wir habn
47        schon immer gäste aus israel↓ * und sie ham * sprechen so
48        wie ein gast von uns der immer kommt↑ * aber so ein * ein
49   KH:                         ja↓
50   AR:  burgtheaterdeutsch↓      (nachher) bin dann dort eingezogen↓
51        [FORTSETZUNG MIT EINER FRÜHEREN STELLE DES GESPRÄCHS]
52   AR:  [...] und ich hab auch erzählt selbstverständlich * daß
53        ich mit der deutschen sprache so verbunden bin * daß man
54        zuhause bei mir * #kolossalen# wert darauf gelegt hat *
55   K                        #BETONT   #
56   AR:  daß ich ein gutes deutsch spreche↓ * und wenn sie wüßten
57        nachdem ich jetzt sechsundfünfzig jahre im land bin also
58        ich bin doch * israelin * am paß bin ich (im paß bin ich
59        die l/) * aber ich bin europäerin gebliebn↓ ** wie es mich
60        quält↑ * wenn ich schlechtes deutsch höre↓ * davon #machen
61   K                                                      #BETONT
62   AR:  sie sich keinen begriff↓# * wenn leute sagen * sie tut nä-
63   K                           #
64   KH:                       LACHT LEICHT
65   AR:  hen↓ * zum beispiel↓            das #tut mir so weh# *
66   K                                       #BETONT       #
67   AR:  davon machen sich sich keinen begriff [...]
```

Ich fand das Deutsch wohl verändert, bin aber "vollkommen zu Hause drin"

Nira Cohn, s. S. 27.
CD Nr. 32: Z. 6-31.

```
1    AB:  [...] wie waren denn ihre sprachlichen eindrücke als sie
2         die ersten male nach deutschland kamen↓ hatten sie das
3         gefühl daß diese sprache anders is↑ als das deutsch was
4         sie: * sich * was sie in erinnerung hatten und
5         [UNTERBRECHUNG DURCH TELEFONKLINGELN]
6    NC:  also * es: * ich fand das=ä: * außer so=n idiom↓ zum bei-
7         sch/ * hal/ fand ich das deutsch ** ä: * wohl verändert
8         aber vollkommen: * zu hause drin↓ * und immer wieder hab
9         ich * das hat mir spaß gemacht * leute * mit leuten zu
10        sprechen↓ nicht↓ beim friseur↓ und auf der banke↓ * es woll-
```

```
11        te mir #kein mensch# glauben daß ich fünfzich jahr nich
12   K         #BETONT   #
13   NC: hier w/⌐ alle haben gemerkt daß ich aus hannover stamme⌐
14       also die hannoveraner⌐ * wenn ich am maschpark saß * dann
15       f/ stand ä: und so: * und mich unterhielt⌐ war ich die
16       einige ex-hannoveranerin⌐ * die waren aus der DDR wo immer
17       her⌐ * ich war die einzige die f/ den maschpark kannte wie
18       er noch vorher war⌐ * und es wollte mir kein mensch glau-
19       ben daß ich: vierzich jahre nich in das hat man mir nich
20       geglaubt⌐ * also: * das war überhaupt kein problem⌐ außer
21       zum beispiel witzsachen wie⌐ * mal vielleicht n anderes
22       wort⌐ und daß se andauernd toll sagen * oder daß ich *
23       hier=n freund hat mich angerufen und sagt ä: * du weißt⌐
24       mein fernseher is kaputt⌐ sag ich * da is der wurm drin⌐
25       sag ich wieso is er denn aus holz⌐ * also das=is mir pas-
26       siert⌐ nur (vielleicht) mal so: irgend n idiom⌐ * da ham
27       wir uns (immer) lustich drüber also das is ganz⌐ * auch
28       sehr überraschend gewesen⌐ ** ä * m * ich hab gedacht daß
29       ich eventuell ä: n bißchen englischen einschlach habe oder
30       die aussprache⌐ also es hat mir keiner (glaubn) und da hab
31       ich * ä mir en schsch/ sport gemacht⌐ * sagen ma beim
32       fri/=ä: * wie so bei n fremden leuten⌐ die anderen ham=s:
33       ja gewußt⌐ * mit denen ich zusammenkam⌐ was höchstens beim
34       friseur war⌐ oder so: * fremde auf der banke⌐ ** a: das kam
35       auch nur ä d/ auch nich absichtlich⌐ ich hab das nie provo-
36       ziert⌐ aber * es is mer * war mir zum beispiel immer kalt⌐
37       ich war immer ganz komisch angezogen⌐ also nich wie die
38       hannoveraner * al/ * kaum en sonnenschein sind die doch
39       schon so⌐ * und ich hatte immer noch n pullover und noch
40       ne bluse⌐ * und da sag ich: dann oder wenn ich was kaufen
41       mußte⌐ mußt ich immer f:/ sagen aus=m  anderen klima⌐ * da
42       sagen se wo sind sie wo wohnen sie denn⌐ oder wo leben sie
43       denn⌐ * da sag ich wissen se was * dreimal dürfen se raten⌐
44   AB:                          mallorca⌐ * gesacht⌐
45   NC: weil es hat mir spaß gemacht⌐ * und ä              die
46       leute haben gesacht⌐ * ja⌐ * vielleicht aus spanien⌐ * nein
47       sag ich nein weiter⌐ also * es is #kein mensch# drauf ge-
48   K                               #BETONT   #
49   NC: kommen⌐ * daß ich * so weit weg wohne⌐ * und so vie/ lange
50       und so viele jahre⌐ * und ä dann beim dreimal raten⌐ also
51       dann waren se dann schon so gespannt und ich hab extra
52       so=n sport da draus gemacht * also * gut wenn sie sehr
53       nett sind dann so hab ich es dann gesagt⌐ * und dann ham
54       se also das s können wir nich glauben⌐ und dann waren die
55       leute entweder schon in israel gewesen⌐ oder die so ganz
56       jungen wollten dann doch gerne mal kommen damals⌐ * also
57       das: * war überhaupt * ganz * glatt⌐ * war auch eigentlich
58       überraschend ä ich war nich so sehr überrascht⌐ * denn ich
```

```
59        hatt=es * die XY hatte mir zwar am anfang einreden wollen
60        ach wir können ä: daß wir können * kein deutsch mehr kön-
61        nen! [...]
```

Als Ausländer erkannt, aber "nicht wegen dem Deutsch, sondern wegen dem Hut"

Usi Biran, Rina Biran, s. S. 28 und S. 75.

```
 1   MD:  aber jetzt ä: * hast du grade * wir haben da/ davon ge-
 2        sprochen! daß das deutsch! * das * du sprichst! * etwas
 3        anders ist als das deutsch das: * ihr * in deutschland
 4        aufgefunden habt!
 5   UB:                   nein! * ä n/ das=s nicht so! * e::=ä: *
 6        wie will mich * das n/ hab ich nicht gemei/ gem/ gemeint!
 7        * im moment sprechen wir deutsch n bißchen gezwungen! *
 8        wenn wir in deutschland waren! oder auch jetzt vor jetzt
 9        in berlin! ** wenn man * (am) tage is je/ a: da sprachen
10        wir * wöhn/ gewöhnlich deutsch! * auch miteinander! auch um
11        auf der straße nich aufzufallen! und nicht irgendwelche *
12        nicht irgendwelche bemerkungen zu hören! RÄUSPERT SICH *
13        ä:: und wir sp/ wir trafen auch und wir sprachen auch
14        mit=n leuten * unterwegs! * das deutsch das ich im moment
15        spreche * ist gezwungener! * wie ein de/ wie ein deutsch!
16        das ich spreche! * wenn ich in den deutschen * umgebung
17        bin!48 ** e::=ä:            es ist (mir)           geläufi-
18   RB:                  is mehr geläufich in deutschland!
19        ger! * und es is:t=ä:: ** und man sucht nicht so nach wor-
20   MD:       ja! aber
21   UB:  tn! *          aber ä: ä: das deutsch wie es in deutsch-
22        land gesprochen wird! also gel/ ä ä:: * m/ is:t=ä: mehr
23        ä:: * durchsetzt mit englischen wör/ mit englischen wör-
24   MD:              in deutschland! ja!
25   UB:  tern! * die ins deutsche        die ins deutsch überga-
26        ga/ übergingen! * und da wir deu/ englisch! * auch n biß-
27        chen sprechen * is das * uns nich sehr au/ ä ä fällt uns
28   MD:                           a:: hat jemand=ä: * be-
29   UB:  fällt uns das nich so sehr auf! *
30   MD:  merkt! * daß ihr nicht=ä: * so deutsch:: einsässig!
31   RB:                                   ja:!
32   MD:  hmhm!
33   UB:      ä::=nicht! nein nicht sehr! * das interessante war daß
34        die frau (bei) der wir gewohnt ha/ wo wir gewohnt haben in
35        * in gernsbach! * in diesem ne/ bei baden-baden! * ä:: uns
```

---

48 Birans sind zudem alte Freunde der Interviewerin, mit der sie sonst nur Hebräisch sprechen (vgl. Ph 42: 9).

```
36           * als ausländer erkannt hat nich wegen dem deutschl * son-
37   MD:                      LACHT
38   UB:  dern wegen dem hut                   sie * sagte ihr seid
39   RB:  wegen dem hut      LACHT     HUSTET
40   UB:  nich aus deutschlandl * aber nich wegen dem deutschenl denn
41        das hat sie * daran hat sie nichts gemerktl
42   RB:                                             +neinl sie hat
43        gleich gesagt ihr seid nich aus deutschland von wo seid
44   UB:       ja
45   RB:  ihrl      +u:nd dann ham wir sie später gefragtl wie wir
46        mehr befreundet warenl wie ham sie das gemerktl daß wir
47        nich aus deutschland sindl da hat sie gesagt nu * so einen
48   UB:                                      LACHT nich wegen der
49   RB:  hut hat man nich in deutsch#land    #  LACHT
50   K                             #LACHEND#
51   UB:  sprachel das war das interessantel *5*
52   RB:                                      dochl wir hatten
53        irgendwo ich weiß schon nich mehr wol ** hat man uns ge-
54   UB:                                  jal neinl
55   RB:  sagt ** sind sie deutschel **     ja=ja=jal also die aus-
56   UB:                         neinl nicht ä:: größten-
57   RB:  sprache und so war irgendwie *
58   UB:  teils der leute haben=s nich gemerktl
59   RB:                                  aber was anderes isl
60        * wenn ich englisch sprechel ** ä: mu/ hab ich einen sehr
61        starken deutschen akzentl * und alle sagen mir sind sie
62        aus deu/ aus wenn ich e/ in england warl haben sie mich
63        gefragt ob ich aus aus deutschland binl
```

"Mir wird häufig gesagt: Sie sprechen noch das gute Weimarer Deutsch"

Joseph Walk, s. S. 106.
CD Nr. 33: Z. 1-42.

```
1    JW:  [...] nun:=ä: * nennen sie ja ihr thema weimarer deutschl
2         * und vielleicht darf ich da auch etwas sagen und bitte
3         mich nich falsch zu verstehnl es könnte wie eigenlob klin-
4         genl * das=s ein erlebnis vor=einem halben jahrl * also *
5         nach unserem * ersten gesprächl * ich war in mülheiml *
6         eingeladen wiederum zu einem symposionl der einzige israe-
7         lil * und ä: * das thema * lautete erziehung zum friedenl *
8         unter den hiesigen umständen ein schwieriges probleml *
9         ich sprach also und den nächsten morgenl * bevor ich weg-
10        fuhr kam eine etwa * zwanzich fümunzwanzichjährige junge
11        deutsche an mich heranl * und sagte ich muß ihnen etwas
12        sagenl * (ja) bittel * ä sagt sie wissen sie * wenn ich mir
```

```
13            ** die kultur der weimarer republik vorstelle! * dann ver-
14            körpern sie diese kultur für mich! * das war nun für einen
15            deutschen juden * einerseits ä: * überraschend * ein über-
16            raschendes lob! * gab mir aber viel zu denken! und=ä: *
17    AB:                                                             hm!
18    JW:     vielleicht sind wir wirklich die einzigen erben! *       der
19            weimarer kultur! * und * wenn ich hier noch=ä: einschalten
20            kann denn das würde * dieses gespräch eigentlich=ä: *
21            versch/ bestärken! ** ä: jüdische schulleiter! * der drei-
22            ßiger jahre! * erzählen in ihren erinnerungen! * daß wohl-
23            wollende: * ä: * inspektoren! die ja die jüdischen schulen
24            noch besuchen durften und mußten! * zu ihnen kamen! * und
25            dann * nachdem sie die klassen besucht hatten! * sich mit
26            * der leiterin zurückziehen oder mit dem schulleiter! *
27            und sagen jetzt wo wir unter uns sind * kann ich ihnen
28            sagen * wenn man heute noch * das humanistische deutsche
29            kulturerbe! * irgendwo! * erleben will! muß man leider in
30    AB:                                          das war in den dreißiger jah-
31    JW:     eine jüdische schule gehen!
32    AB:    ren!                                    ja! hmhm!    * ja!
33    JW:    das war in den na/ in den hitlerjahren! ja!        und das
34            gehört vielleicht auch in unser thema hinein * weil ich
35            glaube daß wir dieses * kulturelle erbe! * und eine spra-
36            che ist ja * der spiegel der kultur! * daß dieses kultu-
37            relle erbe * wir * hierher übernommn haben! * mitgenommn
38            haben! * und unverändert beibehalten * haben! * vielleicht
39            in parenthese auch kein zufall * daß die deutschen juden
40            zum beispiel in ihrer politischen einstellung! * weitge-
41            hend beeinflußt sind! * und bleiben! * durch das humanisti-
42            sche erbe * der * weimarer republik! * im besten sinn!
43            [...]
44            [WEITERE SPRACHBEOBACHTUNGEN; 14:26 Min.]
45    JW:     [...] ich glaube auch:=ä: * vielleicht hier zunächst ein-
46            mal abschließend sagen zu dürfen! * daß die einschätzung! *
47            die man meinem deutsch entgegenbringt! * ich glaube diese
48            ambivalenz! * einerseits! * anerkennung der kultur! * die-
49            ser zeit! * und dann doch wieder * kritik beziehungsweise
50            unverständnis gegenüber dem * gesprochenen deutsch wie wir
51            es sprechen! * in folgender: * ä: formulierung zum aus-
52            druck kommt! * mir wird häufich gesagt nach vorträgen ja
53            sie sprechen noch das gute weimarer deutsch! * und dann
54            frag ich mich immer * das=is halb anerkennend * und halb
55            spöttisch gemeint! es=is beides zusammen! * es=is sicher
56            gut gemeint! * aber: * es enthält zugleich * würde ich
57            sagen * die einschränkung! * daß dieses deutsch eben ei-
58            gentlich * nicht mehr existiert! * und ich möchte schlie-
59            ßen: und das sag ich jetzt wieder positiv! ich bin nicht
60            ä: * habe keine minderwertichkeitsgefühle! * daß in einem
```

```
61          buch‌‌ * das ein danziger jude geschrieben hat‌ der noch
62          älter is als ich er is jetz * glaube schon ja neunzich
63          geworden‌ * ä: in der einleitung * günter grass * folgen-
64          des schreibt‌ * ä:m das deutsch: * klingt etwas veraltet‌ *
65          nein‌ das deutsch * des=ä autoren‌ * is sehr klar‌ * und
66          darum klingt es veraltet‌ * so günter grass‌
```

In der Weimarer Schulerziehung war es so, daß man die Sprache rein zu halten hatte

Efraim Orni, s. S. 21f.
CD Nr. 34: Z. 1-69.

```
1    EO:    [...] man * muß zunächst einmal sagen daß * nach * ganz
2           abgesehen‌ * von * den * sehr verächtlichen und für uns
3           verhaßten neuerungen * die die nazis * in die deutsche
4           sprache hereingingen‌ * o=er heimb/ ä hereinbrachten‌ * und
5           die bis heute nicht ganz verschwunden sind‌ * ganz abgese-
6    AB:                      +gegen welche wörter sind sie da beson-
7    EO:    hen davon‌ gleich‌                                    ä
8    AB:    ders allergisch noch‌
9    EO:                    ä:      zum beispiel * ä: * führend oder
10          zügig * oder alle möglichen solchen worte * die * damals
11          aufgebracht wurden‌ * und ä verbreitet wurden‌ * mir fällt
12          im moment nicht viel anderes ein‌ * aber * was * ä ganz *
13          unsere sprache von * dem heutigen deutsch auch der deut-
14          schen akademischen kreise‌ * unterschieden ist‌ * daß *
15          sofort nach dem krieg‌ * eine * unmenge von englischen‌ *
16          vor allem englischen‌ * ein wenich auch französischen wor-
17          ten‌ ins deutsche hereingebracht wurden‌ * die wir‌ * unse-
18          rer erziehung nach * nie * den mut hätten‌ * im deutschen
19          zu gebrauchen‌ * wenn ich heute * deutsche fachliteratur
20          in geographie lese‌ da kommt es oft vor‌ daß jüngere leute‌
21          * in einem sa/ d/ von * in einem satz die hälfte ihrer
22          worte * irgendwie englische ausdrücke sind‌ die * ich nur
23          dadurch verstehe daß ich eben auch englisch kann‌ * aber
24          die ich selbst * nie wagen würde‌ * in mein deutsch herein-
25          zubringen‌ * und so ist das wohl überhaupt * bei * der *
26          ä: in deutschland erzogenen generation‌ * auch schon im
27          weimarer‌ in der weimarer schulerziehung‌ war=es ja so‌ *
28          daß man eben * die sprache mehr oder wenjer rein zu halten
29   AB:               das wär aber jetzt wieder auf der lexikalischen
30   EO:    hatte‌ *
31   AB:    ebene‌ und weniger auf der sprachstilistischen ebene‌ fällt
32          ihnen da so im umgang * mit der sprache im alltach‌ bei
33          der jüngeren generation * sowohl in fachkreisen wie auch:
34   EO:                                                          ja
```

```
35  AB:  noch in studentenkreisenⵜ * ä fällt ihnen da auch ein gro-
36       ßer unterschied einⵜ daß sie sagen würden so * salopp so:
37       * leger würde man: #nicht gesprochen habenⵜ#
38  K                         #LEISER UND SCHNELLER  #
39  EO:       jaⵜ        ja:ⵜ so zum beispielⵜ daß man  * sehr oftⵜ *
40       jüngere leute den satz nicht beendenⵜ * oder mittendrin
41       aufhören LACHT KURZ * und annehmenⵜ * man verstehe schon
42       worum es sich handleⵜ * und es genüge dannⵜ * was man zu
43       sagen hatⵜ * nunⵜ * es ist natürlich auch * soⵜ daß wir
44       vielleicht * die negative einsch/ ä ä eigenschaft habenⵜ *
45       die sich * mit großer kunst * bei thomas mann bewiesen hat
46       * äußerst lange und verschachtelte ä ä sätze zu bauenⵜ *
47       nicht jeder #(kann) # einen schachtelsatz * so schreibenⵜ
48  K                    #LACHEND#
49  EO:  * daß er * übersichtlich bleibtⵜ auch * wenn * ä das ä: ä
50       wenn ä das:=ä verb * erst * ganz einsam am ende des wor/
51       #ä des  # * halb*ä*seitig langen ä ä wor/ ä satzes er-
52  K    #LACHEND#
53  AB:            ja schreiben können=s auch nich mehr alleⵜ aber
54  EO:  scheintⵜ
55  AB:  schreiben is noch leichter als sprechenⵜ im mündlichen
56  EO:                                                      ja
57  AB:  hält das heute in deutschland nur noch also ein ganz klei-
58       ner prozentsatz durchⵜ und es fällt auch gar nich aufⵜ *
59  EO:            ja
60  AB:  und sie * können das alle noch ganz phantastischⵜ **
61  EO:                                             m:ja
62       * d/ so hat man uns seinerzeit das eingebleutⵜ * und das *
63       aber * das deutsche hat ja nun * dadurch * daß man ä das
64       pronomenⵜ * oft vom verb abtrenntⵜ und das verb dann einsam
65       ganz ä: ä am ende hinterhergewackelt kommtⵜ * das ä da-
66       durch * wird natürlich die sprache ganz ä kann nun leicht
67       sehr schwerfällig werdenⵜ * und ich glaube das hat man
68  AB:                              hmⵜ
69  EO:  sich im heutijen deutsch einijermaßn abgewöhntⵜ
70       [WEITERE KOMMENTARE; 0:38 Min.]
71  AB:  könnten sie denn dieser legereren einstellung * bei den
72       jüngeren deutschen auch was positives abgewinnenⵜ und sa-
73       gen na ja dieser * ä: drill zur normⵜ ä:w hat ja auch * is
74       ausdruck ä von einer geisteshaltung die nich grade zu sehr
75       positive ä g/ seiten m: mit hervorgebracht hatⵜ **
76  EO:                                                   jaⵜ
77       durchausⵜ das mag ä durchaus eine * zum teil gelf/ ä ge-
78       sunde entwicklung seinⵜ * allerdings * wenn ich * zum bei-
79       spiel * junge leute * vor kurzem * sich über fußball * ä
80       unterhalten hörteⵜ * da: konnte ich überhaupt schon kaum
81       mehr irgendwas verstehen was sie eigentlich meintenⵜ *
82       denn da ka/ waren so viele fachausdrückeⵜ * und so viele *
```

83   ä slangausdrücke dabeiⵑ * und * ä ä das ging so schnellⵑ *
84   daß ich schon gar nich mehr mitkonnteⵜ

Man sagt, ich spräche noch so ein gutes Deutsch – aber auf der anderen Seite fehlen mir manchmal die deutschen Worte

Dr. **Elchanan Scheftelowitz**, s. S. 127. Mit teilnehmend: seine Ehefrau Sara-Ruth Scheftelowitz (Sigle: RS), s. S. 127.

```
 1   AB:                                              hmhmⵑ  *
 2   ES:  soⵜ * und jetzt will ich ihnen mal was sagenⵜ         HOLT
 3        LUFT jetzt merke ich bei mirⵜ ** eine merkwürdige * entdek-
 4        kungⵜ ** es fehlen mirⵜ * manchmal * deutsche worteⵑ * die
 5        ich auf hebräisch weißⵜ * und ich frage dann meine frauⵜ *
 6   AB:                                       also: auch aus der
 7   ES:  was wie wie wie heißt doch das wortⵜ *
 8   RS:       LACHT LEISE
 9   AB:  alltachsspracheⵜ        (auch aus derⵜ) na ja: * aber das
10   ES:                  altersⵑ  sch/ von der alltagsspracheⵜ
11   RS:                                                +wie
12   AB:  passiert aber doch jedemⵜ
13   ES:        ich bin hierⵑ    ich bin hier sechsunfünfzich
14   RS:  sagt man das (???)
15   AB:                          hm *
16   ES:  siebnundfünfzich jahre im landⵑ       infolgedessen * trotz
17        meines deutschⵑ * das: * perfekter ist wie jeder andereⵑ *
18        aus deutschlandⵜ * wieso sage ich dasⵑ * ich war nämlichⵑ *
19        einmal bei einem * in einer entschädigungssache von mirⵑ *
20        spra/ * war ich dann * RÄUSPERT SICH * mit einem * großen
21        senat in * willmersdor/ⵜ * berlin-willmersdorfⵜ * ä: * dort
22        ist des oberste entschädijungsamt über dem ganzen und so
23        weiterⵑ ** da sprach ich in meiner eigenen sacheⵑ * meine
24        frau war * war mitⵑ ** und dann sagt ich ihm und so weiterⵑ
25        * ich bin von berlinⵑ und so weiterⵑ * sag=ich: * wo wohnen
26        sieⵑ * schließlich kam * wir waren beim selben repit/ re-
27        petitor seinerzeit mal gelerntⵜ * die freude von uns bei-
28        denⵑ * von ihm noch mehrⵑ * der is hochgegangen vor freudeⵜ
29        * der hat mir alles genehmicht dann noch was ich wollteⵑ *
30        hoher beamterⵜ * we/ wenn wenn er etwas genehmichen soll
31        is an sich wer weiß wie schwerⵜ * aber RÄUSPERT SICH * und
32        ** dabei is=es auch gewesenⵑ daß er * RÄUSPERT SICH * ä: ä
33        was wollt ich dabei sagenⵑ * die: die ä mit der sprache isⵑ
34        jaⵜ * da sagt ich ihm dam/ * er sagte auch damalsⵑ * ich
35        spräch noch so ein * gutes deutschⵜ * das hat auch einmal
36        * viel viel später * eine gewisse frau: * professor bet-
```

```
37            tenⅼ * auch gesagt daß mein deutsch besser istⅼ * wie
38    RS:            LACHT                                          (wie
39    ES:    das      von ihrⅼ⁴⁹ * das: find ich kei/ * nehm ich nich ä
40    RS:    mein=ich)
41    ES:    * all das=ä: ist nich * ver/ das: versteh ich durchausⅼ **
42           also aber auf der andern seiteⅼ fehlen mir auch manchmal
43    AB:                                            das is aber * ne
44    ES:    wieder * die deutschen worteⅼ schonⅼ *
45    AB:    andere ebene und das passiert * jedemⅼ wenn er in einem
46    RS:                                                  je älter er
47    AB:    ansch/      +mim älterwerdenⅼ und wenn er in nem anders-
48    RS:    wirdⅼ   jaⅼ
49    AB:    sprachigen bereich immer lebtⅼ
```

Allgemein eingebürgerte hebräische Wörter im "jeckischen" Sprachgebrauch

Else Admoni, Frau Lasch, s. S. 67.

```
1     KH:    wissen sieⅼ daß sie eben gesacht haben makaraⅼ⁵⁰ LACHT KURZ
2            LACHT KURZ              +also=s is doch etwas hebräischⅼ
3     FL:    makaraⅼ jaⅼ      ja=jaⅼ              sehr oft ja::ⅼ
4     KH:    jaⅼ
5     FL:       sehr oftⅼ ä: * es gibt ja auch worte die sind so hier
6            im sprachgebrauch * im deutschen sprachgebrauchⅼ * zum
7            beispielⅼ es gibt ** wie nennen sie das in * wir haben das
8            in deu/ in hamburg genannt * ä oben haben wir einen boden
9     KH:                                            +jaⅼ *
10    FL:    auf dem hausⅼ * zwar boden ist auch dasⅼ          hier sagen
11           wir * machsanⅼ keinem mensch würde es einfallen boden zu
12    KH:         machsalⅼ
13    FL:    sagen (der richt/) ja machsanⅼ * das liegt alles auf=m
14    KH:           jaⅼ
15    FL:    machsanⅼ      und das is so: * ä unsere deutsche sprache
16    KH:         welche * ä sie      sagen sie sagen doch sicher
17    FL:    die wir hier (da sprechen)
18    KH:    auch alles be-sederⅼ⁵¹ *      en dawarⅼ⁵² und soⅼ naⅼ
19    FL:                      ja (b'seder)          en dawarⅼ
20    KH:                          und ham sie noch mehr solcheⅼ
21    FL:    jaⅼ alles be-sederⅼ **
```

---

[49] Bezieht sich auf das Erstinterview Betten – Scheftelowitz im Sommer 1990 (s. Ph 45: 71, Anm. 26); er hatte
     später einen Artikel über das Projekt aus seiner Sicht für die "Israel Nachrichten" geschrieben.
[50] Hebr.: 'was gibt's/was ist geschehen?'
[51] Hebr.: 'in Ordnung'.
[52] Hebr.: 'macht nichts'.

```
22    KH:  machsan hatt ich noch nie gehört!  *                    hatt ich
23    EA:                                         machsan!
24    KH:  noch nie gehört!
25    EA:          ich weiß gar nich wie man da sacht in deutsch!
26    FL:                                         und man sacht auch
27    KH:                          ans jam! ja!
28    EA:                                  (oder man) geht in die
29    FL:  wir gehen jetzt ans jam!⁵³              nur!
30    EA:  miklachat! keiner sagt er geht in die dusche! * das gibt=s
31         überhaupt nich!
32    FL:                      +na!
```

---

⁵³ Hebr.: 'Meer'.

1.7.2   Kommentare zur neueren Entwicklung des Hebräischen

Meines Erachtens haben die europäischen Sprachen einen gewissen Vorsprung

Abraham Eran, s. S. 93.

```
 1   AE:   [...] bei meiner * arbeit und bei meinem * großen intresse
 2         an ä: ä * verständnis und darstellung von * eigentlich
 3         technischen dingen‌ manchmal sind es wirtschaftliche dinge‌
 4         historische‌ aber * im grunde is=es eine technische angele-
 5         genheit‌ ** hab ich immer den eindruck gehabt daß ä: * die
 6         hebräische sprache * ä: * ziemlich unentwickelt is‌ man
 7         könnte mir natürlich entgegenhalten na du sprichst sie so
 8         schlecht‌ * und daran liegt das‌ aber das is nich ganz der
 9         fall meiner ansicht nach‌ * ä: * und ä aus diesem grunde
10         hat sich bei meinen * ä:m * gegenwärtichen also mindestens
11         jetzt schon über zwanzich jahre alten bemühungen * auf
12         meinem lo⁵⁴ bezahlten gebiet des zweiten berufes * heraus-
13         gebildet * daß ich eine der europäischen sprachen * ä:
14         vorziehe wegen der größeren genauichkeit in der darstel-
15         lung‌ * und auch meines erachtens in der darstellung * der
16         * ä: hypothetischen ausdrucksweisen konjunktive * vermu-
17         tungen * und=so=weiter‌ * das alles is nicht sehr einfach
18         * in hebräisch zu machen‌ man kann sich natürlich voll-
19         kommen in hebräisch ausdrücken‌ das ist keine frage‌ * aber
20         wenn es sich um darstellungen handelt * bei denen die *
21         der zugang doch=ä: * nicht ganz einfach is sondern im ge-
22         genteil eigentlich reichlich kompliziert is * dann *
23         stellt sich hier meines erachtens heraus‌ daß die europä-
24         ischen sprachen * ohne daß ich dabei sagen würde daß es nu
25         grad das deutsche is‌ * ä: * einen gewissen * vorsprung
26         haben‌ * und das hat mich natürlich auch dazu bestäticht
27         anstatt nun * mir=ä mühe zu geben eventuell sagen wir mal
28         sogar die * ä: hebräische sprache ** mit * dabei zu benut-
29         zen und zu entfalten für etwas=ä: * technisch * kompli-
30         ziertere dinge * nä: mich eben des:=ä: einer der anderen
31         sprachen zu benutz/ ä zu bedienen‌
```

---

⁵⁴ Heb.: 'nicht'.

Das Problem der Fachsprachen

Paul Feiner, s. S. 26.

```
 1   AB:                                         hm↑ *
 2   PF:  [...] die fachliteratur↑ * in israel↑⁵⁵        is:=ä:m *
 3        technisch↑ ** ä: und auch * ebn auf dem: auf dem gebiet
 4        der medizin is englisch↑ * und der einfluß das heißt sie
 5        werden finden daß hi/ hier geborene ärzte↑ * deren mutter-
 6        sprache hebräisch is↑ * die vielleicht generationen schon
 7        * ä: * ä: hier in israel * ä: gelebt haben↑ * ä englische
 8        worte benützen↑ * ä wenn es zu: fachausdrücken kommt↑ [...]
 9        [WEITERE KOMMENTARE; 1:19 Min.]
10   AB:        hm↑              #hm↑ ja:↑        #
11   K                          #LEICHT LACHEND#
12   PF:  [...] zur zeit der bibel hat man eben noch   keine kraft-
13   AB:                   ja↑
14   PF:  stationen gebaut↑ * es gibt ein komitee * ä: * das sich
15   AB:                                    hm↑
16   PF:  damit beschäftigt das heißt auf hebräisch wa'ad halaschon
17   AB:  hm↑
18   PF:  ha'iwri: * ä: da=ä der besch/ die dies: komitee beschäf-
19        tigt sich * ä: die: * richtigen übersetzungen * und *
20        richtige worte zu prägen neue worte zu prägen und zu er-
21        finden↑ * und man versucht eben für diese worte die he-
22        bräischen zu finden↑ ja↑ * aber sie wern ä: finden daß in
23        vielen fällen die leute weiter noch die * die englischen
24        worte benützen und daß das noch einige zeit dauern wird *
25   AB:                    hmhm↑
26   PF:  bis sich das durchsetzen wird↑
27        [WEITERER KOMMENTAR ABs; 0:10 Min.]
28   AB:  [...] ham sie selber in ihrem beruf da auch mit zu tun
29        gehabt↑                            hm↑
30   PF:         ä: * ich selber nicht↑      ich weiß nur daß manch-
31        mal↑ * ä kamen * alle möglichn * ä: es gab einige unter
32   AB:                                              hm↑
33   PF:  uns↑ * berufskollegen↑ deren hobby es war↑    RÄUSPERT
34        SICH in diesen fällen das hebräische wort zu finden↑ aber
35        ungefähr da war ein solcher und auf einen solchen sind
36        vielleicht fünfzig andere gekommen #wovon sprichst du
37   K                                       #LEICHT LACHEND
38   AB:  LACHT VERHALTEN
39   PF:  eigentlich↑ was meinst du mit dem wort↑# und da hat er
40   K                                          #
```

---

⁵⁵ P. Feiner spricht *Israel* stets an das Englische angenähert, mit leicht retroflexem /r/ aus.

```
41   AB:                              LACHT VERHALTEN
42   PF:  ganz stolz gesagt you should knowǃ LACHT            das is
43        das hebräische neue wort dafürǃ * bis ma das nach einem
44        halben jahr dann geändert hat und dann a anderes wort ge-
45        funden hatǃ das vielleicht a/ d/ jemand dem komiteeǃ * die
46        wie man auf=ä: auf jiddisch sagt ausgeruhte köpfe gehabt
47   AB:             LACHT VERHALTEN                     hmhmǃ
48   PF:  hamǃ LACHT dann ein besseres wort gefunden hamǃ LACHT
```

"Ich liebe die hebräische Sprache überaus, aber diese Sprache wird hier verschandelt"

Abraham Kadimah (ehem. Walter Metzer-Ruhig), * 1925 in Wien
Mittelschule; 1939 Emigration nach Palästina; Beendigung der Schule, dann Landwirtschaftsschule, Arbeit bei Bauern und Gelegenheitsarbeiten; später Beamter, Sprachlehrer, schließlich Übersetzer.
Aufnahme: Eva Eylon, Ramat Gan 1991.
Wiener Verkehrsmundart. Langsames, normorientiertes Sprechen mit oft langen Pausen, besonders in der ersten Hälfte des Interviews. Überwiegend sachlicher Berichtstil, bevorzugt parataktisch, aber auch bei hypotaktischen Konstruktionen meist korrekt.
Tonqualität: gut bis mittel.

```
1    AK:  [...] ich liebe die hebräische sprache überausǃ * abe:r
2         diese sprache wird hier verschandelt und * ä: *3* über die
3         meisten verleger=ä: neunzig prozent der ver/ ä verleger
4         läßt sich sagen daß * daß sie lieber auf auf d/ auf den
5         großteil auf neun zehntel der schönheit der hebräischen
6         sprache * verzichten als auf ein zehntel ihrer * ihrer
7         profiteǃ nichtǃ ich mein * ä:m es wurde von mir immer ge-
8         fordert den * das niveau herabzuse/ ä s/ ä -setzen ich
9         mein * ä: den ä herrn verlegern macht=s gar nichts aus
10        wenn ein buch mit mit * tausend fehlern * ä: erscheint
11        [...]
```

"Das Hebräisch wird sich weiterentwickeln – ob wir uns darüber freuen oder ob wir das beklagen"

Benjamin Kedar, s. S. 99.

```
1    BK:  [...] aber auch hier bin ich absolut=ä: hoff ich * ä de-
2         skriptiver wissenschaftler zu seinǃ das heißt ich glaube
3         nichtǃ daß man * normativ festsetzen kann * wir wollen
4         doch jetzt ein schönes klassisches * hebräisch sprechen
5         und das aufrecht erhaltenǃ * das leben wird seinen weg ge-
```

```
 6    MD:           LACHT LEISE                                        hm↑
 7    BK:  hen↑ **         meine interviewerin #kennt meine auffassung#
 8    K                                        #LEICHT LACHEND         #
 9    BK:  * und das hebräisch wird sich weiter entwickeln↑ das heißt↑
10         mit anderen worten wird sich immer mehr vom hebräisch *
11         vom * bibelhebräischen und vom talmudhebrä/ * mischnahe-
12         bräisch * entfernen↑ * und=ä: das is ganz unwichtig ob wi/
13         wir uns darüber freuen↑ * oder ob wir das beklagen↑ * das
14         is eine historische*s gesetz↑ * dem * daß wir: * (den)
15         nich ändern können↑ und nich ändern wollen↑ * so is=es↓
16         [...]
```

2
Analysen

ANNE BETTEN

"Vielleicht sind wir wirklich die einzigen Erben der Weimarer Kultur"

Einleitende Bemerkungen zur Forschungshypothese "Bildungsbürgerdeutsch in Israel" und zu den Beiträgen dieses Bandes

Das Titelzitat entstammt dem Transkriptteil, der diesen Band eröffnet. Der Pädagogikprofessor und langjährige Direktor des Leo Baeck Instituts in Jerusalem, Joseph Walk, erläutert damit das Verhältnis seiner aus deutschsprachigen Ländern eingewanderten Generation zur deutschen Sprache und Kultur.[1] Mit dem Satz, der dort als Überschrift gewählt ist, "Mir wird häufig gesagt: Sie sprechen noch das gute Weimarer Deutsch", trifft er den Kern der linguistischen Forschungshypothese, die Ausgangspunkt unseres Interviewprojekts war. In der Einleitung zum ersten Band[2] habe ich diesen Sprachstil "als repräsentativ für das gebildete Bürgertum der Jahre vor dem Nationalsozialismus" bzw. als "Konservierung eines Bildungsbürgerdeutsch" charakterisiert (Ph 42: 6), das ich im Buchtitel nur "Deutsch der 20er Jahre" (und nicht auch der 30er Jahre) genannt habe, damit deutlich ist, daß Sprachentwicklungen unter dem Einfluß des Nationalsozialismus hier kein Thema sind.[3]

Die Bezeichnung "Weimarer Deutsch" wurde von den Interviewten selbst benützt, und ich habe sie gern aufgegriffen,[4] da sie sich auf die Zeit der Weimarer Republik bezieht, aber auch Assoziationen an das Deutsch der Weimarer Klassik zuläßt, die das Kultur- und Sprachverständnis der Emigranten bis heute prägt: Goethe und Schiller neben Heine und Thomas Mann waren im Gepäck fast aller Auswanderer, die etwas mitnehmen konnten, und stehen heute noch in den Bücherschränken der Jeckes[5] (oder werden derzeit in großer Zahl von ihren nicht mehr deutsch lesenden Nachkommen dem Trödler angeboten).

Walk führt in diesem Gesprächsausschnitt mehrere wichtige Faktoren für dieses spezielle Verhältnis der alten Emigranten zu Sprache und Kultur an: Sein Vortrag in Mülheim (Ende 1990) hat einer jungen Deutschen sowohl von seinem humanistischen Inhalt wie auch von der

---

[1] Vgl. im Transkriptteil dieses Bandes (im folgenden zitiert als Ph 45) S.143ff. – Da es mir in dieser Einleitung nur um die Inhalte der zitierten Transkripte und noch nicht um eine linguistische Analyse ihrer sprachlichen Form geht, setze ich hier die Transkripte in Normalorthographie mit Interpunktion um.

[2] Betten (1995a), im folgenden zitiert als Ph 42.

[3] Wie aufmerksam und negativ die Sprachveränderungen der Nazi-Jahre besonders im Bereich des deutschen Wortschatzes heute noch registriert werden, belegt u.a. der Transkripttext von Orni, Ph 45: 145, Z.1-12.

[4] Daher wohl Walks Anmerkung, mein Thema sei das "Weimarer Deutsch" (Ph 45: 143, Z.1); ich hatte diesen Ausdruck jedoch von ihm selbst bei unserem 1 Jahr früheren ersten Gespräch übernommen.

[5] Vgl. stellvertretend für viele die Transkripte in Ph 45 von A. u. E. Laronne (113f.), Hildesheimer (114ff.), Orni (117ff.); s. dazu auch das Transkript von Schwarz-Gardos in Betten (1994: 5f.) im Vergleich zu derselben Erzählung in ihrer 1991 publizierten Autobiographie.

sprachlichen Form her die Kultur der Weimarer Republik vergegenwärtigt – ja, der Redner "verkörpert" in seinem gesamten Eindruck diese Kultur für sie (Z.12-14).[6] Diese bewundernde Äußerung veranlaßt ihn zu der in meinem Titel zitierten Aussage, und er kommentiert sie mit wichtigen weiteren Überlegungen: Jüdische Schulen wurden von sachkundigen Beobachtern (zitiert werden "wohlwollende" Schulinspektoren) schon während der 30er Jahre in Nazi-Deutschland als (einzige) Bewahrer des humanistischen deutschen Kulturerbes bezeichnet (Z.28ff.), und die aus Deutschland kommenden Israelis sehen sich in ihren gesellschaftspolitischen und kulturellen Einstellungen auch heute noch von diesem Erbe beeinflußt (Z.34ff.).[7] Die Sprache selbst wird als ganz wesentliches Ausdrucksmittel, ja als "Spiegel" dieser Kultur begriffen (Z.36f.), und Walk folgert, daß die deutschen Juden mit dem kulturellen Erbe auch die Sprache "hierher übernommen haben, mitgenommen haben und unverändert beibehalten haben" (Z.37f.). Er glaubt allerdings, daß die "Einschätzung, die man meinem Deutsch entgegenbringt" (Z.46-48), ambivalent ist: einerseits sei es wohl Anerkennung einer kultivierten Sprache als Ausdruck der Kultur einer vergangenen Epoche, andererseits glaubt er oft auch etwas Spott durchzuhören, da diese Sprache "veraltet" (Z.64) erscheint bzw. "eigentlich nicht mehr existiert" (Z.57f.). Ausgespart sind in diesem Interviewausschnitt die konkreten Beispiele, die Walk zu Wortschatz und Syntax im weiteren Gespräch gibt;[8] im Transkriptteil werden jedoch einige Beispiele von anderen Interviewpartner/inne/n angeführt (Ph 45: 137ff.).

In Israel wie in Deutschland taucht oft die Frage auf, ob das dortige Deutsch nicht "versteinert", "eingefroren", "verrostet",[9] "reduziert", "verarmt" sei. Die letzten Annahmen betreffen vor allem den Wortschatz, der natürlich die neueren Entwicklungen in den deutschsprachigen Ländern nicht mitgemacht hat. Den deutschsprachigen Israelis fällt dies bei ihren Begegnungen mit dem "neuen Deutsch" auf – umgekehrt ist bei diesen eloquenten, kultivierten Sprecher/inne/n jedoch nicht so leicht ein Manko zu entdecken, zumal sie darin geschult waren, Fremdwörter zu meiden und alles auf deutsch auszudrücken.[10] Das Suchen nach einem Wort,

---

[6]   Am Ende seines Buches "über Juden als Deutsche" (so Assmann in der Einleitung, S.12) resümiert Mosse (1992: 125) den von Walk hier angedeuteten kulturgeschichtlichen Hintergrund fast mit denselben Worten: "Der deutsch-jüdische Dialog fand unbestreitbar statt, und in ihm verkörperten die Juden [...] eine Tradition des deutschen Humanismus, die einst Deutschen und Juden Raum für Freundschaft und gegenseitiges Verstehen gewährt hatte. Die Literaten und Linksintellektuellen hielten die Flamme aus dem Exil heraus lebendig [...]." Vgl. ferner über die Bedeutung der Weimarer Republik für die deutschen Juden und über die "hervorragende Rolle", die sie in der Weimarer Kultur spielten, ebd.: 45ff.

[7]   Vgl. auch den Transkripttext von Walk, Ph 42: 409ff., sowie andere Interviewausschnitte in Ph 42: 377ff., v.a. A.H. Gerling, Ph 42: 388ff.

[8]   Zur Syntax vgl. das Beispiel (1) meines Beitrags in diesem Bd., S.219f.: die dort zitierte Stelle geht dem hier besprochenen Transkripttext unmittelbar voran. Vor jenen Anmerkungen zur Syntax wiederum berichtet Walk, daß er 1967 bei seinem ersten Besuch in Deutschland seit seiner Auswanderung Verben wie *anschreiben* und *überfragen* zunächst als fehlerhaftes Deutsch anprangerte. – Kritik speziell an neuen präfigierten Verbbildungen wurde auch von vielen anderen Interviewpartnern geübt.

[9]   Vgl. dazu Amit, Ph 45: 102, Z.4.

[10] Vgl. Orni, Ph 45: 145, Z.12ff. – Zur Erziehung zur Vermeidung von Fremdwörtern vgl. Linke (1996: 235).

das von manchen selbstkritisch beklagt wird,[11] ist bei den meisten nicht viel häufiger zu bemerken als bei Sprechern, die im deutschen Sprachgebiet leben – besonders, wenn man das Alter der Sprecher/innen berücksichtigt. Im wesentlichen aber gilt, was Walk an anderer Stelle anmerkt, daß das freie Sprechen "natürlich im Deutschen nie verloren gegangen" ist.[12] Alle Interviews belegen dies aufs eindrucksvollste, und die Hörproben auf unseren den beiden Phonai-Bänden beigegebenen CDs, die, verteilt auf möglichst viele verschiedene Sprecher, nur nach thematischen Gesichtspunkten zusammengestellt sind und keineswegs eine gezielte Auswahl der "besten" Sprecher/innen präsentieren, dokumentieren dies auch akustisch. Für das Schriftliche allerdings sind wohl eher Einschränkungen zu machen. Auch aus der (notwendigerweise sehr selektiven) Auswahl der Interviewpassagen zur Sprache im Transkriptteil dieses Bandes wird deutlich, daß die meisten nicht mehr viel auf deutsch gelesen und geschrieben haben, so daß die Entwicklung einer differenzierten Schriftsprache verständlicherweise hinter ihrer mündlichen Ausdrucksfähigkeit zurückblieb.[13] Allerdings dürfte dies auch für die meisten Sprecher in Deutschland bzw. überall auf der Welt zutreffen – und das nicht erst im Zeitalter der Telekommunikation. Es erscheint nur angesichts der besonders elaborierten *Sprech*kompetenz der Emigranten zunächst als etwas Bemerkenswertes. Beruf und andere Lebensumstände begünstigten stattdessen besonders bei den in jungen Jahren ins Land Gekommenen, ihre Schriftsprache im Hebräischen und/oder im Englischen weiter auszubauen.[14] Mit diesen sprachlichen Kompetenzverteilungen und -verschiebungen sowie mit ihren Hintergründen beschäftigt sich einer der Beiträge von M. Du-nour in diesem Band (S.182ff.) genauer.

An dieser Stelle sei stattdessen nochmals der Ausgangstext von Walk herangezogen, der das eventuell "Veraltete" des Emigrantendeutsch unter Bezug auf eine sprachliche Autorität der Gegenwart als Positivum umwertet. Günter Grass nämlich habe das Schriftdeutsch eines Danziger Emigranten dieser Generation charakterisiert als "sehr klar und darum [...] veraltet" (Z.65f.).[15]

Die hier zitierten Reflexionen von Walk wie auch von anderen Interviewpartner/inne/n zum sprachlichen Selbstverständnis ihrer Generation scheinen geeignet, unsere allgemeine For-

---

[11] Vgl. z.B. E. Scheftelowitz, Ph 45: 148, Z.42ff.

[12] S. Ph 45: 122, Z.26ff. – Vgl. auch Cohn (Ph 45: 140ff.) oder Cederbaum (Ph 45: 102f.).

[13] Vgl. etwa die Bemerkung von Eran (Ph 45: 93, Z.16ff.), daß es "ein sehr merkwürdiger Zustand" war, das Deutsche einige Jahrzehnte nach der Emigration aus beruflichen Gründen so wieder aufzunehmen, "daß man es zu einem ordentlichen Schriftdeutsch verwenden konnte". – S. dazu bereits Betten in Ph 42: 11 sowie genauer in diesem Bd., S.262.

[14] Vgl. stellvertretend – wenngleich nie verallgemeinerbar, da fast jeder Interviewpartner andere biographische Entwicklungen durchlaufen hat, wie die Texte zeigen – Yahil (Ph 45: 33f.), Walk (Ph 45: 106ff.).

[15] Ein anderer Interviewpartner, der mit Günter Grass in Israel zusammengetroffen ist, berichtete ähnlich (und ähnlich stolz), dieser habe gesagt, wenn man heute noch gutes bzw. klassisches Deutsch hören wolle, müsse man nach Israel fahren. – Andererseits ist es jedoch so, daß die meisten dieser an der Klassik ausgerichteten Sprecher/innen und Leser/innen mit neueren literarischen Entwicklungen der Schriftsprache nicht vertraut sind und keinen Zugang zu modernen Autoren, Grass eingeschlossen, haben; vgl. Laboschin (Ph 45: 137, Z.15ff.): "zum Beispiel Günter Grass kann ich nicht lesen". – S. dazu auch A. Betten in diesem Bd., S.266.

schungshypothese zu unterstützen, wenngleich sowohl die Metatexte zur Sprache im Transkriptteil dieses Bandes als auch erste "analytische Blicke" auf die sprachliche Form der Transkripte selbst eine große Bandbreite an Einstellungen zur deutschen Sprache, zu ihren Verwen-
dungsbereichen und ihrer tatsächlichen Handhabung in Grammatik, Stil und Prosodie offenba-
ren. In den linguistischen Rezensionen unserer ersten Textveröffentlichungen und meiner Einleitung in Ph 42 sind daher neben Bestätigungen des Gesamteindrucks der sich hier manifestie-
renden "mündlichen Sprachkultur"[16] auch Fragen zur Reichweite der These formuliert worden,
ob die Sprache dieser Interviews wirklich "in dem proklamierten Maß das Deutsch der Weimarer Zeit dokumentiert" (Burkhardt/Burkhardt 1997: 86) bzw. ob "das Deutsch der Immigranten
in den israelischen Kommunikationsgemeinschaften [...] den Zustand der Einwanderungszeit
bewahrt hat" (Grosse 1996: 82). Von den Überlegungen Grosses (ebd.), die Probanden hätten
"doch auch neuere Texte laufend gelesen und gehört und sich außerdem tagtäglich mit einer
fremdsprachlichen Umgebung und ihren Interferenzeinflüssen auseinandergesetzt", geht die
erste, wie auch aus den Transkripten ersichtlich, für die Mehrzahl der Fälle von einer falschen
Voraussetzung aus; zu Interferenzeinflüssen liefert der Beitrag der Hebraistin M. Du-nour
(S.445ff.) genaues Material. Ich komme darauf später noch zurück, weil damit eines der wichtigsten und interessantesten Phänomene unseres Themas angesprochen ist.

Die Beiträge dieses Bandes

In meinen Publikationen über die Interviews[17] habe ich bisher stets die ungewöhnlich "korrekte", an der Schriftsprache orientierte Syntax und den komplexe Konstruktionen gewandt mei-
sternden Stil fast aller Sprecher/innen als Indikatoren für das von ihnen noch beherrschte "Bildungsbürgerdeutsch" in den Vordergrund gestellt. Während Grosses Eindrücke von den Texten
dies offenbar bestätigen – auch ihm fallen in der Syntax "die geringe Anzahl abgebrochener
Sätze, die häufigen parenthetischen Einschübe und eine ausgeprägte Hypotaxe mit Unterord-
nungen mehrerer Abhängigkeitsgrade" auf (1996: 86) – , scheint Burkhardt/Burkhardt, "dass
die syntaktische Korrektheit der dokumentierten Gespräche im Vergleich zu anderen Interviews durchaus nicht so auffällig ist, wie die Herausgeberin unterstellt", zumal sie davon ausgehen, daß die Interviewten das Deutsche nach so vielen Jahren mit besonderem Konzentrationsaufwand sprechen, die Publikation vor Augen gehabt hätten und in der spezifischen Interviewsituation die Ruhe hatten, ihre Konstruktionen ungestört "in relativer syntaktischer Korrektheit zu Ende" zu bringen (1997: 85f.). Diese und ähnliche Einwände sind mir des öfteren

---

[16] So Janich (1996: 348).
[17] Vgl. das Literaturverzeichnis zu meinem Syntax-Beitrag in diesem Bd., S.268f.

entgegengehalten worden und sind teilweise berechtigt, treffen aber aus meiner Sicht eher die marginalen Fälle.

In meinem Syntax-Beitrag hier mache ich nochmals Angaben dazu, wie es mit Konzentrationsaufwand bzw. Entspanntheit beim Sprechen in den meist relativ lockeren Gesprächssituationen über zwei bis drei Stunden Länge bestellt war (S.238) und welchen Einfluß die Aufnahmesituation und Vorstellungen von einer möglichen Publikation gehabt (bzw. eher nicht gehabt) haben könnten (S.248f.).[18] Dort gehe ich auch genauer auf die stilistischen Unterschiede und ihre Bedingungen ein. Es ist unbestritten so, daß die ganz umfangreichen, weitgehend "korrekten Sätze" überwiegend in ungestörten längeren monologischen Passagen vorkommen, während die rascheren dialogischen Sequenzen auch in diesem Corpus die dafür typischen Ellipsen, Anakoluthe, Herausstellungen etc. aufweisen. Im Vergleich der beiden Transkriptbände ergibt sich nunmehr eine bessere Möglichkeit, eher monologische, narrative, oft abgerundete "Geschichten" darstellende Texte (überwiegend in Ph 42) und dialogische, mehr im Frage-Antwort-Stil gehaltene Partien (überwiegend in Ph 45) zu studieren, da die Erhebungen zur Sprachverwendung meist stärker von den Interviewerinnen gesteuert waren. Allerdings dürfte sich gerade auch hier zeigen, wie offen und auf spontane Reaktionen ausgelegt die Gespräche geführt wurden.[19] Interessant ist jedoch, daß die verschiedenen Gesprächsstile nur scheinbar primär redekonstellationsabhängig sind. Es zeigt sich nämlich bei genauerer Betrachtung der vollständigen Interviews,[20] daß es weitgehend von der Persönlichkeit des/der Interviewten ab-

---

[18] Der naheliegende "Verdacht", daß die Sprecher/innen dieses hohe Sprachniveau nur ausnahmsweise, durch besondere Anstrengungen erreicht hätten, läßt sich offenbar nur durch eigenes Erleben zerstreuen, vgl. A. Weiss in diesem Bd., S.271f., über die Begegnung mit Abraham Frank und neuen Interviewpartnern. – Selbst M. Du-nour, deren Deutschkenntnisse auf der Familiensprache ihrer aus Mähren und Prag stammenden Eltern basieren, die aber in Israel mit den ehemals deutschsprachigen Einwanderern nur hebräisch spricht (und auch mit ihren eigenen Interviewpartnern nie zuvor deutsch gesprochen hatte, vgl. Ph 42: 9), neigt dazu, das im Grunde zahlenmäßig erstaunlich geringfügige Auftreten von Entlehnungen oder Interferenzen aus dem Hebräischen damit zu erklären, daß sich die Menschen in der Interviewsituation wohl um eine besonders "gute", in diesem Fall "reine" Sprache bemüht hätten (vgl. u. S.448). Ich komme darauf im folgenden nochmals zu sprechen.

[19] Einen festen Fragenkatalog, in den Fix (1997: 304) gern Einblick gewonnen hätte, um die eventuelle Beeinflussung der Antwortformulierungen durch die Art der Frageformulierung überprüfen zu können, hat es nicht gegeben; alle Gespräche haben sich frei entwickelt – was nicht im Widerspruch dazu stehen sollte, daß die Interviewerinnen gewisse Themenbereiche nach Möglichkeit initiiert, stimuliert, bei der Elaboration unterstützt haben und andere abzukürzen suchten (vgl. Ph 42: 9ff.).

[20] Die meisten Rezensenten bedauerten, daß nicht alle oder zumindest eines der Interviews in voller Länge im Transkript vorliege. Dem ist insofern zuzustimmen, als sich dadurch viele Zweifel beseitigen ließen und sich natürlich auch weitere linguistische Untersuchungsmöglichkeiten für die Benutzer unserer Bände eröffnen würden. Dies war jedoch aufgrund des Umfangs der Interviews für eine Publikation dieser Art ausgeschlossen: *Alle* Transkripte würden viele Bände füllen, ein einzelnes mindestens 50 Seiten umfassen und dann doch keine Repräsentativität besitzen, da, wie in diesem Bd. durch Analysen gezeigt wird, ganz unterschiedliche Gesprächsabläufe und -stile zu beobachten sind. – Es sei aber nochmals darauf hingewiesen, daß fast alle Interviews in voller Länge über das IDS angefordert oder dort abgehört werden können (vgl. o. S.VIII) und der vom IDS geplanten Internet-Präsentation des Projektes mehrere vollständige Transkripte beigegeben werden.

hing, ob grundsätzlich eine mehr monologische oder dialogische Gestaltung der Interviews gewählt wurde. Während die monologisch orientierten Sprecher (in dieser Gruppe gab es fast keine Frauen) ihre Sätze überwiegend korrekt und meist auch sehr komplex gestalteten – allerdings mit bemerkenswerten Unterschieden zwischen mehr dozierenden oder literarisierenden Stilen – , ist bei den auf einen ständigen Dialog bedachten Gesprächspartner/inne/n eine große stilistische Bandbreite zu beobachten: Auch hier gibt es Vorlieben für ruhige, klar durchdachte und in ebenso klaren, grammatisch korrekten, kürzeren, bevorzugt parataktisch gereihten Sätzen angelegte Redebeiträge. Hierher gehören aber vor allem auch die mehr emotional gesteuerten, subjektiven, spontan reagierenden Gesprächspartner/innen und diejenigen Erzähler/innen, die mit stilistischen Mitteln der Anschaulichkeit und Dramatik das "Mitgehen", die *compassio* ihrer Zuhörerin zu erreichen versuchten und auch explizite Reaktionen erwarteten, während das *back-channel-behavior* in der ersten Sprechergruppe meist auf den Bereich nonverbaler Aufmerksamkeitsbezeugung beschränkt blieb.

Daß es zwischen diesen hier nur grob umrissenen Sprechergruppen auffällige Unterschiede hinsichtlich der Anteile von Männern und Frauen gibt, die nicht *nur* mit unterschiedlicher Schulbildung und Berufserfahrung zusammenhängen (obwohl diese Faktoren selbstverständlich bei geschlechtsspezifischen Sprachuntersuchungen eine große Rolle spielen), bestätigen auch die im Gegensatz zu meinen *exemplarischen* Fallstudien streng *statistisch* basierten Syntaxanalysen von Andreas Weiss. An einem Auswahlcorpus aus Ph 42, das nach den soziolinguistischen Kriterien Geschlecht und Ausbildung in Subgruppen unterteilt wird, untersucht Weiss an vergleichbaren monologischen Passagen verschiedene Aspekte des Nebensatzgebrauchs. Er argumentiert überzeugend, daß dieser als Indikator für die angenommene "Orientierung an schriftsprachlichen Konstruktionsmustern" bzw. an "Stilidealen der geschriebenen Sprache"[21] besonders geeignet ist. Es zeigen sich frappierende Übereinstimmungen seiner Ergebnisse mit den von mir ermittelten Stildifferenzierungen. In den meisten Fällen weisen männliche Akademiker wesentlich höhere Annäherungen an die Syntax schriftlicher Texte des klassischen Bildungsgutes auf (Weiss vergleicht ihre Transkripte mit Lessings 'Laokoon'[22]) als Nichtakademiker und Frauen, unabhängig von deren Schulbildung und Beruf. So ist beispielsweise der mittlere Komplexitätswert der Nebensätze bei Männern der ersten Gruppe fast doppelt so hoch wie bei den übrigen, und auch die Verteilung bestimmter Typen von Nebensätzen bestätigt diese Gruppenbildung: *daß*- und Relativsätze z.B. haben ihre Höchstwerte in der zweiten Gruppe, während von der ersten Gruppe häufiger auch seltenere, speziellere Nebensatztypen gewählt werden. Bei Ausklammerungen in Nebensätzen finden sich wiederum in der ersten Gruppe durchschnittlich fast doppelt so lange Gebilde, während etwa die Mittelwerte

---

[21] Vgl. A. Weiss in diesem Bd., S.271 und 308.

[22] Obgleich dieser Klassikertext wegen des Vorhandenseins statistischer Vergleichsdaten gewählt wurde, sei auch darauf hingewiesen, daß es sich um einen von jüdischen "Bildungsbürgern" besonders geschätzten Text handelt, vgl. Mosse (1992: 85f.).

der Nebensatzlänge ohne Ausklammerung geringere Abstände zwischen den verschiedenen Gruppen aufweisen.

Diese Ergebnisse unterstützen die Unterscheidung verschiedener Stilgruppen in meinen eigenen Untersuchungen natürlich in sehr willkommener Weise. Dasselbe gilt auch – trotz nicht so leicht interpretierbaren anderen von Weiss ermittelten Einzelwerten – für Weiss' Gesamtresultat: "Verschiedene Kennwerte bzw. Verteilungen von nebensatzspezifischen Textmerkmalen" ergeben letztlich "eine klare Tendenz", daß die Mehrheit der Sprecher/innen dieses Corpus "in wichtigen Merkmalen Stilidealen der Schriftlichkeit verpflichtet ist" (S.309).

In zwei weiteren Beiträgen, die Zusammenfassungen umfangreicherer Materialauswertungen präsentieren, werden syntaktische Erscheinungen untersucht, die vor dem Hintergrund der Gesprochenen-Sprache-Forschung besonders geeignet sind, die Spezifika des Israel-Corpus nachzuweisen. Bei Christian Albert[23] steht die Wiederaufnahme von (Haupt- und Neben-)Sätzen nach der bei den meisten Sprecher/inne/n sehr beliebten Form der Parenthese im Zentrum. Ihr ist für die These von der schriftsprachlichen Orientierung von Anfang an besondere Bedeutung zugekommen. Albert hat diese Beobachtungen statistisch abgesichert: Anhand von 33 Aufnahmen mit insgesamt 37 unserer Sprecher/innen, die zufällig ausgewählt sind, hat er (nach einer eingehend dargelegten Definition) 1 709 Parenthesen ermittelt. Obgleich ihm diese hohe Zahl angesichts der Schriftsprachlichkeitshypothese zunächst erstaunlich erscheint, findet er in der Parenthesen-Forschung eine Reihe von Funktionsbeschreibungen – von der Rücksichtnahme auf den Hörer bis zur Selbstdarstellung des Sprechers, z.B. um spontane Einfälle zuende zu denken oder den eigenen Ideenreichtum herauszustellen –, die als Merkmale der mündlichen Allgemein- und Individualstilistik durchaus auf typische Verhaltensweisen unserer Sprechergruppe angewendet werden können.[24] Besonders eindrucksvoll sind die Formalanalysen: Die von mir oft als Indiz für Schriftsprachlichkeit angeführten Einzelbeispiele komplexer Sätze, die auch nach längeren Einschüben grammatisch korrekt und oft ganz "nahtlos", ohne die im Mündlichen üblichen (und das Hörverstehen meist erleichternden) anaphorischen Wiederaufnahmeformen weitergeführt werden,[25] werden hier sozusagen quantitativ "untermauert". Albert hat ermittelt, daß der Trägersatz in 53% der ermittelten Parenthesen (das sind 901 konkrete Beispiele!) ohne irgendeine Markierung satzgrammatisch korrekt fortgesetzt wird (von ihm "Weiterführung" genannt), während sich in 47% (= 808) der Fälle Wiederaufnahmeformen finden; von letzteren wiederum sind 49% wörtliche, d.h. wiederholende Wiederaufnahmen, 19% pronominale, 12% adverbiale, 7% präzisierende, 7% variierende und 6% korrigierende. Auch die Mehrzahl der mit Wiederaufnahmeformen weitergeführten Sätze – denen der größte

---

[23] Der Aufsatz basiert auf seiner Magisterarbeit: Parenthesen in spontan gesprochener Sprache. Versuch einer Definition und Klassifikation, Eichstätt 1997.

[24] Vgl. zu den Funktionen auch A. Betten in diesem Bd., bes. S.223ff., 238.

[25] Vgl. A. Betten in diesem Bd., S.223f., 237 und passim.

Teil von Alberts Beispielen zum Zwecke weiterer formaler und funktionaler Differenzierung entstammt – ist so beschaffen, daß sie als "dialogische Sprecherleistung" von der "Sprachkunst der Interviewten" Zeugnis geben (s.u. S.335).

Der Beitrag von Astrid Kossakowski[26] nähert sich dagegen eher *ex negativo* den Themen Sprachkultur und Normbewußtsein. Sie untersucht an sieben vollständig ausgewerteten Interviews und einigen Ergänzungsbeispielen (die als Belege für die typologische Vielfalt dienen) das Phänomen des Satzabbruchs, das ebenfalls als eines der Charakteristika gesprochener Sprache gilt. In unserem Rahmen müßte daher eine geringere Zahl als in anderen Gesprächen zu beobachten sein. Auch hier sind Formen und Funktionen relevant, da unter den vielen Möglichkeiten große Unterschiede zwischen verstehbaren und nicht verstehbaren sowie zwischen beabsichtigten und unbeabsichtigten Abbrüchen bestehen. Tatsächlich ist die Gesamtzahl der Abbrüche in den sieben Interviews mit insgesamt 127 Belegen nicht hoch bzw. sogar sehr niedrig, wenn man berücksichtigt, daß es sich um rund 1 080 Aufnahmeminuten (12 Kassetten à 90 Minuten) handelt.

Sechs der sieben analysierten Sprecher/innen weisen pro Kassettenseite in 45 Minuten nur durchschnittlich 2,5 bis 5,3 Abbrüche auf. Funktional betrachtet gehört der größte Teil der von ihnen produzierten Abbrüche zu den (aus dem Kontext etc.) als "verstehbar", weitgehend auch zu den als "beabsichtigt" (z.B. als Andeutung) einzustufenden. Der Großteil der "nicht verstehbaren" und offenbar "unbeabsichtigten" (d.h. aufgrund von gedanklicher Sprunghaftigkeit, Emotionen, mangelnder Gedächtniskapazität u.ä.m. vorkommenden) Abbrüche geht auf eine einzige Sprecherin zurück. Dabei bleibt offen, ob ihr relativ hohes Alter (86 Jahre) und damit verbunden ihr gesundheitlicher Allgemeinzustand oder die Einstufung des Gesprächs als eines sehr privaten Besuchs die Ursache dieses für die Mehrzahl der Interviewten – auch gleichen oder noch höheren Alters – untypischen Sprechens ist. Auf diese Interviewpartnerin wird wegen weiterer Auffälligkeiten bei den Analysen M. Du-nours nochmals zurückzukommen sein.

Den vier (satz-)grammatischen Untersuchungen folgen zwei Beiträge, die vor allem Konzepten der Gesprächsanalyse und der Erzählforschung verpflichtet sind. Ihr Anliegen ist es, zu zeigen, daß unsere Interviewpartner nicht nur ein sehr korrektes und "gepflegtes" Deutsch sprechen, sondern auch fesselnde Erzähler/innen sind, und daß die Mehrzahl der autobiographischen Erzählungen dieses Corpus nicht bereits zu festen, formelhaften sprachlichen Darstellungen "geronnen" oder gefiltert ist, die sich vom übrigen Sprachgebrauch wesentlich abheben, sondern daß die erinnerten Ereignisse innerhalb der im Dialog jeweils neu und anders zustande

---

[26] Der Aufsatz fußt auf ihrer Examensarbeit: Astrid Heumann: Abbrüche in Texten gesprochener Sprache. Versuch einer Klassifizierung, Eichstätt 1995.

kommenden Kontexte sprachlich jedes Mal in unterschiedlicher Form wiedergegeben werden.[27]

Maria Gierlinger arbeitet den Erzählstil von zwei Frauen und einem Mann durch Musteranalysen je einer für sie typischen Erzählung heraus.[28] Wie bei so vielen anderen Erzählungen dieses Corpus[29] läßt sich ein komplexer Aufbau nachweisen, der sowohl Höhepunkte gekonnt und spannungsreich hervorhebt, wie auch die im Falle dieser Interviews besonders wichtige Evaluation nicht vermissen läßt. Allerdings bleibt es hier manchmal bewußt nur bei Andeutungen, die Hörerin soll die Relevanz der Erzählung für das Gesamtthema des Interviews selbst erkennen. Gierlinger widmet sich besonders der Frage, wie bei einem relativ schriftsprachlichen bzw. standardorientierten Sprachgebrauch, der in der Forschungsliteratur bislang gewöhnlich als Indikator für "Distanz" gewertet wurde, dennoch der Eindruck von großer Lebendigkeit und "Nähe" entsteht. Die von ihr ausgewählten drei Sprecher/innen gehören zwar nicht in die von A. Weiss und mir angesetzte "Spitzengruppe" der besonders normbewußten (männlichen akademischen) Sprecher, pflegen jedoch alle komplexe Stile, in denen unterschiedliche Präferenzen für hypotaktische oder parataktische Konstruktionen meist in relativ korrekter Satzform realisiert werden. Allerdings vollziehen sich nicht nur innerhalb der 90 bis 180 Minuten der Gesamtinterviewzeit Stilwechsel, die mit den Übergängen von argumentativen zu narrativen oder deskriptiven Darstellungsarten sowie von monologischen zu dialogischen Partien zusammenhängen; vielmehr lassen sich auch innerhalb eines deutlich als Erzählung markierten Gesprächsabschnitts derartige Übergänge zwischen den verschiedenen Diskursformen feststellen. Wie heute vor allem von der interaktionalen Stilistik hervorgehoben wird, dient die Wahl syntaktischer Mittel (neben anderen, wie prosodischen oder lexikalischen) als Kontextualisierungshinweis, wodurch bestimmte Stile kreiert werden. So läßt sich auch in den drei Musteranalysen ein vielfältiger Wechsel der Stile u.a. am unterschiedlichen Einsatz syntaktischer Mittel erkennen bzw. dingfest machen. Selbstverständlich sind in entsprechenden Passagen auch größere Frequenzen typisch mündlicher, sprechsprachlicher Phänomene zu beobachten,[30] doch insgesamt in einer größeren Bandbreite von Variationsmöglichkeiten, als bisher

---

[27] Den häufig geäußerten Einwand, daß bei den autobiographischen Erzählungen unserer Interviews nicht normaler Sprachgebrauch zu beobachten sei, sondern der *oral poetry* ähnliche, besonders elaborierte und durch häufige Wiederholungen fest geformte Sprachprodukte vorlägen, habe ich bereits einmal exemplarisch durch den Vergleich von Episoden, die von Alice Schwarz-Gardos sowohl im Interview erzählt als auch in ihrer schriftlichen Autobiographie behandelt wurden, zu entkräften versucht (vgl. Betten 1994).

[28] Der Beitrag geht auf ihre Magisterarbeit gleichen Titels, Salzburg 1997, zurück; dort werden noch mehr Erzählungen weiterer Sprecher/innen analysiert.

[29] Besonders viele der Textausschnitte von Ph 42 stellen kleine abgerundete Geschichten dar. Weitere Geschichten/kurze Erzählungen aus den Interviews finden sich in Betten/Du-nour (1995) und in Betten (1995b).

[30] Da alle drei erzählten Geschichten in einem "Sprachliche Charakterisierung" benannten Abschnitt syntaktisch durchanalysiert sind, werden speziell (und nur) in diesem Beitrag alle Phänomene der gesprochenen Sprache exemplarisch sowie in ihrem Zusammenspiel erfaßt. Von den ursprünglich einmal geplanten gesonderten Untersuchungen (z.B. zum Vorkommen von Ellipsen, Anakoluthen und Herausstellungen) ist nur der Beitrag von A. Kossakowski zum Satzabbruch realisiert worden, da den potentiellen Bearbeitern der Aufwand, ihr

beschrieben, und mit einem für den Eindruck von "Nähesprache" sehr hohen Anteil elaborierter Sprachformen.

Claudia M. Riehl nützt die besonderen Aufnahmebedingungen bei unserem Interviewpartner Hans Simon Forst, um Annahmen der Gedächtnistheorie und der Erzählforschung hinsichtlich der Abrufung von Gedächtnisinhalten/-schemata und der Transformationsprozesse, die zur Versprachlichung führen, daraufhin zu überprüfen, wie flexibel autobiographische Erzähler mit Gedächtnisinhalten umgehen bzw. welche Inhalte bis ins sprachliche Detail konstant bleiben. Eva Eylon, die selbst Interviewpartnerin war, hatte ihrerseits einige Interviews für das Projekt gemacht, und dabei die Aufnahme mit Forst sofort im Anschluß an die erste wiederholt;[31] außerdem wurde drei Jahre später nochmals ein Gespräch mit Forst von mir aufgezeichnet, bei dem er (ohne vorherige Planung seiner- und meinerseits) auf einige der früher berichteten Begebenheiten wieder, aber in anderen Zusammenhängen, zu sprechen kam. Riehl hat aus diesen drei Aufnahmen vier Beispiele ausgewählt, die in zwei oder drei Versionen vorliegen. Es zeigt sich einmal, daß sich die durch die Interviewerinnen bestimmte Gesprächsführung (bei Eylon mehr dialogisches Frage-Antwort-Schema, bei Betten Elizitieren vorwiegend längeren, selbst gestalteten monologischen Erzählens) entscheidend auf den Abruf der Daten und ihre sprachliche Gestaltung auswirkt. Wenn die Hörerin auf das Ereignis (z.B. durch Interessebekundungen, die sprachlich minimal oder auch nonverbal sein können) eingeht, kommt es meist zu weiteren Ausführungen; andernfalls wird ein neues Schema abgerufen. Im Frage-Antwort-Stil werden die Stichwörter oft von der Interviewerin vorgegeben, beim längeren monologischen Sprechen spielen die Assoziationen der Interviewten eine größere Rolle, die Geschichten werden mehr elaboriert. Identische Formulierungen (meist allerdings nur lexikalische Wiederholungen) sind hauptsächlich bei stark affektiv markierten, emotionalen Episodendarstellungen zu finden, deren Memorierung offensichtlich erhöht ist. Schilderungen länger andauernder Ereignisse weichen dagegen stärker voneinander ab, da sie mit vielen verschiedenen Subschemata verbunden sind, die immer wieder neu kombiniert werden.

Die von Riehl ausgewählten Beispiele geben schon beim ersten Lesen Evidenz von der in allen größeren Satzbezügen jeweils neuen Formulierung auch häufig erzählter Ereignisse aus dem "festen Repertoire" des Sprechers. Darüber hinaus belegen sie eindrucksvoll, mit welcher

---

(wohl zahlenmäßig geringeres, phänotypisch jedoch sehr ähnliches bzw. gleiches) Auftreten im Israel-Corpus durch Vergleiche mit "Gegenwartscorpora" genauer zu bestimmen, zu groß erschien. Auch Kossakowski bedauert mehrfach, daß sie ihre Ergebnisse nicht durch Analysen vergleichbarer Texte aus dem deutschsprachigen Raum heute beweisen oder zumindest erklären kann. – Angesichts unserer zentralen Forschungshypothese erschien es uns daher sinnvoller, den Schwerpunkt auf die auffälligen Gemeinsamkeiten mit schriftsprachlichen Konstruktionsprinzipien zu legen, als *ex negativo* beweisen zu wollen, daß die sprechsprachlichen Phänomene hier auch, aber seltener und meist sehr funktional eingesetzt sind. Dieser funktionale Gebrauch als Mittel für die Gestaltung von Erzählhöhepunkten in monologischen und als Zeichen von lebhafter Interaktivität in dialogischen Partien steht in M. Gierlingers Analyse im Vordergrund.

[31] Vgl. dazu Ph 42: 9 und C. Riehl in diesem Bd., S.397f.

selbstverständlichen Gewandtheit unseren Interviewpartner/inne/n die verschiedensten syntaktischen Konstruktionsmuster der deutschen Sprache in Abhängigkeit vom jeweiligen Kontext zur Verfügung stehen. Diese freie, variable, häufig bewundernswert kunstvolle Formulierungsfähigkeit ist m.E. als Indikator für die noch vorhandene Sprachbeherrschung auf hohem Niveau wesentlich bedeutsamer als das bei den meisten nur gelegentliche Suchen nach einer einzelnen Bezeichnung oder dem treffendsten Wort.

Der Beitrag von Peter Mauser hat eine speziellere Überprüfung der These von der allgemeinen Orientierung der Interviewten an schriftsprachlichen Normen zum Thema. Diese Orientierung wird ja unterstützt bzw. begleitet durch das fast durchgängig zu registrierende Fehlen stärkerer Dialekteinflüsse. In der Phonetik sind meist nur leichte regionale Einfärbungen zu hören, auch wenn die Sprecher/innen in ausgeprägten Dialektgebieten aufgewachsen sind; in der Morphologie lassen sich fast nur kleine umgangssprachlich "saloppe" Formen wie Elisionen, Kontraktionen, Assimilationen, Enklisen feststellen. Mauser untersucht an den 15 aus Österreich stammenden Interviewpartner/inne/n, ob diese Vermeidung des Dialekts auch für sie zutrifft. Er wählt dazu ein ihm als Dialektologen und Morphologen besonders vertrautes und beweiskräftiges Gebiet, nämlich die Flexionsmorphologie, an der sich Übergänge (und Konflikte) zwischen Dialekt und Standard besonders deutlich zu zeigen pflegen. Auch seine Ergebnisse bestätigen das allgemeine Bild: Von der Standardnorm abweichende flexionsmorphologische Phänomene (in diesem Fall die zu erwartenden Bavarismen) sind äußerst selten. Sie lassen sich in nennenswertem Umfang nur bei fünf Personen feststellen, und zwar bei vier von ihnen nur vereinzelt und lediglich bei einem Sprecher, einem Wirtssohn aus dem Burgenland, in großer Zahl (wenn auch hier nicht in jedem Fall konsequent bzw. bei allen zu erwartenden Formen). Signifikant ist, daß dieser Sprecher in vieler Hinsicht, auch sozial, eine Sonderstellung einnimmt: Er ist als einziger auf dem Lande aufgewachsen, zunächst zweisprachig (mit Ungarisch), hatte wenig schulische Interessen und fühlte sich ganz in seiner (nichtjüdischen) *peer group* integriert, von der er sich offenbar auch sprachlich nicht zu unterscheiden suchte. Alle anderen "Österreicher" waren hingegen Städter aus bürgerlichen, d.h. in der Regel bildungsbeflissenen Schichten (s.u.). Daß auch sie die dialektalen Varianten beherrschen, zeigt sich in Zitaten wörtlicher Rede, wo oft bairische Formen (z.B. das Morphem {-ts} als zusätzliche Markierung der 2.Pl. Ind. Präs. der Verben) vorkommen, die sonst nicht verwendet werden. Die Wahl der Standardform erweist sich somit als eine bewußte Orientierung. Bei einigen Sprechern drückt sich die Nähe zur Schrift- und Literatursprache sogar in der durchgängigen Verwendung des Imperfekts als Erzähltempus der Vergangenheit aus, was speziell für süddeutsche Sprecher äußerst ungewöhnlich ist.

Wie in den Beiträgen von Kossakowski und Mauser werden auch in Miryam Du-nours Aufsatz über "Sprachenmischung, Code-switching, Entlehnung und Sprachinterferenz" Phänomene analysiert, die an sich eher selten zu beobachten sind. Während jedoch dort die geringe Häufigkeit von sprechsprachlich charakteristischen Erscheinungen bzw. die nur geringen Dialekteinflüsse gerade den standardsprachlichen Eindruck unterstreichen, handelt es sich hier um Erscheinungen, die zwar nach ca. 60 Jahren des Lebens in einem anderen Sprach- und Kulturraum in viel höherem Ausmaß erwartbar wären, doch auch in ihrem insgesamt sparsamen Auftreten das in Israel gesprochene Deutsch zu einer eigenen Varietät machen. Durch den Sprachkontakt mit dem Hebräischen, aber auch zu dem mit der Geschichte des Landes und den Biographien der Immigranten in der ersten Zeit nach ihrer Einwanderung eng verbundenen Englischen hat sich eine lokale Variante des Deutschen herausgebildet, die etwas historisch Besonderes darstellt: Sie ist gebunden an diese eine Einwanderungswelle mit einer Altersspanne von mehreren Jahrzehnten, konnte und *sollte* in dieser Form nicht an die nächste Generation weitergegeben werden,[32] hat aber für die Sprechergruppe selbst eine identitätsstiftende Bedeutung. Die gelegentliche Einstreuung hebräischen Sprachmaterials "passiert" nicht nur öfters unbewußt, sondern ist wohl auch ein bewußtes Signal der Zugehörigkeit zur israelischen hebräischsprachigen Gemeinschaft, in manchen Fällen – nach M. Du-nours Meinung – auch der Absetzung von den "richtigen" bzw. heutigen Deutschen.

Ein Problem gibt es für die Beschreibung des "echten" Code-switching. In der speziellen Aufnahmesituation wurde es natürlich vor allem bei den beiden deutschen Interviewerinnen Betten und Hecker vermieden; aber auch in den Interviews von Eylon und Du-nour kommt es im Hinblick auf den Zweck der Aufnahme kaum vor. Welche Rolle es in der tatsächlichen Alltagssprache spielt, ist offensichtlich sowohl aufgrund der Selbstaussagen der Betroffenen wie auch der Beobachtungen dritter nur mit einer gewissen Vorsicht zu beurteilen. Zum einen dokumentieren die Transkripte, wie sich das Verhältnis von Deutsch und Hebräisch sowohl im Berufs- als auch im Familienleben oft mehrfach verschoben hat. Manche verwendeten am Anfang noch notgedrungen Deutsch, gingen dann aber mit den Kindern bewußt zum Hebräischen über und sprechen nun im Alter mit dem Ehepartner wieder (mehr) Deutsch.[33] Nicht alle geben das gern zu,[34] und zwar, wie mir scheint, weniger vor Deutschen als vor nicht gut bekannten anderen Jeckes (wie E. Eylon) oder anderen Israelis (wie M. Du-nour). Die Interviewpartnerin Nira Cohn hat dafür einen wichtigen Grund genannt: "das ist, als ob man irgendwie versagt hat hier mit seinem Zionismus" (Ph 45: 130, Z.28f.). So dürften einerseits Behauptungen, daß man in bestimmten (oder den meisten) Situationen und mit bestimmten (oder den meisten) Menschen immer (oder vorwiegend) Hebräisch spreche, manchmal eher ideologisch oder vom

---

[32] Ähnliches gilt allerdings nicht nur für die deutschen Juden, sondern wurde schon zu Beginn des Jhs. von den zionistischen Pionieren aus Osteuropa im Kampf für das Hebräische praktiziert, um eine neue, Hebräisch sprechende Generation heranzuziehen und die Diaspora-Identitäten zu eliminieren. So war es nach Ben-Rafael (1994: Kap. 3) ein normaler Prozeß, daß die europäischen Herkunftssprachen spätestens in der dritten, wenn nicht schon in der zweiten Generation verloren gingen. Vgl. dazu mit grundsätzlicher Information M. Du-nour in diesem Bd., S.210ff.

[33] Vgl. stellvertretend Pick, Ph 45: 128, Walk, Ph 45: 107, Z.59ff.

[34] So wurde mir öfters mitgeteilt, man habe auch mit dem Ehepartner nach kurzer Zeit fast nur noch Hebräisch gesprochen, während die Kinder das lachend korrigierten und behaupteten, die Eltern hätten untereinander fast nur Deutsch gesprochen.

Wunschdenken bestimmt und daher leicht revisionsbedürftig sein, auf der anderen Seite jedoch – wie Belege in Du-nours Beitrag zeigen – auch die Behauptungen einiger Sprachpuristen, daß sie die Sprachen nie mischen, der Realität nicht ganz entsprechen. Ebenso kompliziert dürfte es sich mit Du-nours Berufung auf ihre eigenen langjährigen Beobachtungen verhalten:[35] Da sie selbst nicht zum inneren Kreis der Jeckes gehört, hat sie an rein deutschen Unterhaltungen nie teilgenommen und in der Öffentlichkeit auch meist Situationen mit "gemischten" Runden erlebt, in denen z.B. wegen der Anwesenheit nicht oder nicht gut deutsch sprechender Freunde oder Kinder (und vor allem Enkelkinder) nicht ausschließlich Deutsch gesprochen wurde, sondern die Sprachen gemischt wurden. Daß auch mit intimen Freunden und Ehepartnern mehr oder weniger häufig "geswitched" wird, dürfte sich schon daraus ergeben, daß letztlich alle beide Sprachen benützt haben und diese daher in informellen Situationen sicher auch öfters mitten im Satz wechseln.[36]

Bei unseren Aufnahmen kommen jedoch nur wenige etwas längere hebräische Phrasen vor, und diese nur in Gesprächen mit den Interviewerinnen, die selbst Iwrit sprechen. Die Analysen von Du-nour konzentrieren sich daher auf Entlehnungen auf der Wortebene ("Einfügungen") und verschiedene häufigere Interferenzerscheinungen. Sie unterscheidet konventionalisierte und Ad-hoc-Entlehnungen. Die ersten finden sich bei allen Sprecher/inne/n; es sind sowohl Bezeichnungen kulturspezifischer Phänomene, die von Juden in ihren verschiedensten Erst-

---

[35] Aufschlußreich ist z.B. folgende Begebenheit: Bei einem Besuch von Dr. Iwan Lilienfeld und seiner aus Berlin stammenden Schwägerin im Sommer 1998 in Salzburg bei mir war auch ein 15 Jahre jüngerer ehemaliger Journalistenkollege von Lilienfeld aus Israel, ein gebürtiger Wiener, zugegen, und alle sprachen in meinem Beisein bestes Deutsch. Als die Israelis später unter sich waren, wollte der jüngere Herr (der der Generation und zionistischen Einstellung von M. Du-nour zuzuordnen ist) auf Hebräisch übergehen. Als er fragte, wie Lilienfelds sonst miteinander sprechen, sagte die Schwägerin zu seiner Verblüffung: "Selbstverständlich nur Deutsch". Sein Kommentar zu mir: "Ich wußte gar nicht, daß es das noch gibt!" Er hatte in früheren Jahren bei beruflichen Zusammenkünften mit Lilienfeld nur Hebräisch gesprochen. (Vgl. auch Lilienfeld selbst, Ph 45: 51, Z.49ff.) – Das soll belegen, daß selbst Israelis deutschsprachiger Herkunft nicht vollen Einblick in das Sprachverhalten ihrer eigenen Subgruppe haben. Auch bei meinen Aufnahmen wurde mir auf Berichte von dem, was ich von anderen Interviewpartnern über ihren Gebrauch des Deutschen gehört hatte, öfters erstaunt bis ironisch entgegengehalten: "So etwas gibt es noch?"

[36] Vgl. dazu Überlegungen wie die von Micha Michaelis, wann bzw. worüber er vermutlich (!) mit seiner Frau auf deutsch oder hebräisch spreche (Ph 45: 130f.). – Andererseits haben K. Hecker und ich bei vielen Telefongesprächen, die während unserer Interviews und bei späteren Besuchen mit Bekannten oder Familienmitgliedern geführt wurden, fast nie Code-switching registriert: es wurde entweder Deutsch oder Hebräisch gesprochen. – Zu den Selbstangaben über die Sprache(n) mit Ehepartnern und Freunden vgl. die Statistiken von M. Du-nour in diesem Bd., S.204f. Zur Ergänzung (da auch sonst oft gehört) eine Briefstelle von Moshe Ballhorn, 6.1.1994: "Hätten Sie Ihre Studien bei den Jeckes in den U.S.A. gemacht, ein viel weniger reines Deutsch wäre Ihnen begegnet. Für uns, besonders in meinem Alter, ist die deutsche Sprache Mutterlaut." – Eine Voraussetzung für durchgehende Verwendung von Deutsch ohne viel Code-switching dürfte jedoch auf jeden Fall sein, daß die "Jeckes" in intimem Kreis *ganz* unter sich sind und keine Person anwesend ist, die das Deutsche nicht als Muttersprache (L1) hatte. Interessant ist in diesem Zusammenhang vielleicht auch, daß einige Interviewpartner, die sich für Interviews durch *deutsche* Wissenschaftlerinnen gemeldet hatten, es ablehnten, das Interview mit M. Du-nour zu führen, da sie als im Lande Geborene (Sabre) nicht verstehen könne, was ihnen die deutsche Sprache und Kultur bedeuten.

sprachen (so auch von den deutschsprachigen Juden in Europa) benutzt wurden und werden,[37] als auch Wörter und Ausdrücke aus der neuen Lebenswelt[38] (Du-nour nennt sie "realitätsbezogen"). Im Gegensatz zu diesen unvermeidlichen Einfügungen, die konstitutiv für die Definition des "jeckischen Deutsch" als einer speziellen Varietät des Deutschen sind, gehören die Adhoc-Entlehnungen zu den Phänomenen, die die "Sprachpuristen" der "Weimarer Schulerziehung"[39] zu vermeiden suchen, die aber vielen, z.B. als momentan rascher verfügbares Wort, dennoch öfters über die Zunge kommen. Du-nour glaubt hier einen Anstieg mit der Dauer der Interviews feststellen zu können, den sie mit zunehmender Müdigkeit und dementsprechenden Konzentrationsschwächen erklärt. Allerdings werden diese Formen in den Interviews (im Gegensatz zu *in-group*-Gesprächen) sehr häufig markiert, d.h. metakommunikativ kommentiert. Bemerkenswert ist, daß eine größere Zahl der Beispiele von der 86jährigen Sprecherin stammt, die auch bei A. Kossakowskis Satzabbruchzählungen und -klassifikationen durch einen besonders großen Anteil an nicht verstehbaren bzw. unbeabsichtigten Abbrüchen auffiel.[40] Dies unterstützt die Annahme, daß für unsere zweisprachigen Interviewpartner eine gewisse Konzentrationsfähigkeit oder "Disziplin" erforderlich ist, um in einer Sprache zu bleiben. Doch zeugen sowohl die meisten Texte in ihrer sprachlichen Form wie auch durch metasprachliche Reflexionen[41] davon, daß die einzelnen Sprachen meist ganz klar funktional getrennt werden.

Interessanterweise lassen sich, zwar zahlenmäßig nicht häufig, aber doch auch bei sehr flüssig, gepflegt und standardorientiert Sprechenden kleine Interferenzen im grammatischen Bereich finden. Am auffälligsten dürfte dies bei der Verwendung von Präpositionen sein, aber auch inkongruente Artikelverwendung und Lehnübersetzungen kommen gelegentlich bei den besten Sprecher/inne/n vor. Irregularitäten in der Wortfolge aufzudecken, wäre bei unseren schwerpunktmäßig auf die Syntax ausgerichteten Analysen besonders reizvoll gewesen, war aber wegen der zahlreichen individuell unterschiedlichen Einflußmöglichkeiten (Herkunft aus allen deutschsprachigen Dialektgebieten, in Israel Zusammenleben mit Partnern/Freunden/Nachbarn unterschiedlichster Sprachherkunft, einschließlich des Jiddischen) zu schwierig eindeutig auf den Sprachkontakt mit dem Hebräischen zurückzuführen. Daher finden sich hier nur wenige Beispiele.[42]

---

[37] Clyne (1999: 404f.) spricht hier von jüdischen *Ethnolekten* des Deutschen; ähnlich Jacobs (1996: 178), der diese "Jewish ethnolects" auch als "*Jewish speech* as a variety of a language X – where X is generally thought of as 'non-Jewish'– spoken natively by a significant number of Jews" definiert. Nach Guggenheim-Grünberg (1973) wird ein "reines Deutsch" jüdischer Sprecher, das nur um das spezielle Vokabular jüdischer Religion und Kultur angereichert ist, auch als "Judaized German" bezeichnet (zit. bei Jacobs 1996: 187f.).

[38] Vgl. dazu Ph 45: 148f.

[39] Vgl. A. Betten in diesem Bd., S.219.

[40] Irene Levy. Auch einige andere Gesprächspartner/innen, von denen häufiger Beispiele für "Einfügungen" zitiert werden, gehören zu den bereits hoch Betagten unserer Probanden.

[41] Vgl. Ph 45: 106ff. (Walk) und 145ff. (Orni).

[42] Bemerkenswert sind hier aber auch Selbstbeobachtungen wie die Walks, der überzeugt ist, daß sein Deutsch nicht vom Hebräischen beeinflußt sei, und dabei speziell den Satzbau nennt (Ph 45: 106, Z.15).

Es bleibt also festzuhalten, daß die "Markierung" des Codes überwiegend durch Einfügungen aus der neuen Sprache (L2) in die L1 erfolgt. Wie stark diese Markierung ist, hängt von der Situation(seinschätzung) und einer Reihe weiterer Faktoren ab. So weisen einige Sprecher/innen, die die Situation als ganz lockere, familiäre Unterhaltung einstuften,[43] eine höhere Zahl von Einfügungen auf als viele, die wahrscheinlich im Hebräischen kompetenter sind als sie. Weitere Gründe sind z.B. ein starkes ideologisches Bekenntnis zu Land und Sprache sowie langjährige Ausübung von Berufen, für die die perfekte Beherrschung des Hebräischen Voraussetzung war. Sprachwissenschaftlich interessant an Du-nours Untersuchung ist besonders, in wieviel typologisch verschiedenen Formen sich die Folgen des Sprachkontakts auch in einer Sprechergruppe, deren gewandter Gebrauch der L1 (Deutsch) beim Hörer Staunen und Bewunderung erregt, niedergeschlagen haben.

Der zweite Beitrag von Miryam Du-nour, der vor allen spezielleren Untersuchungen plaziert ist, beschäftigt sich in übergreifender Form mit dem Problem von "Sprachbewahrung und Sprachwandel unter den deutschsprachigen Palästina-Emigranten der 30er Jahre". Obwohl unsere Interviewpartner/innen mehr oder weniger zufällig ausgewählt wurden und daher nicht nach statistischen Kriterien repräsentativ sind, sprechen doch alle Erfahrungswerte dafür, daß die ausgewerteten Angaben von 166 Personen "ein ziemlich gutes Bild von der Sachlage abgeben" (S.184). Unterstützt von 20 Tabellen und Graphiken verdeutlicht Du-nour eine Reihe von Faktoren, die im Transkriptteil ebenfalls angesprochen werden, dort jedoch als Einzelmeinungen mehr in ihrer Vielfalt und auch Kontrarität wirken, statistisch aber (besonders bei Kreuztabulierungen) z.T. nochmals ganz überraschende Einsichten bringen. Die Daten stammen aus den Fragebögen, die meist lange vor den Aufnahmen von den Interviewten allein ausgefüllt wurden, und aus späteren Auswertungen der Gesprächsaufnahmen. Sie werden durch zahlreiche Zitate gestützt, die vorwiegend aus den Transkripten dieses Bandes zur Sprache, aber auch aus Ph 42 und Betten/Du-nour (1995) stammen. Somit erläutert dieser Beitrag aus soziolinguistischer Perspektive alle wichtigen Hintergründe des Projekts: die Altersstruktur bei der Einwanderung; die Elternhäuser (von assimiliert bis streng orthodox) und ihren Einfluß auf die kulturelle und sprachliche Orientierung vor und nach der Emigration; den Einfluß des ersten Orts der Integration auf den Sprachwechsel zum Hebräischen; die Selbsteinschätzung der Sprachbeherrschung im Sprechen, Lesen und Schreiben (wobei große Diskrepanzen auftreten) und die Relation zu den vorher eruierten Variablen; den Sprachgebrauch in den verschiedenen Domänen (Ehepartner, Kinder, Freunde, Arbeitsstätte), der oben bei Du-nours Beitrag zur "Sprachenmischung" schon erwähnt wurde. Zwar sind all diese Faktoren von Person zu Person verschieden, und die Diglossie schlägt sich in jedem Einzelfall anders nieder. Doch ist z.B. bemerkenswert, daß immerhin 60% der Interviewten angeben, mit dem Ehepartner nur

---

[43]   Z.B. bei den Kaffeebesuchen von K. Hecker im Altersheim bei ihr bekannten Damen wie Bartnitzki oder Vallentin, von denen ebenfalls einige Belege Du-nours stammen.

Deutsch zu sprechen, 15% Deutsch und Hebräisch, 20% Hebräisch und 5% andere Sprachen. Mit Freunden überwiegt dagegen die Verwendung von Deutsch und Hebräisch mit 43% (hier, in z.T. gemischter Gesellschaft, ist der Ort für eventuelles Code-switching), während nur Deutsch in 19% und nur Hebräisch in 24% sowie andere Sprachen in 14% der Fälle verwendet werden. Mit den Kindern liegt nur Hebräisch mit 42% an der Spitze, nur Deutsch macht aber immerhin doch 24% aus und Deutsch und Hebräisch 29% (die restlichen Prozent fallen auf andere Sprachen). Das bedeutet aber auch, nochmals zusammengefaßt, daß mit Ehepartnern zu 75% nur oder auch Deutsch gesprochen wird, mit Freunden zu 62% und mit Kindern zu 53%.

Des weiteren zeigt sich, daß es keine zwingende Korrelation zwischen dem Grad der Sprachbeherrschung und dem Gebrauch der Sprache in unterschiedlichen Lebenslagen gibt. Andere Ergebnisse sind, daß mehr Leute lieber Deutsch als nicht gut Hebräisch sprechen, daß 33% fast kein Hebräisch lesen (selbst wenn sie es gut sprechen und auch schreiben können) und daß 57% Englisch lesen, obgleich nur 0,6% es beim Sprechen bevorzugen. Im Hinblick auf das exzellente Sprechen des Deutschen ist – wie bereits oben gesagt – besonders hervorzuheben, daß der Prozentsatz derer, die auch Deutsch lesen, nicht groß ist. Wenn in diesem Zusammenhang behauptet wird, daß sich die meisten beim Schreiben im Deutschen "am wohlsten fühlen" (sofern sie es noch in der Schule gelernt hatten), heißt dies zum einen nicht, daß es oft praktiziert wird; zum anderen ist damit wohl eher eine gewisse orthographische und grammatische Sicherheit angesprochen, die nicht identisch sein muß mit dem, was ich oben eine "differenzierte Schriftsprache" genannt habe.

Damit einige der Hintergründe für die Rolle der hebräischen Sprache in Palästina vor und zur Zeit der deutschsprachigen Einwanderung besser verständlich werden, hat Du-nour am Ende dieses Beitrags in einem Anhang die Entwicklung des modernen Hebräisch im Lande und die Gründe und Initiativen, es als Landessprache gegen die Vielzahl der von den Einwanderern mitgebrachten Sprachen durchzusetzen, zusammengefaßt. Dieser kurze Überblick hat nicht nur Informationsfunktion für die deutschen Leser, sondern ist auch für die Sprachgeschichte des Hebräischen in dieser Form neu.

Da dieser Beitrag Du-nours die grundlegenden Informationen über die hier untersuchte Sprechergruppe enthält, ist seine Lektüre allen Benutzer/inne/n dieses Bandes als Einführung zu empfehlen. Er folgt thematisch nicht direkt der Linie der sieben Kapitel des Transkriptteils. In diesen wurden hauptsächlich Stellen aufgenommen, die über einen statistischen Informationswert hinaus Kennzeichnendes über einzelne Sprecher(-gruppen) aussagen können. Wie in Ph 42 war eines der Kriterien der Auswahl, daß die Unterschiedlichkeit der sprachlichen Ausgangsbedingungen und des Endresultats wie auch darüber hinaus der Persönlichkeiten und Ansichten zum Ausdruck kommt, die trotz des gemeinsamen Schicksals charakteristisch für die "Jeckes" ist. So widersprüchlich schon die Einstellungen ihrer Elternhäuser zum Hebräischen war, so unterschiedlich haben sich die einzelnen auch nach der Einwanderung, je nach Lebensumständen, aber auch Temperament, Begabung, Überzeugung auf die neue Sprachsituation eingelassen.[44] Die Sprachkenntnisse des Hebräischen variieren ebenso stark wie die Anlässe, bei denen heute noch Deutsch gesprochen wird.[45] Fast ließe sich sagen, das einzig Gemeinsame sei, wie flüssig bis exzellent alle die deutsche Sprache noch beherrschen, ungeachtet dessen, ob sie sie überwiegend, gelegentlich oder fast nie mehr sprechen.

---

[44] Einen informativen Überblick über die Umstellungsprobleme der deutschsprachigen Einwanderer auf die hebräische Sprache in den verschiedenen Phasen von den 30er Jahren bis heute vermittelt auch Müller-Salget (1991). Obgleich er sich auf Schriftsteller konzentriert ("Dichter ohne Sprache" bzw. die Zweifel, ob es erlaubt sei, in der "Sprache der Mörder" weiterzuschreiben), gilt manches für viele andere, v.a. seine Überlegungen zur "Identitätsproblematik". Den in Wien gebürtigen israelischen Literaturwissenschaftler Gershon Shaked zitierend, spricht er von der "dualen Identität" und dem "Gegensatz zwischen sprachlicher und sozialer Identität", aber auch davon, daß es ganz darauf ankommt, wie der einzelne sich dazu stellt, z.B. ob jemand "sich in sein Inneres zurückzieht oder sein Selbstgefühl aus der Zugehörigkeit zur 'besseren' deutschen Kulturtradition schöpft, sich bewußt in den Dienst des Zionismus stellt oder seine Aufgabe im Brückenschlag zwischen Judentum und Christentum sieht: all das ist eine Frage der persönlichen Anlage und des persönlichen Schicksals. Verallgemeinerungen sind hier, wie überall, unerlaubt" (ebd.: 156f.).
In ihrer Besprechung unserer Interviews hat Thüne (1997: 142f.) ähnlich einfühlsam auf psychoanalytische Untersuchungen zur "kulturellen, d.h. symbolischen Bedeutung der beiden Sprachen für die Emigranten" in Israel bzw. die unterschiedliche Verarbeitung der Emigration, die "zu unterschiedlichen Situationen der Zwei- und Mehrsprachigkeit geführt" hat, hingewiesen. – Unsere Interviewpartnerin Schwarz-Gardos nennt in ihrer Autobiographie (1992) als psychologische Erklärungen für die Schwierigkeiten speziell der deutschen Juden beim Hebräischlernen, daß möglicherweise das ambivalente Verhältnis der Assimilierten zu ihrem Judentum, das sich auf die "exotische" Sprache übertragen hatte (sie spricht vom frühen "Anpassungstrauma"), nachwirkte (ebd.: 45); dementsprechend vermutet sie, "daß die Leute 'eine psychologische Blockierung hatten'", einen "Widerstand aus frustrierter Liebe zur Muttersprache", die ihnen "genommen werden sollte", und zudem "Abwehr gegen die Hebräisch frei parlierenden 'Ostjuden' [...], die anfangs die Jekkes mit so viel Mißtrauen und Spott empfangen hatten" (ebd.: 225f.).
[45] Allerdings ist die Beurteilung der eigenen Sprachbeherrschung (Transkripte Ph 45: 106ff.), speziell was das Hebräische angeht, mit Vorsicht zu betrachten (was auch Du-nour in diesem Bd., S.200, betont). Offensichtlich haben die einzelnen hier unterschiedliche Erwartungen und Maßstäbe: In beiden Sprachen mündlich und schriftlich hervorragende Interviewpartner wie Prof. Alsberg empfinden es schon als Manko, wenn sie gelegentlich ein Wort nachschlagen müssen (vgl. die Fortsetzung von Ph 45: 109ff. in Betten/Du-nour 1995: 326: "Sehen Sie, das ist etwas, was einem nicht passieren soll, wenn man diese Laufbahn gehabt hat wie ich, daß man eigentlich keine Sprache sicher schreibt ohne ein Wörterbuch. Das ist ein Armutszeugnis, ja.") Andere dagegen, wie etwa Salomon Epstein (Ph 45: 123f.), nehmen es als selbstverständlich hin, daß sie ein paar orthographische Fehler machen ("perfekt ist kein Mensch", Z.13f.), während Micha Michaelis wiederum (Ph 45: 130, Z.1) sich als "vollkommen sprachunbegabt" (an anderer Stelle auch als "Sprachidiot") bezeichnet, obwohl er viele Jahre wichtige Aufgaben in hebräischer Sprache bewältigt hat. Ebenso unzufrieden zeigte sich Micha Michaelis mit seinem Deutsch im Interview (obwohl er zu unseren hervorragenden Sprechern gehört) und schrieb: "Ich wußte nicht, daß ich ein so verdorbenes Deutsch spreche [...], ahnte nicht, daß ich jedes Sprachgefühl verloren habe. Ich kann nicht mehr deutsch, ich kann noch nicht hebräisch. Ich schäme mich!" (vgl. dazu Betten 1996: 9; s. ferner u. S.258).

Anmerkungen zum Verhältnis des jüdischen Bürgertums zur deutschen Sprache

Im Anschluß an die einleitende These vom "Weimarer Deutsch" in Israel seien noch einige Bemerkungen zur Geschichte des besonderen Verständnisses von Sprachkultur gemacht, das das Verhältnis der Juden zur deutschen Sprache gekennzeichnet hat und das bei unserer Sprechergruppe in seinen letzten Nachwirkungen zu beobachten ist.

Zunächst seien nochmals die Transkripte herangezogen. Die meisten Interviewpartner heben hervor, wieviel Wert in ihren Elternhäusern auf ein "gutes Deutsch" gelegt wurde – auch (und gerade) der große Teil derer, deren Eltern aus Osteuropa nach Deutschland oder Österreich zugewandert waren. So betont Dr. Josef Burg, daß sein Vater in Ostgalizien auf einer besonders renommierten jüdischen Schule Deutsch gelernt hatte und es "in Schrift und Wort" gut beherrschte – wenn es auch gelegentlich etwas "mit Jüdisch gewürzt" war (Ph 45: 3, Z.24). Elisheva Pick, deren Vater ebenfalls aus Galizien stammte und nur eine Volksschule besucht hatte, fromm und Zionist war, weist die darauf bezogene Frage, ob ihr Vater Jiddisch gesprochen habe, sogar weit von sich. Sie entgegnet gleich vier mal hintereinander, daß es Deutsch, und zwar "gutes Deutsch" gewesen sei, und fügt hinzu: "Ein Geschäftsmann hat ein gutes Deutsch" (Ph 45: 12, Z.29-31).

"Gutes Deutsch" heißt jedoch nicht nur "nicht Jiddisch". Es ist vor allem auch dialektfreies Deutsch. Ada Brodsky – mit deren Beitrag die CD deswegen zur "Einstimmung" beginnt – beschreibt es als "ein akzentfreies Deutsch, [...] das nirgendswohin gehört" (Ph 45: 6f.). Bei ihren Erläuterungen, warum man in ihren Kreisen so sprach, führt sie an, daß es in Berlin oder Frankfurt an der Oder, wo sie bis zu ihrem 14. Lebensjahr aufgewachsen ist, keine "lebendige Mundart" wie etwa in Bayern oder Württemberg gegeben habe, sondern nur etwas, "was im Grunde schlechtes Deutsch war", "etwas, was kultivierte Leute nicht sprechen". Die Kinder haben dieses "merkwürdige Deutsch" allenfalls mal unter sich gesprochen, aber sonst "kam es gar nicht in Frage". Von dieser Ausgangssituation erklärt sie, daß ihnen dann nach der Emigration diese "Sprache, die nirgendswohin gehört", geblieben sei. Daß dieser Sprache "etwas scheinbar Steriles" anhaftet, ist ihr 30 Jahre später aufgefallen, seitdem sie wieder in Deutschland Freunde und Bekannte hat und herumreist. Und obwohl ihre Freunde ihr versicherten, sie spreche ein lebendiges Deutsch, empfand sie damals selbst, was offenbar auch andere verwunderte, daß sie "wie Deutsche und doch nicht wie Deutsche" sprach: "ein Deutsch, das es nicht gibt".[46] Mit diesen Worten hat die sprachsensible A. Brodsky, deren Leistungen als Übersetze-

---

[46] Daß sich alle – sprachbewußt, wie sie sind – damit beschäftigen, wie ihre Sprache auf heutige Deutsche und Österreicher wirkt, belegen u.a. die Texte Ph 45: 139-148. – Ellen Glasner war es im Sommer 1998 ganz unverständlich, daß ihr mehrere Straßenhändler in Deutschland und Österreich, die sie in ihrem akzentfreien Deutsch etwas gefragt hatte, auf hebräisch zu antworten versuchten: auch hier war die ("gute") Sprache, kombiniert mit einigen anderen Merkmalen wie Alter und Kleidung, wohl eines der Unterscheidungsmerkmale von den "echten" Deutschen.

rin vom Deutschen ins Hebräische und als Schriftstellerin ausgezeichnet worden sind, sicher sehr treffend das Phänomen beschrieben, um das unsere ganzen linguistischen Analysen kreisen.

Für andere ist dieses Deutsch, wie anfangs ausgeführt, "das gute Weimarer Deutsch"; die Österreicher identifizieren ihr Sprachideal mit "Burgtheaterdeutsch"[47]: Der gebürtigen Wienerin Anna Robert ist Ende der 70er Jahre von der Wirtin einer Pension in der Steiermark gesagt worden, sie hätte sich gleich denken können, daß sie aus Israel komme, denn sie spreche wie ein anderer Stammgast aus Israel "ein Burgtheaterdeutsch" (Ph 45: 140, Z.40ff.). Ihr Kommentar dazu ist so kurz wie vielsagend: "Verstehen Sie die Komik?". A. Robert war und ist – wie viele andere – entsprechend schockiert, wie stark heute in Wien im Vergleich zu ihrer Jugend Dialekt gesprochen werde (P. Mauser hat diese Bemerkung als Titel für seinen Beitrag gewählt). Obwohl sie behauptet, sie habe früher auch Wienerisch gesprochen, versteht sie heute manches gar nicht mehr – selbst einen Komiker auf der Bühne nicht. Wie fast alle anderen betont auch sie, daß man bei ihr zuhause "kolossalen Wert darauf gelegt hat", daß sie "ein gutes Deutsch spreche" (Z.53ff.).[48]

Die Frage, ob Juden ein "besseres", d.h. reineres Deutsch als nichtjüdische Deutsche und Österreicher sprachen, ist oft behandelt worden und soll hier nur mit einigen Stichpunkten thematisiert werden. Toury (1983) geht auf die Zeit der Emanzipation zurück, in der es das Bestreben von Männern wie Moses Mendelssohn war, das Jiddische, "den ihm verhaßten 'Jargon'

---

[47] Den Stellenwert des "Burgtheaterdeutsch" für die Österreicher belegt auch die Erzählung des aus Ludwigshafen stammenden Aharon Doron über die Zeit nach seiner Einwanderung in Palästina: Jugendliche aus Österreich bestanden den "Deutschen" gegenüber darauf, "das richtige Deutsch" sei "das Burgtheaterdeutsch" (Ph 45: 8, Z.5-8). – Zu Reibereien zwischen den aus Österreich und aus Deutschland gekommenen Einwanderern, die sich meistens an der Sprache entzündeten, vgl. auch Rachel Beck in Betten/Du-nour (1995: 175f.). Wie sehr diese Gegensätze bis heute weiterleben, belegt sehr amüsant das gesamte Interview der Ex-Berlinerin Eva Eylon mit dem Ex-Wiener Abraham Kadimah (Ph 45: 152; Ph 42: 435f.). Weitere Beispiele, die nicht vereinzelt waren: Die gebürtige Wienerin Marianne Wahrmann wollte zunächst am Interview nicht teilnehmen, weil sie doch nach Ansicht ihres Mannes (der aus Frankfurt stammt, s. Ph 45: 13ff.) nicht zum "deutschen Kulturkreis" gehöre. Eine andere alte Dame beklagte sich bitter, daß von dem Interview mit ihrem aus Berlin stammenden Mann nichts in unserem Buch abgedruckt sei, während eine ganze Reihe von "Österreichern" dabei seien, die doch gar nicht "dazu gehören". – Diesen und anderen Vorurteilen der einzelnen deutschsprachigen Gruppen untereinander kann und soll jedoch in unserem Zusammenhang nicht weiter nachgegangen werden.

[48] Bei neuen Interviews mit Ex-Österreichern Ende 1998 in Jerusalem sagte eine gebürtige Wienerin, sie sei eine Ausnahme, denn sie habe von der Schule her Dialekt gut beherrscht, da sie im 18. Bezirk nur die Hauptschule besucht habe, in der insgesamt nur zwei jüdische Kinder waren: denn "die Juden schickten ihre Kinder nicht in die Hauptschule, die gingen ins Gymnasium". Dennoch hat auch sie zuhause "unter keinen Umständen" Dialekt sprechen dürfen. – Bei der Auswanderung nach Palästina habe sie auf dem Schiff mit einem anderen Mädchen, das starken Dialekt sprach, geredet und die Leute (d.h. die anderen jüdischen Emigranten) fragten, was das für eine Sprache sei. – Vgl. ferner Anna Robert im Beitrag von P. Mauser, in diesem Bd., S. 443, Bsp. (29), über eine Frau in Israel, die so stark Dialekt gesprochen habe, daß man zunächst glaubte, sie sei gar keine Jüdin. Vgl. auch aus den Erinnerungen von Albert Fuchs: Ein Sohn aus gutem Haus, London 1943: "Es war ausgesprochen unfein, Wiener Dialekt zu reden, noch unfeiner allerdings, zu jüdeln" (zit. bei John/Lichtblau 1993: 244).

gänzlich auszumerzen", und er zitiert ein Wort von Mendelssohn, das in derselben Form noch im heutigen Israel zu hören ist: "Man rede '[...] *nach Beschaffenheit der Umstände, rein deutsch, oder rein hebräisch [...]. Nur keine Vermischung der Sprachen!"* (ebd.: 77). Toury setzt drei Generationen für die jüdische "Einordnung im deutschen Kulturkreis" an, zu der "natürlich auch die Sprach-Akkulturation gehörte" (ebd.: 79):[49]

> Die zweite Generation der sich einordnenden Juden, um 1780 geboren, besuchte bereits allgemeine oder neugegründete moderne jüdische Schulen und lernte von Kindesbeinen an die Sprache der Umwelt. Seither wurde der jüdische Kulturandrang [sic!] von den Nichtjuden teils mit Verwunderung über den jüdischen Wissens- und Bildungsdurst, teils auch schon mit einer gewissen Besorgnis zur Kenntnis genommen [...]. (ebd.: 81f.)

Nach Toury kam es schon nach den Napoleonischen Kriegen zu einem "Sprachkonflikt" zwischen Juden und Nichtjuden, den er auf politisch-geographische und auf sozioökonomische Faktoren zurückführt. Viele Juden verließen in dieser Zeit ihre Wohnsitze (besonders in Massenelendsgebieten), wanderten in Großstädte ab und befleißigten sich dort einer Hochsprache, die keine regionale Basis hatte und in der ersten "Aufsteiger-Generation" oft durch "Parvenü-Sprechweise" auffiel. Unter diese Aufsteiger seien "unbedingt auch die nunmehr in Erscheinung tretenden Universitätsabsolventen zu zählen" (ebd.: 82-84):

> Der größte Vorwurf, der sie traf, mußte demnach ein qualitativer sein, daß sie nämlich eine normative, also keine "Volkssprache" gebrauchten. Unbestreitbar ist jedenfalls, daß diese Gebildeten in den größeren Städten (und ihre Zahl mag damals bis zu 2% der Juden ausgemacht haben), sich einer Hochsprache bedienten, und zwar in konsequenterem Maße und wohl auch in größerem Umfang, als die gebildete nichtjüdische Parallelschicht. Ein deutscher Professor konnte sächseln, berlinern, schwäbeln, wienern oder Goethes Frankfurterisch sprechen. Ein gebildeter Jude sprach hochdeutsch. Das war seine Auszeichnung, das war aber auch sein Manko. (ebd.: 84)

Die "weniger elitären Schichten, insbesondere in kleineren Städten und auf Dörfern", hätten es dagegen mit dem Hochdeutschen weniger genau genommen. Toury geht davon aus, daß zum einen "der von Juden gesprochene Ortsdialekt oft überlagert wurde von einem Beiklang der residualen Internsprache", womit er nicht Jiddisch, sondern "die Idiomatik einer lokalen Ingroup" und, in größerem Rahmen, "einer Subkultur" meint (ebd.: 85f.). Einer der wenigen unserer Interviewpartner, der aus einer Familie von Landjuden stammt, H.S. Forst aus Kastellaun an der Mosel, hat die Sprachen, die er zuhause gehört und benützt hat, ähnlich beschrieben (Ph 45: 4-6).

---

[49] Allerdings setzt er die "Eindeutschung der ersten Generation" mit mehreren zeitlichen Verschiebungen an: Nur in den Großstädten sei "die erste Generation der 'Pioniere' seit etwa 1750 und bis zum Vorabend der Französischen Revolution anzusetzen", die zweite etwa von 1780 bis 1815/20 und die dritte, "arrivierte" von da an bis nach der Revolution von 1848/49. – Demgegenüber habe der Prozeß "in Hamburg, Frankfurt, Breslau, und in einigen preußischen Provinzen (Westpreußen!), insbesondere aber im ganzen Rheinland" erst etwa mit der Französischen Revolution begonnen und sich dann bis etwa 1840 bzw. 1871 verschoben. "In den Ostprovinzen und bei den Landjuden Bayerns, Hessens oder Baden/Württembergs, und sicherlich in Posen" liege der Beginn erst um 1815; das Ende verschiebe sich dementsprechend (ebd.: 80f., Anm. 17).

Zum anderen erfolgte, nach Toury, auch die Assimilation an den Lokaldialekt auf einer etwas höheren, "gebildeteren" Ebene als bei den alteingesessenen nichtjüdischen Ortsbewohnern. Auch Jacobs (1996) referiert in seiner auf die österreichischen und speziell Wiener Sprachverhältnisse ausgerichteten Untersuchung zunächst eine Arbeit, die diese Beobachtungen empirisch stützt: Matras (1991) verglich die Sprache von in Israel lebenden Juden aus zwei Dörfern in Südwestdeutschland mit der heute dort gesprochenen Sprache. Dies ergab u.a., daß die jüdischen Informanten auffällig zur Variation entlang einer Skala zwischen Regionalsprache und allgemeiner Umgangssprache tendierten. Ähnlich erscheint Jacobs das Deutsch ehemaliger Wiener Juden[50] "closer to some sort of supralectal German"; es gebe "the immediate impression of something akin to educated Austrian Standard" (1996: 205).[51] Beides stimmt mit den Befunden über Dialektbeherrschung und -verwendung unserer Interviewpartner weitgehend überein.[52]

Toury faßt zusammen,

> daß gewöhnlich die gepflegtere, "a bisle feinere" [Zitat von U. Jeggle] Sprache vorherrschte, welche man, selbst auf lokaler Ebene, bei den Juden vielleicht als typische B i l d u n g s s p r a c h e ansprechen darf. (1983: 88)

Wichtiges Charakteristikum der auf die Aufklärung zurückgehenden Akkulturation der (westeuropäischen) Juden ist ein (pluralistischer) Humanismus.[53] Auch diese feste Verbindung von

---

[50] Er nennt es "Vienna Jewish speech (VJS) – the German spoken natively by Jews in Vienna during the 1920s and 1930s" (1996: 177): Damit nimmt er die Charakterisierung der an heutigen Probanden beobachteten Sprache wie wir bei unserem Projekt durch zeitlichen Rückgriff auf die 20er Jahre vor.

[51] Allerdings geht Jacobs auch ausführlich darauf ein, daß der Ursprung dieser VJS "multiple and complex" ist, wobei v.a. Prag und Galizien, ferner Ungarn und Czernowitz wichtige Rollen spielten. Das Spektrum des in Wien gesprochenen Deutsch war besonders durch den von 1848 bis nach dem Ersten Weltkrieg anhaltenden Zuzug von Juden aus allen Teilen der k.u.k. Monarchie (vgl. dazu John/Lichtblau 1993: 114f., 145ff., 204ff. und passim) sehr breit und unterschiedlich.
Zumindest für den Großteil *unserer* Wiener Interviewpartner/innen dürfte jedoch nicht zutreffen, was Jacobs als eine Aufgabe für künftige Forschungen in Erwägung zieht: ob nämlich VJS-Sprecher in ganz entspannten Situationen mit der Familie und engen jüdischen Freunden, d.h. in soziolinguistischen Situationen, "where Austro-German Viennese were most apt to use dialect, or heavily dialect-influenced speech", "more Yiddish-like" gesprochen hätten – und "If so, in what ways? Lexically only? Phonologically or syntactically?" (ebd.: 200). Die Selbstzeugnisse unserer Interviewten belegen fast ausnahmslos, daß sie Jiddisch weder sprechen durften noch konnten und auch nichts verstanden (vgl. Marianne Wahrmann, Ph 42: 54, Z.22ff.). Allerdings dürfte dies v.a. in Wien stark nach Schicht, Assimilation der Familie und Wohnbezirk differiert haben.
Auch Jacobs Zustimmung zum Wahrheitsgehalt der Nazi-Propaganda, daß "echte Deutsche" Dialekt sprächen, während die "kosmopolitischen" Juden keine Dialekteinfärbung hätten, die er an der dialektfreien Sprache der Berliner exemplifiziert, ist in dieser Ausschließlichkeit wohl überzogen: Es zeigt sich gerade bei unseren rund 40 Berliner Sprecher/inne/n, daß die meisten (im Gegensatz zu Ada Brodsky, s.o.) *leicht* berlinern, und der prominenteste unter ihnen, Prof. Mendelsohn, am meisten (s. dazu u. S.253f., 261).

[52] Vgl. in diesem Bd. A. Betten, S.261 und passim; P. Mauser, S.430ff.

[53] S. Toury (1983: 93f.). Ausführlich über die Bedeutung, die das Festhalten der deutschen Juden am humanistischen Bildungsideal der Aufklärung und Humboldts (gegen seine Aushöhlung seit Ende des 19. Jhs.) für die jüdische Emanzipation hatte, vgl. Mosse (1992: u.a. 27ff.).

deutscher Kultur und humanistischen Traditionen des deutschen Judentums kam in vielen unserer Interviews zur Sprache.[54]

Die "neuhumanistische Bildungsreligion" wiederum, die gerade für die jüdischen Schichten, die sich vom traditionellen Glauben abwandten, Zentrum ihrer geistigen Welt wurde,[55] ist "für ihre Rituale auf die Sprache angewiesen" (Linke 1996: 55). Diese Zusammenhänge hat Linke in ihrem Buch über "Sprachkultur und Bürgertum" im 19. Jahrhundert detailliert dargestellt – und aus den oben genannten Gründen waren die Juden "bürgerlicher als das Bürgertum"[56] bzw. ihre nichtjüdischen Nachbarn. Nach Linkes Verständnis erstreckt sich das "bürgerliche Zeitalter" des 19. Jahrhunderts als "langes" Jahrhundert – im Einklang mit neueren Periodisierungsdiskussionen[57] – bis zum Ende des Ersten Weltkriegs und reicht damit noch in die Lebenszeit der meisten unserer Interviewpartner bzw. zumindest in die Welt ihrer Elternhäuser hinein. Linkes Beschreibung der Rolle, die (gute, richtige) Sprache für das bürgerliche Selbstverständnis spielt, trifft auf das Kultur- und Sprachverständnis der deutsch-jüdischen Emigranten so genau zu, als wäre sie von Anfang an auf sie gemünzt, z.B.:

> Wo Bildung einen zentralen Wert darstellt, kommt der Sprache bzw. ihrer Beherrschung durch den einzelnen eine entsprechend bedeutsame Stellung zu, sowohl in der Kommunikationspraxis als auch in der mehr oder weniger bewussten Hochschätzung sprachlicher Fähigkeiten und Fertigkeiten. (ebd.: 55)

Darüber hinaus ist "die Frage nach dem kultursemiotischen Wert bürgerlichen Sprachgebrauchs [...] eng mit der Frage nach den Normen und Idealen gekoppelt, an denen sich dieser Sprachgebrauch orientiert" (ebd.: 47). In meinem Beitrag zu den "syntaktischen Besonderheiten des Israel-Corpus" in diesem Band wird die fast schriftsprachliche Orientierung mancher Sprechstile auf das hohe Normbewußtsein dieser Generation zurückgeführt. Entsprechend zeigt Linke, wie sich in der zweiten Hälfte des 19. Jahrhunderts "die Dimensionen der Wahrnehmung und Beurteilung von (gesprochener) Sprache" verändert haben:

> Erlaubt und schön ist nicht mehr, was gefällt, sondern was sich ziemt, und das heisst: was der an der Schriftsprache orientierten hochsprachlichen Norm entspricht. (ebd.: 158)

Im Kontext dieses Zitats bezieht Linke diese Norm vor allem auf "die 'richtige Aussprache' (nämlich das Hochdeutsche, 'unter Vermeidung jedes Dialekts')".[58] Die negative Markierung

---

[54] Außer dem Zitat aus Walk, Ph 45: 144, Z.28f. (s.o. S.158) sowie Z.41f., vgl. Walk Ph 42: 410, Z.25 u.37; Friedländer Ph 42: 39, Z.77ff.; Gassmann Ph 42: 445, Z.6.

[55] Vgl. Mosse (1992: 73): "In den leeren Raum zwischen christlicher Tradition und Judentum als Offenbarungsreligion trat das Bildungsideal, an das sich das deutsche Bürgertum während der jüdischen Emanzipation hielt." Und "je heftiger dieses ältere Bildungsprinzip" später angegriffen wurde, zu "einer Zeit, da viele Deutsche im Nationalismus eine weltliche Religion entdeckten, fanden die meisten mittelständischen Juden einen weltlichen Glauben – an das ältere, auf Individualismus und Rationalität basierende Bildungsprinzip."

[56] So die Überschrift von Manfred Hettlings Rezension in der FAZ vom 8.8.1997 über das Buch von Marion A. Kaplan: Jüdisches Bürgertum. Frau, Familie und Identität im Kaiserreich, Hamburg 1997.

[57] Vgl. Linke (1996: 48f.).

[58] Linke (1996: 158) unter Verwendung von Zitaten aus einem Anstandsbuch von Hermine Schramm 1898.

von Dialektgebrauch wurde allerdings erst dann sozial ausschlaggebend, d.h. zur sozialen Stigmatisierung, wenn ein Sprecher nicht auch fähig war, "reines" Hochdeutsch zu sprechen: Erst "die *Abhängigkeit* vom Dialekt [...] ist der Faktor, der ihn sprachlich deklassiert" (Linke 1996: 247). Genau diese Einstellung, die leichte Anklänge an Dialekt bzw. regionale Umgangssprachen erlaubt, wenn sie nur nicht durchgehend verwendet werden, weil man nicht anders kann, liegt der Sprache derjenigen unserer Sprecher/innen zugrunde, die sich nicht grundsätzlich eines "gestochenen" Hochdeutsch in prononcierter Artikulation befleißigen.[59] Linke sieht hinter der definitiven Durchsetzung der Standardsprache gegen die Dialekte spätestens zu Beginn des 20. Jahrhunderts die Intention der Bürger/innen, den "eigenen sozialen Anspruch[.] auf die Zugehörigkeit zur tonangebenden, bildungsbürgerlichen Schicht" durchzusetzen:

> und die Orientierung an der Standardsprache, die sich in Form der Ächtung alles Dialektalen besonders plakativ demonstrieren lässt, ist ein wichtiges Mittel, diesen Anspruch zu markieren und sich damit gegen ›unten‹ abzugrenzen, auch wenn sich die ökonomische Lage der ärmeren Schichten des Mittelstandes nicht unbedingt sehr auffällig von der ökonomischen Situation der sozialen Unterschichten abhebt. (ebd.: 260f.)

Gerade diese Haltung hatten sich die aufstrebenden, bildungsbeflissenen jüdischen Schichten vor und nach der Jahrhundertwende in besonderem Maße zu eigen gemacht – auch und vor allem jene Zuwanderer aus dem Osten, die nicht zuletzt deswegen nach Deutschland und Österreich gekommen waren, um ihren Kindern gesellschaftlichen Aufstieg durch (deutsche) Bildung zu ermöglichen.[60] Daß die Emigrantionssituation paradoxerweise diese anerzogene Einstellung vielfach noch verstärkt hat, da Bildung für die meisten der einzige Besitz war, der ihnen geblieben war, und deren offensichtlichster Beweis ein gepflegtes, an der Schrift- und Literatursprache orientiertes Sprechen war,[61] versuche ich in meinen Analysen über Sprechstile und die Rolle der Norm durch detaillierte Beobachtungen nachzuweisen.[62]

So darf man vielleicht resümieren, daß das "jeckische Deutsch" ein Deutsch ist, das es – um Ada Brodskys Gedanken nochmals aufzunehmen – sehr wohl gibt; wenn auch nicht mehr lange. Es manifestiert sich, wie jede lebende, gesprochene Sprache, bei jeder Sprecherin und je-

---

[59] Vgl. die entsprechenden Kurzbemerkungen im linguistischen Vorspann zu den Transkripten sowie A. Betten in diesem Bd., S.251, 256, 261f. und passim.

[60] Vgl. dazu Herrn Y, Ph 45: 18f. – Vgl. ferner nochmals aus den Erinnerungen von Albert Fuchs (s.o. Anm. 48): "Während bei uns das Aussprechen vieler natürlicher Dinge aufs strengste verpönt war, gebrauchte man mit größter Ungeniertheit das Wort 'Karriere'. Hundertmal wurde gesagt, daß dies oder jenes dem Vater in der Karriere schaden könnte, daß auch wir einst Karriere machen müßten ...". (Kurz darauf folgt das oben wiedergegebene Zitat zu sprachlichen "Unfeinheiten".) – Zum Weiterleben der Verbindung "gute Sprache = Karriere" s. Charlotte Rothschild (Ph 45: 79ff.), die begründet, daß sie mangels anderer Güter ihre Kinder zweisprachig aufwachsen ließ ("das kostet mich überhaupt nichts", Z.6); daß sie ihnen "gutes Deutsch beigebracht" habe, habe sich später "sehr bezahlt gemacht" (Z.29f.).

[61] Hingewiesen sei hier noch auf den Primärtext von Joseph Amit, der bemerkt, daß in dem Kibbuz, in den er kam, zu seiner Enttäuschung nicht Hebräisch, sondern "ein sehr intelligentes Hochdeutsch" gesprochen wurde (Ph 45: 52, Z.26ff.).

[62] Vgl. besonders S.261ff. sowie die Beiträge von A. Weiss und Ch. Albert in diesem Bd.

dem Sprecher etwas anders, als Summe von Idiolekten, die Aufschluß über die individuellen Biographien, Sprachbegabungen und -einstellungen geben. Durch die allgemein jüdischen und die speziell israelischen lexikalischen Einfügungen, die zwar von den einzelnen in unterschiedlicher Häufigkeit verwendet werden, aber doch bei allen einen gewissen Grundbestand ausmachen, ist es als eigene Varietät des Deutschen ausgewiesen, die auch als (selbst-)bewußter Ausdruck der neuen, israelischen Identität gesehen werden *kann*. Ihr zweites, für unsere Untersuchungen hier im Mittelpunkt stehendes Charakteristikum ist das Weiterleben und -pflegen eines Deutsch, das es so korrekt und gebildet kaum noch anderswo gibt. Und auch das *kann* bewußter Ausdruck einer besonderen Identität sein, nämlich des Selbstbewußtseins der Emigranten, die an den besseren, humanistisch geprägten Traditionen deutscher Kultur und Sprache festhielten und damit Distanz zur Entwicklung in Deutschland selbst schafften. Die Abhandlung des (Amerika-)Emigranten Mosse über die Geschichte der Juden in Deutschland schließt mit diesem Gedanken:

> Aber es war das deutsch-jüdische Bildungsbürgertum, das mehr als jede andere Einzelgruppe für die Erhaltung von Deutschlands "besserem Selbst" – durch Diktatur, Krieg, Holocaust und Niederlage hindurch – sorgte. (1992: 125)

Literatur

Ben-Rafael, Eliezer (1994): Language, Identity, and Social Division: The Case of Israel, Oxford: Clarendon (Oxford studies in language contact).

Betten, Anne (1994): Zur Spontaneität autobiographischer Erzählungen. Vergleich eines Interviews der ehemals österreichischen, heute israelischen Schriftstellerin und Journalistin Alice Schwarz-Gardos mit ihrer schriftlichen Autobiographie, in: D. W. Halwachs et al. (Hgg.): Sprache, Onomatopöie, Rhetorik, Namen, Idiomatik, Grammatik. Festschrift für Karl Sornig zum 66. Geburtstag, Graz: Institut für Sprachwissenschaft (Grazer Linguistische Monographien 11), S.1-11.

— (Hg.) (1995a): Sprachbewahrung nach der Emigration – Das Deutsch der 20er Jahre in Israel. Teil 1: Transkripte und Tondokumente. Unter Mitarbeit von Sigrid Graßl, Tübingen: Niemeyer (Phonai 42), S.1-30.

— (1995b): Emigrationsetappe Frankreich: Zur Ausformung von Erzählungen in mündlichen Autobiographien ehemaliger deutscher Juden, in: E. Faucher et al. (Hgg.): Signans und Signatum. Auf dem Weg zu einer semantischen Grammatik. Festschrift für Paul Valentin zum 60. Geburtstag, Tübingen: Narr (Eurogermanistik. Europäische Studien zur deutschen Sprache 6), S.395-409.

— (1996): "Mit allem, was Hebräisch ist, sind wir an der Oberfläche geblieben". Zur kulturellen Identität der letzten Generation deutsch-jüdischer Emigranten der 30er Jahre in Israel, in: Magazin Nr.1 der DIG [= Deutsch-Israelische-Gesellschaft], S.6-10.

Betten, Anne/Du-nour, Miryam (Hgg.) (1995): Wir sind die Letzten. Fragt uns aus: Gespräche mit den Emigranten der dreißiger Jahre in Israel. Unter Mitarbeit von Kristine Hecker und Esriel Hildesheimer, Gerlingen: Bleicher.

Burkhardt, Angelika/Burkhardt, Armin (1997): "Emigration ist kein leichtes Los". Zwei Bücher über Schicksal und Lebenswege deutsch-jüdischer Emigranten [= Rezension von Betten 1995a und Betten/Du-nour 1995], in: Der Deutschunterricht, H.4, S.82-86.

Clyne, Michael (1999): Australische Sprachgegenwart und österreichische Sprachgeschichte. Gemeinsamkeiten und Unterschiede, in: M. Pümpel-Mader/B. Schönherr (Hgg.): Sprache – Kultur – Geschichte. Sprachhistorische Studien zum Deutschen. Hans Moser zum 60. Geburtstag, Innsbruck: Institut für Germanistik (Innsbrucker Beiträge zur Kulturwissenschaft: Germanist. Reihe 59), S.395-408.

Fix, Ulla (1997): [Besprechung von Betten 1995a und Betten/Du-nour 1995], in: Beiträge zur Geschichte der deutschen Sprache und Literatur 119/2, S.298-305.

Grosse, Siegfried (1996): Aus der Muttersprache kann man nicht emigrieren [Kommentar zu Betten 1995a und Betten/Du-nour 1995], in: Zeitschrift für Germanistische Linguistik 24, S.80-87.

Jacobs, Neil G. (1996): On the investigation of 1920s Vienna Jewish Speech: ideology and linguistics, in: American Journal of Germanic Linguistics & Literatures 8/2, S.177-217.

Janich, Nina (1996): [Rezension von Betten 1995a], in: Zeitschrift für Dialektologie und Linguistik 63/3, S.347f.

John, Michael/Lichtblau, Albert (1993): Schmelztiegel Wien – einst und jetzt: Zur Geschichte und Gegenwart von Zuwanderung und Minderheiten. Aufsätze, Quellen, Kommentare, 2., verb. Aufl. Wien, Köln, Weimar: Böhlau.

Linke, Angelika (1996): Sprachkultur und Bürgertum. Zur Mentalitätsgeschichte des 19. Jahrhunderts, Stuttgart, Weimar: Metzler.

Matras, Yaron (1991): Zur Rekonstruktion des jüdischdeutschen Wortschatzes in den Mundarten ehemaliger "Judendörfer" in Südwestdeutschland. In: Zeitschrift für Dialektologie und Linguistik 58, S.267-293.

Mosse, George L. (1992): Jüdische Intellektuelle in Deutschland. Zwischen Religion und Nationalismus. Mit einer Einleitung von Aleida Assmann, Frankfurt/M., New York: Campus.

Müller-Salget, Klaus (1991): Zur Identitätsproblematik deutschsprachiger Schriftsteller in Palästina und Israel. In: Akten des VIII. Internationalen Germanisten-Kongresses Tokyo 1990, hg.v. E. Iwasaki. Bd.8: Emigranten- und Immigrantenliteratur, München: iudicium, S.149-157.

Schwarz-Gardos, Alice (1992): Von Wien nach Tel Aviv. Lebensweg einer Journalistin, 2.Aufl., Gerlingen: Bleicher.

Thüne, Eva-Maria (1997): Recensioni, Reviews, Rezensionen. [Rezensionen von Betten 1995a, Betten/Du-nour 1995 u.a.], in: Prospero IV, S.144-152 [speziell S.144-148].

Toury, Jacob (1983): Die Sprache als Problem der jüdischen Einordnung im deutschen Kulturraum, in: Jahrbuch für deutsche Geschichte der Universität Tel-Aviv, Beiheft 4, Universität Tel-Aviv, S.75-96.

MIRYAM DU-NOUR

Sprachbewahrung und Sprachwandel unter den deutschsprachigen Palästina-Emigranten der 30er Jahre

1 Sprachbewahrung und Sprachwandel

Sprachbewahrung und Sprachwandel stellen zwei Pole linguistischer Prozesse dar, die in Abhängigkeit von historischem, demographischem oder sozialem Wandel auftreten. *Sprachbewahrung* ist definiert als "a situation where a speech community continues to use its traditional language in the face of a host of conditions that might foster a shift to another language" (Hyltenstam/Stroud 1996). Die erwähnten Bedingungen können das Ergebnis von Eroberung, Migration, sich wandelnden Machtverhältnissen zwischen Volksgruppen und natürlich von politisch initiiertem Wandel sein.

Hyltenstam/Stroud erheben die Frage, welche Funktionsbereiche, welches Maß an Fertigkeiten und struktureller Stabilität eine Sprachgemeinschaft aufweisen muß, um als sprachbewahrend gelten zu können. Ein wesentlicher Punkt dieser Frage ist, ob die Sprache an folgende Generationen weitergegeben wird. Des weiteren schlagen sie vor, jene Fälle, in denen einzelne Sprecher an ihrer Kompetenz/Fertigkeit in einer Sprache, die im sprachlichen Umfeld keine Unterstützung mehr findet, festhalten, nicht als Fälle der *Sprachbewahrung* zu betrachten, sondern als Fälle der *language retention*, die nicht in den Bereich der Soziolinguistik fallen. Meiner Ansicht nach ist es hier schwierig, eine scharfe Grenze zu ziehen. Obwohl möglicherweise ein Unterschied zwischen *Sprachbewahrung* auf der übereinzelsprachlichen und *language retention* auf der einzelsprachlichen Ebene bestehen mag, so denke ich doch, daß es sich bei beiden um verschiedene Ausprägungen ein und desselben Phänomens handelt, denen unterschiedliche Bedingungen zugrunde liegen. Edwards (1985: 92) erklärt den *Sprachwandel* als einen sozio-ökonomischen Prozeß: "Linguistic matters are dependent upon other sociopolitical factors, and can be best understood in terms of pragmatic adjustment to new requirements." Konkreter *Sprachwandel* wird von Hyltenstam/Stroud (1996: 568) als eine Situation beschrieben, in der "speakers belonging to the dominated group may perceive it necessary to, or feel obliged to (or quite simply 'merely wish' to) acquire the language of the dominant group. Mastery of the language of the majority group is frequently thought to confer participation in the important markets and channels of economic life, and to increase minority members' opportunities of access to valued goods and services." In diesem Prozeß bestehen in der Gesellschaft bzw. Gemeinschaft mehr oder weniger lange Perioden der Diglossie und des Multilinguismus. Es gibt deutliche Hinweise darauf, daß der Wandel deshalb abgeschlossen wird, weil Assimilation und ökonomische Gründe ihn unterstützen; aber andererseits wissen wir, daß in vielen Fällen die Diglossie aufgrund des wachsenden Gruppenbewußtseins beibehalten und sogar verstärkt wird.

Alles in allem muß letztlich jeder einzelne Fall von Sprachbewahrung oder -wandel im Rahmen der politischen, sozialen, demographischen und kulturellen Bedingungen betrachtet werden. Länder mit starker Einwanderung, in denen verschiedene ethnische Gruppen zu unterschiedlichen Zeitpunkten eintreffen, Seite an Seite in einer multilingualen Gemeinschaft leben, sich in die dominierende Sprache und Kultur integrieren oder auch nicht, haben auch unterschiedliche Muster und Rahmenbedingungen für diese Prozesse. Vergleiche sollten nur sehr vorsichtig angestellt werden.

Dieser Beitrag versucht, das Phänomen der *Bewahrung des Deutschen* und des *Wechsels zum Hebräischen* zusammenfassend darzustellen: er schließt mit der hier untersuchten Sprechergruppe – der relativ großen Gruppe der deutschsprachigen Juden, die in den 30er Jahren unseres Jahrhunderts nach der Machtergreifung Hitlers nach Palästina emigrierten – an die beiden bereits erschienenen Bände Betten (1995) und Betten/Du-nour (1995) an.[1]

In den im Rahmen des Projektes von A. Betten auf Band aufgenommenen Gesprächen mit mehr als 160 Interviewpartnern kamen immer wieder die Themen Bewahrung des Deutschen und Wechsel zum Hebräischen zur Sprache. Die Gesprächspartner und -partnerinnen erzählten, wann, wo und in welchem Ausmaß sie Hebräisch lernten, welche Erfahrungen und Traumata sie dabei durchmachten; sie erzählten auch, wie gut bzw. schlecht sie heute das Hebräische sprechen, lesen und schreiben können, wie ihre Einstellung zu beiden Sprachen, dem Hebräischen und dem Deutschen, ist, wie sie ihre kulturelle Identität sehen, welche Sprache in den unterschiedlichen sozialen Kontexten gesprochen wurde und wird, wie sie sich dabei fühlen bzw. fühlten, in welchem Ausmaß sie das Deutsche an ihre Kinder weitergaben etc. Nachdem wir die entscheidenden Informationen zu diesen Fragen aus den Interviews extrahiert und bearbeitet hatten, stellte sich überraschenderweise heraus, daß die dabei angetroffene Variationsbreite beinahe der Zahl der Interviewpartner entsprach.

Die Interviews wurden nicht nach soziolinguistischen Prinzipien geführt, es liegt ihnen auch kein Questionnaire mit vorgefertigten Fragen zugrunde. Weil uns sehr viele Antworten auf nicht geäußerte Fragen vorlagen, erstellten wir das Questionnaire rückwirkend und ergänzten Felder mit Hilfe jener Information, die wir aus den Transkripten der Interviews erhalten hatten. Diese Daten wurden dann statistisch ausgewertet. Natürlich blieben aufgrund dieser Vorgangsweise eine Reihe von Leerstellen in den verschiedenen Spalten bestehen – nicht alle Interviewten bezogen sich auf alle Fragen. Obwohl die Gruppe der Interviewpartner mehr oder minder zufällig ausgewählt wurde und es sich folglich nicht um ein repräsentatives Sample handelt, sind

---

[1] Für diese häufig zitierten Bände werden im folgenden kürzere Siglen verwendet: Ph 42 für Betten (1995), B/D (1995) für Betten/Du-nour (1995) und Ph 45 für die Transkripte aus diesem Band.

wir doch der Ansicht, daß die Ergebnisse unserer Untersuchung ein ziemlich gutes Bild von der Sachlage abgeben.

2 Sprachbewahrung der deutschsprachigen Immigranten

Das moderne Hebräisch wurde allmählich die "nationale Sprache" und gewann als Hauptsprache der jüdischen Gemeinschaft in Palästina an Boden (s. Anhang S.210ff.). Aus verschiedenen (Bevölkerungs-)Statistiken der Jahre 1908-1948 wird deutlich, daß der Anteil der hebräischsprachigen Bevölkerung konstant stieg (s. Anhang S.212ff.). Im ersten Jahrzehnt des Britischen Mandats war der Anstieg am auffallendsten, trotz oder möglicherweise gerade wegen der ständigen Immigration. Nach der Gründung des Staates Israel kamen breite Immigrantenströme an und veränderten die Lage kurzzeitig. Aber noch in der Zeit vor der Staatsgründung fand in den späten 30er Jahren eine plötzliche Veränderung im Rhythmus des Sprachwechsels statt. Es scheint als ob die deutschen Juden stärker an ihrer Muttersprache hingen als die früheren Einwanderergruppen. Dies entnimmt man auch der Tabelle in Bachi (1956: 194), die die Verteilung der Sprachen unter jenen Sprechern auflistet, die von sich angaben, nur oder hauptsächlich eine fremde Sprache zu verwenden:

Tabelle 1: Verteilung der Sprachen (in Prozent)

Jahr	Fremdsprache	Jiddisch	Judezmo	Arabisch	Deutsch
1916	60,0	35,6	4,0	18,1	0,1
1948	24,9	11,7	1,2	1,6	4,2

1948, im Jahr der Staatsgründung, waren 17% der Sprecher, die sich nicht hauptsächlich des Hebräischen bedienten, deutschsprachig. Wenn wir uns überlegen, daß die 65 000 bis 75 000 deutschsprachigen Immigranten der dreißiger Jahre 10% der Gesamtbevölkerung von 716 000 (> 2 Jahre) ausmachten, daß sie des weiteren schon mindestens 10 Jahre im Land waren, so ist dieser Prozentsatz ziemlich hoch. In den frühen fünfziger Jahren stieg der Anteil der Sprecher von fremden Sprachen einige Jahre lang auf nahezu 40%. In der 1956er Volkszählung stellte die Gruppe der nur deutschsprachigen Sprecher (die sich jetzt schon beinahe 20 Jahre im Land aufhielten) noch immer 7% aller Sprecher, die nicht hauptsächlich hebräischsprachig waren (vgl. Bachi 1956: 194), obwohl ihr Anteil in der Gesamtbevölkerung mit den Jahren erheblich zurückging. Die Gründe dafür liegen im Wesen und der Geschichte dieser Sprechergruppe.

Bis in die frühen dreißiger Jahre waren relativ wenige deutsche Juden unter den Palästina-Immigranten. Um 1933, als die Suche der Juden nach Zufluchtsländern bereits begonnen hatte,

war die Einwanderungsmöglichkeit nach Palästina beschränkt, weil die britische Mandatsregierung nur eine begrenzte Anzahl von Einreisevisa vergab (man sprach damals von sogenannten "Zertifikaten"). Von den 570 000 Juden, die vor 1933 in Deutschland lebten, gelang es
370 000 bis 1941 zu emigrieren. Die geschätzte Zahl deutschsprachiger Juden, die in den
dreißiger Jahren immigrierten, dürfte zwischen 70 000 und 80 000 betragen.[2]

Diese Einwanderungswelle unterschied sich von früheren in vielfacher Weise. Bisher war die
Mehrheit der Einwanderer aus Osteuropa gekommen. Die meisten osteuropäischen Juden hatten
im allgemeinen eine gewisse jüdische Erziehung genossen und konnten mehr oder weniger
Hebräisch (zumindest in der geschriebenen Form). In Osteuropa gab es verschiedene Arten
religiöser Schulen, die von Knaben ab dem vierten Lebensjahr besucht wurden; daneben gab es
auch noch sehr gute neuhebräische Schulen. Auch wenn viele von den osteuropäischen Juden
Russisch, Polnisch oder eine andere Sprache sprachen, konnte praktisch jeder von ihnen Jiddisch. Selbst diejenigen, die ganz weltlich ausgerichtet waren, hatten entweder religiöse Eltern
oder wenigstens Großeltern.

Die deutschen Juden waren anders. Unter ihnen war der Anteil derjenigen, die beinahe keinen
Kontakt mit dem Hebräischen gehabt hatten, recht groß. In Deutschland erlangten die Juden
Mitte des 19. Jahrhunderts die Emanzipation, und seit damals bemühten sie sich sehr, sich in das
Leben und die Kultur Deutschlands zu integrieren. Man konnte in den ersten Jahrzehnten des
20. Jahrhunderts stark assimilierte jüdische Familien, gemischte Ehen und Juden, die aus
verschiedensten Gründen zum Christentum konvertiert waren, finden. Gleichzeitig hing aber
auch eine nicht unbeträchtliche Anzahl der Juden stark am eigenen Erbe; einige waren streng
orthodox, andere pflegten die jüdischen Traditionen und/oder waren nationalbewußt.

Genau betrachtet aber waren die Juden eher kulturell angepaßt als assimiliert. Sie hatten eine
ganz besondere Affinität zur deutschen Kultur, vor allem zu jenem Teil der deutschen Kultur,
den sie schätzten, jenem Teil, mit dem sie sich identifizieren konnten. Das waren insbesondere
die Musik, die Literatur und – die Sprache. Unter den bedeutendsten deutschen Autoren und
Intellektuellen des 19. und beginnenden 20. Jahrhunderts waren viele Juden, und zwar nicht nur
Juden, die in Deutschland lebten. Unser Interviewpartner Prof. Jehoshua Arieli erläutert, daß die
Juden in Böhmen und Mähren in einer deutschen "Reinkultur" lebten bzw. sich diese formten.
Denn anders als die deutschen Juden lebten sie nicht in deutscher Umgebung und fanden in der
deutschen Kultur eine "Brücke, durch die man Teilhaber war an der europäischen Kultur" (B/D
1995: 282).[3] Selbst für die deutschen und österreichischen Juden traf dies in gewisser Weise zu.
Die deutsche Kultur war ihre Heimat. Sogar in religiösen Kreisen mit jüdischer Kultur identifi-

---

[2] Vgl. Betten, Einleitung zu Ph 42: 7, mit Literaturhinweisen in Anm. 7, und S.29f.

[3] Für alle folgenden Zitate aus B/D (1995) gilt, daß sie im Gegensatz zu den Transkripten aus Ph 42 und Ph 45
z.T. leichte Überarbeitungen der Originaltexte darstellen; z.B. wurden viele Gliederungssignale und Wiederholungen getilgt, z.T. kleine Umstellungen vorgenommen, um die Lesbarkeit für Nicht-Linguisten zu erleichtern.

zierte man sich mit der deutschen Sprache und Zivilisation. Rabbiner Salomo Pappenheim sagt: "man war nicht deutschnational, aber man war doch deutsch. Man hat doch eine Kultur gehabt. Schauen Sie, ich bin als zwölfjähriger Junge weg von Deutschland. Sie können an meinen Kindern noch erkennen, daß der Vater aus Deutschland kommt. Ich bin heute noch, nicht nur in der Sprache, sondern auch in meiner ganzen Kultur, in meiner ganzen Denkweise immer noch ein deutscher Jude" (B/D 1995: 243).

Es ist nicht schwer zu verstehen, daß die deutschen Juden nach der Ankunft in einem teilweise "primitiven" Land, dessen zivilisatorische Standards deutlich unter den gewohnten lagen, dessen Kultur den meisten von ihnen ziemlich fremd war, an ihrem kulturellen Vermächtnis hingen. Prof. Uri Rapp sagt: "kulturell sind die Juden, die aus Deutschland kamen [...], von höheren Kulturen in eine niedrigere hineingeraten. [...] Sie mußten auf sehr viele Elemente ihrer Kultur verzichten" (B/D 1995: 287). Selbst jene, die die Integration in das Hebräische problemlos schafften, verleugnen ihr deutsches kulturelles Erbe nicht. So beispielsweise Simon Forst, der behauptet, daß er in dem Moment, in dem er palästinensischen Boden betreten hatte, eine ganz andere Identität angenommen habe. Ergänzend fügt er hinzu: "[...] ich kann natürlich die 17 Jahre, die ich in Deutschland war, nicht verleugnen. Ganz im Gegenteil: meine Muttersprache ist Deutsch geblieben, meine Kindheitsgefühle, was die Heimat, die frühere Heimat, anbelangt, sind dieselben geblieben" (B/D 1995: 321). Dr. Mirjam Michaelis, Dichterin in beiden Sprachen, zitierte den berühmten Satz: "aus seinem Mutterland kann man auswandern, aus seiner Muttersprache kann man nicht auswandern" (B/D 1995: 286). Prof. Joseph Walk formuliert es so: "Vielleicht sind wir wirklich die einzigen Erben der Weimarer Kultur. [...] Ich glaube, daß wir dieses kulturelle Erbe – und eine Sprache ist sehr der Spiegel der Kultur – hierher übernommen haben, mitgenommen und unverändert beibehalten haben" (B/D 1995: 282 f., Originaltranskript Ph 45: 144, Z.18-38). Die deutschen Juden brachten, sofern es möglich war, ihre Bibliotheken mit (Hildesheimer, Ph 45: 114-116), sie lasen – zumindest eine Zeitlang – weiterhin auf deutsch. Ruth Tauber erzählt: "Da gab's einen alten jeckischen Herrn, ein Großneffe von Heinrich Heine, und der kam mit einem Lederkoffer hier durch den Sand, und das war unsere, wie hat er immer gesagt, wandelnde Kultur. Er brachte uns Bücher, Leihbücherei, ist wirklich bis ans Ende des Dorfes gelaufen durch den Sand" (B/D 1995: 290). Außerhalb der Familie neigte man dazu, mit deutschsprachigen Freunden zu verkehren (Schwarz-Gardos, Ph 45: 52f.; Sternberg, Ph 45: 126). Es gab und gibt noch immer deutschsprachige Zeitungen.[4]

Die älteren unter den Einwanderern, die zunächst keine Hebräischkenntnisse hatten, fanden es zu mühsam die Sprache noch zu erlernen (Springer, Ph 45: 44f.). Viele Witze behandeln die Unfähigkeit deutschsprachiger Juden, Hebräisch zu lernen, zum Beispiel: "Sie haben sicher den Witz gehört von diesem Jecken, den man fragt: 'Schämst Du Dich nicht, Du bist schon so viele

---

[4]   Ph 42: 8, mit Anm. 8.

Jahre im Land und kannst noch immer kein Hebräisch sprechen!' Und darauf sagte er: 'Ist ja viel leichter, sich zu schämen als Hebräisch zu sprechen'" (Gadiel, B/D 1995: 313; vgl. auch Hauben, Ph 45: 42f. und Schwarz-Gardos, Ph 45: 120f.). Gertrud Fraenkel, die zweitälteste von unseren Interviewpartnern, erzählte humorvoll: "[...] wenn ich abends im Bett gelegen habe um zwölf und war um sechs Uhr aufgestanden, ohne Mittagspause, da hab' ich das Heft mit ins Bett genommen, habe ich gelesen *schalom*, Frieden, und *kessef*, Geld, da war ich weg, ja?" (B/D 1995: 311). Tatsächlich konnten ja auch jene, die keinen Beruf ausübten, in dem sie Hebräisch brauchten, wie auch ältere Leute sehr gut auskommen, ohne die Sprache zu erlernen. In Tel Aviv, Haifa, Jerusalem und in kleineren Orten wie beispielsweise Naharija gab es ganze Viertel, in denen man jahrelang nur Deutsch in den Geschäften, Cafés etc. hörte (Lilienfeld, Ph 45: 49-51; Schwarz-Gardos, Ph 45: 52f.; Herr Y, Ph 45: 47f.; Ballhorn, Ph 45: 48f.). Selbst Leute, die kein Deutsch sprachen, konnten die Sprache aufgrund ihrer Ähnlichkeit mit dem Jiddischen sehr gut verstehen. Jene, die in den Handel oder in Privatfirmen gingen, erwarben eine minimale Kenntnis, die sie benötigten, um weiterzukommen (Frau X, Ph 45: 37f.; Rothstein, Ph 45: 38f.). Aus der Gruppe derjenigen, die mit geringen Hebräischkenntnissen ins Land kamen, gaben sich nur die Motivierten die Mühe, die Sprache zu erlernen (vgl. z.B. Wachs, Ph 45: 36f.).

Trotzdem bestand von Beginn an ein Dilemma. Obwohl Hebräisch seit den zwanziger Jahren etabliert war, ließ der Druck von sprachpolitischer Seite nicht nach. Emanuel Strauss: "Ich kann mich noch erinnern, wenn wir einmal im Autobus Deutsch gesprochen haben, dann wurden wir angefahren mit der Losung: 'Hebräer' oder 'Jude, sprich Iwrit'" (B/D 1995: 301f., vgl. auch Schwarz-Gardos, Ph 45: 96). Obwohl sich dies Anfang der dreißiger Jahre noch nicht speziell gegen das Deutsche richtete (vgl. P. Alsberg, B/D 1995: 301), fühlten sich die deutschen Juden betroffen und sahen darin einen Ausdruck der Feindseligkeit der osteuropäischen Juden gegen sie (Landau, Ph 45: 95). In späteren Jahren, als die Greueltaten des Naziregimes bekannt wurden, wurde der Druck, nicht Deutsch zu sprechen, wenigstens nicht in der Öffentlichkeit, stärker. Eli Rothschild: "Es ist Leuten hier passiert – mir nicht –, daß sie im Autobus angeschrien wurden: 'Hier wird die Nazisprache nicht gesprochen!'" (B/D 1995: 303, vgl. auch Feiner, Ph 45: 96-98). Deutschsprachige Zeitungen wurden attackiert, sogar bombardiert (A.H. Gerling, B/D 1995: 304; Lilienfeld, B/D 1995: 305). Viele von unseren Interviewpartnern erkannten die Problematik und nahmen zumindest vorderhand vom Gebrauch des Deutschen Abstand. Andere wiederum differenzierten zwischen Sprache und Nation: "Deutsch an sich hat mit Nazis ja nichts zu tun" (Forst, Ph 45: 64, Z.46-49). Die Sprache war jene von Heine, Goethe und Schiller – diese Bemerkung machten mehrere unserer Gesprächspartner. Prof. Benjamin Kedar: "Ja, ich glaube, daß bei mir die Differenzierung zwischen deutscher Kultur und deutschem Nationalismus da sehr scharf war, das heißt, ich war sogar dankbar dafür, daß ich Deutsch konnte und deutsche Kultur genießen konnte. Ich weiß, ich hab im Kibbuz Schopenhauer gelesen [...] und habe auch gewußt, daß deutsche Literatur und deutsche Dichtung, Klassik usw. bei mir ein bleibendes Echo haben."[5] Einige versuchten sogar, diesen Standpunkt öffentlich zu verteidigen (Walk, B/D 1995: 283f.).

Nach dem Zweiten Weltkrieg, als die Greueltaten des Holocaust die Menschen bis ins Innerste erschütterten, änderte sich die Haltung zur deutschen Sprache. Es gab Menschen, die tatsächlich aufhörten Deutsch zu sprechen, sogar in der Familie (Forst, Ph 45: 63f.). Die meisten achteten, als sie wieder zu reisen begannen, darauf, im Ausland nicht Deutsch zu verwenden, weil sie nicht für Deutsche gehalten werden wollten und auch nicht mit Deutschen oder Österreichern sprechen wollten (Feiner, Ph 45: 96-98; Eger, B/D 1995: 389). Die Abwehr gegen die deutsche Sprache und Kultur dauerte lange und ist auch heute noch nicht völlig verschwunden. Dr. Akiba Eger erinnert sich daran, daß Ende der 60er Jahre, als das Burgtheater zum ersten Mal nach Israel kam und seinem Kibbuz eine Gratisvorstellung anbot, die Mehrheit der Kibbuzmitglieder dies zurückwies, weil man nicht bereit war, eine deutschsprachige Truppe zu akzeptieren (B/D 1995: 306). Prof. Arieli gibt zu, daß er selbst heute das Deutsche als "Kunstsprache" nicht annehmen kann, so daß er kürzlich mitten in der Aufführung eines deutschen Stücks in Jerusalem das Theater verließ, weil er die von der Bühne kommenden Laute nicht ertragen konnte. Er führt dieses Unbehagen auf seine Erinnerungen an die vier Jahre in einem deutschen Kriegsgefangenenlager zurück, in denen er das Deutsche nicht gesprochen, sondern nur geschrien hörte (B/D 1995: 306f.).

In späteren Jahren änderten die meisten ihre Haltung in gewissem Maße, so daß man heute alle Arten gemischter Gefühle zu Deutschland, Österreich und Deutschsprachigen antreffen kann (I. u. J. Naor, Ph 45: 100f.). Viele luden deutsche Israel-Besucher zu sich nach Hause ein, begannen Freundschaften mit jüngeren Leuten oder Menschen, die ihre antinazistische Haltung glaubhaft machen konnten, und beteiligten sich aktiv am Aufbau neuer deutsch-israelischer Beziehungen. Später reisten viele auch wieder nach Deutschland und Österreich. Wieder Deutsch in Deutschland zu sprechen, war nicht einfach (B. u. M. Kedar, Ph 45: 99f.). Erst mit der Zeit legten sich diese Gefühle etwas. Als sie von ihrem Berlinbesuch, dem Besuch ihrer Heimatstadt erzählt, sagt Cary Kloetzel: "Es war mir eigentlich selbstverständlich, daß ich in Deutschland mit den Leuten Deutsch sprach. Aber ich muß ehrlich gestehen, daß ich mich bei den danach stattgefundenen Besuchen in Deutschland [...] einfach wie ein Tourist fühlte, der die Sprache zufälligerweise total beherrscht. Ich habe überhaupt keine Sentiments [...]" (B/D 1995: 398). Einige aber wollen immer noch keinerlei Kontakt und vermeiden es bis heute, nach Deutschland oder Österreich zu reisen (S. u. H. Lion, Ph 45: 103f., und Herr Y, B/D 1995: 384f.).

---

[5] Diese Stelle ist direkt aus dem Interview transkribiert.

3 Der Wechsel zum Hebräischen

Von Gefühlen und Einstellungen zum Deutschen abgesehen, hängen der Grad der Sprach-
bewahrung und der Wechsel zum Hebräischen von vielen weiteren Faktoren ab. Gemäß den
Ergebnissen, zu denen Bachi (1956: 216ff.) gelangte, wäre das Tempo des Übergangs zum
Hebräischen hauptsächlich durch die drei folgenden Faktoren bestimmt: Alter zum Zeitpunkt der
Immigration, Dauer des Aufenthalts und Kontakt mit der Sprache noch vor der Immigration.
Bemerkenswert ist die Tatsache, daß die größten Fortschritte beim Spracherwerb (in jedem
Alter) in den ersten drei Jahren nach der Immigration gemacht werden. Danach wächst der Grad
der Sprachkenntnis nur mehr geringfügig. Aufgrund des vorliegenden Korpus ist die (ideologi-
sche und pragmatische) Motivation als ein vierter wichtiger Faktor zu ergänzen. Hofman/
Fisherman (1972: 349) stellen fest, daß überraschenderweise ein höheres Bildungsniveau eher
ein Hindernis beim Sprachwechsel darstellte. Leute mit niedriger Bildung oder selbst An-
alphabeten wechselten zum Hebräischen sehr viel müheloser als Gebildete. Die mögliche
Erklärung dafür ist: "the more educated they were the more reluctant they may have been to give
up their acquired culture".

Bachis (1956: 224) Erkenntnis, daß der Sprachwechsel durch Kontakt mit der neuen Sprache
vor der Einwanderung erleichtert wird, bedeutet, daß jene, die vor der Immigration Hebräisch
gelernt hatten, weniger Probleme hatten, gleich mit dem Hebräischsprechen zu beginnen (auch
wenn die einzelnen Varietäten der Sprache hinsichtlich der Aussprache, des Vokabulars und des
Stils voneinander verschieden waren).

Der Prozeß des Übergangs zum Hebräischen verlief in der Gruppe unserer Sprecher im
wesentlichen nach dem gleichen Modell. Wir interviewten die Menschen 60 Jahre und mehr
nach ihrer Einwanderung. Doch glauben wir davon ausgehen zu können, daß die erhobenen
Daten repräsentativ für die 5. Alija sind. 141 unserer Gesprächspartner kamen aus Deutschland,
12 aus Österreich, 6 aus der Tschechoslowakei und 7 aus Osteuropa. Nur 4 der 166 Interviewten
kamen vor 1933 nach Palästina. 67 immigrierten in den Jahren zwischen 1933 und 1935, 70
zwischen 1936 und 1940, 5 zwischen 1941 und 1945, 5 zwischen 1945 und 1947 und 15
wanderten nach 1947 ein. Es scheint, daß diese Zahlen den Prozeß der Einwanderung der
Deutschsprachigen im wesentlichen widerspiegeln.

3.1 Alter zum Zeitpunkt der Immigration

20,5% der Interviewten wurden vor 1906 geboren, was bedeutet, daß sie zum Zeitpunkt der
Interviews (1989-1994) älter als 80 Jahre waren; 54,2% wurden in den Jahren zwischen 1907
und 1917 geboren, 25,3% wurden nach 1918 geboren.

Graphik 1: Interviewpartner nach Geburtsdatum (in Prozent)

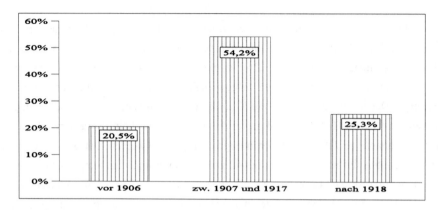

In Graphik 2 ist das Alter zum Zeitpunkt der Emigration bzw. der Immigration dargestellt. Es besteht eine Diskrepanz zwischen dem Alter zur Zeit der Emigration und dem zur Zeit der Immigration. Tatsächlich gingen nämlich nicht alle Emigranten (aller Altersgruppen) direkt nach Palästina. Einige von ihnen blieben zwischenzeitlich in einem anderen Land. Obwohl wir unser Interesse auf jene Leute konzentrierten, die vor dem Zweiten Weltkrieg einwanderten, befinden sich unter unseren Interviewpartnern auch 15, die nach 1947, also erst mehrere Jahre nach ihrer Emigration bzw. Flucht, ins Land kamen. Unter ihnen sind auch 5 Überlebende aus Konzentrationslagern.

Graphik 2: Alter zum Zeitpunkt der Emigration bzw. Immigration

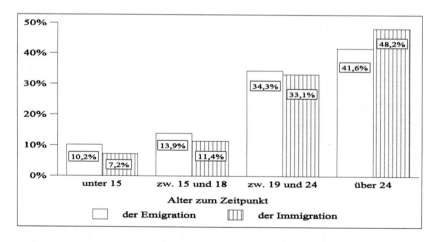

Fast alle unsere Interviewpartner genossen bis zu einem gewissen Alter eine Erziehung im deutschen Kulturkreis, aber nicht alle kamen aus Familien mit einem deutschsprachigen Hintergrund. Bei einigen waren die Eltern vor oder nach dem Ersten Weltkrieg aus Osteuropa nach Deutschland oder Österreich gekommen, vorwiegend aus Gebieten des ehemaligen deutschen Kaiserreiches bzw. der österreichisch-ungarischen Monarchie. Diese Familien hatten meistens noch stärkere Beziehung zur jüdischen Tradition und Kultur.

Tabelle 2: Zahl der Interviewten mit Eltern aus Osteuropa

Herkunft der Interviewten	beide Elternteile	ein Elternteil	gesamt
Deutschland	10	8	18
Österreich	2	1	3
Gesamt	12	9	21

Die Gruppe aller 166 Interviewten umfaßt Menschen aus fast allen Arten jüdischer Elternhäuser und bietet einen guten Einblick in das jüdische Leben in Deutschland in den ersten Jahrzehnten unseres Jahrhunderts.[6]

Tabelle 3: Familiäre Tradition: Grad der Affinität des Elternhauses zur jüdischen Religion und Kultur (in Prozent)

stark assimiliert	mäßig assimiliert	traditions- bewußt	religiös	sehr religiös	fehlende Angaben
15,1	26,5	21,7	22,9	8,4	5,4

Wie man in Tabelle 3 erkennen kann, waren nur 15% der Elternhäuser stark assimiliert und mehr als 50% unserer Interviewten kamen aus Elternhäusern, die mehr oder weniger starke Bande zur jüdischen Tradition hatten. Nach meiner Ansicht ist diese Aufteilung im großen und ganzen für alle deutschen Palästina-Emigranten repräsentativ, aber nicht notwendigerweise für das gesamte deutsche Judentum jener Zeit. Insgesamt dürfte der Anteil assimilierter Familien größer gewesen sein als in unserer Gruppe. Die stark assimilierten Juden konnten sich schwerlich vorstellen, von Deutschland tatsächlich zurückgestoßen zu werden. Sie betrachteten sich selbst als echte Deutsche, häufig patriotischer als ihre Nachbarn, und wollten nicht glauben, daß eine reale Gefahr für sie als Juden bestand. Sie klammerten sich an die Hoffnung, daß der Sturm vor-übergehen und alles sich wieder normalisieren würde. Für jene, die doch emigrierten, war Palästina nicht die erste Wahl. Menschen mit stärkerer Affinität zum Judentum erkannten bereits früher, daß sie Deutschland verlassen mußten, und unternahmen größere Anstrengungen, um nach Palästina und nicht in irgendein anderes Land zu emigrieren.

---

[6] Vgl. in Ph 42: Friedländer (37ff.), Dror (64f.), H. u. S. Lion (44ff.), Weinstein (48f.), Epstein (49f.), M. Wahrmann (53ff.); ferner B/D (1995: 23-50).

Aufs Ganze gesehen war die Zahl der Zionisten in Deutschland kleiner als in Osteuropa. Unter den zionistischen Führern gab es natürlich auch deutsche Juden, und zionistische Organisationen waren in Deutschland vor Hitlers Machtergreifung bereits aktiv, aber im großen und ganzen waren die deutschen Juden nicht zionistisch orientiert.[7]

Man würde erwarten, unter den Palästina-Immigranten vorwiegend Kinder aus zionistischen Elternhäusern zu finden. Indessen gaben 50% unserer Interviewpartner an, aus einem ganz und gar unzionistischen, manchmal sogar antizionistischen Elternhaus zu kommen. Übrigens gibt es zwischen Affinität zur Tradition und Zionismus nicht automatisch eine Korrelation. Zionistische und nicht-zionistische Juden fanden sich in allen Gruppen, vielleicht mit Ausnahme beider Extreme, den völlig assimilierten und den sehr religiösen Juden.[8]

3.2   Erwerb des Hebräischen vor der Emigration

In Anbetracht der oben erwähnten Tatsache, daß beim Sprachwechsel der Kontakt mit der Sprache bereits vor der Immigration von großem Belang ist, analysierten wir die Informationen über das Ausmaß der vor der Emigration erworbenen Hebräischkenntnisse unserer Interviewpartner.

Tabelle 4: Hebräisch in Kindheit und Jugend gelernt (in Prozent)

nichts	wenig	mittel	viel	fehlende Angabe	Gesamt
26,5	28,3	21,1	13,9	10,2	100,0

Wie man hier erkennen kann, hatte mehr als ein Viertel der Interviewten keinen Kontakt mit dem Hebräischen vor der Emigration, was heißt, daß sie nicht einmal die Buchstaben zum Lesen der Gebete gelernt hatten. Eva Michaelis-Stern erzählte uns, daß ihr Vater, der bekannte Psychologe William Stern, es ablehnte, sie Hebräischstunden besuchen zu lassen: "Hebräisch ist 'ne tote Sprache, die brauchst du nicht zu lernen" (B/D 1995: 46). Jehudith Gardi berichtete, daß schon ihre Mutter das hebräische Alphabet nicht kannte, da der Großvater gewöhnlich sagte: "Wenn meine Kinder reden wollen mit dem lieben Gott, sollen sie deutsch reden!" (B/D 1995: 34).

Wenn wir nun Tabelle 3 und 4 vergleichen, fällt auf, daß nicht nur die völlig assimilierten Elternhäuser, die nur 15% ausmachten, ihren Kindern keine Minimalkenntnis des Hebräischen mitgaben. Manche brachen nicht gänzlich mit der Religion, lehrten aber dennoch ihre Kinder nicht das Lesen der Gebete. Moshe Ballhorn beispielsweise erzählte, daß sein Bruder bei seiner

---

[7]   Vgl. z.B. Friedländer in B/D (1995: 79) oder G. Kedar in Ph 42: 57ff.

[8]   Vgl. in Ph 42: Mirjam Michaelis (53), M. Wahrmann (53ff.) sowie auch B/D (1995: 80-83).

Bar-Mizwa die vorzulesenden Gebete mit lateinischen Buchstaben aufgeschrieben hatte (B/D 1995: 46).

Ein Teil unserer Interviewten besuchte jüdischen Religionsunterricht, der entweder am Sonntag in der Synagoge oder parallel zum christlichen Religionsunterricht in der Schule stattfand. Ihnen brachte man das Lesen der Gebete und einige Grundlagen ihrer Religion bei. Dies sind wahrscheinlich jene, die angaben, "wenig" Hebräisch gelernt zu haben.

Wo haben jene mit "mittel(mäßigen)" und "viel" Hebräischkenntnissen die Sprache gelernt? Annähernd 25% unserer Interviewten besuchten früher oder später eine jüdische Schule. In Deutschland gab es eine Reihe jüdischer Schulen. Kulka (1975) informiert genauer über Institutionen jüdischer Erziehung für Kinder zwischen 6 und 14 Jahren, und unsere Zahlen stimmen mit seinen Angaben weitgehend überein. Nach Kulka besuchten vor 1933 ungefähr 22% der jüdischen Kinder eine jüdische Schule. Die Unterrichtsgesetze der Weimarer Republik garantierten allen Staatsbürgern ohne Rücksicht auf ihre Religion völlige Gleichheit vor dem Recht. Jüdische Kinder besuchten öffentliche Schulen, aber ein Teil der Familien zog es vor, ihre Kinder auf jüdische Schulen zu schicken. Jehuda Amichai, der weltberühmte und vielleicht wichtigste zeitgenössische Dichter moderner hebräischer Sprache, erzählte uns von seiner deutsch-jüdischen und hebräischen Erziehung in Würzburg, beginnend mit dem Kindergarten (Ph 45: 10f.). Es gab auch junge Leute, die selbst jüdische Kenntnisse erwerben wollten und sich an jüdische Lehranstalten wandten (s. P. Alsberg, Ph 45: 20f.).

Fast alle jüdischen Schulen waren religiös, obwohl es Unterschiede im Grad der Orthodoxie gab. Es gab zwei Rabbiner-Seminare, eines in Breslau und eines in Berlin. In Berlin gab es ferner eine akademische Anstalt des Reformjudentums, die "Hochschule für die Wissenschaft des Judentums". Es gab auch einige Lehrerbildungsanstalten, in denen die Lehrer für die jüdischen Schulen ausgebildet wurden. Und natürlich gab es auch einige Jeschiwen, zum fortgeschrittenen Talmud-Studium. So kann man also nicht generell sagen, die deutschen Juden hätten die eigene Tradition aufgegeben.

Aber in all diesen Bildungseinrichtungen war die Unterrichtssprache Deutsch; Hebräisch wurde hauptsächlich nur zum Lesen und zur Auslegung der Texte gelernt (W. Kahn, Ph 45: 17f.; vgl. auch Marton, B/D 1995: 308). Die Art des Lesens und die Aussprache folgten der aschkenasisch-deutschen Tradition, die sich sehr stark von der sephardischen Aussprache unterscheidet, für die in Palästina zu Beginn unseres Jahrhunderts die Entscheidung fiel (O. Wahrmann, Ph 45: 13-15).

Nach Hitlers Machtergreifung änderte sich die Schulsituation für jüdische Kinder schrittweise. Walk (1991) beschreibt diesen allmählichen Wandel. Bis zum September 1935, als die Rassengesetze, bekannt als die Nürnberger Gesetze, erlassen wurden, gab es keine rechtsstaatliche Möglichkeit, jüdische Kinder vom öffentlichen Schulwesen auszuschließen. Indes wurde im höheren Bildungswesen ein Numerus clausus von 1,5% eingeführt und dabei allgemein vehementer Druck auf die jüdischen Schüler ausgeübt, um sie zum Austritt zu bewegen. Nach 1935 wurden die meisten jüdischen Kinder in eigene Klassen separiert oder an jüdische Schulen verbracht, von denen zu jener Zeit viele zu diesem Zweck gegründet wurden. Nach dem November-Pogrom des Jahres 1938 wurden alle jüdischen und halbjüdischen Schüler und Lehrer der öffentlichen Schulen verwiesen, und nur spezielle Berufsschulen, die die Schüler für die Emigration vorbereiten sollten, erhielten noch etwas finanzielle Unterstützung. In den neu-gegründeten jüdischen Privatschulen und den speziellen Berufsschulen wurden Hebräisch und Englisch als bevorzugte Unterrichtsfächer gelehrt. Im Sommer des Jahres 1942 wurde es allen jüdischen und halbjüdischen Kindern untersagt, eine Schule oder sonst irgendeinen Kurs zu besuchen.

Diese Veränderungen kann man in Zahlen der Tabelle 5 entnehmen (nach Kulka 1975):

Tabelle 5: Jüdische Kinder und jüdische Schulen in Deutschland

Jahr	Zahl jüdischer Kinder	in jüdischen Schulen	Zahl der Schulen
1933	66 000	15 000	70
1936	42 000	22 000	160
1939	nicht bekannt	29 500	139

Wie man daran erkennen kann, wechselten die jüdischen Kinder, deren Zahl vorwiegend aufgrund der Emigration rückläufig war, allmählich in die jüdischen Schulen über.

Eines ist sicher: den neuen Schulen mangelte es nicht an guten Lehrern, denn alle jüdischen Lehrer und andere Akademiker wurden entlassen und waren froh über die Möglichkeit, dort zu unterrichten. Obwohl David Bar-Levi, der einer dieser Lehrer war, sich daran erinnert, daß es kein einfacher Wechsel war (B/D 1995: 67), war es für manche der Kinder eine wirkliche Chance, eine gute Erziehung zu genießen. General Aharon Doron erinnert sich: "Als es den Juden verboten wurde, in diese Schule zu gehen, ging ich für ein, anderthalb Jahre in eine neugegründete jüdische Schule in Mannheim. Und dort lernte ich Deutsch (*lacht*), tatsächlich. [...] Erstensmal waren die Lehrer eine Klasse besser als meine früheren Lehrer in Ludwigshafen, denn dort sammelten sich die besten Lehrer, die aus den deutschen Schulen entlassen wurden. Ich hatte früher nie Klassiker kennengelernt, aber für die jüdischen 15- oder 16jährigen war das das richtige Alter für Goethe, Schiller, Heine, Kleist" (B/D 1995: 67).

Aber Hebräisch wurde nicht nur in Schulen gelernt. Traditionell oder religiös orientierte Familien, die ihre Kinder nicht in jüdische Schulen schickten, engagierten oft Privatlehrer, die die Kinder zuhause unterrichteten. In zionistischen Familien lernte man Neuhebräisch mit sephardischer Aussprache entweder zuhause (Pick, Ph 45: 11f.; Arieli, Ph 45: 12f.; Herr Y, Ph 45: 18f.) oder in Sprachkursen (O. Wahrmann, Ph 45: 13-16; P. Alsberg, Ph 45: 20f.).

Schon im Jahre 1932 hatten jüdische Jugendverbände aller Arten 40 000 Mitglieder (Walk 1991: 34). Auch zionistische Jugendbewegungen waren in Deutschland schon seit Beginn des Jahrhunderts aktiv, aber erst nach Hitlers Machtergreifung traten ihnen viele Kinder und junge Menschen bei, die von anderen sozialen Kontakten zurückgewiesen und aus allen anderen Organisationen, wie Sportklubs, Studentenorganisationen usw. hinausgeworfen wurden. In der Gruppe unserer Interviewten waren aus der Altergruppe der 15-18jährigen 71%, der 19-24jährigen 53% zum Zeitpunkt der Emigration – zumindest für gewisse Zeit – Mitglieder in einer jüdischen Jugendbewegung oder einer anderen zionistischen Organisation. Die Hebräischkenntnisse, die die Kinder in der Jugendbewegung erworben hatten, waren nicht allzu umfangreich, aber sie motivierten sie dazu, in Sprachkursen oder mit privaten Lehrern weiterzulernen. In manchen Fällen erreichte die Beherrschung des Neuhebräischen ein ganz gutes Niveau. Uri Gassmann (B/D 1995: 309) erzählt mit Humor, wie er seiner zukünftigen Frau hebräische Briefe schrieb (vgl. auch Orni, Ph 45: 21f.; ferner Rosner, B/D 1995: 309). Und auch andere, die sich bislang nicht jüdisch organisiert hatten, machten sich nach ihrer Entscheidung, nach Palästina zu emigrieren, daran, die Sprache ernsthaft zu studieren (Pfeffermann, Ph 45: 23f.). Eine weitere Möglichkeit Hebräisch zu lernen wurde jenen geboten, die längere Zeit auf einer Hachschara[9] zubrachten. Landwirtschaftliche Arbeiter wurden bei der Erteilung von Zertifikaten bevorzugt, deshalb versuchten junge Leute auf eine Hachschara zu kommen, selbst wenn sie zuvor zur zionistischen Bewegung keine Beziehung hatten.[10] Wenigstens 30% unserer Interviewpartner verbrachten einige Zeit auf einer Hachschara. Weil die Zahl der Zertifikate beschränkt war, blieben manche von ihnen verhältnismäßig lange und gaben sich größte Mühe, auch ihre Hebräischkenntnisse zu verbessern (Eger, Ph 45: 24f.).

3.3 Erwerb des Hebräischen nach der Immigration

Tabelle 6: Erwerb des Hebräisch nach der Immigration (in Prozent)

institutiona-lisiert	im Sprach-kurs	autodidak-tisch	im Alltags-leben	bei der Arbeit	Gesamt (n=137)
21,9	17,5	19,0	34,3	7,3	100,0

Die meisten von denen, die zum Zeitpunkt der Einwanderung unter 15 Jahre alt waren (ungefähr 7% der Interviewten), hatten die Gelegenheit, weiterhin eine Schule zu besuchen und eine

---

[9] *Hachschara*, Pl. *hachscharot*: landwirtschaftliche Ausbildungszentren, die von den zionistischen Arbeiterparteien organisiert waren.

[10] Vgl. Ph 42: 13 (Einleitung) und die Primärtexte S.134ff.

hebräische Erziehung zu erhalten, vor allem dann, wenn sie mit ihren Eltern ins Land kamen.[11] Es war jedoch nicht immer einfach für die Kinder. Kela Marton beispielsweise berichtet, wie ihr Vater darauf bestand, daß sie ausschließlich Hebräisch sprach und las, und wie schwierig das für sie war (Ph 45: 69f.).

Die britische Mandatsregierung vergab die Zertifikate an Jugendliche leichter, um ihnen die Möglichkeit zum Abschluß der Ausbildung zu geben. Nahezu 7% unserer Interviewten kamen mit der Jugendalija ins Land (s. Ph 42: 14). Diese Gruppen von Jugendlichen im Alter zwischen 15 und 17 Jahren, die ohne Eltern nach Palästina kamen, blieben zwei Jahre lang in verschiedenen Internatsschulen oder in Kibbuzim. Viele Eltern waren froh, von dieser Gelegenheit Gebrauch machen und die Kinder so herausbringen zu können. In den meisten Fällen sahen die Kinder ihre Eltern nie mehr wieder. In der Jugendalija arbeiteten die Jugendlichen täglich 4 Stunden, und 4 Stunden wurde gelernt.[12] Gleich nach den noch jüngeren Kindern und den wenigen Studenten, die direkt an die Universität gehen konnten, genossen diese Jugendlichen nach der Immigration die umfangreichste Ausbildung (Feiner, Ph 45: 26f.; Cohn, Ph 45: 27f.). Aber selbst in diesem Stadium ergaben sich für die Jugendlichen Probleme, meist psychologischer Natur, nämlich dann, wenn sie ihr kulturelles Erbe und ihre Familien nicht vergessen konnten und am Deutschen hingen. Nira Cohn erzählt: "ich habe mich dort gut gefühlt. [...] Ich habe schnell Iwrit gelernt [...]. Da war nur eine Sache: Mein Lehrer wußte, wo man Deutsch spricht, ist die Nira. Er hat sich darüber geärgert, ich hab' so gut geschrieben und war so eine gute Schülerin. Aber ich mochte nicht gern Hebräisch sprechen" (zit. nach B/D 1995: 313, vgl. Teiltranskript in Ph 45: 27f., Z.2-13; s. ferner Doron, Ph 45: 30-33, und Mendelsohn, B/D 1995: 313f.).

Einige von den Studenten, die in Deutschland das Studium abbrechen mußten, nahmen ihre Studien kurz nach der Immigration wieder auf – einige wenige kamen auch mit "Studentenzertifikaten". Viele von unseren Interviewpartnern allerdings setzten ihre Studien erst viel später fort, manchmal nach dem Verlassen des Kibbuz', nach der Rückkehr aus dem Krieg oder erst Jahre später, selbst noch im fortgeschrittenen Alter.

54 von unseren Interviewpartnern (32,5% der gesamten Gruppe) nahmen ihre Studien nach der Immigration früher oder später wieder auf. Die genaue Aufteilung innerhalb dieser Personengruppe ist in Tabelle 7 zu sehen:

---

[11] Vgl. z.B. Grossmann, Frank, Amichai in B/D (1995: 173-175).
[12] S. Michaelis-Stern, Ph 42: 261ff.

Tabelle 7: Wiederaufnahme des Studiums (in Prozent)

kurze Zeit nach der Ankunft	einige Jahre nach der Ankunft	viele Jahre nach der Ankunft	im hohen Alter
46,0	37,0	13,0	3,7

In jenen Jahren gab es nur wenige Hochschulen in Palästina, die bedeutendsten waren das Technion in Haifa, die Hebräische Universität und das Lehrerseminar in Jerusalem. Die Hebräische Universität wurde 1924 gegründet und einige sehr prominente Wissenschaftler der jüdischen Welt nahmen Lehrstühle ein; aber wirkliche Bedeutung und echtes Prestige erlangte die Universität erst mit der Ankunft der deutschen Immigranten, als Leute wie zum Beispiel Martin Buber zum Lehrkörper dazukamen. Es liegen uns Berichte von verschiedenen Interviewpartnern vor, die zu jener Zeit an der Hebräischen Universität studiert hatten, wonach offensichtlich manche Lehrende nicht weniger Probleme mit dem Hebräischen hatten als die Studierenden. Nach Prof. Uri Rapp (B/D 1995: 316) wurden die Vorlesungen damals in mehr oder weniger gutem Hebräisch gehalten. Viele der Lehrer stammten aus Deutschland. Prof. Arthur Ruppin zum Beispiel hat, obgleich er schon seit etwa 1910 in Palästina lebte, doch nie richtig Hebräisch gelernt: "er hat seine Vorlesungen aus seinem eigenen Buch, das ins Hebräische übersetzt wurde, vorgelesen".[13] Wenngleich sich nicht alle Studenten beim Erlernen des Hebräischen leicht taten (s. Mendelssohn, Ph 45: 82-84, und auch Alsberg, B/D 1995: 315), so war es doch für die meisten von ihnen ein wichtiger Schritt, um die Sprache wirklich zu beherrschen. So erinnert sich Prof. Leni Yahil, daß sie auf der Universität systematisch ihre Exzerpte aus anderssprachigen Büchern auf hebräisch gemacht hat, um umzudenken. Weil sie noch jung war, ging es sehr schnell; nach zwei Jahren hatte sie schon keinerlei Probleme mehr (s. Ph 45: 33f.).

Ein weiterer Faktor von großer Bedeutung war die jeweilige Gemeinschaftsform, in der die Integration der Immigranten nach ihrer Ankunft in Palästina begann.

---

[13] Vgl. ähnlich P. Alsberg, Ph 45: 84f., oder Orni, B/D (1995: 316f).

3.4 Der Einfluß der Gemeinschaftsform auf den Sprachwechsel zum Hebräischen

Tabelle 8: Erster Ort der Integration (in Prozent)

Stadt	56,6
Kibbuz (Mitglied)	23,5
Kibbuz (Jugendalija)	6,1
Moschaw	5,4
Moschawa	3,0
Schule	2,4
Universität	0,6
fehlende Angaben	2,4
Gesamt	*100,0*

Angesichts der Tatsache, daß zu keinem Zeitpunkt die Mitgliederzahl der Kibbuzim 5% der jüdischen Gesamtbevölkerung in Palästina überschritt, ist, wie man in Tabelle 8 erkennen kann, der Prozentsatz derer, die ihr neues Leben in einem Kibbuz begannen, in unserer Gruppe relativ hoch (23,5%).

Das kann man unter anderem mit dem hohen Prozentsatz (33,1%) der 19-24jährigen, die genau im richtigen Alter für den Eintritt in den Kibbuz waren, erklären. Besonders ins Gewicht fällt aber wohl der oben erwähnte Umstand, daß es sich gerade um die jungen Leute handelt, die in den dreißiger Jahren in Jugendbewegungen und *Hachscharot* auf die Kibbuz-Ideologie hin erzogen worden waren. Nur ein Drittel von ihnen blieb ein Leben lang im Kibbuz. Aber gerade die ersten Jahre waren für die Integration in die hebräische Sprache und Kultur besonders wichtig. Damals war der Kibbuz stark ideologisch und kollektivistisch geprägt. Auf die einzelnen Mitglieder wurde moralischer Druck ausgeübt, die kollektiven Entscheidungen zu akzeptieren. Kedar (1980) berichtet Details darüber, daß die Zentralkomitees der Kibbuzim argwöhnten, die Neuankömmlinge aus Deutschland wären ideologisch nicht genügend gefestigt und ihre hebräisch-jüdische Kultur sei unzureichend. Sie verhinderten daher die Konzentration allzu großer Gruppen deutschsprachiger Kibbuzmitglieder an einem Ort. So wurden diese mit anderen Gruppen gemischt, und die Umgangssprache war Hebräisch. Der Beschluß, in allen öffentlichen Kommunikationsbereichen nur das Hebräische zu verwenden, wurde meistens auch realisiert (Glasner, Ph 45: 55-57; Gadiel, Ph 45: 54f.; Micha Michaelis, Ph 45: 53f.). Asta Bergmann erinnert sich, daß der Druck oft groß war: "Ich wurde in Giw'at Brenner nach einem Jahr nicht aufgenommen [Anm.: als Mitglied], weil ich nicht genug Hebräisch konnte" (B/D 1995: 312). Auch in Kibbuzim, wo die meisten Mitglieder aus Deutschland stammten, bemühte man sich sehr, nur Hebräisch zu sprechen. Chaim Sela: "Am schwierigsten war's mit der Sprache. [...] Es hat sehr viel Energie gekostet, umzuschalten und hebräisch zu sprechen in allen

Lebenszweigen und im Denken, alles zu übersetzen ins Hebräische und das sozusagen wieder zur lebenden Sprache zu machen" (B/D 1995: 319).

Einige unserer Interviewpartner ließen sich in *Moschawim* (kooperative landwirtschaftliche Siedlungen) nieder.[14] Obwohl der Moschaw auch einen ideologischen Hintergrund hatte, war das Leben dort individueller und die Menschen fühlten sich weniger unter Druck. Verschiedene Moschawim wurden von Einwanderern aus Deutschland gegründet; dort sprach man noch lange Jahre Deutsch, selbst bei öffentlichen Zusammenkünften (s. G. Walter, Ph 45: 57-59; Tauber, Ph 45: 71f.). Aber in Moschawim mit Mitgliedern verschiedener Herkunft mußte man sich mehr bemühen, Hebräisch zu lernen, weil man es als gemeinsame Sprache brauchte (Bartnitzki, B/D 1995: 319). Jene, die sich in Städten niederließen, waren meist auf sich allein gestellt – und auf die eigene Motivation (Feiner, Ph 45: 26f.). In jenen Tagen gab es, verglichen mit später, nur wenige offizielle Gelegenheiten, Hebräisch zu lernen, und jeder einzelne fand seinen eigenen Weg. Herr Y sagt: "Und da habe ich mir hier eine Zeitung gekauft. Die erste Zeitung hab' ich drei Wochen gelesen, weil ich jedes Wort, das ich nicht kannte, im Wörterbuch nachgeschaut habe. Die zweite Zeitung hab' ich dann nur noch fünf oder sechs Tage gelesen" (B/D 1995: 319). Unter den Städtern finden wir die wenigen, die fast überhaupt kein Hebräisch lernten und weiterhin in der deutscher Sprache lebten. Hatte man keine Gelegenheit, keine Motivation oder Notwendigkeit, die Sprache systematisch zu erlernen, so erwarb man sie mehr oder weniger doch im täglichen Leben, gleichsam, wie das Chana Steiner so schön bezeichnet, "durch Osmose" (Ph 45: 41, Z.9). Viele Mütter lernten erst später der Kinder wegen besseres Hebräisch (Tauber, Ph 45: 71f.).

3.5 Sprachbeherrschung des Hebräischen

Nachdem wir den Prozeß des Übergangs zum Hebräischen behandelt haben, soll nun untersucht werden, wie erfolgreich der Spracherwerb war, d.h. welchen Grad der Sprachbeherrschung unsere Interviewpartner in den drei Fertigkeiten, Sprechen, Lesen und Schreiben des Hebräischen, erreichten.

Tabelle 9: Sprachbeherrschung im Sprechen, Lesen und Schreiben des Hebräischen (in Prozent)

	gut	mittelmäßig	schwach	fehlende Angaben
Sprechen	84,9	11,4	2,6	2,1
Lesen	47,0	30,7	18,1	4,3
Schreiben	44,6	27,1	22,3	6,0

---

[14] Vgl. Ph 42: 18 (Einleitung) und die Primärtexte S.325-340.

Wir haben die Sprachbeherrschung der Sprecher nicht überprüft, die Angaben entstammen also der Selbstevaluation. Das ist zwar etwas problematisch, weil die einzelnen Interviewten ihre Fertigkeiten natürlich unterschiedlich beurteilen, abhängig von unterschiedlichen Standards, individuellen Erwartungen und Selbsteinschätzungen in bezug auf die "Meisterung der Sprache", wie es Gad Elron (Ph 45: 132-134, bes. Z.24-27) bezeichnete.

Die Generation dieser Immigranten wuchs in einer Welt auf, in der "Kultur" einen ganz besonderen Stellenwert besaß und die "Meisterung der Sprache" war einer jener Aspekte, die eine kultivierte Person auszeichneten. Viele wollten nicht Hebräisch sprechen, bevor sie nicht die Grammatik und den ganzen Wortschatz beherrschten (Orni, Ph 45: 45f.). Wie zu sehen ist, beurteilen die meisten Interviewten ihr Sprechen als gut. Es scheint, daß die Mehrheit derjenigen, die die Sprache nie wirklich erlernten, zur Gruppe der beträchtlich älteren Sprecher gehörte, die zum Zeitpunkt unserer Untersuchung bereits verstorben waren. Aber wenn wir in Betracht ziehen, daß mehr als 20% unserer Interviewpartner zum Zeitpunkt der Immigration älter als 30 Jahre waren, zeigt sich, daß selbst in dieser Gruppe zumindest das Sprechen des Hebräischen im allgemeinen kein Problem darstellt.

Wenn wir die drei Kategorien der Sprachbeherrschung gemeinsam betrachten, erkennen wir, daß annähernd 50% der Interviewpartner ihr Hebräisch in allen drei Kategorien als gut beurteilen. Dennoch ist die Diskrepanz zwischen der Sprachbeherrschung im Sprechen einerseits und im Lesen und Schreiben andererseits bemerkenswert. Die Selbsteinschätzung wird in bezug auf das Lesen und Schreiben etwas zweifelhaft.

Gilead bezeichnet das als das "Schicksal dieser Emigrationen" (Ph 45: 134f., bes. Z.32f.). Die Emigranten kamen als junge Leute, hatten ein aktives Leben, verwendeten Hebräisch in allen Situationen, einige von ihnen unterrichteten, veröffentlichten Artikel, hatten häufig wichtige Positionen in der Verwaltung oder Regierung inne, und doch fühlen sie, daß ihnen die ganz gründliche Kenntnis der Sprache fehlt (Micha Michaelis, Ph 45: 130-132) bzw. daß ihre Kenntnis oberflächlich geblieben ist. Prof. Paul Alsberg sagt: "Mit allem, was Hebräisch ist, sind wir an der Oberfläche geblieben. Außer dem Fachlichen les' ich kaum Hebräisch. [...] Ich lese bis heute keine Belletristik. [...] Wenn ich ein Buch zum Genuß lese [...], ist es Deutsch, bis heute. [...] Wenn ich ein Buch des Inhalts wegen lese, lese ich am liebsten Englisch. Aber wenn ich Deutsch schreibe, muß ich mir sehr häufig einen Duden nehmen [...]. Sehen Sie, das ist etwas, was einem nicht passieren soll, wenn man diese Laufbahn gehabt hat wie ich, daß man eigentlich keine Sprache sicher schreibt ohne ein Wörterbuch. Das ist ein Armutszeugnis, ja" (B/D 1995: 326). Einige von ihnen haben das Selbstbild, "Illiteraten" in allen Sprachen zu sein (Doron, B/D 1995: 325).

Sogar unter denjenigen, die ihr Lesen und Schreiben als gut beurteilen, gibt es solche, die feststellen, daß sie beim Lesen hebräischsprachiger Literatur immer wieder den Mangel an tieferem Verständnis und Assoziationen des kulturellen Kontexts empfinden, die für ein uneingeschränktes "wirkliches" Verstehen nötig wären, und zwar, weil man nicht "alle hebräischen Quellen" – gemeint sind die Bibel, die Mischna, der Talmud etc. – studiert habe. So sagt Ada Brodsky: "Im Gegensatz zum Deutschen, wo man einfach schreibt, muß man im Hebräischen erst sämtliche Quellen studiert haben, von der Bibel über den Talmud und sämtliche *midraschim*, um überhaupt nur eine Satz auf iwrit schreiben zu können. Und das war sehr schwierig zu überwinden, ja?" (B/D 1995: 334).[15]

3.6 Faktoren mit Einfluß auf den Grad der Beherrschung der Sprache

Durch die tabellarische Verknüpfung verschiedener Parameter versuchten wir herauszufinden, welche Faktoren für die Kenntnis der Sprache signifikant sein könnten. Wie bereits erwähnt betrachten wir die Faktoren "Alter zum Zeitpunkt der Immigration", "Vorkenntnisse der Sprache" und "erster Aufenthaltsort bei der Integration" als signifikante Faktoren im Prozeß, eine gute Sprachbeherrschung zu erlangen.

Tabelle 10: Kreuztabulierung "Alter zum Zeitpunkt der Immigration" und "Sprachbeherrschung des Hebräischen" (in Prozent)

Alter	gut in allen drei Fertigkeiten	mittelmäßig im Lesen und Schreiben	schwach im Lesen und Schreiben
< 15	100,0	0,0	0,0
15-18	58,0	42,0	0,0
19-24	28,0	72,0	0,5
> 24	37,0	38,0	24,0

Es zeigt sich, daß all jene, die jünger als 15 Jahre waren, das Hebräische perfekt beherrschen. Unter denjenigen, die zwischen 15 und 18 Jahren immigrierten (insgesamt 19 Personen), beherrschen 58% das Hebräische perfekt, 42% betrachten ihr Niveau im Lesen und Schreiben als mittelmäßig. Von den 73 Personen, die zwischen 19 und 24 Jahre alt waren, haben noch immer 21 die Sprache perfekt erlernt (28%), 13 halten ihr Lesen und Schreiben für mittelmäßig. Nur ein einziger bezeichnet seine Fähigkeit zu schreiben als schwach. Unter denen, die über 24 Jahre alt waren, ist die Anzahl jener, die mittelmäßig bis gut sprechen, schreiben und lesen noch immer viel größer als die Anzahl jener, die sich darin als schwach einstufen, d.h., daß es über den Faktor "Alter zum Zeitpunkt der Immigration" hinaus noch andere wirksame Faktoren gab.

---

[15] Vgl. ferner aus B/D (1995): Rudberg (323); Sternberg (320).

Richten wir unsere Aufmerksamkeit daher auf Tabelle 11 mit der Verknüpfung der beiden Faktoren "Sprachbeherrschung des Hebräischen" und "erster Aufenthaltsort bei der Integration" (Berücksichtigung fanden nur 137 Interviews, in denen dazu Angaben gemacht wurden):

Tabelle 11: Kreuztabulierung "Sprachbeherrschung des Hebräischen" in allen drei Fertigkeiten und "erster Aufenthaltsort bei der Integration" (in Prozent)

	Jugendalija	Kibbuz	Stadt
sehr gut	80,0	62,8	43,7
mittelmäßig	20,0	30,4	42,8
schwach	0,0	6,8	13,5

Die Prozentangaben stimmen grundsätzlich mit der Analyse der Faktoren, die wir oben vorgenommen haben, überein.

Anzumerken ist noch, daß die Mehrzahl derjenigen, die sich in Städten niederließen, zum Zeitpunkt der Immigration über 24 Jahre alt war.

Der Faktor mit der allergrößten Signifikanz hinsichtlich der Sprachbeherrschung des Hebräischen war der Kontakt mit der Sprache vor der Emigration. In der folgenden Verknüpfungstabelle sind die beiden Faktoren "gute Beherrschung des Hebräischen in allen drei Fertigkeiten" und "Hebräisch in Kindheit und Jugend gelernt" miteinander verbunden.

Tabelle 12: Kreuztabulierung "gute Beherrschung des Hebräischen in allen drei Fertigkeiten" und "Hebräisch in Kindheit und Jugend gelernt"

	viel	mittel	wenig	nichts	Gesamtzahl der Personen (n=108)
"gut" in allen drei Fertigkeiten	23	18	18	13	72
"gut" im Sprechen, "mittelmäßig" im Lesen und Schreiben	0	12	13	11	36

Von den 72 Personen, die von sich angaben, Hebräisch im Sprechen, Schreiben und Lesen gut zu beherrschen, haben 23 die Sprache wahrscheinlich in Kindheit und Jugend bereits gründlich gelernt. 18 Personen hatten mittelmäßig, 18 wenig und 13 überhaupt kein Hebräisch gelernt. Unter denjenigen, die zwar gut sprechen, aber nur mittelmäßig schreiben und lesen, erwarben 11 in der Kindheit bzw. Jugend keine, 13 wenige und 12 mittelmäßige Hebräischkenntnisse, niemand allerdings viel.

4 Sprachbeherrschung des Englischen

Einige unserer Interviewpartner lernten Englisch als Fremdsprache in der Kindheit bzw. Jugend, die meisten allerdings erwarben oder verbesserten die Englischkenntnisse erst nach der Immigration. Die offizielle Sprache der britischen Mandatsregierung war Englisch. Jene, die zum Zeitpunkt ihrer Ankunft nicht Hebräisch konnten, fanden es leichter Englisch, eine germanische Sprache, zu lernen bzw. ihre Englischkenntnisse zu erweitern, um sich im Land zurechtzufinden (Prof. Mendelssohn, Ph 45: 83f., Z.76-79, äußert sogar, das Englische sei wegen seiner Ähnlichkeit mit dem "Plattdeutschen" leicht gewesen).[16] Die Jüngeren lernten Englisch als zweite Sprache in der Schule. Einige der Immigranten fanden Anstellungen in Regierungsbehörden, gingen zur Polizei oder zu Spezialeinheiten der Polizei; später, während des Krieges, dienten viele in der britischen Armee und verbrachten dort 4-5 Jahre (Gilead, Ph 45: 134f.; Wachs, Ph 45: 36f.). Englisch avancierte mehr und mehr zur weltweiten Lingua franca. Wer eine offizielle, wirtschaftliche oder akademische Tätigkeit hatte, mußte Englisch beherrschen (Eran, Ph 45: 150; Feiner, Ph 45: 151f.).

Die Selbsteinschätzung der Sprachbeherrschung des Englischen zeigt, daß über 95% der Meinung sind, daß sie mehr oder weniger gut Englisch können:

Tabelle 13: Sprachbeherrschung des Englischen (in Prozent)

sehr gut	mittelmäßig	schwach
71,4	24,4	4,2

Von 58 Interviewpartnern, von denen Angaben vorliegen, daß sie Englisch nach der Emigration gelernt haben und die ihre Englischkenntnisse als sehr gut bezeichneten, lernten 16 Englisch in der Schule, 10 im Ausland, 12 an ihrer Arbeitsstätte und 12 in der britischen Armee.

5 Sprachgebrauch in verschiedenen Domänen

Es ist festzustellen, daß viele Interviewpartner im Gespräch mit Freunden oder Familienmitgliedern häufig ganz leicht von der einen in die andere Sprache wechseln, sogar mitten im Satz. Dieses Phänomen, das in den Bereich des *code-switching* oder der "Sprachenmischung" fällt, wird in einem anderen Beitrag dieses Bandes behandelt.[17]

---

[16] Vgl. ferner Springer, Ph 45: 44f., Lilienfeld, Ph 45: 49f.

[17] S. M. Du-nour in diesem Bd., S.445ff.

An dieser Stelle wollen wir die unterschiedlichen Sprachverwendungsmuster in bezug auf die jeweiligen Kommunikationssituationen behandeln, mit anderen Worten die klassische Fragestellung: Wer spricht zu wem in welcher Situation in welcher Sprache?

Graphik 3: Sprache(n) mit dem (Ehe-)Partner (in Prozent)

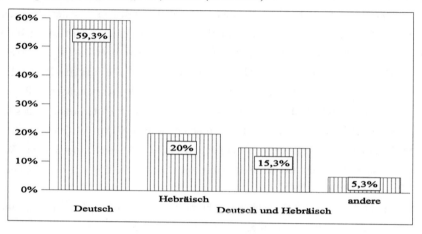

Der Prozentsatz von Personen, die mit dem (Ehe-)Partner vorwiegend Deutsch sprachen, ist recht hoch, wenn man bedenkt, daß nicht bei allen Paaren beide Teile einen deutschsprachigen Hintergrund besaßen. (Schätzungsweise heirateten mindestens 15% der als Singles Immigrierten einen Partner mit einem anderen sprachlichen Hintergrund.) Einige Familien, in denen beide Teile deutschsprachiger Herkunft waren, legten dennoch Wert darauf, nur Hebräisch zu sprechen, zumindest in Anwesenheit der Kinder (A. u. E. Laronne, Ph 45: 61f.). Aber selbst diese kehrten später zur deutschen Sprache zurück, "nachdem die Kinder aus dem Haus" waren (Pick, Ph 45: 128). Im Kibbuz gab es mehr hebräischsprechende Paare (Glasner, Ph 45: 55-57), aber sogar dort blieb die intime Sprache das Deutsche (Gadiel, Ph 45: 54f.).

Graphik 4: Sprache(n) mit Freunden

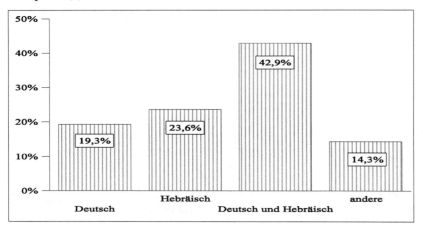

Offenbar bestanden die vertrauten und intimen Freundeskreise häufig aus Menschen mit deutschsprachigem Hintergrund, weil ja der prozentuelle Anteil von Personen, die mit den Freunden *nur* hebräisch sprachen, nicht höher ist als der Prozentsatz jener, die Hebräisch mit ihren (Ehe-)Partnern sprachen. Andererseits ist der Prozentsatz jener ziemlich niedrig, die im Freundeskreis *nur* Deutsch sprachen. Die meisten betonten, mit Freunden *entweder* Deutsch *oder* Hebräisch zu sprechen, was bedeutet, daß sie sowohl hebräischsprachige als auch deutsch- und hebräischsprachige Freunde besitzen und weiter, daß sie im Gespräch mit besonders guten und alten Freunden häufig von der einen zur anderen Sprache wechseln (E. Scheftelowitz, Ph 45: 127f.).

Einige jener, deren Hebräisch ziemlich schwach ist, fühlen sich in hebräischsprachiger Gesellschaft recht unwohl. Der im Altersheim lebende Ernst Siedner erzählt: "Die alten deutschen Freunde und Verwandten verschwinden langsam [...] und es kommen nur noch einige neue hebräische Partner aufs Bild. [...] meine[.] Frau [...] fühlt sich dann in einer kleinen hebräischen Gesellschaft sehr in den Hintergrund gedrängt" (B/D 1995: 329). Eine beträchtliche Anzahl von Interviewpartnern trat deutschsprachigen Freimaurerlogen oder Klubs bei (Loewenson, Ph 45: 59f.; E. Admoni, B/D 1995: 329). Viele kehrten nach dem Eintritt in den Ruhestand zum Deutschen zurück (Goldstein, Ph 45: 91f.). Paul Feiner sagt, daß "mit zunehmendem Alter auch bei Leuten, die besser Hebräisch können, das Altersgedächtnis arbeitet und sie anfangen, die deutsche Sprache wieder in einer höheren Frequenz zu benützen" (B/D 1995: 330). Noch deutlicher wird diese Tendenz bei jenen Leuten deutschsprachiger Abstammung, die mit ihresgleichen in deutschsprachigen Altersheimen zusammen sind.[18]

---

[18] Vgl. A. Betten in der Einleitung zu Ph 42: 7f.

Graphik 5: Sprache(n) an der Arbeitsstätte

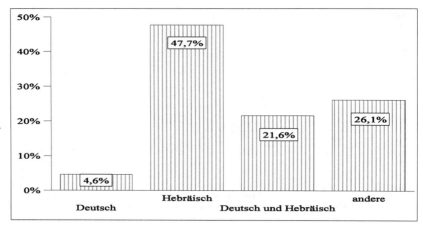

Anders ist das Bild der Sprachverwendung an der Arbeitsstätte. Die allermeisten sprachen Hebräisch, oder Hebräisch und andere Sprachen. Deutsch allein wurde nur in speziellen Situationen, wo es nötig war, verwendet, beispielsweise im Zusammenhang mit Wiedergutmachungsforderungen. Hebräisch und Deutsch wurde im Kontakt mit Kunden oder Mitarbeitern im Handel, in freien Berufen etc. verwendet.

Englisch wurde im Familien- und im Freundeskreis nur unter ganz bestimmten Bedingungen gesprochen. Aber gut 40% betonten, das Englische zusätzlich, als eine zweite Sprache, an der Arbeitsstätte zu verwenden.

Graphik 6: Sprache(n) mit den Kindern

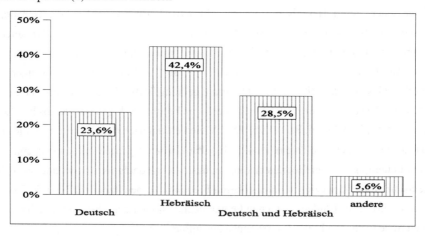

Die Entscheidung, mit den Kindern nur Deutsch, nur Hebräisch oder beide Sprachen zu sprechen, war von einer Reihe von Faktoren beeinflußt. Dabei hingen unsere Interviewpartner zwei gegensätzlichen Ansichten in bezug auf den Spracherwerb kleiner Kinder an, nämlich a) die Kinder einsprachig großzuziehen und ihnen eine zweite Sprache erst in späteren Jahren beizubringen (A. u. E. Laronne, Ph 45: 61f.), b) die Kinder von Anfang an zwei- oder mehrsprachig zu erziehen (Eflal, Ph 45: 62f.). Viele haben ihre Kinder mit beiden Sprachen erzogen (G. Walter, Ph 45: 70f.), manchmal mit der Entscheidung, daß der eine Elternteil diese, der andere jene Sprache mit dem Kind sprechen sollte (Tauber, Ph 45: 77, Z.36-39). Wenn auch noch Großeltern da waren, so war das für die Kenntnis des Deutschen in der zweiten Generation ein sehr wichtiger und förderlicher Faktor (Laboschin, Ph 45: 73f.; E. Admoni, Ph 45: 67; Pick, Ph 45: 78f.; Wittels, Ph 45: 77).

Entschied man sich bei der Erziehung der Kinder aber für nur eine Sprache, mußte man noch zwischen dem Hebräischen und dem Deutschen wählen. Neben ideologischen Gründen, prohebräischen und anti-deutschen Gefühlen (Forst, Ph 45: 63f.), hatten die Menschen auch unterschiedliche Überzeugungen in bezug auf die Erziehung, beispielsweise daß das Kind beim Eintritt in den Kindergarten schon an sich einen Schock erleide und deshalb nicht auch noch mit einer fremden Sprache konfrontiert werden solle (A. Steiner, Ph 45: 66). Die Entscheidung, mit den Kindern nur Hebräisch zu sprechen, ist bei Leuten, die sehr gut Hebräisch sprachen, verständlich, aber überraschenderweise finden wir unter ihnen auch solche, die nicht gut Hebräisch sprachen. Else Admoni führt lachend einen Ausspruch von Ephraim Kishon an: "Hebräisch ist die einzige Muttersprache, die die Mütter von den Kindern lernen" (Ph 45: 67, Z.25-27). Einigen tat diese Entscheidung in späteren Jahren leid, entweder weil sie jetzt bedauerten, ihren Kindern nicht auf diese einfache Weise Gelegenheit zum Erwerb einer zweiten Sprache geboten zu haben, oder auch weil sie glauben, daß das intime Verhältnis zu ihren Kindern darunter gelitten habe (M. Elron, Ph 45:133, Z.47-65).

Der häufigste Grund, mit den Kindern nur Deutsch zu sprechen, war denn auch der Wunsch nach einer innigen Kommunikation mit den Kindern: "Wenn ich [meinen Kindern] etwas ganz privat zu sagen haben werde, wenn sie wichtige Fragen stellen, dann will ich es ihnen in meiner Muttersprache sagen können" (L. Eisner, Ph 45: 72f., Z.2-5). Ein weiterer Grund war das Gefühl der Eltern, ihr Hebräisch sei nicht gut genug (Michaelis-Stern, Ph 45: 74f.; Laboschin, Ph 45: 73f.). Charlotte Rotschild sagt: "[Ich] wollte kein falsches Iwrit den Kindern beibringen, und da hab' ich meine Brocken runtergeschluckt und hab' ihnen gutes Deutsch beigebracht." Und: "Das kostet mich überhaupt nichts. Geld für Spielsachen hab' ich nicht, aber Papier und Bleistift und lateinische Buchstaben, die hab' ich meinen beiden Kindern beigebracht" (Ph 45: 80, Z.26-29 und 6-9). Den überzeugendsten Grund führte Elsa Sternberg an, die erzählte, daß ihr Sohn im Alter von 10 Jahren nach Hause kam und sagte, er wolle mit den Eltern Deutsch sprechen. Seine Begründung: "Wenn ich anfangen muß, euere Fehler zu verbessern, kann ich nicht mit meinen wirklichen Problemen zu euch kommen" (B/D 1995: 343). Aber sogar Leute, die sehr gut

Hebräisch sprachen, entschieden sich dafür, mit den Kindern Deutsch zu sprechen, ihnen auch das Lesen und Schreiben in dieser Sprache beizubringen (Rudberg, Ph 45: 65f.).

Wie wir im Vergleich der Graphiken 3 bis 6 feststellen können, gibt es keine zwingende Korrelation zwischen dem Grad der Sprachbeherrschung und dem Sprachgebrauch in den unterschiedlichen Lebenslagen. So sprechen z.B. auch jene, die Hebräisch sehr gut beherrschen und es in allen Situationen verwenden, in der Familie oder sogar mit Freunden des öfteren Deutsch. Danach befragt, welche Sprache unsere Gesprächspartner und -partnerinnen beim Sprechen, Schreiben und Lesen bevorzugen, bekamen wir die in Tabelle 14 dargestellen Antworten:

Tabelle 14: Bevorzugte Sprachen beim Sprechen, Lesen und Schreiben (in Prozent)

	Sprechen	Lesen	Schreiben
Deutsch	20,0	23,1	34,6
Hebräisch	21,9	5,6	12,2
Englisch	0,6	8,8	3,2
Deutsch und Hebräisch	28,1	11,9	16,0
Englisch und Hebräisch	14,4	9,4	10,9
Deutsch und Englisch	4,4	19,4	10,9
Deutsch, Englisch und Hebräisch	10,0	19,4	11,5
andere	0,6	2,4	0,6

Obwohl nahezu 85% unserer Interviewten gut Hebräisch sprechen, ziehen nur 22% es vor, Hebräisch in *allen* Gesprächsituationen zu verwenden. Beinahe ebensoviele sprechen jedoch lieber Deutsch: das ist mehr als der Prozentsatz derer, die nicht gut Hebräisch sprechen. Wenngleich nur 18% angaben, daß ihre Fähigkeiten im Lesen des Hebräischen schwach seien, lesen doch 33,5% fast kein Hebräisch, außer wenn es dringend nötig ist. Beim Sprechen ziehen nur 0,6% das Englische vor, und 29% sprechen es als Zweitsprache, aber 57% lesen Englisch (alleinig, bzw. zusammen mit Deutsch oder Hebräisch). Nur 46,3% lesen Hebräisch gerne. Dieses Phänomen läßt sich auf zwei Gründe zurückführen: das hebräische Schriftsystem und die von den Leuten bevorzugte Art der Literatur.

Die hebräische Schrift unterscheidet sich bekanntermaßen von der lateinischen, und darüber hinaus wird Hebräisch ohne Vokale geschrieben, so daß der Leser bei der Dechiffrierung eines geschriebenen Wortes häufig auf den Kontext zurückgreifen muß. Andererseits sind die Wörter aber kurz und werden mit vorgeformten Morphemen affigiert. Der Muttersprachler liest vorwiegend in Blöcken und ein Wechsel mit einem linearen Silbensystem fällt ihm schwer. Aber jene, die das Lesen in einem lateinischen Schriftsystem erlernt haben, haben bei der Anpassung an das neue System große Probleme. Die meisten derer, die die Schrift erst in einem späteren Lebensabschnitt erlernt hatten, beklagen, daß sie viel langsamer lesen; häufig müssen sie die Wörter im Kontext betrachten und den Satz erneut lesen. Grünthals (Ph 45: 120, Z.3-9) formulierten das recht anschaulich: "Hebräisch lesen kann man nämlich nicht diagonal." – "Man kann nicht überfliegen, man klebt am Wort" (s. auch Walk, Ph 45: 121f.). So beschränken die meisten ihre Hebräischlektüre auf Zeitungen und das Allernotwendigste, einschließlich der beruflich erforderlichen Fachliteratur. Mit fortgeschrittenem Alter, im Ruhestand lesen die meisten eher Leichteres. Zur Entspannung und zum Vergnügen ziehen es die meisten vor Englisch zu lesen, weil sie hier keine Probleme mit der Schrift haben; auch zeitgenössische Literatur wird am ehesten auf Englisch rezipiert (Feiner, Ph 45: 116f.). Interessant ist, daß der Prozentsatz jener, die Deutsch lesen, nicht sehr groß ist. Man verlor den Kontakt zu dem, was in Deutschland und in der deutschen Literatur geschah und geschieht. Viele der Immigranten brachten eine Menge Bücher mit, die noch immer in ihren Bibliotheken stehen (A. Laronne, Ph 45: 113f.; Hildesheimer, Ph 45: 114-116; Frank, B/D 1995: 314f.); aber dabei handelt es sich weitgehend um die Klassiker, Goethe, Schiller, Heine u.a.m., und die wenigsten werden wirklich gelesen. Die modernen deutschsprachigen Schriftsteller sind ihnen weitestgehend fremd (Laboschin, Ph 45: 137), und man verspürt öfter auch eine gewisse Gereiztheit gegenüber der "neuen deutschen Sprache" (Orni, Ph 45: 145-147). Manche lesen Magazine wie den "Spiegel", "Focus" oder Frauenzeitschriften. Einige haben berufliche Interessen und lesen, wenn es für sie wichtig ist, auch deutsche Fachliteratur (Hildesheimer, Ph 45: 114-116; Orni, Ph 45: 145-147).

Beim Schreiben jedoch ziehen die meisten trotz allem das Deutsche vor (D. Bar Levi, Ph 45: 111-113). Das ist die Sprache, die sie in der Schule erlernt haben, die Sprache, in der sie sich am sichersten und wohlsten fühlen. Trotzdem haben von denen, die in ihrem ganzen Berufsleben die hebräische Sprache verwendet haben, manche den Eindruck, daß sie, wenn sie beruflich bedingt Deutsch zu schreiben haben, des öfteren Wörter nachschlagen müssen, selbst Wörter aus dem Leben des täglichen Gebrauchs (E. u. R. Scheftelowitz, Ph 45: 147f.; Walk, Ph 45: 106-108; P. Alsberg, B/D 1995: 326).

Angesichts der Tatsache, daß 52% der Eltern mit ihren Kindern entweder nur Deutsch oder Deutsch und Hebräisch sprachen, wie wir Graphik 6 entnehmen können, ist es interessant, in welchem Ausmaß die zweite Generation noch Deutsch kann, bzw. wieweit die deutschsprachigen Immigranten der dreißiger Jahre ihre Sprache an die nachkommende Generation noch weitergaben. Wenn wir uns die am Anfang dieses Artikels zitierte Definition für "Sprachbewahrung" vor Augen führen, erhält diese Frage einen besonderen Stellenwert: Handelt es sich in unserem Fall um die Bewahrung einer Sprache in einer Gemeinschaft, was die Tradierung der Sprache an die nachkommende Generation als eine lebende Sprache zur Kommunikation innerhalb der Gemeinschaft einschließen sollte, oder liegt ein Fall von *language retention* vor?

Fast alle Mitglieder der zweiten Einwanderergeneration verstehen etwas Deutsch. Aber 20%
können Deutsch weder sprechen, lesen noch schreiben. Andererseits sind es doch 23%, die darin
recht gut sind. Diese Zahl stimmt im wesentlichen mit dem Prozentsatz der Eltern, die mit ihren
Kindern nur Deutsch sprachen, überein. Viele dieser Kinder machten im Studium oder bei der
Arbeit Gebrauch von ihren Deutschkenntnissen (Pick, Ph 45: 78f.; Wittels, Ph 45: 77; Mendelsohn, Ph 45: 78; Michaelis-Stern, Ph 45: 74f.). Von den übrigen behaupten die Eltern, sie sprächen zwar nicht schlecht Deutsch, könnten es aber nicht lesen und vor allem nicht schreiben.

Ohne einen genauen Vergleich gemacht zu haben, darf man wohl davon ausgehen, daß das
Ergebnis unserer Untersuchung im wesentlichen auch für andere Immigrationsgruppen in Israel
mit prestigereichen Sprachen wie Französisch, Englisch und in den letzten Jahren auch Russisch
gelten kann. Sprachen mit geringem Prestige wie Arabisch, Polnisch, Rumänisch etc. wurden
meist von Anfang an weniger beibehalten.

Nur sehr wenige Mitglieder der dritten Emigrantengeneration können noch Deutsch, und wo
dies der Fall ist, ist dieses Deutsch auf die bewußten Bemühungen der Großeltern zurückzuführen oder aber es wurde wie jede andere Fremdsprache erlernt.

Anhang

Modernes Hebräisch – die vorherrschende Sprache innerhalb der jüdischen Gemein-
schaft in Palästina

Israel ist ein ganz besonderes Einwanderungsland. In den letzten hundert Jahren immigrierten
Juden aus der ganzen Welt; sie hofften, sich im "Land der Väter" niederlassen zu können. Einige
waren von der Idee des Aufbaus dieses Landes geleitet, der Großteil der Immigranten war
allerdings von der dringenden Suche nach einem Zufluchtsort, einem Refugium getrieben.
Abhängig von Vorkommnissen politischer oder ökonomischer Natur gab es öfter Migrations-
ströme oder Wellen, die die unterschiedlichen Kulturen und Sprachen der jeweiligen Emigra-
tionsländer mit ins Land brachten.

Die deutschsprachigen Immigranten gelangten zu einem Zeitpunkt nach Palästina, als sich das
moderne Hebräisch als dominierende Sprache in der Kommunikation innerhalb der jüdischen
Gemeinschaft bereits etabliert hatte. Dies war das Ergebnis einer regelrechten kulturellen und
politischen Revolution. Noch vor hundert Jahren wurde Hebräisch als eine tote Sprache, deren
Verwendungsbereich sich auf die Liturgie beschränkte, angesehen. Modernes Hebräisch ist eine
"restaurierte", oder besser: eine "revitalisierte" Sprache. Spolsky (1991: 137f.) definiert *language
restoration* als eine Art von soziolinguistischem Wandel,

[...] where a language that, for a period, has not been generally spoken to newborn children and used as a language of the home once again begins to serve these roles. This restoration or reversal is one kind of language revival, perhaps best called revitalization and defined as the restoration of vitality. [...] Language revitalization is a signal example of modifying the sociogeographic distribution and the functional allocation of language. Specifically, it adds a new set of speakers and a new function [...]. It spreads the language to babies and young children who become its native speakers [...] and it adds the functions associated with the domain of home and family [...].

Von vielen Versuchen der Wiederbelebung und -einsetzung toter bzw. gleichsam toter Sprachen war einzig der Versuch mit der hebräischen Sprache erfolgreich. Dieses Phänomen in der Neuzeit wird von vielen als ein Wunder bezeichnet; für andere ist das Beispiel des Hebräischen Beweis dafür, daß eine Wiederbelebung doch möglich und keine Utopie ist. Allerdings kamen dabei einige Faktoren zusammen, ohne die diese einzigartige Leistung nicht zustande gekommen wäre.

Der erste Faktor ist, daß die hebräische Sprache nie wirklich tot war. Als Mittel zur alltäglichen Kommunikation in der großen jüdischen Gemeinschaft in Palästina verlor das Hebräische seine Funktion um das Jahr 200 n. Chr. Zu jener Zeit gab es aber bereits ein großes Korpus biblischer und nach-biblischer Texte, Teile davon waren auch schon kanonisiert. Orale Traditionen bestanden fort; 17 Jahrhunderte lang wurde das Hebräische als jene Sprache, in der das große Korpus jüdischer Kultur geschaffen und verschriftlicht wurde, verwendet, daneben wurde es als "gesprochene Sprache" in religiösen und spirituellen Kontexten gebraucht. Im übrigen war es die einzige gemeinsame Sprache und das einzig mögliche Kommunikationsmittel zwischen den zerstreuten jüdischen Gemeinschaften. So ist es nur natürlich, daß die Sprache im Laufe all dieser Jahrhunderte einem dynamischen Wandel unterlag.

Der Prozeß der "Modernisierung" des Hebräischen beginnt bereits vor der Zeit, in der der Zionismus, die moderne Form der politisch-nationalen Idee, seinen Ursprung nahm. Jeder erwachsene jüdische Mann konnte Hebräisch lesen und verstehen. Autoren aus der Zeit der jüdischen Aufklärung im 19. Jahrhundert verwendeten das Hebräische, um die jüdischen Massen zu erreichen und unter ihnen neue Ideen und neue literarische Formen, die bis dahin nicht bekannt waren, zu verbreiten. Sie publizierten Lyrik, Prosa und Übersetzungen europäischer Weltliteratur; aus verschiedenen Gründen entschieden sie sich dabei für das Hebräische der Bibel, eine stark beschränkte und zeitlich entfernte Variante der Sprache. In der zweiten Hälfte des Jahrhunderts nahmen andere Autoren die Idee auf und versuchten, moderne Literatur in Hebräisch zu schreiben. Dafür aber bedurfte es einer Sprache, die flexibler war: es entstand eine gemischte Variante, die aus allen geschriebenen hebräischen Quellen schöpfte.

Trotzdem blieb das Hebräische in erster Linie auf einen kulturellen Funktionsbereich eingeschränkt, denn zur tagtäglichen Kommunikation bedienten sich die Juden überall auf der Welt unterschiedlicher, sowohl lokaler als auch verschiedener jüdischer Sprachen. Das Erwachen der neuen nationalen Idee, die später in der politischen Form des Zionismus aufging, bereitete auch das Feld für die Idee einer nationalen jüdischen Gemeinsprache. Dies geschah zum Teil unter dem Einfluß des europäischen Nationalismus, der die Sprache als wesentliches Kennzeichen nationaler Identität betrachtete. Gold (1989) hält zu Recht fest, daß dies nicht zwangsläufig das Hebräische hätte sein müssen. Eine rein pragmatische Kosten-Nutzen-Rechnung verdeutlicht, daß in den Jahren zwischen ca. 1880 (Ankunft der ersten "Proto-Zionisten" – Mitglieder der Choveve-Zijon-Bewegung – in Palästina) und 1948 (Gründung des israelischen Staates) mit der Wahl des Jiddischen am billigsten und schnellsten ein effizientes Kommunikationsmittel zur Verfügung gestanden hätte. Bis zum Ausbruch des Zweiten Weltkriegs lebte die Mehrheit der Juden in Osteuropa und war jiddischsprachig. Die verschiedenen zu jener Zeit in Palästina lebenden jüdischen Gemeinschaften waren meist mehrsprachig. Sie sprachen verschiedene jüdische Sprachen, beispielsweise Jiddisch und Judezmo (Judäo-Spanisch), und verschiedene andere Sprachen wie Arabisch, Französisch, Russisch etc. Aber die meisten von ihnen verwendeten zusätzlich das Hebräische für die Kommunikation mit anderen jüdischen Gemeinschaften. Um jedoch ein politisches Gemeinschaftswesen zu gründen, war es dringend erforderlich, eine einheitliche, möglichst umfassend verwendete Gemeinschaftssprache zu etablieren. Für das Hebräische entschied man sich aus politischen und kulturellen Gründen: a) eine nichtjüdische Sprache hätte nicht gewählt werden können, weil sie das Judentum nicht hätte symbolisieren können; b) alle jüdischen Sprachen außer Hebräisch wurden mit der Diaspora identifiziert; c) nur das Hebräische war auf die eine oder andere Weise in allen jüdischen Gemeinschaften gebräuchlich; d) alle anderen jüdischen Sprachen wurden als "Jargon" betrachtet und waren nicht prestigeträchtig. So fiel die Wahl, die stark emotional beeinflußt war, auf das Hebräische als der Sprache der neuen jüdischen Gemeinschaft im Lande Israel.

Eliezer Ben-Yehuda wird als die herausragende Figur bei der Revitalisierung des Hebräischen in Palästina betrachtet. Nachdem er 1881 in Jerusalem angekommen war, gründete er den ersten nur hebräischsprachigen Hausstand und bestand darauf, daß sein Kind keine andere Sprache auch nur hören sollte. Er und die kleine Gruppe, die sich um ihn gesammelt hatte, gründeten eine hebräische Zeitung und ein "Sprachkomitee", dessen Aufgabe es war, bei der Suche nach neuen hebräischen Wörtern zu helfen und sie zu propagieren, um Kommunikation in einer modernen Lebenswelt zu ermöglichen. Aber in diesem Bemühen hatten sie nur sehr bescheidenen Erfolg. Zur Jahrhundertwende waren es nur einige wenige Familien, die Hebräisch als die Hauptsprache zuhause pflegten; nur 3% der Juden betrachteten Hebräisch als ihre Hauptsprache (Bachi 1956: 187). Ben-Yehudas wichtigste und nachhaltigste Leistung war die Zusammenstellung eines umfassenden Hebräischen Wörterbuchs, sein großer *Thesaurus Totius Hebraitatis*.

In den ersten zwanzig Jahren unseres Jahrhunderts änderte sich die sprachliche Situation dann jedoch vollkommen. 1882 lebten ungefähr 24 000 Juden in Palästina unter türkischer Verwaltung, hauptsächlich konzentriert auf die "heiligen Städte" (Bachi 1956: 185). Während der beiden letzten Jahrzehnte des 19. Jahrhunderts wurden einige "Kolonien" (landwirtschaftliche Siedlungen) von Städtern und neuen Immigranten gegründet, die vorwiegend von Baron Ed-

mond de Rothschild unterstützt wurden. In den 80er Jahren besuchten nach Fellman (1973) 85%
der Kinder fremdsprachige Schulen: Französisch in den "Alliance"-Schulen[19], Deutsch in den
"Hilfsverein"-Schulen[20], Englisch in der "Evelina de Rothschild"-Schule. Die Restlichen
besuchten die traditionellen orthodoxen Schulen, in denen die religiösen hebräischen Texte
mittels der jiddischen Sprache unterrichtet wurden. Zwischen 1882 und dem Ersten Weltkrieg
wuchs, vor allem aufgrund der osteuropäischen Immigration, die jüdische Bevölkerung von
24 000 auf 85 000 an. Zur Zeit des Zensus der Jahre 1916 bis 1918 gaben 40% der in Palästina
lebenden Juden an, Hebräisch sei ihre erste Sprache (53,7% der Kinder und 25,6% der Eltern).
In Tel Aviv und den Dörfern (Kolonien) nannten ungefähr 77% der Kinder und 36% der Eltern
das Hebräische als ihre Alltagssprache (ebd.: 186). Wie kam es zu diesem spektakulären
Sprung?

Der erste wirksame Schritt in die Richtung, das Hebräische zur allgemeinen Landessprache
zu machen, war die Entscheidung einer Gruppe von Lehrern, Hebräisch nicht vermittelt durch
Texte, die in die jeweilige Sprache der Schule übersetzt waren, sondern *Hebräisch auf hebräisch*
zu lehren. Der erste derartige Versuch wurde in Jerusalem unternommen, und bald schon wurde
dieses Modell in den meisten Schulen der "Kolonien" übernommen. Im letzten Jahrzehnt des
vorigen Jahrhunderts begann sich ein Schulsystem zu entwickeln, und es wurden auch einige
rein hebräischsprachige Schulen gegründet: ein hebräischer Kindergarten, Grundschulen in den
"Kolonien", eine Lehrerbildungsanstalt in Jerusalem und zwei hebräische Gymnasien, eines
davon in Jerusalem, das andere in Jaffa, der Stadt in der sich vor der Gründung von Tel Aviv
viele der Neuankömmlinge niederließen.

Im Jahr 1903 faßte der Lehrerverband in seiner Generalversammlung einen wichtigen
Entschluß: es sollte in Zukunft in Schulen und im öffentlichen Gebrauch die sephardische
Aussprache verwendet werden.[21]

Zwischen 1900 und 1910 gingen allmählich auch die ersten jungen Paare, die diese hebräi-
schen Schulen absolviert hatten und deren Hebräisch fließend und natürlich war, den Bund der
Ehe ein. Es kamen die ersten Kinder zur Welt, in deren Familien zuhause einzig und allein
Hebräisch gesprochen wurde (Rabin 1973: 70, 73).[22] Der Übergang zum Hebräischen als Unter-
richtssprache ging nicht ohne Probleme vor sich: Jene philanthropischen Vereine, die die
Schulen unterstützten, bestanden auf ihrer jeweiligen Sprache als Unterrichtssprache. Zur
Eskalation kam es im Jahr 1913 im sogenannten "Sprachenkampf", der den ersten nationalen
Kampf der zionistisch-orientierten organisierten jüdischen Gemeinschaft in Palästina darstellte.

---

[19] Benannt nach der *Alliance Israelite Universelle*, einem Verein, der von einer Gruppe französischer Juden 1861
zur Verteidigung jüdischer Bürgerrechte und moderner jüdischer Erziehung gegründet wurde.

[20] *Hilfsverein der Deutschen Juden*, gegründet 1901.

[21] Die verschiedenen jüdischen Gemeinschaften der jeweiligen Diaspora-Länder bedienten sich unterschiedlicher
Aussprachetraditionen des Hebräischen; vgl. dazu auch nochmals O.J. Wahrmann, Ph 45: 14f.

[22] Vgl. auch Rapp in B/D (1995: 299f.).

Der Streit kam zum Höhepunkt, als der "Hilfsverein" die Errichtung einer Technischen Hoch-schule in Haifa plante und ankündigte, daß alle Fächer auf dem "Technikum" auf deutsch unterrichtet werden sollten, weil Hebräisch als Sprache der exakten Wissenschaften noch nicht genügend entwickelt sei. Die Hebraisten konnten sich durchsetzen, und in der Folge wurde unmittelbar nach dem Ersten Weltkrieg in Haifa das hebräische "Technion" gegründet; Hebrä-isch wurde als die Nationalsprache der Juden in Palästina anerkannt (Rabin 1973: 75).

Zur gleichen Zeit erfuhr die hebraistische Bewegung durch Ereignisse von außerhalb Ver-stärkung. Nach den Pogromen des Jahres 1903 und dem Zusammenfall der in Rußland im Jahr 1905 versuchten Revolution erreichte ein neue Migrationswelle, bekannt unter dem Namen "Zweite Alija", das Land. Diese Immigranten unterschieden sich wesentlich von den früheren: Es waren junge Leute, alleinstehend, mit strikten ideologischen Überzeugungen. Sie machten sich daran, ein neues Leben und eine neue Gesellschaft in einem neuen Land aufzubauen. Ihr erklärtes Ziel war es, die politische, ökonomische und kulturelle Zukunft des Landes zu formen. Obwohl nach dem Ende des Ersten Weltkrieges nur ein kleiner Teil von ihnen im Land blieb, war ihr Einfluß auf die weitere Entwicklung enorm. Um die kulturellen Schaltstellen zu erobern, mußte zuerst das Hebräische in allen Lebensbereichen etabliert werden. Die Neuankömmlinge trafen auf den harten Kern der jungen Hebräischsprecher und deren Lehrer und verbündeten sich in diesem Streben mit ihnen. Auch die Arbeiterparteien und ihre Institutionen, einschließlich der Zeitungen und Verlagshäuser, spielten bei der Erreichung dieses Ziels eine bedeutende Rolle. Sie entschieden sich beispielsweise dafür, alle öffentlichen Veranstaltungen, Diskussionen und Reden auf hebräisch zu führen.[23]

Nach der Balfour-Deklaration und der Errichtung des Britischen Mandats in Palästina nach dem Ersten Weltkrieg erhielt die jüdische Bevölkerung ein großes Maß an Autonomie, und obwohl die herrschende Verwaltung englisch war, wurde Hebräisch die offizielle Sprache des öffentlichen Lebens. Man kann daher sagen, daß zu Beginn der zwanziger Jahre das Ziel erreicht war, Hebräisch zur Hauptsprache oder einzigen Sprache der jüdischen Gemeinschaft zu machen. Am Ende des Britischen Mandats (1948) war die jüdische Bevölkerung auf 700 000 ange-wachsen, in erster Linie aufgrund der neuen Einwanderungswellen. Trotzdem geben laut Volkszählung jener Zeit 71,1% der Bevölkerung Hebräisch als ihre einzige oder Hauptsprache an (93,4% der Bevölkerung unter 15 Jahren, 69,5% der Bevölkerung über 15) (Bachi 1956: 193).

Aus politischer Sicht waren der Erfolg und die Vitalität des modernen Hebräisch ein Zeichen dafür, daß die nationale zionistische Idee und die Schaffung eines jüdisch-nationalen Bewußt-seins in Palästina, dem Lande Israels, erfolgreich waren. Das Ziel wurde einerseits dank der ideologischen Sprachplanung und andererseits aufgrund der tatsächlichen Notwendigkeit des

---

[23] Vgl. Gorni (1979) und Rabin (1973).

Wechsels erreicht. Cooper (1989: 80f.) versucht dieses Phänomen aus sozio-politischer Sicht zu erklären. Er stellt die Hypothese auf, daß

> Within the Palestinian Jewish community, the promotion of Hebrew helped to legitimize a national movement and to validate the credentials of that movement's leadership, which used Hebrew for public, secular functions. However, from the point of view of the rulers, first the Ottomans and then the British, the Zionist leadership in Palestine represented an antagonistic, revolutionary counterelite, which sought to usurp authority for the sake of Jewish political autonomy. Thus the campaign to vernacularize Hebrew can be viewed as benefiting elites or counterelites, depending on one's point of view. In either case, language planning served the interests of those who would acquire power.

Obwohl Coopers Hypothese zweifellos richtig ist, zeigt das Versagen unterschiedlicher Versuche der Sprachwiederbelebung auf der ganzen Welt, daß der planerische Entwurf einer Elite ohne breite Unterstützung aus der Sprachgemeinschaft und die tatsächliche Notwendigkeit in der Sprachgemeinschaft erfolglos geblieben wäre. Die ideologische Motivation traf mit der pragmatischen zusammen. Zuerst stand die Ideologie im Zentrum. Sobald aber die Sprache ökonomisch und sozial einen vorrangigen Status erreicht hatte, wechselten Neuankömmlinge aus pragmatischen Gründen zum Hebräischen.

Natürlich wurden auch andere Sprachen weiterhin in größerem oder kleinerem Umfang verwendet, abhängig von Milieu und Ort, vor allem in der Domäne des familiären Lebens und unter guten Freunden gleicher Herkunft. In ultra-religiösen Kreisen blieb das Jiddische bis heute die Hauptsprache des täglichen Lebens. Andererseits nahm in stark ideologischer Umgebung, beispielsweise im Kibbuz, das Hebräische eine viel dominantere Rolle ein als anderswo. Ein paar Zahlen der statistischen Untersuchungen mögen dies illustrieren: Laut der Volkszählung von 1916/1918 sprachen nur 5% der Eltern und 3% der Kinder in den "heiligen Städten" (Hebron, Safed und Tiberias) Hebräisch, während in Tel Aviv und den "Kolonien" (Moschawot) 36% der Eltern und ungefähr 80% der Kinder erklärten, daß sie Hebräisch sprächen (Bachi 1956: 187). Laut der 1948er Volkszählung sprachen ungefähr 70% der jüdischen Bevölkerung in den Städten und Dörfern Hebräisch, während der Prozentsatz in den Moschawim (Aktionärsniederlassungen) und Kibbuzim bei annähernd 90% lag (Hofman/Fisherman 1972: 351).[24]

Literatur

Bachi, Roberto (1956): A statistical analysis of the revival of Hebrew in Israel, in: Scripta Hierosolymitana III, pp.179-247.

---

[24] Ich danke Dr. Peter Mauser für seine Hilfe bei der Übersetzung dieses Aufsatzes vom Englischen ins Deutsche, Dr. Monika Dannerer und Dr. Mynda Schreuer für die Erstellung der Graphiken und Norbert Lehning für die Auswertung der Daten aus dem Corpus.

Betten, Anne (Hg.) (1995): Sprachbewahrung nach der Emigration – Das Deutsch der 20er Jahre in Israel. Teil I: Transkripte und Tondokumente. Unter Mitarbeit von Sigrid Graßl, Tübingen: Niemeyer (Phonai 42).

Betten, Anne/Du-nour, Miryam (Hgg.) (1995): Wir sind die Letzten. Fragt uns aus: Gespräche mit den Emigranten der dreißiger Jahre in Israel. Unter Mitarbeit von Kristine Hecker und Esriel Hildesheimer, Gerlingen: Bleicher.

Cooper, Robert L. (1989): Language Planning and Social Change, Cambridge: Cambridge University Press.

Edwards, John (1985): Language, Society and Identity, Oxford: Blackwell.

— (1996): Language, prestige and stigma, in: H. Goebl et al. (Hgg.): Kontaktlinguistik. 1. Halbbd., S.703-708.

Fellman, Jack (1973): The Revival of a Classical Tongue: Eliezer Ben Yehuda and the Modern Hebrew Language, The Hague, Paris: Mouton (Contributions to the sociology of language 6).

Gal, Susan (1996): Language shift, in: H. Goebl et al. (Hgg.): Kontaktlinguistik. 1. Halbbd., S.586-593.

Gelber, Yoav (1990): New Homeland. Immigration and Absorption of Central European Jews – 1933-1948, Jerusalem: Leo Baeck Institute, Yad Izhak Ben Zvi [hebräisch].

Goebl, Hans et al. (Hgg.) (1996/1997): Kontaktlinguistik. Ein internationales Handbuch zeitgenössischer Forschung. 2 Halbbde., Berlin, New York: de Gruyter (Handbücher zur Sprach- und Kommunikationswissenschaft 12).

Gold, David L. (1989): A sketch of the linguistic situation in Israel today, in: Language in Society 18/2, pp.361-388.

Gorni, Yosef (1979): Romanticism in the Second Aliyah, in: Jerusalem Quarterly 13, pp.73-85.

Hofman, John E./Fisherman, Haya (1972): Language shift and language maintenance in Israel, in: J. A. Fishman (ed.): Advances in the Sociology of Language. Vol. 2, Berlin, New York: de Gruyter, pp.342-364.

Hyltenstam, Kenneth/Stroud, Christopher (1996): Language maintenance, in: H. Goebl et al. (Hgg.) Kontaktlinguistik. 1. Halbbd., S.567-578.

Kedar, Aharon (1980): The german alija as an opposition in the 'kibbutz ha-meuchad', in: Katedrah 16, Jerusalem: Yad Ben Zvi, pp.113-152 [hebräisch].

Kulka, Dov (1975): Tendencies in 'The Solution of the Jewish Question in the Third Reich', Jerusalem: Hebrew University [hebräisch].

Lüdi, Georges (1996): Migration und Mehrsprachigkeit, in: H. Goebl et al. (Hgg.): Kontaktlinguistik. 1. Halbbd., S.320-326.

Ornan, Uzi (1984): Hebrew in Palestine before and after 1882, in: Journal of Semitic Studies 29, pp.225-254.

Rabin, Chaim (1973): A Short History of the Hebrew Language, Jerusalem: Orot publication of the Jewish Agency.

Shur, Shimon (1979): Language innovation and socio-political setting, the case of modern Hebrew, in: Hebrew Computational Linguistics 15, Ramat Gan: Bar-Ilan University, pp.IV-IX.

Spolsky, Bernard (1991): Hebrew language revitalization within a general theory of second language learning, in: R. Cooper/B. Spolsky (eds.): The Influence of Language on Culture and Thought, Berlin, New York: de Gruyter, pp.137-155.

Walk, Joseph (1991): Jüdische Schule und Erziehung im Dritten Reich, Frankfurt/M.: Hain.

Anne Betten

Satzkomplexität, Satzvollständigkeit und Normbewußtsein

Zu syntaktischen Besonderheiten des Israel-Corpus

1 Vorbemerkung

Einer der ersten und nachhaltigsten Eindrücke, den die Sprache der ehemals deutschen und österreichischen jüdischen Emigranten in Israel auf alle macht, die heute mit deutscher Muttersprache in Europa leben, ist der, daß man es nicht nur mit sehr standardsprachlich artikulierenden und grammatisch absolut "sattelfesten" Sprechern, sondern zudem mit Stilisten und Formulierungskünstlern und -künstlerinnen zu tun hat, die sich spielend in den komplexesten Satzkonstruktionen ausdrücken, aber kaum je den Überblick, den "Faden" verlieren. Diese Beobachtung stand am Anfang meines Projekts und hat sich seither immer wieder bestätigt.

Bereits in meiner ersten Vorstellung des Projekts (Betten 1993), als die Interviewphase noch nicht abgeschlossen war, habe ich einerseits Textbelege für die Komplexität und (satz-)grammatische Korrektheit der mündlichen Äußerungen anhand von Transkripten präsentiert und andererseits eine Reihe "soziolinguistisch relevante[r] Faktoren" (ebd.: 189) für ebenfalls erkennbare Unterschiede in Sprechweise und Erzählstil der einzelnen Interviewpartner diskutiert. Die meisten meiner späteren Analysen[1] hatten Teilaspekte dieser syntaktisch-stilistischen Phänomene zum Thema, und eine Vielzahl studentischer Arbeiten hat sich inzwischen mit der Syntax, der Erzähltechnik, dem Dialogverhalten und mit Vergleichen der Textstruktur in mündlichen und schriftlichen Versionen der Autobiographien der Interviewten befaßt.[2]

Im folgenden möchte ich eine Art Resümee geben, wie sich mir dieser Fragenkomplex nach intensiverer Beschäftigung mit einzelnen Problemen derzeit darstellt. Die Erfahrungen der

---

[1] Zu den Aufsatz-Publikationen seit 1993 (s. Literaturverzeichnis) kommen nicht publizierte Referate auf dem 9. Weltkongreß der Internationalen Vereinigung für Germanische Sprach- und Literaturwissenschaft (IVG), Vancouver 1995, und der 5th International Pragmatics Conference der IPrA, Mexico-City 1996, sowie Gastvorträge an verschiedenen Universitäten zwischen 1996 und 1998 (u.a. Ljubljana, Aberdeen, Berlin [Humboldt], Potsdam, Belfast, Bern).

[2] Ich werde im folgenden auf einige Ergebnisse von Salzburger Seminararbeiten zurückgreifen, v.a. aus dem von Dr. Beatrix Schönherr assistierten Seminar "Wandel des gesprochenen Deutsch im 20. Jahrhundert" (Wintersemester 1995/96) sowie aus Proseminaren zur "Gesprächsanalyse" (Sommersemester 1995 und Sommersemester 1997).
   In den Magisterarbeiten von Ch. Albert, A. Kossakowski (geb. Heumann) und M. Gierlinger, die in diesem Band auszugsweise vorgestellt werden, sind auch größere Datenmengen ausgewertet worden, die hier ebenfalls miteinbezogen werden.

Gesprächsaufnahmen sind zudem durch langjährige schriftliche und mündliche Beziehungen zu vielen der Interviewten vertieft worden.

2 "Es ist natürlich auch so, daß wir ... die ... Eigenschaft haben, die sich mit großer Kunst bei Thomas Mann bewiesen hat, äußerst lange und verschachtelte Sätze zu bauen"

2.1 Metasprachliches Bewußtsein

Die in der Kapitelüberschrift zitierte Äußerung des 1915 in Breslau geborenen Geographen Efraim Orni (s. Ph 45: 146, Z.43ff.)[3] dokumentiert zunächst einmal mehr die ausgeprägte Neigung unserer Interviewpartner, über Sprache zu reflektieren, und zwar über die eigene bzw. die der eigenen Gruppe wie auch die der anderen – und das immer kritisch, auch selbstkritisch. Die Wiedergabe der beiden ausgelassenen Wörter im Zitat und die Fortsetzung dieser Stelle bezeugen das: Es heißt nämlich vollständig: "daß wir *vielleicht* die *negative* [...] Eigenschaft haben", und der lachend geäußerte Nachsatz lautet: "nicht jeder kann einen Schachtelsatz so schreiben, daß er übersichtlich bleibt, auch wenn das [...] Verb erst ganz einsam am Ende des [...] halbseitig langen [...] Satzes erscheint" (Z.47ff.).

Der Nachsatz bezieht sich zwar auf geschriebene Sprache, doch hat Orni dieses Thema mit Bemerkungen zum heute *gesprochenen* Deutsch begonnen: Es fällt ihm nämlich (unangenehm) auf, daß "sehr oft jüngere Leute den Satz nicht beenden oder mittendrin aufhören und annehmen, man verstehe schon, worum es sich handle" (Z.39ff.).

Die heutige Neigung zu stark elliptischen, unvollständigen, fragmentarischen oder verknappten Äußerungen bzw. "Sätzen" wurde auch von anderen beanstandet. So rügt z.B. der anonym bleibende Herr Z (* 1907 in Stettin) die "abgehackte[n] Sätze" in heutigen Reklametexten: "da stehen Sätze, da sind nur zwei Worte darin, können zwei Hauptworte sein. Punkt. Das gab's

---

[3] Die Transkript-Teile der beiden Phonai-Bände werden im folgenden als Ph 42 und Ph 45 abgekürzt. – Nur in diesem Abschnitt werden metasprachliche Zitate in Normalorthographie mit Interpunktion umgesetzt; alle weiteren Zitate folgen der Regelung in den Transkripten.

doch früher nicht!" Und er rekapituliert seinen Grammatikunterricht: "Früher mußte ein Satz mußte haben – wie war das? – Subjekt, Prädikat und Objekt, nicht?" (s. Ph 45: 138, Z.28ff.).[4]

Daß zwischen Erwartungen an geschriebene und gesprochene Sprache kaum unterschieden wird, gehört mit zu den Charakteristika der sog. "Weimarer Schulerziehung".[5] Nachdem die Interviewerin auf Ornis Einschränkung, nicht jeder behalte bei einem Schachtelsatz die Übersicht, anmerkt, daß dies "heute in Deutschland" besonders im *Mündlichen* zutreffe, nicht aber bei den Interviewten ("Sie können das alle noch ganz phantastisch"), antwortet er: "Ja, so hat man uns seinerzeit das eingebleut" (Ph 45: 146, Z.53ff.). Orni spricht hier generalisierend, in der 1. Person Plural, für seine ganze Generation; gewisse Unterschiede in der sprachlichen Realisierung sieht er im "Können" begründet, in der individuellen Kompetenz, wie gut die Sprecher/innen die (damals) gültigen bzw. akzeptierten Regeln beherrschen und anwenden. Daß die Übertragung dieser Regeln von der geschriebenen Sprache auf die gesprochene unter Umständen nicht zu befriedigenden Ergebnissen im Mündlichen führt, wird immerhin stilistisch wahrgenommen und bewertet, in diesem Fall am Beispiel des "einsam ganz am Ende hinterherwackel[nden]" Verbs: "Dadurch wird natürlich die Sprache ganz, ä kann nun leicht sehr schwerfällig werden" (Z.64ff.).

Fast dieselbe Anmerkung macht auch Prof. Joseph Walk, allerdings explizit bezogen auf das geschriebene Deutsch: Es falle ihm heute manchmal schwer, bestimmte Texte von "Überintellektuellen" zu lesen, "auch weil der Satzbau sich ganz wesentlich verändert hat". Als Beispiel führt er an:

Beispiel (1)[6]

```
1    JW:  [...] um auch da n gleich * gleich ein beispiel zu brin-
2         genꜜ ich bin noch immer gewohnt und muß mir das abgewöhnenꜜ
3         ich weiß esꜜ * nebensätze einzuschaltenꜜ * und das verb ans
4         ende zu stellenꜜ * un:d * ich weiß daß das heute nicht
5         mehr üblich isꜜ und bemühe michꜜ das zu umgehenꜜ aber * bei
6         manchen meiner aufsätze beziehungsweise büchern * ist mir
7         das jetzt schon passiertꜜ daß man mich da verbessert hatꜜ
8         und * ich gebe zu daß es für die * aufnahmefähichkeitꜜ des
```

---

[4] Die folgende Anmerkung von v. Polenz (1999: 359) scheint unmittelbar auf diese Vorschriften gemünzt zu sein: "Die Vorstellung, ein Satz müsse grundsätzlich aus Subjekt und Prädikat bzw. mindestens einem Verb und seinen Ergänzungen bestehen, und alles davon Abweichende sei 'Kürzung', 'Ellipse', 'Satzfragment', 'Nachlässigkeit' usw., war in der Sprachwissenschaft wie im Schulunterricht und im öffentlichen Redestil besonders in der 2. Hälfte des 19. Jh., teilweise bis in die Nachkriegszeit herrschend."

[5] Orni, Ph 45: 145, Z.27. – Zur Sache vgl. A. Betten in diesem Bd., S.174ff., u.a. mit Hinweisen auf entsprechende Ausführungen bei Linke (1996).

[6] Diese Passage ist nicht in die Transkripte der Phonai-Bände aufgenommen, findet sich aber mit etwas erweitertem Kontext auch in Betten (1994a: 393). Sie geht dem Transkripttext von Walk, Ph 45: 143, unmittelbar voran. Vgl. dazu auch Betten in diesem Bd., S.158.

```
9      lesers durchaus erleichternd is wenn man * die heutige
10     form benutzt↓ [...]
```

Die "heutige Form", d.h. die Akzeptanz, ja Bevorzugung von Ausklammerungen, um das Verb (des übergeordneten Satzes) bei der Einschaltung von Nebensätzen nicht nachklappen (Orni: "hinterherwackeln") zu lassen, wird von Walk ausdrücklich mit dem kognitiven, psycholinguistischen Argument der Erleichterung "für die Aufnahmefähigkeit des Lesers" begründet, während Orni mehr die stilistische Wirkung ("schwerfällig") hervorhebt. Registriert der eine nur, daß man sich das "im heutigen Deutsch einigermaßen abgewöhnt" habe (Orni, Z.69), so bemüht sich der andere sogar selbst, diese – wahrscheinlich als eher unschön empfundene, aber pragmatisch zu rechtfertigende – "heutige Form" zu benutzen (Walk, Z.9f.), um von deutschen Lektoren nicht immer korrigiert zu werden.

Diese metasprachlichen Zitate (die in anderen Interviews viele Parallelen haben) sollen zeigen, daß den "Jeckes" ihre auffällig vom heutigen Deutsch abweichenden, den früheren Stilidealen entsprechenden syntaktischen Charakteristika durchaus bewußt sind. Die folgenden Beispiele werden dies konkret belegen.

2.2   Beispiele für weitgehend (schrift-)normgerechte komplexe Satzgefüge

2.2.1   Die älteren, (z.T. noch in Deutschland) akademisch ausgebildeten Sprecher der Jahrgänge 1905 bis 1915

Begonnen sei mit der Betrachtung typischer Sätze der beiden in 2.1 zitierten kritischen Sprach- und Zeitzeugen selbst. Die in Beispiel (1) angeführte Äußerung von Walk kann gleichzeitig als ein für seine mündliche Ausdrucksweise repräsentatives Satzgefüge dienen.

Unter einem "intonatorischen Satzbogen"[7] reihen sich ab "ich bin noch immer gewohnt [...] zu stellen" vier hauptsatzförmige Strukturen (2.: "un:d * ich weiß [...] und bemühe mich [...]" , 3.: "aber [...] ist mir das [...] passiert↑ daß [...]", 4.: "und * ich gebe zu daß [...]") syndetisch aneinander, von denen jede durch eingelagerte satzförmige Strukturen erweitert ist: der erste Hauptsatz durch einen Einschub ("und muß mir das abgewöhnen↓ ich weiß es", der zweite Hauptsatz durch die Realisierung von Satzgliedern in Nebensatzformen ("daß [...] üblich is") und durch Infinitivkonstruktion ("das zu umgehen"), der dritte

---

[7]   Ich gehe mit der neueren Syntax- und Prosodieforschung davon aus, daß intonatorische Einheiten "mehr als eine syntaktische Einheit überspannen können" (Schwitalla 1997: 153, mit neueren Literaturangaben). Da es im folgenden bei diesem Problem meist darum geht, ob mehrere syndetisch oder asyndetisch gereihte "Sätze" als ein größeres Satzgefüge betrachtet werden sollen, nenne ich dies gelegentlich vereinfachend "unter einem Satz- oder Intonationsbogen" o.ä. D.h. dieser Hilfsbegriff wird hier weiter gefaßt als z.B. die Definition von Schönherr (1997: 70f.) für eine "intonatorische Phrase", da Pausen und andere Segmentierungsmerkmale innerhalb dieser größeren "Bögen" vorkommen können, nur keine Absenkung der Stimme erfolgen darf.

Hauptsatz wiederum durch einen Nebensatz ("daß man [...] verbessert hat"), der vierte Hauptsatz schließlich durch zwei gestaffelte Nebensätze 1. und 2. Grades.

Admoni (1990: 51) spricht in ähnlichen Fällen von "gemischten Strukturen", d.h. parataktische und hypotaktische Bauprinzipien unterschiedlich mischenden Kompositionstypen, die gerade auch bei unseren spontan formulierenden, aber an der Schriftsprache orientierten Sprechern besonders häufig zu beobachten sind.[8]

Ich kann hier freilich nur wenige Beispiele aus den über 300 Aufnahmestunden des Israel-Corpus präsentieren, und es wird zu fragen sein, welcher Art ihre "Repräsentativität" ist. Damit die Stellen im Kontext überprüfbar sind, halte ich mich weitgehend an Ausschnitte aus den publizierten Transkripten der beiden Phonai-Bände (Ph 42 und Ph 45), die vorwiegend nach thematischen Gesichtspunkten, und nicht im Hinblick auf ihre Eignung als günstige Belege für unsere Forschungshypothesen ausgewählt worden sind. Bei der Sichtung der Daten fällt auf, daß die in die Kategorie "komplex und korrekt" fallenden Belege überwiegend von Männern stammen. Hier lassen sich allerdings zwei Gruppen unterscheiden, zwischen denen aufgrund ihres Alters zum Zeitpunkt der Emigration und ihrer Ausbildung vor und nach der Emigration beträchtliche Unterschiede zu erwarten wären. Zur ersten Gruppe gehören Jahrgänge wie Professor Walk (*1914) und der Geograph Orni (*1915) sowie eine größere Zahl weiterer Gesprächspartner, die etwa zwischen 1905 und 1915 geboren sind, bis 1933 zumindest das Abitur, oft noch einige Studiensemester oder auch ein volles Studium und/oder erste Berufsjahre absolviert hatten. Diese Jahrgänge waren ursprünglich unsere eigentliche Zielgruppe, da wir glaubten, nur sie könnten sprachlich und kulturell so geprägt gewesen sein, daß sich dies nach über 60 Jahren in einem anderen Lebens- und Sprachraum erhalten habe. Aus der Gruppe der als Kinder und Jugendliche Emigrierten haben wir daher nur wenige Gesprächsangebote wahrgenommen, gerade sie aber brachten große Überraschungen (vgl.2.2.2).

Zu den Gründen für diesen Befund wie auch zu dem (geringen) Anteil von Frauen in dieser Kategorie werde ich später Stellung nehmen. Hier zunächst weitere Beispiele, obgleich die Auswahl schwerfällt, weil man zu viele Äußerungen anführen könnte. Beispiel (2) ist ein absolut unauffälliger "Normalsatz" von Joseph Walk.

---

[8] Admoni hat diese Beschreibung zunächst für die in manchen Textsorten äußerst umfangreichen Satzgefüge des Frühneuhochdeutschen entwickelt (zuletzt kurz dargestellt 1990: 150f., mit Rückverweisen auf ausführliche frühere Erörterungen). Dieser Ansatz, der für die Analyse von Satzgefügen in anderen Epochen übernommen wurde, eignet sich gerade auch für die Beschreibung der mündlichen Satzgefüge im Israel-Corpus: Für die frnhd. Schriftlichkeit ist es kennzeichnend, daß sie mündlichen Strukturierungsprinzipien noch nahe steht, d.h. bei aller Komplexität noch nicht, wie in der Epoche danach, vom Prinzip des strengen Schachtelsatzes und der Nebensatzstaffeln immer höheren Grades geprägt ist, sondern sehr unterschiedliche, gemischte Kompositionstypen aufweist, die der linearen lockeren Reihung mündlichen Erzählens in der Übergangsphase von der Hör- zur Leserezeption noch näher stehen (vgl. Betten 1987: 151ff.; 1995c: 260ff.). Die mündlichen, spontan formulierten Äußerungseinheiten unserer Emigranten hingegen sind z.T. so stark literarisiert bzw. an Erzählstilen der Schriftlichkeit orientiert (die ihrerseits mündliche Darstellungsprinzipien stilisiert haben), daß sich die Ergebnisse strukturell in vielem ähnlich sind (vgl. Betten 1995c: 274ff.).

Beispiel (2) (vgl. Ph 45: 121f., Z.12-21)

```
 1    JW:  [...] ich erinner mich um nur um ein #beispiel zu    #
 2    K                                          #LEICHT LACHEND#
 3    JW:  bringen * daß ich * i/ ä: monatelang! * noch mich gefreut
 4    AB:                                      hm!
 5    JW:  habe daß mir die jugendalija*zöglinge gesagt haben ja uns
 6    AB:                                                          hm!
 7    JW:  is=s leichter wenn du * ä: bibel in deutsch unterrichtest!
 8    AB:                                               hmhm!
 9    JW:  weil ich selber noch hengu/ hemmungn hatte!
```

Eröffnet wird mit dem Hauptsatz, der erzählanalytisch betrachtet nur als Einleitungs- oder Eröffnungsformel zu werten ist, syntaktisch aber nicht nur für den folgenden Einschub ("um nur um ein beispiel zu
bringen") als Matrixsatz fungiert, sondern auch für drei hierarchisch gestufte eingeleitete Nebensätze
und einen Satz in direkter Rede ("ja uns is=s leichter [...] unterrichtest"), der im Gesamttext die Funktion
des Akkusativobjektes im zweiten *daß*-Satz hat und seinerseits einen Nebensatz regiert. Von kleinen
Versprechern abgesehen, ist dies ein grammatisch makelloser Gesamtsatz mit minimalen stilistischen
Charakteristika gesprochener Sprache, nämlich der (im Schriftlichen meist vermiedenen) Hinterein-
anderschaltung von zwei *daß*-Sätzen und der Wahl der direkten Rede als Verlebendigungsmittel anstelle
der indirekten Wiedergabe in einem weiteren Nebensatz.

Auffälliger und stilbestimmend ist für Walk jedoch die relative Häufigkeit von Konstruktionen
wie der folgenden, die in meinem Einleitungsbeitrag (in diesem Bd., S.157ff.) als Metatext
herangezogen wurde:

Beispiel (3) (vgl. Ph 45: 144, Z.16-43)

```
 1    JW:  [...] und=ä: * vielleicht sind wir wirklich die einzigen
 2    AB:       hm!
 3    JW:  erben! *      der weimarer kultur! * und * wenn ich hier
 4         noch=ä: einschalten kann denn das würde * dieses gespräch
 5         eigentlich=ä: * versch/ bestärken! ** ä: jüdische schul-
 6         leiter! * der dreißiger jahre! * erzählen in ihren er-
 7         innerungen! * daß wohlwollende: * ä: * inspektoren! die ja
 8         die jüdischen schulen noch besuchen durften und mußten! *
 9         zu ihnen kamen! * und dann * nachdem sie die klassen be-
10         sucht hatten! * sich mit * der leiterin zurückziehen oder
11         mit dem schulleiter! * und sagen jetzt wo wir unter uns
12         sind * kann ich ihnen sagen * wenn man heute noch * das
13         humanistische deutsche kulturerbe! * irgendwo! * erleben
14    AB:                                                    das war
15    JW:  will! muß man leider in eine jüdische schule gehen!
16    AB:  in den dreißiger jahren!                        ja!
17    JW:                    das war in den na/ in den hitlerjah-
18    AB:  hmhm!   * ja!
19    JW:  ren! ja!         und das gehört vielleicht auch in unser the-
20         ma hinein * weil ich glaube daß wir dieses * kulturelle
21         erbe! * und eine sprache ist ja * der spiegel der kultur! *
```

```
22        daß dieses kulturelle erbe * wir * hierher übernommn ha-
23        ben! * mitgenommn haben! * und unverändert beibehalten *
24        haben! * vielleicht in parenthese auch kein zufall * daß
25        die deutschen juden zum beispiel in ihrer politischen ein-
26        stellung! * weitgehend beeinflußt sind! * und bleiben! *
27        durch das humanistische erbe * der * weimarer republik! *
28        im besten sinn! [...]
```

In diesem Ausschnitt aus den Erläuterungen Walks zum "Thema Weimarer Deutsch" wäre die syntaktische Komplexität noch höher, wenn die ihm vorangehenden und nachfolgenden Textteile (die hier nicht abgedruckt sind) beim Ansatz einer "lockeren" Struktur in den jeweiligen Satzbogen noch miteingegliedert würden. Der vorliegende Ausschnitt läßt sich in zwei Satzgefüge teilen, die von einer dialogischen, verständnisbekundenden wie auch -sichernden Sequenz unterbrochen sind (Z.14-19).

Im ersten Teil ist nach dem resümierenden Statement ("vielleicht sind wir wirklich die einzigen erben! * der weimarer kultur") ein konkretes Beispiel in Form einer kurzen Erzählung mit direkter Rede "eingeschaltet". Typisch für den Pädagogen Walk ist, daß dieser Einschub als solcher metakommunikativ angekündigt und funktional gerechtfertigt wird ("wenn ich hier [...] bestärken", Z.3-5). Formal sind in diesem Gefüge auch die ersten beiden der folgenden Nebensätze ("die ja [...]", Z.7f., und "nachdem sie [...]", Z.9f.) in den übergeordneten Satz eingeschoben; sie liefern Belege für Walks Vorliebe für "nachklappende Verben" (s. 2.1). Besonders deutlich aber wird die ausgeprägte Neigung Walks zur sprachlichen Selbstbeobachtung im nächsten Teil, wo zunächst eine klassische Parenthese ("und eine sprache ist ja * der spiegel der kultur", Z.21) – dieses Mal mit stützender, wiederholender Wiederaufnahme der zuvor abgebrochenen Konstruktion[9] – formal praktiziert wird und dann nach Abschluß des Matrixsatzes ("beibehalten * haben! * ", Z.23f.), mit Anhebung der Stimme, fortgesetzt und explizite eine Parenthese angekündigt wird. Letztere ist allerdings nur im übertragenen Sinne, im Rahmen der informationsstrategischen Gewichtung Walks, als Parenthese zu verstehen; formal verselbständigt sie sich, wohl aufgrund ihrer Länge, zu einem nachgetragenen selbständigen Satz, in dem nur die Bemerkung "in parenthese" selbst syntaktisch als Parenthese zu betrachten ist.

Parenthesen in derart gehäufter und gekonnter Setzung sind nicht nur ein Charakteristikum der Redegestaltung von Prof. Walk. Sie kommen auch bei den meisten anderen Interviewpartner/inne/n mit auffälliger, d.h. stilistisch relevanter Häufigkeit vor und werden von fast allen formal hervorragend gemeistert. Ch. Albert (in diesem Bd., S.311ff.) hat bei 37 Sprecher/inne/n in einer Gesamtaufnahmezeit von ca. 57 Stunden 1 709 Parenthesen gezählt,[10] von denen 53% trotz z.T. stattlichen Umfangs vollkommen unmarkiert, syntaktisch korrekt fortgeführt werden und bei einem weiteren hohen Prozentsatz der Trägersatz, wie in der Sprechsprache häufig, mit

---

[9] Nach Ch. Albert (in diesem Bd., S.330) entfallen auf diesen Typus bei den von ihm untersuchten Parenthesen 400 Belege, das sind 23%. – Unter den dort zitierten Beispielen findet sich nur eines (Nr.31, S.334f.) von Walk, bezeichnenderweise als Beleg für syntaktisch korrekte, "nahtlose" Weiterführungen nach dem Einschub.

[10] Dazu sollte gesagt werden, daß Albert zunächst überwiegend Interviews ausgewertet hatte, die von weniger normorientiert Sprechenden kamen, und später nur einige Interviews aus der hier in 2.2 behandelten Gruppe mit der auffälligsten Orientierung an komplexer Schriftsprache hinzugenommen hat.

anaphorischen Mitteln wiederaufgenommen wird, aber ohne die heute oft zu beobachtenden Brüche der ursprünglichen Konstruktion.

Obwohl der Parenthese wegen ihrer Bedeutung für den Sprechstil unserer Interviewten ein gesonderter Artikel gewidmet ist, muß auch bei den Themen Satzkomplexität und -korrektheit unter verschiedenen Gesichtspunkten auf sie eingegangen werden. Auch andere Arbeiten mit Vergleichen der Parenthesen im Israel-Corpus und neueren Corpora aus Deutschland und Österreich kamen immer wieder zu dem Ergebnis, daß im Israel-Corpus Parenthesen wesentlich häufiger sind und die "fehlerfreie" Fortsetzung des Trägersatzes in rund 80% der Fälle (davon ca. 50% direkte Weiterführung, 30% verschiedene Arten der Wiederaufnahme) ungewöhnlich hoch ist. Die Parenthesen bei den israelischen Sprecher/inne/n sind außerdem im Schnitt wesentlich länger, stellen oft selbst Satzgefüge dar und variieren allgemein in der Form stärker als in den hiesigen Vergleichscorpora.[11] Interessant daran ist auch, daß die Parenthese im mündlichen Sprachgebrauch ja durchaus ein Mittel des unmittelbaren, oft assoziativen Reagierens auf eigene Einfälle ist oder zugunsten besserer Verständlichkeit für den Gesprächspartner spontan eingeschoben wird – so spontan, daß sie augenblicklich, fast ohne Rücksicht auf Einbindung in den gerade ablaufenden Konstruktionsplan begonnen werden kann.[12] Das Problem, das dann auftritt, ist, wie nach dem spontanen Einwurf wieder zum geregelten Redeablauf zurückgekehrt werden kann. Für einen unkonzentrierten, nicht nur in der Parenthesenkunst ungeübten, sondern auch am Durchhalten normgerechter Satzbaupläne wenig interessierten Sprecher folgt dann meist ein "dickes Ende", er verliert die Übersicht, den "roten Faden". Aber gerade das passiert dem durch die "Weimarer Schulerziehung" Trainierten, dem die schriftsprachlich normgerechten Muster "eingebleut" wurden, kaum. Die Satzmuster des Schriftlichen sind offenbar so "verinnerlicht", daß sie fast mechanisch, wie von selbst ablaufen: ein Phänomen, das nicht zuletzt angesichts des hohen Alters der Sprecher/innen besonders eindrucksvoll ist.

Neuere Forschungsergebnisse resümierend weist v. Polenz (1999: 362) darauf hin, daß die Parenthese als sprechsprachlich funktionales Mittel, "bei hochkomplexem, mehrschichtigem Textinhalt den traditionellen hypotaktischen Satzbau zu vermeiden und trotzdem Nebenhandlungen wie Kommentieren, Ergänzen, Hörerkontakt, Hintergrundinformation usw. einfließen zu lassen", "seit der Auflockerung des öffentlichen Redestils seit den 1970er Jahren [...] in Reden, gesprochenen Nachrichtentexten, Kommentaren, Moderationen immer beliebter zu werden" scheint. Das bezieht sich jedoch im Regelfall nicht auf spontanes Sprechen wie in unseren Interviews, sondern eben auf den Einsatz dieses Stilmittels in schriftlich konzipierten Texten, die

---

[11] So z.B. die Ergebnisse der Seminararbeit von Hartmut Schwaiger (1995/96) zur Parenthesenverwendung von Dr. Esriel Hildesheimer; sein Vergleichsmaterial stammt aus einem Rundfunkinterview mit ebenfalls akademischen Gesprächspartnern und vergleichbaren Themen.

[12] Vgl. zu den Funktionen der Parenthese als Mittel der Aktion und Reaktion des Sprechers im spontanen Gespräch (mit Zusammenfassung der Forschungsliteratur) Ch. Albert in diesem Bd., S.313ff.

eine weniger distanzsprachliche Wirkung anstreben. Da diese Parenthesen vorgeplant sind, ist es im Gegensatz zu unserem Corpus nicht verwunderlich, wenn dort in der Fortsetzung des Trägersatzes keine Konstruktionsbrüche auftreten.

Die Rolle der Parenthesen in der Syntax unserer Interviewpartner ist mit diesen Beobachtungen noch nicht abgeschlossen, doch soll an dieser Stelle zunächst zum Umfang der Satzgefüge zurückgekehrt werden. In dieselbe Gruppe wie Prof. Walk oder Herr Orni gehört z.b. auch Dr. Akiba Eger (*1913; vgl. die Texte Ph 42: 39ff., 341f.). Ein Vergleich seines Parataxe- und Hypotaxe-Gebrauchs mit dem von Walk ergab z.b., daß beider Sätze zwar dieselbe Durchschnittslänge mit 34 Wörtern haben, bei Eger jedoch innerhalb des untersuchten Ausschnitts Satzgefüge bis zu 168 Wörtern, bei Walk nur bis zu 117 Wörtern gezählt werden konnten.[13] Dabei fiel auf, daß Egers Sätze besonders dann "bis ins Endlose wachsen", wenn er bei einem Thema "emotionell stark berührt" ist, daß aber auch dann "eine begonnene Konstruktion nur selten fehlerhaft zu Ende geführt bzw. abgebrochen wird".[14] Die sehr komplexen Satzgefüge Egers sind meistens Mischformen von parataktischen und hypotaktischen Strukturen, wobei er mehr hypotaktische Konstruktionen als Walk verwendet, bei dem die parataktische Ausprägung des Satzgefüges überwiegt (wie etwa in Bsp. 1).

Grundsätzlich dürften diese Beobachtungen wieder für viele unserer Interviewten zutreffen: Der lange Gesamtsatz mit bevorzugt parataktischen Anreihungen und nur wenig gestaffelten Nebensätzen kommt natürlich den Bedingungen der Mündlichkeit mit ihrem linearen Fortschreiten sowohl beim Produzenten wie beim Rezipienten des Textes wesentlich mehr entgegen und ermöglicht trotzdem eine großräumige Verbindung thematischer Elemente, die als zusammengehörig präsentiert werden sollen. Dennoch kommt es bei manchen Sprechern auch zu durchaus eindrucksvollen hypotaktischen Konstruktionen, wie z.B. im folgenden Gesprächsausschnitt von Dr. Esriel Hildesheimer (*1912):

Beispiel (4)[15]

```
1    EH:   [...] und dann gab es auch wieder gründe die mich veran-
2          laßten * ä: * einen andere stelle zu suchen↑ * und kam in
3          das * state controllers office↑ * anfang f:/ ja erstn ja-
4          nuar fünfunfünzig↑ * in dem ich dann achzehneinhalb jahre
5          arbeitete↑ * und↑ * dann * dieses büro↑ * wie ich mich im-
```

---

[13] Untersucht wurden jeweils 15 Minuten lange vergleichbare Gesprächsausschnitte. Walk, der wesentlich schneller sprach als Eger, äußerte in dieser Zeit 2 018 Wörter in 252 Elementarsätzen bzw. 62 Ganzsätzen/Satzgefügen (nach Admoni), Eger hingegen nur 1 480 Wörter in 175 Elementar- bzw. 43 Ganzsätzen (Seminararbeit von Sabine Stütz/Inge Zechmann/Anton Zimmermann-Faè, 1995/96).

[14] Zitate aus der Seminararbeit, s. Anm. 13.

[15] Dieses Beispiel habe ich auch schon in Betten (1993: 191) und (1998: 137) herangezogen, was nicht bedeutet, daß weitere Belege schwer zu finden wären. Es war vielmehr schon früh transkribiert und wurde daher, wie noch einige andere, zu einer Art Standardbeispiel.

```
6       mer scherzhaft ausdrücke * den größten fehler * begangen
7       hat den sie * mir gegenüber begehen konntenⁱ * daß sie
8       mich nämlich neunznhundertsiebnundsechzig zurückgeschickt
9       haben in die universitätⁱ * weilⁱ * ä: eine: * verordnung
10      des: der knesseth angenommen warⁱ * daß=ä: * leute in dem
11      * kontrollwesen nicht in der verwaltung aber im kontroll-
12      wesen * nicht arbeiten solln wenn sie nicht mindestens
13      einen akademischen * den ersten akademischen titel habenⁱ
14      * da ich durch hitler das nie * bekommen konnteⁱ * ham sie
15      also b/ ä: beschlossen sie schicken mich in die universi-
16      tätⁱ siebnundsechzigⁱ
```

Von Z.1 bis 16 liegt hier ein komplexer Satz vor, mit einer grammatischen "Irregularität": der mit *und dann* gereihte Satz (Z.5ff.) hat das Verb in Nebensatzstellung statt in Hauptsatzstellung ("begangen hat", Z.6f.). Darauf folgt eine Serie von Nebensätzen, und zwar nach dem Relativsatz "den sie [...]" (Z.7), die mit den Subjunktionen *daß* (Z.7), *weil* (Z.9), *daß* (Z.10), *wenn* (Z.12) eingeleitet werden und jeweils in hierarchischer Abhängigkeit voneinander stehen.[16] Auch in diesem Satz findet sich im übrigen wieder das Phänomen der "nahtlosen" Fortsetzung nach Einschub, und zwar nach "wie ich mich immer * scherzhaft ausdrücke" (Z.5f.) und nach der Präzisierung "nicht in der verwaltung aber im kontrollwesen" (Z.11f.).

Hier, wie auch in den drei vorangegangenen Beispielen, handelt es sich um monologische Partien, in denen die Sprecher nicht unterbrochen, sondern allenfalls von affirmativen Hörersignalen (s. Bsp. 2 und 3) begleitet werden, die "geplanten" Satzstrukturen also ungestört aus- und zuendeformulieren konnten. Greift die Interviewerin aber mit Fragen, Kommentaren o.ä. ein, die den Gedankengang des Interviewten unterbrechen und zum Umschalten nötigen, wird auch der Redefluß bzw. die glatte Konstruktionsfortsetzung unterbrochen. Es bedarf dann einer Neuorientierungsphase, um den "Faden" wieder aufzunehmen (wie etwa in Bsp. 3, Z.19f.) oder (bei ausgeprägter dialogischen Stellen, wie im folgenden Beispiel von Hildesheimer) um einigermaßen "in Fluß" zu bleiben, trotz der ständigen Abstimmungen des Gesagten auf die (z.T. simultanen, überlappenden) Beiträge des Gegenübers:

Beispiel (5) (vgl. Ph 45: 114, Z.9-29)
```
1   AB:  was ham sie=n an deutscher literatur mitgebracht
2   EH:                                 schiller     goethe *
3   AB:                                         jaⁱ *
4   EH:  ä:: * einen heine hab ich nicht besessenⁱ      hab ich
5        erst spä/ viel später bekommenⁱ * ä schiller goethe les-
```

---

[16] Nach den Forschungsergebnissen, die Schwitalla (1997: 97f.) zur unterschiedlichen Art syntaktischer Komplexität im Gesprochenen und Geschriebenen zitiert, ist das "Reihen von untergeordneten Sätzen" ein typisches Phänomen der Sprechsprache, während im geschriebenen Text komplexe Nominalphrasen bevorzugt würden. Auch wenn diese Beobachtung vielleicht doch eher für die Entwicklung des heutigen Deutsch zutreffen sollte als für die klassische Schriftsprachtradition, ist es zumindest die "abperlende" Form, die dem mündlichen Ausbau eines Satzes in der spontanen Realisation am meisten entgegenkommt.

```
 6   AB:                                             ja↑              (das ham
 7   EH:  sing chamisso lenau solche sachen hab ich gehabt↑ die hab
 8   AB:  sie mitgebracht↓)                                        ja↑
 9   EH:  ich wahrscheinlich * zur bar mizwa geschenkt bekommen↑ und
10        die hab ich auch mitgebracht↑ * und das alles konnte mir
11   AB:                hmhm↑
12   EH:  hierhergeschickt werden↑  das einzige buch was mir mein
13        vater #nicht # schicken konnte war * sie dürfen es raten↑
14   K         #BETONT#
15   EH:  * dreiunddreißig hierhergeschickt↑ * war karl marx das ka-
16   AB:            hmhm↓ * ja↓       ja↓
17   EH:  pital↓        das konnte er nicht mehr schicken↓ * LACHT
18        KURZ
```

Auch hier beginnt der Interviewte schon vor der vollständigen Beendigung der Frage mit einer umfassenden Antwort, die sich vermutlich während des Sprechens im "Abarbeiten" des ursprünglich gar nicht mehr abgewarteten Verbs "mitgebracht" (Z.1) zweimal erweitert. Anfangs mag er gedacht haben, er werde gefragt, was er an deutscher Literatur kenne; das "mitgebracht" zwingt zu Überlegungen, was er bei der Emigration besessen hat (ausgebaut durch die Erinnerung, wann er diese Bücher wohl bekommen habe) und wie er diese Bücher herübergebracht hat ("mitgebracht" wird indirekt korrigiert durch "hierhergeschickt"). Die Stimmhebung nach "hierhergeschickt werden↑" (Z.12) bedeutet der Interviewerin, daß sie nicht eingreifen soll, da das Thema noch nicht abgeschlossen ist: Als besonders bemerkenswert möchte Hildesheimer nämlich nun noch hinzufügen, was nicht geschickt werden durfte.

In Anlehnung an Kleist ist hier die Entwicklung der Gedanken beim Sprechen zu beobachten – allerdings beim dialogischen, was Auswirkungen auf die Wahl der syntaktischen Mittel hat. Der Ausbau des Satzes erfolgt nicht stufenweise hypotaktisch wie in Beispiel (4): Diese (nach Admoni "abperlende") Form ist zwar wegen der linearen Progression einfacher als andere Formen der Nebensatzeinbettung, erfordert aber doch eine gewisse Konzentration auf die Durchhaltung der Nebensatz-Wortstellung. Stattdessen werden hier mehrere überschaubare Hauptsätze, die weniger störanfällig sind, durch Wiederaufnahme mit Demonstrativpronomina "verkoppelt" (*die*, Z.7; *und die*, Z.9f.; *und das*, Z.10; *das*, Z.17), so daß eine engere Zusammenschließung der Teile unter einem thematischen und intonatorischen "Bogen" dennoch nachträglich markiert wird.

Auch in diese mehr parataktische Gefügestruktur sind kurz nach dem in den Hauptsatz eingebetteten Relativsatz ("was [...] konnte", Z.12f.) zwei Parenthesen mit unterschiedlicher Funktion (kontaktbezogen und kommentierend)[17] eingeschoben, die der Verlebendigung und Aktualisierung des Gesagten dienen. Das entspricht wiederum ganz dem allgemein gepflegten Stil: möglichst korrekt, aber doch dialogisch flexibel und hörerbezogen.

---

[17] Vgl. Ch. Albert in diesem Bd., S.315ff.

Ein weiteres Beispiel desselben Sprechers Hildesheimer (dessen ähnlich komplex konstruierter Kontext im Transkriptteil überprüfbar ist) soll veranschaulichen, wie sich die hier zu beobachtenden Phänomene (Hypotaxe vermischt mit Parataxe, Parenthesen, nur unbedeutende Retardierungen des Satzflusses bei Rückfragen) in immer neuen Variationen abwechslungsreich mischen, gleichzeitig aber einen spezifischen Sprech- und Gesprächsstil prägen:

Beispiel (6) (vgl. Ph 42: 428, Z.49-65)

```
 1    EH:   [...] * ich kann durchaus verstehen * daß menschen aus den
 2          lagern * seinerzeit * nach deutschland gegangen sind weil
 3          sie geglaubt haben ** eine parnoße sie werden ja wissen
 4          was parnoße heißt * einen lebensunterhalt zu finden daß
 5          sie sogar * zum teil sehr gute erfolge f:/ * ä: wirt-
 6          schaftlich und finanziell haben↓ * nicht immer grade auf
 7          den * vornehmsten gebieten aber das ist ein kapitel für
 8          sich↓ SCHLUCKT und daß die leute sich dort heute sehr wohl
 9          fühlen daß sie sich auch ** als deutsche bürger wahr-
10    AB:                                            das  könn sie ver-
11    EH:   scheinlich sehr wohl fühlen kann ich ver/
12    AB:   stehn↓
13    EH:         +das kann ich verstehn↓ ja↓ * denn die leute haben
14    AB:   sind also  ja meinen sie
15    EH:         nicht   die haben  nicht gewußt was in deutschland
16          früher war↓ * [...]
```

Struktur: Hauptsatz – *daß*-Satz – *weil*-Satz mit Infinitiv und eingelagerte erste Parenthese (metasprachliche Funktion) – *daß*-Satz – zweite Parenthese (zweigliedrig, kommentierende Funktion) – syndetischer Anschluß des nächsten *daß*-Satzes mit *und* nach dieser Parenthese – paralleler/additiver zweiter *daß*-Satz, der in der Fortsetzung eine doppelte Funktion bekommt: als letzter Nebensatz des vorangehenden Hauptsatzes (syntaktisch in der Rolle einer Ergänzung im Akkusativ) sowie als vorangestellter Nebensatz (mit Subjektrolle) für die Wiederholung des Hauptsatzes unter Umreihung der Satzglieder. Das Vorkommen dieser Wiederholungsstruktur (bekannt als "Drehsatz") ist dem Verständnis des sehr langen (wieder "abperlend" gebauten) Gefüges förderlich und damit eine der ebenso unbemerkten und eleganten wie funktionalen Konzessionen dieses Stils an die Mündlichkeit. Das rückfragende Einhaken der Interviewerin sichert nochmals ab, daß diese wichtige Information richtig verstanden wurde. Hildesheimer wiederholt bestätigend den Hauptsatz (jetzt demonstrativ angeschlossen) und kommt dem Erklärungsbedarf, der sich durch die Hörer-Nachfrage aufzutun scheint, durch Ausbau mit einem Kausalsatz nach, der einen weiteren Relativsatz nach sich zieht.

Unter vielen anderen möglichen "Kandidaten" dieser Gruppe seien schließlich noch zwei Satzgefüge von Dr. Alfred Wachs (*1914) vorgestellt:

Beispiel (7) (vgl. Ph 45: 36, Z.1-15)

```
 1    AB:        hmhm↑          hmhm↑ *
 2    AW:   [...] ich will es kurz ä:        fassen↓ * ich kam also: *
 3          ins land↓ * mit * englisch als meiner: hauptsprache↓ schon
 4          einige jahre lang↓ * die ich dann in der * marine wei-
```

```
 5              ter*führteↃ * und auch in den ersten jahren der israeli-
 6              schen marine da ich dort hauptsächlich als verbindungsmann
 7     AB:                                           hmhmↃ
 8     AW:  zu den * englischsprechendenↃ * ä:: * kollegenↃ * die in
 9     AB:                   hmↃ              hmↃ
10     AW:  der führung der marine damals maßgeblich warenↃ * ä bis
11              ich=ä: etwa um neunzehnhunderteinunfünfz/ zweiunfünfzich
12              das heißt also * bereits zehn jahre * nach meiner * nach-
13              dem ich ins land kamↃ * fand daß es so nicht weitergehen
14              könnteↃ daß mein hebräisch auf einem so absolut * niedrigen
15              ä niveau * stand↓ [...]
```

Die metakommunikative Einleitung bezieht sich natürlich nicht auf die Länge der folgenden Sätze, sondern allenfalls auf die beabsichtigte Komprimierung der folgenden Erzählung. Weitere Textanalysen zeigen, daß es sich um eine Lieblingsformel dieses sehr eloquenten Erzählers handelt, die er einem neuen Erzählabschnitt sicher nicht nur in "gliedernder" Absicht voranstellt, sondern auch, um seine ganz in die stumme Hörerrolle verwiesenen Gesprächspartner zu weiterem geduldigen (oder auch erwartungsvoll-gespannten) Zuhören zu animieren: schließlich ist Dr. Wachs von Beruf Psychologe! (Vgl. ähnlich Wachs in Ph 42:143, Z.39f.: "wie ich nach england kam will ich ganz kurz beschreiben".) So erhält die Formel eine Art Rechtfertigungsfunktion für die ausgeprägt monologischen Neigungen des Sprechers und steht (zumindest für den unbeteiligten Analysierenden) in einem gewissen erheiternden Kontrast zu den auf Satz- und Textebene äußerst umfangreichen Einheiten, in denen Wachs seine Themen entwickelt. Diese sind allerdings tatsächlich sehr konzentriert, inhaltsreich und überwiegend schriftsprachlich durchkonstruiert. Beispiel (7) zeigt im Vergleich zu anderen Passagen sogar etwas mehr Lockerheit.

Durchgehend zu beobachten ist eine Neigung zu Ausklammerungen und Nachträgen, so zweimal hintereinander im vorangestellten Hauptsatz ("mit * englisch als meiner: hauptspracheↃ" und "schon einige jahre langↃ", Z.3f.), des weiteren im folgenden Relativsatz ("und auch in [...] der israelischen marine"), nochmals erweitert um einen Kausalsatz ("da ich dort [...] kollegen"), der abermals um einen Relativsatz ("die [...] maßgeblich waren") ausgebaut wird. Hier allerdings entgeht Wachs nach allem Verlängern dieser Konstruktion dann doch einmal, daß das abschließende Verb des kausalen Nebensatzes (etwa *fungierte* oder *eingesetzt war*) noch fehlt, während er schon zur nächsten Nebensatzstaffel ausholt (Temporalsatz mit eingelagerter komplexer Parenthese und zwei weiteren, jeweils abhängigen *daß*-Sätzen, Z.10ff.).

In diesem Abschnitt gibt die Interviewerin von sich aus mehrmals Bestätigungssignale; mit mehr als begleitendem *hmhm* wagt sie jedoch nicht im Redefluß zu intervenieren. Daß Wachs zumindest auf verbale Hörerbestätigungen nicht angewiesen ist, zeigt ein Vergleich mit den in Ph 42:142-146 transkribierten Passagen, in denen sich auf 147 Textzeilen nur drei bestätigende *hm* der Interviewerin und eine Wortergänzung finden (ebd., Z.124). Mit der Vorwegnahme eines zentralen Wortes beweist die Gesprächspartnerin zum einen, wie aufmerksam sie zuhört, zum

anderen gibt es ihr die Chance, sich als einigermaßen vertraut mit den Problemen zu qualifizie-
ren. Von Wachs' Seite sind es eigentlich nur die Parenthesen, in denen eine gewisse Interaktion
mit der Gesprächspartnerin zum Ausdruck kommt, indem er zu ihrem besseren Verständnis
zusätzliche Information in den Erzählablauf einschiebt. Zur Verdeutlichung sei das Satzgefüge
mit den "intensivsten" Interaktionssignalen, einem Hörer-Einwurf (Z.5) und einer typischen
erklärenden Kommentarparenthese (Z.11f.), hier abgedruckt:

Beispiel (8) (vgl. Ph 42: 145, Z.119-140)

```
 1     AW:  [...] ** das hatte aber dann am zehnten mai ** neunzehn-
 2          hundertvierzich ** auch ein endeꜜ ** denn ich saß morgens
 3          beim melken in einem schottischen ** stall * kuhstallꜜ **
 4          als zwei * polizeioffiziere erschienen und sachten ja sie
 5     AB:                      #interniern↓#
 6     K                        #LEISE     #
 7     AW: müßten leider *        me:/    ja mich:: bitten mitzukommenꜜ
 8          ** ä allerdings: ** lud ich sie erst noch zum frühstück
 9          einꜜ ** und wir fuhrn dann sechzich oder siebzich kilometer
10          in die nächste kleine provinzstadtꜜ ** nach kircudbright-
11          shireꜜ ** kircudbright so heißt die * hauptstadt von dem *
12          countyꜜ ** und man begann zu telefonierenꜜ * nach glasgow *
13          nach edinburghꜜ * und etwa * nach zweieinhalb stunden kam
14          man zu mir entschuldigte sich und sachte ja ** wir haben
15          ** das machen müssen aber es hat sich s hat sich nämlich *
16          herausgestellt sie sind ja ihrem paß nach bereits also ein
17          ** victim of nazi oppression ** und ein friendly alienꜜ **
18          aber sie sind der einzije * ausländer in unserm ganzen **
19          in unserer ganzen countyꜜ
```

Als weiteres Zeichen intensiveren Partnerbezugs in diesem Ausschnitt (im Vergleich zu den
übrigen 127 Transkriptzeilen) kann man vielleicht noch die verlebendigende direkte Rede
(Z.14ff.) betrachten, die in den übrigen Transkriptteilen nicht verwendet wird.

Bei der ausgeprägt monologischen Situationsgestaltung dieses Sprechers lassen sich als
Konstanten, mit denen er den Ausbau und die "Vernetzung" seiner Themen durchführt, regelmäßig Satzanschlüsse mit Kausal- und Adversativkonjunktionen finden (in Bsp. 8: *denn*, Z.2;
allerdings, Z.8; *aber*, Z.15, 18). Gliederungssignale im "engräumigeren" Sinne (d.h. außer auf
der Makroebene zur Ankündigung neuer Erzähleinheiten) kennt diese Art von monologischem
Sprechen nicht: Die eigenen Beiträge müssen nicht ständig hinsichtlich Eröffnung, Fortsetzung,
Beendigung neu markiert werden, da es zu keinem Aushandeln von Rederechten/Sprecher-
wechseln kommt. Daher kann auf das für die Schriftsprache charakteristische System der rein
logischen "internen" Verknüpfung der einzelnen Äußerungen zurückgegriffen werden. Welche
Auswirkungen dieser Stil auf die möglichen Formen des *back-channel-behavior* hat, soll später
anhand weiterer Beispiele nochmals grundsätzlicher aufgegriffen werden. Auch das Präteritum

als konstant durchgehaltenes Erzähltempus, das bei norddeutschen Sprechern zwar nicht verwundert, doch in der Praxis selten so konsequent verwendet wird, verstärkt hier den stilistischen Eindruck literarisierten Erzählens ohne dialogische Unterbrechungen, die ansonsten eine Tempusabstufung zwischen aktueller Kommunikationszeit und erzählter Zeit wie auch zwischen "besprochener und erzählter Welt" (Weinrich) erforderlich machen würden.[18]

Es ist hier nicht Raum, Beispielsätze von allen in Frage kommenden Sprechern zu präsentieren, doch beim Lesen der Transkripte lassen sich viele weitere Bestätigungen finden. Außer auf die schon genannten sei noch besonders auf die Transkripte von Ernst Schwarz (*1913), Dr. Klaus Dror (*1909), Dr. Lothar Eisner (*1909), Dr. Abraham Eran (*1907) und Ernst Siedner (*1905) hingewiesen. Alle sind Akademiker, aber es gilt zu berücksichtigen, daß einige das Studium erst nach vielen Jahren in Israel wiederaufnehmen konnten und in hebräischer Sprache gelernt und promoviert haben (wie z.B. Walk, Hildesheimer, Eisner). Daraus folgt, daß nicht unbedingt ein Studium und damit eine "akademische" Ausbildung in deutscher Sprache, den Ausschlag für diese Sprachkultur gegeben hatten, sondern mehr die von den Betroffenen selbst angeführte "Weimarer Schulerziehung", vielleicht, wie man bei diesem Stand der Überlegungen mutmaßen möchte, aber doch gefördert durch weitere akademische/intellektuelle Berufstätigkeit, wenn auch oft nach langer Unterbrechung.

2.2.2 Ältere Sprecher/innen ohne Universitätsstudium sowie Angehörige der Jahrgänge 1919 bis 1925

Obgleich auch aus der vorigen Gruppe nicht jeder sein ursprüngliches oder ein neues Studium abgeschlossen und einen akademischen Beruf ausgeübt hat, präsentiere ich die Beispiele der folgenden drei Sprecher/innen zunächst separat, ohne damit relevante Bildungsunterschiede der so Gruppierten für ihre Zeit in Deutschland ernsthaft behaupten zu wollen. Paul Heinz Laboschin (*1908) hat die Handelshochschule besucht und danach noch kaufmännisch gearbeitet:

Beispiel (9) (vgl. Ph 45: 137, Z.1-8)

```
1    PL:  [...] schlimm is=es bei mir↑ * mit der * mit dem hebräisch
2         lesen↑ * das fällt mir sehr schwer↑ * ich bemühe mich↑ *
3         kann auch * überschriften * oder eventuell leichte artikel
4         mal lesen↑ * wenn=es gedruckt ist↑ schreibschrift is
5         furchtbar schwer für mich↑ * aber es nimmt mir viel zu
6         viel zeit * so daß * meine zeitungslektüre in englisch is↑
7         * bücher les ich * auch hauptsächlich in englisch↑ * aber
8         auch deutsche bücher↑ [...]
```

---

[18] Vgl. u. S.244 zu Krausz sowie P. Mauser in diesem Bd., S.440.

Die Intonation spricht dafür, diesen Ausschnitt als ein Gefüge zu betrachten, das zusammen-gehören soll; doch auch wenn man den "Satz" erst bei "ich bemühe mich" (Z.2) beginnen und mit "zeitungslektüre in englisch is" (Z.6) enden ließe, weist er sechs Elementarsätze auf, die sich in verschiedener Weise aufeinander beziehen:

Zunächst sind mehrere Hauptsätze asyndetisch gereiht, von denen der letzte durch einen Nebensatz (*wenn*, Z.4) und Parenthese ("schreibschrift is furchtbar schwer für mich", Z.4f.) erweitert ist. Darauf folgt eine syndetische Verknüpfung mit *aber* (Z.5) zur nächsten Satzfolge, deren erster Satz durch einen Konsekutivsatz (*so daß*, Z.6) erweitert ist.

Obwohl dieser Ausschnitt im Vergleich zu einigen der vorher angeführten relativ kurz und ein-fach konstruiert aussieht, besitzt er doch charakteristische Merkmale, die ich oben als besonders stilprägend hervorgehoben habe. Aufgrund geringfügiger Indizien wirkt der Text möglicherweise etwas umgangssprachlicher als die bisher zitierten.

Die Elementarsätze sind relativ kurz; "mit dem hebräisch lesen↑" ist zunächst nach rechts herausgestellt und fungiert dann als Linksherausstellung für das Folgende, wiederaufgenommen durch anaphorisches *das*, wie es für das Mündliche typisch ist. Der Bezug von "wenn=es gedruckt ist" (Z.4) bleibt vage; "kann auch [...] mal lesen" (Z.3f.) klingt wegen der (grammatisch korrekten) Subjektellipse und des unbestimmten *mal* vielleicht etwas legerer als die vorangegangenen Texte.

Für den einzelnen Satz mag dies überinterpretiert erscheinen, da auch in den anderen Trans-kripten sprechsprachliche Spuren mehr oder weniger dicht zu finden sind. Dennoch dürfte vom Gesamteindruck der Texte her eine gewisse symptomatische Tendenz erkennbar sein.

Friedel Loewenson ist wie Herr Laboschin Jahrgang 1908, hat nach dem Gymnasium ("Mitt-lere Reife") eine Haushaltsschule besucht und war dann als medizinische Laborantin tätig: eine Ausbildung für Töchter aus "gutem Hause", die für ihre Generation nicht selbstverständlich war. Auch sie ist somit ein Produkt der "Weimarer Schulerziehung", auch wenn sie nicht bis zum Abitur ging.[19]

Beispiel (10) (vgl. Ph 42: 82, Z.1-19)

```
1    FL:  meine erste ** ernsthafte erinnerung war als ich fünf jah-
2         re alt war↑ * und zwar kurz bevor ich sechs wurde↑ * im
3         august neunzehnhundertvierzehn↑ ** als grade der krieg
4         ausgebrochen war↑ ** und * weiß ich noch genau wir saßen
5         alle in unserm eßzimmer beim mittachessen↑ * und es kam das
6         * mädchen herein sachte ein schutzmann↑ ** ein polizist
7         hieß damals schutzmann↑ (ne↑) ** und ä:: der kam↑ * und
8         brachte uns ** ein:e * eine aufforderung↑ * ja alle russi-
9         schen aber nachher wie wir erfahren haben russischjüdi-
```

---

[19] Damit entsprechen sie und viele andere unserer Interviewpartner/innen voll dem seit Ende des 19.Jhs. domini-erenden Alltagsbegriff von "Bildung", der von Friedrich Paulsen im *Enzyklopädischen Handbuch der Pädagogik* 1895 auf den folgenden Nenner gebracht wird: "[...] gebildet ist, wer eine höhere Schule durchgemacht hat, mindestens bis zur Untersekunda, natürlich 'mit Erfolg'" (Zitat aus Linke 1996: 28).

```
10        schen familien! ** antisemitismus gab es damals schon genug
11        in ostpreußen überhaupt! ** die sollen am abend an einem
12        ganz bestimmten platz sein! mit kind und kegel gepackten
13        koffern und alles am selben tach wir müssen ** ä:: wir
14        müssen die stadt verlassen! wir müssen ostpreußen verlas-
15        sen! ** wir wußten nich wohin! ** und nix! ** un:d SCHLUCKT
16        es stellte sich ** ja! * ä:m:: und es stellte sich nachher
17        heraus! * der war bei ungefäh:r achtzehn oder zwanzich
18        familien gewesen! alles juden! ** [...]
```

Dieser Abschnitt ist – abgesehen von der eingeschobenen Rückversicherungspartikel *ja*↓, Z.16 – an allen gliederungsrelevanten Stellen mit steigender Intonation gesprochen, wodurch die Sprecherin auf der prosodischen Ebene anzeigt, daß sie noch nicht abzuschließen gedenkt. Syntaktisch gesehen haben wir es mit einer sehr variationsreichen Textpartie zu tun:

Nach einem eher schriftsprachlichen Beginn mit mehreren temporalen (*als*, Z.1, 3) und präzisierenden Nebensätzen (*und zwar*, Z.2) wird der streng hypotaktische Duktus durch eine Erinnerung unterbrochen ("weiß ich noch genau wir saßen [...] beim mittachessen", Z.4f.). Diese wird zunächst in Form einer Parenthese eingeschoben, doch leitet ihre spontane Setzung dann zu lockerem Erzählen über: *und*-Anreihungen (Z.5, 7), wörtliche Rede ("ein schutzmann", Z.6), erweitert durch eine erklärende metasprachliche Parenthese (Z.6f.), Verständnissicherungssignal *ne*↑, anaphorisches Wiederaufnahmepronomen *der* (Z.7), Verständnissicherungssignal *ja* (Z.8), erneute kommentierende Parenthese ("antisemitismus [...] überhaupt↑", Z.10f.), Wiederaufnahme des Trägersatzes wie nach der ersten Parenthese mit anaphorischem Demonstrativpronomen *die* (Z.11), Nachtrag ("mit kind und kegel [...] am selben tach", Z.12f.).

Zumindest bis hierher muß wohl ein großes, allerdings sehr abwechslungsreiches, auch mit typisch sprechsprachlichen Mitteln gestaltetes Satzgefüge angenommen werden. Die Sprecherin schließt jedoch auch die folgenden "Sätze" als wörtliche Rede- oder Gedankenwiedergabe noch direkt an, sozusagen wie eine freie Angabe in Satzform zur Wiedergabe der Wirkung der Aktion auf die Betroffenen. Sie rundet diesen Erzählabschnitt thematisch mit einem Satz ab, der die dramatische Situationsentwicklung kommentiert und indirekt nochmals Antwort gibt auf die (nicht transkribierte) Ausgangsfrage der Interviewerin nach ihren ersten Erfahrungen mit Antisemitismus. (Die zunächst einmal abgeschlossene Erzählung "unter einem Intonationsbogen" wird dann mit weiteren Etappen fortgesetzt.)

Zu diesem ersten Analysebeispiel von einer Frau sei zunächst nur konstatiert, daß die in Lautung, Artikulation, Stimmführung sehr hochsprachlich orientierte und durchwegs sehr sprachgewandt wirkende Sprecherin viele Mittel, die auch bei den männlichen Sprechern vereinzelt zu beobachten waren, frequentiell anders einsetzt: Auch in diesem Abschnitt ist kein verbales Hörersignal zu verzeichnen, die Interviewerin unterbricht die spannende, flüssige (auch ziemlich schnell gesprochene) Erzählung nicht, obwohl sie hier nicht nur durch zwei erklärende Parenthesen, sondern auch durch drei Verständnissicherungssignale (1x *ne*, 2x *ja*) miteinbezogen bzw. direkt kontaktiert wird. Ferner wird der sachliche, hypotaktische Berichtstil im Augenblick der ersten Assoziationen und Emotionen sofort durch einen unmittelbareren, halb erzählenden, halb szenisch aktualisierenden Stil abgelöst.

Vor weiteren Überlegungen zu "weiblichen Stilmerkmalen" sei an dieser Stelle zunächst auf einen anderen Sprecherinnentyp aufmerksam gemacht, der mit Loewenson zwar die großteils normgerechte Durchführung von Satzmustern gemeinsam hat, aber weniger zu emotionsgeladenem, dramatischem Erzählen als zu sachlichem Berichten neigt. Ellen Glasner (*1920) hat in Berlin und dann, schon auf der ersten Emigrationsetappe, in Prag das Gymnasium noch mit Abitur abgeschlossen; seitdem lebt sie in Palästina/Israel im Kibbuz. Ihre Sätze bewegen sich im allgemeinen in gemäßigter Länge, sowohl was die Elementarsätze, als auch was die Gesamtsätze betrifft. Der folgende Ausschnitt ist sozusagen ein "Durchschnittsbeispiel", gleich danach finden sich etwas längere Gefüge.

Beispiel (11) (vgl. Ph 45: 104, Z.7-14)

```
1   MD:                                                                    hm↑
2   EG:  [...] niemand hat die deutsche sprache verweigert↓   abso-
3        lut nicht↓ * ä: ich gehör auch nicht zu den leuten↑ die::
4        vielleicht nach europa kommen und * und partout nur eng-
5        lisch sprechen↑ wenn sie in einem deutschsprachigen land
6        sind weil sie die deutsche sprache verweigern oder nicht
7        anerkennen oder hassen↓ * es gibt ja alle abstufungen da-
8        von↓ absolut nicht↓ [...]
```

Ellen Glasner weist hier eine Frage Miryam Du-nours (einer Cousine ihres Mannes), in der unterstellt war, sie hätten im Kibbuz zu jenen gehört, die die deutsche Sprache "verweigerten", nach einem ersten (vorweg zu ergänzenden) *nein* mehrfach, immer ausführlicher antwortend, energisch zurück. Zwischen den beiden das erste *nein* verstärkenden Negationen *absolut nicht* (Z.2f., 8) führt sie in einem korrekt gebauten Satzgefüge mittleren Umfangs weiter aus, welche Auswirkungen das auf ihr Verhalten heute in Deutschland hat:

Auf den Hauptsatz folgen drei "abperlende" Nebensätze, hierarchisch gestaffelt, mit unterschiedlichen Einleitungen (*die, wenn, weil*) und korrekter Verbendstellung. An den letzten Nebensatz schließt sich ein Kommentarsatz an ("es gibt ja alle abstufungen davon", Z.7f.), der nur auf dieses Satzgefüge bezogen als Nachtrag gelten kann, bei einer mehr textbezogenen Betrachtung aber, die die Rahmenfunktion der beiden "absolut nicht" stärker hervorhebt, eher eine Parenthese darstellt.[20]

Gerade zu den letzten drei Beispielen und Sprecher/innen/typen finden sich im Gesamtcorpus viele Parallelen – mit Variationen, über die in Abschnitt 3 noch gesprochen wird.

Die Aufmerksamkeit soll aber nun auf jene Gruppe von Interviewten gelenkt werden, deren äußerst erstaunliche Sprach- oder besser Sprechkompetenz im Deutschen ich vor Beginn der

---

[20] Man beachte die Ähnlichkeit dieser Satzstruktur mit der des sog. "Durchschnittsatzes" von Walk, Bsp. (2).

Aufnahmen überhaupt nicht erwartet hatte, nämlich jene, die als Kinder und Jugendliche emigrierten, ohne ihre Schulbildung abschließen zu können. Am "interessantesten" sind diejenigen, die nach der Einwanderung nicht mehr lange oder gar nicht mehr schulpflichtig waren und aufgrund der schwierigen wirtschaftlichen Verhältnisse[21] keine weiterführenden Schulen besuchen konnten. Vereinzelt gehören zu dieser (Sprach-)Gruppe auch Jugendliche, die ohne Angehörige in Jugendalija-Gruppen kamen, obgleich diese noch eine zweijährige gemeinsame Ausbildung (halbtags Schule, halbtags Arbeit) erhielten, um rasch in das Hebräische hineinzuwachsen.[22]

Rückgerechnet von den Haupt-Emigrationsjahren 1933-1939 sind dies die Jahrgänge von etwa 1919 bis 1925. Der Exilforscher Ernst Loewy, selbst 1920 in Krefeld geboren, 1935 zum Verlassen der Schule gezwungen und 1936 nach Palästina emigriert (und 1956 vor allem wegen Problemen mit der hebräischen Sprache in die Bundesrepublik Deutschland zurückgekehrt), hat einen autobiographischen Essayband "Zwischen den Stühlen" betitelt, und damit die Situation gerade jener Jugendlichen gemeint, die wie er in den 30er Jahren nach Palästina emigrierten:

> Ich möchte von der Hypothese ausgehen, daß die Generation deutsch-jüdischer Einwanderer, der ich angehörte, gleichsam eine Zwischengeneration darstellte. Jedenfalls stellt sie sich in meiner Erinnerung als widersprüchlicher dar als die ihr vorausgegangene oder die ihr folgende. [...] Denn wenn der Emigrant der ersten Generation sich dadurch auszeichnete, daß er seine Sprache, seine Kultur, seinen Beruf als ein bereits festerworbenes Gut, als zweite Natur sozusagen, mit ins Exil nahm, und so gut es ging, auch daran festzuhalten suchte, so trifft dies auf meine Generation kaum zu. Und wenn es so scheint, daß unser Alter (oder unsere Jugend) zur Zeit der Emigration uns zu jeder Anpassung an das uns rettende Land befähigte, so stimmt auch dies nur bedingt. Denn so jung waren wir wiederum nicht, als daß man uns der zweiten Generation, d.h. der draußen Aufgewachsenen, einfach hätte zurechnen können. Wir waren noch in der deutschen Sprache und im deutschen Kulturkreis verwurzelt, hatten auf alle Fälle aber deutliche Erinnerungen an das Geburtsland. Auch war unsere traumatische Belastung noch nicht *so* groß, als daß wir diese Erinnerungen zu verdrängen und jede Regung, die uns mit dem Land unserer Herkunft verband, zu unterdrücken versucht hätten. Ich spreche von den jungen jüdischen Menschen, die zwischen dem Beginn der NS-Zeit und etwa der sogenannten "Kristallnacht" nach dem damaligen Palästina "ausgewandert" sind: Wir saßen sozusagen zwischen den Stühlen. Unsere Optionen waren noch nicht völlig vorbestimmt. (Loewy 1995: 18f.)

Für Ernst Loewy war die Folge vor allem ein langes Ringen mit der neuen Sprache, wie es auch viele unserer Interviewpartner beschrieben (vgl. die Transkripte in diesem Bd.):

> Ich hatte inzwischen einiges in einem deutschsprachigen Blättchen in Palästina, weniges in Ostberlin und in Wien publiziert. Der Gedanke lag nahe, eines Tages in den deutschen Sprachbereich zurückzukehren. Die hebräische Sprache beherrschte ich nur unvollkommen, ich konnte jedenfalls nicht in

---

[21] V.a. aufgrund der wirtschaftlichen Schwierigkeiten der Eltern; vgl. stellvertretend für viele Kloetzel, Ph 45: 35, Z.14ff.

[22] Vgl. die Texte Ph 42: 154, 261-266; Ph 45: 26-33, und M. Du-nour in diesem Bd., S.196. Einer der hier gemeinten Fälle ist J. Stern, s.u. S.239 mit Anm. 30.

ihr "schreiben". Sie blieb mir fremd. Auch hatte ich nichts gelernt, außer daß ich mit Büchern, und zwar vorwiegend deutschen, einigermaßen umgehen konnte. Ich hatte noch vor der Mittleren Reife die Schule verlassen, eine Universität nie von innen gesehen und hätte mit den mangelhaften Hebräischkenntnissen in Israel auch kein Abitur machen können. Ich war auf Gedeih und Verderb mit der deutschen Sprache verbunden. Sie und der Wunsch, ein Studium nachzuholen, waren vor mir selbst und vor anderen die Legitimation, die mich später veranlaßte, nach Deutschland überzusiedeln. Es war keine leichte Entscheidung, und sie bedurfte auch langer Jahre [...]. (ebd.:10)[23]

Unsere Interviewpartner, die sich in ähnlicher Ausgangsposition befanden, zogen nicht diese Konsequenz, die meisten von ihnen lernten schließlich auch früher oder später sehr gut Hebräisch. Erstaunlicherweise behielten sie jedoch, zumindest im Mündlichen, nicht nur die Sprachfähigkeit bei, die sie mitbrachten, sondern haben sie offensichtlich vielfach in Israel noch so weiterentwickelt, daß sich ihr Sprechen formalsyntaktisch und stilistisch in seiner grammatischen, an der Schriftsprache ausgerichteten Korrektheit und in der Neigung und Fähigkeit zu sehr komplexen Satzkonstruktionen nicht von dem der älteren Akademiker unterscheidet, ja dieses manchmal noch zu übertreffen scheint. Die Gründe für dieses Phänomen werde ich in 3.3 erörtern, hier zunächst die Beispiele.

Wie in 2.2.1 bereits gesagt, wurden aus dieser Altersgruppe – trotz viel größerem Gesprächsangebot – nur relativ wenige Personen aufgenommen, so daß unser Corpus hier keine quantitativen Aussagen erlaubt, wie repräsentativ unsere Beispiele aufgrund der sehr unterschiedlichen Entwicklungen gerade dieser Altersgruppe sind. Ich wage jedoch, nach vielen weiteren persönlichen Begegnungen mit Männern und Frauen dieser Jahrgänge, zu behaupten, daß es sich nicht um Ausnahmeerscheinungen handelt.

Das folgende Satzgefüge von Abraham Frank (*1923) ist wohl mein bisher am häufigsten angeführtes Beispiel;[24] da es in Ph 42 abgedruckt ist, ziehe ich es auch hier heran:

---

[23] Ich möchte Dr.h.c. Ernst Loewy, den ich noch vor der Beantragung dieses Projektes 1988 konsultiert habe, ob er dessen Ausgangshypothesen aufgrund seiner Erfahrungen für tragbar halte, und der die erste Person aus dem Kreis der Betroffenen war, die ich persönlich kennengelernt habe, an dieser Stelle einmal ausdrücklich danken, daß er durch seine verständigen Kommentare ebenso wie durch seine Menschlichkeit und Liebenswürdigkeit dazu beigetragen hat, daß ich das Projekt wirklich begonnen habe. Des weiteren haben Studierende und Projektmitarbeiter/innen durch seinen Vortrag an der Universität Eichstätt über Exil und Sprache im Sommersemester 1991 viel profitiert – ohne daß ich vor dem Erscheinen seines Buches 1995 wußte, wie nah seine persönliche Geschichte unsere Themen berührt.

[24] Vgl. Betten (1993: 190), (1996b: 8), (1999: 70f.); ferner (1994a: 393) und (1998: 133f.) zusammen mit einem anderen, ähnlich komplexen Beispiel von Frank. Viele unserer Projektmitarbeiter, die Herrn Frank inzwischen getroffen haben, und 42 Salzburger Germanist/inn/en einer Israel-Exkursion Ende 1998, die ihn bei einer vielstündigen Führung erlebten, hatten Gelegenheit, sich zu überzeugen, daß es sich bei meinen Auswahlbeispielen nicht um Einzelfunde, sondern um Franksche Normalsprache handelt, und wußten nicht, ob sie seine Sachkenntnisse oder seine atemberaubenden Satzbaukünste mehr bewundern sollten. Vgl. dazu A. Weiss in diesem Bd., S.271, Anm. 3.

Beispiel (12) (vgl. Ph 42: 308f., Z.1-27)

```
 1    AF:  [...] wir warn damals in diesem dorf * zwei oder drei *
 2         deutschjüdische familien * er²⁵ konnte mit niemand spre-
 3         chenⵏ * hebräisch: * lernte er * kaumⵏ * meine mutter *
 4         meiner mutter gelang es ä: * passables ä: * hebräisch ä zu
 5         erlernenⵏ mein vater obwohl er im lehrhaus in * stuttgart
 6         und von zu hause her * ä:: die heilige sprache der gebete
 7         kannteⵏ ** es gelang ihm einfach nicht ä neuhebräisch zu
 8         lernenⵏ ** und ä:m: * das klima * zweihundert * meter unter
 9         dem meeresspiegelⵏ * die schwere harte landwirtschaftliche
10         arbeit bananen ** tomaten*anbau * hühnerzucht * kuhwirt-
11         schaft ** bei manchmal ** vierzich grad * in der sonne **
12         heißen langen * sommertagen ** war für ihn gesundheitlich
13         sehr sehr * zermürbendⵏ ** und ä: menschlich und seelisch *
14         ä:: ** war die einordnung ** in diesen ** ersten jahren
15         de:r arabischen unruhen neunzehnhundertsechsundreißich
16         neunundreißig * und später neunundreißig bis fünfunvier-
17         zich während der kriegsjahre als man von europa und dem
18         schicksal * der jüdischen mitmenschen * noch gar nich
19         richtich * wußte aber * jedenfalls völlich abgeschnitten
20         war * auch * kein leichtesⵏ ** so daß e:r ** wirtschaftlich
21         ** völlig * ruiniertⵏ ** und fast ** ä brotlos * ä
22         neunzehnhundertsechsunvierzich ** als ich bereits in tel
23         aviv ansässich war ** ä:: die: siedlung: das haus verkauf-
24         te * und ä:: die landwirtschaftliche arbeit aufgeben mußte
25         * nicht zuletzt: weil er bereits das sechzigste lebensjahr
26         erreicht hatteⵏ
```

Wenn man intonatorische Zeichen einbezieht, muß eigentlich die ganze Passage als eine Äußerungseinheit gesehen werden. Aber selbst wenn man, trotz fehlender Pausen und steigender Stimmführung, den "Satz" erst mit "mein vater" (Z.5) anfangen ließe, bliebe er lang und komplex genug.

Gleich hier am Anfang ist die einzige kleinere sprechsprachliche syntaktische Abweichung von schriftsprachlichen Regeln zu verzeichnen: "mein vater", wohl erst als Subjekt geplant, wird nach Einschub des *obwohl*-Satzes zu einer Art *nominativus pendens*, da der Satz nochmals neu begonnen wird: "es gelang ihm einfach nicht" (Z.7). Von hier an geht es jedoch trotz vielen Nebensätzen und Parenthesen ohne jede Konzession an die Mündlichkeit weiter: Man beachte die Fortsetzung des Hauptsatzes vom Subjekt "das klima" (Z.8) mit "war für ihn [...] zermürbend" (Z.12f.); "menschlich und seelisch [...] war die einordnung" (Z.13f.) wird fortgesetzt durch "auch * kein leichtes" (Z.20) sowie durch den folgenden *so daß*-Satz (Z.20), der zunächst durch eine Parenthese ("wirtschaftlich [...] brotlos", Z.20f.), dann durch einen Nebensatz ("als ich [...] war", Z.22f.) unterbrochen und am Ende noch durch einen Kausalsatz ("nicht zuletzt: weil [...] hatte", Z.25f.) erweitert wird.

---

²⁵ Gemeint ist Franks Vater.

In dem zweiten von Frank abgedruckten Text (Ph 42:150f.) kann er den Gefügesatz nicht ganz so extrem ausbauen, weil ihn die Interviewerin an der Stelle, wo er selbst einen aktuellen Situationsbezug in Form einer Parenthese einbaut ("wir sehen gerade auf ihn in diesem lift [...]", Z.19), staunend unterbricht, worauf er sich kurz einlassen muß, bevor er das Thema (Auswanderungsvorbereitungen seines Vaters) mit einem (einzigen) weiteren Gefügesatz (Z.28-36) zuende führt. Außer dieser Zwischenfrage finden sich auch dort, wie in Bsp. (12), keine verbalen Begleitsignale oder gar längere Interventionen.

Auf dieses Phänomen wurde vor allem bei Dr. Wachs (Bsp. 8) schon hingewiesen. Als Interviewerin beider Herren kann ich die (von Lesern und Analysierenden der Transkripte manchmal vermißten[26]) Informationen zur Gesprächssituation und zum nonverbalen Kommunikationsverhalten authentisch beisteuern: Beide Gesprächspartner waren ganz entspannt, Dr. Wachs sprach im Lehnstuhl bei einer Jause mit Bier, Herr Frank auf seiner Terrasse beim Nachmittagskaffee. Die Gespräche fanden also in einem zwanglosen, informellen Rahmen statt, es wurde gelacht, in beiden Fällen kamen auch die Ehefrauen zwischenzeitlich dazu und mischten sich in das Gespräch ein. Daß in den Transkripten von dieser durchaus dialogfreundlichen Atmosphäre so wenig am Hörerverhalten ablesbar ist, hängt einerseits mit dem Redestil der Interviewten zusammen, andererseits mit dem Vorsatz der Interviewerinnen, flüssige Gesprächspartien möglichst nicht zu unterbrechen: aus Respekt vor den Gesprächspartnern, aber auch aus dem linguistischen Interesse heraus, ob und wie nicht nur lange Sätze, sondern auch längere Berichte oder Erzählungen formal gestaltet und gemeistert werden. Bei Gesprächspartnern wie diesen, mit komplexem, an der Schriftsprache orientiertem Stil, der nicht mit Gliederungssignalen für eventuellen Sprecherwechsel konform geht und keine formelhaften Verständnissicherungssignale einbaut, enthält sich auch der Hörer verbaler Begleitaktivitäten; sie würden dem offensichtlich zum persönlichen und kulturellen Selbstverständnis des Sprechers gehörenden Wunsch nach einer seinen sprachästhetischen Maßstäben gerechten formalen Gestaltung entgegenwirken bzw. diese angestrebte formale Abrundung zerstören. An ihre Stelle traten jedoch intensiver Blickkontakt und mimisch-gestische Zeichen, um gespanntes Zuhören und Mitgehen zu signalisieren. Diese Interessenbekundungen waren ihrerseits eine Voraussetzung, den Sprecher in die Laune und Konzentration zu versetzen, inhaltlich (und auch in der Gestaltung der Inhalte) sein Bestes oder zumindest das Gewünschte zu geben. Bei diesem monologischen, aber durchaus partnerbezogenen Stil wird stattdessen die bevorzugte Verwendung von Kontakt- und Kommentarparenthesen zum zentralen Mittel, ohne Abgabe der Sprecherrolle und Unterbrechung des Erzähl- oder Berichtzusammenhangs den Hörerkontakt zu pflegen. In Abschnitt 4 werden diese Faktoren nochmals in allgemeinerem Zusammenhang diskutiert.

---

[26] Vgl. in Andeutung A. Kossakowski u. S.348; dasselbe gilt für alle, die keine persönliche Gesprächserfahrung hatten.

Ähnliche Beobachtungen wie bei Frank, wenngleich (zumindest in den vorliegenden Transkripten) nicht immer in so extremer Ausprägung, lassen sich u.a. bei dem gebürtigen Wiener Y (anonym, *1920)[27], bei Josef Stern (*1921), bei Gabriel Walter (*1921) oder bei Gershon Monar (*1924)[28] finden. Die Umstände, warum sie zunächst noch intensiver in der deutschen Sprache lebten, waren verschiedenartig (z.B. Arbeit mit den Eltern in der Landwirtschaft bei Frank und Monar oder in einem deutschsprachigen Moschaw bei Walter[29]; J. Stern hingegen war Mitglied der Jugendalija in einem hebräischsprachigen Kibbuz[30]). Den hier Genannten ist jedoch gemeinsam, daß sie zwar als Autodidakten später Weiterbildungen (z.B. über Abendschulen) in Israel anstrebten, aber dennoch, wenn nicht während ihrer Berufstätigkeit (wie z.B. Monar als langjähriger Reiseleiter für deutsche Pilgergruppen), so spätestens im Alter im kulturellen Bereich in deutscher Sprache tätig wurden.[31]

Von den interviewten Frauen gehört zu dieser Gruppe z.B. Cary Kloetzel (*1919), Tochter eines bekannten Berliner Journalisten, die aufgrund finanzieller Schwierigkeiten ihrer Eltern die Schule nicht lange weiterbesuchen konnte,[32] durch ihre Berufslaufbahn sehr gut Englisch lernte, als Leiterin des Jerusalemer Kunstgewerbezentrums zwar sicher besser Hebräisch sprach (bzw. können mußte), als es nach ihren eigenen Angaben klingen mag, aber heute ebenfalls u.a. mit Touristengruppen und journalistisch in deutscher Sprache tätig ist.

Beispiel (13) (vgl. Ph 45: 35, Z.12-28)

```
1   CK:  [...] hebräisch↑ is eine sprache↑ ** die ich leider hier
2        nie gelernt habe↓ * die tatsache * daß ich nur ein jahr in
3        die schule hier ging↑ * und dann * herausgenommen wurde aus
4        dem einfachen * grund weil mein vater * sechs jahre lang↓ *
```

---

[27] Zu seinem Text Ph 42: 368f., speziell dem sehr schriftsprachlichen Satzgefüge Z.13-23, in dem nach langer Parenthese (Z.19-22) ebenso grammatisch korrekt wie bei Frank (bzw. in 53% aller Parenthesenvorkommen im Corpus, vgl. o. S.223) fortgefahren wird, vgl. ausführlicher Betten (1998: 135f.).

[28] Monar hat den einfachsten Stil der Genannten, man vgl. z.B. Ph 42: 155f.: Eine Passage wie Z.13-25 kann mit unterschiedlichen Argumenten (von Satzanschlüssen bis Prosodie) vielleicht als ein Gefüge betrachtet werden, die Elementarsätze sind jedoch überwiegend parataktisch (durch *und*, *da*, *aber*) bzw. bevorzugt, wie im Mündlichen (bzw. schon in mhd./frnhd. Erzähltexten), pronominal mit demonstrativen Mitteln (mehrfach *die*: Z.17, 22, *der*: Z.20) verknüpft.

[29] Vgl. Ph 45: 57ff.

[30] Vgl. allgemein die Texte in Ph 45: 26-33. – J. Stern begründete seinen Fall damit, daß er u.a. unter der ostjüdischen Atmosphäre gelitten habe, sich von den anderen verspottet fühlte und sich daher noch einige Zeit in deutschsprachige Lektüre geflüchtet habe (vgl. o. S.235, Anm. 22). Ähnliches berichtete ein bekannter, aus Wien stammender Professor für hebräische Literatur, der dann jedoch, mit weiterem Besuch des Gymnasiums etc., auch bald den Weg zur hebräischen Literatur fand.

[31] Z.B. Frank als Kulturreferent des deutschsprachigen Mitteilungsblattes des Vereins der Einwanderer aus Mitteleuropa, J. Stern mit Vorträgen, Zeitungsartikeln und seiner Autobiographie, Monar mit Zeitungsartikeln und seiner Autobiographie, Herr Y als Israel-Korrespondent einer deutschen Zeitung, G. Walter bei Repräsentationsaufgaben in seinem Moschaw, etc.

[32] S. schon o. S.235, Anm. 21.

```
 5          von de:r hand in=dn mund wie man sagt * verdiente↑ * keine
 6          feste anstellung hatte↑ * und einfach * ä ich dazuverdienen
 7          mußte↑ * so daß ich ein jahr nach der schule hier abging *
 8          und ein:=ä: * lehrling↑ in einem geschäft wurde↑ * wo man
 9          mich den * staubwischendn sonnenschein↑ * taufte↑ * weil
10          ich immer guter laune war↑ * und sehr viel staubwischen
11          mußte↑ * ä: * so: * habe ich was ich an: hebräisch↑ * iwrit
12          * kann↑ * im grunde genommen * erst viel später↑ durch:
13          radio↑ * und ganz spät durch #television↑    # * ä: er-
14     K                                #ENGL. AUSSPRACHE#
15     CK:  lernt↑ * ich spreche * fließend hebräisch↑ * aber ich spre-
16          che nicht hundertprozentich korrekt↑ * [...]
```

Zeile 2 ("die tatsache") bis Zeile 13ff. ("erlernt↑") sind als ein Satzgefüge zu betrachten, in dem es allerdings, nach schriftsprachlichen Syntaxnormen beurteilt, zu einem Bruch (Anakoluth) kommt (Z.11), der jedoch bei Hörrezeption kaum bemerkt werden dürfte, da er von der Sprecherin geschickt überspielt wird und auf semantischer und pragmatischer Ebene den Ablauf des Informationsprozesses nicht beeinträchtigt.

Zunächst wird, als attributiver Ausbau des voranstehenden Subjekts, eine Reihe von Nebensätzen (gemischt mit zwei syndetischen und einem asyndetischen parataktischen Anschluß) produziert, deren Zahl sicher ursprünglich nicht so umfangreich geplant war. Es zeigt sich wieder, daß die "abperlende" Struktur zum spontanen Fortspinnen eines Gedankens äußerst geeignet ist, wobei "ein Satz den anderen gibt" (*daß*, *und dann*, *weil*, *und*, *so daß*, *und*, *wo*, *weil*, *und*).[33] Dennoch verliert sich diese Reihe nicht ins Leere bzw. in einen ganz neu ansetzenden Gedanken. Der Sprecherin ist der Ausgangspunkt, daß sie erklärt, warum sie das Hebräische im Lande nie gelernt hat (Z.1f.), durchaus bewußt – nur die syntaktische Struktur, mit der die Erklärungen begonnen wurden, ist ihr nicht mehr ganz präsent: Die Pause und das *ä:* (Z.11) sind Indizien für diesen Orientierungsmoment. Ob Kloetzel bemerkt, daß sie die syntaktische Struktur vergessen hat, oder ob sie glaubt, in jeder Hinsicht "korrekt" fortzufahren, ist nicht feststellbar. Sie könnte den Anfang ("die tatsache", Z.2, und "grund", Z.4) so kontaminiert haben, daß etwas wie *aufgrund der Tatsache* herauskommt: dann wäre die Fortsetzung Z.11 ganz korrekt. Auf jeden Fall aber ist ihr noch klar, daß alles bisher Gesagte sozusagen ein Satzglied im Hauptsatz darstellte (das sie mit *so:* wiederaufnimmt) und jetzt das Prädikat zu folgen hat, und sie ist sich bereits ihres Redens wieder so sicher, daß sie dieses als perfekte Satzklammer gestaltet, die eine Reihe von Satzgliedern, einschließlich eines Nebensatzes, umfaßt ("habe [...] erlernt", Z.11-15). Will man dem prosodischen Signal der steigenden Intonation noch kommunikatives Gewicht verleihen, so sind nach dem Willen der Sprecherin auch die folgenden Elementarsätze (und wahrscheinlich noch weitere) mit unter die Informationseinheit "Hebräischkenntnisse" zu rechnen.

Formulierungshandlungen wie diese sind sehr geeignet zu zeigen, wie die gewandte bis elegante Beredsamkeit unserer Interviewpartner/innen beschaffen ist. In der monologischen Gesprächssituation (die Selbstaufnahme Kloetzels unterscheidet sich hierin quasi in nichts von den oben besprochenen Beispielen) ist der "korrekte Satz", nach den Regeln des Grammatikunterrichts gebaut, das Grundmuster, das reibungslos funktioniert, falls der Umfang nicht überstrapaziert

---

[33]   Vgl. o. S.226, Anm. 16 zu Bsp. (4) von Hildesheimer.

wird oder Störungen, z.B. durch den Gesprächspartner, eintreten. Der routinierte Sprecher kann vor allem mit dem Mittel der Parenthese oder der Verwendung direkter Rede auch spontane Assoziationen einbauen und Verlebendigung erreichen. Beim Ausbau der so entstehenden Gefüge sind dann manchmal Satzgrenzen im engeren Sinne zu überschreiten und "transphrastische" Erweiterungen zu beobachten, aber der "Satz" bleibt unerschütterlich das Maß, der Bezugsrahmen bzw. die zugrundeliegende Einheit aller sprachlichen Produktion: Chomsky hätte sein Modell des idealen Sprechers, der mittels einer begrenzten Zahl internalisierter grammatischer Regeln eine unbegrenzte Zahl vollständiger, grammatisch richtiger Sätze generieren kann, auf diese Sprechergruppe ohne größere soziolinguistische Einsprüche anwenden können.

Interessant im Vergleich zu der geläufig "abperlenden" Rede von Cary Kloetzel ist der Erzählstil von Ada Brodsky (*1924), die als junges Mädchen in Deutschland schon schrieb, in Palästina weiter Gymnasium und Universität besuchte und eine bekannte Musikjournalistin und Übersetzerin wurde, also seit langem auch im Hebräischen exzellent ist.[34] Bei ihr, deren Deutsch sehr kultiviert klingt, finden sich mehr Verzögerungen (Ähs) und Korrekturen (auf Wort- und Satzebene) als in den meisten der bisherigen Beispiele. Allerdings ist dies eher optisch am Transkript bemerkbar als beim Hören, wo die Stimmführung durchaus vermitteln kann, daß es sich um bewußte und erfolgreiche Formulierungsarbeit einer nicht einfach "drauflos-redenden", sondern sich selbst sowohl hinsichtlich der Grammatikalität als auch der ästhetischen Form ihrer Äußerungen kontrollierenden Sprecherin handelt.[35] Da ihr von Jugend an und von Berufs wegen sprachliche Gestaltung "in Fleisch und Blut" übergegangen ist, versteht es sich von selbst, daß sie beispielhafte Erzählungen innerhalb des Interviews mit dem von ihr auch sonst benützten Stilrepertoire darstellt. So berichtet sie z.B. von der Befreiung ihres Vater aus dem KZ durch eines der letzten Zertifikate, das vom englischen Konsulat in Berlin ausgegeben wurde (s. Ph 42: 219f.), als einem dramatischen Vorgang mit sehr viel Emotion, aber dem klassischen Erzählschema folgend:

Einleitung "zu jener zeit ä: ** wurden leute noch [...]" (Z.2f.), spannungssteigernder Perspektivenwechsel "ich hatte eine verwandte hier" (Z.13), retardierende Hintergrunderläuterungen (Z.13-19), Wechsel mit ganz gerafften Handlungspartien (Z.19-22) und wiederum Elaborierung des dramatischen Höhepunkts (Z.23-37), Coda (Z.40-46) und explizit metakommunikativer, gestaltschließender Schlußsatz: "das is diese geschichte↓" (Z.46).

---

[34] Für ihre Übersetzungsleistungen (u.a. der Lyrik von Rilke) ins Hebräische erhielt sie 1994 die Goethe-Medaille. Sie schilderte sehr detailliert, daß trotz ihrer später sehr guten Beherrschung des Hebräischen in dieser (zu) spät erlernten Sprache die "Angst vor wirklich schöpferischem Schreiben" blieb (vgl. den Textausschnitt in Betten/ Du-nour 1995: 333ff.).

[35] Vgl. den Ausschnitt von Ph 45: 6f. (mit CD Nr. 1) – besprochen bei A. Betten in diesem Bd., S.174f. – sowie Ph 42: 219f. (mit CD Nr. 9). Nach Erhalt von Ph 42 schrieb sie: "Nachdem ich beängstigt die vielen 'Ähs' in meiner Erzählung verfolgte, stellte ich beim Hören der CD erleichtert fest, daß das Ohr diese Linkigkeiten besser aufnimmt als das Auge."

M. Gierlinger (in diesem Bd., S.363ff.) hat an anderen Beispielen unseres an dramatischen Erzählungen so reichen Corpus das ungewöhnliche Erzähltalent unserer Interviewpartner und vor allem -partnerinnen genauer analysiert. Die von ihr ausgesuchten Gewährspersonen sind nicht, wie Ada Brodsky, schriftstellerisch tätig, verfügen aber, wie viele andere auch, über eine große, lebendige Inszenierungsgabe mit absolut sicherem Gefühl für einen wirkungsvollen Aufbau ihrer Geschichten und deren Funktion im Gesprächsganzen.[36] Auf der Satzebene unterscheiden sich die Erzähler/innen dann allerdings darin, ob sie etwas sprunghafter (d.h. mit Ellipsen und Anakoluthen) vorgehen (s. Abschnitt 3), oder ob auch hier der (vollständige) Satz ganz selbstverständlich als Basiseinheit des Textaufbaus fungiert. Bei Ada Brodsky ist von dieser Annahme auszugehen, sowohl wenn sie längere Gefüge konstruiert, als auch, wenn sie rasch kurze Äußerungen reiht. Die Lebendigkeit bei ihr beruht auf der Variationsbreite ihrer Sätze, nicht jedoch auf den Stilwirkungen fragmentarischer Äußerungen:

Beispiel (14a) (vgl. Ph 42: 219, Z.7-13)

```
1    AB:  [...] eine tante von mir hier in jerusalem ** um meine
2         eltern zu retten ** ging von freund zu freund von bekann-
3         ten zu bekannten! ** ä was für sie sehr schwer war denn sie
4         is eine sehr so ** schüchterne * zurückhaltende ** dame **
5         und ä:: ** wirklich sammelte * die tausend pfund die nö-
6         tich waren ** für dieses zertifikat! [...]
```

Beispiel (14b) (vgl. Ph 42: 219f., Z.25-37)

```
1    AB:  [...] meine mutter war die letzte vor ihr bevor sie rankam
2         wurde dies fens/ diese * fen/ der schalter zugemacht! ** ä:
3         am nächsten tag wurde nich mehr aufgemacht! ** das wußte
4         meine mutter nich aber wie ä * wie dieser schalter zuge-
5         macht wurde sprang sie dort heran * und ä fing an sch/
6         furchtbar zu weinen! ** und sagte * dem diesem a: sie er
7         muß ihr das zertifat geben das ä das leben ihres mannes
8         hängt daran de:r im konzentrationslager is und nur auf
9         diese weise #rauskommt!# ** der mann hatte ein menschliches
10   K              #LEISER    #
11   AB:  rühren wie man sagt ** sie bekam dieses zertifikat [...]
```

Während die Passage (14a), die erläuternde Hintergrundfunktion hat, stilistisch besonders durch kausale Nebensätze charakterisiert ist, dominieren bei dem als Erzählhöhepunkt gestalteten Handlungsteil (14b) kurze Hauptsätze, die syndetisch, aber auch asyndetisch "Schlag auf Schlag" aufeinander folgen und das dramatische Geschehen somit unterstreichen. Es ist der einfach klingende, aber durch lange Tradition literarisierte Stil der klassischen Erzählung und des

---

[36] Ich erlebe immer wieder – v.a. bei Studierenden, die die Aufnahmen zum ersten Mal hören –, wie sehr die erzählerischen Fähigkeiten fast aller unserer Sprecher/innen bewundert werden.

Märchens,[37] der hier ebenso virtuos wie selbstverständlich, aber eben nur mit minimalen Stilcharakteristika spontaner Sprechsprache eingesetzt wird.[38]

2.3 Beispiele für weitgehend normgerechte parataktische Satzreihung

Mit dem letzten Transkript (14b) und vereinzelt schon bei früheren Beispielen trat bereits der parataktisch reihende Stil als Darstellungsalternative in den Monologpartien unserer Interviewpartner in Erscheinung. Da seine Verwendung im Mündlichen nach herkömmlicher Auffassung weniger erstaunlich ist als komplexe Hypotaxen, wird dieser in unseren Interviews natürlich auch vielfach verwendete Satzabfolgetyp hier weniger ausführlich behandelt. Nur einige stilistische Auffälligkeiten seien hervorgehoben.

Exemplarisch für diesen Stil ist z.B. das gesamte Interview mit dem Graphiker Franz Krausz (*1905), der in Österreich geboren und aufgewachsen ist und dann nach Berlin ging. Von den beiden Transkriptstellen in Ph 42 habe ich die über seine Entscheidung zur Emigration am 1. April 1933 schon mehrfach besprochen;[39] daher hier zwei Ausschnitte aus dem zweiten Textausschnitt:

Beispiel (15a) (vgl. Ph 42: 171, Z.6-22)

```
 1    FK:  ich ließ ä: meine ** freundin RÄUSPERT SICH ** in berlin
 2         zurück ** RÄUSPERT SICH * mit der abmachung ** daß sie **
 3         sie war eine sekretärinⁱ * jaⁱ *4* sie konnte: ** kein spa-
 4    KH:                                       wie hieß deine frau
 5    FK:  nischⁱ * konnte auch nicht spanischⁱ *
 6    KH:  mit mädchennamenⁱ
 7    FK:          anni      ** sassⁱ *3* und ä: *3* ich vereinbarte
 8         mit ihr ** daß sie ** einen kurs ** für fotografie ** ma-
 9         chen sollteⁱ *7* sie konnte etwas fotografiernⁱ ** aber
10         einen richtigen kurs ** bei dem sie lernen sollte ** auch
11    KH:                              jaⁱ
12    FK:  ä: ** die plattenbehandlung und so weiterⁱ ** also von
13         grund aufⁱ *3* sie machte diesen kurs ** de:r ** ziemlich
14         lange dauerteⁱ * es wa:r * ein kurs in der letteschule *3*
```

---

[37] Schon frühe deutsche Erzähltexte weisen ähnliche syntaktische Stilzüge auf: So zeigte Roloff (1970: 154ff.), daß im Roman 'Melusine' des Thüring von Ringoltingen (ca. 1456) bei sonst im Erzählbericht überwiegender syndetischer Parataxe stattdessen asyndetisch gereiht wird, wenn das Erzähltempo beschleunigt werden soll. – Vgl. allgemeiner auch Admoni (1990: 119f.) über die stilistische Neigung zur Parataxe bei dynamischen Erzählungen und konkreten "kleinbildlichen" Schilderungen.

[38] Mit einer weiteren Beispielanalyse einer Sprecherin dieser Gruppe, Dalia Grossmann (*1919), vgl. Betten (1995c: 272f.) zum Transkript Ph 42: 124ff.

[39] Vgl. Betten (1993: 196f.), (1994a: 394), (1995c: 271ff.).

```
15        der name war in berlin sehr bekannt es war eine frauen-
16        schule *3* und ä:: ** sie beendete diesen kurs *5* und
17        nach sechs monatenⳆ *3* kam sie ** nach barcelona nachⳆ
```

Beispiel (15b) (vgl. Ph 42: 172, Z.60-68)

```
1    FK:  [...] also * nach ablauf eines monats ** fuhren wir nach
2         barcelonaⳆ ** wir warn ** zu diesem punkt gekommen wo wir
3         kein geld mehr hattenⳆ ** ich fuhr mit zweihundert mark die
4         erlaubt waren * heraus ** mein kollege hatte mehr ** aber
5         der hatte sie in einem spielclub ** in: ** schon in der
6         ersten nacht ** verlorenⳆ *5* (mit wieviel ???Ⳇ) ** wir
7         kamen nach barcelonaⳆ *4* hatten kein geld * und wir kann-
8         ten niemandⳆ * und es gab keine jüdische gemeindeⳆ [...]
```

Krausz ist vermutlich unser langsamster, bedächtigster Sprecher, der jedoch trotz z.T. sehr
langen Pausen, die oft mitten im Satz liegen, fast nie die Übersicht über seine Konstruktionen
verliert. Dies könnte im Zusammenhang der Umstände des Interviews als Ergebnis einer unge-
wöhnlichen Konzentrationsanstrengung erscheinen, zumal er die Interviewerin K. Hecker
mehrfach rügt, wenn sie ihn an solchen Stellen unterbricht bzw. sich selbst das Rederecht in
einem für geeignet gehaltenen Moment nimmt. So weist er eine Frage von ihr kurz vor dem
Einsatz von (15b) zurück: "na ja also so weit bin ich noch nichtⳆ* jaↄ"; ähnlich bemerkt er an
einer anderen Stelle: "(ich) bin noch nicht fertigⳆ LACHT sorryↄ" (Ph 42: 97, Z.47ff.). D.h. der
alte Herr, früher ein bekannter Künstler, geht bei seinem Erzählen streng chronologisch vor und
sieht sich zudem in absolut privilegierter Sprecherrolle. Es war aber nicht der offizielle Auf-
nahmeanlaß, der zu diesem Verhalten führte; vielleicht entspricht dies seinem "normalen" Stil:
exakt, planvoll, bestimmt – bei allem persönlichen Charme.[40]

Der episch breite Erzählfluß wird auch durch die konstante Wahl des Präteritums als Leit-
tempus signalisiert. Für das Oberdeutsche gilt dies im Mündlichen als untypisch, ist jedoch auch
bei mehreren anderen unserer österreichischen Sprecher/innen zu finden.[41] Krausz' Sätze sind
selten besonders lang, weder der einzelne Elementarsatz an sich, noch der Gesamtsatz, da nicht,
wie bei den Beispielen in 2.2 beobachtet, ein Nebensatz den anderen zeugt, sondern jede
Satzaussage für sich, mit Pause und imaginärem Punkt gesetzt ist. *Also* (15b, Z.1) ist ein belieb-
tes, doch nicht zu häufig auftretendes Gliederungssignal bei Krausz, das meist eine neue Etappe

---

[40] Ich konnte mich bei mehreren privaten Gesprächen mit ihm davon überzeugen. So, wie er bis zu seinem Tode
      1998, als er sein Zimmer schon lange Zeit nicht mehr verlassen konnte, trotz aller Gebrechlichkeit penibel und
      formschön Tagebücher und Memoiren (mit Zeichnungen) verfaßte, legte er auch seine Erzählungen bei aller
      Spontaneität ganz systematisch an.
[41] Vgl. P. Mauser in diesem Bd., S.439f. – Zum üblichen Wechsel zwischen Präteritum und Perfekt zur Vorder-
      grund- und Hintergrundsetzung sowie dem im Mündlichen im allgemeinen und im Süddeutschen nochmals
      besonders hohen Anteil von Perfektformen vgl. zusammenfassend Schwitalla (1997: 100ff.).

innerhalb der ablaufenden Erzählung anzeigt, während markantere Neueinsätze mit expliziten metalinguistischen Einleitungsformeln angekündigt sind. So reagiert er auf die erwähnte Zwischenfrage K. Heckers (die er wohl als Zeichen leichter Ungeduld gewertet hat) nicht nur mit der Zurückweisung "also so weit bin ich noch nicht", sondern fährt fort: "s ganze is ein roman↓ es is ä: schwer** in details zu gehn↓" (Ph 42: 172, Z.44f.); danach nimmt er allerdings den unterbrochenen Erzählfaden unmittelbar wieder auf. Mit dieser Bemerkung wird einerseits der beträchtliche Umfang des noch zu Erzählenden angedeutet, andererseits aber auch treffend das Genre angegeben, das Krausz zur stilistischen Orientierung dient: Er erzählt seinen Lebensroman, in einer zwar einfachen, doch klaren Sprache, in der eine vollständige Informations- (=Satz-)Einheit der anderen folgt, abwechselnd syndetisch (mit *und* oder *aber*) verknüpft oder asyndetisch.

Beispiel (15a) beginnt mit einer etwas umfangreicheren Konstruktion, da Krausz hier der allgemein zu beobachtenden Neigung zu Parenthesen frönt, und zwar gleich zwei oder drei Mal ("sie war eine sekretärin [...] spanisch↓", Z.3-5; eventuell auch "sie konnte etwas fotografiern", Z.9f., und "der name [...] frauenschule", Z.15f.). Da in die erste Parenthese noch eine lange Pause von vier Sekunden fällt, erwartet K. Hecker wohl keine Fortsetzung des ursprünglichen Satzes mehr und fragt, ein wenig unvermittelt, eventuell als eine Art Pausenfüller, nach dem Namen der Freundin, was Krausz nur knapp beantwortet ("anni ** sass", Z.7), ihn aber bei der geplanten Fortsetzung irritiert: Es folgen zwei dreisekündige Pausen, zwischen denen jedoch das Anschlußsignal *und* die Wiederaufnahme des unterbrochenen Erzählfadens einleitet. Formal gesehen kommt es hier zum Satzbruch: der abgebrochene Nebensatz "daß sie" (Z.2) wird nicht mehr syntaktisch fortgesetzt, dazwischen lag zu Heterogenes. Aber mit der Paraphrase "ich vereinbarte mit ihr" (Z.7f., für "mit der abmachung ** daß sie", Z.2) wird, semantisch akzeptabel, mit einem kommunikativ erfolgversprechenden Neueinsatz genau an der abgebrochenen Stelle fortgefahren.

Im weiteren Verlauf dieses "Romans"[42] greift die Interviewerin nur noch wenige Male mit ganz kurzen Bestätigungs- und Informationsfragen in den Erzählablauf ein und begleitet ihn auch, gegen ihre sonstige Gewohnheit, nur selten mit dem Hörersignal *ja*.[43] Somit erobert sich auch dieser Sprecher lange, ungestörte Redezeiten, trotz den vielen Pausen, die ein dialogisches Eingreifen möglich machen würden. Er erzielt dies nicht nur durch seine "Sanktionierung" dieser Versuche, sondern vor allem durch den spürbaren Gestaltungswillen, auf Satz- und Textebene abgeschlossene Einheiten produzieren zu wollen, die seiner Vorstellung von einer ebenso informativen wie ästhetisch befriedigenden Darstellung entsprechen (man vgl. die obigen Anmerkungen zu Frank und Wachs). Obwohl dieser Stil – wie schon ähnlich in (14b) beobachtet – leichte Merkmale der Mündlichkeit enthält (sparsam dosiert auch das Verständnissicherungssignal *ja*↑, vgl. Bsp. 15a, Z.3), steht er durch Satzbau, Tempus, Textaufbau u.a.m. den Traditionen literarischen Erzählens sehr nahe.

---

[42] Vgl. im Transkript die Fortsetzung bis Z.202.

[43] So gibt es z.B. Z.43-88, 95-117, 127-157, 164-189 keine verbalen Hörersignale.

Auf der Satzstilebene mit Krausz in etwa vergleichbar ist das Interview mit der gebürtigen Nürnbergerin Paula Pariser (*1902), z.Z. der Aufnahme mit 89 Jahren noch fünf Jahre älter als Krausz. Auch sie war keine Akademikerin, sondern in Deutschland berufstätig als Postbeamtin und sehr früh zionistisch aktiv. So bestimmt, wie sie von ihrer Jugend bis zu ihrem Tod ihr Leben geführt hat,[44] formt sie auch ihre Sätze, in denen sie darüber berichtet. Sie sind überlegt, meist kurz und übersichtlich und überwiegend grammatisch korrekt und vollständig. Es gibt kaum Abschweifungen, kaum assoziative Sprünge; Erklärungen werden selten spontan (parenthetisch) eingefügt, sondern bevorzugt als selbständige Sätze formuliert. Sie spricht in ruhigem Tempo, mit vielen Pausen, die allerdings nie so lang werden wie bei Krausz und fast immer mit syntaktischen Zäsuren zusammenfallen. So präzise die Sätze konstruiert sind, so nachdrücklich und kräftig ist die gesamte Sprechweise.

Beispiel (16a) (vgl. Ph 42: 325, Z.1-18)

```
 1    PP:  [...] ich war frei in vielen dingen ** auch in den klein-
 2         bürgerlichen: ansichten! ** ich habe zum beispie:l! ** ei-
 3         nen freund gehabt! ** und bin neunzehnhundertdreiunddreißich
 4         mit erlaubnis meiner eltern * nach israel übergesiedelt! **
 5         weil ich * schwanger war! ** ohne den freund geheiratet zu
 6         haben! * heute ist das * üblich! * ich war damals schon
 7         modern! ** und ich bin mit dem jungen nach * israel einge-
 8    AB:               mit dem freund!          ja! ja! * hätten ihre
 9    PP:  wandert! *                       +mit dem freund!
10    AB:  eltern weil sie jetz sagen mit erlaubnis der eltern!
11    PP:                                                 +die
12         eltern warn: ** f/ f/ die großen kinder warn schon nicht
13         mehr zu hause! ** meine schwester war tot! der große bruder
14         war nicht gut mit den eltern gestanden war nicht mehr im
15         haus! ** der kleine bruder war noch klein der is neun jahre
16         jünger wie ich ** und * es war ihnen ein schmerz! [...]
```

Beispiel (16b) (vgl. Ph 42: 328, Z.110-121)

```
 1    PP:  [...] ** und dann bin ich als touristin eingewandert! **
 2         und als touristin * mußte hätte ich nach einiger zeit wie-
 3         der ** herausmüssen! ** und da ham mir meine freunde in
 4         einem kibbuz * einen jungen geschickt * um eine ef/ fik-
 5         tivheirat einzugehen! ** der junge wa:r gebürtiger israe-
 6         ler! ** und wir ham geheiratet! * vor dem rabbi! * und je-
```

---

[44] Sie lebte bis zu ihrem Tode 1997 allein in ihrem Haus mit Garten und vielen Tieren, verehrt von ihren Kindern und Nachkommen, die sie an Feiertagen zu sich einlud. Auch mich lud sie zu beiden Interviewterminen (1990 und Wiederholung 1991) hinterher zum selbstgekochten Mittagessen ein. Sie schickte häufig Zeitungsartikel und anderes Informationsmaterial, von dem sie annahm, daß es mich interessieren würde. In ihrem ersten Brief schrieb sie, daß sie zwar alles Geschehene nie vergessen und verzeihen könne, aber man müsse mit dem Verstand leben.

```
7        der ist dann nach seiner richtung nach haus gegangen! **
8        und wie ich * wirklich offiziell geheiratet habe! * da ham
9        wir uns vorher getrennt! * und ich weiß gar nicht mehr was
10       die: ** diese zeremonie war! * aber wir sind dann wieder
11       offiziell getrennt worden! [...]
```

Trotz der Ähnlichkeiten mit dem Stil von Krausz (überwiegend Parataxe, syndetisch mit *und*, aber auch oft asyndetisch gereiht; einfache Nebensätze mit *weil*, Bsp. 16a, Z.5; *um*, Bsp. 16b, Z.4) gibt es bezeichnende Unterschiede: Frau Pariser "literarisiert" ihren Stil nicht, die Sätze sollen vor allem klar sein – so klar wie ihre Ansichten. Sie erzählt dementsprechend keinen "Roman", kündigt auch nicht, wie viele andere, "Geschichten" an, sondern gibt Beispiele (Bsp. 16a, Z.2, s. ferner im vollen Transkript Ph 42:102). Vor allem aber antwortet sie auf Fragen. Sie betrachtet ihre Beiträge als Antworten, die z.T. durchaus ausführlich, in erster Linie aber ehrlich, aufschlußreich und verständlich sein sollen und konkret belegt werden. Ihre kooperative Reaktion auf Rückfragen (Bsp. 16a, Z.8ff.) bringt sie zwar vermutlich auch etwas aus dem "Konzept" (vgl. den Abbruch und Neueinsatz nach "die eltern warn:", Bsp. 16a, Z.11f.; mit "es war ihnen ein schmerz", Z.16, wird semantisch die geplante Aussage nach Erläuterung der Hintergründe wieder aufgenommen). Aber sie besteht nirgends wie Krausz auf dem Abschluß ihres Erzählplanes, sondern ist absolut dialogisch, gesprächsbereit gestimmt (s. das volle Transkript).

Bemerkenswerterweise verwendet sie jedoch in ihren als Antworten gegebenen erzählenden Berichten (oder in berichtendem Stil formulierten Erzählungen) zwischendurch keinerlei Gliederungs- bzw. Verständnissicherungssignale, wie sie beim quasi despotisch monologisierenden Krausz zumindest gelegentlich zu finden sind. – Typisch für Frau Parisers Stillage ist ferner, daß sie nicht wie Krausz durchwegs das erzählende Imperfekt, sondern auch viele Perfektformen benützt, wie und wo sie (nach Harald Weinrich) für die "besprochene Welt" üblich sind (vgl. 16a, Z.2f., 3f., 7-9; 16b, Z.1, 3f., 6, 7, 8f., 10f.). – In 3.2 wird auf diese kleinen Unterschiede nochmals zurückzukommen sein.

Der hier beschriebene überwiegend parataktische normgerechte Stil ist bei Sprecher/inne/n wie Krausz und Pariser durchgehend zu beobachten und somit zum Individualstil geworden. Viele andere verwenden ihn nur sporadisch: entweder zur bewußten stilistischen Variation (wie Ada Brodsky in Bsp. 14b) oder aber unmarkiert, unauffällig.

3 Der Einfluß außersprachlicher Variablen auf den Satzstil

Die Beispiele in Abschnitt 2 von Sprechern, die einen ausgeprägten, quasi automatisierten Hang zur vollständigen Ausfüllung ihrer Satzbaupläne haben, stammen, wie gesehen, aus unterschiedlichen monologischen Texttypen: Erzählen, Berichten und Argumentieren. Bei der Frage, welche Variablen die Produktion dieses Satzstils steuern bzw. bestimmen, scheint daher bei dieser Sprechergruppe die Art der Themenbehandlung zumindest nicht in erster Linie ausschlaggebend zu sein. Auch der Faktor Alter, und zwar sowohl zum Zeitpunkt der Gesprächsaufnahme (z.B. Mitte 80 oder Mitte 60)[45] wie zur Zeit der Einwanderung (z.B. zwischen 20 und 35 oder zwischen 10 und 20), ist offenbar in vielen Fällen außer Kraft gesetzt, wenngleich im Einzelfall mit heranzuziehen. Ähnliches gilt für den damit z.T. gekoppelten Faktor Schulbildung/Ausbildung. Von den weiteren möglichen Einflußfaktoren, die bei der Auswahl, Gruppierung und Analyse der bisherigen Beispiele schon mit ins Gesichtsfeld kamen, seien im folgenden drei noch weiter geprüft.

3.1 Der Faktor Berufserfahrung

Von Beginn der Gesprochenen-Sprache-Forschung an ist den externen Kommunikationsmerkmalen (oder -bedingungen) Vorbereitetheit, Situationsvertrautheit und Öffentlichkeit große Bedeutung für die sprachliche Gestaltung beigemessen worden. Auf den ersten Blick scheinen mit diesen Parametern die Spezifika unserer Interviewsituationen nicht ideal erfaßbar zu sein. Unter den vielen Gesprächspartnern gab es zwar einige wenige, die sich etwas vorzubereiten versucht hatten, sogar kleine Stichpunkte notiert hatten, an die sie sich in den ersten Aufnahmeminuten zu erinnern versuchten, doch die Gespräche entwickelten sich dann stets sehr spontan weiter, so daß eventuelle Konzepte seitens der Interviewten schnell aufgegeben wurden. Dazu kam, daß keiner der Interviewten genau wußte, worauf die Gespräche wirklich hinausliefen. Einige waren zwar überrascht, daß sie auch Biographisches erzählen konnten/sollten, da sie sich speziell für ein "Sprachprojekt" gemeldet hatten, andere – und vor allem die von K. Hecker unangemeldet in den Altersheimen Besuchten, die sich nicht auf unsere Annonce gemeldet hatten – faßten sie mit unterschiedlicher Gewichtung als Lebensbericht oder "nur" als

---

[45] In Betten (1998) ist diese Frage gestellt, aber nicht endgültig beantwortet. Die Beobachtungen am Israel-Corpus werden dort mit den sehr unterschiedlichen bisherigen Forschungsergebnissen zur Sprache im Alter verglichen. In diesem Zusammenhang wurde darauf hingewiesen, daß gelegentlich durch altersbedingte Verschlechterung des Gesamtbefindens einer Interviewperson im Abstand von 1-2 Jahren ein Nachlassen der sprachlichen Gestaltungsfähigkeit zu bemerken war. Dies ging aber meistens von Erinnerungslücken aus, die speziell beim chronologischen Erzählen zu Pausen, Satzabbrüchen u.ä.m. führten. – Ein anderes in der Altersforschung öfters behandeltes Phänomen, nämlich assoziatives Drauflos-Sprechen und Abschweifen (engl. *off-topic-verbosity* genannt), dürfte ferner bei einigen unserer Gesprächspartner (unabhängig von ihrer Bildung o.ä.) mit zunehmendem Alter stärker zum Durchbruch gekommen sein: bei stark assoziativer Sprunghaftigkeit geraten dann die sonst so dominierende "grammatische Zucht" und der Gestaltschließungszwang öfters außer Kontrolle und es kommt z.B. häufiger zu Anakoluthen nach Parenthesen und längeren Nebensätzen (vgl. Betten 1998: 138). – Ich gebe hier bewußt keine Beispiele, da ein Interviewpartner darauf einmal (wohl zurecht) sehr gekränkt reagiert hat.

Unterhaltung auf.[46] Obwohl noch niemand ein Interview zum gleichen Thema gegeben hatte, bestanden große Erfahrungsunterschiede darin, ob man überhaupt je einem/r Fremden von seinem Leben erzählt hatte, ob man schon auf Band aufgenommen worden war oder gar professionelle Interviewerfahrung hatte.

Der Parameter "Öffentlichkeit" beruhte in diesem Fall vor allem auf der Situationseinschätzung und ist mit den beiden anderen Parametern verzahnt: Wer das Gespräch mehr als private Unterhaltung einstufte, dachte zumeist wenig an weitere Hörer. Bei jenen, die künftige Rezipienten im Auge hatten, bleibt doch unklar, wen sie sich konkret vorstellten: z.T. fanden Vorgespräche darüber statt, doch dürften die Einschätzungen des Interessentenkreises zwischen "junge Menschen", "die nächste Generation", "die Deutschen", "Studenten", "Germanisten", "Sprachwissenschaftler" geschwankt haben, obwohl die allgemeine Frage "Wer interessiert sich denn überhaupt dafür?" oft gestellt wurde. Da aber in jedem Fall die private Beziehungsgestaltung zur Interviewerin im Vordergrund stand und die Vertrautheit im Laufe der Gespräche meist stark zunahm, erfolgte, meist unmerklich, eine Umdefinierung der entsprechenden Situationsmerkmale und damit oft auch der Art der Themenbehandlung. Die häufig monologisch-informativen Gesprächsformen des Beginns wurden abgelöst durch mehr dialogischen Austausch, anfänglich überwiegender Distanzstil wandelte sich zunehmend zu Nähestil. Doch sind die Folgen für die Wahl der sprachlichen Mittel nicht unbedingt dieselben, wie es an Gegenwartscorpora exemplifiziert wurde.[47]

Die genannten Parameter in ihrer unterschiedlichen Einschätzung wirkten sich dann etwa so aus, daß Personen mit großer Erfahrung im öffentlichen Sprechen zunächst eher eine Art lockeren Vortragsstil wählten, wie hier am Pädagogikprofessor Walk, am Institutsleiter Eger, am Historiker Hildesheimer, am Geographiedozenten Orni, am Psychologen Wachs, aber auch an Autodidakten mit häufiger Schreib- und Vortragstätigkeit wie Frank, J. Stern u.a.m. zu beobachten. Der durch berufliche Routine erworbene Sprechstil ist allerdings in vielen Fällen so stark internalisiert worden, daß die Sprecher ihn selbst in privaten Kommunikationssituationen verwenden.

Andere Faktoren können jedoch bei anderen Sprechern, die nach den bisher diskutierten externen Kriterien zu dieser Gruppe gehören, überlagernd hinzutreten und zu sprachlich abweichenden Resultaten führen. Es scheint z.B. so, daß eine Gruppe von Akademikern oder Leuten mit Abitur in leitenden Stellungen, wie etwa Rabbiner Ansbacher, Personalchef Pfeffermann, Kinderarzt Engel, Meteorologe Gilead u.a.m., zwar alle auch sehr gewandt sprechen, aber

---

[46] Vgl. Betten in Ph 42: 10f.

[47] Vgl. Koch/Oesterreicher (1990: 10ff.). In Betten (1994a: 395) und (1995c: 276f.) habe ich erläutert, daß die mit diesem Schema erfaßbaren Möglichkeiten und Definitionskriterien z.B. für "distanzsprachliche Mündlichkeit" im Israel-Corpus andere Züge tragen als dort beschrieben. – In diesem Bd., S.363ff., geht der Beitrag von M. Gierlinger der Frage genauer nach, durch welche Mittel bei unseren Sprecher/inne/n Nähe und Distanz erzeugt werden.

weniger formelle Stile pflegen. Obwohl sie sich der künftigen Verwendung der Aufnahmen genauso bewußt waren wie die erste Gruppe, zogen sie sozusagen ein etwas umgangssprachlicheres Register. Dies ist meist auf allen sprachlichen Ebenen festzustellen: Intonation und Sprechgeschwindigkeit variieren stärker, phonetisch ist etwas mehr Regionalsprache durchzuhören, in der Morphologie treten mehr Klitisierungen auf, in der Lexik gelegentlich etwas salopper oder emotional gefärbte Ausdrücke, und in der Syntax führt der weniger straffe Normzwang zu häufigeren Abweichungen vom grammatischen schriftsprachlichen Satz: Setzungen (d.h. fragmentarische Äußerungen), aber auch Anakoluthe und Korrekturformen kommen hier häufiger vor.

Es liegt nahe zu mutmaßen, daß es sich hier um Leute handelt, die zwar gebildet und sprachgewandt, aber nicht auf eine akademische Wirkung ihrer mündlichen Rede fixiert sind, da sie selbst beruflich nicht primär auf die sprachliche Vermittlung ihrer Kenntnisse konzentriert sind und/oder sich nicht vor überwiegend akademischem Publikum sprachlich präsentieren. Für Rabbiner Ansbacher gilt sicher nur letzteres; ihm dient eher der anschauliche Bibelstil mit vielen Beispielgeschichten als Vorbild:[48]

Beispiel (17) (vgl. Ph 42: 178f., Z.69-84)

```
 1    JA:   [...] ä: und eines tages kam folgendes ** die:: in jeder
 2          jeder baracke war ein * chefl * wurde ein chef ernanntl **
 3          und da kam der barackenchef von * meiner baracke zu mir
 4          und sagt ansbacher weißt du was! * wir sind gerufen worden
 5          zum kommandanten! geh mal mit! * ja! ** wieso er mir das
 6          gsacht hat weiß ich nich! * bin dann mitgegangen! ** und
 7          äm: ** dann * hat sich folgendes herausgestellt! ** einige
 8          von den jüdischen * überintellektuellen die bei uns warn!
 9          ** och * da warn berühmde leute von universitäten und so
10          weiter! ** ä: * die haben gesagt es eigentlich paßt es doch
11          nicht so gut * daß ein nichtjude ** kommand/ innerer kom-
12          mandant is! kapo oder wie sie das nennen ** für=n: * von
13          achtzich prozent juden! nicht wahr! * wir wollen mit ihm
14          sprechen * daß er ä: ** daß er ä vielleicht verzichtet!
15          [...]
```

Der Satzstil ist überwiegend parataktisch reihend, mit *und-*, *und da-*, *und dann*-Anschlüssen. Die meisten Episoden werden explizit mit Formeln wie "eines tages" (Z.1) eingeleitet. Im szenischen Erzählen wird viel wörtliche Rede eingesetzt. Soweit ähnelt der Erzählstil dem unserer bisheri-

---

[48] Dies kann anhand des längsten Transkripts, das wir in beiden Bänden veröffentlicht haben (Ph 42: 176-191, 536 Zeilen) detaillierter nachvollzogen werden. Zwei kürzere Passagen habe ich in Betten (1995b: 401-404) genauer auf makro- und mikrostruktureller Ebene als meisterhafte, lebendig gestaltete Erzählungen analysiert.

gen Beispiele. Es gibt jedoch regelmäßig etwas mehr Korrekturen als z.B. bei Krausz, Bsp. (15) (insofern eher vergleichbar mit Brodsky, Bsp. 14):

Vgl. die Umformulierung nach *die::* (Z.1), die Umformulierung "war ein * chef↓" zu "wurde ein chef ernannt↑" (Z.2), den Neueinsatz nach *es* (Z.10), die präzisierende Korrektur innerhalb der direkten Rede "kommand/ innerer kommandant" (Z.11f.), die Umformulierung "für=n :" zu "von achtzich prozent juden↑" (Z.12f.), die retardierende, bzw. Zeit zum Überlegen und Formulieren schaffende Wiederholung des Nebensatzbeginns mit "daß er" (Z.14), die Wortwiederholung von "jeder" (Z.1f.).

Alle diese Korrekturen verlaufen im Sprechen ziemlich unauffällig, bezeugen in ihrer Regelmäßigkeit vielmehr den bewußten Formulierungsvorgang (ähnlich wie bei Brodsky). Sie demonstrieren aber zugleich, daß der Sprecher sich diese Korrekturen, die Einblick in seine Formulierungsarbeit geben, leistet, und sich nicht unter den Zwang stellt, das Endprodukt wie "gestochen", makellos vorzubringen. Hand in Hand damit gehen gewisse Konzessionen an mündliche Sprachproduktion und -rezeption:

Z.B. öfters die Vermeidung zu großer Satzklammern[49] mit entsprechenden Ausklammerungen ("wir sind gerufen worden zum kommandanten" Z.4f.), die pronominale Wiederaufnahme des Subjekts (Z.7f.) nach attributivem Relativsatz und Kommentarparenthese mit *die* (Z.10), die Ellipse des pronominalen Subjekts bei "bin dann mitgegangen" (in der Fortsetzung des Transkripts Ph 42: 179, Z.95). Dieser etwas lockerere Charakter wird auf morphologischer Ebene unterstützt durch Elisionen wie in *gsacht* (Z.6), Kontraktionen wie *für=n* (Z.12), auf lexikalischer Ebene durch Partikeln abtönender/abschwächender Funktion wie *mal* (Z.5), *doch* (Z.10), *vielleicht* (Z.14), Vagheitsangaben wie *und so weiter* (Z.9f.), die dialektal gefärbte Interjektion *och* (Z.9), salopp-ironisierende Wortbildungen wie *überintellektuelle* (Z.8).

Alle Erzählschritte werden hörerbezogen erklärt und abgesichert, z.B. durch Kommentarsätze ("wieso er mir das gsacht hat weiß ich nich↓", Z.5f.) bzw. Kommentarparenthesen ("och * da warn berühmde leute von universitäten und so weiter ", Z.9f.). Diese hörerbezogenen Elemente können in die direkte Rede hineinverlagert sein, als wären sie ein Teil der hier wiedergegebenen Äußerung, richten sich aber eher an die aktuelle Zuhörerin des Erzählers, z.B. "kapo oder wie sie das nennen" (Z.12) und die Verständnissicherungssignale *ja* (Z.5) und *nicht wahr* (Z.13).

Die Regelmäßigkeit und das Zusammenspiel dieser umgangssprachlichen Stilelemente unterscheiden Ansbachers Diktion von der von Krausz. Habe ich dort von "literarisierendem" Erzählstil gesprochen, so könnte man diesen "mit Mitteln der Umgangssprache verlebendigend", aber ebenfalls formbewußt gestaltet nennen. Der "Satz" als strukturelle Basiseinheit des Erzählaufbaus bleibt auch hier weitgehend unangetastet.

Während Rabbiner Ansbacher, ähnlich der Schriftsteller-Journalistin Brodsky, stets zwischen episch breiterem und dramatisch inszeniertem Erzählen wechselt und dies kommentierend

---

[49] Daß diese Anschlüsse mündlich durchaus gemeistert werden, zeigen mehrfach hintereinander Beispiele wie in der Transkriptpassage Ph 42: 177, Z.9ff.

begleitet, sind ähnliche Stilmittel bei "Alltagserzählern" nicht so (unauffällig) kunstvoll aufeinander abgestimmt, sondern kennzeichnen eher ein relativ informelles geläufiges Sprechen.[50]

Besonders interessant sind im Vergleich mit diesen hier versuchsweise unterschiedenen
Gruppen nun einige "Außenseiter" bzw. die Frage, warum einzelne von diesen verbreiteten
(Sprach-)Verhaltensmustern abweichen.

Zunächst das Beispiel eines anderen Rabbiners, Dr. Scheftelowitz, der aber von dieser seiner
(Zusatz-)Ausbildung wenig Gebrauch gemacht hat, sondern in seinem Beruf als Rechtsanwalt
erfolgreich war.[51] Er läßt seine freundschaftlichen Kontakte zu Ministern[52] und anderen hoch-
gestellten Persönlichkeiten gern einfließen und es fehlt ihm nicht an Selbstbewußtsein (vgl. kurz
vor Einsatz der folgenden Stelle: "trotz meines deutsch ∣ ** das: * perfekter ist wie jeder andere ∣
* aus deutschland ∣", Ph 45: 147, Z.16-18).

Beispiel (18) (vgl. Ph 45: 147, Z.24-31)
```
1    ES:  [...] und dann sagt ich ihm und so weiter∣ * ich bin von
2         berlin∣ und so weiter∣ * sag=ich: * wo wohnen sie∣ *
3         schließlich kam * wir waren beim selben repit/ repetitor
4         seinerzeit mal gelernt∣ * die freude von uns beiden∣ * von
5         ihm noch mehr∣ * der is hochgegangen vor freude∣ * der hat
6         mir alles genehmicht dann noch was ich wollte∣ * hoher be-
7         amter∣ * we/ wenn wenn er etwas genehmichen soll is an sich
8         wer weiß wie schwer∣ [...]
```

Scheftelowitz ist Berliner, wie Pfeffermann oder Engel, denen dies (wie den meisten anderen)
auch anzuhören ist, doch finden sich bei jenen nur leichte Anklänge (z.B. durch das rasche
Sprechtempo bedingtes "Verschlucken" von Silben, Lenisierungen, gelegentliche "saloppe"
Ausdrucksweisen). Scheftelowitz dagegen spricht einerseits wesentlich akzentuierter, verwendet
aber andererseits mehr Jargonismen (so hier Z.5: "der is hochgegangen vor freude"; oder
Ph 45: 128, Z.42f.: "geht=s plötzlich bei ihm runter mit deutsch"). Legere Floskeln wie *und so
weiter* finden sich bei ihm öfter als bei den anderen (hier Z.2). Die Eigenkommentare in rhetori-
scher Frageform "wieso sage ich das∣" (kurz vor unserem Ausschnitt Z.18) oder "was wollt ich
dabei sagen∣" (kurz nach unserem Ausschnitt Z.33) erinnern zunächst an Rabbiner Ansbacher,
sind aber weniger "mild"-erläuternd, sondern eher Ausdruck forensischer Argumentationsstrategien.

---

[50] Man vgl. etwa Pfeffermann (Ph 45: 23f.) und die detaillierte Analyse einer seiner Erzählungen bei M. Gierlin-
      ger in diesem Bd., S.365ff., oder Gilead (Ph 42: 71-75; Ph 45: 134f.), Engel (Ph 42: 121-123): alle mit z.T.
      durchaus langen parataktischen Satzreihen, vielen Anschlüssen mit *und* (*da, dann*) oder Eröffnungen mit
      Demonstrativpronomen und leichten "Saloppheitsmarkierungen" auf den verschiedenen Ebenen.

[51] Er behauptete, der letzte jüdische Doktorand in Nazideutschland Ende 1934 gewesen zu sein (was andere
      Emigranten für nicht zutreffend halten): vgl. seinen Bericht in Betten/Du-nour (1995: 72f.).

[52] Vgl. Ph 45: 127, Z.1ff.

Besonders stilprägend ist jedoch seine Neigung zum "Stakkatosprechen" auf syntaktischer Ebene. Der sich aus der Kombination der genannten Stilelemente ergebende Ton wird auch als preußischer Offiziers- oder Leutnantston oder Casinojargon charakterisiert, der sich in wilhelminischer Zeit herausgebildet hatte und eine Zeitlang viel nachgeahmt wurde. Seine prosodischen, phonetischen und morphologischen Merkmale wurden (nach v. Polenz 1999: 459f.) u.a. als "*schnarrend, hochtönend, abgehackt, flott, forsch, schneidig, schrill, schnoddrig* bezeichnet", in der Syntax waren speziell "Sparformen" wie "Weglassen von Verben und des *ich*" besonders beliebt. (Vgl. im Text elliptische Kurzformen wie "sag=ich", Z.2, "schließlich kam", Z.3, "die freude von uns beiden", Z.4, "hoher Beamter", Z.6f., und das Fehlen einer grammatisch geforderten Anapher für den *wenn*-Satz in Subjektposition, Z.7f.)

In Deutschland beeinflußte dieser Elitärjargon über die Reserveoffiziere und durch Aufstiegsmentalität Bürgerlicher auch den autoritären Sprachstil in staatstragenden und einflußreichen beruflichen Positionen (Beamte, Gymnasialprofessoren, Firmenchefs). Dazu gehörten vor allem berlinisch-märkische Merkmale [...] zusammen mit der arrogant wirkenden Prosodie und den saloppen Berolinismen [...]. (v. Polenz 1999: 460)[53]

Obgleich gerade dieser Gesprächspartner von Berufs wegen und als Privatperson gegen die Verbrechen des Nationalsozialismus und die Mentalität, die dazu führte, aktiv angegangen ist,[54] hat er einen Ton beibehalten, der offenbar in seinem früheren (Studenten-)Milieu üblich war und ihn beeindruckte bzw. beeinflußte. Dieser Typus dürfte allerdings, zumindest in seiner Einwanderungsgeneration, nicht verbreitet sein.

Für unsere Ausgangshypothese besonders aufschlußreich ist jedoch das folgende Beispiel. Prof. Dr. Heinrich Mendelssohn (aus der berühmten Familie "der" Mendelssohns), ebenfalls aus Berlin stammend (*1910), ist Israels bekanntester Zoologe und ein internationaler Experte für Arten- und Umweltschutz. Er hat sein in Deutschland begonnenes Studium nach seiner Einwanderung in Palästina sofort fortgesetzt, also insofern keinen Karrierebruch erlebt.[55] Der damals 81jährige gab mir das Interview in seinem Büro an der Universität Tel Aviv,[56] es war unsere erste Begegnung, ohne Vorgespräch.

---

[53] V. Polenz (1999: 459) macht auch Literaturangaben zur literarischen und kabarettistischen Parodie dieses Stils, der auch zur soziolektalen Figurencharakterisierung diente. Vgl. zu dieser Verwendung vom expressionistischen Drama bis zu Dürrenmatt Betten (1985: 175).

[54] So als Anwalt in "Wiedergutmachungs"-Angelegenheiten und als Biograph seines eigenen und des Schicksals seiner Frau; vgl. auch seine Beiträge in Betten/Du-nour (1995).

[55] Vgl. Ph 45: 82ff.

[56] Er kam gerade von der Behandlung einer Löwin und war der einzige "Jecke", auf den ich etwas warten mußte. Ein Mitarbeiter, der sich deswegen entschuldigte, sagte mir schmunzelnd, Prof. Mendelssohn habe es sich ausgesucht, welche der jeckischen Eigenschaften er behalte und welche nicht. (Zum Stolz der meisten "Jeckes" auf ihre sonst als typisch deutsch angesehenen Sekundärtugenden vgl. Ph 42: 409ff. und Betten/Du-nour 1995: 254ff.)

Beispiel (19) (vgl. Ph 42: 93, Z.1-8)

```
1    AB:                                        ja↓
2    HM:   daß ich ä dann * so schnell herkam↑ ** das lag daran↑ * daß
3          ich in ä: * das war im februar märz * hatt ich in der cha-
4          rité: * charité ist ihnen ein begriff↑ ** hatt ich in der
5          charité in ner vorlesung hatt ich eine auseinandersetzung
6          mit # nazistudenten↓# ** ä:: und das war so↓ [...]
7    K        #[natsIstudəntn̩]#
```

Von den über 30 aus Berlin stammenden Interviewpartner/inne/n spricht Mendelssohn vielleicht das ungezwungenste Berlinerisch: unprätentiös und leger, wie er es wohl als Junge mit seinen Mitschülern und Freunden gesprochen hat. Da er ohne Eltern kam und später keine deutschsprechende Frau hatte, ist sein Deutsch nicht durch weiteren Gebrauch in der Familie gestützt; seine Publikationssprache ist vorwiegend Englisch. Andererseits war er nicht sehr sprachinteressiert, lernte das Hebräische schwer und bewegte sich gewiß noch lange in Kreisen mit bestem "Akademikerdeutsch" (s. Ph 45: 82f., Z.26ff.). Gerade er aber erlaubte sich bei diesem Interview (und somit sicher auch sonst, wenn er die Situation nicht als hochoffiziell einstuft) einen spontanen Sprechstil, der heutigen Aufnahmen am nächsten kommt. Der kurze Ausschnitt enthält Korrekturen und Nachträge, Wiederaufnahmeformen und danach Anakoluthe, etc.[57] Nach meiner Auffassung zeigt sich hier, daß über alle Variablen wie Situationseinschätzung, Berufsroutine u.ä. hinaus die grundsätzliche Einstellung zur sprachlichen Norm, vermutlich in weiterem Zusammenhang mit gesellschaftlichen Normen im allgemeinen, eine bzw. die entscheidende Rolle für die Wahl des Sprachstils spielt. Darauf ist nochmals zurückzukommen.

3.2 Der Faktor Geschlecht

Die interviewten Frauen waren in diesem Artikel bisher nicht stark vertreten. Dies ist kein Zufall, denn obwohl fast alle sehr kultivierte Sprecherinnen und lebendige, effektvolle Erzählerinnen sind, kann man die meisten von ihnen der hier im Mittelpunkt stehenden Kategorie des korrekten, komplexen, möglichst hypotaktischen Satzgefüges weniger ausschließlich zuordnen als eine größere Zahl der Männer. Alle bisherigen Beispiele von Frauen finden sich in 2.2.2 und 2.3, unterschieden in mehr gleichmäßig berichtende, kürzere parataktische Reihung bevorzugende Sprecherinnen (Bsp. 11, 13 und besonders 16) sowie einige Erzählerinnen, die mit

---

[57] Er kommentierte das Transkript brieflich humorvoll, daß er ja ziemlich schludrig Berlinerisch gesprochen habe: er hätte wohl vor dem Interview erst mal "ins Unreine" sprechen sollen. – Andere Gesprächspartner hingegen, die viel "korrekter" gesprochen haben, zeigten sich tief erschüttert und beschämt, wie schlecht sie gesprochen hätten ("ich wußte nicht, daß ich ein so verdorbenes Deutsch spreche", schrieb einer unserer besten Erzähler; vgl. o. S.173, Anm. 45). Viele hatten vor der Publikation, nach Abhören der Aufnahme gebeten, auf jeden Fall ihre "Fehler" vorher zu verbessern, die sie sich kaum erklären und keinesfalls verzeihen könnten.

verschiedenen Satzstilen virtuos variieren (Bsp. 10, 14). Bei diesen dominieren vollständige Satzmuster, doch treten kleinere, für die Sprechsprache typische "Irregularitäten" auf. Bei den meisten unserer Erzählerinnen sind diese in größerer Frequenz zu beobachten. Größtenteils hängt dies damit zusammen, daß die Frauen, unabhängig von Schulbildung und Beruf, dazu neigten, ihre Redebeiträge durch viele Geschichten zu verlebendigen. Bei der dramatischen Inszenierung des Höhepunkts kommt es, schon aufgrund der Stilwechsel vom epischen Bericht zu direkter Rede u.ä.m., sowie durch Emotionen zu häufigerem Einsatz primär mündlicher Vertextungsstrategien, wobei z.B. Verkürzungen, Herausstellungen, Abbrüche wirksam für Thema-Rhema- bzw. Vordergrund-Hintergrund-Setzungen (*mise en scène*) genützt werden können. Einige Hinweise zum Erzählstil von Interviewpartnerinnen aus Ph 42 sollen hier Exemplarisches wenigstens andeuten.

Die Wienerin Lisl Vardon (* ca. 1915) ist in verschiedenen Analysen mit Sprechern wie Prof. Walk verglichen worden. Sie genoß eine gute Erziehung für "höhere Töchter", war mit Akademikern verheiratet, wurde selbst Schneidermeisterin mit Modeatelier und begann in Israel nach vielen Jahren auf deutsch zu schreiben, u.a. Gedichte. Sie belegt fast alles, was sie zu sagen hat, durch eindrucksvolle, dramatisch aufgebaute Geschichten. Dabei kommt es u.a. dreimal häufiger zu Korrekturen und wesentlich öfter zu Anakoluthen als bei Walk.[58] Die Gründe sind verschiedener Art:[59] starke Emotionen, der Wunsch nach Veranschaulichung, aber auch das Ringen um die richtige/beste Formulierung (vgl. o. zu Ada Brodsky, Bsp. 14a und 14b) und nicht zuletzt die rasche, lebhafte Interaktion mit der Interviewerin, wodurch bei Nachfragen, Simultansprechen u.ä. Formulierungsänderungen ausgelöst werden.

Auch elliptische Verkürzungen treten bei impulsiven Sprecherinnen wie Vardon wesentlich häufiger auf, so etwa bei der äußerst talentierten Erzählerin Annie Glaubert (*1899) wiederum fast dreimal häufiger als bei Walk.[60] Man könnte hier – wie in allen anderen Fällen – zunächst mutmaßen, daß eine Reihe anderer Faktoren wichtiger für die stilistischen Unterschiede zwischen den verglichenen Interviewpartnern sind, z.B. das Alter (Frau Glaubert war bei der Aufnahme bereits 91 Jahre alt) oder wieder Ausbildung und Beruf. Die Sprecherin war allerdings absolut präsent, ohne Erinnerungslücken oder Formulierungsprobleme und begleitete ihre mit aller Rafinesse aufgebauten Geschichten mit kontinuierlichen Evaluierungen und

---

[58] Karoline Bankosegger und Angelika Kriks haben in ihrer Seminararbeit (1995/96) in je 30 Minuten bei Walk 32 Korrekturen (definiert nach R. Rath 1979) gezählt, bei Vardon 94; davon hatten bei Walk nur 6 Anakoluth zur Folge, bei Vardon dagegen 67.

[59] Sonia Kiener (Seminararbeit 1995/96), die die Anakoluthe bei Walk und Vardon genauer untersuchte, hat bei Vardon besonders viele Konstruktionswechsel mit und ohne Reparatur festgestellt (nach Hoffmann 1991 "Retraktion" vs. "Umstieg", letzterer als "eigentlicher" Anakoluth, d.h. schwerwiegender syntaktischer Verstoß).

[60] So ermittelt von Alexander Hupf (Seminararbeit 1995/96), der in Gesprächsausschnitten von je 10 Minuten bei Walk 28, bei Vardon 44, bei Ansbacher 64 und bei Glaubert 76 Ellipsen zählte.

Kontaktsignalen.[61] Aus gut situierter Frankfurter Bürgerfamilie stammend, mit Gymnasialbildung, war sie nie berufstätig, hatte aber gesellschaftliche Repräsentationsaufgaben. Wie
Vardon und viele andere unserer Sprecherinnen darf sie vielleicht als Prototyp der klugen,
engagierten, durchaus auf andere (ein-)wirken wollenden Sprecherin gelten, die jedoch sowohl
durch Temperament wie gesellschaftlichen Wirkungskreis und Lebenserfahrung nicht in
didaktisch-akademischer Stiltradition steht, sondern auf Stimmungsintensität, Involviertheit,
Empathie ihrer Zuhörer setzt.[62] Hinzu kommt bei ihr die ebenso selbstverständliche wie selbstbewußte Verwendung der Frankfurter (Stadt-)Mundart.[63]

Eine starke Tendenz zu elliptischen Kurzformen kennzeichnet auch den Sprechstil der
gebürtigen Wienerin Rachel Beck (*1922), die das Realgymnasium mit 17 verlassen mußte und
seit der Emigration im Kibbuz lebt. In vergleichenden Analysen wurde dieses syntaktische
Stilmerkmal wiederum auf ihr temperamentvolles, emotionsgeladenes, aus dem Affekt heraus
erfolgendes sprachliches Agieren zurückgeführt.[64] Sie hat einen mitreißenden schnellen, sich
manchmal überschlagenden Redefluß, in dem einzelne Redeteile übersprungen oder auch
vergessen werden, gerät aber auch öfters ins Stocken. Die Interviewerin wird von ihr häufiger
unterbrochen als von den meisten anderen. Dialekteinfärbung sowie starke Schwankungen im
Tonhöhenverlauf unterstützen den satzstilistischen Befund.[65]

Irene Aloni (*1906), die in Wien noch Abitur und Handelsschule absolvierte, spricht ebenfalls dialektnäher. Bei ihr fiel eine überdurchschnittliche Tendenz zur Durchbrechung der Satzklammer durch Nachtrag oder Ausklammerung auf. Sie nutzt diese Möglichkeit ganz offensichtlich zur Hervorhebung besonderer Sachverhalte durch Exponierung/Extraposition. Neben dieser
effektvollen Variante findet sich die Nachstellung jedoch auch als Resultat ungewollter Verzögerung, als Nachtrag oder Präzisierung von Satzgliedern, die bei der ersten Füllung des Satz-

---

[61] Mit genaueren Analysen von zwei ihrer Geschichten (darunter der 2. Teil von Ph 42: 191ff., Z.42-85) s. Betten
(1995b: 404-407).

[62] Vgl. Betten (1993: 192) mit ähnlichen Überlegungen zu Clara Bartnitzki (*1902), die ebenfalls aus wohlhabender Kaufmanns- und Akademikerfamilie stammte, Abitur machte, aber ohne Berufsausbildung blieb
("höhere Tochter"), in Israel dann jedoch Landwirtin mit Hühnerzucht wurde, während Annie Glaubert erst
1988 von Paris aus nach Israel ins Altersheim ging. (In unserem Corpus nimmt letztere damit eine Ausnahmestellung ein.) – Vgl. auch u. Anm. 87.

[63] Vgl. u. S.261, mit Anm. 81.

[64] Nach Arnold Klaffenböck (Seminararbeit 1995/96), der zu dem Schluß kommt, daß dieser abrupte Stil
sozusagen dem "Naturell" von Frau Beck entspreche.

[65] Eine andere dialektgefärbte Sprecherin aus dem Saarland, Charlotte Brünn (*1923), deren Schulausbildung
noch früher durch die Emigration abgebrochen wurde, erzählt zwar zögerlich und weniger impulsiv, aber an
dramatischen Stellen auch mit sehr "sprechsprachlicher" Syntax: vgl. Betten (1995b: 399-401) mit zwei
Ausschnitten (dabei dem Anfang von Ph 42: 193ff., Z.1-30).

musters noch nicht (ganz) präsent waren. Beide Phänomene lassen sich selbstverständlich bei allen Sprechern nachweisen, bei ihr jedoch sind sie signifikantes Stilmerkmal.[66]

Eva Michaelis-Stern (*1904), Tochter des bekannten Psychologen William Stern und Schwester des Schriftstellers und Philosophen Günter Anders, weist wiederum andere Merkmale der gesprochenen Sprache auf. Ihr Satzbau ist, je nach Themenbehandlung, über lange Strecken sehr komplex und normorientiert und selten elliptisch, doch lassen sich besonders bei sehr umfangreichen Konstruktionen häufiger Satzabbrüche, Neuansätze bzw. Anakoluthe feststellen.[67] Dies gilt sowohl für ihre reflektiert-argumentativen Passagen wie auch für dramatische Höhepunkte, wo allerdings auch viel szenisch mit direkter Rede und kurzen Sätzen/Setzungen gearbeitet wird.[68]

Die Wienerinnen Vardon und Beck sowie Frau Brünn gehören eher der jüngeren Generation an (vgl. 2.2.2), die Interviewpartnerinnen Glaubert, Bartnitzki, Aloni, Michaelis-Stern der älteren (vgl. 2.2.1), doch die Gemeinsamkeiten im Sprechstil sind größer als eventuell durch Schulabbruch o.ä. bedingte Unterschiede. Hierin sind durchaus Parallelen zu den Analysen der männlichen Stile zu sehen, aber eben mit anderen (geschlechtsspezifischen?) Ergebnissen. Doch wäre es zu einfach und unzutreffend, alle Frauen als grundsätzlich emotionaler geprägte Sprecherinnen mit affektbetonter Gesprächsrhetorik zu charakterisieren. Außer den in 2.2.2 und 2.3 schon vorgestellten Sprecherinnen mit überwiegend sachlich-berichtendem Stil, der fast immer mit der Formulierung vollständiger korrekter Satzformen korreliert, gibt es noch eine größere Zahl mehr oder weniger ruhig und besonnen ihre Äußerungen planender Sprecherinnen, bei denen die bisher besprochenen Stilmerkmale in verschiedensten Variationen vorkommen.

Dr. Mirjam Michaelis (*1908) z.B. stammt – im Unterschied etwa zu E. Michaelis-Stern, mit deren Sprechstil sie einige Gemeinsamkeiten aufweist – aus einer Arbeiterfamilie, besuchte das Abendgymnasium und verdiente sich ihr Studium, das sie mit Doktorat abschloß, selbst. Sie gehörte in Berlin dem Schriftstellerverband an und erhielt 1933 einen Lyrikpreis. Seit der Emigration lebt sie im Kibbuz und bezeichnet sich als Fabrikarbeiterin, hat aber auf hebräisch und deutsch weiter geschrieben. Ihr Stil ist noch mehr als der von Michaelis-Stern (in ihren berichtenden Partien) reflektiert, kommentierend, berichtend. Der argumentative Zug macht sich z.B. an bevorzugten Haupt- und Nebensatzanschlüssen wie *aber, und zwar, also* bemerkbar.[69]

---

[66] Corinna Jarosch (Seminararbeit 1995) hat dies u.a. im Vergleich zu dem ebenfalls in Wien aufgewachsenen Apotheker Blumenfeld (*1912) mit vielen Beispielen belegt. Auch Frau Aloni und ihr Mann waren in Israel kommerziell für Ärzte und Apotheker tätig, so daß die externen Einflußfaktoren viel Ähnlichkeit aufweisen. Blumenfeld (der aufgrund seiner Herkunft gewisse Einflüsse des Jiddischen haben könnte) gehört seinerseits auch nicht zu den ganz schriftsprachlich orientierten "Sätzebauern"; er weist eine höhere Zahl an Fehleinsätzen und Anakoluthen auf als die Sprecher von 2.2 und 2.3 (vgl. seine Beiträge in Ph 42).

[67] So Klaffenböck (s. Anm. 64) im Vergleich zu Rachel Beck.

[68] Zur Stilvariation bei Michaelis-Stern vgl. auch Betten (1993: 193) und ausführlich M.Gierlinger in diesem Bd., S.379ff. Die Transkripte in Ph 42: 104ff. und 261ff. sowie in Ph 45: 74f. geben Einblick in das abwechslungsreiche Zusammenspiel von Themenbehandlung und Satzstil.

[69] Vgl. zu einer nicht in Ph 42 bzw. Ph 45 transkribierten Stelle Betten (1993: 194).

Allerdings finden sich auch in diesen sehr überlegt formulierten und z.T. sehr komplexen Satzgefügen viele Korrekturformen, wiederaufnehmende Wiederholungen und Paraphrasen. Die Sätze sind fast nie so schriftsprachlich durchgeformt wie bei den Sprechern von 2.2. Auch ihr eigener Mann Micha Michaelis, der kein Akademiker war, und seit über 60 Jahren ihr Hauptgesprächspartner in deutscher Sprache blieb, pflegt seine durchschnittlich kürzeren und überwiegend parataktisch gereihten Sätze häufiger vollständig und normgerecht zu formen. Dies lag sicher nicht nur an dem schlechteren Gesundheitszustand von Frau Michaelis. Vielmehr zeigte sich schon mehrmals, daß gerade Sprecher/innen, die einen kreativen Zugang zur Sprache haben, mehr an ihren Formulierungen arbeiten als manche andere.

Als letzte Gegenüberstellung von Männern und Frauen seien zwei Juristen betrachtet: Dr. Hilde Rudberg (*1909) hatte in Breslau schon ihr Studium mit erstem Staatsexamen und Doktorat absolviert und nahm ihre juristische Ausbildung erst 15 Jahre später in Israel wieder auf; der jüngere Abraham Friedländer (*1916) konnte in Deutschland nur noch das Abitur ablegen und wurde in Israel erst viele Jahre später durch Abendstudium Jurist. Friedländer arbeitete lange in der juristischen Abteilung der Gewerkschaft, danach als Anwalt, Dr. Rudberg in einem Ministerium. Sein Stil gehört als Variante zu dem der in 2.2 behandelten Männer: er hat eine ausgeprägte Neigung zu hypotaktischen Gefügesätzen,[70] die je nach Themenbehandlung[71] und Grad der Dialogizität "korrekter" oder mit gewissen sprechsprachlichen Konzessionen[72] ausgeführt werden. Rudberg dagegen, die schon von ihrem Naturell her zurückhaltender ist und zum Sprechen immer wieder animiert werden muß, gestaltete dieses Gespräch (wie auch ein thematisches Nachinterview) sehr dialogisch. Aus den überwiegenden Frage-Antwort-Sequenzen kristallisieren sich, im Gegensatz zu Friedländer, nur gelegentlich etwas längere Erzählungen;[73] häufig bejaht oder verneint sie auch nur die Fragen, wodurch eine große Zahl von Hörersignalen produziert wird. Ihr Erzählstil wird jedoch nie emphatisch, ist vielmehr deskriptiv, reflektiert, argumentativ, im Gegensatz zu ähnlich charakterisierten Männern jedoch nie dozierend.[74]

---

[70] Vgl. mit einer genaueren Analyse A. Weiss in diesem Bd., S.283ff.

[71] Mit ihm wurden später noch zwei Nachinterviews zu speziellen Themen gemacht, in denen er mehr monologisch, präzise und schriftnah formulierte; Textpassagen daraus nur in Betten/Du-nour (1995).

[72] In den mehr auf die Interviewerin orientierten Partien ähnelt sein Stil dem von Pfeffermann u.a., s.o. Anm. 50.

[73] Vgl. Ph 42: 79, Z.89ff., 135ff.; S.318, Z.16ff., 72ff. sowie Ph 45: 65f., 108f. Die transkribierten Passagen präsentieren jedoch bereits den Großteil der längeren monologischen Stellen.

[74] Vgl. mit einer Analyse von Ph 45: 108f., Z.1-10, bereits Betten (1993: 193). In einer vergleichenden Analyse der beiden Interviewpartner hat Michael Matic (Seminararbeit 1997) gezeigt, daß sich die Interviewten, die jeweils von A. Betten und M. Du-nour befragt worden waren, den Interviewerinnen gegenüber nicht unterschiedlich verhielten, obwohl die Gespräche mit einer Deutschen und einer Israelin sich unterschiedlich hätten entwickeln können. Umso mehr betont Matic jedoch das unterschiedliche Verhalten der beiden Interviewten, von denen zwar beide ein sehr korrektes Deutsch sprechen, Friedländer jedoch immer wieder zu langen durchstrukturierten Monologen ausholt, bei denen er dann auch kaum unterbrochen wird, während Rudberg sich ganz von der Interviewleitung des Gegenübers abhängig macht, wobei die vielen dialogischen Kurzsequenzen natürlich starke stilistische Schwankungen in der Interviewform bewirken.

Der letzte Punkt ist sicher bezüglich des Faktors Geschlecht ein entscheidender. Von den interviewten Frauen fühlte sich kaum eine in belehrender oder dozierender Position,[75] was bei den Männern von 2.2 durchaus eine Rolle für ihr Selbstverständnis gespielt haben dürfte und sich wiederum auf das hier (aber auch sicher sonst in vielen, wenn nicht fast allen anderen Situationen) gewählte Sprachverhalten auswirkt. Die Beispiele von Frauen zeigen, daß alle Frauen dialogisch orientiert waren und dies auch in verbalem Austausch pflegten,[76] während viele Männer mit einer aufmerksamen, aber stumm bleibenden Zuhörerin zufrieden waren und sich dadurch zu immer längeren Monologen ermuntert fühlten. Da die Interviewerinnen diese Rolle unter den gegebenen Umständen akzeptierten, weil sie ihren Absichten entgegenkam, wurde eine für beide Seiten angenehme Gesprächsatmosphäre kaum je getrübt. Dadurch dürfte es zu erklären sein, daß viele Männer die Gelegenheit wahrgenommen haben, in langen, ungestörten Passagen ihre Formulierungskunst zu entfalten und ihre Äußerungen konzentriert abzurunden. Die Frauen waren zwar größtenteils ebenso mitteilsam und eloquent, doch wird die Entfaltung besonders langer, durchgeplanter Sätze bei den meisten durch wenigstens zwei Faktoren gebremst: den häufigen raschen dialogischen Austausch (der auch bei den Männern gewöhnlich Änderungen im Konzept und damit syntaktische Umorientierungen und länger andauernde Phasen der "Unkonzentriertheit" bewirkt, aber weniger zugelassen oder gar gesucht wird) und – wenngleich nicht bei allen, so doch bei vielen Frauen – die Neigung zu emphatischer, emotionaler, besonders anschaulicher Darstellung, die sich durch elliptische Setzungen, Konstruktionssprünge und -brüche, Wechsel der Darstellungsformen mit Anakoluthen im Gefolge etc. auf der Satzebene niederschlägt. Inwieweit diese Tendenz auf typisch weibliche Temperamente/ Naturelle zurückzuführen ist bzw. eine subtile Mischung von Erziehung, Rollen-, Berufs- und

---

[75] Das gilt auch für die Geschichtsprofessorin Dr. Leni Yahil (vgl. Ph 45: 33f.), die nach Ausbildung und Beruf mit der Spitzengruppe der männlichen Akademiker zu vergleichen wäre. Das Interview mit M. Du-nour ist zwar eines unter guten Bekannten, wurde jedoch sehr sachlich geführt. Obgleich ihre Sprache insgesamt einen kultivierten, standardorientierten Eindruck macht, entstehen, u.a. durch viele Selbstkorrekturen, mehr Satzbrüche u.ä. als z.B. bei einem Autodidakten wie Frank.

[76] Ein eindrucksvolles Beispiel dafür gab der Verlauf des Interviews mit Alice Schwarz-Gardos (* 1916 in Wien), Chefredakteurin der deutschsprachigen Zeitung "Israel Nachrichten" und Schriftstellerin, die von allen Befragten sicher von Berufs wegen eine der größten Interviewerfahrungen besaß. Sie war zu Beginn in Stil und Diktion ganz auf ein offizielles Interview eingestellt ("Distanzsprache"), doch wurde die Situationseinschätzung rasch umdefiniert, als sie merkte, daß hier ganz persönliche Erlebnisse und Meinungen gefragt waren und sie ungestört ausholen konnte. Barbara Vietz hat in einer Seminararbeit (1997) herausgearbeitet, wie die graduelle Veränderung der externen Kommunikationsmerkmale sich auf die redekonstituierenden Merkmale niederschlägt, wobei von argumentativer Darstellung zunächst zu deskriptiver übergegangen wird (mit vielen szenisch gestalteten Erzählhöhepunkten) und später der dialogische Austausch mit viel Lachen und gegenseitigen Verständigungsformen immer mehr überhand nimmt. – Zu einem Vergleich von Schwarz-Gardos' mündlichem und schriftlichem Erzählstil bei gleichen autobiographischen Themen vgl. Betten (1994b).

Lebenserfahrung darstellt, bleibt wohl auch weiterhin ein zentrales Thema der Gender-Forschung.[77]

Festzuhalten ist jedoch auch noch, daß sehr viele Frauen, die aus den genannten Gründen syntaktisch weniger schriftnorm-orientierte Stile pflegen als eine Reihe der Männer, dennoch den Eindruck ungewöhnlicher Sprachbeherrschung erwecken. Dies liegt vor allem daran, daß sie phonetisch, intonatorisch und satzrhythmisch absolut "hochsprachlich" orientiert sind[78] und daß ihre Rede auch bei häufigerem Vorkommen von Ellipsen und Anakoluthen u.a. durch einen geringeren Gebrauch von Gliederungssignalen einen kontinuierlichen, flüssigen Eindruck macht.[79] Des weiteren erweisen sich die Abweichungen auf grammatischer Ebene häufig als rhetorisch besonders wirksame Mittel auf der Ebene der Makrostruktur von Erzählungen[80] und hinsichtlich der Interaktionsfähigkeit im Dialog.

---

[77] Die unabhängig ermittelten statistischen Ergebnisse von A. Weiss (in diesem Bd., S.271ff.) zum unterschiedlichen Nebensatzgebrauch von Männern und Frauen in unserem Corpus allgemein (und speziell in der Gegenüberstellung von Textstellen Betty Kolaths und Abraham Friedländers) unterstützen die Interpretation meiner exemplarischen Analysen nachdrücklicher als von uns beiden ursprünglich erwartet (vgl. A. Weiss, S.292): Die hier herausgestellten, bei Frauen häufigen Stilzüge haben konsequenterweise zur Folge, daß weniger (und weniger logisch differenzierte) Nebensätze verwendet werden. Der differenzierte Nebensatzgebrauch, den Weiss speziell bei männlichen Akademikern (vom Typ meiner Beispiele in 2.2) feststellt, ist ja das entscheidende Kriterium für die Konstruktion schriftnormgerechter hypotaktischer Satzgefüge.
Viele der hier gemachten Beobachtungen korrespondieren, zumindest tendenziell, mit Analysen "heutigen" geschlechtstypischen Kommunikationsverhaltens. Aus der kritischen Forschungsübersicht bei Schoenthal (demn., Kap. 3.1. und 3.2.) sind z.B. folgende Ergebnisse (aus Arbeiten von Elisabeth Kuhn, Helga Kotthoff, Claudia Schmidt, Deborah Tannen u.a.m.) vergleichbar: Frauen ziehen auch als Expertinnen Zuhörende bewußt ein und sprechen persönlicher, während Männer eher "zu einer monologischen Lektion" ausholen; Frauen gehen "eher auf den Beitrag der Vorgängerinnen ein", unterstützen als Zuhörerin die aktuell Redende und geben insgesamt mehr Rückmeldung, während Männer "extrem hohe Werte der durchschnittlichen Redebeitragslänge" und wenig wirklich responsive Antworten aufweisen; Unterbrechungen des Gesprächspartners sind bei Frauen meist Ausdruck eines kooperativen und besonders involvierten Gesprächsstils. Obgleich Schoenthal selbst der Ansicht ist, daß der Faktor Geschlecht nicht "unabhängig von dem Typ der Situation mehr als andere Faktoren das Gesprächsverhalten" bestimme, weisen m.E. die sehr ähnlichen Befunde aus ganz verschiedenartigen Gesprächscorpora doch immer wieder auf die besondere Relevanz dieses Faktors (verstanden als Ergebnis entsprechender Sozialisierung, nicht als biologische Gegebenheit) hin.

[78] Fix (1997: 303f.) betont in ihrer Besprechung von Ph 42, daß noch "stärker als das Lesen des verschrifteten Textes [...] das Hören der eindrucksvollen CD [...] zu einem kulturellen Erlebnis" werde: Es vermittle "Eindrücke von Stimmführung, Stimmintensität, Stimmfärbung, innerer Beteiligung beim Sprechen, von Lebendigkeit und Kultiviertheit der Darstellung", die den "notwendigerweise unvollständigen Eindruck von der Kultiviertheit der Sprecher", den die Transkripte allein nur geben können, "eindrucksvoll ergänzen". – Vgl. auch Linke (1996: 151ff.), die der "ästhetisch-sinnlichen Dimension der Stimme" für die bürgerliche Sprachkultur ein eigenes Kapitel widmet.

[79] So hat Alexander Hupf (s. o. Anm. 60) ermittelt, daß Frau Glauberts Stil zwar ein Mehrfaches an Ellipsen und Anakoluthen aufweist als der von Prof. Walk, aber keineswegs weniger geläufig, gut formuliert und sprachlich kompetent wirkt.

[80] Vgl. die Erzählanalysen von M.Gierlinger zu Betty Kolath und Eva Michaelis-Stern in diesem Bd., S.372ff. u. 379ff.

3.3 Die Rolle der Norm

Es ist offensichtlich, daß bei jeder Sprecherin und jedem Sprecher eine Reihe von Faktoren zusammenspielen, durch die die von ihr/ihm beherrschten oder bevorzugten und speziell in unserer Interviewsituation gewählten Stile zu erklären sind. Berufs- und Lebenspraxis, Temperament und Situationseinschätzung stehen auf jeden Fall weit oben auf der Rangliste. Mehrmals angedeutet, aber nicht weiter ausgeführt wurde die Frage, ob die (sowieso raren Fälle der) Verwendung einer dialektnahen bzw. leicht dialektgefärbten Variante auch auf syntaktischer Ebene mehr sprechsprachliche Formen begünstigt. Der Befund in unserem Corpus legt diese Vermutung nahe, doch ist in fast allen Elternhäusern das Dialektsprechen zu verpönt gewesen und die phonetische Einfärbung so sehr mit einer sonst standardsprachlichen Basis verbunden, daß mit unseren Daten wohl keine Beweisführung möglich ist. Man darf aber davon ausgehen, daß vor allem Sprecher von Stadtmundarten, die auch in "besseren Kreisen" in gemäßigten Varianten "salonfähig" waren, damit neben ihrer schriftsprachlichen Grammatikkompetenz im Mündlichen über eine Gebrauchsvariante verfügten, die (in der Tradition von Dialekten, Umgangssprachen und Jargons) stärker sprechsprachlich geprägt war[81] als die gesprochene Sprache von Menschen aus Gebieten, in denen – aus historischen und soziologischen Gründen – im Bürgertum auch mündlich eine absolut standardsprachliche Ausrichtung galt.[82]

Der entscheidende, alle anderen überlagernde oder steuernde Faktor für unsere Sprechergruppe scheint mir jedoch die grundsätzliche Einstellung zur Norm zu sein. Wie am Beispiel von Prof. Mendelssohn (Bsp. 19) schon angedeutet, geht es dabei wohl nicht nur um den Stellenwert der sprachlichen Norm allein, sondern darüber hinaus um eine generelle Haltung zu Normen. Prof. Mendelssohn hatte es von Haus aus und auch in Palästina/Israel, wo er sein Studium sofort weiterführte und – im Gegensatz zu den meisten anderen Emigranten – ohne größeren Karriereknick sehr erfolgreich seinen gewünschten Beruf ausüben konnte, nie nötig, sich vor anderen hinsichtlich Herkunft und Bildung auszuweisen, um gesellschaftliche Anerkennung zu erhalten.[83] Andere waren schon im Elternhaus angehalten worden, sich der prestigereichsten,

---

[81] So gehört z.B. von den Wienern, Frankfurtern (s.o. Ansbacher und Glaubert), mit Einschränkungen auch von den Berlinern oder Sachsen keine/r zu der syntaktisch ganz korrekt formulierenden "Spitzengruppe" von 2.2. Klaffenböck (s. Anm. 64) hat ermittelt, daß z.B. Rabbiner Ansbacher von 25 von Dialektologen für typisch erachteten hessischen Dialektmerkmalen nur 10 gelegentlich benützt, davon nur 2 bis 3 häufiger; charakteristisch sei jedoch, daß er oft die dialektale und die hochsprachliche Form direkt hintereinander verwende, also zwischen beiden Codes unterscheide, sie aber nicht konsequent auseinanderhalte. – Zum Verhältnis Dialekt und Standard vgl. in diesem Bd. P. Mauser zu den österreichischen Sprecher/inne/n, S.430ff., und A. Weiss, S.272f.

[82] Vgl. zu dem ganzen Fragenkomplex ausführlicher A. Betten in diesem Bd., S.174ff.

[83] Dazu passen die Anmerkungen von Linke (1996: 261), daß "Anstandsbücher immer wieder tadelnd" vermerkten, daß "gerade Angehörige der 'höchsten' Kreise sich wenig darum bemühen, dialektale Anklänge aus ihrer Sprache fernzuhalten". Linke erläutert dazu, daß der Adel die zu "den Bekenntnissen bürgerlicher 'Bildungsreligion'" gehörende "Orientierung an der Standardsprache" z.T. demonstrativ ablehne.

d.h. der absolut standardsprachlichen Variante zu bedienen, um z.B. für den Aufstieg in akademische Kreise "gerüstet" zu sein. Die Emigrationssituation, in der die (überdurchschnittlich stark vertretenen) Intellektuellen wieder "den Ton" angaben, dürfte diese Einstellung noch verstärkt haben: Die meisten kamen ohne jeglichen anderen Besitz als den ihrer Bildung – und deren offensichtlichster Beweis war eine gepflegte, absolut korrekte Sprache. D.h. die kultivierte Beherrschung der alten Sprache blieb auch im neuen Land in den internen, sich gesellschaftlich neu formierenden Zirkeln dieser bislang größten Einwanderungsgruppe in Palästina Erkennungszeichen für die Zugehörigkeit zur "besseren Gesellschaft". Der Wunsch, dazuzugehören, war bei nicht wenigen so groß, daß sie sich z.B. schämten, wenn sie das Abitur in Deutschland nicht mehr hatten machen können und es deshalb verschwiegen. Und auch die jung Eingewanderten wie A. Frank (s. 2.2.2) müssen ihre deutsche Sprache in dieser Emigrationsgemeinschaft noch weiter entwickelt haben, um sich hier als anerkannte Mitglieder einreihen zu können.[84]

Die Beobachtung, daß viele unserer Interviewpartner/innen offensichtlich im Mündlichen über eine wesentlich größere Geläufigkeit als im Schriftlichen verfügen,[85] läßt sich mit dieser These durchaus vereinbaren: Die Sprachkultur der Einwanderer reduzierte sich im wesentlichen auf eine Sprechkultur – abgesehen von denen, die das Schreiben zu ihrem Beruf und Lebensinhalt gemacht hatten und in der Abgeschnittenheit von Sprachentwicklungen der größeren Sprachgemeinschaft ein Defizit sahen. Die Mehrzahl jedoch konservierte die mitgebrachte Sprache. Auch wenn sie bei einem (kleineren) Teil nicht zuhause weitergepflegt wurde,[86] blieben die meisten in der einen oder anderen Weise mit deutschsprachigen Kreisen in Kontakt, so daß sie ihren sprachlichen Standard zumindest mündlich erhielten, wenn nicht gar angesichts der Bildungsmaßstäbe der einflußreichen Kreise noch "anhoben". Frauen waren von Berufs

---

[84] Interessant ist in diesem Zusammenhang der überraschende Befund von A. Weiss (in diesem Bd., S.295 mit Anm. 31), daß speziell die männlichen Nicht-Akademiker dieser Gruppe, deren Satzstil ebenso komplex zu sein scheint wie der der älteren Akademiker, sich zwar wenig in der Zahl, durchaus aber in der Art der Nebensätze von jenen unterscheiden, z.B. mit einer doppelt so hohen Zahl an *daß*-Sätzen unter den Objektsätzen (Tab. 4, S.295). Folgende – zugegebenermaßen etwas spekulative – Erklärung schiene mir möglich: Der *daß*-Satz steht sowohl entwicklungsgeschichtlich als auch bei allen synchronen Untersuchungen gesprochener Sprache an der Spitze der Nebensatztypen (vgl. Schwitalla 1997: 97). Die logische Ausdifferenzierung der Nebensatz-Einleitungspartikeln war und ist ein typisches Produkt der Schriftsprache (vgl. zusammenfassend Betten 1987: 78ff.). Daher kann es nicht verwundern, daß die älteren Akademiker, die noch gründliche Erfahrung mit der deutschen Schriftsprache in verschiedensten, auch wissenschaftlichen Textsorten hatten, selbst aktiv über ein großes Repertoire an Subjunktionen verfügen, während den Jüngeren diese schriftsprachliche Vertiefung fehlt: So haben sie sich zwar z.T. die komplexen Oberflächenstrukturen der Gefügesätze angeeignet, realisieren sie aber mit weniger differenzierten Mitteln. – Allerdings erscheint mir selbst diese These, gerade auf Sprecher wie Abraham Frank bezogen, nur mit Vorsicht verifizierbar.

[85] Dies konnte ich in ausgedehnten Korrespondenzen mit vielen der Interviewpartner sowie im Vergleich zu heute von ihnen auf deutsch verfaßten Lebensberichten feststellen; s. dazu bereits Ph 42: 11, Anm. 10, und meinen Einleitungsartikel in diesem Bd., S.159. Vgl. auch die Selbsteinschätzungen von Sprechen, Schreiben und Lesen, Ph 45: 106ff.

[86] Vgl. die Tabellen von M. Du-nour in diesem Bd., S.203ff.

wegen in dieser maßgeblichen Führungsschicht weniger vertreten, pflegten daher oft "nur" bzw. hauptsächlich die im Alltag bzw. "in Gesellschaft" relevanten Gesprächsstile.[87]

4 Einige Folgerungen für die Erforschung des gesprochenen Deutsch

Zu den charakteristischen Phänomenen unseres Corpus, die mit dem "schriftsprachlich-korrekten" Bau der Satzkonstruktionen zusammenhängen, gehört der Gebrauch der lexikalischen Gliederungssignale. Auffällig war, daß sie bei manchen Sprechern (vor allem Männern) auf ein Minimum zurückgedrängt sind oder sogar ganz fehlen, und zwar sowohl bei denen, die einen komplexen, durch Hypotaxe charakterisierten Stil pflegen (s.2.2), wie auch bei denen, die kürzere, parataktisch gereihte, aber ebenfalls auffällig schriftnah orientierte Satzmuster bevorzugen (s.2.3). Die Schlußfolgerung liegt nahe, daß die nach den Regeln der Schriftsprache konstruierten Sätze dieser Segmentierungssignale nicht bedürfen bzw. daß es eine direkte Beziehung zwischen der syntaktischen Struktur und ihrem Vorkommen gibt: Sobald sprechsprachliche Satzverkürzungen, Konstruktionswechsel und freiere Wortstellung zu beobachten sind, nimmt die Zahl (und offensichtlich die Notwendigkeit) dieser Signale sprunghaft zu – wenn auch nur bei wenigen Sprecher/inne/n dieses Corpus so stark wie in vielen anderen Gegenwartscorpora.

Schu/Stein (1994) haben in einer kritischen Zusammenfassung einschlägiger Positionen der Gesprochenen-Sprache-Forschung seit den 70er Jahren die Rolle lexikalischer Gliederungssignale für die Bestimmung von "Äußerungseinheiten" (nach der Definition von R. Rath) neu erörtert. In Anlehnung an Mackeldey (1987: 45f.) unterscheiden sie zwischen *intern-syntaktischen* und *extern-kommunikativen* Gliederungsversuchen. Im zweiten Ansatz spielen lexikalische Gliederungssignale eine dominante Rolle neben nonverbalen (stille und gefüllte Pausen) und prosodischen Signalen (Veränderungen der Tonhöhe). Schu/Stein geht es letztlich um ein Plädoyer, "syntaktische und kommunikative Textgliederung" "nicht als einander ausschließende, sondern als einander ergänzende Gliederungsverfahren zu verstehen" (ebd.: 258f.). Für unseren Zusammenhang interessant ist, daß sie bei einer Revision des Transkriptmaterials, das den so

---

[87] Vgl. ausführlich über das von kultivierten Frauen der bürgerlichen Gesellschaft erwartete "Verhalten im geselligen Gespräch" Linke (1996: 214ff.). – Den hier vorgetragenen Überlegungen widerspricht wohl nicht, daß relativ viele Frauen in Israel journalistisch in den deutschsprachigen Zeitungen, aber auch im deutschsprachigen Schriftstellerverband vertreten waren und sind: Von ihnen erreichten wesentlich weniger Berufe, in denen sie sich auch schriftlich des Hebräischen perfekt zu bedienen hatten, so daß der schriftliche Ausdruckswille wohl für mehr Frauen als Männer auf das Deutsche beschränkt blieb.

viel beachteten frühen Forschungshypothesen zugrunde lag,[88] darauf hinwiesen, daß bevorzugt
nur solche Texte herangezogen worden waren, in denen syntaktisch unvollständige Äußerungseinheiten bzw. alle für gesprochene Sprache typischen Charakteristika vertreten waren. Da diese
Analysebeispiele durchaus unterschiedlichen Textsorten zuzuordnen sind und unterschiedliche
Sprecher- und Situationsmerkmale besitzen,[89] wurden die Ergebnisse generalisiert und abweichenden Textstrukturierungen keine Beachtung mehr geschenkt. Schu/Stein zeigen jedoch, daß
auch im Freiburger Corpus[90] verschiedene Beispiele zu finden sind, in denen weitgehend auf
lexikalische Gliederungssignale verzichtet wird, so z.B. im "Schulklassengespräch mit Präses
Scharf [...]" (Texte III: 87ff.). Der Präses, den man als routinierten Sprecher einschätzen darf,
"der seine Worte sorgfältig auswählt", mit seinem "(politisch brisanten) Thema" bestens vertraut
ist, genießt in diesem Gespräch – vergleichbar vielen unserer Interviews – "einen privilegierten
Status", indem ihm "gleichsam unbeschränkt Redezeit gewährt" wird, so daß sich in 40 Minuten
kein einziger Unterbrechungsversuch findet. Schu/Stein schließen daraus: "der geringere
Zeitdruck und das fast fehlende Risiko, bei Pausen die Sprecherrolle zu verlieren, erlauben es
ihm, sich ganz auf seinen Beitrag und seine Formulierungen zu konzentrieren"; so könne er "es
sich 'leisten', auf lexikalische Gliederungssignale zu verzichten, da er bei Pausen nicht befürchten muß, die Sprecherrolle abgeben zu müssen." Aber auch die Formulierungsarbeit für seine
z.T. sehr langen Sprecherbeiträge werde nicht, wie zu erwarten, von lexikalischen Gliederungssignalen begleitet, sondern allenfalls mit stillen oder gefüllten Pausen überbrückt; das gehe so

---

[88] V.a. das Freiburger Corpus (Texte I-IV, 1972-1979); die grundlegende Arbeit von Rath (1979) z.B. bezog alle
      Beispiele aus den Bänden I-III.

[89] Ein Beispiel ist die oft analysierte "Diskussion über die Ehe" (Texte I: 221ff.), exemplarisch analysiert bei Rath
      (1979: 107ff.), zum Vergleich mit Texten aus dem Israel-Corpus herangezogen von Betten (1995c: 268ff.): Hier
      diskutieren Studierende über den Sinn der Institution Ehe heute, die Themabehandlung wird von Schu/Stein
      (1994: 253) als "assoziativ/argumentativ" eingestuft, der Öffentlichkeitsgrad als "privat", der Spontaneitätsgrad
      als "hoch", der Rang der Gesprächsteilnehmer als "gleichberechtigt", die Vorbereitetheit als "nicht speziell",
      was soweit durchaus den Kommunikationsmerkmalen unserer Interviews entspricht. – Als Beispiel für eine sehr
      spontane Unterhaltung unter vertrauten Partnern wurde des weiteren oft der Text des Pfarrerehepaars "Gespräch
      über Familien- und Erziehungsprobleme" (Texte III: 25ff.) herangezogen (Rath 1990: 211f.; vgl. Anm. 94). In
      beiden Fällen handelt es sich um akademisch gebildete Sprecher/innen, die einen hohen Grad an sprechsprachli-
      chen Merkmalen und, damit verbunden, auch an lexikalischen Gliederungssignalen aufweisen. Antos
      (1982: 192) kommentiert eine frühe Analyse des "Ehegesprächs" durch Rath 1975 ("Anakoluthe auf Anako-
      luthe, ohne daß es zu einer abschließenden Korrektur käme. Eine Fülle von Gedanken, die sprachlich nicht
      gebändigt werden") damit, daß diese "Äußerung einer Studentin (!) im Rahmen einer Argumentation" bis in die
      defiziente Syntax belege, "daß versuchsweises FORMULIEREN nicht immer [...] zu einem halbwegs versteh-
      baren Ergebnis" führe; dieses Defizit müsse "durch vermehrte Höreraktivitäten versuchsweise ausgeglichen
      werden".

[90] S. Anm. 88.

weit, "daß er fast 'druckreife' Äußerungen" hervorbringe.[91] Die mit Scharf diskutierenden "Schüler hingegen gliedern ihre Beiträge eher auf die aus 'Alltagsgesprächen' bekannte, durch lexikalische Gliederungssignale dominierte Weise", obwohl sie auf das Thema vorbereitet waren (ebd: 250). Es würde daher nahe liegen, ihre geringere Situationsvertrautheit und Routiniertheit für diesen Unterschied in der Textgliederung verantwortlich zu machen.[92] Weitere Überprüfungen führen jedoch nicht zum Beweis dieser These,[93] so daß das vorsichtige Fazit von Schu/Stein lautet, daß ihre Analysen zwar nicht belegen, "daß kein Zusammenhang zwischen dem Gebrauch von lexikalischen Gliederungssignalen einerseits und Sprecher- sowie Situationsmerkmalen andererseits besteht", sie es aber als "offen betrachten", "welche Faktoren den Gebrauch lexikalischer Gliederungssignale steuern" (ebd.: 257). Erwiesen scheint ihnen hingegen, daß für die Analyse gesprochener Sprache nicht allein die "Äußerungseinheit" als kommunikative bzw. interaktive Größe geeignet ist, der "Satz" als grammatische Größe hingegen als irrelevant zu betrachten sei. Vielmehr sei anzunehmen, "daß sich Interaktionspartner gleichzeitig von beiden Gliederungsverfahren leiten lassen" (ebd.: 259).

Etwa zur gleichen Zeit, in der Schu/Stein diese Auseinandersetzung mit den Positionen ihres Lehrers Rath und anderer Forscher "der ersten Generation" germanistischer Gesprochene-Sprache-Forschung führten, entzündete sich die Frage nach der Einheitenbildung in bzw. Gliederung von gesprochener Sprache nach syntaktischen oder interaktiven Ansätzen erneut, vor allem durch den Beitrag von Selting (1995), der bereits im Titel die beiden sonst auseinandergehaltenen Kategorien vereint: "Der 'mögliche Satz' als interaktiv relevante syntaktische Kategorie". Auch Selting setzt sich zunächst mit Rath auseinander, hält jedoch dessen Festhalten an der kommunikativen Einheit "Äußerung" entgegen, daß er selbst an der "Gültigkeit und Relevanz des abstrakten Satzbegriffs für Interaktionspartner" nicht vorbeikomme und "eine 'doppelte

---

[91] Zitate Schu/Stein (1994: 250f). Ein als Beispiel analysierter Sprecherbeitrag Scharfs (ebd.: 249) weist bei einer Untergliederung in 12 Äußerungseinheiten (insofern vergleichbar mit dem ganz anderen Ergebnis von Rath 1979: 107f. zur "Ehediskussion", s. Anm. 89) außer zwei Anschlüssen mit *und* kein einziges lexikalisches Gliederungssignal auf.

[92] Etwa gemäß der Annahme von Antos (1982: 193), daß "bei steigender Vorbereitetheit und/oder Routine der stochastische Charakter des FREIEN FORMULIERENs und entsprechend damit die Menge der produzierten Charakteristika der GS [Gesprochenen Sprache, A.B.] tendenziell abnimmt." Vgl. dazu Schu/Stein (1994: 251).

[93] So sind z.B. im Rundfunkvortrag eines als Experte sprechenden Professors ("Schwertfischfang vor Malta", Texte I: 70ff.) lexikalische Gliederungsmittel wie auch sämtliche andere Charakteristika gesprochener Sprache "stellenweise auffallend dicht" zu beobachten (s. Schu/Stein 1994: 254).

Gliederung' des spontanen Dialogs" postuliere, "in der sich die kommunikative bzw. interaktive Gliederung quasi über die syntaktische legt" (ebd.: 299f.).[94]

Die weitere Diskussion des theoretischen Problems ist in unserem Zusammenhang nicht so erheblich. Wenn Selting in Anlehnung an die ethnomethodologische Konversationsanalyse für den "Bezug auf syntaktische Strukturen", "v.a. auf die Einheit des Satzes, bzw. genauer: des 'möglichen Satzes'" plädiert (ebd.: 300), so spielt der Satzbegriff dabei doch nur die Rolle eines kognitiven Orientierungsschemas.[95] Unabhängig von den verschiedenen theoretischen Ansätzen halten es nämlich letztlich alle aufgrund ihrer Corpusanalysen doch für unstrittig, "daß Kommunikationspartner nicht in Sätzen, schon gar nicht in syntaktisch vollständigen und wohlgeformten Sätzen, sprechen" (Schu/Stein 1994: 259). Das Israel-Corpus liefert jedoch einen nachdrücklichen Beweis,[96] daß eine ganz auf die Grammatik und perfektionierte Beherrschung der Schrift- und (klassischen, nicht normverletzenden, experimentellen) Literatursprache ausgerichtete Spracherziehung die Beherrschung schriftsprachlicher Satzmuster so tief und fest verankert, daß sie ohne größere Mühen und allzu großen Planungsaufwand selbst in fortgeschrittenem Alter, in dem andere Konzentrationsschwächen bereits bestehen mögen, in beliebigen Situationen zur Verfügung stehen und quasi automatisch produziert werden können. Eine der Protagonistinnen der Gesprochenen-Sprache-Forschung, B. Wackernagel-Jolles, hat schon 1973 eine Beobachtung formuliert, die die Bedingungen für das schriftnahe Sprechen der alten Emigranten am ehesten trifft:

---

[94] Selting (1995: 299f.) zitiert: "Die Menge der Syntaxregeln – also der *abstrakte* Satzbegriff – bleibt auch beim spontanen Sprechen selbstverständlich in Geltung. *Potentiell* werden immer 'Sätze' gebildet. Die Syntax hat also hier eine sprachinterne *konstruktive* Aufgabe. Die Durchführung dieser Aufgabe führt nun aber *nicht* automatisch zum 'Satz' im konkreten Verstand. Denn die konkreten syntaktischen Gebilde werden immer wieder 'durchsetzt', 'unterbrochen' durch interaktive Anweisungen, bereits Gesagtes als Einheit zu verstehen, unabhängig davon, ob eine Satzgrenze erreicht oder überschritten ist. Diese Aufgabe wird von den [...] Gliederungsmitteln übernommen und führt zur Bildung von Äußerungseinheiten" (Rath 1990: 210).

[95] S. Selting (1995: 301). Ihre weiteren Ausführungen zum 'möglichen Satz' als einer "holistische[n] Einheit", die Gesprächsteilnehmer "als interpretationsrelevantes [...] Einheitenkonstruktions*schema* mit intuitiv bekannten vollständigen Strukturen zugrunde legen" (ebd.: 303), sind nicht das Thema meiner Studie, wenngleich natürlich auf einen größeren Teil der vorkommenden (nicht ganz satzgrammatisch "korrekten") Äußerungen anzuwenden. – Zur Fortsetzung dieser Auseinandersetzung vgl. Rath (1997). Rath beharrt hier einerseits darauf, "den Begriff des Satzes" als Gliederungseinheit der gesprochenen Sprache für ungeeignet zu halten (ebd.: 17), räumt aber ein, daß "offenbar verschiedene, einander nicht ausschließende Mittel angewandt werden": die seinerzeit von ihm überbetonte Rolle kommunikativer Kriterien sei heute "einer integrativen Betrachtungsweise gewichen" (ebd.: 7), in der "Hierarchie der Mittel" würden statistisch wohl "syntaktische Konstruktionsschemata" dominieren, aber doch "*in Verbindung mit* lexikalischen Gliederungssignalen und Verzögerungserscheinungen" sowie außerdem prosodischen Mitteln (ebd.: 17).

[96] Gewiß würden das Analysen einzelner gleichaltriger Sprecher/innen des Deutschen sowohl aus dem Inland (s.o. das Beispiel mit Präses Scharf) wie aus anderen Emigrationsländern ebenso erweisen – nur aber vermutlich nicht für eine so große geschlossene Gruppe, die das Deutsch der ersten Jahrzehnte des 20. Jhs. erhalten hat. Vgl. auch o. S.169, Anm. 36, das Briefzitat von Moshe Ballhorn.

Zu den Besonderheiten, die "kontrollierte" und "weniger kontrollierte" Texte unterscheiden, gehören nun auch die Bestätigungsformeln und -aufforderungen, die E. Gülich als Gliederungssignale bezeichnete [...]. Sehr kontrollierte Sprecher – sei es aufgrund der Situation, sei es infolge individueller sprachlicher 'Zucht' – kommen mit sehr wenigen dieser Formeln aus, ja, können zuweilen ganz auf sie verzichten [...]." (ebd.: 165)[97]

Mit der sprachlichen "Zucht" ist genau das angesprochen, worauf sich Sprecher wie Orni berufen, daß ihnen nämlich der korrekte Satzbau in der Weimarer Schulerziehung "eingebleut" worden sei (s. 2.1). Während die (strikte) Beibehaltung dieser anerzogenen Normen im gewandelten Sprechsprachverhalten der heutigen deutschsprachigen Länder zu einer eher individuellen Entscheidung geworden ist, besitzen sie für die deutschen Juden in ihren Emigrationszirkeln jedoch noch allgemeine Geltung. Daher treffen Wackernagel-Jolles' weitere Bemerkungen, die mit der anschließenden Entwicklung der Forschung zur heutigen hiesigen Sprechsprache konform gehen, für unser Corpus nicht gleichermaßen zu:

> Ein dichtes Netz von Bestätigungsformeln hingegen gewährleistet sowohl Spontaneität wie auch ein hohes Maß an Unkontrolliertheit des sprachlichen Ausdrucks und damit ein starkes inhaltliches Engagement. (ebd.: 165)

Beobachtungen an manchen Texten der Sprecher von 2.2 zeigten, daß hier erhöhte Emotionalität noch zur Steigerung der sehr korrekt gehandhabten Satzkomplexität führen *kann*.[98] Allerdings haben wir gesehen, daß besonders viele Frauen, die auf eine lebendige, dramatische Darstellung und vor allem auch auf das *back-channel-behavior* ihrer Gesprächspartnerinnen Wert legten, sich eher in Richtung der hier beschriebenen spontanen Stile bewegen, wenngleich kaum je in den heute zu beobachtenden Extremformen sog. "Nähesprache".[99]

Wenn Schu/Stein (1994: 258) resümierend feststellen, daß noch ungeklärt sei, "wie sich kommunikative und syntaktische Textgliederung zueinander" verhalten, liefert das Israel-Corpus ideale Kontrolldaten. Durch die Frequenz- und Distributionsverschiebungen der syntaktisch und lexikalisch relevanten Phänomene wird der Zusammenhang zwischen externen Kommunikationsmerkmalen und Versprachlichungsstrategien nochmals neu beleuchtet, andere Kombinationen als die bisher angenommenen waren und sind möglich:[100] Auch distanzsprachliche Ver-

---

[97] Vgl. auch die Behandlung dieser Argumente bei Schu/Stein (1974: 245f.).

[98] Vgl. nochmals o. S.225 zu Eger.

[99] Zu ihren "universalen" Merkmalen s. z.B. Koch/Oesterreicher (1990: 50ff.). Mit einer genaueren Abgrenzung der Relation von Diktion und Nähe vgl. M.Gierlinger in diesem Bd., S.363ff.

[100] Vgl. nochmals Koch/Oesterreicher (1990: 8ff.). Zur Modifikation dieses Schemas durch die Ergebnisse des Israel-Corpus vgl. Betten (1994a: 395), (1995c: 258f., 276f.).

textung kann "Nähe" erzeugen, wenn die entsprechenden Signale gesellschaftlich anders gedeutet werden.[101]

Ob der heute zu beobachtende Übergang in den deutschsprachigen Ländern zu "lockeren" Stilen mit typisch sprechsprachlicher Syntax und großem Einsatz von Gesprächswörtern bedeutet, daß der Gesprächsumgang miteinander interaktiver, anteilnehmender, partnerkonzentrierter geworden ist und dies eventuell gar als Übergang von mehr autoritären, normbejahenden zu "demokratischen", freieren Stilen gedeutet werden kann, wage ich nicht zu behaupten. Widergespiegelt aber wird vielleicht der Übergang gesellschaftlicher Wertvorstellungen von einer Ästhetik der Form und Respektierung der Norm zu einer Philosophie des Alltags und Pragmatik des Dialogs.

5 Literatur

Admoni, Wladimir (1990): Historische Syntax des Deutschen, Tübingen: Niemeyer.

Antos, Gerd (1982): Grundlagen einer Theorie des Formulierens. Textherstellung in geschriebener und gesprochener Sprache, Tübingen: Niemeyer (Reihe Germanistische Linguistik 39).

Betten, Anne (1985): Sprachrealismus im deutschen Drama der siebziger Jahre, Heidelberg: Winter (Monographien zur Sprachwissenschaft 14).

— (1987): Grundzüge der Prosasyntax. Stilprägende Entwicklungen vom Althochdeutschen zum Neuhochdeutschen, Tübingen: Niemeyer (Reihe Germanistische Linguistik 82).

— (1993): Die literaturorientierte Dialogsprache der zwanziger Jahre. Beobachtungen an Interviews mit ehemals deutschen Juden in Israel, in: H. Löffler (Hg.): Dialoganalyse IV, Teil 1. Referate der 4. Arbeitstagung Basel 1992, Tübingen: Niemeyer, S.187-198.

— (1994a): Normenwandel im gesprochenen Deutsch des 20. Jahrhunderts, in: S. Čmejrková et al. (eds.): Writing vs Speaking. Language, Text, Discourse, Communication. Proceedings of the Conference Held at the Czech Language Institute of the Academy of Sciences of the Czech Republic, Prague, October 14-16, 1992, Tübingen: Narr, pp.391-396.

— (1994b): Zur Spontaneität autobiographischer Erzählungen. Vergleich eines Interviews der ehemals österreichischen, heute israelischen Schriftstellerin und Journalistin Alice Schwarz-Gardos mit ihrer schriftlichen Autobiographie, in: D. W. Halwachs et al. (Hgg.): Sprache, Onomatopöie, Rhetorik, Namen, Idiomatik, Grammatik. Festschrift für Karl Sornig zum 66. Geburtstag, Graz: Institut für Sprachwissenschaft (Grazer Linguistische Monographien 11), S.1-11.

---

[101] Von jungen deutschen Sprechern, denen der bildungsbürgerlich-schriftnahe Sprechstil der Israelis fremd ist, werden die Signale der korrekten Standardsprachlichkeit in ihnen ungewohnten Situationen durchaus als elitär empfunden und können Distanz erzeugen. So wurde mir von einem Kollegen des Geographen Orni berichtet, daß deutsche Studenten auf einer Exkursion eine gewisse Scheu vor Herrn Orni hatten – der privat sehr humor- und verständnisvoll ist –, da sie seine "gestochene" Sprache als distanzschaffend empfanden. – Eine ehemalige Posenerin berichtete, ihre Großnichten in Berlin hielten sie aufgrund ihrer Sprechweise für eingebildet und elitär, etc.

— (1995a): Einleitung, in: A. Betten (Hg.): Sprachbewahrung nach der Emigration – Das Deutsch der 20er Jahre in Israel. Teil 1: Transkripte und Tondokumente. Unter Mitarbeit von Sigrid Graßl, Tübingen: Niemeyer (Phonai 42), S.1-30.

— (1995b): Emigrationsetappe Frankreich: Zur Ausformung von Erzählungen in mündlichen Autobiographien ehemaliger deutscher Juden, in: E. Faucher et al. (Hgg.): Signans und Signatum. Auf dem Weg zu einer semantischen Grammatik. Festschrift für Paul Valentin zum 60. Geburtstag, Tübingen: Narr (Eurogermanistik. Europäische Studien zur deutschen Sprache 6), S.395-409.

— (1995c): Stilphänomene der Mündlichkeit und Schriftlichkeit im Wandel, in: G. Stickel (Hg.): Stilfragen, Berlin, New York: de Gruyter, S.257-279.

— (1996a): "Mit allem, was Hebräisch ist, sind wir an der Oberfläche geblieben". Zur kulturellen Identität der letzten Generation deutsch-jüdischer Emigranten der 30er Jahre in Israel, in: Magazin Nr.1 der DIG [= Deutsch-Israelische-Gesellschaft], S.6-10.

— (1996b): Das Deutsch der 20er Jahre in Israel. Bericht über ein Forschungsprojekt, in: Sprachreport Nr. 4, S.5-10.

— (1998): Ist 'Altersstil' in der Sprechsprache wissenschaftlich nachweisbar? Überlegungen zu Interviews mit 70- bis 100jährigen Emigranten, in: R. Fiehler/C. Thimm (Hgg.): Sprache und Kommunikation im Alter, Opladen, Wiesbaden: Westdeutscher Verlag, S.131-142.

— (1999): Gesprächsstile und Kommunikationskultur, in: W. Schmidt-Dengler/A. Schwob (Hgg.): Germanistik im Spannungsfeld zwischen Philologie und Kulturwissenschaft. Beiträge der Tagung in Wien 1998, Wien: Praeses (Stimulus. Mitteilungen der österreichischen Gesellschaft für Germanistik Nr. 1), S.57-72.

Betten, Anne/Du-nour, Miryam (Hgg.) (1995): Wir sind die Letzten. Fragt uns aus: Gespräche mit den Emigranten der dreißiger Jahre in Israel. Unter Mitarbeit von Kristine Hecker und Esriel Hildesheimer, Gerlingen: Bleicher.

Hoffmann, Ludger (1991): Anakoluth und sprachliches Wissen, in: Deutsche Sprache 19, S.97-119.

Koch, Peter/Oesterreicher, Wulf (1990): Gesprochene Sprache in der Romania: Französisch, Italienisch, Spanisch, Tübingen: Niemeyer (Romanistische Arbeitshefte 31).

Linke, Angelika (1996): Sprachkultur und Bürgertum. Zur Mentalitätsgeschichte des 19. Jahrhunderts, Stuttgart, Weimar: Metzler.

Loewy, Ernst (1995): Zwischen den Stühlen. Essays und Autobiographisches aus 50 Jahren, Hamburg: Europäische Verlagsanstalt.

Mackeldey, Roger (1987): Alltagssprachliche Dialoge. Kommunikative Funktionen und syntaktische Strukturen, Leipzig: VEB Verlag Enzyklopädie.

v. Polenz, Peter (1999): Deutsche Sprachgeschichte vom Spätmittelalter bis zur Gegenwart. Bd. 3: 19. und 20. Jahrhundert, Berlin, New York: de Gruyter.

Rath, Rainer (1979): Kommunikationspraxis. Analysen zur Textbildung und Textgliederung im gesprochenen Deutsch, Göttingen: Vandenhoeck & Ruprecht.

— (1990): "Satz" und "Äußerungseinheit". Syntaktische und interaktive Struktur in der Sprache?, in: E. Leupold/Y. Petter (Hgg.): Interdisziplinäre Sprachforschung und Sprachlehre. Festschrift für Albert Raasch zum 60. Geburtstag, Tübingen: Narr, S.197-216.

— (1997): "Äußerungseinheit" oder "möglicher Satz"?, in: Deutsche Sprache 25, S.1-20.

Roloff, Hans-Gert (1970): Stilstudien zur Prosa des 15. Jahrhunderts. Die Melusine des Thüring von Ringoltingen, Köln, Wien: Böhlau (Literatur und Leben 12).

Schönherr, Beatrix (1997): Syntax – Prosodie – nonverbale Kommunikation. Empirische Untersuchungen zur Interaktion sprachlicher und parasprachlicher Ausdrucksmittel im Gespräch, Tübingen: Niemeyer (Reihe Germanistische Linguistik 182).

Schoenthal, Gisela (demn.): Impulse der feministischen Linguistik für Sprachsystem und Sprach-
gebrauch, in: W. Besch et al. (Hgg.): Sprachgeschichte. Ein Handbuch zur Geschichte der deutschen
Sprache und ihrer Erforschung. 2.Aufl., 2.Halbbd., Berlin, New York: de Gruyter (Handbücher zur
Sprach- und Kommunikationswissenschaft 2.2)

Schu, Josef/Stein, Stephan (1994): Lexikalische Gliederungssignale in spontan gesprochener Sprache:
Mehr Fragen als Antworten? Rainer Rath zum 60. Geburtstag, in: Deutsche Sprache 22, S.241-260.

Schwitalla, Johannes (1997): Gesprochenes Deutsch. Eine Einführung, Berlin: Schmidt (Grundlagen der
Germanistik 33).

Selting, Margret (1995): Der 'mögliche Satz' als interaktiv relevante syntaktische Kategorie, in: Linguistische Berichte 158, S.298-325.

Texte gesprochener deutscher Standardsprache. Erarbeitet im Institut für deutsche Sprache, Forschungsstelle Freiburg/Breisgau, Bd. 1: 1971, Bd. 2: 1974, Bd. 3: 1975, Bd. 4: 1979, München: Hueber.

Wackernagel-Jolles, Barbara (1973): "Nee also, Mensch, weißt du...". Zur Funktion der Gliederungssignale in der gesprochenen Sprache, in: B. Wackernagel-Jolles (Hg.): Aspekte der gesprochenen
Sprache. Deskriptions- und Quantifizierungsprobleme, Göppingen: Kümmerle (Göppinger Arbeiten
zur Germanistik 92), S.159-181.

Weinrich, Harald (1985): Tempus. Besprochene und erzählte Welt. 4. Aufl., Stuttgart: Kohlhammer
(Sprache und Literatur 16).

ANDREAS WEISS

Satzverknüpfung in erzählenden Passagen des Israel-Corpus

1 Einleitung

In der Einleitung zum ersten Teilband über "das Deutsch der 20er Jahre in Israel" (aufgenommen bei deutschsprachigen Emigranten in Israel zwischen 1989 und 1994) schrieb die Herausgeberin Anne Betten, daß das Besondere an diesem Corpus gesprochener Sprache eine auffallende "Orientierung an schriftsprachlichen Konstruktionsmustern" sei.[1] Diese Beobachtung läßt sich nicht nur bei einzelnen Sprechern, sondern schon nach einem kurzen Blick in den Band an vielen Beispielen für komplexe Satzgefüge und Satzreihen verifizieren. Darüber hinaus ist festzustellen, daß viele dieser komplexen Konstruktionen oft trotz großer Länge in auffallend geringem Ausmaß jene nach schriftsprachlichen Normen zu vermeidenden, formal und/oder stilistisch "entgleisten" syntaktischen Konstruktionen aufweisen, die für informell gesprochene deutsche Standardsprache charakteristisch sind.[2] Es ist anzunehmen, daß diese nach Normen der Schriftsprache kontrollierte Sprechweise bei den meisten Sprecher/inne/n die gewohnte Form des Deutschsprechens repräsentiert bzw. repräsentiert hat. Dies zeigten Beobachtungen zur Sprachform außerhalb der Interviews.[3]

---

[1] "[...], daß das Textcorpus [...] Texte enthält, die zwar alle in relativ privaten Gesprächssituationen als spontane freie Rede aufgenommen wurden, aber teilweise eine viel stärkere Orientierung an schriftsprachlichen Konstruktionsmustern aufweisen als die meisten der heute in Deutschland, Österreich oder der Schweiz gemachten Aufnahmen" (Betten 1995: 4).

[2] "Ein Ausgangspunkt für das linguistische Interesse an diesen Texten [...] war die Beobachtung, daß im Vergleich mit den heute für selbstverständlich erachteten und funktional erklärten Charakteristika spontanen Sprechens (wie Parataxe, Satzbrüche, Ellipsen, Parenthesen, Wiederholungen, Wiederaufnahmen, Gliederungspartikeln etc.) auffällt, wie stark schriftlich orientiert dagegen oft das freie Sprechen alter Emigranten, besonders israelischer, erscheint" (Betten 1993: 187).

[3] Diese Beobachtung wurde z.B. von A. Betten bei der Wiederholung von Aufnahmen gemacht, die durch den Diebstahl von 50 Aufnahmen (Betten 1995: 8f.) notwendig wurde. Bei Ergänzungsaufnahmen im Dezember 1998 konnte ich mich auch selbst bei meinen Interviewpartnern (einem aus Österreich stammenden Ehepaar) davon überzeugen, daß sie im "small talk", der nicht auf Tonband aufgenommen wurde, nicht anders sprachen als im Interview und daß diese Sprachform im Vergleich zu der mir geläufigen informellen gesprochenen Standardsprache auffällig "schriftsprachlich" wirkte. Zu diesem Eindruck hat sicher auch die Verwendung des Präteritums beigetragen, das in gesprochener Sprache von Österreichern heutzutage kaum verwendet wird. Bei einer mehrstündigen Führung unserer Gruppe durch die Altstadt von Jerusalem konnte ich mich außerdem davon überzeugen, daß Abraham Frank in wechselnden Situationen jeweils in derselben Art sprach, wie bereits in seinem Jahre vorher aufgenommenen Interview: in syntaktisch komplexen, schriftsprachlichen Normen

In der folgenden Untersuchung soll dieser Eindruck von Schriftspachlichkeit durch statistische Auswertung syntaktischer Strukturen in einem Bereich überprüft und verifiziert werden, der
in der modernen Standardsprache, wie sie im informellen Gespräch (vergleichbar der Kommunikationssituation bei den Aufnahmen für das Israel-Emigranten-Corpus) verwendet wird, in
deutlicher Distanz zu den Normen der Schriftsprache steht. Um die Gültigkeit der Hypothese zu
überprüfen, werde ich verschiedene interne Auswahlcorpora vergleichen, die aus dem Israel-
Corpus nach den soziolinguistischen Kriterien Geschlecht und schulische Ausbildung zusammengestellt wurden.

2 Corpora und Merkmale für eine quantifizierende Untersuchung

Es wurden 24 Personen ausgewählt, je zur Hälfte Frauen und Männer mit und ohne akademische
Ausbildung bzw. akademische Berufstätigkeit. Die Zuordnung zu den "Akademiker/inne/n"
wurde nicht nur bei gegebenem Formalabschluß vorgenommen, sondern auch bei Vorliegen
einer entsprechenden Berufstätigkeit, da durch die Emigration die schulischen Curricula in
vielen Fällen gebrochen waren.[4] In der Vergleichsgruppe der "Nichtakademiker/innen" befinden
sich andererseits Personen mit Abitur, die sich hinsichtlich der sprachlichen Bildung wohl nicht
sehr deutlich von den "Akademiker/inne/n" unterscheiden. Diese Trennung ist also nicht ganz
scharf. Die in der Auswahl berücksichtigten Sprecherinnen und Sprecher verwenden nach
meiner Einschätzung mehrheitlich eine Sprachform, die auf allen sprachlichen Analyseebenen
Merkmale der Orientierung an der Standardsprache aufweist. Nur bei einem ehemaligen Österreicher (Burgenländer) bäuerlicher Herkunft (Siegfried Stern, Sigle: HS) ist eine dialektale Basis
der Sprache zu bemerken, was aber eine Orientierung an der Standardsprache nicht ausschließt.
Bei zwei Frauen, eine aus Österreich stammend (Rachel Beck aus Wien; Sigle: RB, Nichtakademikerin, sehr impulsive Sprecherin), die andere aus Oberschlesien (Johanna Klausner,
Sigle: JK, Akademikerin), sind besonders auf syntaktischer Ebene einige Auffälligkeiten zu

---

entsprechenden, kaum durch sprechsprachliche Konstruktionsdefizite beeinträchtigten Sätzen. In Band I (im
folgenden Ph 42) sind Beispiele seiner Sprache auf den Seiten 150f. und 308f. nachzulesen, auf der beiliegen-
den CD ist der im Buch S. 150f. transkribierte Text auch zu hören. – Vgl. ferner A. Betten in diesem Bd.,
S.217ff., speziell zu Frank S.236ff.

[4]   Vgl. dazu A. Betten in diesem Bd., S.231, 234ff.

erkennen, die vielleicht durch Interferenz mit dem Dialekt oder auch durch die Zweit- und Drittsprachen Englisch und Hebräisch bedingt sein könnten.[5]

In der vorliegenden Untersuchung soll die Satzverknüpfung in monologisch-erzählenden Passagen des Israel-Corpus[6] im Hinblick auf die Übereinstimmung mit schriftsprachlichen Mustern und Normen analysiert werden. Dies läßt sich meines Erachtens zuverlässig nur durch eine konsequente und vollständige Auswertung eines genau fixierten Corpus erreichen, da andernfalls eine vom Interesse gesteuerte Selektion von Daten im Sinne der Hypothese zu statistisch falschen Ergebnissen führen könnte. Eine Untersuchung, die sich auf ein Sprachcorpus stützt, ist mit besonderen methodischen Problemen konfrontiert. Das Repräsentativitätsproblem in soziolinguistischer Hinsicht (Bildungsfaktor) wurde bereits angesprochen, ein weiteres Problem besteht aber auch hinsichtlich des notwendigen Umfangs, um zu gewährleisten, daß die übliche Verwendung syntaktischer Konstruktionen im Corpus auch widergespiegelt ist. Wenn eine größere Zahl von Phänomenen in ihrem Zusammenwirken untersucht werden soll, kann mit vertretbarem Zeitaufwand nur ein relativ kleines Corpus auf diese Phänomene hin durchsucht werden. Dieser Untersuchung hier liegen erzählende Textpassagen im Gesamtumfang von rund 7 600 bis 9 900 Wörtern[7] zugrunde, darin sind rund 380 bis 500 (Teil-) Sätze in syntaktisch-semantischer Abhängigkeitsbeziehung (überwiegend formale Nebensätze) enthalten.

In das Auswahlcorpus wurden von den einzelnen Sprecher/inne/n – sofern verfügbar – größere zusammenhängende Textpassagen einer durchschnittlichen Länge von ca. 350 Wörtern

---

[5] Zu den Sprecher/inne/n S. Stern und Beck vgl. in diesem Bd. P. Mauser, S.431ff.; zu Beck auch A. Betten, S.256.

[6] Es handelt sich um eine Auswahl der in Ph 42 publizierten Texte.

[7] Die unterschiedliche Größenangabe des Corpus hat folgenden Grund: Einige Eigenschaften von Nebensätzen (Anzahl, Typ, Abhängigkeitsgrad, Länge) wurden nachträglich an einem zusätzlichen Corpus nachgeprüft, das einige Ungleichheiten in den Corpusgrößen der Einzelcorpora (Personen) beseitigte, die durch die Beschränkung auf die in Ph 42 publizierten Texte bedingt waren. Außerdem wurde durch Einbeziehung weiterer Sprecher die Basis an Einzelsprechern erhöht, um zu testen, ob die im Ausgangscorpus ermittelten Werte durch die Erweiterung des Corpus um 30% der ursprünglichen Größe signifikant verändert werden. Dies war nicht der Fall, so daß eine aufwendige vollständige Auswertung des zusätzlichen Corpus über alle untersuchten Merkmale unterbleiben konnte. Die Zahl der Nebensätze erhöhte sich durch diese Erweiterung um 35%. Die Größen der Corpora von einzelnen Personen schwanken im erweiterten Corpus nur mehr zwischen 243 und 616 Wörtern, wobei nur je 3 Corpora über 400 bzw. (knapp) unter 300 Wörtern liegen. Die mittlere Länge der Einzelcorpora beträgt 372 Wörter.
Alle Angaben über Wortmengen beziehen sich auf Corpora, die bereinigt sind von Pausenfüllern wie *ä, hm* etc. und aus Planungsgründen wiederholten Wörtern; unvollständig ausgesprochene Wörter, die zum Inhalt des Satzes beitragen, sind jedoch voll mitgezählt. Die Vergleichbarkeit von Kennzahlen für Komplexität ist besser auf der Basis dieser bereinigten Texte gegeben, besonders im Hinblick auf schriftliche Vergleichstexte.

aufgenommen.[8] Die Textlängen der Corpora von einzelnen Personen weisen allerdings eine größere Streuung um diesen Mittelwert auf, weshalb zum Vergleich der Personencorpora die Häufigkeitswerte (Meßwert für Komplexität) relativ zur Textlänge (Zahl der Wörter) angegeben werden müssen. Unabhängig davon ist die Berechnung gewisser Kennwerte relativ zur Textlänge für den Vergleich von Corpora aber noch aus anderen Gründen von Vorteil: Einerseits ist die Textlänge in Wörtern auch bei gesprochener Sprache genauso zuverlässig zu ermitteln wie bei geschriebener Sprache, während ein Textumfang in Sätzen in einem Corpus gesprochener Sprache nicht so zweifelsfrei festgestellt werden kann. Diese Unsicherheit in der Feststellung von Sätzen ist dabei nicht nur auf Satzgefüge und Satzreihen beschränkt, die mangels einer der Interpunktion in geschriebener Sprache vergleichbaren Kennzeichnung von Satzgrenzen trotz verschiedener Grenzsignale besteht, die Klassifikationsprobleme treten auch bei einfachen Hauptsätzen auf, die durch Abbrüche und Konstruktionswechsel oder als Ellipsen und Parenthesen zwischen wohlgeformten und gut identifizierbaren Strukturen mit finitem Verb an zweiter Satzgliedposition und kaum abgrenzbaren mehr oder weniger selbständigen Wortgruppen schwanken können. Andererseits ergibt der Bezug der Frequenzen von Merkmalen, die mit Satzkomplexität in Zusammenhang stehen, auf die Textlänge (Zahl der Wörter in einem Text) mehr Sinn als der Bezug auf die Zahl der Sätze.

Wie die in Abschnitt 4 exemplarisch an je einem Beispieltext für parataktischen und hypotaktischen Stil durchgeführten Analysen zeigen werden, ist eine Zählung von Satzgefügen, Satzreihen und Einzelhauptsätzen mit relativ hoher Ungenauigkeit belastet und damit für die Ermittlung von statistischen Daten schlecht geeignet. Dagegen ist die Feststellung von Nebensätzen ebenso wie ihre Abgrenzung von den umgebenden (Teil-)Sätzen mit relativ hoher Verläßlichkeit durchführbar, und damit ist auch die Ermittlung ihrer Umfänge nach Wörtern sehr exakt möglich. Folglich kann auch zuverlässig festgestellt werden, wie groß der Anteil des in Nebensätzen organisierten Sprachmaterials am gesamten Text ist. Dieser Anteil ist somit ein globaler Meßwert für den Stellenwert der expliziten Hypotaxe in einem Text. Da in diesem Wert beide interessanten Teilwerte für Komplexität (einerseits die Anzahl, andererseits die Länge der NS in Wörtern) gleichberechtigt berücksichtigt sind, kann es weder durch die Länge der Einfachsätze, ob Nebensätze oder Hauptsätze, noch durch die Zahl der Nebensätze eine unproportionale

---

[8]   Der Mittelwert der Textlängen des Basiscorpus beträgt sowohl über alle 24 Teilcorpora als auch bei den Teil-corpora der Männer und Frauen jeweils 317 Wörter, bei den Teilcorpora der Akademiker/innen bzw. Nichtakademiker/innen liegen die Mittelwerte ca. 5% darunter bzw. darüber (302 bzw. 332 Wörter). Der Umfang der Teilcorpora einzelner Sprecher/innen schwankt um ca. 20% um diesen Mittelwert.

Beeinflussung der Kennwerte geben. Da mit der Länge von Sätzen eine Zunahme von komplexitätsteigernden Satzgliedern (Adverbialen und Attributen) verbunden ist und dieselbe Wirkung auch durch Nebensätze erreicht werden kann, ist der Bezug der entsprechenden Kennwerte auf die Zahl der Wörter eine notwendige Maßnahme, um eine ungleiche Berücksichtigung von Faktoren, die sich steigernd oder mindernd auf den Kennwert für Komplexität auswirken, zu vermeiden. Dazu folgen nähere Ausführungen in Abschnitt 4 und 5.

3 Untersuchte syntaktische Kategorien und Formen

Beziehungen zwischen Sätzen oder die Verknüpfung von Sätzen zu größeren Einheiten sind sowohl im Rahmen der Syntax auf der Basis syntaktisch-semantischer Kategorien zu untersuchen als auch unter pragmatischem und textlinguistischem Aspekt. Die Frage der Normorientierung der untersuchten Textproduktionen ist aber überwiegend mit Bezug auf syntaktische Formen zu beantworten, die somit im Vordergrund der weiteren Ausführungen stehen werden.

Zunächst sind die *syntaktischen Einheiten* zu bestimmen, deren Verknüpfungen zu untersuchen sind. Das werden einerseits und in erster Linie die einfachen Sätze/Teilsätze sein, die miteinander zu größeren Einheiten verknüpft werden. Als elementare *syntaktische Einheiten*, deren Verknüpfung untersucht werden soll, werden daher im folgenden primär die einzelnen *finiten* und *infiniten Nebensätze* betrachtet, da sie als meist unselbständige Sätze jedenfalls eine formal ausgedrückte Verknüpfung aufweisen müssen.

Folgende zur Verknüpfung beitragenden *syntaktischen Verfahren* werden unterschieden und im Kontext unserer Fragestellung auf ihre stilistische Relevanz überprüft:[9]

1. die *syntaktische Form* des typischen Nebensatzes bzw. Nebensatzform vs. Hauptsatzform(en): im Deutschen werden zumindest nach der schriftsprachlichen Norm die meisten abhängigen Sätze in der Satzform des Nebensatzes[10] ausgeführt. Mit dieser Satzform ist daher

---

[9] Die folgenden Variablen sind z.T. zur Typologie Lehmanns (1988) kompatibel, Punkt 1 (mit "desentientialisation of the subordinate clause") und besonders Punkt 2 (mit "downgrading"), z.T. auch die bei mir etwas allgemeiner gefaßten Punkte 5 (mit "interlacing of the two clauses") und 6 (mit "main clause syntactic level of the subordinate clause").

[10] Nebensatzform meint hier die Konstruktionen aus Einleitung durch Konjunktion oder Relativpronomen in Verbindung mit Spätstellung (nach den zum Satzkern gehörenden Elementen) des finiten Verbs oder Konstruktionen aus einer Verbalgruppe mit infinitem Verb in End- bzw. Spätstellung.

auch die Bedeutung *abhängiger Satz* verbunden. Mit der Abhängigkeit eines Satzes ist gleichzeitig eine *Einschränkung der Satzwertigkeit*[11] gegeben. Es wird z.b. die potentielle Eigenständigkeit des Satzes dadurch eingeschränkt, daß seine Bedeutung in bezug auf einen anderen Satz interpretiert werden muß. In vielen Fällen[12] können abhängige Sätze auch keine eigene (vom Bezugssatz unabhängige) Sprechhandlungsbedeutung (Illokution) haben. Die Einschränkung der Vollwertigkeit eines Satzes kann weiters durch das Fehlen der Finiteit des verbalen Satzkerns noch verstärkt werden, da in diesen Fällen (z.B. bei Infinitiv- oder Partizipialkonstruktionen) auch keine Modusinformation mehr ausgedrückt wird. Die nächste Stufe der Reduktion ist die Beschränkung auf die referentielle Funktion im Falle des erweiterten nominalen Ausdrucks, der in dieser Untersuchung jedoch nicht näher betrachtet wird;

2. die *funktionale Eingliederung*[13] des zugeordneten/zuzuordnenden Satzes in die Struktur des Bezugssatzes (der Satz, dem er zugeordnet wird). Der zugeordnete Satz erhält dadurch die Funktion eines Satzglieds im Bezugssatz und wird diesem insofern untergeordnet. Es muß damit nicht ein Verlust an Eigenständigkeit im Sinne einer kontextunabhängigen Bedeutung des Satzes verbunden sein, wenn dieser untergeordnete Satz formal als HS ausgeführt ist. Unter dem Gesichtspunkt der übermittelten Inhalte (Informationsgewicht) und der Selbständigkeit und Interpretierbarkeit ohne den jeweiligen Bezugssatz (Trägersatz) kann sogar im Gegenteil der übergeordnete HS ohne den Gliedsatz unvollständig und unselbständig sein. Die Unterordnung ist eine funktionale Unterordnung und hängt nicht davon ab, ob ein Satz formal als NS ausgeführt ist. Andererseits impliziert auch die formale Ausführung eines Satzes als NS nicht, daß eine funktionale Einordnung als Satzglied des Bezugssatzes gegeben ist. Beide Merkmale treten zwar sehr oft gemeinsam auf, sind aber getrennt zu behandeln. Eine zuverlässige Klassifikation von formalen Nebensätzen hinsichtlich der Satzglied-

---

[11] Nach Peyer (1997: 36) wirkt sich ein "Verlust an Satzwertigkeit" in folgender Weise aus: "Ein 'richtiger' Satz (im Sinne von sentence) und seine Bestandteile sind bestimmt nach Satztyp/Illokution, Modus, Tempus, Aspekt, Ergänzungen und Angaben. Als erste dieser Eigenschaften geht die Illokution verloren: Die meisten untergeordneten Sätze haben keine eigene Illokution, in ihnen können auch entsprechende Partikeln nicht vorkommen."

[12] Müller (1985) nimmt bei Nebensätzen generell keine eigene Illokution an, Peyer (1997) nimmt bei den meisten untergeordneten Sätzen keine Illokution an (vgl. Anm. 11), Brandt (1990: 100) spricht Nebensätzen und satzwertigen Konstruktionen in speziellen Fällen eine eigene Illokution zu, besonders wenn "ein eindeutiger illokutiver Indikator vorhanden ist".

[13] Nach Peyer (1997: 31) ist damit eine "Degradierung" und Unterordnung eines bezogenen Satzes gegeben, die als kontinuierlich differierende Eigenschaft aufgefaßt wird, deren Ausprägungen zwischen den Polen der völligen Unabhängigkeit zweier Hauptsätze und der eindeutigen Eingliederung als obligatorisches Satzglied variieren kann.

funktion ist nicht möglich. Besonders im Bereich der Adverbialsätze gibt es viele Möglichkeiten unterschiedlich deutlich ausgeprägter Satzgliedfunktionen bis hin zu Nicht-Satz-
gliedern.[14] Vor allem auf sogenannte weiterführende Nebensätze (z.B. Satzrelativsätze wie in
Bsp. 1, Z.31 in Abschnitt 4) trifft zu, daß sie nicht als eingegliedert oder eingebettet klassifiziert werden können, aber auch nicht als unabhängig vom Bezugssatz;[15]

3. die *Repräsentation der Verknüpfungsrelation* des zugeordneten/zuzuordnenden Satzes zum
   Bezugssatz, explizit durch grammatikalisierte Verknüpfungsausdrücke (Konjunktionen) oder
   implizit durch die Bedeutung des zugeordneten/zuzuordnenden Satzes. Implizit abhängige
   Sätze werden im folgenden aber nur exemplarisch betrachtet;

4. die *Integration* des zugeordneten Satzes in die topologische Struktur des Bezugssatzes: der
   zugeordnete Satz (NS, HS etc.) kann im Bezugssatz die Position des ersetzten Satzgliedes
   einnehmen oder dem Bezugssatz nachgestellt werden, wobei im Bezugssatz die Position des
   Satzglieds entweder leer sein kann oder durch einen Platzhalter (ein sog. Korrelat) gefüllt ist.
   Zur Integration wird hier auch die strukturelle Fusionierung (Zusammenziehung von Sätzen)
   gezählt, die zur Tilgung von referenzidentischen Satzgliedern im zugeordneten Satz führt (bei
   Koordination und bei *daß*-Sätzen). Das Merkmal steht in engem Zusammenhang mit der
   nächsten Variablen;

5. die *Einklammerung* eines zugeordneten Satzes durch Strukturelemente des Bezugssatzes oder
   des Bezugssatzgefüges. Dies ist nicht nur bei Nebensätzen möglich, sondern auch bei Hauptsätzen oder Satzgefügen, die zu dem sie umklammernden Satz oft auch in einem weniger
   engen semantischen Verhältnis stehen können; man spricht in diesem Fall meist von Einschub oder Parenthese, deren Einklammerung nicht der inhaltlichen Ein- oder Unterordnung
   dient, sondern der Strukturerneuerung oder Strukturerinnerung (um den unterbrochenen Satz
   weiterführen zu können);

6. die *Orientierung des bezogenen Satzes* auf vorher geäußertes oder als nachfolgend ange-
   kündigtes Sprachmaterial, das im folgenden als Bezugsbereich bezeichnet wird. Der Bezugs-
   bereich kann sehr scharf abgegrenzt sein, z.B. ein Wort im Falle eines Attributsatzes oder das
   Prädikat im Falle von Objekt- oder Subjektsätzen. Es kann aber auch unscharf sein; z.B. bei
   Adverbialen und daher auch beim Bezug auf einen Satz (oder nur dessen Proposition oder
   Illokution oder Modalität) oder ein Satzgefüge, eine Satzperiode, einen Textabschnitt oder
   Text.

---

[14] Vgl. Peyer (1997: 59ff.).
[15] Vgl. Fabricius-Hansen (1992: 463).

Die aufgezählten Variablen haben unterschiedliche hypotaktische Kraft und Geltung und weisen jeweils verschiedene Ausprägungsmöglichkeiten mit entsprechend unterschiedlichem Wirkungsgrad auf. Merkmale, die positive Ausprägungen der Variablen 1-3 repräsentieren, sind für die Feststellung von Hypotaxe geeignet. Meist treten diese Merkmale in Kombination auf. Ob auch das Vorhandensein eines einzelnen Merkmals aus dieser Gruppe genügt, um das Vorliegen von Hypotaxe anzunehmen, hängt von der Fragestellung ab und soll hier nicht weiter als Problem erörtert werden.[16] In der folgenden Untersuchung kann es auf Grund der Beschränkung auf ein Corpus nicht um die möglichst vollständige Erfassung eines (eingeschränkten) Bereiches von Phänomenen gehen (unter besonderer Berücksichtigung der Randerscheinungen), sondern um die Erfassung der regelmäßigen und häufigen Strukturen.

Ausprägungen der Variablen 4-6 haben alleinstehend keine hypotaktische Bedeutung, sind aber auch keine spezifischen Merkmale für Parataxe. Sie können insbesondere in der gesprochenen Sprache die Verbindung zwischen Sätzen verstärken, ohne die Interpretation auf hypotaktisch oder parataktisch festzulegen.

4   Analyse von Beispieltexten auf der Basis der Untersuchungskategorien

Die folgenden Analysen von je einem Beispiel für überwiegend parataktische bzw. hypotaktische Verknüpfung dienen der Darstellung und Erläuterung der Analysekategorien.

Verwendete Zeichen zur Text- und Strukturdarstellung in den Beispieltexten:

1	Ziffern am Zeilenbeginn geben die Reihenfolge der Teilsätze (HS, NS) an;
die$_1$	kursive Typen geben verknüpfendes Sprachmaterial wieder, tiefgestellte Zahlen dienen der Identifikation von Bezugsbereichen;
↑↓	markieren die Intonationskontur;
* ** *3*	markieren Pausen unterschiedlicher Länge (ca. 1, 2, 3 Sekunden);
{Text}$_1$	Text in geschwungenen Klammern ist der Bezugsbereich für einen abhängigen Satz, tiefgestellte identische Zahlen kennzeichnen aufeinander bezogenes Textmaterial;

---

[16] In der reichhaltigen Literatur zu diesem Komplex wird die Frage erwartungsgemäß kontrovers diskutiert. Es scheint mir hier eine vage zweckbestimmte Klassifikation z.B. im Sinne der Prototypensemantik (vgl. Peyer 1997: 23f.) am ehesten geeignet zu sein. Auch die Einteilung von 5 Unterordnungsklassen durch Fabricius-Hansen (1992: 475) basiert auf der unterschiedlichen Realisierung prototypischer Merkmale (Nebensatzform vs. Hauptsatzform; semantische Integration als Argument, Operator oder Restriktor; Illokution).

WEIL , ABER in Kapitälchen geschriebene Konjunktionen kommen nicht explizit im Text vor, sondern sind aus den Bedeutungen der verknüpften Sätze erschlossen;

Einrückung einer Textzeile markiert eine mögliche Unterordnung bezogen auf einen vorhergehenden weniger eingerückten Satz. Die Einheiten in einer Textzeile müssen nicht in jedem Fall einen Teilsatz repräsentieren;

Leerzeile markiert die Grenze zwischen enger zusammenhängenden Satzfolgen;

(öffnende runde Klammer zeigt den Beginn eines eingebetteten Satzes an bei einem HS/NS, der nach dem eingebetteten Satz fortgeführt wird;

) schließende Klammer zeigt das Ende eines eingebetteten Satzes an, nach dem der unterbrochene Satz weiter (und meist zu Ende) geführt wird;

$ Satzabbruch.

Beispiel 1 (Ph 42: 33f., Z.1-29) für überwiegend parataktische Verknüpfung (Sprecherin: Chuma Betty Kolath, Nichtakademikerin, Sigle CK[17]):

1	ja ich möchte noch {eine geschichte}₁ erzählen ↑ *4*
2	*ja↓ * ich möcht noch {eine geschichte↓}₁ {mit fünfzehn jahren↑}₂**
3	*{diese geschichte}₁ (*
4	*die₁ ich jetzt erzähle**
5	) is ** vielleicht nicht ganz * ä ** geeignet
6	*aber sie is {so}₃ schön **
7	*daß₃ ich sie doch mit erzählen möchte↓*
8	*also mit fünfzehn jahren₂ * sollte ich * war $ (*
9	WEIL ich war n bißchen ungeschickt
10	UND *ich war n bißchen* schüchtern ↑ **
11	*und* meine eltern wollten mir tanzstunden geben lassen↓ **
12	es * kam ein kreis zustande ** von ** fünfzehn jungen und sechzehn mädels↓ **
13	guten jüdischen familien **
14	bekannte freunde **
15	*und* ** man fand auch eine * ballettlehrerin
16	das heißt
17	das muß gewesen sein neunzehnhundert ä
18	weil weil ich ja acht geborn *
19	dreiunzwanzich vierenzwanzich so ungefähr↓ **
20	äm es g/ gab auch einen einen ä einen ** alte * {ein café}₄
21	*was₄ einen raum hatte ↑ **
22	ABER uns fehlte der sechzehnte herr↓ **
23	herr↓ ** so war man↓ **
24	es war anfang unterprima oder so↓ **
25	*und* die {jungens}₅ (
26	{die₅ da warn}₆)
27	*die jungen herrn ₆↑ * sagten

[17] Mit einer weiteren Analyse einer Erzählung ist diese Sprecherin im Beitrag von M. Gierlinger in diesem Bd., S.372ff., vertreten.

28   ach↑ * bei uns is {*einer*}$_7$ in der klasse **
29   *den*$_7$ ** können wir * mit {bitten}$_8$↓ *
30   DENN *der*$_7$ {is bestimmt nich antisemitisch}$_9$ (
31   *was*$_9$ damals sehr wichtig war↑ **)
32   *is bestimmt nich antisemitisch*$_9$ **
33   *und*$_9$ der is sogar n bißchen ** links*politisch **
34   *und*$_9$ er is * hochanständich **
35   er is {zwar}$_{10}$ ein $ aus proletarischer herkunft↑ **
36   *aber*$_{10}$ * er is ** $ {möchte schrecklich gern ** n bißchen was * {schliff kriegen
              und * lernen}$_{11}$ **
37   *und*$_{11}$ *den*$_7$ werden wir *bitten*$_8$ als * herrn↓ **

Kommentierung des Beispiels nach den vorgestellten Variablen:

Z.1   {eine Geschichte erzählen} verweist auf nachfolgenden Text; eine Bezugsposition wird etabliert;

Z.2   Wiederholung nimmt auf vorhergehenden Text Bezug, die Bezugsposition wird erneut fixiert; {mit fünfzehn jahren}$_2$ wird durch spätere Wiederaufnahme zu einer Bezugsposition;

Z.3   {*diese geschichte*}$_1$ nimmt Bezug auf den Text in Bezugsposition/Bezugsbereich 1;

Z.4   *die* nimmt Bezug auf die durch {*diese geschichte*} erneuerte Position 1; der Relativsatz ist durch die restriktive Bedeutung obligatorisch, die Satzglied(teil)funktion gegeben;

Z.5   ) *is vielleicht ... geeignet* ist anschließbar an Element in Z.3, klammert den NS in Z.4 ein;

Z.7   *daß*: Anschluß an offene Bezugsposition {so} in Z.6; Einordnung als Attribut eines Elements {so} des Bezugssatzes; NSform markiert Hypotaxe, ist in diesem Fall aber optional, eine mögliche Alternative in HSform wäre: aber sie ist so schön, ich muß sie euch erzählen;

Z.8   {*also mit fünfzehn jahren*}$_2$: Bezug auf die Position 2; Wiederholung des Satzgliedes markiert die Fortsetzung des in Z.2 begonnenen Satzes, der durch den Einschub unterbrochen wurde;

Z.9   WEIL: eingeschobener Begründungssatz, implizit kausal verknüpft;

Z.10   UND: impliziter kopulativer Anschluß. Wiederholung von Satzgliedern (*ich war n bißchen*); Satzfusion (ich war ein bißchen ungeschickt und schüchtern) nicht durchgeführt;

Z.11   *und* gefolgt von einem vollständigen HS, der inhaltlich als Folgerung zu Z.9-10 zu verstehen ist, den mit Z.8 begonnenen Gesamtsatz zum Abschluß bringt, ohne die begonnene Konstruktion formal konsequent weiterzuführen. Der unterbrochene, übergeordnete HS wird in veränderter Konstruktion fortgesetzt (die Subjektposition wird wiederholt, aber anders besetzt). Der zweite Teil des übergeordneten Hauptsatzes wird damit formal vervollständigt und kann nicht mehr als Einklammerung des Einschubes wirksam werden;

Z.12   selbständiger, vollständiger HS, thematisch angeschlossen, durch fallende Intonation und Pause abgeschlossen;

Z.13   eine syntaktisch nicht angeschlossene nominale Gruppe (es fehlt die einleitende Präposition) wird auf Grund des deutlichen Kasus und der inhaltlichen Anschließbarkeit nicht als eigene satzwertige Gruppe eingestuft, sondern als Einbettung in der Funktion des Attributes zum letzten Satzglied des unmittelbar vorhergehenden Satzes;

Z.14   eine syntaktisch nicht angeschlossene Gruppe von 2 asyndetisch verbundenen Substantiven (Interpretation als Folge von Adjektiv und Substantiv ist semantisch nicht kompatibel). Als Bezugsbereich sind die Substantive *jungen, mädels* des letzten Satzgliedes im mittelbar vorangehenden selbständigen HS anzunehmen; die Relation ist formal nicht ausgeführt;

Z.15   *und* gefolgt von einem vollständigen HS, der an den HS in Z.12 anschließt und die nominalen Gruppen in Z.13 und Z.14 einklammert;

Z.16   *das heißt*: kennzeichnet üblicherweise den Anschluß einer Erläuterung oder Korrektur an einen unmittelbaren Vorgängersatz. Da eine relativ exakte Zeitangabe (*neunzehnhundert ä ... vierundzwanzich*) folgt, ist als Bezugseinheit aber die bereits weiter zurückliegende Angabe *mit fünfzehn jahren* anzunehmen. Der Satz Z.16-19 ist damit auf den mittelbar vorangehenden Gesamtsatz, bzw. auf dessen am Anfang (Z.2) stehendes und nach Einschüben wiederholtes (Z.8) Satzglied bezogen.

Z.17   ein HS wird begonnen und mitten in einem Wort unterbrochen durch einen begründenden NS, dessen syntaktische Struktur zwar nicht abgeschlossen ist, aber doch zuverlässig rekonstruiert werden kann. Der HS ist dem vorangehenden HS als Satzglied (Objekt) eingliederbar und so untergeordnet. Der Trägersatz (*das heißt*) hat nur Einleitefunktion für den folgenden HS, ist eher als zur Konjunktion grammatikalisierte (degradierte) Einheit anzusehen;

Z.22   asyndetisch verknüpfter HS in adversativer Relation, daher durch implizites ABER markiert;

Z.23ff. Folge von Hauptsätzen mit inhärenten hypotaktischen Beziehungen;

Z.23   *so* könnte kausale Verknüpfung sein oder modale Angabe in einem abgebrochenen oder begonnenen HS, der durch Parenthese (ab Z.24) unterbrochen und nicht weitergeführt wird;

Z.24   parenthetischer HS in Funktion einer temporalen Angabe;

Z.25   neuer oder koordinierter HS; Anschluß unspezifisch; wird unterbrochen und Z.27 fortgesetzt;

Z.26   restriktiver Relativsatz, eingebettet in den HS, der Z.25 beginnt und Z.27 fortgesetzt wird;

Z.27   Fortsetzung des HS nach Unterbrechung durch Relativsatz; Subjekt wird wiederholt;

Z.28   HS, durch Valenzbeziehung dem Bezugssatz als Satzglied ein- und untergeordnet;

Z.29   HS, interpretierbar als Attribut zu einem Pronomen des vorhergehenden Satzes (*einer*), das als noch offene (näher zu bestimmende) Bezugsposition etabliert ist, insofern es auf keinen vorhergehenden Referenten beziehbar ist. Der Norm entspräche hier eher ein Relativsatz;

Z.30   vielleicht kausal (DENN) zu interpretierender HS, der formal nur durch gleiche Referenz (*der, den*) an den Bezugssatz angeschlossen ist;

Z.31   NS, der die Mitteilung in Z.30 kommentiert, keinem Satzglied des Bezugssatzes äquivalent ist, kein erwartbares Attribut darstellt, eine eigene Illokution aufweist;

Z.32   mit der Wiederholung der VP des HS (Z.30) wird der vorhergehende NS eingeklammert, die Fortsetzung des Satzes mit Sprachmaterial von Position 9 (*is bestimmt nich antisemitisch*) markiert diese als weiterhin gültig, so daß die folgenden HS in Z.33 und Z.34 darauf bezogen werden können;

Z.35   mit *zwar* wird die im anschließenden HS mitgeteilte Information als ein möglicher Hinderungsgrund für die in Z.29 angebotene Aktion gekennzeichnet, eine Realisierung als NS (mit *obwohl* eingeleitet) würde die Beziehbarkeit wahrscheinlich insgesamt einschränken, jedenfalls die Anknüpfung und Orientierung auf den folgenden Satz unmöglich machen;

Z.37   eine kausale Verknüpfung kann rekonstruiert werden, ohne daß der Bezugsbereich klar ist, es könnte der Kontext in Z.36 sein, aber auch der Kontext von Z.30-36 kommt in Betracht; die wiederholte Bezugnahme auf die Positionen 7 (*einer*) und 8 (*bitten*) ergibt eine Einklammerung der Parenthese ab Z.30.

In diesem Beispiel sind nur die 6 NS zweifelsfrei auszählbar, davon sind 3 obligatorisch (Z.4, Z.21, Z.26). 2 HS sind ebenso sicher als untergeordnet durch obligatorische Satzgliedfunktion bestimmbar (Z.17 u. 19, Z.28), 1 HS ist relativ sicher als Attribut zu einem in seiner Referenz noch nicht bestimmten Pronomen (Z.29) zu interpretieren, 2 HS können als Begründungen

interpretiert werden (Z.9, Z.30) und 3 HS sind diesen inhaltlich abhängigen potentiellen Kausal-
sätzen (bei aufrechtbleibender Kausalrelation) koordiniert, 1 HS kann als Äquivalent zu einer
konzessiven Verknüpfung interpretiert werden (Z.35). Das Verhältnis der expliziten NS zu den
potentiellen, die hier in unterschiedlichen Graden von Unterordnung realisiert sind, ist 6:6 oder
6:9, wenn die 3 den untergeordneten Hauptsätzen koordinierten HS dazugerechnet werden. Es
bleiben 15 HS (2 davon abgebrochen: Z.8 und Z.23), die in keiner Hinsicht hypotaktisch
verknüpft sind. In diesen rein parataktisch verknüpften Hauptsätzen sind 113 Wörter verarbeitet
(21 davon in den abgebrochenen Konstruktionen und Strukturwiederholungen), in den 9 mehr
oder weniger deutlich hypotaktisch verknüpften Hauptsätzen sind 54 Wörter verarbeitet, in den
6 expliziten Nebensätzen (davon 5 untergeordnete Sätze in Satzgliedfunktion) sind nur 28
Wörter verarbeitet. Das verarbeitete Wortmaterial und damit die mittlere Satzlänge nimmt von
den parataktisch organisierten Hauptsätzen über die hypotaktisch verbundenen (einschließlich
der HS, die den untergeordneten koordiniert sind) zu den Nebensätzen kontinuierlich von 7,1 zu
6 zu 4,7 Wörtern ab. Der Anteil des in NS enthaltenen Wortmaterials am gesamten Wortmaterial
beträgt in diesem Beispiel 28 von 195 Wörtern (14%). Der Anteil des in untergeordneten
Hauptsätzen enthaltenen Wortmaterials beträgt 28%. Die in einer solchermaßen weit definierten
hypotaktischen Beziehung verknüpften Teilsätze enthalten insgesamt immer noch deutlich
weniger als die Hälfte des verarbeiteten Wortmaterials. Es ist jedoch sehr fraglich, wie hoch die
Hypotaxe in den HS in Z.9, Z.17, Z.28, Z.29, Z.30, Z.35 einzuschätzen ist, ob nicht sogar ein
Objektsatz in Hauptsatzform, aber noch mehr ein HS in der Funktion eines Adverbiales oder
Attributes des Bezugssatzes bzw. des Bezugswortes den parataktischen Charakter eines Textes
eher noch betont, weil die mögliche formale Kennzeichnung für Hypotaxe (Nebensatzform)
fehlt. Da ein parataktisch angeschlossener Satz normalerweise nur auf den vorhergehenden
Hauptsatz bezogen werden kann, auch wenn eine syntaktisch oder semantisch unterordnende
Relation gegeben ist, kann eine tiefere Strukturierung nur durch entsprechende lexikalische
Mittel erzielt werden. Im Beispieltext ist ein Verfahren gleich dreimal vertreten, das besonders
in gesprochener Sprache anzutreffen ist, es handelt sich um die teilweise Wiederholung von
strukturtragenden Satzteilen nach Parenthesen (Z.8: *also mit fünfzehn jahren*, Z.32: *is bestimmt
nich antisemitisch* und Z.38: *den werden wir bitten als herrn*), besonders des 1. Satzglieds, des
Subjekts oder der Verbalgruppe. Dieses Verfahren ist in gesprochener Sprache oft auch mit
einem Konstruktionswechsel verbunden, z.B. mit einem Wechsel der Perspektive, wie in Z.8-11
(*also mit fünfzehn jahren sollte ich //PARENTHESE// und meine eltern wollten mir tanzstunden
geben lassen*). Die Zahl solcher Konstruktionswechsel in der Fortsetzung von Hauptsätzen habe
ich nicht ausgezählt, sie ist sicher höher als bei Nebensätzen, in denen der Konstruktionswechsel

immer zu einer Fortsetzung als HS führt.[18] Unter den 300 daraufhin untersuchten Nebensätzen sind aber nur 8 (2,7%) enthalten, die einen solchen Konstruktionswechsel aufweisen.

Beispiel 2 (Ph42: 38f., Z.53-80) für hypotaktische Verknüpfung (Sprecher: Abraham Friedländer, Akademiker, Sigle AF[19]):

1	ä die ä * die tradition {des deutschen gymnasiums}$_1$ * n ho/ $_1$(
2	*das*$_1$ ich besuchen konnte **
3	)$_1$ hatte eine ganz besondre art von erziehung↓
4	hängt {hing natürlich auch sehr viel von der * schuldirektion ab}$_2$
5	*wen*$_2$ we/ {welcher richtung}$_3$ $
6	*ob*$_3$ sie * noch sehr beeinflußt waren von * kaiserzeit oder von weimarzeit
7	UND *ob*$_2$ die schulbücher noch ** noch {so}$_3$ gewesen sind
8	*wie*$_3$ sie zur kaiserzeit warn
9	oder *ob*$_2$ sie schon geändert wurden↓ **
10	im großen un ganzen hatten wir {das glück}$_4$ *
11	INF {gute * {gute lehrer}$_6$ zu haben}$_5$ **
12	*und*$_6$ {fortschrittliche lehrer}$_7$
13	*und*$_7$ {progressive lehrer}$_8$ **
14	*mit*$_8$ sehr viel verständnis ⌐
15	so *daß*$_5$ die schule an sich ein ein gutes renommee hatte ⌐ **
16	)$_2$ mit sehr viel mati/ lehrmaterial↓
17	*also* (
18	*wenn* ich {das}$_9$ heut überlege
17f.	) {neun jahr latein↓ * sechs jahr griechisch↓ * vier jahre französisch↓ sechs jahr englisch↓ ** hebräisch oder latein als wahlfra/ wahlfall * wahlfrei↓}$_9$ ** *das*$_9$ sind für für {{kinder}$_{10}$ (
19	*der*$_{10}$ auch noch sportlich oder so andre noch intresse hatten}$_{11}$*
20	*wie*$_{11}$ ich war *
17ff.	) / wurde doch sehr sehr viel material hineingepfropft in ein * schulkind
21	weiß natürlich nich
22	*ob* das heute noch * $
23	heute gibt=s ja diese dieses ä art {dieses humanistische gymnasium}$_{12}$ ganz ganz selten
24	glaub
25	in torgau ** / an ganz wenjen plätzen gibt es noch in deutschland↓
26	aber d/ * {man is *davon*$_{12}$ abgegangen}$_{13}$
27	*und*$_{13}$ mehr übergangen auf real*gymnasium
28	real * *und* weniger ä diese humanistische ** linie↓
29	*obwohl*$_?$ {ich ä ein anhänger bin grad (dieser) humanistischen ausbildung}$_{14}$
30	*weil*$_{14}$ ich {der ansicht}$_{15}$ bin
31	*das*$_{15}$ / ** das gibt die grundlage fürs leben↓

---

[18] Im Beitrag von Ch. Albert in diesem Bd., S.311ff., wird insgesamt ein hoher Anteil von korrekt weitergeführten Konstruktionen nach Parenthesen festgestellt. Der Anteil von Konstruktionswechseln wird nicht explizit ausgewiesen.

[19] Vgl. zu diesem Sprecher auch A. Betten in diesem Bd., S.258.

Kommentierung des Beispiels nach den vorgestellten Variablen:

Z.1	HS wird unterbrochen durch NS (Z.2), angezeigt durch öffnende runde Klammer $_1$(;
Z.3	HS wird ohne den geringsten Wechsel in der Konstruktion fortgesetzt, angezeigt durch indizierte schließende Klammer)$_1$, und vorläufig abgeschlossen;
Z.5	Relativsatz, der formal nicht abgeschlossen wird, kann als Subjekt des in Z.4 begonnenen HS interpretiert werden, im HS selbst ist die Subjektsposition durch kein Korrelat besetzt;
Z.6	NS mit *ob* eingeleitet kann als Attribut zu Z.5 (*welcher richtung*) interpretiert werden oder auch als Korrektur zu Z.5;
Z.7; 9	zu Z.6 koordinierte *ob*-Sätze, mit expliziter Nebensatzkonjunktion und expliziter disjunktiv-koordinierender Konjunktion;
Z.8	eingebetteter NS (Relativsatz, Attribut zu *so* im vorhergehenden Satz);
Z.11	NS (infinit) in Attributsfunktion zur Bezugsposition {das glück} in Z.10;
Z.12f.	koordinierte Nominalgruppen zur Bezugsstelle 6 (*gute lehrer*);
Z.14	mittels Präposition subordinierte Nominalgruppe zu den Bezugsstellen 7 und 8 (und auch 6);
Z.15	NS mit expliziter konsekutiver Verknüpfung mit dem vorhergehenden NS beginnend in Z.11;
Z.16	mittels Präposition subordinierte Nominalgruppe, die inhaltlich an den HS in Z.3 angeschlossen ist; Z.4-15 wird dadurch als Parenthese markiert. Unabhängig von der Beantwortung der Frage, ob ein Anschluß auf diese Distanz in gesprochener Sprache planbar ist, kann auf der Basis des folgenden Textes unter *lehrmaterial* nur der "Lehrstoff" gemeint sein und unter der *besonderen Art der Erziehung* (Z.3) die großen Mengen an Lehrstoff (vgl. Z.17f. und Z.17ff.);
Z.17	das mit der Konjunktion *also* eingeleitete Satzgefüge ist syntaktisch verschieden interpretierbar, entweder mit Abbruch in Z.17f. oder mit Konstruktionswechsel in Z.17f.;
Z.18	Konditionalsatz im Vorfeld mit Korrelat für den nachfolgenden untergeordneten HS;
Z.17f.	untergeordneter und eingebetteter HS mit links herausgestelltem mehrgliedrigem Subjekt, das mit der Proform *das* vor dem finiten Verb *sind* wiederaufgenommen wird;
Z.19	unmittelbar an das Bezugswort (*kinder*) angeschlossener Attributsatz;
Z.20	an den Bezugsbereich *kinder* plus Attributsatz angeschlossener "weiterführender" Relativsatz;
Z.17ff.	Fortsetzung des HS in 17f. unter Umstellung der Konstruktion oder Fortsetzung des HS in Z.17, der mit dem Konditionalsatz im Vorfeld (Z.18) beginnt;
Z.21	HS beginnend mit finiter Verbform und elliptischem ICH-Subjekt (wie in Z.4 und Z.24);
Z.22	*ob*-Satz, abgebrochen, im HS (Z.23) inhaltlich fortsetzend, aber kein Konstruktionswechsel NS zu HS;
Z.24	HS beginnend mit finiter Verbform und elliptischem ICH-Subjekt, Einschub;
Z.25	untergeordneter HS (Bezug auf das Verb in Z.24);
Z.27	koordinierter HS, fusioniert mit HS in Z.26;
Z.28	weiterer koordinierter HS, fusioniert mit HS in Z.27;
Z.29	mit *obwohl* angeschlossener konzessiver(?) NS; unklarer Bezugsbereich;
Z.30	mit *weil* angeschlossener kausaler NS; Bezugsbereich ist der NS in Z.29;
Z.31	untergeordneter (attributiver) HS.

In diesem Beispiel sind insgesamt 211 Wörter verarbeitet, davon 96 Wörter in 14-16 Neben-sätzen, je nachdem, ob man den NS in Z.5 als elliptisch oder abgebrochen und korrigiert durch Z.6 interpretiert und ob Z.12 als nachgetragene koordinierte Substantivgruppe interpretiert wird oder als koordinierter und fusionierter NS. 37 Wörter sind in zweifelsfrei untergeordneten Hauptsätzen (Z.25, Z.17f., Z.31) verarbeitet und der Rest von 84 Wörtern in mehr oder weniger unabhängigen Hauptsätzen. Dieses "mehr oder weniger" ist zum einen von der Hypotaxe-Definition abhängig, ob z.B. bei koordinierten Hauptsätzen mit Strukturfusion (Z.27 und vielleicht Z.28) ein – wenn auch geringerer – Grad von Hypotaxe angenommen wird oder nicht, ob ein als Begründung interpretierbarer Satz (Z.23) zu den untergeordneten Sätzen zu zählen ist, ob man Satzellipsen interpoliert, um bestimmte syntaktische Strukturen entsprechend dem interpretierten Sinn "korrekt" zu rekonstruieren. Eine solche Rekonstruktion käme in unserem Beispiel (2) für den Hauptsatz in Z.17f. und Z.17ff. in Betracht: Der Satz von Z.17 bis Z.17ff. ist syntaktisch in irgendeiner Hinsicht defekt, entweder ist die Konstruktion des HS in Z.17f. durch Z.17ff. nicht syntaktisch korrekt fortgesetzt, oder sie ist abgebrochen und zu rekonstruieren durch eine inhaltliche Interpolation (z.B.: "*sind für kinder* [...] EINE EXTREME BELASTUNG. ES *wurde doch sehr sehr viel material hineingepfropft in ein schulkind*"). Zum anderen kann der Satz Z.17f. zwar im Sinne der oben durchgeführten Analyse als Ergänzungssatz (Objekt) zum Verb *überlege* (Z.18) klassifiziert werden (mit {das}$_9$ als Korrelat), dies ergäbe aber noch keine völlig normkonforme Konstruktion, für eine solche müßte man noch einen Träger(haupt)satz einfügen, der ein Verb wie "sagen", "zugeben" etc. enthält (z.B. *wenn ich das heut überlege, neun jahre latein ...*, DANN MUSS ICH SAGEN, es *wurde doch...*). Wenn neben Z.17f. entsprechend dieser Analyse auch Z.17ff. als abhängiger HS klassifiziert wird, ergibt dies deutlich andere Werte (49 Wörter statt 37 in abhängigen Sätzen). Die HS sind auch hier wie im ersten Beispieltext im Durchschnitt um ein Drittel länger (8,8-9,6 Wörter) als die NS (6-6,8 Wörter), die mittlere Länge jedes einzelnen Typs liegt jeweils um ca. ein Drittel über den entsprechenden Werten des ersten Beispieltextes (6,2 bzw. 4,7). Von den 14-16 Nebensätzen sind 7-9 von Nebensätzen abhängig bzw. auf Nebensätze bezogen (z.B. koordiniert), was einen mittleren Anteil an Nebensätzen höheren Abhängigkeitsgrades von 0,53[20] je NS ergibt. Die Länge der Nebensätze (6,2 Wörter) ist daher mit 1,53 zu multiplizieren, um eine mittlere Länge zu errechnen, die den gegebenen Komplexitätsgrad widerspiegelt. Im analysierten Beispiel ergibt das eine NS-Länge von 9,5 Wörtern.

Im Vergleich der beiden Corpora läßt sich bereits auf der Grundlage relativ kurzer Texte von nur 204 bzw. 211 Wörtern Länge der erkennbar unterschiedliche Stil auch an signifikanten Unterschieden in einigen zentralen Kennzahlen ablesen, der Anzahl von Nebensätzen in Relation zur Anzahl von Hauptsätzen, der Länge der einfachen HS und NS und dem unterschiedlichen Grad der Unterordnung von Nebensätzen (Bezug auf NS). Dies ergibt bereits sehr informative Kennwerte der Art und des Umfangs an hypotaktischer oder parataktischer Prägung eines Stils. Auf Grund der vielen unsicheren Klassifikationen kann sich für einen Vergleich unterschiedlicher Texte nach komplexen Kriterien (z.B. syntaktische Komplexität) jedoch das Problem ergeben, daß eine quantitative Erfassung von unterschiedlichen Sprechweisen nicht zuverlässig

---

[20] Wenn unter 14-16 NS sich 7-9 NS befinden, die sich auf einen NS beziehen und diesen somit verlängern, dann kommen im Mittel zu 7 NS ersten Grades je 0,53 NS höheren Grades (8/15=0,53) dazu.

durchführbar ist. Ein Vergleich nach komplexen Merkmalen ist aber ohne Quantifizierung kaum nachvollziehbar, da globale Bewertungen nur mittels statistischer Werte möglich sind. Es ist daher notwendig, Parameter für die interessierenden Eigenschaften von Sprechweisen zu finden, die möglichst zuverlässig am Untersuchungsgegenstand festgestellt und gemessen werden können. Um nicht nur die Beispieltexte, sondern auch die Auswahlcorpora aus dem Israel-Corpus möglichst genau hinsichtlich der interessierenden Eigenschaften miteinander vergleichen zu können, ist es daher erforderlich, ein geeignetes Quantifizierungsmodell zu erstellen.

Der Grad der Hypotaxe in einem Text kann auf verschiedenen Wegen ermittelt werden. Meist wird die Zahl der Hauptsätze und Nebensätze gezählt und zueinander in Beziehung gesetzt. Oft werden nur die Satzlängen ermittelt. Manchmal werden auch die Wortlängen einbezogen. Sowohl die Satzlängen als auch die Wortlängen können auf unterschiedliche Weise erfaßt werden, zum einen als Zahl der Satzglieder oder Wörter je Satz, zum anderen als Zahl der Morpheme, Silben oder Buchstaben je Wort. Eine genaue Evaluation der verschiedenen Meßinstrumente kann hier nicht vorgenommen werden. Einige Hinweise können zumindest die Problematik deutlich machen. Es scheint mir ausreichend nachvollziehbar zu sein, daß sich in der Satzlänge in gewissem Ausmaß die Komplexität von Sätzen spiegelt, da Sätze durch Gliedsätze nicht nur komplexer, sondern auch länger werden. Allerdings gibt es auch die Möglichkeit und den Stil, Sätze aneinander zu reihen, ohne daß dadurch die Komplexität zunimmt, wohl aber die Satzlänge. Somit ist die Satzlänge allein kein ausreichend präzises Maß für Satzkomplexität. Wenn die Satzlänge gemessen wird, so ist die Wortzahl aussagekräftiger als die Zahl der Satzglieder, da sich Hypotaxe auch im Ausbau von Satzgliedern manifestiert. Auch in der Wortlänge spiegelt sich Komplexität in verschiedener Hinsicht, zum einen ist gerade im Deutschen die Wortkomposition eine Alternative zu syntaktischen Strukturen (Attributen), zum anderen bestehen auch zwischen Wortlänge und Benutzungshäufigkeit und damit Informationsgehalt systematische Zusammenhänge. Für diese Untersuchung habe ich das Merkmal der Wortlänge trotz der durchaus gegebenen Aussagekraft für das interessierende Phänomen Komplexität nicht einbezogen, weil es unter dem Gesichtspunkt der Normorientierung mir nicht so wesentlich schien und doch einen erheblichen zusätzlichen Arbeitsaufwand erfordert hätte. Das nächste zu besprechende Maß ist das Verhältnis von Hauptsätzen zu Nebensätzen. Je mehr Nebensätze in einem Satz verwendet werden, um so komplexer wird der Satz und – betrachtet aus der Perspektive des Vergleichs von gesprochener und geschriebener Sprache – um so schriftsprachlicher. Wie durch die Analyse der beiden Beispieltexte zu zeigen war, ist die Klassifikation von Hauptsätzen und in geringerem Maße auch von Nebensätzen nicht immer ausreichend zuverlässig vorzunehmen, wobei es nur um die Unsicherheit geht, ob ein abgebrochener Satz oder eine fusionierte Struktur mit nur einem Satzglied, eine parenthetische Wortgruppe u.a. als Sätze zu zählen sind. Da die unterschiedliche Zählung natürlich zu unterschiedlichen statistischen Werten, Relationen etc. führt, liegt hier eine kaum kontrollierbare Beeinträchtigung der Meßgenauigkeit vor, die nur durch einen erheblichen und verwirrenden Aufwand an Alternativberechnungen vermieden werden kann.

Wenn wir davon ausgehen, daß die Komplexität vom Verhältnis zwischen Hauptsätzen und Nebensätzen einerseits und deren Länge andererseits abhängt, kann die Unsicherheit der Zählung von Hauptsätzen und Nebensätzen auf Grund von Klassifikationsproblemen dadurch vermieden werden, daß nicht die Zahl der HS zur Zahl der NS in Beziehung gesetzt wird, sondern die Zahl der Wörter in Hauptsätzen zur Zahl der Wörter in Nebensätzen. Diese beiden Zahlen sind mit größerer Zuverlässigkeit zu ermitteln als die Anzahl der Sätze und enthalten beide Werte in gleicher Gewichtung, ohne daß diese Werte jeweils für sich ermittelt werden müssen. Tests zur Überprüfung der Aussagekraft dieser vergleichsweise einfach zu ermittelnden Zahl zeigten, daß intuitive Einschätzung genauso wie komplizierte Berechnungen unter getrennter Berücksichtigung verschieden langer und verschieden vieler Nebensätze mit dem so ermittelten Komplexitätskennwert gut übereinstimmten.

In der folgenden Tabelle sind einige Meßwerte, angewandt auf die analysierten Beispieltexte, nebeneinandergestellt. Neben den Werten der Beispieltexte 1 (CK) und 2 (AF) sind auch die Werte eines für seinen auffällig hypotaktischen Stil bekannten schriftsprachlichen Textes (Lessing, Vorrede zu Laokoon)[21] angeführt, um durch den Vergleich eine Vorstellung und Einschätzungsmöglichkeit der Komplexität dieser mündlichen Texte zu erhalten und die "Schriftsprachlichkeit" des Beispiels (2) sichtbar zu machen.

Tabelle 1: Komplexitätskennwerte der Beispiele (1) und (2) im Vergleich mit Lessings Laokoon

	Wörter in NS	Wörter gesamt	NS im Text	HS u. NS gesamt	NS < NS (Cluster)	subord. HS	Problemfälle	NS je 100 Wörter
CK	28	204	6	31-35	0	2-7	7-12	3
AF	96	211	14-16	27-29	7-9	3-4	2-4	7,6
LL	281	439	29	51	11	1	0	6,6

	Wörter in NS / Wörter gesamt	Zahl der NS / Zahl d. Sätze	NS-Länge einzelne	NS-Sub./ NS ges.	NS-Länge (Cluster)	PRODUKT aus W in NS * subord. Zahl
CK	0,14	0,17-0,19	4,7	0	4,7	0,14
AF	0,45	0,52	6,0	0,5-0,56	7,9	0,69
LL	0,64	0,57	9,7	0,38	13,4	0,88

Die wichtigsten Werte dieser Tabelle sind in der ersten und letzten Werte-Spalte zu finden. In der oberen Hälfte der Tabelle werden die Rohwerte angegeben, in der unteren Hälfte die Verhältniszahlen. Es zeigt sich, daß der Beispieltext von AF den Werten des komplexen schriftlichen Textes ziemlich nahe kommt und daß die Verhältniszahl aus der Anzahl der Wörter in

---

21 Ich habe dazu eine Auszählung von Ruprecht (1993: 92ff.) teilweise übernommen und adaptiert.

Nebensätzen zur Gesamtzahl der Wörter (erste Werte-Spalte in der unteren Tabellenhälfte) den hypotaktischen Charakter wahrscheinlich besser abbildet als die Verhältniszahl zwischen Nebensatzanzahl und der Gesamtzahl der Sätze (zweite Rubrik in der unteren Tabellenhälfte). Dies wird besonders durch die entsprechenden Werte des Lessingtextes unterstützt, der sich beim HS-NS-Verhältnis viel weniger vom Wert des Sprechers AF unterscheidet als beim Anteil der Wörter in Nebensätzen an der gesamten Wortmenge des jeweiligen Textes. In der letzten Rubrik wird eine Kennzahl dargestellt, in der neben dem Nebensatzwortanteil auch der Komplexitätsgrad der Nebensätze besonders berücksichtigt wird. Der Kennwert ist das Produkt aus NS-Wortanteil und NS-Komplexität. Nach diesem Kennwert erscheint der Unterschied im Hypotaxe-Anteil zwischen LL und AF geringfügig reduziert (vom 1,4fachen zum 1,3fachen Anteil), aber jener zwischen AF und CK vergrößert sich dadurch unproportional (vom 3,2fachen zum 4,9fachen Anteil). Da die Nebensatzkomplexität indirekt in der Nebensatzlänge und damit im Nebensatzwortanteil bereits enthalten ist, ergibt sich durch die Multiplikation der Kennwerte eine Überbetonung des Komplexitätsgrades. Aus diesem Grund werde ich beim Vergleich der Teilcorpora im folgenden Abschnitt diesen kombinierten Kennwert nicht mehr ausweisen, sondern nur die beiden Ausgangswerte.

5 Diskussion und Quantifizierung der relevanten Variablen

5.1 Nebensatzform

Die *Nebensatzform* ist die explizite Möglichkeit, die Satzwertigkeit einzuschränken und Abhängigkeit zu deklarieren. Sie ist auch relativ gut klassifizierbar durch die Position des höchstrangigen Prädikatsteiles (der finiten Verbform bzw. der infiniten, wenn keine finite verwendet wird) an letzter/später Satzgliedposition.[22] Es entspricht besonders der schriftsprachlichen Norm, die Verbletztstellung möglichst konsequent durchzuführen, während in gesprochener Sprache aus verschiedenen Gründen Ausklammerungen häufiger auftreten. Die Funktion der Nebensatzform ist zum einen die Kennzeichnung von abhängigen Sätzen, wobei unter Abhängigkeit

---

[22] Bei einer Einleitung durch eine Konjunktion tritt ein Klassifikationsproblem nur dann auf, wenn der NS lediglich aus dem Subjekt und der finiten Verbform als Prädikat besteht, was im Auswahlcorpus nur einmal bei der Sprecherin R. Beck vorkommt ("und ich hab mir nur gedacht ham * wirklich ham die einen mut⌐ ** *weil ich weiß* ich * wär nicht gekommen an ihrer stelle⌐", Ph 42: 407, Z.41-45) und dort von mir als HS klassifiziert wurde, da die Sprecherin RB mit *weil* nur hauptsatzförmige Teilsätze verknüpft. Außer in diesem Beispiel verwendet sie die Konstruktion noch in fünf weiteren, formal eindeutigen Fällen.

verstanden werden soll, daß der NS nicht selbständig zu verstehen ist, sondern bezogen auf einen anderen Satz (HS oder NS). Im Gegensatz zu einem HS kann ein NS auch an einen nachfolgenden HS/NS angeschlossen werden (häufig bei konditionalen und temporalen NS, die mit *wenn, als* etc. eingeleitet werden). Eine meist mit der Nebensatzform gekoppelte Funktion ist die Unterordnung. Es scheint mir nicht notwendig zu sein, darunter syntaktisch-semantisch dasselbe zu verstehen wie unter Abhängigkeit. Ich nehme zwischen beiden Kategorien ein Implikationsverhältnis an: Bei Abhängigkeit ist auch Unterordnung anzunehmen, Unterordnung kann aber auch ohne Abhängigkeit vorliegen, wie an den Ergänzungssätzen in Hauptsatzform (Inhaltssätze), die ohne Bezug auf den übergeordneten Satz verständlich sind, zu sehen ist. Darüber hinaus kann man wohl generell sagen, daß mit der Nebensatzform ein Rangunterschied in der Wichtigkeit des Teilsatzes signalisiert wird, der meist die Selbständigkeit des Teilsatzes hinsichtlich der Sprechhandlungskomponente betrifft, oft wahrscheinlich auch die Rolle, die ein Satz im Rahmen des Textes für die Informationsgliederung[23] spielt, z.B. in alte vs. neue Information, Vordergrund- vs. Hintergrundinformation oder bevorzugt zu thematisierende vs. nicht-zu-thematisierende Information. Dadurch, daß die meisten Nebensätze abhängige Teilsätze sind (Satzglieder) und keine selbständige Sprechhandlung ausführen, wird diese Bedeutung – vereinfachend – generalisiert und auf alle Nebensätze übertragen. Man kann allerdings ohne große Sucharbeit auch in geschriebenen Texten vor allem unter den adverbialen Nebensätzen schwer zu klassifizierende Beispiele finden, deren Satzgliedwert und Integration in einen Bezugssatz unklar bleibt (sofern überhaupt der Bezugsbereich bestimmbar ist) und die kein weiteres Unterordnungskriterium aufweisen als die Nebensatzform.[24] Auch die bereits genannte Kategorie der "weiterführenden Nebensätze" ist – wie der Name andeutet – nicht als untergeordnet im Sinne eines Satzgliedes zu verstehen.[25] Gerade solche Nebensätze sind es aber, die Fragen über die Funktion(en) der NS-Form aufwerfen, die nicht nur darin liegt, ein Satzglied zu integrieren, sondern offensichtlich eine generelle Unterordnung signalisiert, die immer auch zu einer stärkeren Integration von Inhalten führt.

---

[23] Vgl. die Diskussion in Peyer (1997: 214f.; 222f.); Peyer unterscheidet zwischen restriktiven Gefügen, in welchen Haupt- und Nebensatz eine Informationseinheit bilden, und nichtrestriktiven Gefügen mit jeweils eigenen Fokus-Hintergrund-Gliederungen, kann aber keinen zuverlässigen Zusammenhang zwischen Subordination und Informationsgliederung herstellen, sondern nur feststellen, daß letztere "für das Verständnis der Rolle von Nebensätzen im Text wichtig ist" (S.214, Anm. 65).

[24] Nach Fabricius-Hansen (1981: 29f.) sind Adverbialsätze keine Satzglieder eines Bezugssatzes, sondern die Proposition des Nebensatzes wird jeweils mit der Proposition des Obersatzes (Bezugssatzes) durch einen Relator verknüpft; vgl. auch Peyer (1997: 63f.).

[25] Vgl. Brandt (1990).

Ich gehe daher auf Grund des Vergleichs der beiden Beispieltexte für die weitere Untersuchung von der Hypothese aus, daß die Nebensatzform primär als pragmatische oder stilistische
Kategorie zu betrachten ist. Diese Hypothese bezieht sich darauf, daß mittels der insgesamt
verfügbaren Ausdrucksmöglichkeiten jede durch einen Nebensatz ausdrückbare Bedeutung auch
durch eine Folge von Hauptsätzen ausgedrückt werden kann.[26] Die Wahlmöglichkeit oder die
stilistisch motivierte Wahl muß aber nicht für jeden einzelnen Sprecher in gleicher Weise
bestehen, was übrigens auch für andere stilistische Optionen gilt. Es genügt für die Feststellung
einer stilistischen Option, wenn die Wahlmöglichkeit innerhalb der gesamten Sprechergemeinschaft gegeben ist. Die Hypothese besagt auch nicht, daß ein rein parataktischer beziehungsweise
auf die Verwendung von Hauptsätzen beschränkter Stil in der Praxis vorkommt. Der *obwohl*-
Satz in Beispiel (2), Z.29 kann verdeutlichen, in welcher Hinsicht für meine Fragestellung die
Wahl der Nebensatzform relevant ist:

> aber d/ * man is davon abgegangen und mehr übergangen auf real*gymnasium real *
> und weniger ä diese humanistische ** linie ↓
>   *obwohl* ich ä ein anhänger bin grad (dieser) humanistischen ausbildung
>   weil ich der ansicht bin das **
>   das gibt die grundlage fürs leben ↓

Die Aussage des mit *obwohl* eingeleiteten NS kann nicht als konzessiv zur Aussage des Hauptsatzes verstanden werden (der Sprecher war nicht der zuständige Minister, gegen dessen Wunsch
der Übergang zu den Realgymnasien vollzogen wurde). Nach meinem Textverständnis kann
dieser NS auch nicht als Anzeichen für einen konzessiv angeschlossenen Sprechakt (*obwohl* ICH
BEHAUPTEN MÖCHTE, DASS [...] *ich ein Anhänger der humanistischen Ausbildung bin*) aufgefaßt
werden, da der Sprecher ja nicht für den Übergang zum Realgymnasium plädiert hat. Ich nehme
an, der NS soll ausdrücken, daß der Sprecher nur eine gegenteilige Meinung (adversative statt
konzessive Relation) anzeigen möchte, diese aber nicht als neues Thema etablieren will. Mit
dem NS sollte nur abschließend und resümierend auf den Inhalt des HS Bezug genommen
werden. Die Wahl der NS-Form betrachte ich an dieser Stelle in erster Linie als stilistisch
motivierte Wahl. Der intendierten Bedeutung hätte an dieser Position jedenfalls ein mit dem
Adverb *trotzdem* eingeleiteter HS genauer entsprochen:

> ... mehr übergangen auf real*gymnasium ... *
>   und weniger ä diese humanistische ** linie ↓
>   *TROTZDEM bin ich ein anhänger grad dieser humanistischen ausbildung*

---

[26]   Vgl. Bartsch (1978); v. Polenz (1985).

Im folgenden betrachte ich einige unterschiedlich verteilte Merkmale von Nebensätzen unter dieser Hypothese, daß es sich dabei um freie stilistische Alternativen handle:

Tabelle 2: Nebensätze (Anteil am Textumfang, Frequenz, Länge, Komplexität)

NEBENSATZ		Akademi-ker/innen	Nicht-akadem.	Varianz der Einzelcorpora	Frauen	Männer	CK *Bsp. 1*	AF *Bsp. 2*
Anteil d. Wör-ter in NS	C1	0,31	0,21	0,07-0,46	0,22	0,30	0,16	0,46
	C2	0,31	0,24	0,07-0,46	0,23	0,31	*0,14*	*0,45*
Anzahl d. NS je 100 Wörter	C1	4,4	3,6	1,5-6,6	3,6	4,4	2,5	5,9
	C2	4,5	3,8	1,5-6,6	3,8	4,4	*2,9*	*7,6*
NS-Länge einzelne NS	C1	7,0	6,2	4,6-9,1	6,3	6,9	6,5	7,7
	C2	6,9	6,2	4,6-9,1	6,1	6,9	*4,7*	*6,0*
NS-Länge NS-Komplexe	C1	10,4	7,7	5,0-16,9	7,9	10,1	6,5	10,8
	C2	9,7	8,3	5,0-16,9	7,7	10,4	*4,7*	*7,8*
NS-2./3. Grad je NS ges.	C1	0,31	0,19	0,0-0,45	0,18	0,33	0,0	0,29
	C2	0,29	0,25	0,0-0,50	0,20	0,33	*0,0*	*0,31*

In der Tabelle sind die Werte für den Anteil der Nebensätze im jeweiligen Textcorpus (1. Reihe), die Häufigkeit von Nebensätzen je 100 Wörtern (2. Reihe), die Länge der einzelnen Nebensätze ohne Berücksichtigung von eingebetteten Nebensätzen höheren Grades (3. Reihe), die mittlere Länge der Nebensätze unter Einschluß der eingebetteten Nebensätze höheren Grades sowie koordinierter Nebensätze (4. Reihe), die Komplexität der Nebensätze, ausgedrückt durch den Anteil an Nebensätzen höheren Grades[27] an der Gesamtzahl der Nebensätze (5. Reihe). Der Wert in der zweiten Zeile der Reihen (C2) bezieht sich auf das um 30% vergrößerte Corpus (vgl. Anm. 7), ausgenommen in den Spalten AF und CK, wo die Werte der beiden in Abschnitt 4 analysierten Beispiele (1) und (2) in der zweiten Zeile eingetragen sind. Mit nur einer Ausnahme, dem Anteil an NS höheren Grades und den damit zusammenhängenden Werten der Länge komplexer Nebensätze besonders bei den Nichtakademiker/inne/n, stimmen die Werte des kleineren (C1) und größeren Auswahlcorpus (C2) so weitgehend überein, daß ich davon ausgehe, daß auch die Werte des kleineren Corpus statistisch valide sein dürften. In den weiteren Ausführungen werden daher nur mehr die Werte besprochen werden, die anhand des kleineren Basiscorpus ermittelt wurden.

In den Spalten sind die jeweiligen Mittelwerte der Akademiker/innen (Spalte 1), Nicht-akademiker/innen (Spalte 2), Frauen (Spalte 4), Männer (Spalte 5) angegeben. In der dritten

---

[27] Gemeint sind NS, die Nebensätzen subordiniert oder koordiniert sind.

Spalte ist die Varianz zwischen den Einzelcorpora (der Personen) durch den jeweils kleinsten und größten Wert angegeben. In den Spalten 6 und 7 sind in der ersten Zeile die Einzelwerte der Sprecherin CK und des Sprechers AF angeführt, in der zweiten Zeile die Werte der analysierten Beispieltexte von CK (Bsp. 1) und AF (Bsp. 2) von 204 und 211 Wörtern.

Sämtliche Werte sind so zu lesen, daß die höheren Werte für einen ausgeprägteren Nebensatzstil stehen und die niedrigeren Werte für einen stärker ausgeprägten Hauptsatzstil. Die Unterschiede der Werte sind linear zu interpretieren. Der mittlere Komplexitätswert von 0,33 für die Corpora der Männer ist also fast doppelt so hoch wie der Komplexitätswert von 0,18 für die Corpora der Frauen. Die mittlere Länge für Nebensatzcluster (durch Subordination oder Koordination miteinander verknüpfte NS) variiert in den einzelnen Sprechercorpora zwischen 5 und 16,9 Wörtern, also um das Dreifache.

Der Vergleich der Werte zeigt, daß die für die Einzelanalyse ausgewählten Sprechercorpora (CK, AF) zwar nicht die jeweiligen Maxima für Hauptsatzstil (CK) und Nebensatzstil (AF) aufweisen, aber doch jeweils über[28] dem Gruppendurchschnitt liegen (für Männer bzw. Akademiker/innen im Falle von AF; für Frauen bzw. Nichtakademiker/innen bei CK). In vielen Werten zeigen die Teilcorpora der Männer und Akademiker/innen einerseits und die der Frauen und Nichtakademiker/innen andererseits eine relativ hohe Übereinstimmung, was sich mit der Einschätzung von A. Betten[29] deckt, die dazu nicht auf der Basis von explizit statistischen Vergleichen kommt, sondern durch eine umfassende Kenntnis des Gesamtcorpus. So kann davon ausgegangen werden, daß die relativ kleine Auswahl an Sprechern, die dieser statistischen Auswertung zu Grunde liegt, einigermaßen repräsentativ für das gesamte Israel-Corpus sein dürfte.

Die einzelnen Werte sind zwar nicht voneinander unabhängig, sondern bedingen sich wechselseitig, wie zum Beispiel die ersten drei Werte: So nimmt mit der Anzahl von Nebensätzen natürlich auch das Wortvolumen der Nebensätze zu, und die Nebensatzlänge errechnet sich aus diesen beiden Werten. Aber es lassen sich durchaus unterschiedliche Profile der Nebensatzverwendung damit erfassen (es ist auch keiner der Werte nur aus einem der beiden anderen Werte zu errechnen und damit völlig redundant). Bei gleichem Wortvolumen kann z.B. durchaus ein Unterschied zwischen der Häufigkeit von Nebensätzen und ihrer Länge bestehen und

---

[28] Im Falle des Hauptsatzstils, der durch geringere Werte für den eigentlich gemessenen Nebensatzstil repräsentiert wird, heißt daher "über dem Durchschnitt", daß die Werte unter dem Durchschnitt für den Nebensatzstil liegen.

[29] Vgl. den Syntax-Beitrag von A. Betten in diesem Bd., S.254ff. (speziell Anm. 77).

entweder der eine oder andere Wert das Profil stärker bestimmen (z.B. eine größere Anzahl kürzerer Nebensätze oder eine kleinere Anzahl längerer Nebensätze). Ein Zusammenhang besteht auch zwischen den Werten der Reihen 3-5: Der Wert der mittleren Länge von Nebensatzclustern errechnet sich aus dem Wert der Nebensatzlänge und der Komplexität von Nebensatzgefügen. Auch in diesem Fall ist trotz der wechselseitigen Abhängigkeit der Werte jeder einzelne Wert geeignet, das Profil des Nebensatzgebrauchs genauer zu erfassen.

Hervorzuheben sind neben den deutlichen Unterschieden zwischen der Sprechweise der Frauen und der Männer die hohen Varianzwerte zwischen den einzelnen Personencorpora. Sie sind in keinem einzigen Fall, wie man annehmen könnte, durch eines der weniger umfangreichen Einzelcorpora verursacht. Daher sind sie auch nicht auf Zufälligkeiten der Corpuszusammenstellung zurückzuführen. Die Werte repräsentieren wahrscheinlich ziemlich genau die im gesamten Corpus zu findende Streuung der durch sie reflektierten Stile. Diese großen Unterschiede zwischen den einzelnen Sprechern einerseits und die hohen Werte der gesamten Gruppe, die für die Mehrheit doch einen sehr durch NS geprägten Stil ausweisen, lassen es als sehr wahrscheinlich erscheinen, daß hier eine auffällige Besonderheit besteht.

5.2 Satzgliedfunktion und Repräsentation der semantischen Relation

Die Unterordnung durch Übernahme einer *Satzgliedfunktion* im Bezugssatz wird hier hauptsächlich hinsichtlich der Realisierung von Ergänzungssätzen in Haupt- oder Nebensatzform betrachtet, eine Klassifikation der Nebensätze nach ihrer Gliedwertigkeit im jeweiligen Bezugssatz, d.h. nach dem Grad ihrer Unterordnung relativ zum Bezugssatz, wird nicht vorgenommen. Wie bereits unter 5.1 kurz angesprochen, sind unter den Adverbialsätzen einige Typen, die als Gliedsätze problematisch sind (besonders mit *obwohl* und *so daß* angeschlossene Nebensätze). Dies ist aber eher eine Stützung der Hypothese der stilistischen Verwendung von Nebensätzen als ein Einschränkungsargument. Die Frage wird daher nicht weiterverfolgt. Es wird – wie bereits gesagt – in erster Linie untersucht, wie und wofür und wie häufig das *Stilmittel Nebensatzform* eingesetzt wird, auch wenn in einzelnen Fällen die Wahl dieser Form keine stilistische Wahl ist, sondern funktional determiniert ist. Die folgende statistische Auswertung der Satzgliedfunktionen von Nebensätzen soll auch Aufschluß darüber geben, ob und wie weit die Wahl der Nebensatzform bevorzugt bei bestimmten Satzgliedern auftritt. Auf Grund geringer Häufigkeiten einiger speziellerer Typen werden in der Statistik zunächst die am häufigsten belegten

Einzeltypen angeführt, danach aber zwei auffällig verteilte Klassen von Funktionen zusammengefaßt. Da in dieser Kategorie die äquivalenten Realisierungen in Hauptsatzform eine statistisch sehr große Rolle spielen, werden sie in die Auswertung einbezogen:

Tabelle 3: Gliedsätze (Formen, Typen, Frequenzkennwerte)

GS-HAUPTTYPEN Konj. Satzgliedfunktion	Akademik.	Nichtakad.	GESAMT	Frauen	Männer
--- ERGÄNZUNG (HS)	15	36	51	33	18
daß OBJEKT	10	20	30	18	12
weil ADVERBIAL	11	12	23	17	6
weil ADVERBIAL (HS)	2	6	8	6	2
daß ATTRIBUT	7	9	16	7	9
als ADVERBIAL / TEMP	8	5	13	6	7
--- OBJEKT (inf. NS)	6	5	11	7	4

Kennwerte d. GS-Verteilung	Akademik.	Nichtakad.	GESAMT	Frauen	Männer
Anteil der häufigen konj. NS an der Gesamtzahl konj. NS	0,44	0,74	0,57	0,68	0,46
GS-Diversifikation	0,9	0,77	1 (N=31)	0,73	0,87
Häufigkeit je Haupt-Typ	8,4	10,2	18,6	11,0	7,6
Häufigkeit je Neben-Typ	2,6	2,2	3,9	2,3	2,8

Aus der oberen Hälfte von Tabelle 3 ist zu ersehen, daß der häufigste einzelne Gliedsatztyp der Ergänzungssatz in Hauptsatzform ist (Inhaltssatz). Die Verteilung zeigt eine Bevorzugung dieses Typs durch die Gruppen der Nichtakademiker/innen und Frauen. Auf dem zweiten Häufigkeitsrang[30] folgen das Äquivalent dieser Inhaltssätze in Nebensatzform (*daß*-Satz in der Satzgliedfunktion des Objekts) und die mit *weil* eingeleiteten Kausalsätze (in Nebensatzform und Hauptsatzform), auf dem dritten Häufigkeitsrang folgen die mit *daß* eingeleiteten Attributsätze, die mit *als* eingeleiteten Temporalsätze und die infiniten Nebensätze. Die Reihenfolge der Typen innerhalb des zweiten bzw. dritten Häufigkeitsranges ist auf Grund der geringen Frequenzen sicher nicht repräsentativ. Es ist zunächst zu bemerken, daß es nur bei den ersten beiden Häufigkeitsrängen große Unterschiede zwischen den verschiedenen Teilcorpora gibt, und zwar einerseits bei der Verwendung von *weil*-Sätzen, die signifikant häufiger bei Frauen als bei

---

[30] Die Zusammenfassung von ähnlichen Häufigkeiten zu Häufigkeitsrängen, die jeweils durch signifikante Abstände getrennt sind, also von HR3 zu HR2 zu HR1 jeweils ungefähr eine Verdoppelung der Häufigkeit, ermöglicht eine zuverlässige Trennung von unterschiedlich frequenten Typen trotz der geringen Basis.

Männern zu finden sind, andererseits bei der Verwendung von *daß*-Sätzen in der Funktion des Objekts, die besonders deutlich zwischen den Teilcorpora der Akademiker/innen und Nichtakademiker/innen divergiert (10 vs. 20 Verwendungen). Bemerkenswert erscheint mir in diesem Zusammenhang, daß die Verteilung der verschiedenen Ausdrucksformen für diese Kategorie (Ergänzungssatz/ Objekt) sich in den unterschiedlichen Gruppen nicht zu einer gleichmäßigen Gesamtverteilung ergänzt. D.h., auch wenn alle Nebensätze mit Objektfunktion und die hauptsatzförmigen Inhaltssätze zusammengezählt werden, ergibt sich eine sehr unterschiedliche Verteilung der Kategorie auf die verschiedenen Teilcorpora. Diese Verteilung ist in der folgenden Tabelle 4 zusammengestellt.

Tabelle 4: Nebensätze in Objektsfunktion und Ergänzungssätze in Hauptsatzform

OBJEKTSATZTYPEN	Akademik.	Nichtakad.	GESAMT	Frauen	Männer
Ergänzungssätze in HSform	15	36	51	33	18
daß-Satz	10	20	30	18	12
infinite Nebensätze	6	4	10	6	4
ob-Satz	2	1	3	0	3
was-Satz (freier Relativsatz)	3	14	17	7	10
wie-Satz (freier Relativsatz)	0	8	8	4	4
SUMME	36	83	119	68	51

Die Gruppe der Akademiker/innen weist in beiden Ausführungsformen (NS und HS) für diese Satzgliedkategorie signifikant geringere Werte auf als die Gruppe der Nichtakademiker/innen. Die Häufigkeit der Objektsätze bei Männern und Frauen sind durch die Einbeziehung aller Ausdrucksformen einander ein wenig angeglichen, aber wahrscheinlich immer noch signifikant unterschiedlich. Eine plausible Erklärung für diese ungleiche Verteilung ist mir nicht möglich.[31]

Was die unterschiedliche Verteilung von kausalen Sätzen zwischen Frauen und Männern betrifft, müssen nach diesem Befund zunächst die expliziten mit *da* (+ NS) und *denn* (+ HS) angeschlossenen Begründungen betrachtet werden und in einem zweiten Schritt die nichtexpliziten Realisierungen. Die 2 mit *da* und die 6 mit *denn* angeschlossenen Begründungen sind

---

[31] A. Betten meinte bei einer Besprechung dieses Problems, dies könnte im Zusammenhang mit der stärkeren Ausdifferenzierung von logischen Satzzusammenhängen stehen, die gerade durch die Herausbildung der Schriftsprache erfolgt ist, so daß die Diversifizierung der Abhängigkeitsrelationen durch Ausbildung von Nebentypen zu einer Minderung der Frequenzen von Haupttypen führt. Diese Annahme wäre mit anderen Verteilungen kompatibel, sie ist mir aber nicht nachvollziehbar, weil man m.E. nicht kausale, temporale, modale etc. Verknüpfungstypen als direkte Ersatzmöglichkeiten für Objekte/Ergänzungen auffassen kann; vgl. mit Bezug auf diese Diskussion A. Betten in diesem Bd., S.262 (mit Anm. 84).

zum größeren Teil von Frauen verwendet (5:3), so daß der Unterschied nur noch deutlicher wird. Die nicht-expliziten kausalen (Begründungen oder Folgerungen ausdrückenden) Hauptsätze sind nach einer konservativen Auszählung[32] gleichmäßig auf die Corpora von Männern und Frauen verteilt (9:9), weniger gleichmäßig auf die Corpora von Akademiker/inne/n und Nichtakademiker/inne/n (6:12). Auch die übrigen Konjunktionen der kausal-konditionalen Klasse (konditional, final, konzessiv, konsekutiv) sind sowohl bei Männern und Frauen gleich verteilt (13:15) als auch bei Akademiker/inne/n und Nichtakademiker/inne/n (14:14). Also ist auch hier kein Zusammenhang mit einem anderen Anschlußtyp erkennbar, der sozusagen alternativ von den Männern bevorzugt wird. Im Detail ist die Verteilung der kausalen Verknüpfungen der folgenden Tabelle zu entnehmen:

Tabelle 5: Explizit und implizit kausal angeschlossene Sätze

Konjunktion	Satzform	Akademik.	Nichtakad.	GESAMT	Frauen	Männer
wenn	NS	4	3	7	2	5
obwohl	NS	3	0	3	0	3
damit	NS	2	0	2	0	2
um zu	NS, INF.	2	6	8	8	0
so daß	NS	2	2	4	2	2
da	NS	1	1	2	1	1
weil	NS	11	12	23	17	6

Konj./Advb.	Satzform	Akademik.	Nichtakad.	GESAMT	Frauen	Männer
weil	HS	2	6	8	6	2
denn	HS	3	3	6	4	2
trotzdem	HS	1	3	4	3	1
--- KAUS.RELATION	HS implizit	6	12	18	9	9
SUMME	NS	25	24	49	30	19
SUMME	HS	12	24	36	22	14
SUMME	NS/HS	37	48	85	52	33

Aus der Tabelle ist ersichtlich, daß im Bereich der kausalen Verknüpfungen der größte Unterschied zwischen den Corpora der Frauen und Männer besteht, sowohl hinsichtlich der Nebensätze mit kausaler Bedeutung als auch hinsichtlich der kausal verknüpften Hauptsätze: Frauen

---

[32] Damit ist gemeint, daß ich nur in sehr klaren Fällen eine kausale Relation angenommen habe und die zweifelhaften Fälle nicht berücksichtigt sind.

verwenden beide Verknüpfungstypen 1,6 mal häufiger als Männer. Der zweite auffällige Unterschied liegt in der deutlich häufigeren Verwendung von kausal verknüpften Hauptsätzen (explizit und implizit) durch die Gruppe der Nichtakademiker/innen (doppelt so oft wie die Gruppe der Akademiker/innen). Die Nichtakademiker/innen verwenden außerdem kausal verknüpfte HS gleich häufig wie kausal verknüpfte NS, bei den Akademiker/ inne/n finden sich kausal verknüpfte HS nur halb so häufig wie kausal verknüpfte NS.

Die weiteren statistischen Kennwerte sind unter dem Aspekt der stilistischen Verwendung von Nebensätzen wie unter dem Aspekt der funktionalen Ausdrucksdifferenzierung bzw. Ausdruckspräzision zu sehen. Sie geben aus verschiedener Perspektive wieder, wie differenziert das Repertoire an unterschiedlichen Typen ist und ob dieses Repertoire gleichmäßig oder ungleichmäßig ausgeschöpft wird, ob ein geringerer oder größerer Grad an Ausdrucksdifferenzierung oder Ausdrucksvariation gegeben ist. Dazu ist zunächst der Anteil der häufigen Nebensatztypen an der Gesamtzahl der Nebensätze (die Ergänzungssätze in Hauptsatzform sind aus dieser Berechnung ausgeschlossen) zu ermitteln. Dieser Wert zeigt an, wie abwechslungsreich das Repertoire an Typen ausgeschöpft wird, ob wenige Haupttypen sehr häufig verwendet werden oder in gleichmäßiger Abwechslung eine größere Zahl von unterschiedlichen Typen eingesetzt wird. Der Wert zeigt somit auch an, ob eher monoton immer wieder dieselben Strukturen oder eher abwechselnd verschiedene syntaktische Muster verwendet werden. Hier zeigt sich erwartungsgemäß, daß die Corpora der Akademiker/innen einen geringeren Anteil von Nebensätzen aus der Gruppe der Haupttypen aufweisen und entsprechend umgekehrt einen größeren Anteil an den selteneren und damit spezielleren Typen. Dies wird in anderer Perspektive auch durch die letzten beiden Kennwerte (durchschnittliche Verwendung der Haupttypen und der speziellen Typen) ausgesagt. Die Akademiker/innen verwenden die häufigen Typen weniger als die Nichtakademiker/innen und umgekehrt die insgesamt seltenen Typen etwas häufiger. Die Unterschiede sind in diesem Fall allerdings nicht so groß wie die Unterschiede zwischen Männern und Frauen. Auch der letzte Kennwert dieser Gruppe (NS-Diversifikation) bezieht sich darauf, wie viele der insgesamt belegten Typen an konjunktionalen oder infiniten Nebensätzen auch in den verschiedenen Teilcorpora vorkommen. Und auch unter diesem Blickwinkel zeigt sich der bereits mehrfach deutlich gewordene Unterschied zwischen den Gruppen der Akademiker/innen und Männer einerseits und der Nichtakademiker/innen und Frauen andererseits. Die zuletzt genannten Unterschiede sind durchgehend in Übereinstimmung mit den vorhergehenden (größere oder geringere Ausnützung des Repertoires an Ausdrucksmöglichkeiten) zu sehen. Beide komplementären Tendenzen sind ohne weiteres mit einer

Orientierung am schriftlichen Stil erklärbar und insofern mit den Beobachtungen zur Frequenz von Nebensätzen kompatibel. Allerdings ist einzuräumen, daß diese zuletzt besprochenen Kennwerte in stärkerem Ausmaß durch die geringe Größe des ausgezählten Corpus beeinflußt sind, da persönliche Vorlieben einzelner Sprecher sich auf Grund der kleinen Vergleichsgruppen zu stark im Gesamtergebnis niederschlagen können. In einigen Fällen konnte ich beobachten, daß Sprecher in einer Sequenz von etwa 100 Wörtern oft mehrmals hintereinander denselben Nebensatztyp verwenden, wie dies auch in unserem Beispiel (2) beim Sprecher AF der Fall ist, der hintereinander 3 *ob*-Sätze verwendet. Da insgesamt nur 5 *ob*-Sätze belegt sind, kommen mehr als die Hälfte der Belege von nur einem Sprecher. Auch die mit *weil* angeschlossenen Hauptsätze kommen großteils (5 von 8) von nur einer Sprecherin. Aus diesem Grund können die angeführten Verteilungen der Nebensatztypen nur mit Vorsicht interpretiert werden. Da wir aber in den wichtigen Variablen (Diversifikation, Verteilung auf häufige und seltene Typen) einen teilweise ähnlichen Befund auch bei der Verwendung von Relativsätzen feststellen können, kann insgesamt die Aussagekraft der Daten als ausreichend eingestuft werden:

Tabelle 6: Relativsätze (Frequenz, Distribution, Typen)

Relativprn. ⇒ Bezugselement	Akademik.	Nichtakad.	GESAMT	Frauen	Männer
d- ⇒ NOMEN	18	25	43	23	20
was ⇒ VERB, frei	1	11	12	6	6
wie ⇒ VERB, frei	0	8	8	4	4
PRÄP+d- ⇒ NOMEN	3	4	7	2	5

Kennwerte der RS-Verteilung	Akademik.	Nichtakad.	GESAMT	Frauen	Männer
Anteil der Relativsätze an d. Gesamtmenge d. NS	0,37	0,64	0,52	0,65	0,43
RS-Diversifikation	0,83	0,71	1,0	0,71	0,88
Häufigkeit je Haupt-Typ	5,5	12,0	17,5	8,75	8,75
Häufigkeit je Neben-Typ	2,38	2,08	3,25	1,46	2,71

Auch in dieser Verteilung der Relativsätze zeigt sich der schon bei den konjunktionalen Nebensätzen gefundene Unterschied in der Diversifikation der Typen, also der höhere Anteil an unterschiedlichen Typen bei den Akademiker/inne/n im Vergleich mit den Nichtakademiker/inne/n und auch wieder bei den Männern im Vergleich mit den Frauen. Diese gleichmäßige Wiederholung desselben Befundes bei den verschiedenen Nebensatzklassen zeigt meines Erachtens, daß diese Tendenzen repräsentativ für das gesamte Israel-Corpus sein dürften, auch wenn einzelne relative Häufigkeitswerte bei einer Erweiterung des ausgezählten Corpus differieren würden. Hinzuweisen ist bei dieser Verteilung auf den großen Unterschied zwischen den Akademiker/inne/n und Nichtakademiker/inne/n bei der Verwendung von Relativsätzen, die mit *was* oder *wie* eingeleitet sind. Da die meisten dieser Relativsätze in Objektfunktion verwendet wurden, ist an dieser Stelle nur auf die bereits erfolgte Besprechung der Nebensätze in Objektfunktion zu verweisen.

5.3 Integration von Nebensätzen: Position, Einklammerung, Ausklammerung, Fusion

Die Integration von abhängigen, untergeordneten und im weiteren Sinn zugeordneten Sätzen in die Struktur eines Bezugssatzes kann hinsichtlich der funktionalen Eingliederung (als Subjekt, Objekt, Attribut mit genauem Bezugselement oder Adverbial mit mehr oder weniger deutlichem Bezug zum Verb oder zum ganzen Satz) nicht nur unterschiedlich ausgeprägt sein, sondern auch formal auf verschiedene Weise erfolgen. Ich werde im folgenden die möglichen Ausprägungen der Variablen *Position* relativ zum Bezugselement (Wort, Verbvalenz, Satz), der *Fusionierung* mit dem Bezugssatz bei entsprechenden Voraussetzungen und der materiellen *Einklammerung* durch Einheiten (Satzglieder, Wörter, Rekonstruktionen) des Bezugssatzes näher besprechen. Bei allen drei Variablen besteht eine relativ große Wahlfreiheit und damit die Möglichkeit zu stilistischer Differenzierung, mehr als bei den bisher behandelten Variablen (Nebensatzform, Satzgliedfunktion). Aus der Kombination dieser Variablen können sich unterschiedliche Grade an Integration und Strenge der syntaktischen Organisation des Sprachmaterials ergeben.

5.3.1 Position und Einklammerung von Nebensätzen

Die Position der Gliedsätze unter den Nebensätzen scheint mit der Einschränkung, daß Objektsätze kaum im Mittelfeld eingebettet werden können, in der Schriftsprache prinzipiell frei zu sein,[33] die Position von attributiven Relativsätzen wird durch das Bezugswort bestimmt und weist keine weiteren Beschränkungen auf.

Im hier untersuchten Corpus werden in der deutlichen Mehrzahl der Fälle die Nebensätze an das Ende der Sätze gestellt, auf die sie bezogen sind. Von den konjunktional eingeleiteten und

---

[33] Zur Position der Adverbialsätze vgl. Pittner (1999: 200ff.). Sie nimmt als Grundposition wie für die nicht-sententialen Adverbiale das Mittelfeld an.

infiniten Nebensätzen wird in 120 Fällen die Position nach dem Hauptsatz (Nachfeld) besetzt, in 35 Fällen eine Position vor oder nach dem finiten Verb (Vorfeld oder Mittelfeld). In 12 der 35 Fälle handelt es sich nicht um einen einzelnen Nebensatz, sondern um einen Nebensatzcluster oder ein Nebensatzgefüge.

Infinite Nebensätze (22 Fälle) sind nur im Nachfeld, aber beim Auftreten mehrerer NS im Nachfeld nicht in der absoluten Endposition zu finden, d.h. in 5 Fällen folgt 1 weiterer NS, in einem Fall folgen 2 weitere Nebensätze. Bei 2 infiniten Subjektsätzen ist die Normalposition des Subjekts durch ein Korrelat besetzt. Nur in einem Fall kann dabei auch von Ausklammerung des infiniten Nebensatzes in das Nachfeld gesprochen werden, wo durch einen unmittelbaren Anschluß an das Bezugswort auch eine Einklammerung durch den Bezugssatz möglich wäre (Ph 42: 71, Z.14-16: "und habe dann *die erlaubnis* von der studienstiftung bekommen *weiterzumachen für das doktorat*" → 'und habe dann die Erlaubnis, für das Doktorat weiterzumachen, von der Studienstiftung bekommen').

Von den *daß*-Objekt/Attribut-Sätzen sind nur 10% (5 von 51 Fällen) in den übergeordneten Satz so eingesetzt, daß danach noch Teile des übergeordneten Satzes folgen und den NS einklammern. Relativ zur HS-Struktur sind diese *daß*-Sätze jeweils im Vorfeld positioniert, relativ zur Struktur des unmittelbar übergeordneten NS sind sie jeweils im Nachfeld positioniert:

(1)   [diejenige [die sehr interessiert war [*daß ich entlassen wer-
        de*]] wurde selbst entlassen↓]   (Krausz, Ph 42: 97, Z.58-60)[34]

In 2 Fällen geht der *daß*-Objektsatz, der jeweils einem an der Satzspitze stehenden temporalen Nebensatz untergeordnet ist, dem Hauptsatz voraus:

(2)   [und hat ihm gesacht [bis du nich siehst [*daß dein vater * in
        marseille auf=m schiff is ***] läßt du ihn nicht alleine↓]]
        (Grossmann, Ph 42: 125, Z.16-18)

(3)   und [wie die gehört ham [*daß ihnen jemand sagt* [die herren]]
        warn die so perplex ...]   (Vardon, Ph 42: 91, Z.20f.)

Ein unklarer Fall liegt in folgendem Beispiel vor, wo in den *daß*-Satz ein Relativsatz eingebettet ist und der *daß*-Attributsatz in der Fortsetzung hauptsatzförmig weitergeführt wird:

---

[34] Die folgenden Zitate aus Interviews entsprechen in der Schreibung und den Markierungen für Pausen und Intonation der Wiedergabe im Textband Ph 42, nur die Doppelpunkte zur Kennzeichnung von Längen sind weggelassen, um Verwechslungen mit dem syntaktischen Satzgrenzzeichen zu vermeiden. Eingefügt sind einige Analysezeichen zur Markierung von Satzgrenzen, nämlich die eckigen Klammern für Beginn bzw. Ende und das Dollarzeichen $ für Satzabbruch. An einigen Stellen sind an die eckigen Klammern noch tiefgestellte Indizierungen wie HS1, HG1, P angeschlossen, um unterschiedliche Grenzmarkierungen (für Hauptsätze, Hauptsatzgefüge oder Parenthesen) zu kennzeichnen.

(4)   [wir blieben also in unseren positionen↓ ** [was die merkwürdi-
        ge folge hatte [*daß zuerst* [wo also nichts sein durfte] **
        plötzlich waren wir alle genau dasselbe * wie alle andern]]]
        (L. Eisner, Ph 42: 76, Z.19-22)

Neben der syntaktischen Konstruktion ist auch der Bedeutungsaufbau des Gesamtsatzes (4) in der Position des *daß*-Satzes gestört, die Temporalangabe *zuerst* mit attributivem Relativsatz würde als konjunktionaler Temporalsatz eher verständlich sein (z.B. in dieser Variante: 'daß, nachdem zuerst nichts sein durfte, plötzlich wir alle genau dasselbe waren wie alle anderen'). In 4 Fällen liegen Subjektsätze vor, alle im Nachfeld, dreimal befindet sich in der Normalposition des Subjekts ein Korrelat.

Auch die Kausalsätze werden in der Mehrzahl der Fälle in das Nachfeld gesetzt (in 33 von 42). In Anfangsposition (vor dem finiten Verb des Hauptsatzes) stehen nur 3 von 7 mit *wenn* eingeleiteten konditionalen Nebensätzen und schließlich noch einer von 15 mit *weil* eingeleiteten Nebensätzen. In das Mittelfeld, d.i. nach der finiten Verbform und vor dem Nachfeld, sind nur 4 kausal-konditionale Nebensätze gesetzt, darunter 1 *wenn*-Satz und 3 *weil*-Sätze, davon sind allerdings 2 eher zweifelhafte Fälle von *weil*-Sätzen in Hauptsatzform:

(5)   [ich hab mir nur gedacht [ham die einen mut↓ ** [weil * [gut
        ist die nächste generation↓] [aber trotzdem↓ * s is schon a
        paar jahre her↑ ja↑]$] [neunzehnhundertsiebenundsechzig herzu-
        kommen zu den juden↓]]]   (Beck, Ph 42: 406f., Z.17-21)

(6)   [es warn ja * überhaupt viele deutsche gekommen↓] * [aber ihr *
        sie warn also sie warn nicht in gruppen↓ * b/ nicht nicht unter
        * unter dem aus dem grund [weil sie wollten ä gutmachen↓] son-
        dern * vielleicht ja↓ aber nicht nicht o/ in organisierter
        form↓]   (Beck, Ph 42: 408, Z.67-75)

In beiden Beispielen ist die Abgrenzung von Teilsätzen oder satzwertigen Gruppen relativ problematisch. Ich interpretiere die Sequenz "neunzehnhundertsiebenundsechzig herzukommen zu den juden" in Beispiel (5) als infiniten Attributsatz zu "mut", eine sinntragende Proposition zu *weil* ist mir im vorhandenen sprachlichen Material nicht erkennbar, ich unterstelle daher, daß sie fehlt und markiere das Ende der mit *weil* eingeleiteten Konstruktion (nach "ja↑") mit dem Zeichen $ für Satzabbruch. Das Beispiel (6) ist in der letzten Sequenz ("sondern [...] form") zwar syntaktisch sehr wenig organisiert, aber man kann verstehen, was gemeint ist. Da trotz aller Unsicherheiten der Feststellung des Bezugsbereiches von "nicht unter * unter dem aus dem grund" die mit *sondern* eingeleitete Sequenz jedenfalls daran anzuschließen ist, kann der *weil-*

Satz als im Mittelfeld positioniert (nach dem Verb und vor dem Satzende eingesetzt) angesehen werden.

Von den übrigen kausalen Nebensätzen (eingeleitet mit *damit, um ... zu, obwohl, so daß*) sind alle 16 Fälle eindeutig im Nachfeld positioniert.

Die temporalen Nebensätze sind als einziger Nebensatztyp nicht mehrheitlich im Nachfeld zu finden, nämlich nur in 18 von 39 Fällen. In 19 Fällen sind temporale Nebensätze im Vorfeld verwendet (davon 6 mit *wie*, 6 mit *als*, 3 mit *wenn*, 3 mit *nachdem* und 1 mit *bis* eingeleitet), in 2 Fällen ist ein temporaler Nebensatz (einmal mit *als*, einmal mit *wie* eingeleitet) im Mittelfeld eingebettet. Die Feststellung einer Vorfeldposition bezieht sich immer auf den unmittelbar übergeordneten Satz, gelegentlich kann eine solche Anfangsposition relativ zur Struktur des Gesamtsatzes auch im Satzinneren dieses größeren Komplexes liegen. Im folgenden Beispiel ist der mit *wenn* eingeleitete temporale Nebensatz jedoch nicht eindeutig zuzuordnen. Nach der m.E. wahrscheinlicheren Lesart ist er im Nachfeld des vorangehenden Hauptsatzes anzusetzen (das entspricht der im Beispiel 7 eingetragenen Struktur mit den doppelten Satzabschlußklammern nach dem *wenn*-Satz), nach der zweiten Lesart ist dieser NS dem Vorfeld des nachfolgenden Hauptsatzes ("das is mir noch grade [...]") zuzuordnen:

(7)   [und in breslau hab ich schließlich meine juristischen examina
        gemacht! ** das heißt das referendarexamen! ** [*wenn ich stu-
        diert habe * zuerst in freiburg ** und in münchen * und zum
        schluß als schlesier ** natürlich in ** breslau!*]] ** [das is
        mir noch grade ** in ä ** im im im im januar anfang februar *
        dreiundreißich gelungen [das examen zu machen ** [als die mit-
        teilungen noch nicht durch waren ** [daß man * ä juden über-
        haupt nich mehr zuläßt zu examina!]]]]   (L. Eisner, Ph 42: 76, Z.2-10)

(8)   [und ich war habe gearbeitet * [bevor ich mein extranabitur[35]
        gemacht habe!] ** *habe gearbeitet* schon fünf oder sechs jahre
        vorher] [vom ** von sechzehn ** [*wie ich sechzehn jahre alt
        war!*] *3* sechzehn siebzehn so ungefähr!** *hab ich gearbeit* in
        einer fabrik! *3* [bis ich ** zweiunzwanzich jahre alt war!]]
        (Gilead, Ph 42: 71, Z.23-29)

Beispiel (8) zeigt 3 Einbettungen von temporalen Nebensätzen, davon eine eindeutig im Nachfeld (*bis*-Satz), eine im Vorfeld (*wie*-Satz). Ein NS (*bevor*-Satz) ist hinsichtlich der Position nicht zuverlässig bestimmbar. Je nach Interpretation der Satzgliederung kann entweder eine Mittel- oder Vorfeldposition angenommen werden (diese Interpretation entspricht den im Bei-

---

[35] Veraltet für 'Externabitur'.

spiel eingesetzten Strukturklammern), wenn man die (nachgetragene) Temporalangabe "schon fünf oder sechs jahre vorher" als in die Struktur des ersten Hauptsatzes integriert betrachtet – unter Wiederholung des Strukturteils "habe gearbeitet"; oder es ist eine Nachfeldposition anzusetzen, wenn man nach dem Nebensatz einen neuen Satzbeginn annimmt. Der Fall ist ein Musterbeispiel für die Vermeidung von Einbettungen im Mittelfeld, da durch die Struktur-wiederholung ("habe gearbeitet") letztlich eine Uminterpretation der Nebensatzposition erfolgt: Der NS wird durch die Strukturwiederholung in das Vorfeld gerückt.

Bei den Relativsätzen sind 90 Fälle hinsichtlich der Position klassifizierbar. Davon sind über-raschenderweise nur 34 Fälle eingebettete Relativsätze, also die überwiegende Mehrzahl wird auch bei dieser Klasse in das Nachfeld gesetzt. Unter diesen 34 eingebetteten Relativsätzen befinden sich – ebenso überraschend – nur 17 Attributsätze, die übrigens fast alle unmittelbar an ein Nomen oder Pronomen angeschlossen sind. Diesen 17 eingebetteten attributiven Relativ-sätzen stehen 29 attributive Relativsätze im Nachfeld gegenüber. In 5 von diesen 29 Fällen folgt der attributive Relativsatz nicht unmittelbar dem Bezugswort, d.h. man kann von *Ausklamme-rung* sprechen:

(9)   [schon mit fünfzehn oder sechzehn jahren hab ich *vorträge* ge-
        halten in in jüdischen jugendgruppen⌐ ** [die ä sich einfach
        auseinandersetzten mit ä ** mit ä dem verhältnis *3* der jüdi-
        schen menschen zur jüdischen gemeinschaft und auch zur * zur
        deutschen gesellschaft⌐]] **   (Eger, Ph 42: 40, Z.34-40)

(10)   [und ä das konnte natürlich * d/ ein geschäft * nich ** auf-
        bringen⌐ ** [so daß wir dort wegziehn mußten⌐] ** [und leider
        in eine *parallelstraße* gezogen sind ** [die ä eben keine * hm ä
        laufgegend war⌐]]]*   (A. Bergmann, Ph 42: 56, Z.24-28)

Die Hauptsätze, in denen die Bezugswörter ("vorträge" bzw. "parallelstraße") stehen, auf die sich die jeweils in das Nachfeld gesetzten attributiven Relativsätze beziehen, werden zuerst abge-schlossen und erst danach die Relativsätze ausgeführt.

In immerhin 10 dieser 34 Fälle von Relativsatzeinbettungen wird mehr als 1 Nebensatz einge-bettet, d.h., daß nicht nur 1 Relativsatz eingebettet ist, sondern 1 oder 2 weitere Nebensätze, die dem Relativsatz entweder unter- oder nebengeordnet sind:

(11)   [[ja⌐ *wir gehörten der liberalen gemeinde an*⌐]ₕₛ₁ ** [die ihre
        gottesdienste in der * großen synagoge haben⌐ ** [die dann zer-
        stört worden is⌐] ** [an der ei/ * dessen platz wir gestern *
        einen schönen ** gedenkstein gesehen haben⌐]] ** [*und gingen in
        * in der hauptsache an den feiertachen * in die synagoche*⌐] **

[*und an * gedenktachen für ** todestachel ** der großeltern zum*
beispiel↓] ₍HS2₎]   (G. Kedar, Ph 42: 58f., Z.28-36)

Der Hauptsatz in Beispiel (11), der aus 2 koordinierten HS zusammengesetzt ist, ist kursiv hervorgehoben, in der Fuge zwischen den koordinierten HS ist der Nebensatzkomplex aus 3 Relativsätzen eingebettet, wobei der dritte Relativsatz an den zweiten asyndetisch koordinierend angeschlossen ist. Die Gesamtstruktur ist selbst nach den Normen der Schriftsprache syntaktisch fehlerfrei.

Es sind natürlich gerade unter den Beispielen für die Einbettung von Nebensatzkomplexen auch Fälle von syntaktisch "entgleisten" Konstruktionen zu finden, von denen ein problematisches Beispiel besprochen werden soll:

(12)   [meine mutter dag/ meine mutter dagegen war aus einem haus ₍RG1₎
       [wo zwar wieder ihr vater [der äm ** bekannter augenarzt in
       köln war↓] ** [aber nicht dort geboren↓] [er kam aus der gegend
       von ä ** pommern ä oder westpreußen↓]ₚ ** äm $]₍RG1₎** [*und hatte*
       *sich auch ** ziemlich weit in seinem * während seines studiums*
       ** *vom judentum entfernt* [obwohl er auch aus einer sogar from-
       men familie war↓]] ** [*brachte aber der großmutter ** [die an*
       sich wieder aus einer familie war [die ** um achtzehnhundert
       herum rabbiner in ä köln und bonn waren ** [die ab/ wo aber
       nichts zurückgeblieben war von ä * von judentum↓]]] $]₍HG2₎]₍HG1₎ *
       (Dror, Ph 42: 65, Z.28-39)

Im kursiv gesetzten Teilsatz ist die Konstruktion nicht mehr korrekt an den Teilsatzkomplex RG1 ("wo zwar wieder ihr vater") angeschlossen, sondern wird im Anschluß an den parenthetischen Hauptsatz ("[er kam aus ...]ₚ") fortgesetzt. Daher ist in die Strukturbeschreibung hier das Zeichen $] für den abgebrochenen Teilsatz eingetragen. Der folgende koordinierte Hauptsatz ist also an die Parenthese angeschlossen. Nach einem weiteren eingeschobenen Nebensatz ("obwohl [...]") ist 1 weiterer koordinierter Hauptsatz begonnen ("brachte aber [...]"), der ebenfalls nach weiteren 3 eingebetteten Relativsätzen nicht zu Ende geführt ist. Die Analyse kann natürlich nur ein Vorschlag sein, da der Sinn des Teilsatzstückes ("brachte aber der großmutter") nicht sicher rekonstruierbar ist.

Von den 10 Einbettungen von Relativsatzkomplexen[36] sind immerhin 7 syntaktisch in Ordnung und nur 3 defekt, wobei nur im zitierten Beispiel (12) die Bedeutung nicht sicher rekonstruiert werden kann. Den 10 eingebetteten Relativsatzkomplexen stehen aber 17 Relativsatz-

---

[36] Ein Relativsatzkomplex liegt dann vor, wenn ein Nebensatzkomplex von einem Relativsatz dominiert wird.

komplexe im Nachfeld gegenüber, unter denen kein einziger Fall einer syntaktisch defekten Struktur zu finden ist. Bei den konjunktional eingeleiteten und infiniten Nebensätzen beträgt das Verhältnis zwischen eingebetteten und im Nachfeld angeschlossenen Nebensatzkomplexen 12 zu 31 Fälle.

Zusammenfassend ist zu sagen, daß erwartungsgemäß zum einen die Position der Nebensätze am Satzende stark überwiegt, sie ist ca. 2,5 mal so häufig wie die Vorfeld- und Mittelfeldposition zusammengenommen, daß aber zum anderen im Verhältnis zwischen eingebetteten und endpositionierten Nebensätzen keine erkennbaren Verteilungsunterschiede zwischen den verglichenen Corpora gegeben sind. Aus diesem Grund wird auch auf eine tabellarische Darstellung der Verteilung verzichtet.

5.3.2 Fusionierung des zugeordneten Teilsatzes bei Koordination von Nebensätzen

Satzverknüpfungen mit teilweiser Fusionierung der Sätze hinsichtlich jener Stellen, die in beiden Sätzen mit gleicher Referenz vorkommen, also dieselbe Informationsaufgabe erfüllen und durch Zusammenlegung der Sätze nur mehr einfach besetzt werden müssen, treten bei Koordination von Hauptsätzen, Nebensätzen, Satzgliedern auf, aber auch bei Subjektgleichheit zwischen einem Hauptsatz und einem *daß*-Satz in verschiedenen Konstellationen. Eine davon ist die koordinative Verknüpfung eines Nebensatzes mit einem Nebensatz. Es kann dabei zur Tilgung von referenzgleichen Satzgliedern im koordinierten Nebensatz kommen. Meistens handelt es sich um die Konjunktion und das Subjekt:

(13)   bei siegfried * hat sie es getan hat sie das ä dem hagen verra-
       ten ** weil sie ihn schützen weil se se dachte *daß hagen* sein
       freund is und ihn schützen wollte! damit er ihn schützen kann!
       (Blumenfeld, Ph 42: 42, Z.55-58)

Dem Objektsatz "daß hagen sein freund is" wird der weitere Objektsatz "und ihn schützen wollte" koordiniert. Der koordinierte Satz könnte auch auf folgende Weise formuliert sein: 'und daß er ihn schützen wollte'. In der ersten Variante ist die subordinierende Konjunktion *daß* aus der Struktur getilgt, ebenso das referenzgleiche Subjekt "hagen". Diese Konstruktion benötigt zu ihrer syntaktischen Vollständigkeit Teile der Konstruktion des Bezugssatzes. In der zweiten Variante ist ein solches Teilen von Konstruktionselementen nicht gegeben. Man könnte annehmen, daß der erste Konstruktionstyp eine engere Verknüpfung der Konstruktionen darstellt. Ich unterscheide die Varianten danach, ob eine syntaktische Fusionierung durchgeführt ist oder

nicht, und ordne daher die fusionierte Variante dem hypotaktischen Bauprinzip zu, die zweite
nicht-fusionierte Variante dem parataktischen:

(14)   [auf der andern seite hatt=i entsetzliche angst [er könnte den-
        ken [[*weil er* kein jude is!] [oder *weil er* nich so schön ge-
        wachsen is] ** [oder *weil er* ein proletarier is!]$] ** [und ich
        habe alles getan ** [um ihm jetzt dieses gefühl bei ihm nicht
        aufkommen zu lassen!]] *   (Kolath, Ph 42: 35, Z.69-73)

Die nicht-fusionierten koordinierten *weil*-Sätze von Beispiel (14) sind in hohem Maße unabhängig voneinander interpretierbar, die Relation zum Bezugssatz ist in jedem einzelnen
Nebensatz ausgedrückt und jeder einzelne Nebensatz enthält auch eine vollständige syntaktische
Struktur im Gegensatz zum fusionierten koordinierten *daß*-Satz in Beispiel (13). Dieser ist durch
die Integration in die Struktur des Nebensatzes, dem er koordiniert ist, nicht mehr unmittelbar
auf den eigentlichen Bezugssatz orientiert, und dies entspricht dem Prinzip der Unterordnung.

In den koordinierten Nebensätzen des hier untersuchten Ausschnittes des Israel-Corpus sind
beide Varianten vertreten, insgesamt bei mehr als der Hälfte aller Sprecher/innen (14). 5 Sprecher verwenden gleichzeitig beide Varianten, 7 Sprecher/innen nur die fusionierte Variante, 2
Sprecher/innen nur die nicht-fusionierte Form. Diese Verteilung ist auf Grund der teilweise sehr
kleinen Einzelcorpora natürlich mit Vorsicht zu interpretieren.

In 22 Fällen wird insgesamt die erste Variante (Fusionierung) eingesetzt, in 11 Fällen wird die
zweite Variante (volle Konstruktion) verwendet. Die Verteilung auf die unterschiedlichen
Teilcorpora ist interpretierbar im Sinne der Hypothese: Im Corpus der Akademiker/innen ist das
Verhältnis der beiden Konstruktionstypen 16:4, bei den Nichtakademiker/inne/n ist es 6:7. Die
Relationen in den Teilcorpora der Männer und Frauen entsprechen mit den Verhältnissen 15:9
bzw. 7:2 allerdings nicht dem sonstigen Trend. Obwohl die Zahlen sehr klein sind und daher –
wie an den Werten des Frauencorpus zu ersehen ist – ein gewisses Fehlerrisiko besteht, gehe ich
davon aus, daß die Differenz zwischen Akademiker/inne/n und Nichtakademiker/inne/n im
Sinne der vielfach bestätigten Hypothese interpretierbar ist und keine zufällige Verteilung
darstellt.[37]

---

[37] Hier ist mit einer geringen Wahrscheinlichkeit auch ein Zufallsergebnis nicht auszuschließen, aber es ist mir aus
      Zeitgründen nicht möglich, die Verteilung im erweiterten Corpus (C2) zu überprüfen.

5.3.3 Ausklammerung und Konstruktionsdefizite in Nebensätzen

Die Nebensätze haben einen sehr hohen syntaktischen Bindungswert, d.h. man kann mit ihnen umfangreichere Strukturen aufbauen. Wie aus dem Abschnitt über die Position der Nebensätze hervorging, werden sie in der gesprochenen Sprache dieses Corpus bevorzugt im Nachfeld des Hauptsatzes eingesetzt und sehr häufig nicht nur als einzelne Nebensätze, sondern als Gefüge oder Verbindungen von zwei, drei und mehr Nebensätzen (vgl. Bsp. 13). Gleichzeitig ist aus der Untersuchung der mittleren Nebensatzlänge ein Vorherrschen von sehr kurzen Nebensätzen ersichtlich geworden. Dies steht zweifellos in einem Zusammenhang mit der kognitiven Verarbeitungskapazität und zeigt sich auch darin, daß bei längeren Nebensätzen die Struktur in Form der Satzklammer nach der Durchschnittslänge geschlossen wird und sehr viel Information außerhalb der Strukturklammer nachgetragen wird. Auch hierin erweisen sich die untersuchten Sprecher/innen des Israel-Corpus zum Großteil als wahre Meister, wobei sich aber die bereits öfter manifesten Gruppenunterschiede wieder deutlich zeigen. Besonders die Gruppe der Akademiker/innen sticht mit höheren Komplexitätswerten hervor, was in der größeren Zahl und im größeren Umfang des ausgeklammerten sprachlichen Materials sichtbar wird. Im engen Zusammenhang mit höheren Komplexitätswerten können aber auch Fehlleistungen im syntaktischen Bau stehen. In der folgenden Tabelle sind einige Kennwerte für die Ausklammerung in den Nebensätzen zusammengestellt, nämlich der Anteile der Nebensätze mit bis zu 2, 4 oder 5 und mehr ausgeklammerten Wörtern, ferner der Mittelwert der Nebensatzlängen, die einmal inklusive und einmal exklusive des ausgeklammerten Wortanteiles berechnet sind:

Tabelle 7: Ausklammerungen in Nebensätzen

AUSKLAMMERUNG	Akademik.	Nichtakad.	GESAMT	Frauen	Männer
Anteil d. NS mit Ausklammerung an der Gesamtzahl der Nebensätze	0,18	0,09	0,13	0,13	0,13
Anteil d. 1-2 Wort-Ausklammerung	0,06	0,03	0,04	0,04	0,05
Anteil d. 3-4 Wort-Ausklammerung	0,07	0,03	0,05	0,06	0,03
Anteil d. ≥5 Wort-Ausklammerung	0,05	0,03	0,04	0,03	0,05
Nebensatzlänge mit Auskl. (Mittelw.)	7,1	6,1	6.7	6,4	6,9
Nebensatzlänge ohne Auskl. (Mittelw.)	6,4	5,6	6,0	5,7	6,2

Wie aus den Werten für den Anteil der Nebensätze mit Ausklammerung und den Anteilen an kurzen, mittleren und langen Ausklammerungen hervorgeht, ist hier der Unterschied zwischen den Gruppen der Akademiker/innen und Nichtakademiker/innen am markantesten, die Werte betragen bei den Akademiker/inne/n jeweils das Doppelte. An den Nebensatzlängen ist zu sehen, daß die Mittelwerte der Nebensatzlängen ohne Ausklammerungen deutlich geringere Abstände zwischen den verschieden Gruppenwerten aufweisen, sie liegen bei maximal 0,8 Wörtern Differenz, während die mittlere Nebensatzlänge einschließlich der ausgeklammerten Wörter um genau 1 Wort zwischen dem Durchschnitt der Akademiker/innen und Nichtakademiker/innen variiert (7,1 bzw. 6,1). Die minimale Differenz zwischen den beiden Werten sind 0,5 Wörter (das ist bezogen auf den kleineren Wert, die Länge exklusive Ausklammerungen, knapp 10% Differenz) bei den Nichtakademiker/inne/n.

Der Unterschied zwischen den Frauen und Männern ist bei diesem Kennwert nur halb so groß. Umgekehrt ist das Verhältnis zwischen den Gruppen in den Werten für Konstruktionsfehler (bezogen auf die Norm der Schriftsprache, die unserer Meinung nach von der Mehrheit der Sprecher/innen angestrebt ist). Das Teilcorpus der Akademiker/innen zeigt den höchsten Anteil an Konstruktionsmängeln (Wechsel von Nebensatzform zu Hauptsatzform, Umstellung der Satzgliedfolge, Wiederholung von Satzgliedern):

Tabelle 8: Konstruktionsdefizite in Nebensätzen

KONSTRUKTIONSDEFIZITE	Akademik.	Nichtakad.	GESAMT	Frauen	Männer
Konstruktionszusammenbruch 1: Nebensatzform ⇒ Hauptsatzform	0,044	0,006	0,025	0,032	0,018
Konstruktionswechsel (exkl. K-Bruch)	0,012	0,0	0,006	0,006	0,006
Ellipsen (Bedeutung erkennbar)	0,025	0,036	0,031	0,032	0,030

6 Zusammenfassung

Die Untersuchung ging von der Frage aus, ob im Israel-Emigranten-Corpus eine mündliche Sprachform vorliegt, die in auffälligem Ausmaß an Stilidealen der geschriebenen Sprache orientiert ist. Ich habe versucht, in einem kleinen Ausschnitt des Corpus syntaktische Charakteristika, die in hohem Maße geschriebene Sprache von gesprochener Sprache trennen, statistisch zu prüfen und habe zu diesem Zweck das Auswahlcorpus so zusammengestellt, daß nach Geschlecht und Ausbildung unterschiedene Gruppen von Sprecherinnen und Sprechern in annähernd gleich großen Textumfängen vertreten sind. Dieses Corpus habe ich hinsichtlich der Verwendung von Nebensätzen analysiert und verschiedene Kriterien berücksichtigt, vor allem die Verteilung von bestimmten Typen von Nebensätzen, die Gruppierungen von Nebensätzen zu Nebensatzgefügen, die Positionen relativ zum Bezugssatz bzw. innerhalb der Struktur des Bezugssatzes (Vorfeld, Mittelfeld, Nachfeld), aber auch die mittleren Nebensatzlängen und ihre Häufigkeit relativ zur Wortzahl.

Verschiedene Kennwerte bzw. Verteilungen von nebensatzspezifischen Textmerkmalen ergeben eine klare Tendenz, nach der festgestellt werden kann, daß in diesem Corpus von einer Mehrheit der Sprecher/innen eine Sprache verwendet wird, die in wichtigen Merkmalen Stilidealen der Schriftlichkeit verpflichtet ist. Manche Verteilung ist auf der Basis der Hypothese nicht erklärbar. Vielleicht stellen diese Ergebnisse eine Anregung für weitere Untersuchungen dar.

7 Literatur

Bartsch, Renate (1978): Satzreihung, Satzgefüge oder Adverbialkonstruktion? Über pragmatische und kontextuelle Unterschiede zwischen semantisch gleichwertigen Aussagen, in: D. Hartmann/H. Linke/ O. Ludwig (Hgg.): Sprache in Gegenwart und Geschichte. Festschrift für H.M. Heinrichs, Köln, Wien: Böhlau, S.1-18.

Betten, Anne (1993): Die literaturorientierte Dialogsprache der zwanziger Jahre. Beobachtungen an Interviews mit ehemals deutschen Juden in Israel, in: H. Löffler (Hg): Dialoganalyse IV. Referate der 4. Arbeitstagung Basel 1992, Tübingen: Niemeyer, Teil 1, S.187-198.

— (1995): Einleitung, in: A. Betten (Hg.): Sprachbewahrung nach der Emigration – Das Deutsch der 20er Jahre in Israel. Teil 1: Transkripte und Tondokumente. Unter Mitarbeit von Sigrid Graßl, Tübingen: Niemeyer (Phonai 42), S.1-32.

Brandt, Margareta (1990): Weiterführende Nebensätze. Zu ihrer Syntax, Semantik und Pragmatik, Stockholm: Almqvist und Wiksell (Lunder germanistische Forschungen 57).

— (1996): Subordination und Parenthese als Mittel der Inhaltsstrukturierung von Texten, in: W. Motsch (Hg.): Ebenen der Textstruktur. Sprachliche und kommunikative Prinzipien, Tübingen: Niemeyer (Reihe Germanistische Linguistik 164), S.211-240.

Fabricius-Hansen, Cathrine (1992): Subordination, in: L. Hoffmann (Hg.): Deutsche Syntax. Aussichten und Ansichten, Berlin, New York: de Gruyter, S.58-83.

Kreye, Horst (1989): Satzform und Stil, Heidelberg: Julius Groos.

Meyer, Paul Georg (1975): Satzverknüpfungsrelationen. Ein Interpretationsmodell für situationsunabhängige Texte, Tübingen: Narr (Tübinger Beiträge zur Linguistik 61).

Müller, Beat Louis (1985): Der Satz. Definition und sprachtheoretischer Status, Tübingen: Niemeyer (Reihe Germanistische Linguistik 57).

Peyer, Ann (1997): Satzverknüpfung: syntaktische und textpragmatische Aspekte, Tübingen: Niemeyer (Reihe Germanistische Linguistik 178)

Pittner, Karin (1999): Adverbiale im Deutschen. Untersuchungen zu ihrer Stellung und Interpretation, Tübingen: Stauffenburg (Studien zur deutschen Grammatik 60).

Polenz, Peter von (1985): Deutsche Satzsemantik. Grundbegriffe des Zwischen-den-Zeilen-Lesens, Berlin, New York: de Gruyter (Sammlung Göschen 2226).

Ruprecht, Robert (1993): Die Syntax als Metrik der Prosa. Zur Rolle der Syntax für die Textinterpretation, Bern, Berlin, Frankfurt/M., New York, Paris, Wien: Peter Lang (Europäische Hochschulschriften, Reihe I: Deutsche Sprache und Literatur 1380).

CHRISTIAN ALBERT

Parenthesen als syntaktisches Charakteristikum des Israel-Corpus

Formen – Funktionen – Frequenz

1 Ausgangsfragen

Mit einer Beobachtung und der Formulierung einer linguistischen Hypothese hat es begonnen: dem auffällig gepflegten Deutsch der aus Nazi-Deutschland und den verschiedenen deutschsprachigen Ländern und Gebieten Mitteleuropas nach Palästina/Israel emigrierten Juden, das noch heute jenes hohe, weitgehend an der Schrift- und Literatursprache orientierte Sprachniveau des klassisch-humanistisch gebildeten Bürgertums der 20er und 30er Jahre zu repräsentieren scheint und auf diese Weise eine der wenigen Möglichkeiten eröffnet, Sprachwandel auch in der gesprochenen Sprache an authentischem Datenmaterial zu studieren.

Das Interesse, das dem Israel-Projekt A. Bettens inzwischen entgegengebracht wird, gilt jedoch vor allem dem inhaltlichen Wert der Interviews; das hohe Sprachniveau der Interviewten hingegen läßt sich an den transkribierten Textausschnitten der bisherigen Publikationen nicht so einfach "auf den ersten Blick" verifizieren.[1] Offensichtlich bedarf die linguistische Ausgangshypothese der weiteren Überprüfung – auch anhand längerer Textpassagen beziehungsweise vollständiger Aufnahmen.

Eine solche Möglichkeit stellt die Betrachtung der Parenthese dar: Da nämlich die Gesprochene-Sprache-Forschung eine hohe Parenthesendistribution ebenso zu den Charakteristika der gegenwartssprachlichen Mündlichkeit zählt wie typische Wiederaufnahmeformen nach Einschüben, müßten sich mit dem Material aus Israel – wenn die jüdischen Emigranten wirklich (fast) so sprechen, wie man schreibt – folgende zwei Fragen positiv beantworten lassen:

1. Übersteigt die Zahl der syntaktisch korrekten Weiterführungen nach Parenthesen die der Wiederaufnahmen?[2]
2. Läßt sich, im Vergleich zu anderen Textcorpora gesprochener Gegenwartssprache, eine niedrigere Parenthesendistribution feststellen?

Zur zweiten Frage noch eine Anmerkung: Parenthesen gelten in der Gesprochene-Sprache-Forschung als ein Mittel zur Herstellung und Sicherung der Verständigung, als Zugeständnis des Sprechers an den Hörer, im Falle des Nichtverstehens eine Erläuterung einzuschieben. Weil aber

---

[1] Vgl. etwa die in diesem Punkt kritische Rezension zu Betten (1995b) von Burkhardt/Burkhardt (1997: 85f.).

[2] Zur Abgrenzung der Termini "Weiterführung" und "Wiederaufnahme" vgl. Abschnitt 4.

eine gelungene Kommunikation als oberstes Ziel jeden Gespräches anzunehmen ist, läßt sich auch bei stärker an schrift-/literatursprachlichen Normen orientierten Sprechern die Verwendung von Parenthesen erwarten, sollte ihr Gegenüber Verständnisprobleme signalisieren. Voraussetzung hierfür aber ist ein "aktiver Hörer", dessen Aufgabe nach Henne (1979: 124) darin besteht, "die Führung des Gesprächs aktiv durch sprachliche und nichtsprachliche Re-Aktionen [...] zu begleiten und damit zu kontrollieren" und durch den Einsatz hörerspezifischer Kommunikationsmittel "Verstehen bzw. Nichtverstehen und Zustimmung bzw. Ablehnung angemessen vor-[zu]tragen" (ebd.: 126).

In den Interviews des Israel-Corpus treten jedoch die Interviewerinnen über weite Passagen hinweg als "passive Hörerinnen" in den Hintergrund, ging es ihnen doch in erster Linie um die Überprüfung der genannten linguistischen Ausgangshypothese. (Inwieweit ersatzweise nonverbale Ausdrucksmittel zum Einsatz kamen, läßt sich bei Tonbandaufnahmen weitgehend nicht mehr eruieren.[3]) Für das Israel-Corpus läßt sich folglich eine niedrige Parenthesendistribution erwarten.

Überblickt man den Forschungsstand zur Parenthese, so harren noch immer zwei grundlegende Fragen einer befriedigenden Antwort:

3. Wie ist die Parenthese zu definieren?
    Wie umfangreich ist der Parenthesenbegriff zu fassen?
4. Welche Funktionen erfüllen Parenthesen?
    (a) Wie sind Parenthesen motiviert?
    (= Frage nach den pragmatischen Funktionen)
    (b) Was beinhalten Parenthesen?
    (= Frage nach den semantischen Funktionen)

Diese Fragen gilt es also vorab zu klären.[4] Der folgende Abschnitt 2 ist zwar (nur) mit "Definition" überschrieben, doch sei vorweg gesagt, daß für Parenthesen in spontan gesprochener Sprache die Begriffe "Definition" und "Motivation" (= pragmatische Funktionen) identisch sind. (In diesem Zusammenhang wird dann auch die Parenthesendistribution im Israel-Corpus von Interesse sein.) Gesondert vornehmen läßt sich dagegen eine inhaltliche Klassifikation (= semantische Funktionen) von Parenthesen in spontaner Mündlichkeit – und hier dürfte es wohl, von einigen wenigen Ausnahmen abgesehen, keine Unterschiede zwischen Sprech- und Schriftsprache geben –, was in Abschnitt 3 geschehen wird. Abschnitt 4 schließlich geht der corpus-

---

[3] A. Betten (vgl. S.238 in diesem Bd.) bemerkt dazu, daß Augenkontakt und mimisch/gestische Mittel der Aufmerksamkeitsbezeugung (z.B. Kopfnicken/ -schütteln) oft besonders intensiv waren, wo keine verbalen Begleitsignale oder Unterbrechungen stattfanden.

[4] Der Lösungsweg kann wohl nur in der methodisch sauberen Trennung zwischen Parenthesen in der Sprechsprache und Parenthesen in der Schriftsprache bestehen, was in der Literatur bis in jüngste Zeit nicht immer geleistet wurde und deshalb oft zu Schwierigkeiten führte.

spezifischen Frage nach dem Verhältnis zwischen Wiederaufnahmeformen und syntaktischen Weiterführungen nach.

2 Pragmatische Funktionen: Definition

Die Arbeit von Schwyzer (1939) als Beitrag allein zur Erforschung der Schriftsprache zu betrachten,[5] legt nicht nur ihr Entstehen lange vor Beginn der eigentlichen Gesprochene-Sprache-Forschung in der Mitte der 60er Jahre nahe, sondern vor allem der in ihr vertretene sehr weite Parenthesenbegriff.[6] Man darf jedoch nicht übersehen, daß bereits hier Beobachtungen auch für Parenthesen der Sprechsprache gemacht werden, die größtenteils bis heute Gültigkeit besitzen.

Nach Schwyzer lassen sich "Gastsatz" und Parenthese[7] immer voneinander unterscheiden: durch "äußerliche[n] Erkennungsmerkmale" (ebd.: 31)[8] und/oder (sollten solche intonatorischen Signale fehlen) durch ein "inneres Merkmal [...]: die Frage nach der innern Form, nach dem geistigen Inhalt der Parenthese" (ebd.: 32). Mit anderen Worten: Parenthesen sind oft nach intonatorischen, immer aber nach semantischen Kriterien identifizierbar.

Parenthesen entstehen für Schwyzer aus zwei Gründen: zum einen, weil sie "erwünscht" seien als "eine nähere Ausführung zu schon Gesagtem oder eine zusätzliche Erklärung" (ebd.: 32), zum anderen, weil sie sich auf Grund "sukzessiven oder assoziativen Denkens" (ebd.: 33) "in einen vor sich gehenden Gedankengang eindrängt[en]" (ebd.: 32). Aus Abschnitt 1 ist bereits bekannt, daß die von Schwyzer gegebene erste Erklärung – die Parenthese als Mittel der Herstellung und Sicherung der Verständigung zwischen Sprecher und Hörer – inzwischen in der Gesprochene-Sprache-Forschung als pragmatische Funktion anerkannt ist; sein zweiter Ansatz indessen hat bis heute keine funktionale und somit positive Interpretation erfahren: Eine solche Parenthese, "die kaum je unbedingt nötig ist" (ebd.: 31), scheint noch immer nicht mehr zu sein als "ein beliebiger Zwischengedanke oder Nebengedanke" (ebd.: 32).

Auf die einleitend gemachten Überlegungen, insbesondere die Ausgangsfrage 1, weist schließlich auch Schwyzers Beobachtung zurück, ein Sprecher könne nach Parenthese den

---

[5] Vgl. so etwa Rahnenführer (1991: 554).
[6] Eine "Terrainübersicht" über Schwyzers Parenthesenbegriff gibt Schindler (1990: 203).
[7] Hier und im folgenden ist immer zu lesen: in spontan gesprochener Sprache.
[8] Was Schwyzer hier beschreibt, ist zwischenzeitlich als "Parentheseninintonation" zu einem festen Terminus der Sprachwissenschaft geworden. Die für dieses Phänomen grundsätzlichen Ausführungen von Schönherr (1997) sind für die folgenden rein syntaktischen Betrachtungen der Wiederaufnahme des Trägersatzes jedoch weniger relevant und werden daher im folgenden nicht einbezogen.

"entgleitenden Faden durch Wiederholung eines vor der Parenthese stehenden Wortes oder durch ein Beziehungswort" (ebd.: 32) wiederaufnehmen.

Ausschließlich nach intonatorischen Kriterien ermittelt Winkler (1969) auf Tonbändern "Einschübe",[9] die er in einem zweiten Schritt nach syntaktischen Kriterien klassifiziert. Aus dieser Vorgehensweise wird verständlich, warum hier von "Einschüben" und nicht von "Parenthesen" die Rede ist: Winklers Beispiele sind nämlich sowohl satzformatig (hierzu gehören vor allem "Schaltsätze",[10] Relativ- und Adverbialsätze) als auch nichtsentential (vor allem freie Angaben verschiedenster Art, Appositionen und Attribute) (vgl. ebd.: 289-291).[11] Auf diese Weise bestätigt Winkler Schwyzers Beobachtung, daß der sprechsprachlichen Parenthese keine rein intonatorische Definition zugrunde gelegt werden kann.

Wie für Schwyzer entstehen für Winkler "Einschübe" (und somit auch Parenthesen) aus zwei Gründen: einerseits als "Ergebnis einer Planungsweise im Sprechakt" (ebd.: 291), andererseits, um "neue Einfälle in der laufenden Rede unterzubringen" (ebd.: 293). Winklers erste Erklärung läßt sich wieder als jene aktive Sprecherleistung interpretieren, dem Hörer noch während der Rede Konzessionen zu machen, sollten aus dessen Reaktionen Verständnisprobleme, Mißbilligung oder ähnliches ersichtlich werden. Eine weitere funktionale Deutung – auch der zweiten Erklärung – verbietet allerdings die ebenfalls an Schwyzer erinnernde Feststellung Winklers, ein "Einschub" habe, im Vergleich zu seinem "Rahmen", "[a]ls nur ergänzender, genauer bestimmender oder weiter erläuternder Redeteil [...] allermeist minderes Gewicht" (ebd.: 294). Während sich aber Schwyzer bei der Bewertung von Wiederaufnahmeformen (noch) neutral verhalten hatte, gelangt Winkler zu dem Schluß, daß ein "Einschub die weitere Planung häufig stör[e] und den einheitlich durchgestalteten Ausspruch auflös[e]. Manchem [Sprecher falle] es schwer, hernach den Rahmen wieder aufzunehmen" (ebd.: 292; vgl. auch 292f.).

"Verteilung und Funktion der sogenannten Parenthese in Texten gesprochener Sprache" lautet das Thema der Magisterarbeit von Bayer (1971/1973),[12] in der Texte des Freiburger Corpus untersucht werden, und zwar (der Anlage der Sammlung entsprechend) "drei hinsichtlich der außersprachlichen Situation stark differenzierte Textgruppen" (1973: 82): *Vortrag, Diskussion* und *Spontanes Gespräch*. Die Auslese der Parenthesen aus dem Material – Bayer geht von den transkribierten Texten aus (vgl. 1971: 222) – erfolgt nach syntaktischen Kriterien: Parenthesen

---

[9] Zur genauen Definition dieser "Einschubsintonation" vgl. Winkler (1969: 282, 286).

[10] Bassarak (1984: 7) und Schildt (1990: 203), die den Begriff "Einschub" bei Winkler als dem Begriff "Parenthese" gleichwertig verstehen, kann demzufolge nicht zugestimmt werden; dem (traditionellen) Begriff "Parenthese" entspricht bei Winkler vielmehr der des "Schaltsatzes".

[11] Vgl. bereits in diesem Zusammenhang Bassarak (1984: 134f.), der richtig herausstellt, daß die spezifische Leistung der Parenthese eben nicht in ihren semantischen Funktionen – diese können andere Nebensatztypen genauso gut erfüllen –, sondern in ihren pragmatischen Funktionen zu suchen ist.

[12] Die Arbeit entstand 1971, wurde im gleichen Jahr in gekürzter Fassung (mit Diskussion), zwei Jahre später vollständig publiziert.

sind für Bayer "alle Sequenzen im Bereich eines Satzes, die nicht als dessen Teil beschrieben werden können" (1973: 71).

Für die Textgruppen *Vortrag* und *Diskussion* erweist sich eine solche schriftsprachliche Parenthesendefinition noch als wenig problematisch, handelt es sich doch in beiden Fällen nicht um Formen *spontanen* Sprechens. Folglich identifiziert Bayer eine Vielzahl sprachlicher Elemente als Parenthesen, wobei er zwei große Gruppen unterscheidet: "[*k*]*ommentierende* Parenthesen [...], welche die Nachricht, in die sie eingeschoben sind, bezüglich Inhalt, Form oder bezüglich des benutzten Kodes kommentieren", und "[*k*]*ontaktbezogene* Parenthesen [...], die vorwiegend der Eröffnung, der Aufrechterhaltung und Prüfung und der Beendigung des physischen und psychischen Kontaktes zwischen den Kommunikationspartnern dienen" (ebd.: 105, Hervorhebungen im Original gesperrt).[13] Bei den kontaktbezogenen Parenthesen handelt es sich "zumeist um formelhafte Sequenzen aus einer *geschlossenen* Liste von geringem Umfang: vorwiegend um Anreden, Ablehnungen, Ausdrücke für unbestimmte Zustimmung und Solidarität und Interjektionen",[14] bei den kommentierenden Parenthesen "überwiegend um Sequenzen aus einer *offenen* Liste, um eingeschobene sogenannte Schaltsätze, die meist syntaktisch [...] erheblich differenzierter und länger sind" (ebd.: 82, Hervorhebungen im Original).

Bei der Analyse der Textgruppe *Spontanes Gespräch* muß Bayer dann allerdings auf die charakteristische "syntaktisch sehr freie Grundstruktur" stoßen, "für die keineswegs der 'Vollsatz' als Basiseinheit angenommen werden kann" (ebd.: 92); die schriftsprachliche Parenthesendefinition erweist sich also, zumindest für die spontane Mündlichkeit, als unbrauchbar. Anstatt nun aber den eigenen funktionsorientierten Ansatz weiterzuverfolgen – ist doch die Erkenntnis, daß sich für sprechsprachliche Parenthesen die Begriffe "Definition" und "pragmatische Funktionen" decken, bereits greifbar –, kommt Bayer zu dem Schluß: "Die spontanen Gespräche sind überwiegend nicht themengebunden und sind assoziativ in der Gedankenführung. Deshalb ist auch die Entscheidung über das Vorliegen eines Kommentars zur Grundaussage auf einer anderen Informationsebene in den meisten Fällen nicht möglich oder zumindest nicht sinnvoll" (ebd.: 93). Folgerichtig gelten für Bayer in der Textgruppe *Spontanes Gespräch* als Parenthesen "ausschließlich sprachliche Elemente aus einer geschlossenen Liste, die deutlich als stereotype, formelhafte Einschübe in den Text zu erkennen sind" (ebd.: 93), also seine *kontaktbezogenen* Parenthesen;[15] dagegen seien "[*k*]*ommentierende* Parenthesen [...] vorwiegend nur in den

---

[13] Die Motivation der Parenthesen aus Gruppe 1 ist inzwischen keine Unbekannte mehr; neu und im folgenden noch näher zu betrachten ist dagegen die Motivation der Parenthesen aus Gruppe 2.

[14] Vgl. Anm. 15.

[15] Der größte Teil dieser Klasse von Ausdrücken hat in der Gesprochene-Sprache-Forschung inzwischen eine ausführliche Eigenbehandlung als "Gliederungssignale" erfahren und ist nicht (mehr) unter den Terminus "Parenthese" zu subsumieren.

weniger spontan gesprochenen Texten zu identifizieren" (ebd.:105, Hervorhebung im Original).[16]

Der Arbeit von Weiss (1975) liegt dessen Dissertation zugrunde, was insofern zu berücksichtigen ist, als es erklärt, daß auch Weiss, im Gegensatz zu der ab etwa 1973 publizierten Forschungsliteratur zur gesprochenen Sprache, (noch) den schriftsprachlichen Syntaxbegriff für die alleinige Beschreibungsmöglichkeit des Mündlichen hält (er untersucht Tonbandaufnahmen von spontanen Gesprächen).

Wie für Schwyzer, Winkler und Bayer entsteht auch für Weiss der "Schaltsatz" aus zwei Gründen: Als "wichtigste Ursache" nimmt Weiss die "Vermeidung einer schwierigen hypotaktischen Einbettung in den Gesamtsatz" an – mit anderen Worten: der Schaltsatz diene "dem Ausweichen in die einfachere und geläufigere Hauptsatzform" (ebd.: 57).[17] "Eine weitere Ursache des Schaltsatzes [sei] aber wohl auch das [...] sprunghafte Denken bei spontanen Gesprächen" (ebd.: 58). Weiss' erste Beobachtung – die parataktische Konstruktion von Parenthesen – deckt sich mit Winkler:[18] Nicht jeder Einschub ist gleichzeitig Parenthese. Ob aber demzufolge die syntaktische Form eines Einschubes sozusagen von der Sprecherkompetenz abhängt – "kompetentere" Sprecher verwenden hypotaktische, "weniger kompetente" Sprecher parenthetische Einschübe – wird noch zu klären sein. Weiss' zweite Begründung für das Entstehen von Parenthesen hat in Schwyzer und Winkler (und auch Bayer) ihre Vorläufer, harrt aber weiterhin einer funktionalen Interpretation: Eine solche läßt schon die Grundanlage von Weiss' Arbeit, Charakteristika der Mündlichkeit auf die "besonderen psycho-physischen Bedingungen des spontanen Sprechens" (ebd.: 16) zurückzuführen, nicht zu.

Bei Weiss fehlt eine Bewertung der Wiederaufnahmeformen nach Parenthese;[19] statt dessen stellt er kritisch fest, daß ein Schaltsatz in den meisten Fällen "einen Abbruch der ihm vorangegangenen Satzkonstruktion" mit sich bringe "und damit auch einen Sprung in der gesamten Aussageeinheit" (ebd.: 58).

In drei Aufsätzen verhilft Betten (1976/1978/1980) der funktions- und kommunikationsorientierten Interpretation gesprochener Sprache zum Durchbruch: Unter dem Einfluß von (linguistischer) Pragmatik und (soziologisch geprägter) Gesprächsanalyse werden charakteristische "Irregularitäten" der Sprechsprache nicht mehr als Entgleisungen auf der Ebene der Perfor-

---

[16] Diese Ergebnisse finden sich noch immer – ohne Modifikation beziehungsweise Hinweise auf die methodologischen Probleme – in der Literatur: Vgl. etwa Rahnenführer (1991: 554) und Fleischer et al. (1993; [2]1996: 286).

[17] Diese Erklärung findet sich ähnlich auch bei Sandig (1973: 44): "Die Tendenz zur Hauptsatzstellung [...] erklärt auch mit die Häufigkeit der Parenthesen in der spontanen Sprechsprache".

[18] Winklers Arbeit wird bei Weiss allerdings nicht zitiert.

[19] In seinem Abschnitt "Wiederholung nach Unterbrechung" (ebd.: 72f.) erwähnt Weiss die Wiederaufnahme nach Parenthese "[n]ur der Vollständigkeit wegen", denn er hat diesen Wiederholungstyp in seinem Corpus nur dreimal gezählt.

manz verstanden, sondern damit erklärt, daß "Sprecher [...] im Dialog stark beeinflußt [seien] von ihren Planungsstrategien und deren Modifikation oder Korrektur bei entsprechenden Hörerreaktionen" (1976: 223). Betten begreift den Sprecher als "planvoll Handelnden", als "Kommunikationsstrategen [...], der das Repertoire syntaktischer Mittel virtuos und flexibel für seine Zwecke zu handhaben versteh[e]" (ebd.: 226). Sie plädiert deshalb dafür, die Behandlung typischer Erscheinungen der Mündlichkeit einer "Dialoggrammatik" (als Teil einer "Interaktionsgrammatik") zuzuweisen, und schlägt, von spezifisch sprechsprachlichen Phänomenen ausgehend, Konversationspostulate vor. Für Parenthesen etwa formuliert sie mit unverkennbarem Anklang an Schwyzer, Winkler und Bayer: "Sobald du merkst, daß der Hörer dich nicht (mehr) versteht, unterbrich die Rede, ändere deine weitere Planung und/oder schiebe eine Erläuterung ein" (ebd.: 225).

Allen auf Inhalt und Form der Rede abzielenden Argumentationsstrategien ist nach Betten eine textsortenunabhängige, weil außersprachliche Ebene übergeordnet: die Beziehungsebene zwischen den Gesprächspartnern. Auf ihr ist das (Selbst-)Bild (*image*) des Sprechers anzusiedeln, das er von sich zeichnet beziehungsweise das auf Grund situativer (gesellschaftlicher) Bedingungen von ihm erwartet wird[20] und an dem er die Gestaltung seiner Rede ausrichtet.[21] Vor diesem Hintergrund wird auch verständlich, warum Betten den Wirkungsbereich einer "Dialoggrammatik" ausdrücklich nicht auf bestimmte dialogische Muster der Kommunikation, wie zum Beispiel die Frage-Antwort-Beziehung, beschränkt sehen will, sondern als "für jede Form spontaner sprachlicher Interaktion in face-to-face-Situationen" (1978: 521) gültig. Folglich sind also auch monologische Passagen in Gesprächen, wie sie ja zum Beispiel im Israel-Corpus häufig vorliegen, unter funktionalen Gesichtspunkten zu analysieren, denn gerade beim Fehlen eines "aktiven Hörers" wird ein Sprecher sein (Selbst-)Bild (voll) entfalten. – Diese Überlegungen zur Beziehungsebene zwischen den Gesprächspartnern werden am Ende dieses Abschnittes auch endlich für Parenthesen, die auf Grund sprunghaften, assoziativen Denkens entstehen, zu einer funktionalen Deutung führen.

Ihr kommunikativ orientierter Ansatz führt Betten (1980) folgerichtig zu einer ebenfalls kommunikationsorientierten Interpretation der – schon von Schwyzer, Winkler und, eingeschränkt, Weiss gemachten – Beobachtung, "daß Sprecher nach Einschüben verschiedenster Art den Anschluß an den begonnenen Satz wiedergewinnen, wenn auch nicht 'nahtlos' [...], sondern durch Wiederaufnahme von (syntaktisch gesehen fast beliebigen) Redeteilen des angefangenen Satzes. [...] Wiederaufnahmen einzelner Wörter bis größerer Satzteile, nach denen die Satzkonstruktion völlig regelmäßig weitergeführt wird, stören nicht nur den Satzablauf nicht, sondern

---

[20] Steger (1972: 210) spricht von der "sozialen Kontrolle", der jeder Sprecher während eines Sprechaktes unterliege.

[21] Zwei dieser (der Sprache) übergeordneten Grundeinstellungen des Sprechers formuliert Betten (1978: 522) folgendermaßen: "1. 'Sei kooperativ' [...], 2. 'Profiliere dich als kritischer/kluger/eigener ... Kopf'."

fördern vielmehr die Verständlichkeit des folgenden Restsatzes entschieden, indem sie dem unter Umständen durch den Einschub abgelenkten Hörer inhaltlich und syntaktisch den Anschluß an den Vordersatz durch die Nennung mindestens eines Bezugselementes erleichtern" (ebd.: 192f.). Und so könnte ein weiteres Konversationspostulat für Parenthesen lauten: "Wenn eine Satzkonstruktion durch zu große Ausbauteile unübersichtlich zu werden droht, kann der Anschluß verdeutlicht und das Verständnis gesichert werden, indem ein Teil des ersten Ansatzes wörtlich oder durch geeignete Pro-Formen wiederaufgenommen wird" (ebd.: 208).

Nach Vorstellung und Diskussion relevanter Forschungsansätze fehlt noch ein letzter Baustein, um eine endgültige Definition der Parenthese in spontan gesprochener Sprache vorzulegen: die Antwort auf die Frage, warum die Emigranten in den für diese Arbeit ausgewerteten 33 Gesprächen[22] insgesamt 1 709 Parenthesen – im Sinne der im folgenden gegebenen Definition – verwenden, und das auch (oder gerade?) in monologischen Gesprächspartien, in denen der "aktive Hörer" fehlt, so daß die von Betten (1976) geforderte Maxime für Parenthesen nicht oder, im Falle nonverbaler Kommunikation, nur sehr bedingt greifen kann.

Es wurde bereits darauf hingewiesen, daß eine Erklärung dieses Phänomens außerhalb der eigentlichen Konversation gesucht werden muß: auf der von Betten (1978) eingeführten außersprachlichen Beziehungsebene zwischen den Gesprächspartnern. Hier ist nämlich weder die "Aktivität" noch die "Passivität" eines Hörers relevant, sondern allein die Frage, welches (Selbst-)Bild ein Sprecher (in einer bestimmten Situation) zu geben beabsichtigt oder – im Falle der jüdischen Emigrantengruppe vielleicht besser – bereits verinnerlicht hat.[23] Dementsprechend wird er (neben anderem) die passenden sprachlichen Mittel und Konversationsstrategien auswählen.

Was die Sprecher im Israel-Corpus zu beherrschen scheinen, ist eine *ars sermonis*, eine Gesprächskunst: Sie verfügen über ein beeindruckendes Sprachgefühl, unerschöpfliche Ausdrucks- und Gestaltungsmöglichkeiten und wissen diese in dialogischen und monologischen Kommunikationsformen gleichermaßen differenziert einzusetzen.

Parenthesen sind nur ein (kleiner) Teil im großen Ganzen dieses Repertoires sprachlicher Darstellungsmittel,[24] und doch läßt sich ihre hohe Distribution im Israel-Corpus nur vor diesem Hintergrund verstehen und erklären:

Zum einen sind Parenthesen, im "traditionellen" Sinne, ein Beitrag zum Gelingen der Kommunikation: Sie dienen als Mittel der *Reaktion* und Rücksichtnahme des Sprechers auf die

---

[22] Auf den 41 Kassetten (von meist 90 Min.) kommen im ganzen 37 Sprecherinnen und Sprecher zu Wort.

[23] Die umgekehrte Frage – Wie muß sich ein Sprecher auf Grund der von außen an ihn gestellten Erwartungen präsentieren? – ist für die Gespräche des Israel-Projektes sicher nur in Ausnahmefällen zu stellen.

[24] Als weitere Teilkomponente ließe sich zum Beispiel die hohe erzählerische Begabung der Emigranten interpretieren, von der eigentlich jedes Interview Zeugnis gibt; zu einer (ersten) Würdigung dieser "Erzählkunst" vgl. besonders Betten (1995a). Vgl. ferner M. Gierlinger in diesem Bd., S.363ff.

Bedürfnisse des Hörers, als Mittel des Einander-Unterbrechens, für Rückfragen beziehungsweise gegenseitige Bestätigung und Versicherung.

Zum anderen sind sie aber auch, im "neuen" Sinne, ein Beitrag zur Ausformung der Kommunikation: Sie dienen als (hörerunabhängiges) Mittel der *Aktion* und Präsentation des Sprechers, als Mittel des Sich-selbst-Unterbrechens, um im linearen, logischen Gedankengang innezuhalten und spontane Einfälle (laut) zu Ende zu denken, um Phantasie und Assoziation freien Lauf zu lassen, um die eigene Originalität und den eigenen Ideenreichtum herauszustellen, um für Abwechslung und Lebendigkeit zu sorgen, um den Hörer zu begeistern.[25]

Eine Mittelstellung nehmen sogenannte *kontaktsichernde* Parenthesen ein: Sie sind sowohl auf den individuellen Hörer zugeschnitten (und damit 'indirekte' Reaktion) als auch ein Mittel der *image*-Pflege (und damit Aktion).[26]

Zusammenfassend lassen sich also Parenthesen auch für spontan gesprochene Sprache gewissermaßen als Stilmittel beschreiben, und zwar unter zwei Aspekten:

Einerseits gehören sie mit vielen weiteren Phänomenen zu den Universalien spontan gesprochener Sprache, sind also sozusagen Teil einer (mündlichen) "Allgemeinstilistik", die nach Eroms (1995: 1528) "die Regularitäten für das Gelingen der Textproduktion zusammenträgt".

Andererseits sind sie aber auch Ausdruck einer (mündlichen) "Individualstilistik", mit der die Stilforschung (in der Schriftsprache) "vor allem den Sprachgebrauch der Dichter beschreibt" (ebd.). – Und in der Tat: Viele der Gesprächspartnerinnen und -partner sind auch schriftstellerisch tätig.

Analog bzw. ergänzend zu Betten (1976/1978/1980) werden nun für Parenthesen in spontan gesprochener Sprache drei Anwendungsregeln (für Sprecher) formuliert.[27] Von diesen Kon-

---

[25]   Von einem solchen Parenthesenverständnis natürlich streng zu trennen ist die sogenannte *off-target verbosity*, das vor allem bei älteren Menschen beobachtete assoziative "Drauflossprechen"; vgl. hierzu Gold et al. (1993) und Betten (1998: 138).

[26]   Diese "Kontaktsicherung" hat Bayer zwar richtig als eine pragmatische Funktion der Parenthese erkannt (vgl. Anm. 13), doch haben die im folgenden vorgestellten kontaktsichernden Parenthesen (vgl. die Abschnitte 3.10 und 3.11) – zumindest was ihren Umfang anbelangt (vgl. Anm. 15) – mit Bayers *kontaktbezogenen* Parenthesen nichts gemeinsam.

[27]   Inzwischen dürfte – ohne die in Abschnitt 3 beschriebene semantische Funktionsvielfalt der Parenthese heranziehen zu müssen – auch der letzte Zweifel ausgeräumt sein, sprechsprachliche Parenthesen seien "beliebige Zwischen- oder Nebengedanken" (Schwyzer) und von "minderem Gewicht" (Winkler). Trotzdem wird gerade in jüngeren Arbeiten, die oft nicht strikt zwischen Parenthesen in Mündlichkeit und Schriftlichkeit trennen, die Parenthese weiterhin abgewertet: So stellt zum Beispiel Bassarak, der sich den pragmatischen Funktionen von Parenthesen auf der Ebene der Illokutionsstruktur nähert und dessen Ergebnisse Gültigkeit "für alle Fälle von Parenthesen" (1985: 374) beanspruchen, fest, "daß der Sprecher mit einer Parenthese eine *Nebenhandlung* vollziehe". Dies bedeute, daß sie vom Sprecher als nebenrangig eingestuft werde, also von geringerer Wichtigkeit sei als die Haupthandlung im "Trägersatz" (1987: 174). Brandt und, auf Brandts Ansatz aufbauend, Pittner suchen über die Ebene der Informationsstruktur einen Zugang zur Parenthese, in der sie eine "Nebeninformation" (Brandt 1994: 30; Pittner 1995: 102) sehen. – Vgl. dagegen jedoch Schreiter (1991: 366): "Seit der antiken Rhetorik wird die Parenthese als Rede- oder Stilfigur beschrieben, die im Dienste wirkungsvoller, expressiver Textgestaltung steht."

versationspostulaten ausgehend, wurden die in den Abschnitten 3 und 4 untersuchten Parenthesen aus dem Material gewonnen.

I.   Sobald du merkst beziehungsweise meinst, daß der Hörer dich nicht (mehr) versteht, unterbrich deine Rede und schiebe augenblicklich[28] ergänzend eine Parenthese ein! Versuche dir aber immer deinen unterbrochenen Gedankengang zu merken, damit du ihn nach der Parenthese fortsetzen kannst! Du kannst dem Hörer entgegenkommen, wenn du die Parenthese intonatorisch absetzst und/oder anschließend einen Teil deines unterbrochenen Gedankenganges (wörtlich, pronominal oder adverbial)[29] wiederaufnimmst.

II.   Laß während deiner Rede deinen Assoziationen freien Lauf! Sobald du einen Einfall hast, der deinen Gedankengang präzisiert oder der deine Originalität als Gesprächspartner unterstreicht, unterbrich deine Rede und schiebe ihn augenblicklich parenthetisch ein! Versuche dir aber immer deinen unterbrochenen Gedankengang zu merken, damit du ihn nach der Parenthese fortsetzen kannst! Du kannst dem Hörer entgegenkommen, wenn du die Parenthese intonatorisch absetzst und/oder anschließend einen Teil deines unterbrochenen Gedankenganges (wörtlich, pronominal oder adverbial) wiederaufnimmst.

III.   Sei immer um den Hörer bemüht! Sichere den Kontakt, indem du ihn (parenthetisch) über Inhalt und "Aufbau" deines Gesprächsbeitrages informierst, Querverweise herstellst oder ihn direkt ansprichst und einbeziehst! [Wenn dir eine Formulierung Schwierigkeiten bereitet, suche gemeinsam mit dem Hörer nach einer Lösung!][30] Versuche dir aber immer deinen unterbrochenen Gedankengang zu merken, damit du ihn nach der Parenthese fortsetzen kannst! Du kannst dem Hörer entgegenkommen, wenn du die Parenthese intonatorisch absetzst und/oder anschließend einen Teil deines unterbrochenen Gedankenganges (wörtlich, pronominal oder adverbial) wiederaufnimmst.

---

[28] Die Einfügung von *augenblicklich* stellt die wichtigste Ergänzung zu Betten (1976/1978) dar, denn sie erklärt, warum nicht hypotaktisch eingebettete Adverbial- oder Attributsätze, die die gleichen semantischen Funktionen wie Parenthesen erfüllen können (vgl. Anm. 11), sondern Parenthesen eingeschoben werden: Als (Re-)Aktionen *ex tempore* haben Parenthesen verständlicherweise Hauptsatzform, ist diese doch sowohl leichter zu produzieren als auch leichter zu rezipieren; vgl. hierzu ergänzend Bayer (1971: 221). – Auf diese Weise ist die von Sandig (1973) und Weiss (1975) vorgebrachte Begründung für den parataktischen Charakter von Parenthesen widerlegt.
Mit dieser Parenthesendefinition erübrigt sich für spontan gesprochene Sprache auch das (für die Schriftsprache) vieldiskutierte Problem der sogenannten "Parenthesennischen"; vgl. stellvertretend Bassarak (1984: 35-65), Schreiter (1988: 15-24; 1991: 363-365) und Pittner (1995: 89f.).

[29] Zu weiteren Möglichkeiten der Wiederaufnahme nach Parenthesen vgl. Abschnitt 4.

[30] Zu dieser corpusspezifischen Ergänzung vgl. Abschnitt 3.11.

3   Semantische Funktionen

Nachdem die Fragen nach der Definition beziehungsweise den pragmatischen Funktionen von Parenthesen sowie deren Distribution im Israel-Corpus beantwortet sind, wird es im folgenden um semantische Funktionen, also die inhaltliche Parenthesenklassifikation, gehen.

Nach Bayer (1971: 221) können Sprecher mit Hilfe von Parenthesen "praktisch jede Information, die [i]hnen nachträglich während der Formulierung des nächsten Satzes noch mitteilenswert erscheint, in den Folgesatz einbauen", so daß es sehr schwer möglich sei, einen Katalog von Äußerungstypen aufzustellen, die bevorzugt in Parenthesen auftreten – eine Feststellung, die sich mit der soeben gegebenen Parenthesendefinition deckt. Mit anderen Worten: Der Versuch einer Klassifikation spontaner Parenthesen nach Inhalten scheint ein aussichtsloses Unterfangen zu sein.

In der Tat ist man für gesprochene Sprache bis heute über Winklers (1969: 293) grundlegende (und weiterhin bedenkenswerte) Unterscheidung zwischen Parenthesen zum *Redegegenstand* (= Parenthesen mit semantischer Relation zu ihren "Trägersätzen") und Parenthesen zur *Redelage* (= Parenthesen mit Bezugnahme auf die außersprachliche Kommunikationssituation) nicht hinausgekommen,[31] während für geschriebene Sprache bereits Klassifikationsmodelle existieren:[32] So untersucht etwa Bassarak (1984: 99-135) in seiner Dissertation auch semantische Funktionen von Parenthesen,[33] doch wünscht man sich bei den von ihm sehr detailliert unterschiedenen Möglichkeiten eine vereinfachte Zusammenstellung der gängigsten Typen. Eine Klassifikation in diesem Sinne legt Sommerfeldt (1984) vor,[34] geht er doch ausdrücklich der Frage nach, "welche semantischen Beziehungen es zwischen Parenthesen und Stammsätzen vorzugsweise gibt" (ebd.: 244).

---

[31]   Wie Abschnitt 2 gezeigt hat, stand bisher die Frage nach der Definition beziehungsweise den pragmatischen Funktionen von Parenthesen im Vordergrund.
Auch der weitergehende Ansatz von Mackeldey (1987: 51), "Parenthesen könn[t]en sehr unterschiedliche Funktionen erfüllen, z.B. Affektentladung, Ankündigung, Verständniskontrolle, Korrektur, Erläuterung usw.", läßt sich wohl kaum als Fortschritt werten; Mackeldey verweist zwar auf Beispiele für Parenthesen im Anhang, ordnet diese aber nicht den vorgeschlagenen semantischen Funktionen zu.

[32]   Schon in der Dissertation von Wüst (1932) findet sich ein solcher Versuch für den altindischen R̥gveda: Es werden Rubriken vorgeschlagen wie "Erklärung (Feststellung)" (ebd.: 26), "Ausmalung"(ebd.: 43), "Werturteil" (ebd.: 80), "Hervorhebung" (ebd.: 82), "Steigerung" (ebd.: 92), "Voraussetzung und Folgerung" (ebd.: 101) und "Begründung" (ebd.: 126). Wüsts Arbeit blieb allerdings in der Forschung zur Parenthese – Schwyzer (1939: 9, Anm. 1) ausgenommen – unbeachtet.

[33]   Zu der von Bassarak nicht geleisteten Abgrenzung schriftsprachlicher Parenthesen von sprechsprachlichen vgl. Anm. 27. Nicht nur in seinem Kapitel über Parentheseninhalte erscheinen ausschließlich schriftsprachliche Beispiele.

[34]   Sommerfeldt unterscheidet zwar nicht ausdrücklich zwischen Schrift- und Sprechsprache, doch läßt sich aus seinem Material ablesen, daß er ausschließlich geschriebene Sprache untersucht; vgl. hierzu auch Rahnenführer (1991: 554).

Bereits einleitend fiel die Anmerkung, daß sich die semantischen Funktionen sprechsprachlicher Parenthesen, von einigen wenigen Ausnahmen abgesehen, nicht von denen schriftsprachlicher Parenthesen unterscheiden dürften. Für den folgenden Klassifikationsversuch wäre also theoretisch der umgekehrte Weg möglich gewesen: die Übertragung der Ergebnisse aus der Schriftlichkeit auf die Mündlichkeit. Trotzdem bildeten zunächst die 1 709 ermittelten Parenthesen selbst den Ausgangspunkt der Überlegung, welche Inhalte Parenthesen in spontan gesprochener Sprache bevorzugt zum Ausdruck bringen. Es versteht sich dabei von selbst, daß nicht jeder Parenthese eindeutig nur eine semantische Funktion zugewiesen werden konnte,[35] die endgültige Entscheidung liegt letztendlich immer im Ermessen des individuellen Hörers. Dennoch war es – im Gegensatz zu Bayers Annahme – möglich, anhand der Parenthesenvielfalt des Israel-Corpus einen Katalog der häufigsten semantischen Funktionen zu erstellen.

3.1 Kausale Parenthesen

Für 361 Fälle (= 21%) und damit am häufigsten nachweisen ließ sich im untersuchten Material eine kausale Relation zwischen Parenthese und unterbrochenem Gedankengang.[36] Besonders interessant ist in diesem Zusammenhang der oft zu beobachtende Fall, daß kausale Parenthesen bereits vor der Nennung des zu begründenden Sachverhaltes eingeschoben werden – wie es zum Beispiel in (2) geschieht –, zeigt sich doch gerade hier das für die spontane Sprechsprache (und das Entstehen von Parenthesen) typische assoziative Denken.

(1)   PA: und da sah mich der SS-mann von oben bis unten an * und
              sagte dann * wie alt bist du denn junge! ** *ich sah so
              jung aus: ** und * mit dem geschorenen kopf * und ä: ä: *
              nach der krankheit * und ich war überhaupt sehr jung aus-
              sehend* ** und dann *3* und dann ä: ä: *3* ging er * zu der
              * zu seiner meldestube und kam zurück!* und hat mich ge-
              holt * und hat gesagt also * trotz der sperre wirst du
              entlassen!   (Paul Avraham Alsberg)

(2)   AB: vom hebräischen haben sie beide nicht viel verstanden als
              sie ins land kamen!
        FW: ä meine frau überhaupt nicht ich hatte

---

[35] Vgl. Bassarak (1984: 103): "Es ist nicht möglich, die vorkommenden Typen von Funktionen so zu klassifizieren, daß jeder in einem Text vorkommende Satz genau eine Funktion erfüllt. Dies ist nicht etwa eine Schwäche der Klassifikation, sondern liegt in der Natur der Sache: Die Sätze eines Textes stehen mit ihrem Kontext in so vielen und reichhaltigen Beziehungen, die auf mehreren unterschiedlichen Ebenen zugleich bestehen (propositionale Struktur, illokutive Struktur usw.), daß ein Satz oft mehrere Funktionen zugleich erfüllen kann."

[36] Vgl. für die Schriftsprache Bassarak (1984: 124f.) und Sommerfeldt (1984: 245): Bassarak spricht von "Erklärung", Sommerfeldt von der "Angabe einer Begründung für einen Sachverhalt".

> *bei uns ä: im ich wir hatten einen modernen religionsleh-*
> *rer im gymnasium * und der hatte sich bemüht neben der **
> *bibelgeschichte und so weiter uns auch einiges hebräisch **
> *beizubringenl* also wir hatten ich ein ** ich hatte eine:
> hebräische ** vorbildung die mir aber nicht sehr viel ge-
> holfen hat   (Felix B. Chaim Wahle und Anne Betten)

3.2 Temporale/lokale Parenthesen

Parenthesen können auch die Funktion von Zeit- und Raumangaben übernehmen: In dem für diese Arbeit untersuchten Corpus dienen 111 Parenthesen (= 7%) dazu, den im unterbrochenen Gedankengang genannten Sachverhalt temporal beziehungsweise lokal einzuordnen.[37]

(3)   MM: und meine erste: kindheitserinnerung ist daß ich * *damals*
>   *muß ich vielleicht zwei oder drei jahr alt gewesen sein*
>   auf einem schemel saß * *und es war ein abend * und die*
>   *laterne brach sich in der * fensterscheibe * und meine*
>   mutter spielte für michl * das ist so meine allererste
>   kindheitserinnerungl   (Micha Michaelis)

(4)   IN: auf de(m) weg ins dorf *3* haben wir übernachtet in einen
>   verlassene schulel *das ist ganz oben in den bergenl * in*
>   *den slowakischen bergenl* ** und am nächsten tag in der
>   früh * kamen deutsche soldaten ** aus dem wald ** und ha-
>   ben geschossen die schulel   (Ishak Naor)

3.3 Konzessive Parenthesen

Zu den 34 beobachteten Fällen konzessiver Parenthesen[38] (= 2%) gehören auch solche, bei denen – der kausalen Parenthese in (2) vergleichbar – der parenthetische Einschub bereits vor dem Sachverhalt erfolgt, zu dem er im Gegensatz steht; Beispiel (6) ist wohl in diesem Sinne zu interpretieren.

(5)   JS: das hat mich wirklich in spannung gesetztl * aber als ich
>   in gießen selbst war kam war die spannung vorbeil ** und

---

[37] Vgl. die "[r]äumlich-zeitliche Situierung" bei Bassarak (1984: 113f.). Sowohl Bassarak (ebd.: 112f.) als auch Sommerfeldt (1984: 245) beobachten aber nicht nur Parenthesen, die der zeitlichen oder räumlichen Einordnung des "übergeordneten" Sachverhaltes dienen, sondern auch solche, die in "zeitlichen Relationen" – Vorzeitigkeit, Gleichzeitigkeit, Nachzeitigkeit – zu ihren "Trägersätzen" stehen. Die genannten Beispiele können aber kaum überzeugen und lassen sich alle anderen, näherliegenden semantischen Funktionen zuordnen.

[38] Vgl. das Stichwort "Konzessivität" bei Bassarak (1984: 127f.).

ich hab jeden * straßenzug noch kennengelernt| *in d/ die*
stadt ist neu aufgebaut worden die war vollkommen zer-
stört| * zum großen teil * die innenstadt selbst war zer-*
stört| wir wohnten selbst in einem| RÄUSPERT SICH *ganz al-*
*ten haus das unter * denkmalschutz stand * das das brannte*
lichterloh| * ja| ** ich hab so ziemlich alles noch gekannt
(Josef Stern)

(6)   EE: auch diese diese konsumentensache ist dann: vorübergehend
             eingeschlafen| wir hatten keinerlei gelder weil es ein
             unabhängiger ä: ä verein war * und ä da hab ich dann auf-
             gehört zu arbeiten| * und *da war ich ja schon eigentlich*
             im pensionsalter sogar war ich eigentlich schon drüber
             über dem pensionsalter| und da bin ich wieder zurückgegan-
             gen zur universität * und habe eigentlich einen neuen be-
             ruf angefangen| (Eva M. Eylon)

3.4 Konsekutive Parenthesen

Nur selten drücken Parenthesen eine Folge des im unterbrochenen Gedankengang genannten
Sachverhaltes aus: 20 Fälle (= 1%) des untersuchten Corpus ließen sich als solche konsekutiven
Parenthesen identifizieren.[39]

(7)   IN: als er geboren wurde| * als kind ** sprachen wir mit ihm
        KH: ja
        IN: deutsch *   *er konnte sogar die deutsche zeitung (noch)*
             lesen bevor er noch in die schule ging| ** nachher als
             aber in die schule ging| * da mußte man doch mit ihm iwrit
             sprechen| (Ishak Naor und Kristine Hecker)

3.5 Adversative Parenthesen

Auch eine adversative Relation zwischen Parenthese und unterbrochenem Gedankengang war im
Corpus dieser Arbeit nur selten nachweisbar: 12 adversative Parenthesen (= 1%).[40]

---

[39] Bassarak (1984: 125f.) spricht von "Folgerung".

[40] Dem hier vorgeschlagenen Terminus adversative Parenthesen entspricht bei Bassarak (1984), der verschiedene
      "Kontrastfunktionen" unterscheidet, am ehesten das Stichwort "Gegenüberstellung von Sachverhalten"
      (ebd.: 116f.).

(8) GE: wir sin:d als wir in brüssel warenꞁ sind wir zweimal kurz
          nach *   köln gefahrenꞁ weil * dort noch verwandte von
     ME: köln
     AB: ja
     GE: meiner frau   lebtenꞁ * *die kinder leben schon im auslandꞁ*
          eine tochter in england und eine tochter in amerika/ *
          aber verwandte die wir sehr gern hattenꞁ * die leben nicht
          mehrꞁ   (Miriam und Gad Elron und Anne Betten)

3.6 Korrigierende Parenthesen

Die spezifischen Realisierungsbedingungen spontan gesprochener Sprache führen im Gesprächs-
verlauf oft zu Äußerungen, die vom Sprecher sofort als "falsch" erkannt und verbessert werden,
in den meisten Fällen durch Satz(ab)bruch und Neueinsatz. Eine weitere Möglichkeit der Korrektur stellt aber auch die Parenthese dar, deren sich Sprecher vor allem bei der Berichtigung
einzelner Formulierungen bedienen. Häufig werden diese korrigierenden Parenthesen durch eine
Frage eingeleitet, mit der ein Sprecher ankündigt, daß er nicht zutreffend formuliert hat und
seine Äußerung im folgenden richtigstellen möchte. Im untersuchten Corpus übernahmen 51
Parenthesen (= 3%) eine solche korrigierende Funktion.

(9) FX: und da mein mann dann hierfür gebraucht hat in seinem büro
          büro in seinem betriebꞁ * *was heißt betriebꞁ* * *er hatte*
          irgendwie * *ich weiß nicht gemietet jaꞁ von wo aus* * *er*
          seine * *seine vertretung betreiben konnteꞁ* hat er gesagt *
          was sollst du bei anderen leuten arbeiten jaꞁ * ä und ä:
          und ich brauche jemand   (Frau X)

(10) HM: als wir mal da waren unterhielt ich mich * mit seine:r
          frau * *oder sie hatten noch nicht geheiratet war vor der*
          heiratꞁ * u:nd ä: u:nd irgendwie sprachen wir über de:n *
          james * also ihren * mann ihren zukünftigen mann   (Heinrich
          Mendelsohn)

3.7 Präzisierende Parenthesen

Eine wichtige, für 249 Parenthesen (= 14%) zu beobachtende semantische Funktion besteht in
der Präzisierung eines Sachverhaltes/Begriffes, den ein Sprecher zunächst (möglicherweise) nur

relativ allgemein formuliert hat, dann aber unterbricht und durch ergänzende Erläuterungen und zusätzliche Mitteilungen konkretisiert.[41]

(11)   HR: da wurde ich vier tage gehalten‼ ** ä in diesem * ekelhaf-
               ten ä:=hm ** ä KGB *NKWD hieß das früher‼* das heißt
               volkskommissariat für innere angelegenheiten‼ ** nachher
               wurd=es * ä *MWD* * *das heißt ministerium für innere angele-
               genheiten‼* * *und ä: dann ä: zuletzt hieß es KGB* * *kommität
               für staatssicherheit* *4* da hat man mich vier tage gehal-
               ten‼   (Hella Bialer)

3.8 Additive Parenthesen

Auf den untersuchten Tonträgern begegneten auch einige Parenthesen – insgesamt waren es 69 Fälle (= 4%) –, für die sich weder, wie in den bisher vorgestellten Fällen, eine semantische Relation zum unterbrochenen Gedankengang, also zum *Redegegenstand*, feststellen ließ noch, wie in den folgenden Fällen, eine Bezugnahme auf die außersprachliche Kommunikations-situation, also die *Redelage*. Sie stehen gewissermaßen am Übergang zwischen diesen beiden Parenthesenhauptklassen. Von ihrer Tendenz her gehören sie aber wohl noch der ersten an; ihr semantisches Verhältnis zu den unterbrochenen Gedankengängen läßt sich jedoch nur (noch) als rein additiv beschreiben.

(12)   ES: zuerst ist mein vater * im jahre vierunddreißig auf einer
               erkundungsreise * ä nach israel also damals palästina *
               gefahren‼* und ä er hat im ä diesen ä monaten * eine rei-
               se durch israel gemacht * indem er sowohl die möglichkei-
               ten erforscht hat für eine * zukünftige arbeit und tätig-
               keit in israel * hat aber auch einen kleinen gedichtband *
               land israel damals geschrieben der dann im schocken-verlag
               * veröffentlicht wurde * und in dem er eine besondere be-
               ziehung * zur ä: ä palästina-landschaft ä: ausgedrückt hat
               * *übrigens wird diese ä dieses büchlein jetzt wieder* * *in
               aachen ä veröffentlicht durch einen aachener ä verlag ä:*
               aber ä da ä ä lernte er hauptsächlich ä: leute ä wieder
               kennen ä: in die in sich in israel schon niedergelassen
               hatten   (Emanuel Strauss)

---

[41] Bassarak (1984: 111) spricht von "Spezifizierung", Sommerfeldt (1984: 245) von "Konkretisierung".

3.9 Gesprächsgliedernde Parenthesen

Von den Parenthesen, die nun nicht mehr auf den *Redegegenstand*, sondern auf die *Redelage* abzielen, seien zuerst die 96 gesprächsgliedernden Parenthesen (= 6%) genannt. Sie dienen nicht nur thematischen Rück- und Vorverweisen bzw. Kapitelüberschriften in schriftsprachlichen Texten, vergleichbar der Strukturierung des Gesprächsverlaufs,[42] sondern sind oft auch als Signal des Sprechers an den Hörer zu verstehen, die Gesprächsinhalte gemeinsam auszuwählen und zu gestalten.

(13) PA: schaun sie ich bin im grunde genommen! * *ich lass jetzt*
          den * *die einwandererorganisation aus mitteleuropa* * *lass*
          ich im moment weg * bin ich noch aktiv * in mehreren so-
          genannten wissenschaftlichen kommissionen! * das eine is
          was sie eben angefangen haben! * das baeck institut * das
          zweite is ** ä: das ä institut für zionistische geschichte
          * in * an der universität tel aviv! ** das dritte * war
          da bin ich in der zwischenzeit ausgeschieden * war die
          leitung * von yad vashem   (Paul Avraham Alsberg)

3.10 Apostrophierende Parenthesen

Bei Interviews können sich Sprecherinnen und Sprecher, etwa im Gegensatz zu *Alltagsdialogen*, der vollen Aufmerksamkeit ihres Gegenübers eigentlich sicher sein. Wenn (auch) die Emigranten dennoch apostrophierende Parenthesen verwenden – im untersuchten Corpus fanden sich 107 Fälle dieses Typs (= 6%) –, so ist das ein Beweis dafür, daß ausdrückliches Werben um die Gunst des Gesprächspartners als besonders wichtige Komponente der *ars sermonis* empfunden wird.

(14) AE: meiner ziemlich großen familie *wen sie sehen wollen hab*
          ich einen großen stammbaum gemacht mit * *jemand der das*
          grafisch nachher bearbeitet hat! ** also meine ziemlich
          große familie! ** die sind ä:m ä fast alle ** neunzich
          prozent gerettet worden   (Arje Eflal; vgl. Ph 42: 400, Z.10-15)

---

[42] Vgl. auch Sommerfeldt (1984: 246): "Parenthesen dienen auch dem Verweisen auf andere Texte/Textstellen".

3.11 Metakommunikative Parenthesen

Der weite Begriff der Metakommunikation[43] soll in dieser Arbeit nur für die corpusspezifischen Fälle gelten, bei denen die Interviewten Probleme hatten, Formulierungen aus dem Iwrit ins Deutsche zu übertragen. Auf den untersuchten Tonbändern bemühten sich die Emigranten in 240 metakommunikativen Parenthesen (= 14%) zusammen mit ihren Gesprächspartnerinnen um Übersetzungen ins Deutsche bzw. adäquate Umschreibungen.

```
(15)   EA:  es gibt so zwei * ich weiß nicht in deutsch wie man das
            sagen würde in hebräisch ist das gut sie können n bißchen
       KH:            ja
       EA:  hebräisch!    es gibt die möglichkeit * man * geht oder
            ich sag es man kann es auch * in deutsch sagen man geht in
            ein elternheim * oder man wird in ein elternheim gebracht!
       (Else Admoni und Kristine Hecker)
```

3.12 Abtönungsparenthesen

Eine Sonderstellung in der Parenthesenklassifikation nehmen die 359 Fälle (= 21%) ein, die als "Abtönungsparenthesen" bezeichnet werden sollen. Was in ihnen zum Ausdruck kommt, steht einerseits in Zusammenhang mit dem *Redegegenstand*: Es ist die oft emotionale Kommentierung oder Bewertung des unterbrochenen Sachverhaltes, und zwar in allen Schattierungen.[44] Andererseits zielen Abtönungsparenthesen gleichzeitig auch auf die Sprecher-Hörer-Beziehung, also die *Redelage*, ab, indem sie gerade auf Grund ihres – im Gegensatz zu den bisher beschriebenen Parenthesentypen – sehr subjektiven Charakters oft als indirekte Aufforderung an den Hörer zu verstehen sind, zu dem in ihnen Geäußerten selbst Stellung zu nehmen. – Die folgenden drei Beispiele können nur einen kleinen Eindruck aus der Vielfalt solcher Abtönungsparenthesen geben. (Von Beispiel 16 zählt nur die zweite Parenthese zum hier besprochenen Typ.)

```
(16)   SW:  so kam ich nach *3* herzlija * zuerst war ich noch ein
            jahr * in einem andren verband * ort ** und war hier acht-
            zehn jahre! * direktor der schule! ** hatte mit großen
            schwierigkeiten zu kämpfen! * weil die *3* stadtverwaltung
            ** von einem ** sagen wir ruhig idioten geleitet wurde
            einem bürgermeister ** in dessen ägide jeder zehnte bürger
            * angestellter der LACHT stadt war ** und der kein geld
            hatte zu bauen!    (Shalom Weinstein)
```

---

[43] Vgl. exemplarisch Schwitalla (1979: 140), der auf eine "Fülle von syntaktischen und semantischen *Versprachlichungsmöglichkeiten* für Metakommunikationen" (Hervorhebung im Original) aufmerksam macht.

[44] Vgl. auch Sommerfeldt (1984: 245).

(17) HL: ich hab mich dran gewöhnt * nicht auf meine kinder zu war-
           ten! * sondern nach möglichkeit * *und das ist überhaupt*
           mein sagen auch bei andern leuten! * *nicht auf die kinder*
           warten! * *denn das eigenleben von den kindern is so stark*
           * *und so schwer* * *es muß nich: nich: physisch und seelisch*
           schwer sein sondern das ganze in israel is nicht leicht zu
           leben * daß ich sie gewähren lassen muß und ich muß mir
           selbst was schaffen   (Helga Lilie)

(18) LV: ich: wollte mit jemandem sprechen! ** und da hat man mich
           von einem zimmer zum andern * jüdin was suchen sie da jü-
           din was suchen sie da! die ganze zeit! * bis ich zu einem
           mann gekommen bin *und das muß ich* ** *möcht ich betonen* *
           das war kein österreicher! ** *das war ein deutscher!* ** *und*
           ich hab das Xmal g/ bemerkt ** *später und nachher* * *und*
           alles was ich gehört hatt daß der deutsche * *sich besser*
           benommen hat * *als der österreicher!* ** *denn der österrei-*
           cher war schrecklich! * *diese leut die dort gesessen sind!*
           * ich bin dann * hab das glück gehabt * in ein zimmer zu
           kommen wo ein deutscher gesessen is   (Lisl Vardon; vgl. Ph 42: 115,
           Z.37-48)

4 Wiederaufnahme vs. Weiterführung

Noch offen ist die corpusspezifische Frage, ob die Interviewten nach Parenthese den unterbrochenen Gedankengang in typisch sprechsprachlicher Manier, das heißt mit anaphorischem
Verweis, fortsetzen oder – wie es die linguistische Ausgangshypothese des Israel-Projektes
erwarten läßt – wirklich den typisch schriftprachlichen Modus, also die Fortsetzung ohne
Rückverweis, bevorzugen.

Um es vorweg zu sagen: 808 der insgesamt 1 709 Parenthesen aus dem Israel-Corpus (= 47%)
zeigen die von Betten (1980) für die Gegenwartssprache festgestellten Wiederaufnahmeformen
– und einige "neue" Typen treten ergänzend hinzu. Dagegen wird nach den verbleibenden 901
Parenthesen (= 53%) in der Tat die Fortsetzung des unterbrochenen Gedankenganges nicht
explizit markiert. Dieses für spontan gesprochene Sprache bisher (verständlicherweise) noch
nicht beschriebene Phänomen soll im folgenden, in Abgrenzung vom Terminus "Wiederaufnahme", "Weiterführung" genannt werden.

4.1 Wörtliche Wiederaufnahme

Als erste Wiederaufnahmeform in der Gegenwartssprache behandelt Betten (1980: 191-193) die wörtliche Wiederaufnahme. Diese ließ sich im hier untersuchten Material aus dem Israel-Corpus für 400 der insgesamt 808 Wiederaufnahmefälle (= 49%) beobachten.

(19)   JS: also ä *3* ich komm wieder auf das vorwort von meinem buch
             zurück! ja * da steht genau geschrieben! ich schreib **ich
             hab es geschrieben für meine kinder!** * *ich hab es jetzt
             auf iwrit übersetzt! ich hab noch keinen verleger dafür
             gefunden! ja * **ich hab es geschrieben für meine kinder** *
             ich hab es geschrieben für ** die deutschen * die nie ge-
             fragt haben was eigentlich aus uns gekom/ geworden ist *
             nachdem wir aus deutschland geflohen sind! * ja!   (Josef Stern)

4.2 Pronominale Wiederaufnahme

Eine weitere Wiederaufnahme in spontan gesprochener Sprache erfolgt pronominal. Auch diese Form findet sich bei Betten (1980: 200f.), doch gibt es nicht nur die bei ihr vorgeführte Wiederaufnahme durch Demonstrativpronomina, repräsentiert durch Beispiel (20), sondern auch die Wiederaufnahme durch Personalpronomina, wie in Beispiel (21). Pronominale Wiederaufnahme zeigten 150 Fälle (= 19%).

(20)   AE: und das war ne große schwierigkeit wie ich damals nach
             israel kam ** da wollten **die engländer!** *das englische man-
             dat war ja noch hier!* * **die** wollten mir *3* die wollten
             mir die die licence nicht geben!   (Alfred Engel)

(21)   IB: **meine: frau** war mit meinem sohn * noch im jahr neunund-
             dreißig * in polen bei ihrer mutter! * und ist * *der krieg
             hat ja am ersten september neununddreißig begonnen!* * **sie**
             ist ä am dritten september hergekommen!   (Isak Blumenfeld)

4.3 Adverbiale Wiederaufnahme

In Betten (1980) nicht behandelt ist die Form der adverbialen Wiederaufnahme, die im unter-suchten Material in 100 Fällen (= 12%) auftrat.

(22)   EE: und da hab ich gesacht jetzt muß ich ne arbeit machen ä
             die mir geld einbringt! * und hab mich verdingt **in einem
             hotel!** * *die hat gefragt ka/ kannst du denn wirklich sau-*

> *bermachen!* * *ja sag ich* * *ich kann saubermachen! ich hatte*
> *keine ahnung!* * *zu hause haben mir die mädchen die ze/*
> *schuhe geputzt! und das bett gemacht!* und **da** hab ich dann
> ne kurze zeit gearbeitet   (Eva M. Eylon; vgl. Ph 42: 289, Z.15-24)

4.4 Präzisierende Wiederaufnahme

Manchmal lassen sich nach Einschüben in gesprochener Sprache "Variationen der ersten Formulierung" (Betten 1980: 201) beobachten in dem Sinne, daß der ursprüngliche Ansatz in der Fortsetzung eine inhaltliche Spezifizierung erfährt. Eine solche Form der Wiederaufnahme – Betten (ebd.) bezeichnet sie als "präzisierende Wiederaufnahme" – steht, im Gegensatz zu den bisher beschriebenen Typen, oft in einem unmittelbaren (kausalen) Verhältnis zur Parenthese: Es ist nämlich in vielen Fällen erst die parenthetische Erweiterung, die den Sprecher nach der Unterbrechung zu einer inhaltlichen Präzisierung seiner Ausgangsäußerung führt. Das folgende Beispiel – es ist den insgesamt 58 Fällen (= 7%) präzisierender Wiederaufnahme entnommen – veranschaulicht den sich hier vollziehenden Prozeß.

(23)   IB: und erst viele jahre später! ** **wie die lage etwas besser**
            wurde! *die lage war damals war damals sehr schlecht! apo-*
            theken sind sehr schlecht gegangen! und angestellte apo-
            theker waren sehr schlecht bezahlt! * und dann **wie=s apo-**
            thekern dann etwas besser gegangen ist * und sie begonnen
            haben urlaub zu machen! ** ein zwei wochen im jahr! * *und*
            dann mußten sie ja ve/ brauchten sie ja einen vertreter! *
            für das! und da hab ich dann * in fast allen apotheken in
            tel aviv * als urlaubsvertreter gearbeitet!   (Isak Blumenfeld)

4.5 Variierende Wiederaufnahme

Nur am Rande, in Zusammenhang mit einem Exkurs über ausgewählte Fälle von Nachträgen, erwähnt Betten (1980: 203) eine weitere Wiederaufnahmeform, bei der nach dem Einschub die ursprüngliche Formulierung eine Veränderung erfährt: die variierende Wiederaufnahme. Dieser von Betten vorgeschlagene Terminus nennt bereits den Unterschied zur präzisierenden Wiederaufnahme. Im Falle der variierenden Wiederaufnahme wird der erste Ansatz nicht inhaltlich spezifiziert, sondern lexikalisch variiert; mit anderen Worten: der unterbrochene Gedankengang bleibt semantisch unverändert, wird nach dem Einschub aber anders formuliert. Dieser für 55 Fälle (= 7%) beobachtete Typ markiert zwar, im Vergleich zu den bislang beschriebenen Wiederaufnahmeformen, den Anschluß nach Einschub weniger deutlich, ist aber sicher noch als funktional motiviert zu werten.

(24)   AE: also ich kam dahin und nach der * begrüßung mit der üb/
              mit der üblichen ta/ tasse mokkakaffee dem sehr schönen!
              da wurde mir das kind vorgebracht *die mutter lag im bett*
              *noch * das kind es war neugeboren* **und das kind wurde he-**
              reingefahren * ich hab=s kind untersucht und es war ganz
              gesund! * da fragten sie mich die mich da es untersucht
              hab * ob ich wohl noch noch so ein kind untersuchen sag
              ich ja selbstverständlich also! * ja wir bringen es gleich
              * und da **kam=s herein auch in einem kleine wägelchen!** *
              und siehe da * ja da *und ich ich fragte noch * das ist*
              (???) doch kein zwillingskind! hier das hier! * #nein #
       K   #LAUTER#
       AE: *das ist kein zwillingskind!* * **also es wurde hereingefahren**
              und siehe was war=s! * es war ein pechschwarzes kind!
              (Alfred Engel)

4.6 Korrigierende Wiederaufnahme

Betten (1980: 204f.) beschreibt den Typ der korrigierenden Wiederaufnahme anhand zweier
Beispiele, bei denen Sprecher nach Anakoluth zwar eine ursprüngliche Formulierung zugunsten
eines völligen Neuansatzes aufgeben, der zentrale Begriff des ersten Ansatzes in der neuen
Konstruktion dann aber wiederkehrt, so daß der Hörer zumindest den Eindruck gedanklicher
Kontinuität erhält; "der syntaktische Bruch signalisiert keinen Zusammenbruch des Mitteilungs-
gehalts, sondern ist letztlich wieder Ausdruck des Ringens um größtmögliche Präzision dessen,
was mitgeteilt werden soll" (ebd.: 205). – Diesen beiden Beispielen korrigierender Wiederaufnahme nach Anakoluth können Beispiele nach Parenthese aus dem Israel-Corpus an die Seite
gestellt werden. Wenn aber diese Wiederaufnahmeform im untersuchten Material mit 45 Fällen
(= 6%) am seltensten auftritt, so ist das sicher damit zu erklären, daß im Sinne der von Betten
(1976: 225f.) vorgeschlagenen Konversationspostulate nach einem (beabsichtigten) Satz(ab)-
bruch im allgemeinen ein Neuansatz gerade *ohne* Rückgriff auf die erste Formulierung erfolgen
wird.

(25)   ES: also ich muß schon zugeben! * daß mein vater sehr **früh** *
              also er war ja in seiner natur kein fanatiker! * aber in
              hinsicht auf die hebräische sprache war es ihm sehr wich-
              tig daß wir **früh** * hebräisch auch zu hause sprechen!
              (Emanuel Strauss)

4.7 Eingeschobene Elemente

Alle bisher beschriebenen Wiederaufnahmetypen finden sich auch in erweiterter Form, wenn nach dem Einschub ein sprachliches Element auftaucht, das nach Betten (1980: 194) "auf die gesamte eingeschobene Information resümierend Bezug nimmt." In dem von ihr untersuchten Material wie auch im Corpus dieser Arbeit wird hierzu bevorzugt *also* verwendet. (Es gibt jedoch auch noch andere Möglichkeiten.)

(26) EE: heute gibt es ja keine neue deutsch einwan/ ä einwanderer
         aus ä deutschland! *die die die noch nicht mal in deutsch-*
         land gibt es mehr viele ä: viele juden nicht wahr! also
         einen neuen einfluß kann es nicht geben!   (Eva M. Eylon)

Nach Betten (1980: 195) wird in den Fällen mit eingeschaltetem *also* "sowohl die Schlußfolgerung aus dem im Einschub Mitgeteilten markiert wie auch die Anknüpfung als solche gekennzeichnet." Das für diese Arbeit ausgewertete Material legt es jedoch nahe, bei der Verwendung von *also* zwischen zwei Typen zu differenzieren:

1. Einschaltung eines sprachlichen Elementes, das auf die Parenthese resümierend Bezug nimmt *und* nach der Parenthese – zusätzlich zu anderen Wiederaufnahmeformen – den Anschluß markiert. Diesen Typ repräsentiert Beispiel (26).

2. Einschaltung eines sprachlichen Elementes, das – zusätzlich zu anderen Wiederaufnahmeformen – nach der Parenthese den Anschluß markiert:[45]

(27) IN: und er sieht auf einmal * unbekannte uniformen! aber in
         sehr schlechtem zustand! * *wir deutschen haben gute uni-*
         *formen immer gehabt! * und die slowaken haben auch keine*
         *schlechten uniformen gehabt! * und am kopf hatten sie fel-*
         *le! * das ist unbekannt das war für uns nicht bekannt! *
         also ma/ sie haben ihn gefangen! und ä ein leutnant fragte
         ihn! ** wie er spricht! * er wollt mit ihm sprechen!
         (Ishak Naor)

Hierher gehören auch die zahlreichen Fälle, in denen unmittelbar nach der Parenthese noch die Konjunktion *und* eingeschoben wird, mit der ein Sprecher die Fortsetzung des unterbrochenen Gedankens sozusagen "syntaktisch" an die Parenthese anschließt; man vergleiche das folgende Beispiel:

---

[45] Auf Grund dieser Differenzierung wird für diesen Abschnitt nicht der von Betten (1980: 194-196) vorgeschlagene Terminus Wiederaufnahme mit einem auf den Einschub bezugnehmenden Element verwendet, da dieser nur für den ersten Typ zutrifft. Es wird vielmehr dafür plädiert, keine eigene Wiederaufnahmeform für zusätzlich eingeschaltete Elemente einzuführen, sondern diese als Erweiterungsmöglichkeit für alle Formen der Wiederaufnahme zu betrachten.

(28)   MM: dann hab ich also hauptsächlich hab ich in den orangen-
              plantagen gearbeitet! * un:d ich erinnere mich nur noch *
              daß de:r aufseher * *in diesen orangenplantagen war immer*
              ein aufseher * **und** der hat zuerst immer die nägel geprüft
              ob sie nicht zu spitz sind * um die orangen nicht zu ver-
              letzen!   (Mirjam Michaelis)

4.8 Weiterführung

Als Bestätigung der linguistischen Zielstellung des Israel-Projektes sind die 901 (= 53%) der
insgesamt 1 709 Parenthesen zu werten, bei denen die Fortsetzung des unterbrochenen Gedankenganges gerade nicht, wie in den von 4.1 bis 4.7 beschriebenen Fällen, sprechsprachlich
anaphorisch, sondern schriftsprachlich syntaktisch erfolgt. Vergleichbare Beispiele werden sich
sicher auch in anderen (gegenwartssprachlichen) Gesprächscorpora finden lassen. Daß aber die
Zahl der syntaktisch korrekten Weiterführungen die der Wiederaufnahmen übersteigt, dürfte im
Israel-Corpus einmalig sein. Für andere Formen des "Einschubs" kann man vergleichbare
Ergebnisse erwarten.

(29)   FX: mit achtzehn jahren hab ich von meinem vater einen sehr
              netten kleinen opel cabriolet bekommen! und *ich kann ihnen*
        KH: ja das müssen sie mir zeigen
        FX: *nachher das bild zeigen*   und
              ä: bin auto gefahren! und eine frau die hier in haifa ge-
              lebt hat! * die hat mal wie sie mich gesehen hat zu mir
              gesagt! wissen sie! ** sie sind das junge mädchen gewesen!
              * was mit einem ältren herrn! *der ältere herr war damals*
              meine vater der war vielleicht fünfzig * *war ja alles re-*
              lativ * jeden tag gefahren is: durch=s brandenburger tor *
              charlottenburger chaussee in die stadt * waren sie das!
              hab ich da recht!   (Frau X und Kristine Hecker)

(30)   IG: ich war sehr begabt und leider! *das ist eben das große un-*
              glück! auf der einen seite hat mein vater kein geld gehabt!
              * *und auf der andern seite!* * *dadurch daß ich eben nicht*
              die * *schule beendet hab wie ich sie beenden sollte!* *und*
              daß ich keine akademie haben konnte und so weiter! ** bin
              ich in einem bestimmten punkt stehengeblieben!
              (Ilse Gronowski)

(31)   JW: und es ist kein zufall daß das bulletin HUSTET nicht nur
              inhaltlich auch sprachlich kritisiert wird von * menschen
              die meiner generation angehören * während wahrscheinlich
              die deutsche lesergruppe * *also wenn ich sage deutsche*

> *lesergruppe dann mein ich * die in deutschland lesenden*
> *bulletinempfänger* im allgemeinen glaub ich zufrieden sind
> * mit dem deutsch das ihnen dort vorgesetzt wird!
> (Joseph Walk)

5 Zusammenfassung

Von den einleitend gestellten vier Ausgangsfragen wurde in Abschnitt 2 zunächst die Frage nach dem Umfang des Parenthesenbegriffes beantwortet: Für sprechsprachliche Parenthesen erwiesen sich Definitionen nach (nur) äußerlichen Kriterien wie Syntax und Intonation als ungeeignet, da spontan gesprochene Sprache einerseits nicht nach dem grammatischen Satzbegriff segmentierbar ist, andererseits neben parataktischen Parenthesen noch andere Formen intonatorisch markierter und semantisch äquivalenter, aber hypotaktisch eingebetteter Einschübe kennt. Die spezifische Leistung der Parenthese mußte also in ihren pragmatischen Funktionen gesucht, die Frage nach der Definition zur Frage nach der Motivation werden.

Schon lange als pragmatische Funktion erkannt hatte die Forschung den Beitrag der Parenthesen – als Reaktion des Sprechers auf den Hörer – zum Gelingen der Kommunikation (= Konversationspostulat I). Zu einer weiteren Motivation führte die Beantwortung der Frage nach der Parenthesendistribution im Israel-Corpus: Die wider Erwarten hohe Zahl wurde als Sprecheraktion, Parenthesen als Beitrag zur *image*-Pflege interpretiert (= Konversationspostulat II). Als dritte pragmatische Funktion erwies sich schließlich die Kontaktsicherung (= Konversationspostulat III), wobei Sprecher mit solchen Parenthesen sowohl agieren als auch reagieren.

Die in Abschnitt 3 ermittelten häufigsten semantischen Funktionen ließen sich zum einen unter die traditionellen Termini *Parenthesen zum Redegegenstand* (3.1-3.8) – mit ihnen erfüllen Sprecher die Konversationspostulate I und II – und *Parenthesen zur Redelage* (3.9-3.11) – sie dienen der Umsetzung des Konversationspostulates III – subsumieren, zum anderen ergab sich eine dritte Gruppe, die sog. *Abtönungsparenthesen* (3.12), welche eigentlich alle drei Maximen abdecken.

Den wichtigsten Beitrag zu diesem Band über das hohe, an der Schriftsprache orientierte Sprachniveau der Emigranten bildete letztlich die positive Beantwortung der ersten Ausgangsfrage. Die Beobachtung, daß auch im Israel-Corpus typisch sprechsprachliche Wiederaufnahmeformen zahlreich zu finden sind, ist nicht als Widerspruch hierzu zu sehen, sondern dahin gehend, daß eine solche dialogische Sprecherleistung eben auch zur Sprachkunst der Interviewten gehört und in ihrer Sprache nach der Emigration bewahrt blieb.

6 Literatur

Bassarak, Armin (1984): Grammatische und handlungstheoretische Untersuchungen an Parenthesen, Diss. Berlin: [masch.].

— (1985): Zu den Beziehungen zwischen Parenthesen und ihren Trägersätzen, in: Zeitschrift für Phonetik, Sprachwissenschaft und Kommunikationsforschung 38, S.368-375.

— (1987): Parenthesen als illokutive Handlungen, in: W. Motsch (Hg.): Satz, Text, sprachliche Handlung, Berlin: Akademie-Verlag (studia grammatica 25), S.163-178.

Bayer, Klaus (1971): Verteilung und Funktion der sog. Parenthese in Texten gesprochener Sprache, in: Forschungen zur gesprochenen Sprache und Möglichkeiten ihrer Didaktisierung. Protokoll eines Werkstattgesprächs des Goethe-Instituts am 10. und 11. Dezember 1970, hg. v. Goethe-Institut, München: Kemmler, S.200-214 und 215-223 (= Diskussion).

— (1973): Verteilung und Funktion der sogenannten Parenthese in Texten gesprochener Sprache, in: Deutsche Sprache 1,1, S.64-115.

Betten, Anne (1976): Ellipsen, Anakoluthe und Parenthesen. Fälle für Grammatik, Stilistik, Sprechakttheorie oder Konversationsanalyse?, in: Deutsche Sprache 4, S.207-230.

— (1978): Versuch von Regelformulierungen für eine Dialoggrammatik, in: W. U. Dressler/W. Meid (eds.): Proceedings of the Twelfth International Congress of Linguists, Vienna, August 28 – September 2, 1977, Innsbruck: Institut für Sprachwissenschaft der Universität Innsbruck (Innsbrucker Beiträge zur Sprachwissenschaft, Sonderbd.), S.521-524.

— (1980): Fehler und Kommunikationsstrategien. Zur funktionalen Erklärung einiger häufig vorkommender syntaktischer Wiederaufnahme-Formen in der gesprochenen deutschen Gegenwartssprache, in: D. Cherubim (Hg.): Fehlerlinguistik. Beiträge zum Problem der sprachlichen Abweichung, Tübingen: Niemeyer (Reihe Germanistische Linguistik 24), S.188-208.

— (1995a): Emigrationsetappe Frankreich: Zur Ausformung von Erzählungen in mündlichen Autobiographien ehemaliger deutscher Juden, in: E. Faucher et al. (Hgg.): Signans und Signatum. Auf dem Weg zu einer semantischen Grammatik. Festschrift für Paul Valentin zum 60. Geburtstag, Tübingen: Narr (Eurogermanistik. Europäische Studien zur deutschen Sprache 6), S.395-409.

— (Hg.) (1995b): Sprachbewahrung nach der Emigration – Das Deutsch der 20er Jahre in Israel. Teil I: Transkripte und Tondokumente. Unter Mitarbeit von Sigrid Graßl, Tübingen: Niemeyer (Phonai 42).

— (1998): Ist 'Alterstil' in der Sprechsprache wissenschaftlich nachweisbar? Überlegungen zu Interviews mit 70- bis 100jährigen Emigranten, in: R. Fiehler/C. Thimm (Hgg.): Sprache und Kommunikation im Alter, Opladen, Wiesbaden: Westdeutscher Verlag, S.131-142.

Betten, Anne/Du-nour, Miryam (Hgg.) (1995): Wir sind die Letzten. Fragt uns aus: Gespräche mit den Emigranten der dreißiger Jahre in Israel, Gerlingen: Bleicher. 2., verb. Aufl. 1996.

Brandt, Margareta (1994): Subordination und Parenthese als Mittel der Informationsstrukturierung in Texten, in: Sprache und Pragmatik 32, S.1-37.

Burkhardt, Angelika/Burkhardt, Armin (1997): Emigration ist kein leichtes Los. Zwei Bücher über Schicksal und Lebenswege deutsch-jüdischer Emigranten, in: Der Deutschunterricht 4, S.82–86.

Eroms, Hans-Werner (1995): Syntax und Stilistik, in: J. Jacobs et al. (Hgg.): Syntax. Ein internationales Handbuch zeitgenössischer Forschung. 2. Halbbd., Berlin, New York: de Gruyter (Handbücher zur Sprach- und Kommunikationswissenschaft 9.2), S.1528-1545.

Fleischer, Wolfgang et al. (1996): Stilistik der deutschen Gegenwartssprache. 2. Aufl., Frankfurt/M., Berlin, Bern, New York, Paris, Wien: Lang.

Gold, Dolores et al. (1993): Off-target verbosity and talkativeness in elderly people, in: Canadian Journal on Aging 12, pp. 67-77.

Henne, Helmut (1979): Die Rolle des Hörers im Gespräch, in: I. Rosengren (Hg.): Sprache und Pragmatik. Lunder Symposium 1978, Lund: Gleerup (Lunder germanistische Forschungen 48), S.122-134.

Mackeldey, Roger (1987): Alltagssprachliche Dialoge. Kommunikative Funktionen und syntaktische Strukturen, Leipzig: Verlag Enzyklopädie (Linguistische Studien).

Pittner, Karin (1995): Zur Syntax von Parenthesen, in: Linguistische Berichte 156, S.85-108.

Rahnenführer, Ilse (1991): Zur Funktion von Parenthesen in der geschriebenen Sprache, in: E. Feldbusch et al. (Hgg.): Neue Fragen der Linguistik. Akten des 25. Linguistischen Kolloquiums, Paderborn 1990. Bd. 1: Bestand und Entwicklung, Tübingen: Niemeyer (Linguistische Arbeiten 270), S.553-557.

Sandig, Barbara (1973): Zur historischen Kontinuität normativ diskriminierter syntaktischer Muster in spontaner Sprechsprache, in: Deutsche Sprache 1,3, S.37-57.

Schindler, Wolfgang (1990): Untersuchungen zur Grammatik appositionsverdächtiger Einheiten im Deutschen, Tübingen: Niemeyer (Linguistische Arbeiten 246).

Schönherr, Beatrix (1997): Syntax – Prosodie – nonverbale Kommunikation. Empirische Untersuchungen zur Interaktion sprachlicher und parasprachlicher Ausdrucksmittel im Gespräch, Tübingen: Niemeyer (Reihe Germanistische Linguistik 182).

Schreiter, Gotthard (1988): Die parenthetische Struktur in der deutschen Gegenwartssprache, Diss. Jena: [masch.].

— (1991): Das Zusammenwirken von Regeln der Satz- und Textkonstitution am Beispiel der Parenthese, in: E. Feldbusch et al. (Hgg.): Neue Fragen der Linguistik. Akten des 25. Linguistischen Kolloquiums, Paderborn 1990. Bd. 1: Bestand und Entwicklung, Tübingen: Niemeyer (Linguistische Arbeiten 270), S.363-367.

Schwitalla, Johannes (1979): Metakommunikationen als Mittel der Dialogorganisation und der Beziehungsdefinition, in: J. Dittmann (Hg.): Arbeiten zur Konversationsanalyse, Tübingen: Niemeyer (Linguistische Arbeiten 75), S.111-143.

Schwyzer, Eduard (1939): Die Parenthese im engern und im weitern Sinne, Berlin: Verlag der Akademie der Wissenschaften (Abhandlungen der Preußischen Akademie der Wissenschaften. Philosophisch-historische Klasse 6).

Sommerfeldt, Karl-Ernst (1984): Zu Verdichtungserscheinungen im Satzbau der deutschen Sprache der Gegenwart (unter besonderer Berücksichtigung der Parenthesen), in: Zeitschrift für Phonetik, Sprachwissenschaft und Kommunikationsforschung 37, S.242-248.

Steger, Hugo (1972): Gesprochene Sprache und geschriebene Sprache, in: Sprache – Brücke und Hindernis. 23 Beiträge nach einer Sendereihe des "Studio Heidelberg", Süddeutscher Rundfunk, München: Piper (Das Heidelberger Studio 50), S.203-214.

Weiss, Andreas (1975): Syntax spontaner Gespräche. Einfluß von Situation und Thema auf das Sprachverhalten, Düsseldorf: Schwann (Sprache der Gegenwart 31).

Winkler, Christian (1969): Der Einschub. Kleine Studie über eine Form der Rede, in: U. Engel et al. (Hgg.): Festschrift für Hugo Moser zum 60. Geburtstag am 19. Juni 1969, Düsseldorf: Schwann, S. 282-295.

Wüst, Walther (1923): Der Schaltsatz im Ṛgveda, Diss. München: [masch.].

Astrid Kossakowski

Satzabbrüche in Gesprächen

Zu den Bedingungen ihres Vorkommens bei einer ansonsten
grammatisch sehr normorientierten Sprechergruppe

1 Einleitung

Unter den Charakteristika der gesprochenen Sprache wird häufig der (Satz-)Abbruch genannt.
Beispiele, die man als (Satz-)Abbrüche bezeichnen könnte, kommen jedoch auch unter Etiketten
wie Aposiopese, Ellipse, Anakoluth, unvollständiger Satz, (Satz-)Fragment, Verkürzung,
Korrektur vor. Die Darstellungen und Klassifizierungen sind allerdings sehr unterschiedlich, und
es fallen – außer bei der Aposiopese – auch Phänomene unter den jeweiligen Begriff, die man
nicht als Abbrüche ansehen kann. Diese unbefriedigende Sachlage war der Ausgangspunkt für
eine Arbeit, in der ich versucht habe, Satzabbrüche zusammenhängend darzustellen und zu
klassifizieren.[1]

Der folgende Beitrag gibt diesen Ansatz in stark geraffter Form wieder. Der Sinn der Darstellung meiner Ergebnisse im vorliegenden Band liegt allerdings darin, im Rahmen der Ausgangshypothese des Projektes von der schriftsprachlich orientierten Sprechweise der Interviewten Material über ein aufschlußreiches Gebiet gesprochener Sprache zu präsentieren und
Überlegungen anzuregen, ob und warum Abbrüche hier eventuell nicht in derselben Häufigkeit
wie in spontanen Gesprächssituationen deutscher Sprecher von heute vorkommen bzw. ob
sich um Typen handelt, die die Verständlichkeit des Gesamttextes weniger beeinträchtigen. Des
weiteren sollte die Analyse der Abbruchstypen und ihrer Anlässe bzw. Funktionen u.U. über das
grammatische Normverhalten der Sprecher/innen hinaus aufschlußreiche Beobachtungen zum
Temperament der einzelnen Sprecher/innen (Umgang mit raschen Assoziationen, Interaktivität,
etc.), aber auch zu ihrer psychischen Befindlichkeit (Tabuthemen etc.) ermöglichen.

Zur Corpus-Auswahl: Vollständig ausgewertet wurden die 7 Interviews mit Dr. Akiba Eger
(135 Min.), Dr. Esriel Hildesheimer (180 Min.), Erna Jacob (135 Min.), Ayala und Eugen
Laronne (180 Min.), Irene Levy[2] (135 Min.), Dr. Iwan Lilienfeld (180 Min.), Ernst Schwarz (135
Min.); zu den quantitativen Ergebnissen vgl. unten S.360f. Weitere Einzelbeispiele sind den

---

[1] Heumann (1995). Leider war es mir nicht möglich, Literatur, die nach Abschluß meiner Examensarbeit
erschienen ist, noch zu berücksichtigen.

[2] Da es von Levy keine Texte und daher auch keine Kurzbiographie im Transkriptteil gibt, vgl. die Kurzbiographie bei M. Du-nour in diesem Bd., S.452, Anm. 19.

Interviews mit Isack Bayer, Johanna Klausner, Eva Michaelis-Stern und Alisa Porath entnommen; sie dienen lediglich als Belege für die typologische Vielfalt der Abbrüche.

Im folgenden Abschnitt 2 stelle ich zunächst meine Klassifikation (nach Heumann 1995) vor und diskutiere die wichtigsten Annahmen der Fachliteratur. Sodann werden in Abschnitt 3 im Auswahlcorpus gefundene Belege nach meinen Klassifikationsschemata präsentiert und in Abschnitt 4 quantitativ und qualitativ auf ihre Kompatibilität mit der linguistischen Ausgangshypothese für das Israel-Corpus hin erörtert und ausgewertet.

2 Vergleich der eigenen Klassifikation von Abbrüchen mit Darstellungen in der Fachliteratur

Die zunächst intuitiv erfaßten Abbrüche lassen sich letztendlich nach zwei Kategorien einteilen, nach denen auch die folgenden ausgewählten Beispiele gegliedert werden:

1   Klassifizierung nach der Verstehbarkeit
1.1   Verstehbare Abbrüche
1.1.1   Aus der Konstruktion selbst verstehbare Abbrüche
1.1.2   Aus dem Kotext (umgebenden Text) verstehbare Abbrüche
1.1.3   Aus dem Gesprächsinhalt verstehbare Abbrüche
1.1.4   Aus der Kenntnis der Situation oder dem gemeinsamen Wissen verstehbare Abbrüche
1.1.5   In der Kombination mit Sichtbarem verstehbare Abbrüche
1.2   Nicht verstehbare Abbrüche

2   Klassifizierung nach Ursachen und Intentionen
2.1   Beabsichtigte Abbrüche
2.1.1   Andeutung
2.1.2   Das Weitersprechen erscheint dem Sprecher überflüssig
2.1.3   Der Sprecher entscheidet sich, über den angesprochenen Sachverhalt doch nicht zu sprechen
2.2   Unbeabsichtigte Abbrüche
2.2.1   Ein plötzlich auftauchender neuer Gedanke führt zum Abbruch des bereits begonnenen
2.2.2   Abbruch aus emotionalen Gründen
2.2.3   Fehlende Information, fehlendes Wort
2.2.4   Mangelnde Gedächtniskapazität
2.2.5   Unterbrechung durch den Dialogpartner

Obwohl im folgenden Klassifikation und Funktionen der Satzabbrüche im Vordergrund stehen und nicht ausführlich auf die Definitionen von sprachlichen Verkürzungen in der Fachliteratur eingegangen werden soll, sei hier doch kurz angesprochen, inwiefern Definition und Klassifikation zusammenhängen.[3]

Wie bereits erwähnt, werden Abbrüche in der Literatur ganz unterschiedlich beschrieben und benannt. Meist fallen unter eine Bezeichnung mehr sprachliche Erscheinungen als die, die hier als Abbrüche angesehen werden; gleichzeitig würden nie alle hier angeführten Belege – obwohl sie gemeinsame Merkmale haben – unter eine einzige der in der Literatur vorkommenden Bezeichnungen fallen. Da die Suche nach Definitionen zum Stichwort "Satzabbruch" nicht weiterführte, mußte ich unter anderen Stichwörtern nach Hinweisen auf Satzabbrüche suchen. Hierfür kamen in Frage "Aposiopese", "Ellipse", "Anakoluth" und, aus der Forschung zur gesprochenen Sprache, auch die weniger traditionellen Termini "Korrektur", "fragmentarische Äußerung" und "Verkürzung".

Die Aposiopese wird, mit Ausnahme des Artikels von Drews (1992), die auch Gedankenauslassungen bei vollständigen Sätzen dazurechnet, in der von mir herangezogenen Literatur[4] immer als Satzabbruch definiert, wobei hauptsächlich bewußt geplante Abbrüche, vor allem bei Bezugnahme auf die geschriebene Sprache, angenommen werden. Die von mir als "unbeabsichtigt" klassifizierten Abbrüche (zum Beispiel wegen eines plötzlich auftauchenden neuen Gedankens oder mangelnder Gedächtniskapazität) fallen wohl nicht unter diese Definitionen.

Ellipsen werden in den Nachschlagewerken so charakterisiert, daß der semantisch weniger wichtige Teil weggelassen sei. Rath (1979a: 140) unterscheidet sich mit seiner für die gesprochene Sprache konzipierten Definition dadurch von den anderen, daß er nur diejenigen Kurzformen als Ellipsen ansieht, die nicht ohne Kontext verstehbar sind. Insgesamt werden die Ellipsen immer als ergänzbar oder verstehbar angesehen.

In bezug auf Satzabbrüche sei festgestellt, daß solche Ellipsen natürlich nur dann ein Satzabbruch sein können, wenn die Auslassung am Ende des Satzes erfolgt. Die Darstellungen über Ellipsen gehen vorwiegend von Beispielen aus, wo das nicht der Fall ist. Auch dann aber können diesen Darstellungen Hinweise für die Behandlung von Abbrüchen entnommen werden, zum Beispiel Hinweise darüber, wie die nicht verbalisierten Teile der Äußerung vom Hörer ergänzt werden können, oder Hinweise zu Ursachen von Ellipsen. Dies fließt in die Klassifizierung der Abbrüche ein.

Unter Ellipse wird also meist verstanden, daß die semantisch weniger wichtigen Elemente ausgelassen werden. Bei Abbrüchen treten sowohl solche auf, bei denen das Wichtigste fehlt, als auch solche, bei denen weniger Wichtiges fehlt; oft ist dies aber nicht so genau trennbar. Beide Arten können ergänzbar sein, einige Abbrüche, bei denen Wichtiges fehlt, sind jedoch für den

---

[3] Ausführlich dazu Heumann (1995).

[4] Die Artikel "Aposiopese" in: Bußmann (1990), Lewandowski (1990), v. Wilpert (1989); ferner Sowinski (1975: 130f.), Betten (1976: 215).

Hörer nicht ergänzbar, so daß diese also auf keinen Fall mit den gängigen Ellipsendefinitionen vereinbar wären.

Nach der Definition von Rath wären alle von mir als "verstehbar" klassifizierten Abbrüche Ellipsen, mit Ausnahme derer, die aus der Konstruktion selbst verstehbar sind (s.u.), da er diese in der gesprochenen Sprache als vollständig ansieht.

"Abbrüche" sind bei Rath dagegen solche Teile, die durch einen Neuansatz korrigiert werden. Diese fallen somit als "Konstruktionskorrektur" unter die Erscheinungen, die in meiner Arbeit nicht untersucht werden. Die in den Interviews auftretenden nicht verstehbaren Abbrüche, die nach Rath keine Ellipsen sein können, da sie nicht ergänzbar sind, werden aber auch nicht durch einen Neuansatz korrigiert, wie Rath die Abbrüche charakterisiert. Sie tauchen in Raths Beschreibung daher nicht auf.

Im Gegensatz zu Abbrüchen sind die Ellipsen nach Rath durch Gliederungssignale[5] begrenzt, sie sind also Äußerungseinheiten. Für die in den Interviews auftretenden Abbrüche läßt sich sagen, daß bei allen als *beabsichtigt* eingestuften Abbrüchen Gliederungssignale auftreten, bei den *unbeabsichtigten* dagegen nicht, mit Ausnahme derer, die wohl wegen mangelnder Gedächtniskapazität zustande kamen. Bei letzteren werden zum Beispiel lange Nebensätze oder Parenthesen eingeschoben, nach denen die Anfangskonstruktion jedoch nicht wiederaufgenommen wird; wegen der ursprünglich anderen Planung sind vor ihrem Einsatz prosodische oder redeverzögernde Gliederungssignale vorhanden.

Auch das Anakoluth wird sehr unterschiedlich definiert. Meist wird darunter ein inkonsequenter Satzbau verstanden, also kein Abbruch. Bei Betten (1997: 73) fällt noch der Neuansatz nach einem Abbruch darunter, also ein Fall, der in dieser Arbeit als Korrektur bezeichnet wird und nicht zu den Abbrüchen zählt. Nur bei Hoffmann (1991: 99) findet sich unter "Anakoluth" unter anderem eine Form, die ein Abbruch ist: Er bezeichnet diese Form als "Ausstieg", wobei das Gesagte "sofort gelöscht und nicht zur Weiterverarbeitung im Fokus präsent gehalten werden" soll. Als Ursache für Anakoluthe nennt Hoffmann Schwierigkeiten bei der Umsetzung eines komplexen Gedankens in eine lineare Abfolge. Diese Ursache taucht auch in meiner Klassifizierung auf – allerdings soll bei diesen Beispielen keineswegs das Gesagte gelöscht werden, es ist sogar wichtig für das Gesamtverständnis. Gelöscht werden sollen nur die Abbrüche, die unter die Kategorie "Der Sprecher entscheidet sich, über den angesprochenen Sachverhalt doch nicht zu sprechen" (s.o. S.339, 2.1.3) fallen, und somit beabsichtigt sind.

---

[5] Rath (1979a: 74f.) unterscheidet vier Bereiche der Gliederung: *Inhaltliche Gliederung*: "Manche Textteile gehören enger zusammen als andere und bilden gegenüber diesen eine quasi abgeschlossene Einheit." *Prosodische Gliederung*: Rath nennt hier den Tonhöhenverlauf als wichtiges Merkmal. Es genügt, zwischen Stimmerhöhung und Stimmsenkung zu unterscheiden. *Redeverzögerung*: Stille und gefüllte Pausen können Äußerungseinheiten abgrenzen. Zusätzlich führt Rath hier Wiederholungen an. *Lexikalisch-syntaktische Gliederung*: Dies sind sowohl einzelne Wörter wie *und, also, nicht?, ja?*, als auch "syntaktisch zusammengesetzte Einheiten" wie *ich meine, und so, oder so, und so weiter*.

Meyer-Hermann (1985: 104) sieht zunächst alle Äußerungen als unvollständig an, die isoliert betrachtet nicht interpretierbar sind. Einen Teil davon bilden die fragmentarischen Äußerungen. Sie sind interaktiv erfolgreich interpretierbar. Auf Abbrüche, die nicht interaktiv interpretiert werden können, geht Meyer-Hermann nicht weiter ein. Die interaktiv interpretierbaren fragmentarischen Äußerungen werden in seiner Darstellung offensichtlich nur mit Hilfe des Kotextes[6] interpretiert, andere Möglichkeiten, wie das gemeinsame Wissen der Sprecher oder die nichtsprachliche Umgebung, führt er nicht an. Er unterscheidet danach, ob die Ergänzung mit Hilfe des Kotextes desselben Sprechers oder durch die Äußerungen des Gesprächspartners erfolgt, und, wenn es sich um verschiedene Kotext-Produzenten handelt, danach, ob die zur Ergänzung nötige Äußerung vor oder nach dem Fragment steht. Welcher Sprecher den für die Ergänzung eines Fragments nötigen Kotext liefert, ist zwar erwähnenswert, als Einteilungskriterium scheint es mir aber nicht wichtig genug zu sein, da in einem Dialog der Text von beiden Sprechern gemeinsam produziert wird und es deshalb keine Rolle spielt, wer den vorausgehenden Text, aus dem ein Fragment interpretiert werden kann, gesprochen hat.

In dem Aufsatz "Strukturelle Aspekte und kommunikative Funktion sprachlicher Verkürzungen" versteht Rath (1979b) unter sprachlichen Verkürzungen "solche sprachliche Formen, die eine implizite, das heißt unausgeführte oder nur teilweise ausgeführte Struktur haben" (ebd.: 217). Er stellt verschiedene Funktionen dieser Verkürzungen dar: ökonomische Sprachverwendung, Spannung und Betonung, Dialogsteuerung (zum Beispiel Hörersignale) und Aufrechterhaltung und Verstärkung der Partnerbeziehung im Dialog (Schaffung einer "vertrauensbildenden Atmosphäre" (ebd.: 230) durch "gemeinsam geteiltes, *sprachlich aber nicht realisiertes* Wissen" (ebd.: 229). Auch hierunter fallen also mehr Verkürzungen als nur Abbrüche. Unbeabsichtigte (aber häufig trotzdem interpretierbare) Abbrüche werden in dieser Untersuchung nicht berücksichtigt.

Die Sichtung der Literatur aus der Perspektive der in den Interviews gefundenen Abbrüche zeigt, daß eigentlich alle Punkte der Klassifizierungen (das heißt alle in den Interviews vorkommenden Phänomene) in der Literatur an irgendeiner Stelle zu finden sind. Sie sind allerdings nirgends zusammenhängend dargestellt, sondern werden unter den verschiedensten Termini eingeordnet. Außer bei der Aposiopese werden auch immer Formen aufgeführt, die keine Abbrüche, sondern andere Verkürzungen sind. In jeder Darstellung ist nur ein Teil der in den Israel-Interviews vorkommenden Abbrüche erfaßt. Auffallend selten ist von Abbrüchen die Rede, die für den Hörer nicht verstehbar sind. Da aber die Abbrüche formale Gemeinsamkeiten aufweisen – das Fehlen eines grammatisch notwendigen Teils am Ende und die grammatische

---

[6] Der Terminus "Kotext" wird hier nach der Definition des Linguistischen Wörterbuches von Lewandowski (1990) verwendet: "Nach Bar-Hillel der sprachliche Kontext im Gegensatz zum außersprachlichen, bzw. situativen Kontext".

Inakzeptabilität für kompetente Sprecher – und auch intuitiv als einheitliches Phänomen angesehen werden können, erscheint mir eine gemeinsame Darstellung der Abbrüche notwendig.

3 Klassifizierung der Satzabbrüche in den Interviews

Die zu untersuchenden Beispiele wurden aus den Gesprächen zunächst eher intuitiv ausgewählt, der Auswahl lag also nicht eine vorher genau definierte Auffassung dieses Phänomens zugrunde. Es handelt sich sozusagen um satzförmig begonnene Einheiten, die am Ende unvollständig sind.

Was die "Vollständigkeit" betrifft, so weist Weingarten (1985: 77) darauf hin, daß es nicht möglich sei, "einen Vollständigkeitsbegriff ohne weitere Dimensionsbenennung zu definieren". Sätze können also durchaus grammatisch unvollständig sein, in kommunikativer Hinsicht aber, das heißt was das Verstehen durch den Hörer betrifft, der beispielsweise den Kontext miteinbezieht, dennoch vollständig.

Möglicherweise gibt es einen stufenlosen Übergang von unvollständig zu vollständig in kommunikativer Hinsicht, je nachdem wieviel vom Hörer aus dem Kontext, dem bereits Gesagten, seinem Vorwissen und so weiter erschlossen werden muß. Ortner (1985: 168) bemerkt dazu: "Eine Vollständigkeit im Sinne einer sprachlichen Wiedergabe aller Gegebenheiten und Voraussetzungen, die in einem Interaktionszusammenhang, das heißt auch: für das Verstehen, relevant sind, gibt es nicht." Was zum Verständnis einer Äußerung mitgedacht werden muß, ist immer mehr als das, was verbalisiert wird.

Der Satzabbruch wird im folgenden streng unterschieden vom Satzbruch/Anakoluth. Sätze, die in einer anderen als der anfänglichen Konstruktion zuendegeführt werden, sind nach der hier vertretenen Auffassung keine abgebrochenen Sätze.[7] Konstruktionsverbesserungen, bei denen eine begonnene Konstruktion abgebrochen und die Äußerung mit veränderter Konstruktion wiederaufgenommen wird, werden ebenfalls nicht berücksichtigt. Man kann davon ausgehen, daß diese aufgrund der Sprechgeschwindigkeit und der Intonation in den meisten Fällen gut von Abbrüchen zu unterscheiden sind.

Für die Klassifizierung der als Abbrüche empfundenen Äußerungen gemäß meinen zwei Kategorien wurden die Texte zunächst daraufhin untersucht, ob die Abbrüche vom Hörer ergänzt werden können oder nicht (3.1) und dann nach den Ursachen der Abbrüche und den eventuell mit ihnen verknüpften Intentionen der Sprecher (3.2); dabei stellte sich heraus, daß ein Teil der Abbrüche wohl beabsichtigt war, ein anderer Teil dagegen nicht.

---

[7] Vgl. Betten (1997: 73).

3.1 Klassifizierung nach der Verstehbarkeit

Bei einem großen Teil der Abbrüche ist es für den Hörer problemlos möglich, den fehlenden Teil zu ergänzen. Dies ist jedoch nur in manchen Fällen als konkrete Ergänzung eines Wortes oder eines bestimmten Satzgliedes vorstellbar. Es ist vielmehr so, daß der Hörer versteht, was gemeint ist, ohne daß dazu eine ausformulierte Ergänzung nötig oder möglich ist. Bei einem Teil der Abbrüche ist es für den Hörer – soweit man dies beim nachträglichen Abhören der Aufnahmen beurteilen kann – nicht möglich, das Gemeinte zu verstehen. Die Abbrüche sind also zunächst in zwei Gruppen unterteilbar: Abbrüche, die der Hörer ergänzen kann, und Abbrüche, deren Inhalt unklar bleibt. Dabei muß man sich darüber im klaren sein, daß in einigen Fällen die Zuordnung falsch ausfallen kann, da beim Abhören der Aufnahmen zwangsläufig die nonverbale Komponente der Kommunikation fehlt. Bei den hier verwendeten Gesprächsaufnahmen spielt allerdings die nonverbale Kommunikation möglicherweise eine geringere Rolle als in Alltagsdialogen, da das Gesprächsthema nicht auf die Situation bezogen ist, so daß schon deswegen viel mehr verbalisiert werden muß.

Bei Abbrüchen, deren Sinn vom Hörer ergänzt werden kann, kann man sich in einem weiteren Schritt fragen, *woraus* das Fehlende ergänzt werden kann, oder anders ausgedrückt, wodurch die Äußerung verständlich wird, obwohl sie abgebrochen ist. Bei der Analyse ergaben sich folgende Punkte: 1. Die Abbrüche sind aus der Konstruktion selbst verstehbar. 2. Die Abbrüche sind aus dem Kotext verstehbar. 3. Die Abbrüche sind aus dem Gesprächsinhalt verstehbar. 4. Die Abbrüche sind aus der Kenntnis der Situation oder dem gemeinsamen Wissen verstehbar. 5. Die Abbrüche sind in der Kombination mit Sichtbarem verstehbar.

3.1.1 Verstehbare Abbrüche

3.1.1.1 Aus der Konstruktion selbst verstehbare Abbrüche

Eine Möglichkeit, wie Abbrüche verstanden werden können, liegt darin, daß eine Konstruktion an einer Stelle abbricht, an der es aufgrund lexikalischer oder syntaktischer Regeln keine Wahlmöglichkeiten in der Ergänzung gibt. In diesen Fällen ist am ehesten eine "wörtliche" Ergänzung möglich, jedenfalls würden wahrscheinlich mehrere Hörer den Abbruch in gleicher Weise vollenden, wenn man sie dazu auffordern würde, weil die abgebrochene Konstruktion wenig Spielraum für die Weiterführung läßt. Es fehlt zu einem vollständigen Satz meist nur ein einziges Wort.[8]

---

[8]   In den folgenden Transkripten ist der "Satz", der abgebrochen wurde, kursiv gesetzt. – Im Unterschied zu den Transkripten von Phonai 42 und 45 markiere ich gleichbleibende Stimmhöhe durch einen waagerechten Pfeil (→). Einzelne simultane Hörersignale (wie *hm*) sind z.T. nicht transkribiert.

(1)   denn die russen konnten ein stückchen feld neben dem haus be-
       bauen↓ * so wie der XY↓ der hat einen schönen garten gehabt *und*
       dort hat er sich kartoffeln ange/ und was für kartoffeln↓ sol-
       che ka/ kilogramm schweren kartoffeln sind da↓   (Johanna Klausner)

(2)   ich kam dann fünfunddreißig auf=s lehrerseminar↓ * *der ernst*
       simon hat behauptet daß ich eine sehr gute lehrerin→ aber *
       manchmal denk ich auch daß so jeckes nicht so sehr das feine
       gefühl haben für das was die anderen so wirklich wirklich sind↓
       (Ayala Laronne)

Hier lassen sich die abgebrochenen Konstruktionen ganz aus sich selbst heraus ergänzen (im
letzten Beispiel wird vielleicht noch das Tempus aus dem Kontext erschlossen). Die Abbrüche
sind allein aus der Sprachkenntnis ergänzbar, man muß keinen Kontext zu Hilfe nehmen, um die
Ergänzungen (*dort hat er sich Kartoffeln angebaut; daß ich eine sehr gute Lehrerin sei*) vorzunehmen.

3.1.1.2 Aus dem Kotext verstehbare Abbrüche

Einige Abbrüche kann man direkt aus dem umgebenden Text (Kotext) ergänzen. Dazu gibt es
verschiedene Möglichkeiten. Zum einen kann es ähnlich verlaufen, wie es Rath (1979a: 143-
150) für Ellipsen als "Konstruktionsübernahme" bezeichnet. Es wird die gleiche Konstruktion
verwendet, die im Kotext auftaucht, sie wird aber vorzeitig abgebrochen. Dabei muß dies nicht
unbedingt die Konstruktion des unmittelbar vorhergehenden Satzes sein:

(3)   aber g/ richtig habe ich englisch erst gelernt als ich drei-
       unsechzig * oder gut englisch hab ich gelernt als ich dreiun-
       sechzig auch von * dem staatskontrolleurs*m*office * nach *
       england geschickt worden bin zu einem * ä: kurs in * high ad-
       ministration↓ [...] *und da hab ich wirklich gut englisch→* denn
       da waren die lehrer in oxford waren sei es professoren sei es
       hohe regierungsbeamte die alle natürlich ä gut oxford-english
       gesprochen haben↓   (Esriel Hildesheimer; vgl. Ph 45: 88f., Z.65-70)

Es kann auch die Konstruktion eines anderen Sprechers übernommen werden:

(4)   KH: und leben die meisten egers jetzt in israel oder in der
           ganzen welt verstreut↓
       AE: ä:: *die sind in der ganzen welt*
           ver/ hier sehen sie das ist 1990 erschienen↓   (Akiba Eger und
           Kristine Hecker)

Neben der Konstruktionsübernahme gibt es die Möglichkeit, daß der Abbruch nicht direkt durch
die Übernahme einer Konstruktion verständlich wird, sondern nur durch die Übernahme eines

Wortes oder lexikalischen Morphems, das vorher in einer etwas anderen Form oder Konstruktion auftauchte:

(5)   aber wer auf die höhere töchterschule das lyzeum ging der
        brauchte nur drei jahre⌐ * und ä: ich mein ich hab=s immer sehr
        eilig gehabt mit der schulzeit⌐ aber das konnte ich letztenen-
        des ja nicht bestimmen *aber das haben also * ä: meine verwand-*
        ten (ich will sagen) also meine die die erziehungsberechtigten
        für mich⌐ aber das persönliche will ich jetzt hier weglassen
        weil das eine ganze ä: nicht gerade sehr erfreuliche familien-
        geschichte ist⌐   (Iwan Lilienfeld)

Hier übernimmt die abgebrochene Äußerung sozusagen das Wort *bestimmen,* in der Ergänzung müßte es aber *bestimmt* heißen. Die steigende Stimme fungiert in diesem Beispiel als Gliederungssignal, sie zeigt an, daß sich noch eine weitere Äußerungseinheit anschließen wird.

Bei der Übernahme eines Wortes aus dem Kotext kann es sein, daß dieses zum Verständnis des Abbruchs nötige Wort erst im nachfolgenden Text erscheint:

(6)   *und diese böden⌐ * für die für zionistische ansiedlungen vor-*
        gesehen war von den jüdischen behörden unter der englischen
        regierung ä:: wurden von dem sogenannten keren kayemet→ das war
        die organ/ zionistische organisation * die sich mit bodenkauf
        ä: beschäftigte⌐ ich möchte nur sagen nicht mit bodenraub⌐ son-
        dern mit bodenkauf⌐   (Eugen Laronne)

Das fehlende *gekauft* erschließt sich durch ein Zusammenwirken der Passivkonstruktion (es fehlt das Partizip) mit dem nachfolgenden Wort *bodenkauf,* das den Inhalt des Partizips liefert.

3.1.1.3   Aus dem Gesprächsinhalt verstehbare Abbrüche

Die Bedeutung vieler Abbrüche, die für den Hörer verständlich sind, erschließt sich ihm nicht aus einer Konstruktion im Kotext, sondern aus seiner Kenntnis des Gesprächsinhalts. Es sind dafür also nicht mehr bestimmte Konstruktionen oder Wörter nötig, sondern nur der Inhalt. Das heißt, die zur Ergänzung nötigen Wörter kommen im Kotext so nicht vor. Deshalb gibt es hier einen weiteren Spielraum für mögliche Ergänzungen als bei den aus der Konstruktion oder dem Kotext erklärbaren Abbrüchen. Es fehlen meist größere Zusammenhänge zum Verständnis, so daß wirklich nur noch der Sinn, aber keineswegs mehr ein annähernder Wortlaut ergänzt werden kann. Würde man das versuchen, so wäre es ein willkürliches und damit nicht sinnvolles Unterfangen. Wenn im folgenden eine Ergänzung zu Abbrüchen gegeben wird, so ist das niemals so zu verstehen, als sei dies der genaue fehlende Wortlaut, sondern es soll nur eine Umschreibung der Bedeutung der Äußerung gegeben werden, wie sie sich der Hörer bilden kann. Daß es dafür verschiedene Lösungen geben kann, ist selbstverständlich.

Ein Abbruch kann sowohl durch den vorausgehenden Gesprächsinhalt erschlossen werden als auch durch den nachfolgenden.

(7)   wir sind in münchen↓ ** in kaffeehäuser gegangen↓ in in ä: ohne
        an/ auch nur angst zu haben↓ * das war alles damals noch mög-
        lich * obwohl ** es * man war war das wissen wir ja heute gut↓
        * daß es sehr viele ** tätliche ausschreitungen gegen juden
        gegeben hat↓ * und es war für viele juden war es damals schon
        gefährlich↓ ** ä: ** als jude entdeckt zu werden↓ * aber uns is
        das gelungen *und wir ham das weiter nicht→* in der * stadt der
        * bewegung↓ ** oder wie sie sich geheißen hat↓ nürnberg↓ * wir
        ham uns in nürnberg auch frei bewegen können→   (Ernst Schwarz; vgl.
        Ph 42: 137, Z.24-34)

Einen genauen Wortlaut des Partizips zu "wir ham das weiter nicht" wird man nicht angeben können, man versteht aber den allgemeinen Sinn der Äußerung: Ernst Schwarz und seine Freunde ließen sich durch die Rassengesetze (noch) nicht beeinflussen, sie ignorierten sie.

(8)   *meine mutter war von beruf eigentlich gar→* ich werde ihnen
        was sagen↓ der unterschied ist so sehr in den jahren↓ * in mei-
        ner zeit↓ * als ich aus der schule gekommen bin→ * da hat man
        haben mädchen nicht gearbeitet↓   (Erna Jacob)

"ich werde ihnen was sagen" weist auf eine nachfolgende Erklärung hin, aus der der Abbruch (wohl durch das Wort *nichts*) ergänzt werden kann.

Die Grenze zwischen den aus dem Inhalt verständlichen Abbrüchen und den nicht mehr verständlichen ist fließend. Je mehr Wissen oder Kontext zum Verstehen herangezogen werden muß, desto schwerer ist es, den Abbruch eindeutig zu verstehen. Das folgende Beispiel erfordert daher mehr Interpretationsarbeit als die bisherigen:

(9)   und ich hab ihn gebeten komm komm komm ich hab für dich be-
        schäftigung↓ und da hat er mich hat er gefragt ob das eine fe/
        feste stelle ist↓ * *hab ich gemeint→* ** das war schon neun-
        zehnhundertsiebenunddreißig achtunddreißig ich weiß nicht ganz
        genau mehr↓ * nicht wahr↓ * und er weil er der jüngste war war
        er verwöhnt↓ * der war damals in berlin→   (Isack Bayer)

Hier ist vor allem auch der nachfolgende Inhalt wichtig. Die Interpretation für den Abbruch "hab ich gemeint" dürfte sein, daß Bayer meint, sein Bruder sei sehr unvernünftig oder unrealistisch gewesen, 1938 eine Beschäftigung in Palästina, die ihn aus Deutschland herausgebracht hätte, nur dann anzunehmen, wenn es eine feste Stelle wäre. Darauf deutet zunächst die etwas tadelnd klingende Pause nach dem Abbruch hin, vorwurfsvoll in bezug auf den Bruder wirkt auch "nicht wahr↓", das zeigt, daß Bayer davon ausgeht, seine Zuhörerin wisse über die Lage im Jahr 1938 Bescheid (da er nur das Jahr nennt). Auch der Hinweis auf die Verwöhntheit des Bruders stützt diese Interpretation, sowie das verlangsamte, betonte Sprechen bei "ob das eine fe/ feste stelle ist". Insgesamt rückt diese Stelle schon in die Richtung der in 3.1.2 behandelten Beispiele.

3.1.1.4 Aus dem gemeinsamen Wissen verstehbare Abbrüche

Es gibt Abbrüche, die zwar verstehbar sind, wobei das dazu nötige Wissen aber weder aus dem Kotext noch aus dem Gesprächsinhalt stammt. Die nötige Information kann dann aus dem Wissen, das beiden Gesprächspartnern gemeinsam ist, abgeleitet werden.

(10)   *hier sind meine meisten freunde sind schon→* ** *leider!* ** *neue*
       kann man nicht mehr schaffen!   (Irene Levy)

Kurz vorher ist von einer 71 Jahre alten Dame die Rede. Aus dem Wissen, daß man im Alter viele seiner Freunde verliert und daß Irene Levy selbst zum Zeitpunkt der Aufnahme 86 Jahre alt ist, ist dieser abgebrochene Satz völlig klar verständlich: Die meisten Freunde leben nicht mehr. Vom Sterben vieler Freunde ist vorher aber nicht die Rede, die Ergänzung stammt also nicht aus dem Gesprächsinhalt.

3.1.1.5 In der Kombination mit Sichtbarem verstehbare Abbrüche

Wie die Situation, so können für beide Gesprächspartner auch sichtbare Gegenstände oder Gesten eine abgebrochene Äußerung vervollständigen. Es leuchtet ein, daß dies beim Abhören der Aufnahmen nicht in allen Fällen nachvollziehbar ist. Von den als nicht ergänzbar angesehenen Abbrüchen könnten einige durch Gegenstände oder Gesten erklärbar sein. Beim nachträglichen Hören erkennbar wird dies nur, wenn im Gespräch explizit auf die Gegenstände hingewiesen wird, wenn der Hörer der Aufnahme aus dem Gesprächsinhalt erkennen kann, daß die Sprecher Gegenstände betrachten. In den Interviews werden manchmal Photos, Erinnerungsgegenstände, Bücher oder Dokumente gezeigt. In solchen Phasen kann man Abbrüche finden, die durch die Gegenstände, die beide Gesprächspartner sehen, verstehbar sind:

(11)   AB: sie müssen doch beide blond und blauäugig gewesen sein
            wenn ich das so richtig sehe! oder sind diese
       EL: damals gab=s
            noch keine damals gab=s noch keine buntbilder! *aber sie*
       AB: ja aha!
       EL: *können sich da→* **   (Eugen Laronne und Anne Betten)

Hier betrachtet A. Betten ein Hochzeitsphoto des Ehepaars Laronne. Herr Laronne reicht ihr anscheinend ein weiteres Photo, auf dem sie, wenn auch nicht in Farbe, prüfen kann, ob beide tatsächlich blond und blauäugig waren. Der Abbruch "aber sie können sich da" ist inhaltlich wohl etwa als *sie können sich das da ansehen* oder *sie können sich da davon überzeugen* ergänzbar.

Abbrüche, die nur aus dem gemeinsamen Wissen oder dem für beide Gesprächspartner Sichtbaren verständlich sind, kommen in den vorliegenden Texten selten vor. Dies hängt sicherlich mit der Textsorte zusammen. In Alltagsdialogen dürften solche Fälle häufiger sein, da sich die Gespräche dort oft um die aktuelle Situation drehen, so daß nicht alles verbalisiert werden muß. In den Interviews geht es dagegen selten um die konkrete Situation, sondern meist um die Vergangenheit oder Allgemeines.

3.1.2 Nicht verstehbare Abbrüche

Wie schon erwähnt, ist ein stufenloser Übergang von verstehbaren Abbrüchen zu nicht mehr interpretierbaren anzunehmen. Für einige Abbrüche kann man sich noch ganz vage eine Vorstellung machen, was gemeint sein könnte, zumindest eine Vorstellung eines inhaltlichen Bereichs, der nicht mehr konkret auszudrücken, beziehungsweise nur inhaltlich verschieden zu füllen ist. Ob man solche Fälle dann noch zu denen zählt, die aus dem Inhalt oder dem Allgemeinwissen interpretierbar sind oder schon zu den nicht mehr verstehbaren, da sich keine einigermaßen passende Umschreibung geben läßt, sondern nur eine vage Vorstellung im Bewußtsein erzeugt wird, ist sicher Ansichtssache.

```
(12)   KH:  also ne druckerei ist es jetzt praktisch geworden↓ *
       EJ:                                                      prak-
            tisch ja↓ * aber nicht nur druckerei sondern auch ä: das
            verarbeiten der→ ** das ist an sich ä: eine gutgehende
            firma↓    (Erna Jakob und Kristine Hecker)
```

Dieser Abbruch ist eventuell für denjenigen verständlich, der weiß, was man in einer Druckerei noch verarbeiten könnte. Aus dem Gesprächsinhalt oder dem Allgemeinwissen ist er nicht unbedingt erklärbar.

Folgendes Beispiel rückt in die Nähe der aus dem Inhalt verständlichen Abbrüche:

```
(13)   wir kinder wurden waren so * sollten eingebettet sein in der
       kultur↓ * aber es war zu einer zeit ä: wo wir eigentlich noch
       zu kindlich dafür waren↓ und ä: ä: wir hätten gerne ich jeden-
       falls↓ ich will ich will nichts über meinen bruder und meine
       schwester sagen↓ das ä es ist durchaus möglich daß ä:m mein
       bruder altersmäßig auch ä:m da viel mehr aufnehmen konnte von
       dem was die eltern uns geboten haben↓ ** aber ä:m ich selbst
       wenn ich zurückdenke→ das die sonntagnachmittage wurden die
       klassiker zusammen gelesen↓ oder ä:m ä: mein meine eltern gin-
       gen mit uns ins museum↓ und ä: es war * kultur war so groß ge-
       schrieben↓ daß es ä: * nicht ganz meinem kindlichen alter ent-
```

```
sprach! und das hatte natürlich damit zu tun daß ich die jüng-
ste war und immer sozusagen mitgegangen bin!    (Eva Michaelis-Stern)
```

Hier ist es zwar relativ verständlich, was Eva Michaelis-Stern meint, man wird aber nicht konkret sagen können, was sie gerne getan hätte, da sie tatsächlich nur sagt, was sie *nicht* wollte. Direkt ergänzbar ist der Abbruch also nicht, aber man hat nicht das Gefühl einer schwerwiegenden Informationslücke.

Insgesamt sind die meisten der vom Hörer nicht ergänzbaren Abbrüche also nicht völlig unverständlich und behindern keineswegs die Kommunikation.

In folgendem Beispiel fehlt dagegen wirklich eine wichtige Information:

```
(14)   aber wir haben alle gelernt→ ** wir haben alle gel/ alle * mei-
       ne leider meine jüngste schwester! ** aber wir haben alle gut
       geheiratet! mein bruder ist leider * durch die nazis * umge-
       kommen! ** meine eine schwester lebt in jeruschalajim! * mein
       schwager ist dreiundneunzig jahr→ wir haben alle berliner ge-
       heiratet!    (Irene Levy)
```

Hier war vorher nicht von der jüngsten Schwester die Rede, Levy antwortet auf die einfache Frage, ob sie Geschwister habe. Auch in der Fortsetzung wird nicht geklärt, was *leider* mit der jüngsten Schwester geschehen ist oder was sie getan hat.

Völlig unklare Abbrüche, bei denen man als Hörer den Eindruck hat, es fehle einem eine wichtige Information, um den Sprecher richtig zu verstehen, kommen aber ziemlich selten vor. Tatsächlich fanden sich die Beispiele, bei denen man gerne nachfragen würde, fast ausschließlich in dem Gespräch mit Irene Levy, also nur einer der hier untersuchten Personen.

3.2 Klassifizierung nach Ursachen und Intentionen

Für die meisten Abbrüche kann man Gründe feststellen, die zu dem Abbruch geführt haben. Dabei zeigt sich, daß ein Teil der Abbrüche vermutlich beabsichtigt, ein anderer Teil unbeabsichtigt zustande kommt. Selbstverständlich wird man nicht immer ganz sicher sein können, ob ein Abbruch nun beabsichtigt war oder nicht, in den meisten Fällen wird man aber das eine oder das andere annehmen können.

Unter *beabsichtigt* soll hier nicht verstanden werden, daß der Sprecher in jedem Fall, schon bevor er zu sprechen beginnt, die Absicht hat, seinen Satz nicht zuendezuführen, sondern daß er sich im Moment des Abbruchs bewußt für den Abbruch entscheidet. *Unbeabsichtigt* sind dagegen die Abbrüche, die dem Sprecher aus verschiedenen Gründen unterlaufen, die aber keine bewußte Intention haben.[9]

Ich führe hier nur Ursachen für Abbrüche auf, die in den untersuchten Gesprächsaufnahmen gefunden wurden. In anderen Gesprächssituationen werden vielleicht weitere Ursachen zu finden sein.

Bei der Beschreibung von Paraphrase und Korrektur unterscheidet Rath[10] explizite und implizite Paraphrasen und Korrekturen, das heißt Paraphrasen bzw. Korrekturen können explizit angekündigt werden oder nicht. Solch eine Unterscheidung kann man auch auf Abbrüche anwenden. Explizite Abbrüche sind allerdings in den von mir untersuchten Interviews sehr selten. Beispiele für explizite Abbrüche werden unter dem entsprechenden Gliederungspunkt für die Ursache des Abbruchs aufgeführt.

3.2.1 Beabsichtigte Abbrüche

3.2.1.1 Andeutung

Unter Andeutung soll hier verstanden werden, daß ein Abbruch erfolgt, weil der Sprecher sich beispielsweise zu einem Tabuthema äußert, das Tabu aber nicht durchbrechen will und sich deshalb mit einer nicht vollständigen Äußerung begnügt. Auch das Vermeiden, Wörter auszusprechen, die der Situation oder der gesellschaftlichen Position des Sprechers und/oder des Hörers nicht angemessen sind, kann zu Andeutungs-Abbrüchen führen. Bei der Andeutung handelt es sich also um einen sozial bedingten Abbruch.

Sachverhalte, die nur angedeutet werden, stammen zum Beispiel aus dem Bereich des Holocaust:

(15) *mein bruder ist auch (der) von den nazis leider⌐ *6** (Irene Levy)

Andere wollen ihre Krankheitssymptome nicht so ausführlich schildern, weil das in der Situation wohl unpassend erscheint:

(16) *das ist lediglich eine alterserscheinung⌐ * daß einem sämtli-*
      che⌐ * und ein arzt hat mir gesagt ich hab eine arthritis⌐ also
      mehr kann man da wohl nicht sagen⌐ (Erna Jacob)

---

[9] Die Einteilung *beabsichtigt – unbeabsichtigt* ist nicht identisch mit der Einteilung *geplant – ungeplant*, wie sie in der Fachliteratur bisweilen vorgenommen wird. *Beabsichtigt* nenne ich, wenn sich der Sprecher bewußt für den Abbruch entscheidet; *geplant* soll dagegen ausdrücken, daß der Sprecher sich, schon bevor er zu sprechen beginnt, zu der verkürzten Form entschließt. Die Kategorie *beabsichtigt* umfaßt also mehr Fälle als die Kategorie *geplant*.

[10] Rath (1979a: Kapitel 5.3 und 5.4).

Hierbei handelt es sich um einen nachträglich explizit gemachten Abbruch. Noch deutlicher zeigt die folgende Textstelle einen expliziten Abbruch: Die Sprecherin weist dort darauf hin, daß man so etwas ja eigentlich nicht sagt:

(17)   (???)[11] mußte auch immer zahlen⌐ * *und dann hat er gesagt von*
        dem wenigen⌐ *4* *ä:m* * na ich meine was soll ich über einen
        toten mann noch reden⌐ ich könnte so viel reden⌐ * ein buch
        könnt ich schreiben ja⌐   (Alisa Porath)

Die Andeutungen haben gemeinsam, daß auf sie ein deutliches Gliederungssignal folgt, meist ist dies eine längere Pause, die den andeutenden Charakter verstärkt.

3.2.1.2 Das Weitersprechen erscheint überflüssig

In einigen Fällen kann man die Abbrüche so interpretieren, daß dem Sprecher das Weitersprechen einfach überflüssig erscheint, da er annehmen kann, der Hörer habe ihn bereits verstanden. Dabei geht es nicht um bestimmte Dinge, die man nicht aussprechen will, wie bei den Andeutungen. Warum in diesen Fällen ein zum Verständnis nicht mehr nötiger Teil weggelassen wird, während in sehr viel mehr Fällen dies nicht geschieht, ist wohl nicht erklärbar. Daß das Weitersprechen überflüssig erscheint, weil der Hörer schon verstanden hat, was gemeint ist, ist also letztendlich keine befriedigende Angabe der Ursache, denn man findet ja sehr viele vollständige Sätze, die ebenfalls ohne das letzte Wort oder die letzten Wörter schon verständlich wären. Es wird sich aber dafür nur schwer eine Erklärung geben lassen. Man wird als Ursache wohl Sprachökonomie nennen müssen, die eben nicht überall da, wo es möglich ist, eingesetzt wird. Dabei können inhaltlich weniger wichtige Elemente fehlen, wie zum Beispiel ein Verb:

(18)   wie er pensioniert wurde hat er gesagt *jetzt werde ich mal mein*
        hobby⌐ **   (Irene Levy)

Es kann aber auch ein inhaltlich für die Äußerung wichtiges Element fehlen, das zum Beispiel dadurch, daß vorher ausführlich über den betreffenden Sachverhalt gesprochen wurde, nicht mehr unbedingt zum Verstehen nötig ist:

(19)   und so kam es * daß er [...] also gut wenn er nicht chemiker
        werden will⌐ was soll er werden⌐ ä: wird er was ä: ** will er
        ein anwalt werden⌐ ein rechtsanwalt hat unbegrenzte möglich-
        keiten aufzusteigen⌐ überall⌐ * da braucht er keine chemische
        industrie ä: und so weiter⌐ * er kann kommerzienrat werden wenn
        er alt genug geworden ist⌐ * notar und was weiß ich noch also
        unbeschränkte möglichkeiten⌐ *soll er werden ein*⌐ ** no * dann
        ist er eben eingetreten [...]   (Emanuel Rosenblum)

---

[11] Porath spricht über ihren geschiedenen und inzwischen verstorbenen Mann. Hier nennt sie wohl seinen Namen, der aber nicht verständlich ist.

Die Abbrüche, die zustande kommen, weil dem Sprecher der Rest überflüssig erscheint, sind alle durch Gliederungssignale abgeschlossen: durch Stimmsenkung (eventuell auch Stimmhebung) und/oder längere Pause und lexikalische Gliederungssignale.

3.2.1.3 Der Sprecher will über den angesprochenen Sachverhalt doch nicht sprechen

Der Sprecher kann eine Äußerung abbrechen, weil er sich entschließt, über den Sachverhalt, über den zu sprechen er gerade begonnen hat, doch nicht zu sprechen, etwa weil er ihn nicht mehr für wichtig hält oder weil er merkt, daß das Thema nicht für die Öffentlichkeit (oder für einen bestimmten Hörer) bestimmt ist. Für diese Kategorie von Abbrüchen finden sich einige Beispiele in den Interviews; es handelt sich dabei ausschließlich um explizite Abbrüche. Möglicherweise kann man diese Intention überhaupt nur dann richtig erkennen, wenn die Äußerung explizit abgebrochen wird. Sicher fallen auch viele der nicht interpretierbaren (nicht verständlichen) Abbrüche unter diese Kategorie, was aber wegen der Nicht-Verständlichkeit nicht genau festzumachen ist.

Die Äußerung kann abgebrochen werden, weil der Sprecher den Sachverhalt für unwichtig hält:

```
(20)    und zwar gibt es da verschiedene meinungsverschiedenheiten⌐ die
        reichsvereinigung als solche ist aufgelöst worden im juni neun-
        zehnhundertdreiundvierzig ä: aber ä: und mein doktorvater und
        kollege heutiger kollege professor kulka wird wild wenn ich ihm
        sage den ausdruck den wir benutzt haben restreichsvereinigung
        der existiert gar nicht⌐ denn die dokumente die ich jetzt aus
        potsdam gebracht habe gehen bis neunzehnundertfünfundvierzig
        und es steht immer oben drüber kopf briefkopf reichsvereinigung
        der juden in deutschland unterschrieben reichsvereinigung der
        juden in deutschland als ob niemals diese organisation aufge-
        löst worden wäre⌐ also er behauptet immer noch *ja es war aber
        trotz⌐* gut das ist ja nicht wichtig⌐    (Esriel Hildesheimer)
```

Eine andere Möglichkeit, warum ein Sprecher etwas lieber doch nicht weitererzählen will, ist, daß er es für unangemessen hält, den betreffenden Sachverhalt in dieser Situation (hier ist an die Weiterverbreitung der Aufnahme zu denken) oder vor diesem Hörer zu erzählen:

```
(21)    besonders nachdem sie [die Friedrich-Ebert-Stiftung, A.K.] noch
        ein buch herausgegeben hat über das seminar⌐ das ä: wie sagte
        mir der dezernent * (für asien) (???) wie warme semmeln gegan-
        gen ist⌐ * dieses buch⌐ ** ä:: und ä:: *4* dann gab es ä ä ä na
        so⌐ * geschichte für sich nicht wahr⌐ keine sehr erfreuliche⌐
        (Akiba Eger)
```

Dieses Beispiel liegt wohl an der Grenze zur Kategorie "Andeutung", allerdings müßte das, was angedeutet werden soll, eindeutiger sein.

3.2.2   Unbeabsichtigte Abbrüche

3.2.2.1   Ein neuer Gedanke führt zum Abbruch des bereits begonnenen

Es ist wesentlich für die Sprache, daß Gleichzeitiges (ein komplexer Gedanke) in eine zeitliche Abfolge von Sätzen gebracht werden muß.[12] Da in der gesprochenen Sprache keine nachträglichen Korrekturen möglich sind, bekommt der Hörer den Gedankengang des Sprechers in einem größeren Ausmaß mit als in der geschriebenen Sprache. Das hat zur Folge, daß der Sprecher zum Beispiel in einer Argumentation oder Erzählung merkt, daß zum Verständnis oder zur Logik des Gesagten eine weitere Information nötig ist oder daß er bei der Schilderung eines Sachverhalts chronologisch früher einsetzen muß. In einem solchen Fall wird oft der bereits begonnene Satz abgebrochen und weiter ausgeholt oder eine zusätzliche Erklärung eingeschoben:

(22)   uns wurden alle eb/ ä: wege geebnet↓ * ä: wir brauchten=s ab-
       itur nicht nachzumachen↓ * *ä: wir hätten sofort*→ wir brauchten
       nicht mehr zu studieren↓ * unser referendarexamen wäre aner-
       kannt worden↓ ja↑ ä: aber [...]   (Iwan Lilienfeld)

Lilienfeld spricht hier von seiner ersten Emigrationsstation, Italien. Dort hätten er und seine Frau gleich als Juristen arbeiten können, wenn dafür nicht der Erwerb der italienischen Staatsangehörigkeit erforderlich gewesen wäre. Aber um diese zu bekommen, hätten sie in die faschistische Partei eintreten müssen. Er sagt zunächst nur, daß er das Abitur nicht hätte nachmachen müssen und beginnt gleich mit dem, was er *sofort* hätte tun können, bemerkt dann aber, daß es ja neben dem Abitur noch mehr Hürden hätte geben können, so zum Beispiel das Studium und das Referendarexamen. Also holt er nach zu sagen, daß auch dies keine Hindernisse gewesen wären. Das, was er sofort hätte tun können, wird auch später nicht mehr genannt, obgleich naheliegt, daß es in die Richtung ging, daß sie sofort hätten beruflich tätig werden können.

Auch wenn der Sprecher nicht der Meinung ist, eine zusätzliche Erklärung geben zu müssen, kann es sein, daß ein Gedanke zum Abbruch des begonnenen führt, weil Gleichzeitiges nacheinander gesagt werden muß, der Sprecher aber eigentlich alles auf einmal ausdrücken möchte:[13]

(23)   die jugend geht nicht zu der central↑ * *die jugend wird auch
       nicht ins b'nai b'rith gehen wo deutsch gespro/* es gibt eine
       hebräische loge ja↑ (???)↓ aber in die deutschsprechende loge
       geht die jugend nicht↓   (Frau Rosenblum)

Auch plötzliche Assoziationen, die beim Sprecher durch das, was er sagt, ausgelöst werden, können dazu führen, daß er den aktuellen Satz abbricht:

---

[12]   Vgl. Hoffmann (1991: 99).

[13]   Vgl. Sowinski (1975: 130), der als möglichen Grund für situativ bedingte Abbrüche "Erregung des Sprechers, wenn er mehrere Gedanken gleichzeitig äußern will", angibt.

(24)   das war eine sehr schwere sache weil * meine frau ** ostjüdin
       war wie man sagtˈ ** so daß auf de/ auf meiner hochzeit meine
       geschwister nicht kamenˈ * nur mein aba[14] mein mein aba jaˈ *der*
       hatˈ diesen übrigens das wird sie vielleicht interessierenˈ
       (Isack Bayer)

Mit *übrigens* ist hier die Assoziation signalisiert.

Sichtbare Gegenstände, die dem Sprecher, während er spricht, ins Auge fallen, können ebenfalls zu einem neuen Gedanken oder einer Assoziation und somit zu einem Abbruch führen:

(25)   *was ich nicht aus drei verschiedenen quellen habe * das habe*
       *ich nicht hier aufgenommenˈ * sondern nur * hier das ist von*
       der seite des vaters dieses akiba egerˈ   (Akiba Eger)

Hier ist Eger dabei, seiner Gesprächspartnerin Dokumente und Photographien zu zeigen. In dem Moment, wo ihm etwas Bestimmtes ins Auge springt, bricht er den angefangenen Satz ab und spricht über das weiter, was er gesehen hat. Signalisiert wird dies durch das Wort *hier*.

3.2.2.2 Emotionaler Abbruch

Die verschiedensten Emotionen können einen Sprecher dazu veranlassen, einen Satz abzubrechen. Das muß nicht unbedingt heißen, daß er dadurch völlig am Weitersprechen gehindert wird, wie es der Fall sein kann, wenn jemand von Trauer oder Verzweiflung überwältigt wird. Unter emotionalen Abbrüchen sollen hier auch solche Äußerungen verstanden werden, die durch einen emotionsbedingten Ausruf oder eine emotionale (oder wertende) Äußerung abgebrochen werden.

Der Abbruch kann zum Beispiel durch einen bewundernd- oder entsetzt-staunenden Ausruf verursacht werden:

(26)   aber in dem zugˈ * der war voll voll mit armen beduinenˈ mit
       mit ä: hühnernˈ ä: die fuhren ich weiß nicht ob die zum marktˈ
       LACHT ä: hühner in ställen also es war also unwahrscheinliche *
       unwahrscheinliche zustände daˈ * ä: * *die sanitären ä: zu/* also
       unbeschreiblichˈ *   (Iwan Lilienfeld)

Das Erstaunen, das zum Abbruch führt, muß nicht unbedingt das Erstaunen des Sprechers selbst sein, es kann auch in direkter Rede zitiert sein, wie bei Porath, die darüber spricht, daß viele Immigranten in Israel nicht verstehen konnten, daß sie nicht Jiddisch sprach, es nie gelernt hat und außerdem diese Sprache nicht so gern mag:

(27)   und auch hier ich sag ich lehn=s immer abˈ *ich sag* (*ich*) (???)
       leider ich kann keinˈ sie können kein jiddischˈ * nein sag ich
       * ich hab nie ein wort jiddisch (gelernt)ˈ   (Alisa Porath)

---

[14] Hebr.: 'Vater'.

Hier wird durch den Abbruch von "leider ich kann kein" der Eindruck eines wirklichen Dialogs erweckt, da der Anschluß "sie können kein jiddisch↑" so erfolgt, als würde der zitierte Sprecher der Sprecherin vor lauter Erstaunen ins Wort fallen.

Ein anderer Grund für den Abbruch kann Erschrecken sein. Im folgenden Beispiel erschrickt Frau Levy darüber, daß das Aufnahmegerät bereits läuft, was sie bis dahin offensichtlich nicht bemerkt hatte, obwohl das Gespräch schon seit einiger Zeit im Gange ist. Sie expliziert ihr Erschrecken zusätzlich, indem sie sagt, daß sie vor der Aufnahme Angst hat. Die abgebrochene Äußerung wird nach dem erschreckten Ausruf nicht weitergeführt, da die Gesprächspartnerinnen dadurch vom Thema abkommen. Der Abbruch bleibt also unverständlich.

```
(28)   IL:  das kann man sich gar nicht vorstellen↓ * was ich geschuf-
            tet habe↓ ** ich war dann auf dem sozialpädagogischen→
            gottes willen das geht↑                          aber ich
       KH:                        ja das macht doch nichts↓
       IL:  hab angst↓ * bitte↓   (Irene Levy und Kristine Hecker)
```

3.2.2.3 Fehlende Information oder fehlendes Wort

Merkt der Sprecher, nachdem er bereits angefangen hat, über einen Sachverhalt zu sprechen, daß ihm eine dazu nötige Information fehlt, so kann dies zu einem Abbruch führen:

```
(29)   und dort bin sind wir haben wir gelebt↑ * im jahre dort bin ich
       in die deutsche schule gegangen↓ * minderheitsschule↓ * und ä:
       im jahre neunzehnhun/ als ich fünfzehn jahre alt war wurde ich
       nach gleiwitz geschickt↑   (Johanna Klausner)
```

Klausner kommt hier nicht mehr auf die Jahreszahl und bricht deshalb den Satz "im jahre neunzehnhun/" ab. Sie umschreibt den Sachverhalt dann, indem sie ihr Alter zu diesem Zeitpunkt nennt. Man könnte diesen Abbruch allerdings auch als Anakoluth ansehen oder als Konstruktionskorrektur, da ja in diesem Fall die Jahreszahl und das damalige Alter Klausners eigentlich dasselbe aussagen. Andererseits wird eine Jahreszahl, über die zu sprechen Klausner begonnen hat, nicht genannt. Sie kann nur indirekt aus dem Folgenden, ihrem Alter zu dieser Zeit, erschlossen werden, falls dem Hörer ihr Geburtsdatum bekannt ist.

Abbrüche können auch entstehen, wenn dem Sprecher das passende Wort oder der passende Ausdruck nicht einfällt und er auch keine Umschreibung liefert:

```
(30)   KH:  haben sie auch komponiert↑
       IB:                        ä: ä: im notfall↓ also ä ab und
            zu↓ (nicht wahr) nicht i/ nicht sehr viel↓ * das war nicht
            mein mein ä: nicht meine * ä es das hab ich als als als
            junge ge/ ä: ä: im alter von ** vierzehn hab ich mein ers-
            tes lied geschrieben↓   (Isack Bayer und Kristine Hecker)
```

Bei den hier eingeordneten Abbrüchen hört man deutlich ein Zögern des Sprechers, der eine bestimmte Information oder einen Ausdruck sucht. Das Zögern zeigt sich an gefüllten oder ungefüllten Pausen und einer Stimmführung, die nicht abschließend ist, meist ist dies eine gleichbleibende Stimmhöhe am Ende des Abbruchs.

3.2.2.4 Mangelnde Gedächtniskapazität

Es ist typisch für die gesprochene Sprache, daß lange und komplexe Sätze nicht immer der grammatischen Norm gemäß zuendegeführt werden, zum Beispiel weil die Kapazität des Gedächtnisses nicht dazu ausreicht, Einheiten, die eine gewisse Länge überschreiten, bis zum Ende komplett (im Wortlaut) im Bewußtsein zu behalten. Dadurch kann es zu Satzabbrüchen kommen, das heißt es fehlt hier ein notwendiger Teil der grammatischen Satzform. Das Verständnis ist davon meist nicht betroffen, da der Sprecher ja durchaus alles sagt, was dazu wichtig ist, nur eben nicht unbedingt in grammatisch vollständiger Form.

In folgendem Beispiel fehlt das Partizip des Verbalkomplexes:

(31)   `die geschichtsauffassung war nicht nach meinem geschmack! * es`
         `war für meine begriffe zu * ich möcht es nennen naiv nennen *`
         `ä: so wie⁻ ääh ** ` *ich hab dann später hab ich das gelassen und*
         hab die `*` *jüdischen themen nicht mehr weiter verfolgt!* `*` *und*
         hab mich mehr der allgemeinen geschichte⁻ `vor allem der bis bis`
         `heute * der nazigeschichte * der jüdischen geschichte * der`
         `geschichte der juden in deutschland! was es mit den juden für`
         `eine entwicklung genommen hat * emanzipation und ä: ä: * und so`
         `weiter und so weiter! das ist bis heute mein interessengebiet!`
         (Ernst Schwarz)

Nach "und hab mich mehr der allgemeinen geschichte" fügt Schwarz einen präzisierenden Einschub ein, der so umfangreich ist, daß der angefangene Hauptsatz nicht mehr im Bewußtsein ist und es dem Sprecher also nicht mehr bewußt ist, daß das Partizip, etwa *gewidmet* oder *zugewendet*, noch fehlt.

In den bisher genannten Beispielen fällt nur das Partizip eines komplexen Verbs weg. Im folgenden Beispiel ist zu einem Satz ("ich erwähne das alles, weil [...] sehr wichtig waren") ein kausaler Nebensatz mit *denn* begonnen, der mit einer längeren Aufzählung beginnt. Es fehlt hier das gesamte Prädikat:

(32)   `ich erwähne das alles * weil ich mir bewußt bin daß diese um-`
         `stände! ä: ä: die prägung meiner gefühle und meiner erinnerun-`
         `gen ä: an die vergangenheit sehr sehr wichtig waren!` `* ` *denn* `**`
         das `*` *elternhaus* `*` *die schule* `*` *die atmosphäre in der kleinen*
         stadt⁻ `vor allen dingen wir wohnten am marktplatz!`
         (Eugen Laronne)

Man hat den Eindruck, daß Eugen Laronne nach der Aufzählung "das * elternhaus * die schule * die atmosphäre in der kleinen stadt" nicht mehr weiß, daß er einen Nebensatz mit *denn* begonnen hat, sondern daß er eher an eine Fortsetzung der Aufzählung "diese umstände ↓ ä: ä: die prägung meiner gefühle und meiner erinnerungen ä: an die vergangenheit" denkt, da Elternhaus, Schule und Atmosphäre in der Stadt ja Beispiele für die Umstände und Erinnerungen sind. Laronne könnte also etwa folgende Struktur im Bewußtsein haben: *daß diese Umstände, äh äh die Prägung meiner Gefühle und meiner Erinnerungen äh an die Vergangenheit sehr sehr wichtig waren, also das Elternhaus, die Schule, die Atmosphäre in der kleinen Stadt.* Es ist allerdings möglich, daß der Abbruch nach "stadt" auch durch den neuen Gedanken ("wir wohnten am marktplatz") zustande gekommen ist, da der Anschluß nach "stadt" ohne Absetzen erfolgt. Für die erste Interpretation spricht, daß der Tonfall der zweiten Aufzählung genau der ersten entspricht, so daß am Ende der Sprecher durchaus den Eindruck haben könnte, er hätte Beispiele für die erste genannt.

3.2.2.5 Unterbrechung durch den Dialogpartner

Ein Sprecher kann seine Sätze natürlich nicht nur aus den verschiedensten Gründen selbst abbrechen, sondern er kann auch durch den Dialogpartner unterbrochen werden. Nicht in allen Fällen, in denen der Hörer dem Sprecher ins Wort fällt, kommt es zu einem Abbruch, denn die Dialogpartner können, was auch häufig bei Sprecherwechseln geschieht, einige Zeit simultan sprechen. Ein Sprecher kann eine Äußerung also durchaus zuendeführen, auch wenn ihm der andere bereits ins Wort gefallen ist. In manchen Fällen bricht er seine Äußerung aber unvollendet ab.

Die Unterbrechung erfolgt in den Gesprächen meist durch eine Nachfrage der Interviewerin oder weil diese das Gespräch in eine andere Richtung lenken will:

```
(33)   IL:  wollen sie etwas wissen über (???) über meinen beruflichen
            über meinen beruflichen da werde ich⌐
       AB:                     ja da das machen wir etwas spä/ ja unbedingt
            aber da werden wir vielleicht noch einen moment warten↑
            wir lassen sie erst mal geboren werden↑    (Iwan Lilienfeld und
            Anne Betten)
```

4 Zum Vorkommen der Abbrüche in den Interviews

Aus der Ausgangshypothese des Projekts, der schriftsprachlich orientierten Sprechweise der Interviewten, ergibt sich die Frage, ob in diesen Texten eher weniger Abbrüche vorkommen als in Dialogen von Sprecher/inne/n, die heute in Deutschland leben und im allgemeinen einen legereren Sprachgebrauch haben. Um eine genaue Aussage darüber machen zu können, müßte man allerdings ähnliche Interviews mit etwa gleichaltrigen Personen, die ihr Leben in Deutschland verbracht haben, führen. Solche Aufnahmen stehen mir aber leider nicht zur Verfügung. Transkriptionen wie die "Texte gesprochener deutscher Standardsprache" eignen sich nicht zu einem Vergleich, da es sich hierbei um völlig andere Textsorten handelt,[15] zum Beispiel Talk-Shows im Fernsehen, informelle Gespräche von Studenten, spontane Gespräche zwischen Mutter und Tochter. In solchen Gesprächssituationen werden naturgemäß mehr Abbrüche auftreten als in Aufnahmen, in denen jemand einer noch kaum bekannten Person seine Lebensgeschichte erzählt.

Die Kommunikationssituation trägt wahrscheinlich dazu bei, daß weniger Abbrüche vorkommen als in spontanen Dialogen, denn hier steht der Sprecher kaum unter Sprechzwang, er muß also nicht befürchten, das Rederecht zu verlieren, wenn er zögert. In Dialogen mit gleichberechtigten Partnern werden Formulierungsprobleme häufig mit Abbrüchen überbrückt, um das Rederecht zu behalten, es treten also mehr Abbrüche auf.[16] In den Israel-Interviews sind die Interviewerinnen aber daran interessiert, ihre Gesprächspartner/innen längere Zeit sprechen zu lassen, so daß das Problem der Sicherung des Rederechts weniger auftritt.

Weitere Formulierungsprobleme mit nachfolgenden Abbrüchen können sich dadurch ergeben, daß dem Sprecher das Thema nicht vertraut ist. Hier kommt aber vorwiegend die eigene Lebensgeschichte zur Sprache, so daß Formulierungsprobleme aufgrund von mangelnder Vertrautheit mit dem Thema seltener auftreten dürften.

Das Thema ist nur in den seltensten Fällen mit der Situation verschränkt, folglich kommen Abbrüche, die der Hörer aus der Situation oder aus Gegenständen ergänzen kann, sehr selten vor. Da sich die Gesprächspartner/innen vor dem Gespräch nicht kannten, wird wohl auch insgesamt mehr verbalisiert werden müssen als bei einem Gespräch einander vertrauter Personen, da man weniger häufig ein gemeinsames Wissen voraussetzen kann, sofern es sich nicht um Allgemeinwissen handelt. Auch der Grund, einen Satz abzubrechen, weil der Rest dem Hörer bereits bekannt ist und es somit überflüssig ist, mehr zu sagen, wird seltener auftreten.

Einen weiteren Grund gibt Zimmermann (1965: 21) an. In Situationen, in denen man besonders höflich sein muß, sei es erforderlich, mehr zu verbalisieren als in zwangloseren Situationen. Da sich die Gesprächspartner/innen nicht bekannt waren, werden sie sich um Höflichkeit bemühen und vielleicht in weniger Fällen als in anderen Gesprächen Überflüssiges am Satzende weglassen.

Die Interviews haben allerdings auch ein Merkmal, das eine höhere Zahl von Abbrüchen vermuten ließe, nämlich das hohe Alter der Sprecher/innen. Man könnte annehmen, daß zum

---

[15] Vgl. die Merkmale zur Einteilung von Texten gesprochener Sprache in Textsorten in Bausch (1975: 87-96).
[16] Vgl. Rath (1979a: 99).

Beispiel durch plötzlich auftretende neue Gedanken oder auch durch nicht ausreichende Gedächtniskapazität bei längeren Konstruktionen besonders viele Abbrüche vorkommen. Dies ist aber nicht der Fall. Zwar sind die Abbrüche durch einen neuen Gedanken die am häufigsten vorkommenden, aber auf die Gesamtlänge der Interviews bezogen sind sie doch immer noch selten: Für die Analyse wurden zwölf Kassetten von je 90 Minuten herangezogen und insgesamt 127 Abbrüche gefunden;[17] dabei fallen nur etwa 40 Abbrüche unter die Kategorie "Abbruch durch neuen Gedanken" und fünf unter die Kategorie "mangelnde Gedächtniskapazität". Das hohe Alter der Interviewten scheint also nicht außerordentlich viele Abbrüche zu bedingen.

Das entspricht dem Gesamtstil der Sprecher/innen, denn auch andere Merkmale der gesprochenen Sprache, wie Anakoluthe, Verbesserungen und Drehsätze sind seltener, als man es erwarten würde, dafür werden von vielen Sprecher/inne/n längere Konstruktionen und Hypotaxen verwendet.[18] Verschachtelte Hypotaxen wären ein Anlaß für gehäufte Abbrüche aufgrund von mangelnder Gedächtniskapazität – solche Abbrüche tauchen aber nur fünfmal auf. Die vielfach verwendeten Hypotaxen führen also nicht zu einer Häufung solcher Abbrüche.

Eine absolut sichere Einstufung der Abbrüche hinsichtlich ihrer Verstehbarkeit ist kaum möglich, doch lassen sich nach meinem Verständnis etwa 70 aller vorkommenden Fälle als verstehbar, 57 als nicht verstehbar einstufen. Noch schwieriger sind genaue Angaben bei den Kategorien "beabsichtigt/Weitersprechen erscheint überflüssig" und "unbeabsichtigt/neuer Gedanke". Ich wage jedoch folgende Einstufungen (bei denen rund 22 Fälle offen bleiben): ca. 40 Abbrüche dürften beabsichtigt sein, 6 davon sind Andeutungen, bei ca. 29 erscheint dem Sprecher das Weitersprechen überflüssig und in 5 Fällen will er über den angesprochenen Sachverhalt doch nicht sprechen. Ca. 65 Abbrüche erscheinen mir als unbeabsichtigt: ca. 40 wegen des Auftauchens eines neuen Gedankens (s.o.), 6 aus emotionalen Gründen, 10 wegen fehlender Information und 5 wegen mangelnder Gedächtniskapazität (s.o.). Die Zahl der unbeabsichtigten, den Fluß der Gespräche unterbrechenden und das Hörverständnis erschwerenden Abbrüche kommt mir im Verhältnis zur untersuchten Gesamtzeit letztlich äußerst niedrig vor.[19]

Zusammengefaßt ergibt die quantitative Analyse der 7 zufällig ausgesuchten Interviews folgendes: Bei sechs der Interviews liegt die Zahl der Abbrüche mit durchschnittlich 2,5-5,3 pro Kassettenseite (das sind 45 Minuten) weit unter dem, was ich spontan erwartet hätte. Bei diesen Interviews ist auch der Gesamtstil ziemlich schriftorientiert. Das siebte Interview mit Irene Levy fällt dagegen aus dem Rahmen: Mit 14,3 Abbrüchen pro Kassettenseite weist es mehr als doppelt so viele Abbrüche auf wie die anderen. In diesem Interview finden sich auch noch

---

[17] S.o. S.338 zur genaueren Aufnahmelänge der sieben voll ausgewerteten Interviews. Davon entfallen auf die einzelnen Sprecher/innen folgende (absolute) Zahlen an Abbrüchen: Eger 15, A. Laronne 7, E. Laronne 9, Lilienfeld 16, Jacob 9, Schwarz 16, Hildesheimer 10, Levy 45.

[18] Vgl. die Beiträge von A. Weiss und A. Betten in diesem Bd., S.217ff. und S.271ff.

[19] Vgl. dazu auch die Bemerkung von Orni, Ph 45: 146, Z.39ff.

andere Abweichungen von den übrigen: Mehr als die Hälfte aller Andeutungen entfallen allein auf dieses Gespräch; viele Abbrüche, die zustande kommen, weil der Sprecherin das Weitersprechen offenbar überflüssig erscheint,[20] stammen aus diesem Gespräch; fast die Hälfte aller nicht verstehbaren Abbrüche (nämlich 26 der angesetzten 57) finden sich hier. Unter den nicht verstehbaren Abbrüchen könnten sich in diesem Gespräch noch weitere Andeutungen verbergen, die vom Hörer nicht verstanden werden. Das Gespräch ist insgesamt mehr im familiären Ton gehalten, wofür schon die hohe Zahl der Andeutungen spricht. Die Sprecherin scheint weniger an der Schriftsprache orientiert zu sein als die anderen. Ob das am Alter oder einfach an der individuellen Sprechweise liegt, ist nicht zu entscheiden.[21]

Resümierend sei nochmals festgestellt, daß die Zahl der Abbrüche recht gering ist, wofür wohl nicht nur die Textsorte verantwortlich ist, denn auch der Gesamtstil der Interviews läßt auf eine ungewöhnlich schriftsprachlich orientierte Sprechweise schließen. Um genauere und ganz abgesicherte Aussagen über das (besondere) Sprachverhalten der israelischen Sprecher/innen machen zu können, müßten jedoch, wie anfangs gesagt, vergleichbare Aufnahmen von Gleichaltrigen in den deutschsprachigen Ländern heute, mit ähnlichem Schul- und Bildungshintergrund, aber anderen Erfahrungen in der Weiterentwicklung ihrer Sprach- und Kulturgemeinschaft, mit herangezogen werden können.

5 Literatur

Bausch, Karl-Heinz (1975): Vorschlag zu einer Typik der Kommunikationssituationen in der gesprochenen deutschen Standardsprache, in: Gesprochene Sprache. Bericht der Forschungsstelle Freiburg, Tübingen: Narr (Forschungsberichte des Instituts für deutsche Sprache 7), S.76-110.
Betten, Anne (1976): Ellipsen, Anakoluthe und Parenthesen. Fälle für Grammatik, Stilistik, Sprechakttheorie oder Konversationsanalyse?, in: Deutsche Sprache 3, S.207-230.
— (1997): Anakoluth, in: Reallexikon der deutschen Literaturwissenschaft. Neubearbeitung des Reallexikons der deutschen Literaturgeschichte, hg. v. K. Weimar et al. Bd. 1, Berlin, New York: de Gruyter, S.73-75.
Bußmann, Hadumod (1990): Lexikon der Sprachwissenschaft. 2. Aufl., Stuttgart: Kröner.
Drews, Lydia (1992): Aposiopese, in: G. Ueding (Hg.): Historisches Wörterbuch der Rhetorik. Bd. 1: A–Bib, Tübingen: Niemeyer, Sp. 828-830.
Heumann, Astrid (1995): Abbrüche in Texten gesprochener Sprache. Versuch einer Klassifizierung, Eichstätt: Unveröffentlichte Examensarbeit.

---

[20] Hier ist eine Quantifizierung schwierig, da zwischen dieser Kategorie und der Kategorie "neuer Gedanke" oft nicht unterschieden werden kann.

[21] Interessanterweise treten auch gerade bei dieser Sprecherin wesentlich mehr Interferenzen mit dem Hebräischen auf als bei den meisten anderen Interviewpartnern, vgl. die Belege bei M. Du-nour in diesem Bd., S.445ff., bes. 452ff. Vgl. dazu auch A. Bettens Einleitungsbeitrag o. S.170.

Hoffmann, Ludger (1991): Anakoluth und sprachliches Wissen, in: Deutsche Sprache 19, S.97-119.

Lewandowski, Theodor (1990): Linguistisches Wörterbuch. 5. Aufl., Wiesbaden: Fink.

Meyer-Hermann, Reinhard (1985): Fragmentarische Äußerungen im gesprochenen Spanisch, in: R. Meyer-Hermann/H. Rieser (Hgg.): Ellipsen und fragmentarische Ausdrücke. Bd. 2, Tübingen: Niemeyer (Linguistische Arbeiten 148/2), S.100-133.

Ortner, Hanspeter (1985): Welche Rolle spielen die Begriffe "Ellipse", "Tilgung", "Ersparung" usw. in der Sprachbeschreibung?, in: R. Meyer-Hermann/H. Rieser (Hgg.): Ellipsen und fragmentarische Ausdrücke. Bd. 2, Tübingen: Niemeyer (Linguistische Arbeiten 148/2), S.165-202.

Rath, Rainer (1979a): Kommunikationspraxis. Analysen zur Textbildung und Textgliederung im gesprochenen Deutsch, Göttingen: Vandenhoeck & Ruprecht.

— (1979b): Strukturelle Aspekte und kommunikative Funktion sprachlicher Verkürzungen, in: Grazer Linguistische Studien 10, S.217-239.

Sowinski, Bernhard (1975): Deutsche Stilistik, Frankfurt/M.: Fischer Taschenbuch.

Texte gesprochener deutscher Standardsprache I. Erarbeitet am Institut für deutsche Sprache, Forschungsstelle Freiburg/Breisgau, München: Hueber, 1971.

Weingarten, Rüdiger (1985): Vollständigkeit in der Unterrichtskommunikation, in: R. Meyer-Hermann/H. Rieser (Hgg.): Ellipsen und fragmentarische Ausdrücke. Bd. 2, Tübingen: Niemeyer (Linguistische Arbeiten 148/2), S.76-99.

Wilpert, Gero von (1989): Sachwörterbuch der Literatur. 7. Aufl., Stuttgart: Kröner.

Zimmermann, Heinz (1965): Zu einer Typologie des spontanen Gesprächs. Syntaktische Studien zur baseldeutschen Umgangssprache, Bern: Francke (Basler Studien zur deutschen Sprache und Literatur 30).

MARIA GIERLINGER

"Ja, das is auch wieder eine Geschichte für sich"

Sprachliche und außersprachliche Einflüsse auf die Ausprägung mündlicher Erzählungen

1 Ausgangshypothese und Fragestellung

"Ich hab auch Geschichten oder Romane oder Novellen gerne, wo einem nicht alles erzählt wird. Das ist ja kein Wert, wenn einem alles erzählt wird und man sich das nur passiv anhört, sondern man muß ja auch etwas daraus machen, etwas verarbeiten, sonst macht es ja keinen Spaß. [...] Ja, diese Arbeit, die etwas geistige Arbeit, die wir dabei leisten, das ist ja eigentlich erst das Interessante, sowohl für den, der es hergibt, als auch für den, der es annimmt. Das heißt, da sind wir wieder beim Anfang. Der Dialog muß es sein, und nicht, daß ich nur erzähle, sondern auch der, der zuhört, muß ja seinen Teil an der Arbeit leisten, sonst ist es kein Ganzes, nicht?" (Betty Chuma Kolath)[1]

Setzt man sich mit Konzepten der "Gesprochene-Sprache-Forschung" sowie der Erzählforschung auseinander, so bekommt man ein relativ klares Bild, was eine Erzählung sein soll und wie sie auszusehen hat. Es werden inhaltliche und formale Merkmale[2] genannt, die eine Erzählung charakterisieren. Orientiert man sich am Konzept "Sprache der Nähe – Sprache der Distanz" von Koch/Oesterreicher (1985: 15-33), dessen Variablen "Kommunikationsbedingungen" sowie "Versprachlichungsstrategien" (ebd.: 23) sind,[3] so besitzen mündliche Erzählungen in Interviews zwar unterschiedliche Ausprägungsformen einzelner Merkmale der Kommunikationssituation in Hinblick auf eine Klassifikation als nähe- oder distanzsprachlich,[4] aber als "Versprachlichungs-strategien" werden solche genannt, die Textsequenzen am Pol Nähe ausweisen. Dies entspricht in etwa einer tendenziell parataktischen Sprechweise, Parenthesen in Verbindung mit Korrektur-

---

[1] Eine der im folgenden vorgestellten Sprecherinnen.

[2] Vgl. Labov/Waletzky (1973: 78-125), Gülich (1976: 224-254), Holtus/Pfister (1977: 87-90), Gülich (1980: 371), Quasthoff (1980: 27-104), Kallmeyer (1981: 409-419), Rehbein (1982: 57-63), Schütze (1982: 571-574), Hoffmann (1984: 57-64), Sucharowski (1984: 109-115), Bierbach (1985: 145-163), Koch/ Oesterreicher (1985: 22-27), Michel (1985: 18-20), Wodak (1986: 155f.), Stempel (1987: 106-109), Holly (1988: 126-135), Schwitalla (1988: 113-125), Rath (1993: 463) u.a.

[3] Auch Brinker (1992: 16f.) betont, wie wichtig es sei, "die sprachsystematisch orientierten Textmodelle in den pragmatischen bzw. handlungstheoretischen Forschungsansatz zu integrieren".

[4] Zum Merkmalskatalog vgl. ferner Steger/Deutrich/Schank/Schütz (1974) bzw. in Hinblick auf den Redekon-stellationstyp 'Interview' Berens (1976: bes. 35-46). Als besonders relevant erscheint mir für das Israel-Corpus ein Distanzabbau im Laufe eines Interviews, der sich im Übergang von monologischen zu eher dialogischen Gesprächspassagen, in Aussagen, die unmittelbar auf die Interviewsituation Bezug nehmen, sowie in der Aufgabe einer starren Rollenverteilung (Interviewerin privilegiert, Interviewte untergeordnet) zeigt. Vgl. ausführlicher zu Kritikpunkten am Redekonstellationsmodell sowie zu einer Analyse von sechs Interviews Gierlinger (1997: 5-60).

erscheinungen, sprechsprachlichen Erscheinungen wie Ellipsen, Anakoluthen, Gesprächswörtern,[5] direkter Rede, einem hohen Detaillierungsgrad, expressiver Lexik und einem Über-
gang ins Präsens beim Ereignishöhepunkt (Quasthoff 1980: 27f.). Geht man nun daran, diese
Zuschreibungen am Israel-Corpus zu überprüfen, so hat man vordergründig nicht den Eindruck,
daß diese sprechsprachlichen Mittel besonders intensiv zum Einsatz kommen oder, um es mit
Betten (1995: 5) zu formulieren: "Besonders auffällig [...] ist jedoch der hohe Grad syntaktischer
Normorientierung bei den meisten Sprechern." Nun könnte man annehmen, daß eine an der
Schriftsprache orientierte Sprache beim Zuhörer einen distanzsprachlichen Eindruck vermittelt.
Erstaunlicherweise ist das in den Interviews aber keineswegs der Fall. Dies liegt z.T. daran, daß
die Gesprächspartner nicht nur deskriptiv über ihr Leben sprechen, sondern häufig Erzählungen
zur Veranschaulichung ihrer Erfahrungen einbauen.[6]

Während das ältere Redekonstellationsmodell von Steger u.a. als Erklärungsansatz ungeeignet ist, da die Annahme, eine Textsorte werde durch bestimmte Merkmalszuschreibungen
der äußeren Situation ein für alle Mal bestimmt, für das vorliegende, variationsreiche Corpus
nicht zutrifft, scheinen Ansätze insbesondere der interaktionalen Stilistik zielführender zu sein.
Schon Labov (1972; zit. nach Sandig/Selting 1997: 144) beobachtete, "that his interviewees used
different styles before and during the interviews, and that they also altered their styles of speaking when required to switch from more neutral to more emotive topics". Man spricht in diesem
Zusammenhang von Kontextualisierungshinweisen – beispielsweise Prosodie, lexische und
syntaktische Mittel –, die einen bestimmten Stil kreieren.[7]

In dieser Untersuchung geht es mir darum, anhand von drei ausgewählten Erzählungen[8] zu
zeigen, wie der Eindruck von Lebendigkeit und Nähesprachlichkeit zustandekommt. Daher
richtet sich mein Blick sowohl auf den erzählorganisatorischen Aufbau wie auch auf die Aus-

---

[5]   Vgl. Rath (1979), Sucharowski (1984: 109-113), Koch/Oesterreicher (1985: 22).

[6]   Die drei für diese Untersuchung herangezogenen Interviews dauerten zwischen 135 (Ernst Pfeffermann (EP),
      Eva Michaelis-Stern (EM)) und 180 Minuten (Betty Kolath (BK)). Eine an Gülich (1976: 225) orientierte
      Klassifikation als Erzählung (liegt in der Vergangenheit, weist eine Ereignisstruktur auf, hat menschliche
      Handlungsträger) und das dank geeigneter Operationalisierbarkeit hinzugenommene Merkmal "Aufweisen
      direkter oder indirekter Rede" ergeben die Elizitation von 32 (BK), 24 (EP) bzw. 23 (EM) Erzählungen im
      Gesamtverlauf der Gespräche.
      Zum Sprachstil der drei hier ausgewählten Interviewpartner/innen vgl. ferner in diesem Bd. A. Weiss, S.279ff.
      zu Kolath sowie A. Betten, S.252 zu Pfeffermann und S.257 zu Michaelis-Stern.

[7]   Vgl. ausführlicher dazu Selting/Hinnenkamp (1989), Uhmann (1989), Couper-Kuhlen/Auer (1991), Gumperz
      (1994), Sandig (1995), Selting (1995), Sandig/Selting (1997a), Sandig/Selting (1997b), Selting (1997).

[8]   Kriterien für die Auswahl der Interviews waren: stets dieselbe Gesprächsleiterin (Anne Betten), gleiche
      Ausgangsvoraussetzungen (Wiederholungsinterview), aber unterschiedliche Sprechstile. Kriterien für die
      Auswahl der Erzählungen waren: sie sollten typisch für den jeweiligen Sprecher sein, innerhalb eines gewissen
      Zeitraums stattfinden, emotional sein (2 tragische, 1 lustige Erzählung). Zu biographischen Informationen über
      die Interviewten vgl. Betten (1995 – im folgenden Ph 42 – S.33, 103f., 273), Betten/Du-nour (1996: 445f.,
      448f.), Gierlinger (1997: 9-11).

prägung von Merkmalen der gesprochenen Sprache und des weiteren auf die kontextuelle Einbettung narrativer Diskursformen. Gleichzeitig sollen allgemeine Thesen für den makrostrukturellen Aufbau und die sprachliche Gestaltung von Erzählungen anhand dieses Materials überprüft werden.

2 Musteranalysen

2.1 Erzählung Ernst Pfeffermann: Bemühungen um Ausreise der Mutter (3:25 Min.)

2.1.1 Kontext der Erzählung

Pfeffermann schildert, wie es seinen Geschwistern in den 30er Jahren ergangen ist, und kommt auf seine Mutter zu sprechen, die so lange in Berlin bleiben wollte, bis ihre drei Kinder in Sicherheit wären. Die späten Versuche der Söhne, die Mutter noch herauszubekommen, waren vergeblich, sie wurde deportiert. Die folgende Erzählung berichtet von einem gescheiterten späten Versuch der Mutter selbst, ein Ausreisevisum zu bekommen, was Pfeffermann erst 14 Jahre später bekannt wurde.

2.1.2 Die Erzählung[9]

```
 1   EP:  ä da gibt es eine nebengeschichte! * eine interessante! *
 2        ä:m ** meine mutter ** ä hatte einen * einen cousin! * ei/
 3        #einen cousin! einen cousin!# väterlicherseits in chicago
 4   K    #HOCH                        #
 5   EP:  wohnend der schon im jahre * neunzehnhundertzwanzich nach
 6        amerika ging! *3* von deutschland! * und der war ein ein
 7        ein ä:m apotheker in chicago! *3* sie hatte eigentlich mit
 8        ihm die ganzen jahre keine: ä verbindung gehabt außer: ä
 9        ich weiß nich! hie und da mal vielleicht! aber nein! ä gar
10        nich! ** und sie schrieb an ihn einen brief * in dem sie
11        ihn bat * ihr behilflich zu sein aus deutschland rauszu-
12        kommen! ** und sie bekam keine antwort! * a/ ei:ne * der
```

---

[9] Obwohl einzelne Passagen der folgenden Interviewausschnitte identisch mit jenen in Ph 42 sind, unterscheidet sich meine Transkription etwas, vor allem in der Kennzeichnung der Pausenlänge und in der Art der Niederschrift von Hörerrückversicherungssignalen. Anakoluthe, wie auch andere Merkmale der gesprochenen Sprache, werden durch Kursivsetzung hervorgehoben. Kennzeichnungen des Tonhöhenverlaufs sind im Fließtext weggelassen.

```
13            sogenannten * kränzchendamen * wenn dieser begriff heut-
14            zutage noch * existiert! * nun diese kaffeetanten die sich
15            da jede woche einmal da zu hause * eingefunden hatten!
16            nich! und ä * #und ä * zu ihrem wöchentlichen schwatz! *
17   K                    #LEISE
18   EP:      nich! wo alles: ** wo es gute kuchen gab! ne! und so wei-
19            ter! ja! ** und die kinder wurden vorgestellt! * ne! ch/ *
20            ganz * und so weiter und so weiter!# ** und da bat sie
21   K                                                     #
22   EP:      eine von: * d/ diesen kränzchendamen die: * nach amerika
23            fuhr um ihren sohn zu besuchen *4* doch nach chicago zu
24            gehen * zu diesem * herrn pfeffermann! ich weiß nich mehr
25            seinen vornamen! ** und persönlich vorzusprechen ** und
26            ihn zu bitten er solle doch etwas für sie tun! ** diese
27            frau ** pevlovic hieß sie! * erschien hier im jahre neun-
28            zehnhundertdreiundfünfzich in israel! * wie sie (ihr/) *
29            ihre tochter hier besuchte! * dreiundfünfzich! *3* und er-
30            zählte uns folgendes! ** sie wäre in chicago gewesen! **
31            und ging zu der adresse * dieser adresse des herrn pfef-
32            fermann hin! des apothekers pfeffermann! das war ein: gran-
33            dioses haus! * der mann lebte in: wunderbaren * umständen!
34            ** und ä die tür wurde von einem butler geöffnet! ** im
35            besten englischen stil! ** und ä * sie sagte! * äm * sie
36            möchte gerne mit herrn sie konnte wohl etwas englisch! * ä
37            sie möchte gerne mit herrn pfeffermann sprechen! * worauf-
38            hin der butler sagte in welcher angelegenheit bitte! *
39            daraufhin sagte sie: (sie) hätte eine persönliche angele-
40            genheit! * ä: und zwar * seine * verwandte * die hedwich
41            pfeffermann in berlin! * ja! hat ihr ein schreiben mitgege-
42            ben! ** und ä: hätte sie * persönlich gebeten vorzuspre-
43            chen um ihre notlage * ä zu erklären! da sie unbedingt *
44            deutschland verlassen ** muß! * das war * ä:m ** im märz
45            neunzehnhundertneunundreißich! ** am dritten september
46            neunundreißich brach der krieg aus! *3* ä das dauerte sie:
47            s/ de:r ließ sie nich rein! ** sie betonte das! * er ließ
48            sie draußen stehen! er ließ sie nich rein! ** und sagte *
49            just a minute please! ** verschwand! * kam zurück! ** und
50            sagte * der herr pfeffermann: bedauert dir mitteilen zu
51            müssen daß er (kenne/kene) * keine frau pfeffermann in
52            berlin kennt! * infolgedessen daß die ganze sache voll-
53            kommen irrelevant wäre für ihn! * und schloß die tür! * und
54            sie stand da * wie begossen! * draußen! * und #ä:m * das
55   K                                                          #HOCH
56   EP:      ist es was sie mir im jahre neunzehnhundertdreiundfünfzich
57            erzählte! nich! es gibt auch solche verwandten!#   **
58   K                                                            #
```

2.1.3　Sprachliche Charakterisierung[10]

In der Erzählung Pfeffermanns finden sich sowohl Parataxen – als typisches Charakteristikum der Mündlichkeit – als auch Hypotaxen. Die hypotaktischen Strukturen haben hier argumentativen Charakter, vgl. Z.20-26 ("und da bat sie [...] er solle doch etwas für sie tun") bzw. Z.39-44 ("daraufhin sagte sie [...] deutschland verlassen ** muß"). In beiden Äußerungen geht es um eine Bitte, die in indirekter Rede vorgebracht wird. Im Gegensatz dazu kennzeichnen den Spannungsaufbau Parataxen, vgl. Z.47-49 ("de:r ließ sie nich rein [...] verschwand * kam zurück"). Zusätzlich zeichnet die letzten beiden durch Pausen getrennten Äußerungen ("verschwand * kam zurück", Z.49) ein elliptischer Charakter, eine Art "Telegrammstil" aus, der durch die Pausen noch verstärkt zum Ausdruck kommt. Die Pausen haben hier auch die Funktion, die Wichtigkeit der einzelnen Aussagen zu unterstreichen und die Spannung zu steigern.

Auch Parenthesen, in Verbindung mit Korrekturerscheinungen, gelten als typisch für gesprochene Sprache. Pfeffermann bedient sich ihrer sehr häufig, vgl. Z.13f. ("[...] kränzchendamen * *wenn dieser begriff heutzutage noch * existiert ** nun diese [...]"), Z.24f. ("[...] pfeffermann *ich weiß nich mehr seinen vornamen ** *und [...]"), Z.26f. ("diese frau ** *pevlovic hieß sie * *erschien [...]"), Z.36f. ("[...] mit herrn *sie konnte wohl etwas englisch * *ä sie möchte [...]"). Alle diese Parenthesen haben eine metakommunikative Funktion. Sie unterbrechen den Vorstellungsraum, in den sich Erzähler und Zuhörer während einer Erzählung begeben, um Informationen, die für das Verständnis einer Geschichte wichtig sind, einzubauen. Sie haben somit auch die Aufgabe, Fragen, die sich für den Zuhörer während der Schilderung ergeben könnten, vorzubeugen. Der Erzähler will nicht unterbrochen werden, er muß aber dafür sorgen, daß die Erzählung einen logischen Aufbau hat, daß sie nachvollziehbar ist.[11]

Ebenfalls innerhalb metasprachlicher Äußerungen findet man bei Pfeffermann häufig Gesprächswörter, die die Funktion von Hörerrückversicherungssignalen haben, vgl. Z.16, 18, 57 *nich*, Z.18 u. 19 *ne*, Z.41 *ja*. Es handelt sich dabei jedoch nicht um Aufforderungen an die Interviewerin, ihrerseits Verstehenssignale zu geben. Ein Indiz dafür ist, daß es keine Pause nach diesen Gesprächswörtern gibt. In dieser Phase ist die Erzählung schon so weit fortgeschritten, daß Pfeffermann sich im Zugzwang des Erzählens (vgl. z.B. Kallmeyer 1981) befindet. Das Gesprächswort *doch*, das er in Z.23 u. 26 innerhalb der indirekten Rede einsetzt, signalisiert eine Verstärkung der Aussage. Mit Burkhardt (1984: 72f.) kann man sagen, daß es darum geht, Konsens "zwischen den Gesprächspartnern [...] herzustellen".

---

[10]　In diesen jeweiligen Analyseteilen geht es nicht so sehr darum, sämtliche Phänomene der gesprochenen Sprache zu behandeln, als vielmehr Tendenzen aufzuzeigen, die Hinweise für die Gesprächsorganisation und damit auch für die Frage nach der Funktion einzelner Gesprächsteile für die Erzählung liefern können.

[11]　Zu weiteren Funktionen von Parenthesen in den Interviews des Israel-Corpus vgl. genauer Ch. Albert in diesem Bd., S.311ff.

Neben den bereits genannten nähesprachlichen Merkmalen sind auch Ausklammerungen und Nachträge zu finden, vgl. Z.1 ("[...] eine nebengeschichte * *eine interessante*"), Z.5f. ("[...] nach amerika ging *3* *von deutschland*"), Z.23f. ("[...] nach chicago zu gehen * *zu diesem * herrn pfeffermann*"), Z.31f. ("[...] zu der adresse [...] hin *des apothekers pfeffermann*"). Diese Herausstellung in das Nachfeld könnte ihre Funktion in der Rhematisierung, der Betonung neuer Information, die am Ende einer Äußerung eingeführt wird, haben (vgl. Heidolph/Flämig/Motsch 1981: 103).

In der gesamten Erzählung gibt es relativ wenige Korrekturerscheinungen, vgl. aber Z.14-16 ("diese kaffeetanten [...] *und ä * und ä * zu ihrem [...]*"), wo eine Neukonstruktion abgebrochen wird, um die vorhergehende Äußerung zu ergänzen. Drei Beispiele für einen Satzbruch finden sich in Z.18 ("*wo alles: ** wo es gute kuchen gab*"), in Z.19f. ("*ch/ * ganz * und so weiter*") und in Z.46f. ("*das dauerte sie: s/* de:r ließ sie nich rein"). In Z.31f. ("[...] *des herrn pfeffermann hin des apothekers pfeffermann*") wird eine Information näher spezifiziert. Mit Ausnahme dieses zuletzt zitierten Beispiels sind alle anderen hier angeführten Korrekturerscheinungen mit Pausen bzw. Längung von Vokalen verbunden, die den Prozeß des Überlegens, der einer Neustrukturierung vorausgeht, markieren.

2.1.4 Erzählorganisation

Die Erzählung wird durch eine metakommunikative Ankündigung (Z.1f.) eingeleitet. Durch den vorgegebenen Kontext baut der Zuhörer eine Erwartungshaltung auf. Er kann antizipieren, daß einer der zuvor angesprochenen Versuche, der Mutter die Ausreise zu ermöglichen, in Form einer Geschichte präsentiert werden wird. "Eine interessante" in Rhemaposition verweist auf die Relevanz der selbstelizitierten Erzählung und trägt gleichzeitig zu einer Verrätselung (vgl. Stempel 1987: 108) bei, da die Erwartungshaltung des Hörers nicht in Richtung eines erfolglosen Versuchs geht. Mit dieser Äußerung wird der Erzählraum geöffnet, gleichzeitig wird damit die Redeerlaubnis eingeholt.[12] Am Beginn einer Erzählung steht typischerweise nach Labov/Waletzky (1973) eine Orientierung im Vorstellungsraum. Gleich nach dem Eröffnungssignal werden die Mutter und ein Cousin väterlicherseits genannt. *Cousin* wird zweimal in höherer Stimmlage wiederholt. Dies läßt zwei Deutungen zu. Einerseits kann eine Wiederholung den Zweck haben, sich in der Orientierungsphase zu sammeln. Die dreifache Nennung von *cousin* könnte aber auch eine Fokussierung auf diesen Verwandtschaftsgrad bedeuten. Ein Cousin ist jemand, der relativ nahe verwandt ist und von dem daher eine Hilfe in gefährlicher Lage erwartbar wäre. Hier ist ein Fingerzeig in Hinblick auf den Relevanzpunkt der Geschichte gegeben.

---

[12] Vgl. z.B. Gülich (1976: 236f.) u. Brinker (1992: 19).

Der Cousin und die Mutter des Erzählers sind die vermeintlichen Hauptakteure der Erzählung zu diesem Zeitpunkt. Der Cousin wird noch näher charakterisiert. Diese Detaillierungen sind notwendig, um die Relevanz, derentwegen die Geschichte erzählt wird, zu verdeutlichen, denn der Schluß ist zulässig, daß der Cousin einerseits aufgrund seines Berufes nicht arm war, andererseits mögliche erste Anfangsschwierigkeiten im Emigrationsland bereits überwunden haben dürfte (Z.5-7). Nach einer dreisekündigen Pause wird die Orientierungsphase abgeschlossen, indem der Erzähler berichtet, der Cousin habe der Mutter nicht geantwortet. Scheinbar wird diesem Sachverhalt keine allzu große Bedeutung beigemessen. Der erwähnte Brief nennt das Problem, die fehlende Reaktion (Z.12) liefert in Kurzform eine erste Auflösung, wenngleich negativ. Spannungsfördernd wirkt hier, daß sich der Erzähler ganz in die Perspektive seiner Mutter begibt, er berichtet nur, was auch ihr bekannt war. So gibt es zu diesem Zeitpunkt keine explizite Erklärung dafür, warum der Cousin keine Antwort auf den Brief gab.

Nach dieser ersten Auflösung (vgl. Labov/Waletzky 1973) wird eine weitere Person eingeführt, "ei:ne * der sogenannten * kränzchendamen" (Z.12f.). Pfeffermann bedient sich des Stilmittels der Verzögerung (vgl. Kallmeyer 1981: 413) und erreicht eine Spannungssteigerung, indem er die Kaffeekränzchen näher charakterisiert und erst danach auf die Funktion dieser Frau innerhalb der Erzählung eingeht. Dieser Exkurs ist auch stimmlich von seiner Umgebung abgesetzt, Pfeffermann spricht leiser und baut zahlreiche Pausen ein, als ob er sich vor dem nun Folgenden sammeln wolle. In dieser Phase kommt es auch zu den meisten (der insgesamt seltenen) Korrekturerscheinungen.[13] Das Ende dieses Einschubs ist durch die Floskel "und so weiter und so weiter" (Z.20) sowie eine zweisekündige Pause gekennzeichnet.

Eine Neuorientierung und Problemnennung folgt Z.20, nach dem ersten mißlungenen Versuch, mit dem Cousin Kontakt aufzunehmen. Die Bitte der Mutter an die *kränzchendame* (Z.20-26) wird mit Hilfe hypotaktischer Konstruktionen in indirekter Rede wiedergegeben. An dieser Stelle wird ein Perspektivenwechsel vollzogen. Der Vorstellungsraum, in dem sich Sprecher und Hörer befinden und der um das Jahr 1939 anzusiedeln ist, wird verlassen, um zum Jahr 1953 zu gehen ("diese frau [...]", Z.26f.). Diese Vorgangsweise bewirkt eine weitere Verzögerung und Spannungssteigerung. Dem Zuhörer wird auch klar, daß es sich um eine äußerst wichtige Situation handeln muß, da die Aktantin persönlichen Kontakt mit dem Erzähler aufgenommen hat. Nun wird ein Erzählrahmen geschaffen, der die Bekannte der Mutter, Frau Pevlovic, sowie den Erzähler und vermutlich weitere Angehörige (vgl. "und erzählte *uns* folgendes", Z.29f.) umfaßt. Die folgende Geschichte hat als Akteure Frau Pevlovic, den Butler des Cousins und den Cousin. Die Mutter ist nur noch Gegenstand des Gesprächs, nicht mehr Akteurin. Dieser Wechsel der Erzählperspektive spiegelt gleichzeitig den Übergang der Mutter von einer aktiven in eine passive Rolle, was die Bemühungen, ein Auswanderungszertifikat zu erhalten, betrifft.

---

[13] Vgl. 2.1.3.

Die erneute Eröffnungsformel (vgl. Holtus/Pfister 1977: 87f.) "und erzählte uns folgendes" (Z.29f.) folgt nach einer dreisekündigen Pause und zieht eine fast ebensolange, spannungsaufbauende Pause nach sich. Das Folgende wird in indirekter Rede wiedergegeben. Man erfährt, daß die Bekannte der Aufforderung der Mutter nachgekommen ist und das Haus aufgesucht hat. Beim Cousin hat man es offenbar mit einem wohlhabenden Mann zu tun. Die Verweise in diese Richtung Z.5-7 werden hier also explizit bestätigt. Expressive Wortwahl – es ist die Rede von einem "grandiosen haus" und von "wunderbaren * umständen" (Z.32f.) – unterstreicht dies.

Sodann gibt der Erzähler den Dialog zwischen der Besucherin und dem Butler wieder (Z.35-53). Der Butler wird in direkter, die Besucherin in indirekter Rede zitiert. Das Anliegen der Frau verbalisiert Pfeffermann in komplexer hypotaktischer Satzstruktur mit argumentativem Charakter. Bevor die Antwort des Butlers erfolgt, ist eine weitere Verlangsamung und Spannungssteigerung festzustellen, denn Pfeffermann bringt einen metasprachlichen Einschub an, der die Dringlichkeit der Bitte unterstreicht, vgl. Z.44-46 ("das war [...] brach der krieg aus"); danach gibt es eine lange, dreisekündige Pause. Die folgenden parataktischen Äußerungen (Z.47f.) führen zum Kern der Erzählung. Sie bringen zwar noch keine endgültige Entscheidung, aber das negative Ende ist bereits antizipierbar. Nicht nur die kurzen, prägnanten "Sätze" unterstreichen das, auch durch den metasprachlichen Einwurf "sie betonte das" (Z.47) wird ein Höhepunkt[14] verdeutlicht. Zudem wird durch die rhetorische Figur des Parallelismus ("der ließ sie nich rein [...] er ließ sie [...] er ließ sie nich rein", Z.47f.) eine zusätzliche Hervorhebung vorgenommen.

Die Vornehmheit und der Reichtum des Hauses werden in krassen Gegensatz zur Handlungsweise des Butlers gesetzt, bevor noch die Antwort des Hausherrn bekannt ist. Damit fordert der Erzähler den Zuhörer auf, die eigene Sichtweise einzunehmen. Der Höhepunkt, die Antwort, wird von Pfeffermann in direkter Rede wiedergegeben, wobei dieser Relevanzpunkt trotz seiner relativ komplexen Satzstruktur sehr lakonisch erscheint (Z.50-53). Der Erzähler wählt dabei in deutscher Sprache die Du-Form, was als abwertend gegenüber der Besucherin gewertet werden kann. Genauso *begossen* (Z.54), wie die Besucherin ist, fühlt sich an dieser Stelle auch der Zuhörer, da sich aufgrund des knapp dargestellten Relevanzpunktes hier im Sinne des Erzählers die Frage nach dem 'Warum' stellt. Aber die Einnahme der Perspektive der Opfer, die Macht- und Hilflosigkeit signalisiert und sich durch die gesamte Erzählung zieht (sieht man von den metakommunikativen Einschüben ab), verbietet eine Beantwortung dieser Frage, womit m.E. ein Erfolgsgeheimnis der Erzählung angesprochen ist. Lediglich eine knappe Bewertung der Geschichte folgt (Z.57), nachdem mit Hilfe eines Schlußsignals (Z.54-57) an die Sprechzeit angeknüpft wurde. Diese beiden letzten Äußerungen werden in höherer Stimmlage vorgebracht, was die Betroffenheit des Erzählers zum Ausdruck bringt.

---

[14] Vgl. Kallmeyer (1981: 419), Stempel (1987: 108) u. Rehbein (1982: 61).

Erst im Anschluß an die Erzählung führt Pfeffermann aus, daß es der Mutter nicht mehr gelang, "aus berlin rauszukommen". 1942 wurde sie gemeinsam mit seiner Großmutter und seiner Tante *verschickt*. Sie kam im Konzentrationslager Auschwitz ums Leben.

2.1.5 Resümee

Absolut gesehen sind – im Hinblick auf sprechsprachliche Erscheinungen – nähesprachliche Merkmale nur schwach ausgeprägt; allerdings kann die Analyse der Erzählorganisation zeigen, daß die Anordnung einzelner spannungsfördernder Elemente entscheidend für die Lebendigkeit der Erzählung und ihren daraus resultierenden nähesprachlichen Charakter ist. Zur Lebendigkeit tragen bei: eine langsame, akzentuierte Sprechweise, die an relevanten Passagen durch Pausen sowie eine Variation in der Stimmführung (leise, hoch) gekennzeichnet ist; eine parataktische, elliptische Sprechweise beim Spannungsaufbau; expressive Wortwahl bei der Ereignisdarstellung, die den Gegensatz zwischen den Verhaltensweisen der verschiedenen Akteure betont; metasprachliche Einschübe in Kombination mit Pausen bzw. veränderter Stimmlage mit verzögernder und spannungsfördernder Wirkung; das rhetorische Stilmittel des Parallelismus vor dem Ereignishöhepunkt; die Wiedergabe des Vorgefallenen aus dem Erfahrungshorizont der Akteure, die zu Opfern wurden, wodurch Anteilnahme am vorgefallenen Geschehen geweckt wird, sowie ein virtuos gestalteter Perspektivenwechsel, der einen zweiteiligen Aufbau der Erzählung zur Folge hat.

Auch im Hinblick auf die Fortsetzung des Gesprächs ist die Frage interessant, welche Funktion diese Erzählung einnimmt. Pfeffermann war von der Interviewerin nach dem Schicksal seiner Familienmitglieder gefragt worden. An einer anderen Stelle im Gespräch betont er, daß manche private Dinge in einem Interview mit einem gewissen Öffentlichkeitsgrad nichts verloren hätten, daher könne allerdings der Eindruck entstehen, er sei ein *kalter fisch*. Auch diese Geschichte, die einen ganz besonders tragischen Stellenwert in seinem Leben hat, berichtet er, ohne große Erschütterung zu zeigen. Er hätte sie jedoch auch ganz umgehen und nur die Antwort geben können, die auf diese Erzählung folgt: "meiner mutter gelang es nich mehr der krieg brach ja aus ä:m aus berlin rauszukommen [...]".

Es ist wohl nicht nur die Bitterkeit über das Schicksal seiner Mutter, die hier als "Erzählzwang" wirkt. Die Geschichte soll gewiß im weiteren Kontext auch als exemplarisch für viele andere jüdische Schicksale dieser Zeit rezipiert werden – hier speziell auch im Zusammenhang mit dem Versagen der amerikanischen Juden.

2.2 Betty Chuma Kolath: Antisemitismus auf der Straße (2:30 Min.)

2.2.1 Kontext und Einbettung der Erzählung

Betty Kolath erzählt im Rahmen ihrer Biographie von ihrer letzten Zeit in Deutschland, ihren Berufsjahren in der Wohlfahrtspflege von Stettin. Sie berichtet, daß es oft ostjüdische Zuwanderer waren, die in der Fürsorge Hilfe gesucht hatten. Dies führt Betten zur Frage, ob die Gesprächspartnerin selbst den steigenden Nationalismus in den "endzwanziger jahren" schon gespürt habe. Kolath reagiert darauf mit: "zwei sachen möcht ich ihnen erzählen [...]". Sie greift zunächst weiter zurück auf eine Episode aus ihrer Schulzeit. Damals wurde sie von einer adeligen Mitschülerin als Jüdin beschimpft, und als sie sich dafür revanchierte, bekam sie zunächst Probleme mit einer Lehrerin.[15] Nachdem diese Erzählung abgeschlossen ist, nennt Betten als Grund für ihre Frage, daß sie bereits von einer anderen Gesprächspartnerin aus Ostpreußen von einem besonders frühen aggressiven Nationalismus in diesem Gebiet gehört hätte. Die bestätigenden Hörersignale Kolaths werden während dieses kurzen Berichts von Betten gegen Ende zu immer häufiger, und schließlich fällt sie der Interviewerin ins Wort, als diese wieder auf Kolaths Stettiner Zeit zu sprechen kommen will: sie möchte noch die zweite angekündigte Erfahrung mit Antisemitismus in Stettin erzählen.

2.2.2 Die Erzählung

```
 1    BK:   jal kurz noch eine geschichtel * da hab ich ä wenn sie da-
 2          nach fra:genl * hab ä erinnere ich mich da bin ich einmal
 3          * in unserer stra:ße * sind mir ein paar * ich war viel-
 4          leicht * acht oder neunl * ein paar * jungs * straßenjungsl
 5          * nachgelaufenl ** ä:: * ob sie grade judsche gesagt habenl
 6          * aber * so ähnlichl *4* j/ jüd/ jüdisch/ ju/ jud/ juden
 7          juden*schwein irgend so was schreckliches nachgerufenl *
 8          und ich habe auf der anderen straßenseite * ging ein **
 9          he:rr von dem ich wußte daß er * jüdisch isl der wohnte
10          bei uns gegenüberl ** der aber aus polen eingewandert war
11          vor drei vier jahrenl * und der mir nich so s/ furchtbar
12          schrecklich ä ä * sympathisch war (aber) ich dachtel *
13          wenn ich jetzt rübergehe * und mit ihm zusammen gehe dann
14          werden die mir nich weiter * ä nachsetzenl ich habe auch
15          das gefühl gehabt sie heben steine hochl * ich hatte angstl
16          * ganz einfachl und sie waren auch in der m/ in der mehr-
17          zahll und ich bin rübergegangen auf die andere straßensei-
18          tel * und hab die hand von diesem herrn * dingsda * genom-
```

---

15 Vgl. Ph 42: 84f.

```
19          men * und hab gesagt hör mal zu hören sie sei/ seien sie
20          so freundlich! * und gehen sie jetzt mal * bis zur ecke
21          mit mir mit! * diese jungs * rufen mir jüdin oder irgend
22          etwas * oder ich weiß (es) nicht mehr genau wie wo was *
23          nach! * und wenn ich sie wenn sie sehen * daß ich mit je-
24          mandem * einem erwachsenen herrn * gehe * dann: lassen sie
25          vielleicht von mir ab! * #ich werde nie: den ausdruck in
26   K                                 #LANGSAMER UND AKZENTUIERT
27   BK:    dem gesicht dieses mannes vergessen! * gejagtes wild! *
28          eine angst! der mann wurde * ro:t! * die der schweiß lief
29          ihm runter! * hier auch! * so ungefähr! das# * das heißt
30   K                                                     #
31   BK:    der mann hatte das schon mal durchgemacht! *3* ich war *
32          g/ trotzdem ich ein kleines kind war! ich war sicher nich
33          älter wie acht oder neun! * is mir * w:ar mir vollkommen
34          kla:r was in dem mann jetzt passiert! der mann ist erst
35          vor=n paar jahren * aus=m osten gekommen! * der hat das
36          erlebt! so fing=s auch damals an! * und ich die jungs ham
37          sich dann ver/ zerstreut! * ich habe mittags * meinem va-
38          ter davon erzählt! ** ich seh ihn noch! * wie er sagt! *
39          (SCHMATZT?KLATSCHT) he! (SCHMATZT?KLATSCHT) * he! *
40          (SCHMATZT?KLATSCHT) *3* so! * das war seine reak/ das war
41   AB:                   mhm!
42   BK:    seine reaktion!          ** oij wej! so ungefähr! ja!
43          (SCHMATZT?KLATSCHT) he! ** (weil) ich hab * das gefühl
44          gehabt der mann * kann gar nich auf mich * auf(wa/) *
45          nein=nein! sagt er! * hat er ges/ * er hat es mir nich er-
46   AB:                                    sagen sie [...]
47   BK:    klä/ ich hab=s aber verstanden! hab=s verstanden!
```

2.2.3 Sprachliche Charakterisierung

Die Frage, ob Kolath einen eher hypotaktischen oder den der gesprochenen Sprache zugeschriebenen parataktischen Sprechstil hat, ist anhand des ausgewählten Beispiels nicht eindeutig beantwortbar, da es Äußerungen in beiden Ausprägungsformen gibt. Als Kolath eine der handelnden Personen in den Kontext einführt, macht sie das mittels hypotaktischer Struktur (vgl. "auf der anderen straßenseite [...] nachsetzen", Z.8-14). Sie "verpackt" hier sehr viel in eine Äußerungseinheit. Die Überlegung, was zu tun sei, ist argumentativ; zuvor aber beschreibt sie den Mann, was notwendig ist, um letztendlich die Relevanz der Erzählung im Kontext zu verstehen. Bei einer anderen Äußerung ("trotzdem ich ein kleines kind war *ich war sicher nich älter wie acht oder neun* * is mir [...]", Z.32f.) ist in den Konzessivsatz eine Parenthese mit der Funktion einer Präzisierung zwischengeschoben. Parataktische Strukturen überwiegen aber bei weitem, vgl. "ich hatte angst [...] in der mehrzahl" (Z.15-17).

Eindrucksvoll, in langsamer, akzentuierter Sprechweise mit zahlreichen Sprechpausen und elliptischer Syntax (s. Kursivsetzungen), gibt die Erzählerin den Höhepunkt der Erzählung wieder (vgl. "ich werde nie: [...] * *gejagtes wild* * *eine angst* der mann wurde * ro:t [...] * *hier auch* * *so ungefähr*", Z.25-29). Parenthesen wie in Z.32f. kommen sonst noch zweimal am Anfang der Erzählung vor: "da hab ich ä *wenn sie danach fra:gen* * hab ä" (Z.1f.) und "[...] sind mir ein paar * *ich war vielleicht* * *acht oder neun* * ein paar jungs [...]" (Z.3f.). Die erste Parenthese hat die Funktion eines Legitimationsversuchs und dient zur Erinnerung, daß eine weitere, bereits angekündigte Geschichte folgen soll. Die zweite Parenthese zeigt in Verbindung mit zahlreichen Satzabbrüchen und Pausen ("da hab ich [...] straßenjungs * nachgelaufen **", Z.1-5) den Formulierungsprozeß in der Orientierungsphase. Im weiteren Verlauf der Erzählung finden sich nur noch vereinzelt Anakoluthe, so noch in der Anfangsphase Z.8 "*und ich habe* auf der [...]"; innerhalb einer direkten Rede Z.23 "*und wenn ich sie* wenn sie sehen [...]"; am Ende des auch prosodisch vom Kontext abgesetzten Höhepunktes Z.29 "*das* * das heißt"; in Z.36f. "*und ich* die jungs ham sich dann ver/ zerstreut" sowie in Z.45 "nein=nein sagt er * *hat er ges/* * er hat [...]". Andere sprechsprachliche Erscheinungen sind Korrekturen, die die Funktion einer Präzisierung haben, vgl. Z.4 "jungs * *straßenjungs*"; Z.23f. "daß ich mit jemandem * *einem erwachsenen herrn* * gehe". Auch "is mir * *w:ar mir* vollkommen kla:r" (Z.33f.) interpretiere ich als Korrektur, und zwar von einer Perfektform der Kopula zu einer Präteritumform.

Während der Problemdarstellung gibt es die einzige Ausklammerungserscheinung der ganzen Erzählung: "der aber aus polen eingewandert war *vor drei vier jahren*" (Z.10f.).

Gesprächswörter in der Form von Rückversicherungssignalen fehlen ganz, dafür findet sich die Partikel *mal* gleich zweimal innerhalb der direkten Rede, vgl. "hör *mal* zu [...] und gehen sie jetzt *mal* * bis zur ecke [...]" (Z.19f.). Diese Partikeln tragen hier zur verstärkten Kennzeichnung direkter und damit mündlicher Rede bei. (Ihre Primärfunktion, "etwas Zwangloses und Unverbindliches" zu signalisieren, das "die Gewichtigkeit des Geschehens im Aussagesatz"[16] mindert, kommt hier weniger zum Tragen, dafür ist die Situation zu ernst.) Ebenfalls die Funktion von besonderer Kennzeichnung der direkten Rede haben die beiden nichtstandardsprachlichen Enklisen von Artikel an Präposition sowie von Personalpronomen *es* an finites Verb: "der mann ist erst *vor=n* paar jahren * *aus=m* osten gekommen * der hat das erlebt so *fing=s* auch damals an" (Z.34-36). Diese Äußerung ist zugleich Kommentierung aus dem Hier und Jetzt, als auch Wiedergabe indirekter Rede im Vorstellungsraum erzählter Zeit.

Die Lexik ist im Großteil der Erzählung eher unauffällig. Kolath verwendet das Schimpfwort *juden*schwein* (Z.7) als Zitat und ergänzt: "irgend so was schreckliches" (Z.7). Am Höhepunkt der Erzählung trägt jedoch außer der langsamen, akzentuierten Sprechweise und den wirkungsvollen Pausen zwischen den kurzen, elliptischen Äußerungen auch die expressive Lexik zur

---

[16] Helbig/ Kötz (1981: 35); zit. nach Burkhardt (1984: 75).

eindeutigen Kennzeichnung dieses Teils als Kern der Erzählung bei, vgl. *"gejagtes wild* * eine *angst* der mann wurde * *ro:t* * der *schweiß lief ihm runter"* (Z.27-29). Daneben haben auch die (nicht eindeutig identifizierbaren) paralinguistischen Laute des Vaters (*SCHMATZT? KLATSCHT*) verbunden mit dem *he* (Z.39f. u. 43) und den jiddischen Klagelauten (*oij wej,* Z.42) expressiven Charakter.

2.2.4 Erzählorganisation

Die Erzählung beginnt mit dem Eröffnungssignal "ja kurz noch eine geschichte" (Z.1). Von *kurz* ist wohl deshalb die Rede, weil die Interviewerin die Themen "Nationalismus, Antisemitismus" bereits abgeschlossen sah, die Interviewte aber ihrerseits dieses auch eingangs angekündigte zweite Erzählbeispiel anbringen möchte. Die folgende Parenthese ("wenn sie danach fra:gen", Z.1f.) fungiert daher auch als Rechtfertigung für die Unterbrechung der Interviewerin. Interessant ist, daß man hier die Umdeutung einer fremdelizitierten zu einer selbstelizitierten Erzählung beobachten kann. Vielleicht ist diese hier notwendige Hartnäckigkeit, das Rederecht zu erhalten, ein Grund für die darauf folgende stockende, durch viele Pausen und Anakoluthe gekennzeichnete Orientierungsphase (vor allem Z.1-4) innerhalb der Geschichte. Der Erzählraum wird zunächst mit einer neuerlichen metakommunikativen Ankündigung, nämlich "erinnere ich mich" (Z.2), geöffnet. Darauf folgen die wichtigsten Informationen bezüglich Zeit, Ort, handelnder Personen und des eigentlichen Problems.[17] Als Akteure werden an dieser Stelle die Erzählerin selbst sowie *straßenjungs* (Z.4) genannt, der Zeitpunkt wird zunächst mit *einmal* (Z.2) nicht genau festgelegt, aber gleich danach erfolgt die Angabe "ich war vielleicht * acht oder neun" (Z.3f.). Passiert ist die Geschichte "in unserer stra:ße" (Z.3), also in der Nähe des Elternhauses in Stettin. Das Problem, nämlich die Verfolgung durch die *straßenjungs,* wird auf relativ unspektakuläre Weise vorgebracht, in Form einer indirekten Frage (Z.5). Dieser geht eine zweisekündige Pause voraus, die von einer längeren gefüllten Pause sowie einer weiteren Sprechpause gefolgt wird. Das verstärkt den Eindruck, daß die Interviewte diesen Teil der Geschichte nicht mehr so genau im Kopf hat, es handelt sich offensichtlich auch nicht um den Höhepunkt der Erzählung. Um dieses Erlebnis aber so dramatisch darzustellen, wie es dem kleinen Mädchen damals erschienen ist, konkretisiert Kolath nach viersekündiger Überlegung die Wortwahl der Verfolger. Aus diesem Überlegungsprozeß resultiert die sechsmalige Korrektur, "j/ jüd/ jüdisch/ ju/ jud/ juden juden*schwein" (Z.6f.) mit einem elliptischen Nachsatz (Z.7). Die Darstellung der Ereignisse hat bis an diese Stelle noch sehr wenig den Charakter von szenisch wiedergegebener Wirklichkeit. Es handelt sich vielmehr um eine berichtartige Kurzdar-

---

[17] Zur Orientierungsphase vgl. Labov/Waletzky (1973), Quasthoff (1980).

stellung. Kennzeichen dafür ist auch eine gleichbleibende Stimmlage, die sich trotz expressiver Lexik nicht merklich verändert.

Damit, daß nun eine neue Person eingeführt wird, wechselt die Erzählung in den szenischen Vorstellungsraum. Im Gegensatz zu den *straßenjungs* erhält man über den Herrn, der sich ebenfalls auf der Straße aufhielt, ausführlichere Informationen (Z.9-12). Diese Beschreibung ist wichtig im Hinblick auf die folgende, argumentativ gehaltene Überlegungsphase. Die Erzählerin läßt die Zuhörerin an ihren Gedanken und Überlegungen, die ihr in dieser Situation der Angst durch den Kopf gegangen sind, teilhaben. Der Hörer kann an dieser Stelle antizipieren, daß die Akteurin hofft, dieser Herr könne sie aus der brenzligen Situation befreien. Die Gedanken der Erzählerin werden in Form eines inneren Monologs wiedergegeben ("(aber) ich dachte [...] ä nachsetzen", Z.12-14). Eine weitere Dramatisierung erhält die Erzählung durch eine genauere Detaillierung der Aktionen der *straßenjungs* (Z.14-17). Szenisch, d.h. in direkter Rede, gibt die Interviewte wieder, wie sie den Kontakt mit dem Mann auf der anderen Straßenseite gesucht hat. Spannungssteigernd vor dem Relevanzpunkt wirkt die monologische direkte Rede, ohne daß sich die Stimme auffallend ändert (Z.19-25). Alles hängt von der Reaktion dieses Mannes ab, und die wird durch einen hohen Detaillierungsgrad innerhalb der direkten Rede hinausgezögert. Mit Quasthoff (1980) kann man hier von Atomisierung sprechen. Nüchtern betrachtet wäre die direkte Rede in dieser Ausführlichkeit gar nicht notwendig, weiß doch der Zuhörer an dieser Stelle bereits vom Plan der Akteurin, mit dem Mann Kontakt aufzunehmen. Hieran zeigt sich deutlich, daß die ausführliche Detaillierung mit der Funktion einer Spannungssteigerung und Hinauszögerung des Relevanzpunktes als Stilmittel in der Erzählung eingesetzt ist.

Der Relevanzpunkt kann in der vorliegenden Erzählung als 'überraschende Wende' (vgl. z.B. Kallmeyer 1981; Rehbein 1984) bezeichnet werden: In langsamer, akzentuierter Sprechweise wird keine Lösung der Situation geboten, sondern die Reaktion dieses Mannes abrupt, ohne Ankündigungssignal (Z.25-29) wiedergegeben. Der absolute Höhepunkt ist ganz knapp, als elliptische direkte Rede gestaltet: "hier auch" (Z.29). Die Relevanz ist plötzlich verschoben. Eine Auflösung der Situation wäre antizipierbar gewesen, nicht aber diese emphatische Beschreibung der Angsterscheinungen des Mannes. Obwohl aufgrund mehrfacher Stilmittel eindeutig als Relevanzpunkt gekennzeichnet, liefert dieser noch nicht allein die Auflösung, da es nicht um irgendwelche Angsterscheinungen geht, sondern um die durch eine ganz spezifische Situation hervorgerufenen. Diese Situation wurde implizit schon bei der Beschreibung des Mannes angesprochen, wenn es da hieß: "der aber aus polen eingewandert war [...]" (Z.10f.), dies jedoch in einer Phase, wo man einem möglichen Zusammenhang mit dem Höhepunkt der Erzählung keine Beachtung schenkte. Um den Relevanzpunkt sofort verstehen zu können, ist aber auch das Hintergrundwissen nötig, daß Juden in osteuropäischen Ländern schon früher Opfer von offenem und gewaltbereitem Antisemitismus wurden als jüdische Bürger westlicher Staaten. Diesen Zusammenhang stellt dann die Interviewte selbst explizit her mit dem Kommentar "das heißt der mann hatte das schon mal durchgemacht" (Z.29-31). Es folgt eine dreisekündige Pause, die die Wirksamkeit dieser Äußerung noch unterstreicht. Kolath führt im weiteren Verlauf die Elemente, die zum Verständnis notwendig sind, näher aus, und sie macht dies erneut aus dem Vorstellungsraum des Kindes heraus: "trotzdem ich ein kleines kind war [...] is mir * w:ar mir vollkommen kla:r was in dem mann jetzt passiert" (Z.32-34). Verdeutlicht wird dies auch durch die kurzen, durch Enklisen gekennzeichneten Äußerungen: "der mann ist erst vor=n paar jahren * aus=m osten gekommen * der hat das erlebt so fing=s auch damals an" (Z.34-36). Hier macht sich ferner der Gestaltschließungszwang (vgl. Schütze 1982; Kallmeyer 1981) bemerkbar, denn trotz der oben angesprochenen Relevanzverschiebung muß auch die begonnene Geschichte mit den *straßenjungs* zu Ende geführt werden. Dies erfolgt kurz und lakonisch (Z.36f.), es ist keine Rede mehr von der Gefahr dieser Verfolgung. Der gesamte Aufbau der Erzählung bis zum Relevanzpunkt war vor allem notwendig, um die Angst des Ostjuden plausibel zu machen, die der Angst des Mädchens eine viel größere Dimension verleiht. Die kurze Bemerkung, "die jungs ham sich dann ver/ zerstreut", zeigt die relative Harmlosigkeit des konkreten Anlasses. Das kleine Mädchen war davon ausgegangen, daß ein erwachsener Mann mit der Situation ohne weiteres hätte fertigwerden müssen. Daß dem nicht so war, ist das Überraschende und auch Erschreckende an dieser Erzählung: erschreckend aus heutiger Perspektive, vor dem Hintergrund der Shoa.

Aber mit der Gestaltschließung des Erlebnisses ist das Ende der Erzählung noch nicht erreicht, was auch der steigende Tonhöhenverlauf am Ende dieser Äußerung signalisiert. Kolath hat ihren Vater von dieser Begebenheit informiert, und seine Reaktion erscheint der Erzählerin so bedeutsam, daß sie diese noch anfügt. Die Reaktion, die stark paralinguistischen Charakter hat, aber nicht eindeutig identifizierbar ist, wird nachahmend wiedergegeben ("SCHMATZT? KLATSCHT * he", Z.39). Zudem liegen längere Pausen zwischen den einzelnen Äußerungen, was auf einen zweiten Höhepunkt der Erzählung schließen läßt. Nach einer Wiederholung der Reaktion des Vaters kommentiert die Erzählerin die Situation (Z.40/42). Der jiddische Wehlaut *oij wej* (Z.42) verdeutlicht, daß diese direkte Redewiedergabe sowie die paralinguistischen Laute zu einer Relevanzverstärkung führen. Nicht nur dem kleinen Mädchen, auch dem Vater war der Ernst der Lage bewußt. Ein Indiz dafür dürften auch die metasprachlichen Äußerungen Kolaths selbst ("so ungefähr ja", Z.42) sowie eine nochmalige Wiederholung der Reaktion (Z.43) mit darauffolgender zweisekündiger Pause sein. Anschließend kommentiert Kolath die Situation (Z.43f.): der Mann, obwohl erwachsen, konnte das Mädchen nicht beschützen. Der verschluckte Laut "auf (wa/)" (Z.44), das folgende, allein im Raum stehende "nein=nein" (Z.45) sowie "er hat es mir nich erklä/" (Z.45/47) geben Rätsel auf. Folgende Interpretation ist aber vor dem Hintergrund des Abschlusses der Erzählung ("ich hab=s aber verstanden hab=s verstanden", Z.47) denkbar: Nachdem der Vater sein Erschrecken über die geschilderte Begebenheit zum Ausdruck gebracht hat, wird ihm offenbar bewußt, daß er eine Zehnjährige vor sich hat. Das "nein=nein"

(Z.45) steht vielleicht für eine Beschwichtigungsformel, die dem Kind das wahre Ausmaß seines Erschreckens nicht zeigen soll. Dafür spricht, daß Kolath explizit betont, daß der Vater ihr nichts erklärt habe.

Ich denke, daß gerade dieser letzte Teil eine Abstrahierung auf eine allgemeinere Bedeutungsebene nahelegt. Es ist zwar das konkrete Beispiel, das diese Zusammenhänge veranschaulicht, aber es geht um viel mehr, nämlich darum, wie wenig auch Juden in Deutschland in diesen Jahren über Antisemitismus und mögliche Verschlimmerungen der Situation nachgedacht haben. Viele haben im Gegensatz zu ihr und ihrem Vater die Zeichen der Zeit nicht erkannt oder verdrängt, obwohl es klare Fingerzeige gab.

2.2.5 Resümee

Auch diese Erzählung zeigt eine große Variationsbreite an sprachlichen und organisatorischen Mitteln. Organisatorisch ist ein komplexer Aufbau mit einer gekonnten Verschleierung des Relevanzpunktes, der prosodisch deutlich von seiner Umgebung abgesetzt ist, festzustellen. Die direkte Rede hat in dieser Erzählung nicht nur die Funktion der Wiedergabe des Höhepunktes, sondern auch argumentative Passagen werden durch dieses Stilmittel zum Ausdruck gebracht. Damit erlebt der Hörer die Geschichte aus der Perspektive der handelnden Akteurin. Die Höhepunkte werden metasprachlich kommentiert. Zusätzlich kennzeichnet ein parataktischer, zum Teil elliptischer Stil den Ereignisaufbau. Der Detaillierungsgrad ist dennoch hoch und entspricht der von Quasthoff (1980) konstatierten Atomisierung. Die Sprache ist in dieser Phase langsam, akzentuiert und von Pausen unterbrochen, Enklisen und Partikeln in der direkten bzw. indirekten Rede sind charakteristisch. Zur Lebendigkeit trägt auch die Variation unterschiedlicher Sprechstile (narrativ vs. deskriptiv vs. argumentativ[18]) bei.

Kolath verbindet mit dem Nationalsozialismus, dem sie durch ihre Emigration entkommen konnte, besonders schlimme Erinnerungen, hat sie doch ihre gesamte Familie verloren. Auch das gibt ihren Beispielen, die auf die drohende Gefahr von Nationalismus und Antisemitismus hinweisen, besondere Relevanz.

Es können unterschiedliche Relevanzebenen festgemacht werden, die die Funktion, ausgehend vom Relevanzpunkt der Haupterzählung bis hin auf eine allgemeine Ebene, bestimmen.

Die Akteurin, gleichzeitig Erzählerin, wurde in eine brenzlige Situation verstrickt. Dies ist die eine Ebene. Auf einer nächsten Ebene steht die Aussage, daß offener Antisemitismus in Osteuropa früher anzutreffen war als in Deutschland. Und schließlich wird diese Aussage auf eine noch allgemeinere Ebene gehoben; es kann der Schluß gezogen werden, daß im Gegensatz zu

---

[18] Vgl. Bierbach (1985), Brinker (1992).

den Betroffenen kaum jemand erkannt hatte, wie sich Nationalismus und Antisemitismus weiterentwickeln würden.

2.3 Eva Michaelis-Stern: Heiratsabsichten des Scheichs (4:15 Min.)

2.3.1 Kontext und Einbettung der Erzählung

Eva Michaelis-Stern schildert ihren ersten Einwanderungsversuch in Palästina. Sie erzählt u.a. von ihrem schlechten Gesundheitszustand, der letztlich dazu geführt hatte, daß sie nach einem halben Jahr nach Deutschland zurückkehrte. Darauf folgt unvermittelt die Wiedergabe einer Episode aus dieser Zeit in der berühmten Schule von Ben Schemen,[19] die ein lustiges Erlebnis zum Inhalt hat. Ich vermute, daß diese selbstelizitierte Geschichte einen festen Platz im Erzählrepertoire der Interviewten hat, so daß sie sie noch an dieses "Kapitel" anhängt, ohne daß ein expliziter Anlaß dafür vorhanden war. Allerdings ist die lustige Begebenheit gut geeignet, die anderen Verhaltensnormen des neuen Lebensraums zu verdeutlichen.

2.3.2 Die Erzählung

```
 1   EM:  aber ich weiß nich ob ich ihnen damals ä * ä eine se/ sehr
 2        lustje geschichte * erzählt habel * ä daß äm ä: siegfried
 3        lehmann * war einer von denen die * f/ ä sehr großen wert
 4        * auf * enge zusammenarbeit mit den arabern gelegt hatl *
 5        und * er hatte ** die arabischen schülerl ** von dem * ä:
 6        nächsten arabischen ortl ** und ä: es war der s/ scheich
 7        von dem arabischen ort * das heißt was bei uns bürgermeis-
 8        ter oder so genannt wird das war n dorfl * ä der hat ä
 9        seine: * ganzen enkel * ä: nach ben schemen zur schule
10        geschicktl und fand das wunderbar daß er eine gelegenheit
11        hatte man hat in ben schemen * musik gemacht und literatur
12        gelernt und e:s: es war also * für die eine große sache
13   AB:  alles auf iwritl * (we/)          konnten sie da schon
14   EM:  (daß dort für sie) * das   war alles auf iwritl
15   AB:  n bißchen teilnehmenl LACHT VERHALTEN
16   EM:                              ä i/ ich ä habe da-
17        mals ä * z/ ä etwas über jal hab hebräisch gelerntl ich
18        meine ich bin dort nicht zur schule gegangen und die brie-
19        fe die ich im büro zu schreiben hatte das war alles
```

---

[19] Vgl. dazu die Berichte über das Leben in Ben Schemen von Eva Michaelis-Stern und Emanuel Strauss in Ph 42: 261-266. Die hier wiedergegebene Episode ist ein Teil davon (S.263f., Z.86-139), bricht dort etwas eher ab (hier zusätzlich Z.62ff.); ferner ist hier die dortige Auslassung von 0:50 Min. transkribiert (hier Z.13-32).

```
20   AB:                                    wie haben  sie denn mit den kin-
21   EM:  deutsch‼ ** und ä f:/ ä jede (???)
22   AB:  dern in der gymnastik ä gesprochen‼
23   EM:                          ja‼ da    die gymnastik ä hab
24        ich ä ä  teils durch vormachen und teils in hebräisch ä n/
25   AB:                             mh‼
26   EM:  mit ä f/ ä vor/ ä durchgeführt‼ *      * ich war ja damals
27        auch noch viel jünger und * wenn man jung is lernt man ne
28        neue sprache viel schneller als wenn man ä älter is‼ * und
29        ä: für gymnastikunterricht wenn man * selber * mitmacht ä
30        braucht man keine sehr komplizierten sätze zu bilden‼ *
31        RÄUSPERT SICH also das war * ä keine schwierichkeit‼ *
32        aber * je/ jedenfalls dieser scheich kam sehr viel * ä: d/
33        ä zu siegfried lehmann zu besuch‼ * war n dicker * ältrer
34        herr‼ ** RÄUSPERT SICH und ä * ä: f/ er tauchte auch
35        manchmal da im büro auf‼ * ich hab weiter gar nich mich um
36        ihn gekümmert‼ * und eines tages ä sacht ä * m siegfried
37        lehmann zu mir‼ * ä ä de:r der scheich hat um ihre hand
38        angehalten‼ * ä der war f/ offenbar witwer oder er hatte
39        v:ielleicht auch andere frauen und das kam bei ihm nich so
40        drauf an‼ denn: * es gibt ja bei den arabern n:och sehr
41        viel ä vielweiberei‼ * ä: ** #da hab ich zu ihm gesacht‼ ä:
42   K                                      #BELUSTIGT
43   EM:  nun * wie haben sie darauf reagiert‼# ** ä: er war sehr
44   K                                          #
45   EM:  geschickt‼ er hat gesacht ich wollte ihn doch nich kränken‼
46        * und ä: d/ bei den arabern muß man sehr aufpassen ä: was
47        ä wo/ ä worüber sie b/ sofort beleidicht sind‼ * und da
48        hab ich gesagt ä * ä: *  ich ä sie sind bei mir‼ * aber *
49        die eltern verlassen sich drauf * daß ich: ä: sozusagen
50        elternstelle * ä: an ihnen vertrete aber daß ich keine
51        entscheidungen für sie treffe sondern ä * alles * immer um
52        erlaubnis fragen muß‼ * und ihre eltern sind in * deutsch-
53        land und ä * da müßte ich erst anfragen‼ * und ich ä: bin
54        nicht sehr optimistisch * daß die eltern dem zustimmen
55        würden‼ ** also das hat * der scheich offenbar LACHT VER-
56   AB:                        LACHT VERHALTEN #wieviel heirats-
57   K                                          #BELUSTIGT
58   EM:  HALTEN #akzeptiert‼    # LACHT VERHALTEN un
59   K           #LEICHT LACHEND#
60   AB:  gut er geboten hätte für ben schemen ham sie nicht erfah-
61   EM:                                  ja‼
62   AB:  ren‼# LACHT                            das hätte sie
63   K        #
64   EM:  das hab ich nich erfahren‼ nein‼ #nein‼  #
65   K                                     #LACHEND#
```

```
66  AB:  ja noch in konflikte bringen können! LACHT
67  EM:                       LACHT #ja      # LACHT also! * jeden-
68  K                             #LACHEND#
69  EM:  falls RÄUSPERT SICH hat siegfried lehmann * diese ge-
70       schichte so amüsiert * daß wenn er * er kam damals * RÄUS-
71       PERT SICH öfters mal nach deutschland um: * zu sprechen
72       fü/ vor kom/ vo:r * komitees * un/ ä mitgliedern und vo:r
73       b/ ä leuten die gut situiert waren um über seine arbeit zu
74       sprechen und geld zu sammeln! * und da hat er dann * auch
75       slides mitgebracht! * und unter anderm auch n slide von
76       dem dicken * scheich! * und dann hat er die geschichte von
77  AB:            LACHT VERHALTEN
78  EM:  von ä dem scheich erzählt #daß er mich heiraten wollte!#
79  K                              #LACHEND                    #
80  AB:                                                deswegen
81  EM:  LACHT das hat immer * großen erfolg gehabt! LACHT
82  AB:  ham sie sich später dann verpflichtet gefühlt auf andere
83       weise geld aufzubringen! LACHT                  ja!
84  EM:                 LACHT ja! ja:! LACHT          ja!
```

2.3.3 Sprachliche Charakterisierung

Hypotaktische Strukturen prägen Äußerungen wie Z.6-14 ("und ä: es war der s/ scheich [...] (daß dort für sie)") bzw. Z.47-55 ("und da hab ich gesagt [...] ich ä: bin nicht sehr optimistisch * daß die eltern dem zustimmen würden"). Im ersten Beispiel sind die einigermaßen verwirrenden syntaktischen Beziehungen zwischen den einzelnen Gliedern in der Orientierungsphase wohl mit ein Grund für die Unterbrechung durch die Gesprächsleiterin. Das zweite Beispiel hat aufgrund der beiden adversativen Konjunktionen (nebenordnend: *aber*, Z.48; unterordnend: *sondern*, Z.51) argumentativen Charakter. Typisch parataktische Äußerungen mit elliptischen Zügen fehlen hingegen in dieser Erzählung: der Sprechstil von Michaelis-Stern kann generell als komplex bezeichnet werden.

Ein hypotaktischer Sprechstil ist aufgrund seiner Komplexität anfälliger für Korrektur-erscheinungen. In den meisten Fällen gibt es bei Michaelis-Stern aber durchaus plausible Erklärungen für vorgenommene Satzabbrüche oder Satzkorrekturen. Gleich die Eröffnung enthält eine indirekte Frage ("aber ich weiß nich ob ich ihnen damals ä * eine se/ sehr lustje geschichte * erzählt habe * *ä daß äm ä:* siegfried lehmann * war", Z.1-3), die mit dem durch *daß* eingeleiteten Objektsatz sofort auf den Kern der Geschichte zusteuert. Dies würde aber bedeu-ten, daß der Relevanzpunkt der Erzählung gleich zu Beginn vorweggenommen wäre, was man gerade bei einer selbstelizitierten Erzählung natürlich vermeiden will. Unter diesem Gesichts-punkt ist der Satzabbruch durchaus nachvollziehbar, muß die Erzählerin doch zuerst eine

Orientierung und einen Aufbau liefern, worauf erst der Kern als Höhepunkt und möglicher Abschluß wiedergegeben wird. Zwei weitere Satzabbrüche gehen darauf zurück, daß sich die Interviewerin einschaltet (Z.13/15 u. 20/22). Der Satzabbruch *"jedenfalls* [...] *hat siegfried lehmann * diese geschichte so amüsiert * daß wenn er ** er kam damals [...]"* (Z.67-71) erfolgt zugunsten eines logischeren Aufbaus des Satzes: Hätte die Interviewte den Satz so fortgesetzt, wie sie ihn begonnen hatte (etwa: "daß wenn er *nach deutschland gekommen ist*"), dann wäre die Information verlorengegangen, daß diese Deutschlandbesuche im Zusammenhang mit der Sammlung von Spendengeldern standen. Michaelis-Stern bricht also die begonnene Satzstruktur ab, um diese Information (Z.71-74), ähnlich einer Parenthese, einzufügen. – Den Formulierungs-prozeß und die Neuorientierung nach einer Frage der Interviewerin zeigt *"ä i/ ich ä habe damals ä * z/ ä etwas über* ja hab hebräisch gelernt" (Z.16f.). Das *ja* ist ein Zeichen dafür, daß hier, mit Verzögerung, direkt auf die Frage geantwortet wird bzw. nun die richtige Formulierung gefunden ist. In Z.24/26, Z.46f. sowie Z.72 treten Korrekturen idealtypisch nach einem Gliederungs-signal auf, das eine Neuorientierung bringt.

Parenthesen dienen in der Orientierungsphase zur näheren Beschreibung des Scheichs, der später in der Erzählung eine dominierende Rolle einnimmt: "es war der s/ scheich von dem arabischen ort * *das heißt was bei uns bürgermeister oder so genannt wird das war n dorf* * ä der hat [...]" (Z.7f.). "das war n dorf" fungiert als Einschub innerhalb des Einschubs. Auf ähnliche Weise interpretiere ich "dieser scheich kam [...] zu besuch * *war n dicker * ältrer herr* ** RÄUSPERT SICH und ä ä f/ er tauchte [...]" (Z.32-34). Die elliptische Beschreibung des Scheichs in der Aufbauphase vor dem Relevanzpunkt dient hier zur Veranschaulichung, aber auch zur Spannungssteigerung, da die Pointe dadurch hinausgezögert wird.

Auffallend ist, daß es trotz des hypotaktischen Sprechstils, der gewöhnlich der Sprache der Distanz zugeordnet wird, sehr viele Gesprächswörter gibt, die der Erzählung einen nähesprachli-chen Charakter verleihen. In Z.12, 31, 55 und 67 fügt die Interviewte die Partikel *also* ein; ihre Bevorzugung charakterisiert gleichzeitig den individuellen Sprachstil von Michaelis-Stern. Beim ersten und dritten Beispiel signalisiert das Gesprächswort den Abschluß der Äußerung, im zweiten und vierten Beispiel den Abschluß eines Einschubs. Ähnliche Funktion hat das Ge-sprächswort *aber* (Z.1 u. 32). Beide Male dient es als Eröffnungs- und damit als Gliederungs-signal. Die Partikeln *ja* in Z.26 u. 40 bzw. *doch* in Z.45 haben die Funktion, Konsens zwischen Sprecherin und Hörer herzustellen (vgl. Burkhardt 1984: 73).

2.3.4 Erzählorganisation

Das Eröffnungssignal "aber ich weiß nich ob ich [...] erzählt habe" (Z.1f.) enthält mehrere Hin-weise, die die schwach eingebettete Geschichte sozusagen im nachhinein legitimieren. Inter-essant erscheint mir in diesem Zusammenhang vor allem das gliedernde *aber* ganz am Anfang der Äußerung. Ein *aber* hat argumentativen Charakter, normalerweise in der Funktion eines Konnektors, einer Konjunktion. Das *aber* dieser Äußerung dient zur Einbettung der folgenden Erzählung, indem es darauf verweist, daß der eben ausgeführte Zeitabschnitt noch nicht abgeschlossen ist, daß es noch eine Ergänzung gibt.

Mit "sehr lustje geschichte" (Z.1f.) wird eine Erzählung mit Pointe angekündigt. Dieser Hinweis ist wichtig, um das Rederecht zu sichern. Die indirekte Frage hat hier den Charakter einer rhetorischen Frage.

Die "erzählte Zeit" muß in der Orientierungsphase nicht genannt werden, da diese Information aufgrund der bereits zuvor erfolgten zeitlichen Situierung redundant wäre. Die Orientierungsphase fällt aber dennoch relativ umfangreich aus. Als Personen werden *siegfried lehmann* (Z.2f.), der *scheich* (Z.6), *arabische schüler* (Z.5) und schließlich die *enkel* des Scheichs (Z.9) genannt. Es ist jedoch noch keine Handlungsstruktur vorgegeben. Michaelis-Stern beschreibt lediglich die Situation zwischen Juden und Arabern näher, die in Ben Schemen offenbar gut miteinander auskamen. Es scheint der Erzählerin ein Anliegen zu sein, die Aktivitäten von Ben Schemen hinsichtlich arabischer Schüler zu skizzieren (Z.11-14). Als Hörer tappt man noch vollkommen im Dunkeln, bei welchem Punkt die angekündigte Geschichte einsetzen könnte. Diese Verzögerung ist es wohl, neben der komplexen syntaktischen Struktur, die eine Unterbrechung durch die Interviewerin möglich macht. Die Frage Bettens (Z.13/15) geht weg vom konkreten Beispiel, denn sie orientiert sich nicht an der unmittelbaren Orientierungsphase, sondern vielmehr an der vorangegangenen Äußerung der Interviewten ("man hat [...] gelernt" (Z.11f.), die auf einer allgemeineren Ebene steht. Ich vermute, daß die Unterbrechung auch durch die schon erwähnte relativ schwache Einbettung der Erzählung in den Kontext unterstützt wurde. Alle Fragen der Interviewerin (Z.13/15 u. 20/22) zielen auf die Sprachsituation im fremden Land. Dieser Fragenkomplex stellt einen Fixpunkt in jedem der Interviews dar. Michaelis-Stern beantwortet alle Fragen und setzt einen eindeutigen Schlußpunkt, indem sie mit fallendem Tonhöhenverlauf und einer darauf folgenden kurzen Pause sagt: "also das war * ä keine schwierichkeit" (Z.31). Sie setzt nach dem markierten Abschluß dieses Einschubs ein weiteres Gliederungssignal, das die Fortsetzung der begonnenen Erzählung kennzeichnet ("aber * je/ jedenfalls", Z.32). Mit der Nennung des Scheichs ist auch ein Subjektwechsel vollzogen, der laut Gülich (1976) als charakteristisch für die Fortsetzung nach Gliederungssignalen gesehen werden kann. Nachdem die erste Orientierung (Z.1-14) noch keine eindeutige Fokussierung gebracht hatte und relativ weitläufig angelegt war, beschränkt Michaelis-Stern nun den Aufbau bis zur Pointe auf das Wesentliche (Z.32-36). Der Wechsel in den szenischen Raum erfolgt mittels einer metakommunikativen Eröffnung ("und eines tages", Z.36). Diese zeitliche Neuorientierung macht klar, daß nun ein Relevanzpunkt zu erwarten ist. Die Pointe der Erzählung (Z.36-38) kommt dennoch völlig unvermittelt; sie ist in Form direkter Rede und durch einen Zeitwechsel ins Präsens gestaltet, wodurch der Kontrast zum Aufbau der Geschichte verstärkt wird. Diese stilistischen Mittel sind notwendig, um den Höhepunkt der Erzählung zu markieren, zeichnet sich der Sprechstil von Michaelis-Stern doch durch eine ruhige Art mit wenigen Schwankungen bezüglich Tonhöhe und Lautstärke aus. Auch der Höhepunkt der Erzählung ist nicht durch Emphase markiert. Hinzu kommt, daß Emphase bei einer lustigen Geschichte weniger erwartbar ist als z.B. bei einer Leidensgeschichte.

Die Geschichte ist aber trotz Pointe noch nicht abgeschlossen. Der Zuhörer stellt sich an dieser Stelle zwei Fragen: 'Wie kommt der Scheich auf diese Idee?' bzw. 'Wie war die Reaktion auf dieses Angebot?' Hier wirkt der Gestaltschließungszwang (vgl. Kallmeyer 1981 u. Schütze 1982), wenn die Interviewte genau diese Fragen zu beantworten versucht. Mit Hilfe eines metasprachlichen Einschubs kommentiert sie zunächst die Situation (Z.38-41). Dieser Einschub enthält keinerlei Wertung und trägt durch seine Lakonie erneut zu einer Spannungssteigerung bei. Michaelis-Sterns Kommentar macht die Reaktion Lehmanns nicht antizipierbar. Nach längerer Pause (* *ä:* **, Z.41) gibt die Erzählerin ihren Dialog mit Lehmann wieder. Mit leicht lachender Stimme formuliert sie ihre Frage, wie er reagiert habe, in direkter Rede (Z.41/43), diesmal allerdings ohne Zeitwechsel ins Präsens, dafür mit leicht veränderter Stimmführung. Die Antwort, die als ein weiterer Höhepunkt der Erzählung verstanden werden muß, wird durch eine längere Pause (Z.43) und einen metasprachlichen Einschub ("er war sehr geschickt", Z.43/45) hinausgezögert. Diese Kommentare haben insbesondere die Funktion, dem Zuhörer klarzumachen, daß es im folgenden nicht darum gehen kann, ob die Anfrage positiv oder negativ beantwortet worden ist, sondern vielmehr um die Argumentation der Absage. Deshalb wird auch der zweite Höhepunkt, die direkte Rede von Lehmann (zu Michaelis-Stern), detailliert wiedergegeben (Z.48-55), was allgemein als Merkmal des Höhepunkts einer Erzählung gilt (vgl. u.a. Quasthoff 1980).

Das Gliederungssignal *also* (Z.55) leitet sodann die Kurzdarstellung der Reaktion des Scheichs ein. Die Komik der Geschichte löst an dieser Stelle das Lachen der Erzählerin und der Gesprächsleiterin aus. Bemühte sich Michaelis-Stern während der direkten Rede noch um einen neutralen Tonfall, so ersetzt das Lachen einen verbalen Kommentar. Hier wird der Kreis von der Ankündigung einer "sehr lustjen geschichte" bis zur tatsächlichen Reaktion des Lachens geschlossen.

Nachdem die Geschichte an dieser Stelle bereits als abgeschlossen gelten könnte, hat das gemeinsame Lachen aber den Boden für einen scherzhaften Dialog zwischen Interviewerin und Interviewter bereitet (Z.56-68), der von weiterem Lachen begleitet wird. Die Erzählerin hat jedoch noch einen Nachtrag zu machen, den sie durch ein neuerliches Gliederungssignal ("also * jedenfalls", Z.67/69) ankündigt. Dieser Nachtrag hängt zwar unmittelbar mit der ausgeführten Erzählung zusammen, aber Zeit, Ort und handelnde Personen sind nun zum Teil andere. Die Geschichte, die in ihren Details geschildert wurde, ist jetzt Gegenstand einer neuen Geschichte, die allerdings nicht mehr szenisch dargestellt wird. In der Forschung wird davon gesprochen, daß es die Tendenz gebe, eine Pointe durch Nachträge u.ä. auszukosten (vgl. Kallmeyer 1981: 414f.). Ähnliches ist auch hier erkennbar. Wie ganz am Beginn der Erzählung bricht die Erzählerin einen *daß*-Satz ab ("*daß wenn er* * er kam damals [...]", Z.70), um eine Orientierung in der neuen Umgebung folgen zu lassen. Ort ist jetzt Deutschland, der Zeitpunkt liegt nach der gerade geschilderten Episode und Hauptakteur ist Lehmann. Daß dieser bei seinen Vorträgen witzige Episoden, so auch diese, zum besten gab, wird hier berichtartig wiedergegeben, da eine weitere szenische Ausführung redundant wäre ("und dann hat er die geschichte von von ä dem scheich erzählt daß er mich heiraten wollte", Z.76/78). Das Lachen der Interviewpartnerinnen setzt genau dort ein, wo die schon bekannte Pointe wiederholt wird. Als Verstärkung dieser Reaktion berichtet Michaelis-Stern, daß auch die Zuhörer in Deutschland über diese Geschichte amüsiert waren. Das Lachen bewirkt hier offensichtlich eine Nähesprachlichkeit, die die Interviewerin erneut zu einer scherzhaften Kommentierung der Episode verleitet: "deswegen ham sie sich später dann verpflichtet gefühlt auf andere weise geld aufzubringen" (Z.80-83), was neuerliches Lachen auf beiden Seiten auslöst. An dieser Stelle ist die Erzählung nun wirklich abgeschlossen; Michaelis-Stern geht dazu über, ihre Heimkehr zu schildern, d.h. sie setzt genau dort ein, wo sie vor der eingeschobenen Erzählung stehengeblieben war.

2.3.5 Resümee

Im Gegensatz zu den ernsten Erzählungen Pfeffermanns und Kolaths hat man hier auf den ersten Blick "nur" eine lustige Geschichte vor sich. Dies zeigt auch das Lachen, das die Pointen begleitet.

In dieser Erzählung ist der Einsatz nähesprachlicher Charakteristika nicht einheitlich ausgeprägt. Ein hypotaktischer Sprachstil und eine kontrollierte, nur durch geringe Schwankungen gekennzeichnete Sprechweise stehen dem Einsatz zahlreicher Gesprächswörter gegenüber. Auch das Lachen beim Relevanzpunkt, die sonstigen Kommentierungen sowie die direkte Rede stehen als Merkmale für Nähesprachlichkeit.

Zum Aufbau ist noch zu sagen, daß sich diese Erzählung durch mindestens zwei Relevanzpunkte auszeichnet: Die lakonische Aussage, der Scheich wolle die Akteurin heiraten, stellt einen solchen dar, aber auch die Art der Argumentation ist nicht unwesentlich für den Erfolg der Erzählung. Der Nachtrag trägt zur Legitimation bei, denn der Zuhörer erfährt, daß neben ihm auch andere Personen mit dieser Erzählung konfrontiert wurden, die diese Geschichte offenbar mit Lachen quittiert haben, was für ihren Erfolg spricht. Fragt man nochmals nach der Funktion der Geschichte und ihrer Verdoppelung durch die Nachgeschichte im Gesamtinterview, so ist sie wohl die, daß auf eine lockere, unterhaltsame Weise dennoch ein zentrales Problem, vor dem die europäischen Einwanderer standen, thematisiert wird: das Aufeinanderprallen zweier verschiedener Kulturen, deren jeweilige Normen auch bei freundlicher Annäherung schwer wechselseitig zu vermitteln sind.

3 Zusammenfassung

3.1 Besonderheiten der Erzählungen in diesem Corpus

Die Erzählungen im gesamten Corpus, von denen die drei ausgewählten nur eine winzige Probe geben, zeichnen sich durch eine große sprachliche Variationsbreite aus. An den hier behandelten Textpassagen zeigte sich z.b., daß Parataxen häufig in Kombination mit Ellipsen und Sprechpausen eingesetzt werden. Zudem sind sie oftmals auch mit langsamer, akzentuierter Sprechweise kombiniert. Sie haben dabei die Funktion von Spannungsaufbau und -steigerung. Hypotaktische Äußerungsstrukturen können dagegen als Kontrastmittel eingesetzt sein. Sie haben oft argumentativen Charakter und sind mit Anakoluthen und metasprachlichen Einschüben, zum Teil Parenthesen, gekoppelt.[20] Zu Satzabbrüchen kommt es insgesamt selten, sie sind jedoch bei Michaelis-Stern und Kolath während der Orientierungsphase und nach Gliederungssignalen, die eine Neuorientierung bringen, anzutreffen.[21] Wesentlichen Anteil an Variation und damit Lebendigkeit haben metakommunikative Äußerungen, die sowohl gliedernde als auch kommentierende Funktion haben können. Sie sind in vielen Fällen maßgebend am Spannungsaufbau beteiligt. Gesprächswörter, die häufig zum Einsatz kommen und nähesprachlichen Charakter besitzen, haben gliedernde Funktion bzw. kennzeichnen direkte oder indirekte Rede.

Was die Erzählorganisation angeht, so zeichnen sich Muster ab, die vom einfachen fünfteiligen Schema von Labov/Waletzky (1973)[22] erheblich abweichen. Dennoch kann von dieser Grundstruktur meistens als Basis ausgegangen werden. Häufig kommt eine Erzählung mit einer Orientierung nicht aus; dann werden auch entsprechend viele Erzählrahmen geschaffen. Durch diesen Wechsel erreichen die Erzähler einen Perspektivenwechsel, mittels dessen ein Geschehen aus verschiedenen Blickwinkeln beleuchtet werden kann. Mit dem Wechsel der Erzählperspektive geht auch ein sprachlicher einher: Man beobachtet stimmliche Differenzierungen, Pausen, lexikalische Unterschiede bezüglich Expressivität und Korrekturen. Ein Perspektivenwechsel kann daneben auch noch andere erzähltechnische Funktionen haben. So kommt hier

---

[20] In diesem Sinne ist Sandig (1973: 44f.) nicht zuzustimmen, die das Auftreten von Parenthesen historisch mit der Tendenz erklärt, dadurch hypotaktische Strukturen zu vermeiden.

[21] Vgl. mit mehr Beispielen A. Kossakowski in diesem Bd., S.338ff.

[22] Labov/Waletzky sprechen von "Orientierung", "Komplikation", "Auflösung", "Evaluation" und "Coda".

einer der von Kallmeyer (1981) und Schütze (1982) konstatierten drei "Zugzwänge des Erzählens"[23] zum Tragen: Der Detaillierungszwang, der besagt, daß alle relevanten Punkte dargestellt und in eine zeitliche Ordnung gebracht werden, hat oft die Funktion einer Verrätselung, Verschleierung sowie pointenhinauszögernde Wirkung. Neben mehreren Erzählrahmen ist es auch kein Einzelfall, auf mehrere Höhepunkte zu stoßen. Der erste Relevanzpunkt kann dabei eine überraschende Wende und damit eine Verrätselung darstellen.

Besonders variantenreich sind auch Überlegungen und Dialoge gestaltet. Man findet innere Monologe aus dem Vorstellungsbereich der agierenden Personen oder die szenische Wiedergabe direkter Rede.

Insgesamt hat man einen Befund vor sich, der zeigt, daß das Klassifikationsmodell "Sprache der Nähe – Sprache der Distanz" von Koch/Oesterreicher (1985) noch zu eng bzw. zu schematisch ist, um die Wirkung der gewählten sprachlichen Darstellungsmittel zu erklären, da es trotz seiner gleitenden Skala nicht die große Bandbreite an Variationsmöglichkeiten erfassen kann, die sich aus dem sprachlichen und organisatorischen Aufbau der Erzählungen ergeben. Virtuos spielen hier die verschiedenen Elemente zusammen, und das Ergebnis ist, daß trotz einer z.T. sehr komplexen, elaborierten Sprache durchaus der Eindruck von Nähe(-sprachlichkeit) entsteht.

3.2 Modifikationen für die Erzähl- und Gesprochene-Sprache-Forschung

Modelle, wie sie Labov/Waletzky (1973), Quasthoff (1980) u.a. entwickelt haben, sind hilfreich für die Klassifikation von mündlichen Erzählungen. Allerdings ergeben unsere konkreten Analysen, daß Modifikationen notwendig sind. So signalisieren szenische Mittel (wie direkte Rede, Zeitenwechsel ins Präsens, rascher Perspektivenwechsel) nicht nur die Auflösung einer Erzählung, sondern stellen oftmals auch die sprachlichen Mittel der Problemaufbauphase dar. Die analysierten Beispiele zeigen auch, daß Organisationsmuster einer Erzählung weiter aufgefaßt werden müssen. Obwohl alle ausgewählten thematischen Einheiten ins vorgegebene Schema passen, kennzeichnet sie doch alle ein zweiteiliger Aufbau mit unterschiedlichen Vorstellungsräumen und zum Teil zwei Relevanzpunkten. Dieser zweite Teil hat Aussagekraft in Hinblick auf die Bestimmung der Funktion einer Erzählung. Zu denken ist dabei vor allem an eine Legitimationsverstärkung. – Aus diesen Beobachtungen ergibt sich die Folgerung, daß von einer Koppelung von sprachlicher Analyse und Erzählanalyse neue bzw. modifiziertere Interpretationsansätze zu erwarten sind. Eine weitere Folge wäre wohl die Aufgabe der strengen Trennung zwischen erzählender, argumentativer und berichtender Diskursform. Die Musteranalysen

---

[23] Es handelt sich dabei um Gestaltschließungs-, Kondensierungs- und Detaillierungszwang. Kondensierung bedeutet, sich auf das Wichtigste rund um eine erzählenswerte Geschichte zu beschränken, Gestaltschließung, eine begonnene Erzählung auch zu Ende zu führen.

zeigen, daß es nicht weit genug greift, sich auf das narrative Muster, das Brinker (1992: 63) als eine Diskursform nennt, zu beschränken. Innerhalb der Geschichten gibt es auch argumentative sowie berichtende Passagen.[24] Die Darstellungsweise ist viel komplexer, als in der Literatur zur Erzählforschung gewöhnlich angenommen. So lassen sich konkrete Bezüge zwischen bestimmten sprachlichen Erscheinungsformen und der Diskursform herstellen. Hypotaxe in Kombination mit Anakoluth beispielsweise deutet einerseits auf einen argumentativen Charakter hin, auf der anderen Seite stellt man fest, daß diese Diskursform vor allem in der Orientierungsphase anzutreffen ist.

4 Literatur

Berens, Franz-Josef (1975): Analyse des Sprachverhaltens im Redekonstellationstyp "Interview". Eine empirische Untersuchung, München: Hueber.

Betten, Anne (Hg.) (1995): Sprachbewahrung nach der Emigration – Das Deutsch der 20er Jahre in Israel. Teil I: Transkripte und Tondokumente. Unter Mitarbeit von Sigrid Graßl, Tübingen: Niemeyer (Phonai 42).

Betten, Anne/Du-nour, Miryam (Hgg.) (1996): Wir sind die Letzten. Fragt uns aus: Gespräche mit den Emigranten der dreißiger Jahre in Israel. Unter Mitarbeit von Kristine Hecker und Esriel Hildesheimer. 2., verb. Aufl., Gerlingen: Bleicher.

Bierbach, Christine (1985): "Nun erzähl mal was!" Textstruktur und referentielle Organisation in elizitierten Erzählungen italienischer Kinder, in: E. Gülich/T. Kotschi (Hgg.): Grammatik, Konversation, Interaktion. Beiträge zum Romanistentag 1983, Tübingen: Niemeyer (Linguistische Arbeiten 153), S.141-177.

Brinker, Klaus (1992): Linguistische Textanalyse. Eine Einführung in die Grundbegriffe und Methoden. 3. Aufl., Berlin: Schmidt (Grundlagen der Germanistik 29).

Burkhardt, Armin (1984): Die Funktion von Abtönungspartikeln in den Eröffnungsphasen fiktionaler und natürlicher Dialoge, in: D. Cherubim/H. Henne/H. Rehbock (Hgg.): Gespräche zwischen Alltag und Literatur. Beiträge zur germanistischen Gesprächsforschung, Tübingen: Niemeyer (Reihe Germanistische Linguistik 53), S.64-93.

Couper-Kuhlen, Elizabeth/Auer, Peter (1991): On the contextualizing function of speech rhythm in conversation: Question-answer sequences, in: J. Verschueren (ed.): Levels of Linguistic Adaptation. Selected Papers of the International Pragmatics Conference, Antwerp, August 17-22, 1987. Vol. 2, Amsterdam, Philadelphia: John Benjamins, pp.1-18.

Gierlinger, Maria (1997): "Ja, das is auch wieder eine Geschichte für sich". Sprachliche und außersprachliche Einflüsse auf die Ausprägung mündlicher Erzählungen. Empirische Untersuchung anhand biographischer Interviews, Salzburg: Univ. Magisterarbeit [masch.].

---

[24] Im Gegensatz zu Brinker, der davon ausgeht, daß ein bestimmter Stil (erzählend, berichtend, beschreibend) auch eine eigene Textsorte ausmacht, vertreten Rath (1995: 337) und Bierbach (1985: 145f.) die Auffassung, daß auch innerhalb einer Erzählung alle drei Diskursformen auftreten können. Dies bestätigt meine Untersuchung.

Gülich, Elisabeth (1976): Ansätze zu einer kommunikationsorientierten Erzähltextanalyse (am Beispiel mündlicher und schriftlicher Erzähltexte), in: W. Haubrichs (Hg.): Erzählforschung. Theorien, Modelle und Methoden der Narrativik. Bd. 1, Göttingen: Vandenhoeck & Ruprecht (Beihefte zur Zeitschrift Linguistik und Literaturwissenschaft 4), S.224-256.

Gumperz, John J. (1994): Sprachliche Variabilität in interaktionsanalytischer Perspektive, in: W. Kallmeyer (Hg.): Kommunikation in der Stadt. Teil 1. Exemplarische Analysen des Sprachverhaltens in Mannheim, Berlin, New York: de Gruyter, S.611-639.

Heidolph, Karl Erich/Flämig, Walter/Motsch, Wolfgang (1981): Grundzüge einer deutschen Grammatik, Berlin Ost: Akademie-Verlag.

Hoffmann, Ludger (1984): Berichten und Erzählen, in: K. Ehlich (Hg.): Erzählen in der Schule, Tübingen: Narr, S.55-66.

Holly, Werner (1988): "Die Mutter ist wie alt?" Befragungstechniken und Beziehungsstile eines Psychotherapeuten in Zweitinterviews, in: B. Sandig (Hg.): Stilistik. Bd. 2: Gesprächsstile, Hildesheim, Zürich, New York: Olms (Germanistische Linguistik 5-6/81), S.103-147.

Holtus, Günter/Pfister, Max (1977): *Code parlé* und *code écrit* im Französischen, in: Zeitschrift für romanische Philologie 93, S.58-96.

Kallmeyer, Werner (1981): Gestaltungsorientiertheit in Alltagserzählungen, in: R. Kloepfer/G. Janetzke-Dillner (Hgg.): Erzählung und Erzählforschung im 20. Jahrhundert, Stuttgart: Kohlhammer, S.409-427.

Koch, Peter/Oesterreicher, Wulf (1985): Sprache der Nähe – Sprache der Distanz. Mündlichkeit und Schriftlichkeit im Spannungsfeld von Sprachtheorie und Sprachgeschichte, in: Romanistisches Jahrbuch 36, S.15-43.

Labov, William/Waletzky, Joshua (1973): Erzählanalyse: Mündliche Versionen persönlicher Erfahrung, in: Linguistik und Literaturwissenschaft 2, S.78-125.

Michel, Gabriele (1985): Biographisches Erzählen – zwischen individuellem Erlebnis und kollektiver Geschichtentradition. Untersuchung typischer Erzählfiguren, ihrer sprachlichen Form und ihrer interaktiven und identitätskonstituierenden Funktion in Geschichten und Lebensgeschichten, Tübingen: Niemeyer (Reihe Germanistische Linguistik 62).

Quasthoff, Uta M. (1980): Erzählen in Gesprächen. Linguistische Untersuchungen zu Strukturen und Funktionen am Beispiel einer Kommunikationsform des Alltags, Tübingen: Narr.

Rath, Rainer (1993): Äußerungseinheiten als Bedeutungseinheiten, in: G. Bartels/I. Pohl (Hgg.): Wortschatz – Satz – Text. Beiträge der Konferenzen in Greifswald und Neubrandenburg 1992, Frankfurt/M., Berlin, Bern, New York, Paris, Wien: Lang (Sprache – System und Tätigkeit 10), S.459-472.

Rehbein, Jochen (1982): Biographisches Erzählen, in: E. Lämmert (Hg.): Erzählforschung. Ein Symposion, Stuttgart: Metzler, S.51-73.

Sandig, Barbara (1973): Zur historischen Kontinuität normativ diskriminierter syntaktischer Muster in spontaner Sprechsprache, in: Deutsche Sprache 3, S.37-57.

— (1995): Tendenzen der linguistischen Stilforschung, in: G. Stickel (Hg.): Stilfragen, Berlin, New York: de Gruyter, S.27-61.

Sandig, Barbara/Selting, Margret (1997a): Discourse styles, in: T.A. van Dijk (ed.): Discourse Studies: A Multidisciplinary Introduction. Vol. 1: Discourse as Structure and Process, London, Thousand Oaks, New Delhi: SAGE, S.138-156.

— (1997b): Einleitung, in: M. Selting/B. Sandig (Hgg.): Sprech- und Gesprächsstile, Berlin, New York: de Gruyter, S.1-8.

Schütze, Fritz (1982): Narrative Repräsentation kollektiver Schicksalsbetroffenheit, in: E. Lämmert (Hg.): Erzählforschung. Ein Symposion, Stuttgart: Metzler, S.568-590.

Schwitalla, Johannes (1988): Erzählen als die gemeinsame Versicherung sozialer Identität, in: W. Raible (Hg.): Zwischen Festtag und Alltag, Tübingen: Narr (Script Oralia 6), S.111-132.

Selting, Margret (1995): Sprechstile als Kontextualisierungshinweise. Die sprechstilistische Kontextualisierung konversationeller Aktivitäten am Beispiel mündlicher Erzählungen in Gesprächen, in: G. Stickel (Hg.): Stilfragen, Berlin, New York: de Gruyter, S.225-256.

— (1997): Interaktionale Stilistik: Methodologische Aspekte der Analyse von Sprechstilen, in: M. Selting/B. Sandig (Hgg.): Sprech- und Gesprächsstile, Berlin, New York: de Gruyter, S.9-43.

Selting, Margret/Hinnenkamp, Volker (1989): Einleitung: Stil und Stilisierung in der interpretativen Soziolinguistik, in: V. Hinnenkamp/M. Selting (Hgg.): Stil und Stilisierung. Arbeiten zur interpretativen Soziolinguistik, Tübingen: Niemeyer, S.1-23.

Steger, Hugo/Deutrich, Helge/Schank, Gerd/Schütz, Eva (1974): Redekonstellation, Redekonstellationstyp, Textexemplar, Textsorte im Rahmen eines Sprachverhaltensmodells. Begründung einer Forschungshypothese, in: Gesprochene Sprache. Jahrbuch 1972 des Instituts für deutsche Sprache, Düsseldorf: Schwann (Sprache der Gegenwart 26), S.39-97.

Stempel, Wolf-Dieter (1987): Die Alltagserzählung als Kunst-Stück. Wolfgang Iser zum 60. Geburtstag, in: W. Erzgräber/P. Goetsch (Hg.): Mündliches Erzählen im Alltag, fingiertes mündliches Erzählen in der Literatur, Tübingen: Narr (Script Oralia 1), S.105-135.

Sucharowski, Wolfgang (1984): Gespräch – ein Gegenstand der Linguistik?, in: Wirkendes Wort 34, S.102-120.

Uhmann, Susanne (1989): Interviewstil: Konversationelle Eigenschaften eines sozialwissenschaftlichen Erhebungsinstruments, in: V. Hinnenkamp/M. Selting (Hgg.): Stil und Stilisierung. Arbeiten zur interpretativen Soziolinguistik, Tübingen: Niemeyer, S.125-165.

Wodak, Ruth (1986): Tales from the Vienna Woods. Sociolinguistic and psycholinguistic considerations of narrative analyses, in: Poetics 15, pp.153-182.

CLAUDIA MARIA RIEHL

Autobiographisches Erzählen und autobiographisches Gedächtnis

Eine Fallstudie anhand von Interviews mit einem ehemals deutschen Juden

1 Einleitung: Schemata als Bausteine des Gedächtnisses

Autobiographisches Erzählen beruht wie das Erzählen erfundener Geschichten im wesentlichen darin, daß der Erzähler auf kognitive Strukturen oder Gedächtnisinhalte zurückgreift, die er dann je nach Intention, Adressatenkreis, Situation etc. in unterschiedlicher Weise sprachlich gestaltet und präsentiert. Darüber, wie die der Erzählung zugrundeliegenden Gedächtnisinhalte vorzustellen sind, bestehen in der Gedächtnistheorie verschiedene Auffassungen (vgl. Waldmann 1990: 302ff.), teils werden sie stärker im Sinne von konnektionistischen Modellen (Rumelhart 1980 u.a.)[1] modelliert, teils als ganzheitliche Strukturen, sog. Schemata oder *frames*, definiert.[2] Schemata sind "fundamentale Elemente, auf denen alle Informationsprozesse beruhen. Sie repräsentieren als ganzheitliche Strukturen Wissen auf allen Stufen der Abstraktion, z.B. Sinneseindrücke, Szenerien, Gestalttypen, institutionelle Strukturen, Emotionen, Interaktionen usw." (Riehl 1998: 478). Diese besonders seit Mitte der 70er Jahre zur Erklärung mentaler Prozesse, vor allem des Textverstehens,[3] herangezogene Theorie geht auf den Gedächtnispsychologen Sir Frederic Bartlett (1932) zurück, der damit der modernen Schematheorie vorausgreift.[4] Bartlett weist in einigen sehr interessanten Experimenten (wie Erinnern von geometrischen Figuren und Symbolen, Assoziationen zu Tintenklecksen, Erinnern von Gesichtern und Geschichten) nach, daß Erinnern im wesentlichen ein konstruktiver Prozeß ist und daß

---

[1] Ähnlich auch Barsalou (1988), s.u.

[2] Die Bezeichnung *Schema* entstammt der psychologischen Forschung, während *frame* v.a. in der Linguistik (Fillmore u.a.) und KI-Forschung (Minsky u.a.) verwendet wird. Häufig stellt der Begriff *Schema* auch einen Überbegriff dar. Vgl. dazu Konerding (1993: 20ff.).

[3] Vgl. dazu u.a. Rumelhart (1980), Schank/Abelson (1978), Sanford/Garrod (1981).

[4] Der eigentliche Schemabegriff ist bereits bei Kant sowie bei Bergson in der späteren Bedeutung eingeführt: *Schema* hat hier aber im Gegensatz zu Bartlett noch statischen Charakter. Daß die Schematheorie Bartletts im wesentlichen unbeachtet blieb und erst in den 70er Jahren wiederaufgegriffen wurde, hängt damit zusammen, daß in der Folgezeit in der Psychologie Paradigmen wie der Inspektionismus und der Behaviourismus vorherrschend wurden, die mit derartigen kognitivistischen Ansätzen unvereinbar waren. S. Waldmann (1990: 6). Bartletts Schematheorie basiert auf drei wesentlichen Forderungen: 1. Schemata sind bewußte und aktive Prozesse, die Komplexität reduzieren und Sinn konstituieren. 2. Schemata bestehen nicht aus einzelnen Elementen, sondern bilden ganzheitliche Strukturen, die komplexes Wissen repräsentieren. 3. In den Schemata sind nicht nur kognitive Wissensbestandteile integriert, sondern auch soziale und affektive. Mit der Vorstellung der Ganzheitlichkeit der Strukturen referiert Bartlett auf die zu seiner Zeit diskutierte Gestaltheorie.

erinnerte Gedächtnisinhalte einem ständigen Wandel unterworfen sind. Er betont auch einen sehr wichtigen Aspekt, der in den nachfolgenden Wiederaufnahmen der Theorie m.E. zu wenig berücksichtigt wurde, nämlich daß Erinnern stark von einer affektiven Komponente bestimmt wird: d.h. mit den Inhalten wird zugleich die Einstellung (*attitude*) des Sprechers zu diesem Inhalt mitgespeichert. Bartlett (1932: 62) stellt bei seinen Versuchspersonen fest, daß der transformierende Effekt von affektiver Einstellung mit der Zeit zunimmt, dabei aber den Probanden nicht bewußt ist.[5] Er geht außerdem davon aus, daß beim Erinnern einer bestimmten Begebenheit, eines Zustandes oder Gegenstandes zuerst die Einstellung, die man dazu hat, erinnert wird. Die Konstruktion des Inhaltes ist dann als Rechtfertigung dieser Einstellung zu verstehen.

2 Das autobiographische Gedächtnis

Diese affektive Komponente der Schemata tritt nun in besonderem Maße bei autobiographischen Gedächtnisinhalten zu Tage. Bei diesen Inhalten handelt es sich um persönliche Erinnerungen, die meist die eigene Person des Sich-Erinnernden mit involvieren. Zudem hat die persönliche Geschichte auch eine wichtige Bedeutung für die Herausbildung des Egos (s. Barsalou 1988: 224). Autobiographische Gedächtnisinhalte sind Teil der Selbstschemata, d.h. der "mentalen Repräsentationen subjektiv verarbeiteter Informationen über sich selbst" (Strube/Weinert 1987: 153). Brewer (1986: 26) führt drei Typen von autobiographischer Erinnerung an: persönliche Erinnerungen (*personal memory*), allgemeine persönliche Erinnerungen (*generic personal memory*)[6] und autobiographische Fakten (*autobiographical fact[s]*), d.h. bestimmte Daten von Ereignissen.[7] Brewer betont, daß bei persönlichen Erinnerungen die Komponente des Imaginierens, das Gefühl des Wiedererlebens und die Überzeugtheit von der wahrheitsgemäßen Wiedergabe von Episoden der eigenen Vergangenheit sehr stark im Vordergrund stehen,[8] allerdings werden Ereignisse, die weiter zurückliegen, immer mehr "rekonstruiert". Gerade der affektive

---

[5] Dieser Aspekt wird in der Forschungsliteratur zum autobiographischen Erzählen unter dem Stichwort "Wahrheit der Darstellung" diskutiert. Auch wenn diese oft nicht der objektiven Wirklichkeit entspricht, ist der Sprecher dennoch davon überzeugt, daß dem so sei. Vgl. etwa Michel (1985: 39ff.).

[6] Diese entstehen in der Regel aus der Wiederholung von Einzelereignissen, die dann in der Erinnerung als *ein* Ereignis aufscheinen. Vgl. dazu u. die Experimente bei Barsalou (1988).

[7] Weitere Kategorien bilden nach Brewer (1986: 26) semantische Erinnerungen (*semantic memory*) und allgemeine perzeptuelle Gedächtnisinhalte (*generic perceptual memory*). Diese sind aber nicht mehr Teil des autobiographischen Gedächtnisses.

[8] Vgl. dazu auch Conway (1990: 14). Die Überzeugung davon, daß sich das Erinnerte genau in der Weise zugetragen hat, hängt vermutlich mit dem hohen Anteil imaginaler Komponenten zusammen (s. Granzow 1994: 30): Der Sprecher sieht förmlich das Ereignis vor sich und hält es daher für wahr.

Gehalt persönlicher Erinnerungen bewirkt auch, daß sie länger im Gedächtnis bleiben. Das gilt v.a dann, wenn ihre Signifikanz im weiteren Verlauf des Lebens erhalten bleibt (vgl. Linton 1986: 64). Dabei werden Ereignisse mit besonders starker emotionaler Beteiligung noch besser erinnert als relativ neutrale. Dies hängt auch damit zusammen, daß bestimmte einschneidende Erlebnisse immer wieder erzählt oder aber aufgerufen werden, um psychisch verarbeitet werden zu können. Die Gedächtnisleistung wird außerdem durch die "affektive Übereinstimmung zwischen der Erlebnissituation und der Situation zum Zeitpunkt des Erinnerns" (Strube/Weinert 1987: 160) verbessert, d.h. wenn der Erinnernde die gleiche Einstellung gegenüber dem Ereignis behalten hat. Anders verhält es sich dagegen mit den autobiographischen Fakten (autobiographisches Wissen nach Strube/Weinert 1987: 152). Sie beziehen sich nämlich auf verarbeitetes eigenes Erleben oder auf Berichte anderer (vor allem in bezug auf Ereignisse der Kindheit). Daher fehlt hier die affektive Komponente des Sich-Erinnerns weitgehend.

Barsalou (1988: 227ff.) geht nun davon aus, daß Einzelereignisse durch Indizes mit den generalisierten Wissensstrukturen (Schemata in Form von Scripts) verbunden sind. Einmalige und in hohem Maße untypische Ereignisse werden in eigenen Ereignisstrukturen enkodiert, andere dagegen in das Script integriert. Dies stimmt mit der Feststellung von Quasthoff (1980: 48ff.) überein, daß nur Ereignisketten, die Bruchstellen aufweisen – die sich also nicht mit einem bestimmten Script (im Sinne eines allgemeinen semantischen Wissens) decken –, den Status einer mündlichen Erzählung bekommen. Diese Ereignisketten haben also eigene Ereignisstruktur-Schemata. Der Erinnerungsprozeß selbst weist eine strategische Komponente auf: Zuerst wird nach der Wissensstruktur gesucht, in deren Kontext das Ereignis enkodiert wurde. Daraus wird in einem zweiten Schritt aus allen mit diesem Kontext verbundenen Erinnerungen die spezifische herausgegriffen. Barsalou (1988) und seine Mitarbeiter fanden heraus, daß die häufigsten Aussagetypen bei der Erinnerung von Ereignissen aus einer bestimmten Zeitspanne sog. zusammengefaßte Ereignisse waren. Sie stellten dies bei einem einfachen Experiment fest: Zu Beginn des Wintersemesters wurde eine Reihe von Studenten aufgefordert, fünf Minuten lang Ereignisse der vergangenen Sommerferien zu berichten. Dabei wurden Ereignisse eines bestimmten Typs (z.B. *wir gingen öfters ins Kino, ich habe viel ferngesehen*) und auch Kommentare zu diesen Ereignissen (z.B. *die Familie ist mit uns befreundet, wir hatten ein hübsches Appartement*) wesentlich häufiger referiert als spezifische Ereignisse (z.B. *wir machten ein kleines Picknick, wir sahen uns ein Spiel an*) (vgl. Barsalou 1988: 200). Selbst als die Versuchspersonen darüber aufgeklärt worden waren, was spezifische Ereignisse sind, und explizit aufgefordert wurden, nur diese zu referieren, hatten sie große Probleme mit der Aufgabenstellung und mußten immer wieder vom Interviewer unterbrochen werden, weil sie zusammengefaßte oder länger andauernde Ereignisse berichteten. Diese Vorgehensweise stört offenbar den normalen Abrufmodus. Das Verhalten der Probanden zeigt, daß zusammengesetzte und länger andauernde Ereignisse eine wichtige Rolle beim Erinnern spielen.[9]

Barsalou (ebd.: 218ff.) entwickelt darüber hinaus die Hypothese, daß biographische Ereignisse im Gedächtnis hierarchisch organisiert sind und die chronologische Reihenfolge dabei die oberste Stufe bildet. Darunter versteht er die chronologische Folge von länger andauernden Ereignissen (*extended event time line*). In diese werden spezifische Ereignisse eingelagert, die aber weniger schnell zugänglich sind. Barsalou erklärt dies damit, daß ausgedehnte Ereignisse mit vielen verschiedenen spezifischen Ereignissen zusammen aufgerufen werden können und daher sehr oft wiederholt werden und entsprechend gut gespeichert sind; spezifische Ereignisse dagegen werden weniger häufig abgerufen und damit weniger gut enkodiert. Ausnahme bilden hier die besonders bedeutenden Ereignisse, die oft wiederaufgerufen werden, indem man an sie denkt oder mit anderen darüber spricht. Dabei kommt die Wiederholung einem Wiedererlernen gleich (vgl. Strube/Weinert 1987: 159). Wichtig in diesem Zusammenhang ist auch, daß Menschen mehrere parallele *extended event time lines* nebeneinander haben (z.B. eine für Familie, eine für Arbeit, eine für Beziehungen usw.).[10] Dabei scheint sich aber eine Hauptlinie herauszukristallisieren, an der sich die Biographie orientiert: Bei Männern dient hierbei eher die berufliche Laufbahn als Gerüst, bei Frauen sind dies häufig familiäre Ereignisse (vgl. Strube/Weinert 1987: 163). Verschiedene Linien werden dann untereinander verknüpft, wenn mit einem bestimmten (länger andauernden oder spezifischen) Ereignis ein besonderes Ziel verbunden ist: So kann z.B. ein bestimmtes Ereignis im Berufsleben (Wäscheausliefern im Nobelviertel) zum Kennenlernen einer bestimmten Person (als Beginn einer Liebesbeziehung) führen (Beispiel bei Barsalou 1988: 225f.).

Granzow (1994: 78) verweist darauf, daß die in der Hierarchie sehr hoch angesiedelten Kategorien (z.B. Lebensabschnitte) auch als autobiographisches Wissen gespeichert werden: etwa von wann bis wann man die Schule besucht hat, seine Ausbildung gemacht hat u.ä.

---

[9] Während Brewer (1988) in seinen Experimenten herausarbeiten kann, daß besonders Handlungen eine große Bedeutung für das Erinnern besitzen, zeigt Barsalou (1988: 206ff.) bei seinen Untersuchungen, daß auch Personen, Orte und – in etwas geringerem Maße – Zeitpunkte als Auslöser für die Erinnerung einer bestimmten Episode dienen können und daß Stichwörter, die auf Personen verweisen, sogar zum schnellsten Abruf eines Ereignisses führen.

[10] Vgl. dazu auch die Hierarchieebenen bei Linton (1986: 57ff.): Bei ihr sind auf der allgemeinsten Ebene Stimmungen anzusiedeln (emotionale Färbung von Ereignissen – auf diesen Punkt hatte bereits Bartlett verwiesen, s.o.). Diesen folgen Themen und Subthemen. Erstere umfassen zentrale Lebensbereiche (Arbeit, Privatleben, Ausbildung), letztere spezifizieren diese (Arbeitsplätze, Personenkreise, Familie, Freunde etc.). Dieser Ebene folgt eine Ebene der Lebensabschnitte (*extendures*), die zeitlich spezifiziert sind: Kindheit, Schule, Berufsausbildung etc. Darin sind einzelne Ereignisse und Episoden eingebettet, die für sich stehen können (z.B. Reisen oder auch kleinere Erlebnisse wie Feste oder Begegnungen). Diese Ereignisse und Episoden enthalten spezifischere Elemente wie beteiligte Personen, Handlungstypen, Ort u.ä. Auf der unteren Ebene schließlich sind Details anzusiedeln (wie Farben, Töne, genaue Lokalität usw.), die aber in der Regel bei Gedächtnisabrufen nicht oder nur bruchstückhaft genannt werden.

3 Autobiographisches Erzählen

Die unterschiedlichen Inhalte der entsprechenden Gedächtnisschemata müssen nun, wenn sie versprachlicht werden sollen, noch verschiedene Transformationsprozesse durchmachen: sie müssen linearisiert und dann in entsprechende syntaktische Strukturen und Formulierungsmuster umgesetzt werden. Dabei ist davon auszugehen, daß diese von Wiedergabe zu Wiedergabe verschieden sind. So zeigte etwa Betten (1994) anhand des Vergleichs ihres Interviews mit der ehemaligen Österreicherin Alice Schwarz-Gardos mit deren schriftlicher Autobiographie, daß die Themen "in der Verbalisierung nicht zu festen Formeln und Versatzstücken 'verhärtet' sind, sondern im freien Spiel der Gedanken jeweils in neuen Formulierungen abgerufen" (ebd.: 6f.) werden. Aber auch aufgrund ihrer unterschiedlichen Beschaffenheit werden die jeweiligen Schemata in der Regel in unterschiedlicher Form sprachlich wiedergegeben: Biographische Fakten werden weitgehend nur aufgezählt,[11] allgemeine persönliche Erinnerungen dagegen geschildert. Nach Rehbein (1982: 59f.) zeugen biographische Schilderungen von "distanziertem/ sich-distanzierendem Sprechen: Die Ereignisse erscheinen bereits als eingeordnet". Dies ist häufig verbunden mit Stellungnahmen zum Thema. Anders ist dies bei spezifischen persönlichen Erfahrungen, die als eigentliche autobiographische *Erzählungen* repräsentiert werden. Dabei wird die globale Schemastruktur, die Basis der kognitiven Geschichte ist, zunächst in ein zusammenhängendes Nacheinander von Ereignisfolgen umgesetzt. Diesen folgen Markierungen durch sprachliche Mittel an der Textoberfläche (etwa durch Konnektoren wie *aber, dann, jedoch*), die ich mit Boueke et al. (1995: 77) als "Ereignisstruktur-Markierungen" bezeichnen möchte. Damit entsteht eine Darstellung des Sachverhalts, die Setting, Episode und Abschluß umfaßt. Diese ist zwar dem Texttyp Narration[12] zuzurechnen, ist aber eher informierend, denn im eigentlichen Sinne "erzählend". Sie wird erst zur "Geschichte" (im Sinne von *story*) durch weitere Markierungen, nämlich die sog. "Affekt-Markierungen" (ebd.). Boueke et al. verstehen darunter "jene Emotionalisierung und Strukturierung, durch die es dem Erzähler in besonderer Weise gelingt, den Zuhörer in das Geschehen einzubeziehen" (ebd.: 78).[13] Die affektive Markierung übernehmen die Strukturen in einer Erzählung, die bestimmte emotionale Wirkungen beim Rezipienten und damit seine Anteilnahme hervorrufen.[14] Sie bringen gleichzeitig die affektive

---

[11] Rehbein (1982: 59) faßt dies unter dem Begriff "biographische Auskunft". Er vermutet darin "Barrieren der Abwehr gegen das Thematisieren" (ebd.).

[12] Etwa in der Definition von Heinemann/Viehweger (1991: 237), die darunter die "chronologische Aufgliederung von Ketten illokutiver Handlungen, die zusammengenommen ein Ereignis repräsentieren im Sinne einer zeitlichen Abfolge" verstehen. Vgl. auch Riehl (demn.: 84f.).

[13] Zur Erläuterung des Begriffs und seiner Herleitung aus psychologischen Theorien und den Markierungen von Emotionalität in der erzähltheoretischen Forschung (Labov u.a.) s. Boueke et al. (1995: 92ff.).

[14] So verweisen Boueke et al. (1995: 99) etwa auf ein Experiment von Brewer/Lichtenstein zur Akzeptanz bestimmter Texte, wo festgestellt wurde, daß narrative Texte, die keine Affekte beim Rezipienten hervorriefen, auch nicht als Geschichten (*stories*) akzeptiert wurden.

Komponente des erinnerten Schemas zum Ausdruck. An der Textoberfläche zeigt sich dies zum einen durch die explizite Nennung von Gefühlsreaktionen auf ein bestimmtes Ereignis oder aber durch "Textpassagen mit impliziter emotionaler Relevanz" (ebd.: 98).[15] Diese sind gekennzeichnet durch die jeweilige Perspektive und den Wiedergabemodus (z.B. direkte Rede, erlebte Rede), durch besondere Wortwahl (evaluierende Adjektive oder Adverbien, expressive Verben, Onomatopoetika) oder durch Intensivierung in Form von Modalpartikeln (*qualifier* und *quantifier*). In mündlichen Erzählungen werden diese Faktoren in der Regel von nonverbalen und paraverbalen Mitteln wie Gestik, Mimik, Sprechgeschwindigkeit und Intonation flankiert.[16]

In einer dialogischen Erzählsituation kommen weitere Aspekte hinzu: Hier beeinflussen sich Erzähler und Zuhörer gegenseitig. Das Involviertsein des Erzählers beinflußt das "begleitende[.] Engagement des Hörers" (Michel 1985: 31), die angenommene Erwartungshaltung des Hörers umgekehrt auch die Einstellung des Erzählers zum zu erzählenden Gedächtnisinhalt. Dies kann zu einer (unbewußten) Modifikation des Schemas beitragen (s. Quasthoff 1980: 72f.).[17] Daneben muß berücksichtigt werden, daß im Falle einer Dialogsituation der Gesprächspartner die Gedächtnisinhalte mitmodelliert, d.h. er gibt Stichwörter vor, mit Hilfe derer der Erzähler bestimmte Informationen im Gedächtnis abruft. Allerdings gibt es grundsätzlich verschiedene Erzählertypen: solche, die sich meist die Stichwörter vom Dialogpartner vorgeben lassen, und solche, die sie selbst aufrufen und ihre Erzählungen "gewissermaßen im 'Selbstgang'" (Lehmann 1983: 67) vorbringen. Lehmann (ebd.) bezeichnet ersteren Erzählertyp als "Dialogiker" und letzteren als "Monologiker".[18]

Im folgenden soll das Ausmaß von Transformation und Konstanten anhand von Beispielen aus zwei nacheinander mit demselben Sprecher und derselben Interviewerin geführten autobiographischen Interviews dargestellt werden (s. Abschnitt 4). Diese Konstellation bietet eine der wenigen Gelegenheiten, unmittelbare Transformationsprozesse in der Darstellung von selbst Erlebtem einerseits und die Auswirkung von Interviewsteuerung und Wiederholungseffekt andererseits darzustellen. Es soll dabei versucht werden, die individuelle situationsbedingte und

---

[15] Boueke et al. (1995: 109) unterteilen die Affekt-Markierungen in drei Kategorien: 1. Die sprachlichen Elemente, die die Wahrnehmungen, Gedanken oder explizit verbale Handlungen der Hauptfigur umschreiben (Kategorie "Psychologische Nähe"), 2. die sprachlichen Elemente, die "das Positive der plan-kompatiblen und das Negative der plan-divergenten Ereignismenge" (ebd.) betonen (Kategorie "Valenz"), 3. die Elemente, die die Unerwartetheit zum Ausdruck bringen (Kategorie "Plötzlichkeit").

[16] Ähnliche Mittel führt bereits William Labov als Charakteristika der Evaluation an. Vgl. dazu die Zusammenstellung in Riehl (1993: 40f.). Die Abgrenzung von autobiographischen Erzählungen von autobiographischem Wiedergeben geschieht häufig durch spezifische biographische Eröffnungsformeln und abschließende Kommentierungen (vgl. Rehbein 1982: 60ff.).

[17] Der Erzähler ist dabei allerdings stets von der Wahrhaftigkeit seiner Aussage überzeugt. Dies hängt mit der oben erwähnten Modifikation der Gedächtnisschemata zusammen, die in der Erinnerung unbewußt erfolgt.

[18] Diese unterschiedlichen Typen zeigen sich ganz deutlich etwa in Betten (1995a), wo Erzählungen mehrerer Erzähler zum gleichen Thema gegenübergestellt werden. Hier wird deutlich, in welchem Maße das "Erzähltemperament" (ebd.: 408) die Elaboration einer Geschichte bestimmt.

kontextbedingte makrostrukturelle Umsetzung und sprachliche Ausformung der Schemata darzustellen. Dies soll zeigen, wie flexibel autobiographische Erzähler mit Gedächtnisinhalten umgehen können, welche Inhalte dagegen relativ (bis in sprachliche Details) konstant bleiben und wie wiederum der Faktor des *Wieder*erzählens Schemastrukturen verändern kann. Ganz besonders soll hier auf die unterschiedlichen Typen von Gedächtnisschemata (spezifische Ereignisse, ausgedehnte Ereignisse, biographische Fakten) und auf die Bedeutung der affektiven Komponente eingegangen werden. Daneben soll anhand zweier ausgewählter Beispiele, die von einer anderen Interviewerin und zu einem späteren Zeitpunkt aufgezeichnet wurden, dargestellt werden, wie nicht nur Kontext und Situation, sondern auch die Dialogsteuerung durch den jeweiligen Interviewpartner die Wiedergabe von Gedächtnisinhalten beeinflussen können.

4 Zum Hintergrund des Textmaterials

Die Interviewerin Eva Eylon (s. Betten 1995b: 9, im folgenden EE) führte 1991 in der Bar-Ilan-Universität Tel Aviv ein Gespräch mit Hans Simon Forst (geb. 1917 in Kastellaun/Mosel, im folgenden HF). Unmittelbar nach Beendigung der Aufnahme kontrollierte sie das Band, konnte aber nichts hören. Da sie glaubte, das Gespräch sei nicht aufgezeichnet worden, wiederholte sie das Interview an Ort und Stelle. Später stellte sich heraus, daß sie sich geirrt hatte und das erste Gespräch doch aufgenommen worden war. Damit liegen nun zwei parallele Interviews vor. In beiden Fällen war die Chronologie im wesentlichen durch den Aufbau des Fragebogens vorgegeben, an den sich diese Interviewerin (im Gegensatz zu den anderen) streng anlehnte:[19] Elternhaus, Schule, Gründe für die Auswanderung, Hachschara, Auswanderung, Anfänge in Palästina, Militärzeit, Studium, Familie, spätere Berufe, jetziges 'Hobby' (Beschäftigung mit einer Studie über das Landjudentum sowie deren Inhalte). Damit handelt es sich jeweils um verschiedene *extended event time lines*, die nacheinander angesprochen wurden. Die Makrostruktur des gesamten Interviews deckt sich daher im wesentlichen in den beiden Fassungen. Unterschiede sind jedoch in der Mikrostruktur zu finden, d.h. in der jeweiligen Elaboration bestimmter aufgerufener Gedächtnisschemata zu bestimmten Inhalten der Biographie.[20] Ein großer Unterschied besteht auch darin, daß EE die Biographie von HF im zweiten Falle kennt und aus ihrem eigenen Gedächtnis bestimmte Inhalte aufrufen kann, die sie HF dann vorgibt, zumal sie bestrebt ist, möglichst alle verloren geglaubten Daten wiederaufzuzeichnen. Ein

---

[19]   Vgl. Anm. 21.

[20]   Vgl. auch Betten (1994): Bei ihrem Vergleich der Autobiographie von Alice Schwarz-Gardos mit dem Interview stellt sie ebenfalls fest, daß durch die Elaboration unterschiedlicher Schemata ganz neue Textkombinationen zusammenkommen.

weiteres Interview wurde drei Jahre später von Anne Betten bei einem Besuch Hans Simon
Forsts in Eichstätt geführt. Er kam gerade von einem Gedenk-Treffen der Mitglieder der Jü-
dischen Brigade in Italien (s.u.). Dieses Interview orientiert sich nicht an der Chronologie des
Fragebogens, vielmehr überwiegt die freie Interviewführung und eine weniger dialogische
Gestaltung, so daß sich der Interviewte stärker zu längeren monologischen Erzählungen bzw.
Schilderungen veranlaßt sieht.[21]

5 Analyse relevanter Passagen

5.1 Emotional bestimmte Erlebnisse

In der Biographie HFs finden sich einige Episoden, die aufgrund ihrer einschneidenden Bedeutung für den Informanten sehr starken affektiven Wert haben und damit besonders gut memoriert
sein dürften. Zur affektiven Markierung tritt möglicherweise ein häufigerer Abruf entweder in
Erzählsituationen oder durch die eigene psychische Verarbeitung (s.o.) hinzu. Es handelt sich
hierbei zum einen um das Erlebnis, das den eigentlichen Auslöser für die Auswanderung gab,
nämlich um einen Zusammenstoß mit SA-Leuten (Bsp. 1), und zum anderen um eine Episode
bei der Heimfahrt von Luxemburg nach Kastellaun 1936, als ehemalige Mitschüler von HF ihn
im Zug völlig ignorierten (Bsp. 2).

Beispiel (1)
Version 1:
```
 1   HF:  [...] aber ich bestand darauf! nach palästina zu wandern!
 2        und die idee in schlüchtern war! daß ich mich dort vorbe-
 3        reite! daß ich irgendeinn beruf habe! * und zwar! ** war
 4        das eine * sogenannte ä landwirtschaftliche fabrik! *
 5        gold/ * goldschmidt! * aber * meine aufgabe war! ** ä:*
 6   EE:                                                        was
 7   HF:  tatsächlich als ä:m * geschäftslehrling dort=ä zu ä: * zu
 8   EE:  für  eine firma war das!
 9   HF:  (???)                    das war ein großes geschäft von
10        landwirtschaftlichen maschinen! ** und sie hatten auch
11        nebenbei eine: * eigentlich ne werch/! * ne werkstatt! wo
```

---

[21] Auf diese Unterschiede in der Dialogführung weist auch Betten (1995a: 407) hin: Eva Eylon war im Abfragen
der für das Projekt wichtigen Fragen strenger, da sie als freiwillige Helferin alles ganz korrekt machen wollte;
Betten hingegen war als Interviewerin eher auf die Herstellung einer gelösten, ungezwungenen Gesprächssituation bedacht.

```
12            ** auch kleine: * teile: * hergestellt wurdenⵏ wie zum
13            beispiel ä: * ich glaube pflüge hat man * ham se gemachtⵏ
14   EE:                         das war eine jüdische firmaⵏ
15   HF:  einfache pflügeⵏ ** und ä                        eine jü-
16   EE:                 ja:ⵏ           ja:ⵏ
17   HF:  dische firmaⵏ goldschmidt *        und ä:m ** bis ich dann
18   EE:               und die ganzen ei/ alle angestellten waren
19   HF:  eines tages ä: ma/
20   EE:  dort judenⵏ oder w/ * oder nur ein kleiner teilⵏ
21   HF:                                              ein * der
22   EE:                        ahaⵏ
23   HF:  größte teil waren judenⵏ       * und bis ich eines tages
24            auf der straße angerempelt wurdeⵏ und konnte mich nicht
25            wehrenⵏ bin weggelaufenⵏ dann bin ich nach h/ * dann bin
26   EE:               als judenjungeⵏ
27   HF:  ich * wegⵏ           als judenjungeⵏ jaⵏ * zusammen mit
28            anderen judenⵏ wir (hatten * angefeindet) worden von ner
29            ganzen schar von SA und * #s war sehr unangenehmⵏ# * denn
30   K                        #SCHNELLER          #
31   EE:                            ja:ⵏ
32   HF:  ä ich war gewöhnt mich zu wehrenⵏ *        wenn ich ange-
33            rempelt wurdeⵏ undⵏ ** das war gegen gegen vierⵏ fünf ä:
34   EE:       njaⵏ
35   HF:  **       große: schlägerⵏ da konnt ich natürlich nichts
36            machenⵏ bin weggelaufen und * schläge bekommenⵏ hab ich
37            (???) am anfang hab ich mich * gewehrtⵏ ** und das hat mir
38            so: * is mir so zu herzen gegangenⵏ daß ich sofort nach
39            hause gefahren binⵏ ** und ä zu dieser zeit war schon:
40   EE:                                                    ahⵏ *
41   HF:  einer meiner brüderⵏ in * luxemburg auf hachscharaⵏ
42   EE:  ja:ⵏ
43   HF:       und da bin ich * bin ich hingefahrenⵏ [...]
```

Version 2:

```
1    HF:  [...] von=ä andern ä jüdischen kindern hab ich dann erfah-
2            renⵏ * daß die atmosphäre: so wurdeⵏ daß man * daß man *
3    EE:                                    jaⵏ
4    HF:  kaum noch überhaupt bleiben konnteⵏ *        also mir ging
5            das auf die nerven und ä: und hat mir das ganze studium
6    EE:                        jaⵏ
7    HF:  hat mir das verleidetⵏ *        und deswegen hab ich ä:m ä
8            #mit der einwilligung von meinem vater natürlichⵏ# hab ich
9    K    #SCHNELLER                                      #
10   EE:                    jaⵏ
11   HF:  mich abgemeldetⵏ        und damit war=es erledigtⵏ ** und hab
12            mich vorbereitetⵏ nach palästina zu fahrenⵏ * diese ganze
13            episode von schlüchtern sollde auch * war auch darauf ein-
14            gestelltⵏ * denn ä:m * das war eine sogenannte: landwirt-
```

```
15   EE:                                   da sind sie als lehrling
16   HF:  schaftliche maschinenfabrik⌐ * und meine idee
17   EE:  eingetreten⌐
18   HF:              als lehrling⌐ * meine idee war⌐ nachdem das
19        ir/ irgendwie mit landwirtschaft zu tun hab und die * die-
20        se ganze idee von der einwanderung nach=ä palästina hatte
21   EE:                                                   ja:⌐
22   HF:  zu tun mit der entwicklung * von landwirtschaft⌐     ä:m ä
23        * hab ich mir gedacht⌐ daß das mir helfen würde⌐ ** aber *
24        dann wurde ich mal eines tages * angerempelt von=ä: * n
25        paar SA-leuten⌐ ** und ä: konnte mich leider nicht wehren⌐
26        s hat s hat keinen zweck gehabt⌐ * und das hat mir⌐ s/ das
27        is mir so zu so zu herzen gegangen⌐ daß ich sofort nach
28   EE:                          ja:⌐ dort ha/ * wo haben sie da ge-
29   HF:  hause gefahren bin⌐ * ja⌐
30   EE:  wohnt⌐ bei irgendjemand (da in) (???)
31   HF:                          bei den * in * bei der
32   EE:                ah⌐ bei dem * dem besitzer der
33   HF:  familie hab ich gewohnt⌐                          bei
34   EE:  dieser                a äm
35   HF:  dem besitzer von dieser * von  dieser von dieser firma⌐
36   EE:  aha⌐
37   HF:  das war ein großes geschäft⌐ * ein führendes geschäft dort
38        in der gegend⌐ * für landwirtschaftliche maschinen⌐ * und
39   EE:        ja:⌐
40   HF:  geräte⌐     und er hatte auch ne kleine: * eigentlich ne
41   EE:           ja⌐                                         ja⌐
42   HF:  werkstatt⌐     wo verschiedene: * teile gemacht wurden⌐
43   EE:                                    ja⌐
44   HF:  wie zum beispiel * ä: * pflugscharen zum beispiel⌐
45        [WEITERE KOMMENTARE; 1:36 Min.]
46   EE:  wie lange waren sie dann in sch/ in schlüchtern⌐ *
47   HF:                                                n hal-
48   EE:        ein halbes jahr⌐                und warum hat ä
49   HF:  bes jahr⌐                sechs monate⌐
50   EE:  warum ma wie vie/ ä ging das dann diese zeit zu ende⌐
51   HF:                                                    weil
52   EE:                                    ah ja⌐ da/
53   HF:  ich wie gesagt⌐ * angerempelt wurde⌐ und       ich fühlte
54        mich * ich fühlte mich so betroffen und so: auch unsicher⌐
55   EE:  ja:⌐
56   HF:        daß ich ä beschloß ich werde jetzt ä: * auch auf
57   EE:                          ja:⌐
58   HF:  hachschara gehen⌐ und zwar * wenn=s geht nach luxemburg⌐
59        denn * einer meiner brüder war dort⌐ [...]
```

Die Erzählung von HFs unangenehmem Zusammentreffen mit SA-Leuten ist in beiden Versionen eingebettet in die autobiographische Schilderung von HFs Ausbildung in Schlüchtern und "hängt" damit in der *extended event time line* 'Ausbildung'. HF motiviert die Episode in beiden Versionen ziemlich gleich: sie ist Grund und Auslöser für die Beendigung seiner Ausbildung in Schlüchtern: "bis ich dann eines tages" (Version 1, Z.17ff.). Durch diese Einleitungsformel versucht HF dieses Erlebnis in der ersten Fassung einzuführen, wird dann aber noch einmal durch EE unterbrochen durch die Frage nach den Angestellten dort (Z.18ff.). HF beantwortet zwar die Frage, kommt dann aber sofort zurück und läßt sich nicht durch das neue Stichwort dazu bewegen, nun ein neues Schema zu elaborieren. Er hat das Schema der Episode aufgerufen und will diese einflechten: "und bis ich eines tages auf der straße [...]" (Z.23f.). In der zweiten Version unterbricht EE nicht mehr, HF kann nach der Einführung "aber * dann wurde ich mal eines tages" (Z.23f.) mit der Erzählung der Episode fortfahren.

In Version 1 wird nun zunächst der Inhalt der Episode in Form eines Abstracts geliefert: "angerempelt wurde↑ und konnte mich nicht wehren↑ bin weggelaufen↑ dann bin ich [...] weg↓" (Z.24ff.). Erst als EE ihr Interesse zeigt und nachfragt ("als judenjunge↓", Z.26) fügt HF noch einige Details hinzu: SA-Leute, Schläger, Unmöglichkeit, sich zu wehren. Den Schluß der Episode bildet wieder eine affektive Bewertung: "is mir so zu herzen gegangen↑ daß ich sofort nach hause gefahren bin↓" (Z.38f.). Dabei sucht HF zunächst noch nach der passenden Formulierung, um diese Emotion versprachlichen zu können, was zu einem Satzabbruch führt: "und das hat mir so:" (Z.37f.). Interessanterweise wiederholt er exakt die gleiche Struktur im zweiten Interview. Auch hier beginnt er mit dem Formulierungsmuster "und das hat mir↑" (Z.26), um dann zur wörtlichen Wiederholung der Aussage in Version 1 zurückzukommen (Z.26f.). Das fast wörtliche Aufgreifen hängt hier wohl mit der starken affektiven Konnotierung dieser Episode zusammen. Insgesamt markiert HF die affektive Komponente meist lexikalisch. In diesem Beispiel verwendet er aber noch ein zusätzliches Mittel intonatorischer Art: Die Passage "s war sehr unangenehm" (Version 1, Z.29) enthält nicht nur eine lexikalisch vermittelte Wertung, sondern wertet auch durch die Erhöhung der Sprechgeschwindigkeit. Die Phrase wird dabei fast wie eine Formel aufgesagt.

Bei Version 2 zeigt sich bereits der Effekt von gemeinsamem Wissen der Dialogpartner. Während EE in der ersten Fassung nur Wissensfragen stellt (Frage nach der Firma, Frage nach der Religionszugehörigkeit der Angestellten), modelliert sie in Version 2 HFs Bericht mit, indem sie in Form von Fragen fehlende Fakten ergänzt: "da sind sie als lehrling eingetreten↑" (Z.15ff.). HF hatte dies in 1 ganz am Anfang erwähnt, in 2 dagegen nicht mehr. Die Interviewerin lenkt auch durch eine andere Frage, die unmittelbar nach der Episode vom Zusammentreffen mit der SA folgt, auf einen neuen Aspekt: die Frage nach der Wohnung (Z.28ff.). HF antwortet und kommt bei dem Stichwort 'Firma' wieder auf die Beschreibung der Firma zurück, die er mit der gleichen Formulierung versieht wie in 1: "das war ein großes geschäft" (Version 1, Z.9, Version 2, Z.37), in 2 noch präzisiert durch "führendes geschäft" (Z.37). Daran schließt sich eine identische Beschreibung, die die Inhalte des Schemas der spezifischen Firma aufruft, die Teil des *generic personal memory* sind, d.h. Teil des Hintergrundwissens statischer Art, wie Dinge, Orte, Personen, denen man im Laufe seines Lebens begegnet (vgl. Brewer 1986: 26). Bei der Bezeichnung "eigentlich ne [...] werkstatt" (Version 1, Z.11, Version 2, Z.40ff.) ist HF mit dem Begriff nicht ganz zufrieden, da dieser sich offensichtlich nicht ganz mit der mentalen Vorstellung, die er davon hat, deckt. Er findet aber in beiden Fällen keinen treffenderen Ausdruck und verwendet deshalb beide Male den gleichen Heckenausdruck "eigentlich ne". Auch für die Gegenstände, die dort hergestellt wurden, gebraucht er zunächst einen *passe-partout*-Begriff, "Teile", den er entsprechend durch eine Beschreibung präzisisiert ("wo ** auch kleine: * teile: * hergestellt wurden↓ wie zum beispiel ä: * ich glaube pflüge", Version 1, Z.11ff.; "wo verschiedene: * teile gemacht wurden↓ wie zum beispiel * ä: * pflugscharen zum beispiel↓", Version 2, Z.42ff.). Während sich HF in der ersten Version noch nicht ganz sicher ist, was dort hergestellt wurde, hat er diese Information in der zweiten Fassung abrufbereit und beschreibt sogar noch genauer ("Pflugscharen" im Vergleich zu "Pflügen" in Version 1). Dies ist ein Beispiel für das unmittelbare Auswirken des Gedächtnisabrufs auf die Modifikation des mentalen Schemas. In der ersten Version ist sich HF zunächst noch nicht sicher ("ich glaube pflüge [...] ham se gemacht", Z.13), in der zweiten aber verfügt er über dieses Wissen und kann es sogar noch präzisieren. Ob diese Modifikation der tatsächlichen objektiven Wirklichkeit des Erinnerten entspricht, oder ob HF es nun durch das Aufrufen des Schemas und seine Interpretation so memoriert hat und damit das Schema neu modifiziert hat, läßt sich nicht bestimmen. Auf alle Fälle ist er von der Veridikalität überzeugt (s.o. S.392).

In der zweiten Version zeigt die Interviewerin eine Unsicherheit: Nachdem sie in verschiedene Themenzweige abgewichen war, hat sie offensichtlich den unmittelbaren Zusammenhang mit der Anrempel-Episode und dem Verlassen des Ausbildungsplatzes nicht mehr im Gedächtnis und fragt somit noch einmal nach dem Grund für HFs Weggehen. Er macht sie daher darauf aufmerksam: "weil ich *wie gesagt*↑ * angerempelt wurde↑" (Z.51ff.).[22] Dabei wiederholt er nicht mehr die Fakten, sondern betont das Gefühl, das mit diesem Ereignisschema verbunden ist: "ich fühlte mich so betroffen und so: auch unsicher↑" (Z.54). Er verwendet hier vor allem lexikalische Marker der Bewertung: "leider" (Z.25), "fühlte mich so betroffen" (Z.54), "unsicher" (Z.54).

In Beispiel (2), der Episode bei der Heimfahrt nach Kastellaun, gehen beiden Versionen unterschiedliche Themen voraus, in Version 1 die aus einer allgemeinen Feststellung über abnehmende Religiosität resultierende Frage EEs, was HF an hohen Feiertagen gemacht habe,

---

[22] Die Möglichkeit, daß EE die Wiederholung noch einmal elizitieren wollte, ist wohl eher auszuschließen, da sie zum einen Formulierungsprobleme bei der Frage zeigt (Z.48ff.), zum anderen das Moment der Überraschung bzw. des Sich-Wieder-Erinnerns in ihrem Bestätigungssignal ("ah ja↑ da/" , Z.52) sehr deutlich markiert ist.

in Version 2 ein Gespräch über den Grenzübergang von Luxemburg nach Deutschland, verbunden mit der Frage, ob es dabei Schwierigkeiten gegeben hätte. Beide Male befinden wir uns in der *extended event time line* 'Ausbildung' und bei dem *extended event* 'Aufenthalt in Luxemburg':

Beispiel (2)

Version 1:
```
1    EE:  und was war * also zu den hohen feiert/ oder zu den feier-
2         tagenꜜ sind sie
3    HF:       zu den hohen feier/ * ersten mal war ä ä:m * bin
4    EE:                  jaꜜ
5    HF:  ich nach hause gefahrenꜜ *     das war nichꜜ * s war nich
6         sehr weitꜜ ** und * es war ein se:hr unangenehmes * erleb-
7         nisꜜ denn unterwegs sind eingestiegen ** ä:m * frühere:
8    EE:                        zufälligꜜ          ja:ꜜ
9    HF:  klassenkameraden von mirꜜ *        zufälligꜜ jaꜜ (???)
10        irgendwo nach hermeskeil da war en en en * militärlagerꜜ
11        ** und ä: * ein teil von den jungens waren dortꜜ ** ich
12   EE:                                                   ahaꜜ
13   HF:  weiß es war irgendwie ne ne ne vormilitärische: schulung
14        und so weiterꜜ * und ä: * sie haben mich ä sie haben mich
15        nicht angerempeltꜜ aber sie ham sie ham sie ham sich ä:
16   EE:  distanziertꜜ
17   HF:            distanziert von mirꜜ jaꜜ ** überhaupt nicht
18   EE                          ahaꜜ
19   HF:  ä: nicht ä:* ich war luft für sieꜜ *      #es war mir sehr
20   K                                       #SCHNELLER
21   HF:  unangenehmꜜ# dann ä: * hat * mein vater hat mir dann klar
22   K            #
23   HF:  gemachtꜜ als ich nach hause kamꜜ * daß=es=ä: angebracht
24        wärꜜ nicht mehr zu komm=nꜜ denn ä: * hier und da: sind
25   EE:                      oh gottꜜ * ja:ꜜ
26   HF:  leute verhaftet wordenꜜ              jaꜜ * das war neun-
27        zehnhundert*sechsunddreißichꜜ
```

Version 2:
```
1    EE:  [...] und da hatten sie ein * jot in ihrem paßꜜ * judeꜜ
2                                                         aha:ꜜ
3    HF:  #neinꜜ   # * damals ga/ damals gab=s das noch nichꜜ
4    K    #BESTIMMT#
5    EE:                                         jaꜜ und
6    HF:  vierundrei/ fünfunddreißich gab=s das noch nichꜜ
7    EE:  der name forst besagt ja gar nixꜜ
8    HF:                      forst besagt gar nixꜜ und ä:
9    EE:  jaꜜ                 keinerlei
10   HF:  * und weider weider keine: * diesbezüglich keine schwie-
11        richkeiten gehabtꜜ HOLT LUFT aber wie ich das erste mal
12        von dort nach hause fuhr ä * zu den feiertagenꜜ * da hatte
```

```
13              ich ein se:hr * unangenehmes erlebnis↑ * denn auf=m * un-
14              terwegs↑ ä: stiegen ein in den zug ä: * jungens↑ mit denen
15              * die m/ die ich kannte von der schule aus↓ * also frühere
16      EE:     mitschüler
17      HF:          klassenkameraden↓ * und ich war für sie luft↓ * (sie)
18              haben mich * sie ham * sie ham mich nicht angerempelt↑
19      EE:          na ja:↑                          aja↓
20      HF:     aber * auch     nicht mit mir gesprochen↓ und   das war: n
21              sehr unangenehmes gefühl↑ man hat auch stundenlang zusam-
22      EE:          ja↓                              ach↓ * und gar
23      HF:     men * gesessen in #ei/ in einem coupé↓#
24      K                            #VERHALTEN LACHEND  #
25      EE:     nicht miteinander gesprochen↑                      ja↓
26      HF:          und das war * das war    sehr unangenehm↓ ich hab
27              aus=m fenster rausgekuckt↑ mir die gegend angesehen↓ * das
28      EE:              schrecklich↓ * ja:↑ ja:↓ [...]
29      HF:     war alles↓
```

In der ersten Version ruft offensichtlich das Stichwort 'zum ersten Mal nach Hause gefahren' das Schema dieses 'sehr unangenehmen Erlebnisses' hervor, in der zweiten Version ist der Auslöser eher durch die erwähnten 'Schwierigkeiten beim Passieren' gegeben. Hier ist allgemein von Nach-Deutschland-Fahren die Rede, das einem zusammengefaßten Ereignis (*summarized event*) gleichkommt. Dies zeigt, daß die Episode offensichtlich mit verschiedenen Ereignissen verknüpft ist.

An der sprachlichen Ausgestaltung fällt auf, daß HF das Wort "Klassenkameraden" offensichtlich nicht unmittelbar parat hat. In der ersten Version (Z.7) läßt sich eine Pause, gefüllt durch den Hesitationsmarker *ä:m* feststellen, die auf eine Verzögerung beim Wortfindungsprozeß schließen läßt. Interessant ist nun, daß HF das Wort in der zweiten Version wiederum nicht sofort zur Verfügung zu haben scheint, er verwendet zuerst einen Primärbegriff[23] ("jungens", Z.14), den er als Ausgangspunkt für die Paraphrase des eigentlichen Begriffes nutzt ("die ich kannte von der schule aus↓", Z.15). Das Angebot des Synonyms, das ihm EE daraufhin unterbreitet ("mitschüler", Z.16), nimmt HF nicht an, sondern findet schließlich von selbst wieder den gesuchten Begriff: "klassenkameraden" (Z.17).

Die Hintergrundinformation darüber, wo die Klassenkameraden herkamen (Version 1, Z.10ff.), unterbleibt in der zweiten Fassung. In Version 1 geht HF von der Tatsache aus, daß er zwar nicht angerempelt wurde (in der vorausgehenden Passage hatte HF dies als ein wesentliches Merkmal antisemitischen Verhaltens in seinem Umfeld dargestellt; s. auch Bsp. 1), aber

---

[23] Diesen Begriff verwende ich in Anschluß an Hoffmann (1985) als Bezeichnung für den allgemeinsten konkreten Begriff. Primärbegriffe stehen zwischen dem kategorial bestimmten Oberbegriff und dem weitgehend sensorisch bestimmten, inhaltlich reicheren Unterbegriff. Bei Assoziationstests werden in der Regel immer die Primärbegriffe zuerst genannt, können also am schnellsten abgerufen werden.

daß sie ihn unbeachtet ließen. Dieser Gedächtnisinhalt wird im ersten Fall noch mit Hilfe der Dialogpartnerin formuliert "sie ham sich [...] distanziert" (Z.15f.). HF möchte den Sachverhalt aber genauer beschreiben und beginnt mit "überhaupt nicht" [erg.: beachtet o.ä.] (Z.17), gelangt schließlich zu der Formulierung "ich war luft für sie↓" (Z.19). Diese Formulierung behält HF nun offensichtlich im Gedächtnis und erwähnt sie in Version 2 in nur leicht syntaktischer Veränderung ("ich war für sie luft↓", Z.17) sogar an erster Stelle. Die Mitteilung über das Nicht-angerempelt-Werden folgt in diesem Falle auf diese Aussage. Version 1 endet mit dem evaluierenden "es war mir sehr unangenehm" (Z.19ff.), wobei die Phrase hier wiederum – wie bereits in Bsp. 1, Version 1, Z.29f. – deutlich schneller gesprochen wird, was ebenfalls ein Mittel der affektiven Markierung ist. In der zweiten Fassung wird die Erzählung dagegen weitergeführt: "aber * auch nicht mit mir gesprochen↓" (Z.20). In diesem Fall wird die affektive Komponente noch stärker betont, das evaluierende Adjektiv "unangenehm" erscheint zwei weitere Male: "n sehr unangenehmes gefühl↑" (Z.20f.), "das war sehr unangenehm↑" (Z.26). Damit verweist HF ausdrücklich auf den affektiv gespeicherten Eindruck, der mit diesem Erlebnisschema verknüpft ist: "unangenehm". Markierungsformen der Affektstruktur wie das Adjektiv "unangenehm" können, wenn sie wie in diesem Falle in einem Dialog geäußert werden, auch beim Zuhörer Emotionen erwecken.[24] Im vorliegenden Beispiel zeigt sich dies in den Äußerungen von EE: "ach↓ * und gar nicht miteinander gesprochen↑" (Z.22ff.), wo die Interjektion die Anteilnahme zum Ausdruck bringt, und noch expliziter in "schrecklich↓ * ja:↑" (Z.28), das die Erzählung der Episode beschließt. Diese engagiertere Haltung der Interviewerin im zweiten Fall scheint auch der Grund zu sein, warum HF die affektive Komponente stärker betont als in Version 1. Hier hatte EE durch ein eher neutrales *aha* lediglich ihre Aufmerksamkeit zum Ausdruck gebracht, ohne aber besondere persönliche Involviertheit zu zeigen (diese zeigt sich erst nach der Erwähnung der Verhaftungen Z.25: "oh gott↓ * ja:↑").

Das eben beschriebene Erlebnis findet sich in einem ganz anderen Kontext auch im Interview mit Anne Betten (AB) im Jahre 1994 wieder. Hier wird es ohne Bezug zur *extended event time line* 'Ausbildung' erzählt. Der Kontext ist vielmehr die Diskussion um die Auswanderung: HFs Vater wollte ihn überzeugen, nach Amerika zu gehen, er aber wollte nach Palästina emigrieren, weil er seine Bestimmung darin sah, das Land mitaufzubauen. In diesem Zusammenhang erwähnt er die Diskriminierung der Juden in Deutschland:

Version 3:

```
1    HF:   wir waren↑ * wir wurden herabgesetzt↑ und hab=n uns auch
2          gefühlt als als bürge:r * zweiter klasse dritter klasse↑
3          ** ä:m da i/ ich hatte da noch ein=ä: sehr unangenehmes
4          erlebnis ** auf ä:m * als ich ä:m nach hause fuhr↑
```

---

[24] So auch Betten (1995a: 406): Evaluationen drücken nicht nur Emotionen des Sprechers aus, sondern wecken diese auch beim Hörer.

```
5            [TONBAND WIRD ABGESCHALTET]
6     AB:   jaⁱ entschuldigungⁱ ich hab kurz unterbrochenⁱ * sie hat-
7            ten grad noch (zu erzählen begonnen)
8     HF:         als ich ä: jaⁱ als                auf der auf der:=ä
9     AB:                            hm          hm
10    HF:   reise nach kastellaunⁱ *    über trier hermeskeil und sim-
11           mernⁱ * da sind ä:m * irgendwo in der nähe von * von her-
12           meskeilⁱ * sind n paar jungens eingestiegen in uniformⁱ **
13    AB:                                                       hmhm
14    HF:   und darunter waren auch einige bekannte: aus kastellaunⁱ *
15           und ich hab in demselben coupé gesessen wie dieⁱ und ä
16    AB:                                    hm
17    HF:   aber für die war ich luftⁱ *       sie habn mir * sie habn
18           ä: * weiter * s/ sie habn mich nicht bemerktⁱ sie habn *
19    AB:                      hmhm * hmhm
20    HF:   sie habn keine notiz von mir genommnⁱ ** einer von ihnn
21           war sogar mein nachbarⁱ * ein * ein ä: PUSTET a is ja
22    AB:                              hm
23    HF:   egalⁱ wie er hie/ * XY hieß erⁱ    (er) lebt schon nich
24           mehrⁱ * HOLT LUFT und das is eine s/ * ein sehr unangeneh-
25           mes gefühlⁱ wenn man:=ä: mit mit ä leutenⁱ mit denen man
26           ä:m * gespielt hatⁱ mit denen man=ä: * sich auch mal ge-
27           zankt hatⁱ * daß man auf einmal ä: * m/ für sie nicht mehr
28           bestanden hatⁱ ** und da is mirⁱ s/ ATMET da is mir richtig
29           zu bewußtsein gekommenⁱ * daß ich hier nichts mehr zu ver-
30           lier/ * zu verlier/ * zu zu tun habⁱ
```

Dieses Beispiel zeigt, daß die Episode noch mit weiteren parallelen Zeitlinien (*extended event time lines*) verbunden ist, hier etwa mit der Linie 'jüdisches Schicksal'. HF beginnt die Episode abrupt, gleichsam als Nachtrag ("ich hatte da noch ein=ä: sehr unangenehmes erlebnis", Z.3f.), mit der gleichen affektiven Wertung wie in Version 1: "unangenehmes erlebnis". Die Informati-on des Nachhause-Fahrens wird nachgeliefert und ordnet das Erlebnis damit situativ ein. Leider wird das Gespräch an dieser Stelle unterbrochen, so daß der Anschluß nicht direkt erfolgt. HF fährt fort mit der Reise nach Kastellaun und erwähnt wieder – wie in der ersten Version – den Zustiegsort der Klassenkameraden: Hermeskeil (Z.11f.). Der dort gegebene Hinweis auf das Militärlager erscheint nicht, der Zusammenhang mit Militär wird indirekt deutlich durch die Beschreibung "in uniform" (Z.12). Anders als in den ersten beiden Versionen werden die Personen nicht mehr als 'Klassenkameraden' bezeichnet. An die Stelle dieses Begriffs tritt das neutralere "bekannte: aus kastellaun" (Z.14). Das ist umso verwunderlicher, als HF in den beiden anderen Versionen sogar auf den genauen Wortlaut "klassenkameraden" geachtet hatte. Statt-dessen greift er hier aus seinem Gedächtnisschema eine Person heraus, die er stärker fokussiert, nämlich seinen Nachbarn, dem er nach kurzem Zögern ("is ja egalⁱ wie er hie[ß]", Z.21ff.) sogar den Namen zuordnen kann. Mit dem Aufruf des Personenschemas XY wird eine wichtige

Information über diese Person mitabgerufen: "(er) lebt schon nich mehr↓" (Z.23f.). Dieser Kommentar, der Teil des faktischen Personenschemas dieser spezifischen Person ist, gehört nicht zur Geschichte, sondern ist eine Hintergrundinformation, die eng mit dem Personenschema verknüpft ist.[25] Zugleich kann darin eine Rechtfertigung dafür gesehen werden, warum HF den Namen explizit nennt. Die Reihenfolge, in der parallele Sachverhalte beschrieben werden, ist im Vergleich zu Version 1 vertauscht: HF erwähnt jetzt zuerst, daß sie in demselben Abteil zusammensaßen, und dann die Tatsache, daß er Luft für sie war. Wieder erscheint aber diese Formulierung fast im gleichen Wortlaut: "für die war ich luft↓" (Z.17). Diesmal findet er auch noch andere Bezeichnungen für diesen negativen und sehr stark emotional besetzten Eindruck des Nicht-Beachtet-Werdens, bei dem er Schwierigkeiten hat, ihn in Sprache auszudrücken. In Version 1 hatte er den Formulierungsvorschlag von EE aufgegriffen ("ham sich [...] distanziert", Z.15f.), in 2 es durch "nicht mit mir gesprochen" (Z.20) zum Ausdruck gebracht, hier dagegen findet er zwei alternative Formulierungsmuster: "sie habn mich nicht bemerkt↓ [...] sie habn keine notiz von mir genommn↓" (Z.18ff.).

Diese Beispiele bestätigen, daß die von Bartlett (s.o.) angesprochene affektive Komponente eine bedeutende Rolle beim Memorieren von Erlebnissen spielt. Die Affekt-Markierung zeigt sich bei HF fast ausschließlich auf der lexikalischen Ebene und äußert sich im Extremfall in identischen Formulierungsmustern: *ist mir so zu Herzen gegangen* tritt in den beiden Versionen von Bsp. (1), *ich war für die Luft* in allen drei Versionen von Bsp. (2) gleichlautend auf. Weiteres Mittel der Markierung der Affektstruktur ist bei HF in Ausnahmefällen auch die Intonation: so wird etwa die Phrase "das war sehr unangenehm" mit einer höheren Sprechgeschwindigkeit artikuliert. Die Versprachlichung der affektiven Komponente führt teilweise zu Formulierungsschwierigkeiten ("überhaupt nicht ä: nicht ä: *", Bsp. 2, Version 1, Z.17ff.) oder Satzabbrüchen ("und das hat mir so: * is mir so zu herzen gegangen↑", Bsp. 1, Version 1, Z.37f.). Es zeigt sich auch, daß bei der Elaborierung der Schemata die Reihenfolge von Affekt-Markierung und Ereignisstruktur-Markierung vertauscht werden kann: So wird in Version 1 die Tatsache, daß HF Luft für seine Klassenkameraden war, vor der Erwähnung, daß sie miteinander im gleichen Zugabteil saßen, angeführt, in Version 3 ist es umgekehrt. Details wie der Status von Personen (z.B. Bsp. 2: "Klassenkameraden" versus "Bekannte") spielen offenbar eine untergeordnete Rolle und sind austauschbar. Allerdings kann der Aufruf eines Schemas zum besseren Erinnern bei der Wiederholung (vgl. in Bsp. 1 "Pflüge" bzw. "Pflugscharen") beitragen.

---

[25] Vgl. hierzu die Ergebnisse bei Barsalou (1988: 200f. et passim): Auch hier zeigte sich, daß Kommentare einen großen Teil der zu erinnernden Gedächtnisinhalte bilden.

5.2   Länger andauernde Erlebnisse

Wie bereits erwähnt, sind spezifische Ereignisse wie die gerade angeführten in der biographischen Schilderung eher selten. Viel häufiger sind zusammengefaßte und länger andauernde
Ereignisse. Ein wichtiges länger andauerndes Ereignis für HF war sein Aufenthalt beim Militär,
in den ein weiteres einschneidendes Erlebnis eingebettet ist, nämlich seine Kriegsverwundung
am Arm. In beiden Fällen ruft EE als Interviewerin die Ereignisse mit Hilfe des chronologischen
Realzeit-Rasters auf:

Beispiel (3)
Version 1

```
 1   EE:  [...] und dannⵑ ** a das war wa/ was warⵑ also wann sind
 2        sie ins militär gekommnⵑ
 3   HF:                           dann hab ich ä:m * ne ganze zeit
 4   EE:              a:ⵑ ja:ⵑ
 5   HF:  lang malaria  gehabtⵑ   #das war sehr unangenehmⵑ# denn
 6   K                            #SCHNELLER             #
 7   HF:  das war is nich weit von den: sümpfenⵑ * von den chule-
 8   EE:          ja:ⵑ ja:ⵑ                                  damals
 9   HF:  sümpfenⵑ    heute gibt=s das nicht mehrⵑ aber *
10   EE:  jaⵑ                                                ver-
11   HF:  damals war das ** die ganze bevölkerung war war * war
12   EE:  seuchtⵑ                                eine schwere malariaⵑ
13   HF:        jaⵑ * und ich hatte das=ä: **
14        ich hatte die * die quartanaⵑ hieß dasⵑ * quartanaⵑ alle
15   EE:                                        #fieberⵑ ja:ⵑ#
16   K                                          #LEISE         #
17   HF:  vier tageⵑ sehr schwerⵑ sehr hohes fieberⵑ
18   EE:              schwächendⵑ                        ja:ⵑ
19   HF:  und das war sehr-ä: * sehr schwe/ schwächend jaⵑ     sehr
20        schwächendⵑ ** aber dann hab ich * dann ä zum schluß hat
21        man mich geschickt für ein monat nach metulaⵑ und dort hab
22        ich mich auskuriertⵑ ** das war so: PUSTET * das muß gewe-
23        sen seinⵑ * neunundreißichⵑ ** und=ä vierzich wurde ich
24        dann einberufen ins militärⵑ * das heißt ich bin:=ä frei-
25   EE:                   ja:ⵑ zu welcher unitⵑ *
26   HF:  willig gegangenⵑ (???)                     das war die=ä:m
27        das war eine infantrie äm ** infantriekompanieⵑ ne kleine
28   EE:  ja:ⵑ
29   HF:  unitⵑ ** und ä: * aus denen wurde dann später die: jüdi-
30   EE:                    ahaⵑ                            da ham
31   HF:  sche brigadeⵑ (???) (???) (mobilisiert haben) ** das war
32   EE:  sich  viele ä viele damals von ayelet haschachar gemel-
33   HF:  jetzt                               (ja:ⵑ)
34   EE:  detⵑ    das war sozusagen ehrensacheⵑ
35   HF:      von ä: ich war zu/                  ich war von ayelet
```

```
36   EE:                                              ah┐ nur einer
37   HF:  haschachar war zusammen mit noch einem┐
38   EE:  noch┐
39   HF:        noch zw/ wir waren zwei┐ aber später sind noch an-
40   EE:                          ja┐ * aber in der hagana waren sie
41   HF:  dere dazugekommen┐
42   EE:  nicht┐        doch┐ das haben  sie ganz ä
43   HF:         oh ja┐                       ich war ä jeder mußte
44   EE:              LACHT (s) war doch eigentlich selbstverständ-
45   HF:  sein darin┐ LACHT
46   EE:  lich┐ nich wahr┐ * ja┐ * ja┐ dann * also wie lange waren
47        sie nun im militär┐
48   HF:                       bis ä sechsundvierzich┐ bis ende des
49   EE:             in * und          üb/ wo┐ in der ganzen welt
50   HF:  krieges┐        sechs jahre┐
51   EE:  herum┐
52   HF:        a: wir waren ä bis ä: dreiundvierzich waren wir=ä:
53   EE:          aha┐
54   HF:  im land┐        in israel┐ * in dn: damals palästina┐ * dann
55   EE:                                          ah
56   HF:  wurden wir versetzt nach ägypten┐ * und von ägypten nach
57   EE:            aha:┐ *
58   HF:  italien┐           und=ä das letzte jahr war ich ä * das
59        war schon nach=m krieg┐ * war ich in ä: brüssel am haupt-
60        quartier┐ ** ich bin nämlich ä: * ende fünfundvierzich┐
61        kurz vor kriegsende bin ich verwundet worden in italien┐ *
62        und konnte eigentlich konnte ä: * der der arm wa:r fast
63        gelähmt┐ den ein/ einer der arme┐ ** und da hat man mich
64   EE:                                                        büro-
65   HF:  versetzt an eine: ** an ins hauptquartier um dort ä:
66   EE:  arbeiten                LACHT [...]
67   HF:  büroarbeiten zu machen┐ ja┐
```

Version 2:

```
 1   HF:  das hab ich dann gemacht┐ ** bis ich ä bis ich ä:m ä *
 2   EE:                                   militär┐ * das war in
 3   HF:  mich gemeldet habe zum ä: militär┐
 4   EE:  welchem jahr dann┐                neun/ zu au/ au/
 5   HF:                    neunzehnhundert*vierzich┐
 6   EE:  ausbruch des:=ä:
 7   HF:          ja┐        das war=ä:n ä nach=m ausbruch vom krieg┐
 8        * wir hatten ** die idee war so┐ wir waren von der * haga-
 9        na┐ wir waren ja alle eingeteilt (äm ä) mitglieder der ha-
10        gana┐ * wir * habn uns gemeldet┐ aber wollten nicht┐ **
11        wollten nicht in eine:=m ä:m * jechidat eser┐ wie sagt man
12   EE:                  hilfs/ hilfs/ ä: -gruppe┐
13   HF:  auf deutsch┐                 ä        hilfstruppe┐ woll-
```

```
14   EE:                                                           jal    ja:l
15   HF:  ten wir wollten * sein in einer * kampftruppel    jal
16        und das wurde organisiert erst neunzehnhundertv/ ä vier-
17        zichl die eng/ die ** englische=m ä:m * mandat*regierung
18        hatte: * bedenkenl ** und sie war diesen ä: diesen bestre-
19        bungen de/ der jüdischen bevölkerung feindlich ge/
20        gegenübergestelltl denn sie hatten * sie hatten befürch-
21   EE:                                                     #nicht
22   K                                                       #LEISE
23   HF:  tungen daß den arabern das nicht gefallen wirdl jal  und
24   EE:  ganz zu unrechtl#
25   K                     #
26   HF:  sie haben mehr      * also nach unserer einstellung haben
27        sie mehr zu den arabern gehalten als zu unsl wir waren
28   EE:  jal
29   HF:  damals noch * in palästina ne minderheitl zwar * dreißich
30        prozent der bevölkerung glaub ichl ** aber immerhin ne
31        minderheit und ä: * sie hatten kein interesse daran daß
32        wir uns ausbilden als soldatenl und eventuell (in) (???) *
33   EE:  jal
34   HF:  vielleicht noch zum schluß waffen erheben gegen sie allei-
35   EE:           jal
36   HF:  nel *      es hat auch wirklich noch=n paar jähr/ * gute
37        jahr gedauertl bis wir * wirklich zu einer kampfgruppe
38        wurdenl das war die jüdische brigadel * das war erst ä
39        neunzehnhundertvierundvierzichl ende vierundvierzichl
40   EE:  also eigentlich mehr ä *                im em zum end/
41   HF:              am          ende des kriegesl gegen gegen
42   EE:                          wo waren sie da stationiert in den ers-
43   HF:  ende des krieges!
44   EE:  ten ja/ kriegsjahrenl
45   HF:              zuerst waren wir=ä drei jahre lang waren wir
46        noch ä: hier in ä palästinal dann ä:m * waren wir ein jahr
47        in ägyptenl und dann sind wir ä * eingesetzt worden in
48   EE:              jal * waren nun unter ihren * also ä (???) ä: so
49   HF:  italienl da hab ich
50   EE:  ä in ä: die anderen soldatenl gab es da auch ä: deutsch-
51        sprachiche jeckesl
52   HF:              oh jal * gab ne ganze mengel * ganze m/ * jal
53   EE:  aha:l aber man hat untereinander nur hebräisch gesprochenl
54   HF:  wir haben unternander * fast nur hebräisch gesprochenl
55   EE:  ja:l
56   HF:          nur in in in manchmal gab es so: cliquenl ä freundes-
57        kreisel die haben dann deutsch gesprochenl ** ich weißl es
58        g/ es gab auch einerl * (wie ä se/) in einer kompaniel der
59        hat englisch gesprochenl * das war ein ein gebürticher
60   EE:              ah so:l
61   HF:  engländerl      der ist dann später auch auf offiziers-
```

```
62          kurs geschickt worden⌐ aber * mit dem hab ich mich ** eng-
63    EE:                    ja⌐
64    HF:   lisch unterhalten⌐ um meine englischen kenntnisse n biß-
65    EE:         bißchen * aufzufrischen      -frischen und zu verbes-
66    HF:   chen          aufzu/          aufzufrischen
67    EE:   sern⌐
68    HF:          ja⌐ m:it der zeit ä hab ich mir dann die * dieses *
69    EE:                           ja⌐
70    HF:   englisch auch angeeignet⌐      un heude⌐ heude geht das:
71    EE:             ja⌐ * also da waren sie also ä:m * in der jü-
72    HF:   ganz gut⌐
73    EE:   dischen brigade⌐ bis ä: bis: * bis zum en/  bis zum ende
74    HF:                              bis zum schluß⌐ bis zum
75    EE:   des krieges⌐ **          auch in ägypten⌐
76    HF:   schluß⌐       bis ende des krieges⌐       in ägypten⌐
77          ja⌐ * in ägypten wurde sie wied/ wurde sie ja formiert⌐
78    EE:   ja:⌐
79    HF:   und dann ä: in italien haben wir da nochmal nochmal ä *
80    EE:                         aber sie waren in einer rich-
81    HF:   uns ä * geübt⌐ * ja⌐ und dann wurden wir eingesetzt
82    EE:   tigen * kampftruppe⌐ bei also was
83    HF:                wir wurden    eingesetzt⌐ und ich
84          hab auch * ich bin auch verwundet worden⌐ * zum schluß⌐
85    EE:   ja:⌐                        oh gott⌐ man sieht
86    HF:        hab beinah den arm verloren⌐ (???)
87    EE:   noch die narbe⌐ ja⌐ *           ja⌐ wo wo waren sie
88    HF:          #ja:⌐ * das sieht man hier⌐ (das das hab
89    K         #LEISE
90    EE:   im krankenhaus⌐ **
91    HF:   ich) (???)#       ä: wir sind ä: * mit=m flug HUSTET
92    K           #
93    EE:            ja⌐ ja⌐           in italien⌐
94    HF:   nach ä: bari⌐ * überführt worden⌐ *         und da
95          wurde ich geheilt⌐ war ungefähr zwei monate im ** im spi-
96          tal⌐ und nachher in erholung⌐
```

In der ersten Version wird die Frage EEs ("wann sind sie ins militär gekommn", Z.1f.), die sich am chronologischen Raster des Fragebogens orientiert, von HF zunächst ignoriert: er hatte bereits das Ereignis seiner Malariaerkrankung aufgerufen – ebenfalls ein länger andauerndes Ereignis, das der Militärzeit vorausgeht – und möchte dieses nun auch erzählen. Auch dieses Ereignis ist affektiv markiert: "das war sehr unangenehm⌐" (Z.5). Die Phrase wird auch hier wieder mit einer erhöhten Sprechgeschwindigkeit geäußert. Weitere Marker der Affektstruktur dieser erzählenden Passagen sind der *qualifier sehr*: "sehr schwer⌐ sehr hohes fieber" (Z.17) und besonders die Intensivierung durch Wiederholung: "schwächend ja⌐ sehr schwächend⌐" (Z. 19f.). Erst als HF diese Erzählung beendet hat (Z.22), kommt er selbst über die Jahreszahl

(1940), das chronologische Gerüst – das ja nach Barsalou (1988) die höchste Stufe der Hierarchie der Gedächtnisinhalte bildet –, zum länger andauernden Ereignis 'Militärzeit'. Er wechselt damit mit Hilfe des Realzeit-Rasters in eine andere *extended event time line*. Die Äußerung EEs, daß sich auch andere Leute aus HFs Kibbuz gemeldet hätten (Z.30ff.), und die Frage nach seiner Teilnahme in der Hagana (Z.40ff.) führen zunächst wieder von dem Bericht der Ereignisse der Militärzeit ab. Erst auf die Frage "wo?" (Z.49) gibt HF ein ganz kurzes Abstract (Z.52ff.), das im wesentlichen nur die Aufenthaltsorte enthält: Israel, Ägypten, Italien, dann Brüssel. Hier werden also nur autobiographische Fakten referiert. Es handelt sich dabei um die markanten Punkte auf der Zeitlinie. Die Erwähnung seiner Versetzung zum Hauptquartier ruft das Ereignisschema 'Verwundung' auf. HF liefert sie als Erklärung nach: " ich bin nämlich [...] kurz vor kriegsende bin ich verwundet worden in italien↑ * und konnte eigentlich konnte ä: * der der arm wa:r fast gelähmt↑ " (Z.60ff.). Diese Episode ist aber Teil einer anderen parallelen *extended event time line* und dient in diesem Falle nur der Begründung des Aufenthalts in Brüssel. Sie ist gleichsam der Auslöser dafür. Da die Interviewerin nicht emotional auf dieses Erlebnis eingeht, wird es von HF auch nicht mehr weiter elaboriert. Stattdessen geht er wieder auf EEs Frage nach dem Sprachgebrauch und auf Bekanntschaften ein. Die Schemata für diese autobiographischen Fakten werden also unmittelbar von der Interviewerin durch ihre jeweiligen Stichwortvorgaben elizitiert. Die Schilderung trägt keinerlei affektive Markierung.

In der zweiten Version gibt HF das Stichwort 'Militärzeit' selbst ("bis ich ä:m ä * mich gemeldet habe zum ä: militär↓", Z.1ff.). Es ist die Begründung für die Aufgabe seines "Jobs" als Bibliothekar im Kibbuz. EE hakt sofort ein, greift das Stichwort auf und fragt zusätzlich noch nach dem Jahr, um es auch chronologisch richtig in die Biographie einzupassen (Z.2ff.). Diesmal hält es HF auch für wichtig, die Hagana zu erwähnen. In der ersten Version war er nämlich davon ausgegangen, daß EE die Verhältnisse kennt; sie hatte nach diesem Punkt jedoch nachgefragt. Daher paßt HF sie nun gleich an der richtigen Stelle seines Berichts ein: "wir waren von der * hagana↑ wir waren ja alle eingeteilt (äm ä) mitglieder der hagana↑ " (Z.8ff.). Daran schließt HF an, daß er in eine Kampftruppe wollte. Dies wiederum führt ihn zu einem Bericht über die Einstellung der englischen Mandatsregierung gegenüber einer jüdischen Kampftruppe. Dabei verwendet er evaluierende Kommentare: "feindlich [...] gegenübergestellt" (Z.19f.), kennzeichnet es aber auch als eigene Meinung: "nach unserer einstellung haben sie [...]" (Z. 26f.). Er schließt dies ebenfalls mit einem chronologischen Aufhänger ab: "das war erst ä neunzehnhundertvierundvierzich↓ " (Z.38f.). Etwas abrupt folgt darauf die Frage EEs nach der Stationierung, die die biographischen Fakten ergänzen soll; sie unterbricht aber wiederum selbst durch die Frage nach den deutschsprachigen Juden in der Truppe, die von der Thematik ablenkt. Dies führt zur Hintergrundinformation über die Personengruppe der Jeckes und ihren Sprachgebrauch. HF assoziiert mit diesem Stichwort aber auch den Gebrauch des Englischen und kommt damit zu einem anderen biographischen Faktum, nämlich dem subjektiven Wissen, einem Selbstschema (s.o. S.392) über seine eigenen Sprachkenntnisse. Er hat damit die *extended event time line* 'Militärzeit' verlassen und EE muß das Gespräch wieder an die unterbrochene Stelle zurückführen, indem sie das Schema wiederaufruft (Z.71ff.: "also da waren sie also ä:m * in der jüdischen brigade↑ bis [...]"). Das Interview wird hier in zunehmendem Maße dialogischer, ist auch stärker durchzogen von simultanem Sprechen. HF antwortet überwiegend auf die Fragen von EE, kann seine eigenen Schemata nicht episodisch entfalten: er berichtet autobiographisches Faktenwissen ohne großes persönliches Engagement. Auch die Erwähnung seiner Verwundung (Z.84ff.) bleibt ohne affektive Markierung ("ich bin auch verwundet worden↓ * zum schluß↓ hab beinah den arm verloren↓"). Er erwähnt sie nur im Zusammenhang mit dem Kampfeinsatz, quasi als Konsequenz dieses Einsatzes. Doch dieses Mal unterstützt er die Information durch ein nonverbales Mittel, nämlich durch die visuelle Demonstration: Er zeigt EE seine Narbe am Arm (was sich nur aus der Reaktion EEs rückschließen läßt). Dies bewirkt in erwartetem Maße die emotionale Anteilnahme EEs.: "oh gott↑ man sieht noch die narbe↑ ja↓" (Z.85ff.). Sie schließt aber dann sofort die Frage nach dem Ort des Krankenhauses an.

Insgesamt zeigt HF hier einen stärker berichtenden Stil, der weitgehend ohne affektive Markierung autobiographische Fakten referiert, die sich an einem chronologischen Gerüst orientieren. Wie zu erwarten, ist bei länger andauernden Ereignissen die affektive Komponente weniger ausgeprägt als bei spezifischen Ereignissen. Hier führen die Fragen von EE im wesentlichen nur zur Aufzählung verschiedenster Inhalte, ohne daß die Schemata elaboriert werden. HF läßt sich durch Zwischenfragen immer wieder ablenken, lediglich beim affektiv besetzten Schema 'Malariaerkrankung' greift er nach der Frage das Schema wieder auf und führt es aus. Dabei finden sich die gleichen Marker der Affektstruktur wieder wie bei den in Bsp. (1) und (2) gegebenen spezifischen Erlebnissen.

In dem drei Jahre später geführten Interview mit Anne Betten wird dieses Gesamtereignis 'Militärzeit' ebenfalls in distanzierter Form wiedergegeben:

Version 3:

```
1    HF:  [...] ich habe mich freiwillig gemeldet↑ * der kibbuz ä
2    AB:                                            hmhm↑
3    HF:  wollte eigentlich * jemand anders schicken↑ * aber ich hab
4    AB:                                               hmhm
5    HF:  darauf bestanden↑ und ä * so blieb es denn↑ *         übri-
6         gens ä:m RÄUSPERT SICH die ä:m ** ä: diesen ä:m ** diesen
7         freiwillig/ diese freiwillige eingliederung in * ins mi-
8         litär↑ * fing schon bald bei kriegs ä: -anfang an↑ aber *
9         die ä:m ** britische verwaltung von * palästina damals war
10        nicht interessiert daran↑ * jüdische jungens ä: PUSTET ä:m
11        ausbilden zu lassen↑ aus ä * an/ anscheinend aus befürch-
12        tung↑ * daß vielleicht eines tages * ä: das sich=ä: * ä:m
13   AB:                                          hm
14   HF:  * auswirken könnte↑ * im widerstand gegen *    im im im im
```

```
15        bekannten widerstand gegen * die=ä feindliche politik der
16        * der engländer damals in ä: palästinal ** aber neunzehn-
17        hundertvierzich hieß esl daß jüdische einheiten ä: gegrün-
18        det werdenl * und ä: * so haben sich dann ne ganze menge
19        leute ge/ gem/ ä gemeldetl [...]
20        wir=ä:m ** ä:m * die geschichte hat hat sich ä: eigentlich
21        hat sich noch n bißchen hingezogenl * än äm: zuerstl * das
22        war * im jahre: * ich glaube im jahre dreiundvierzichl  da
23        * wurden die kompanien zusammengeschlossen in bataillonel
24        und die * s/ es waren drei jüdische bataillonel * und  n/
25        * erst neunzehnhundertvierenvierzichl * es muß gewesen
26        sein mitte neunzehnhundertvierundvierzichl * kam dann de/
27        endlich der beschlußl * und zwarl ** sagt manl daß chur-
28  AB:                                                  hmhml
29  HF:  chill persönlich das beschlossen hatl *         HOLT LUFT
30        dann wurden wir * über ägypten ** nach ä: ** italien ge-
31        schicktl * eigentlich in ägypten waren wir schon n jahr
32        vorherl * n/ neunzehnhundert*dreiendreißich ä dreiundvier-
33        zisch bis vierundvierzichl * und ä: ende vierunvierzich
34        kamen wir nach italienl wo wir ** nach ä: * PUSTET einer *
35        drei oder vier monate langen vorbereitungl also übung und
36        so weiterl * dann eingesetzt wurdenl und zwar am * seniol
37        das is ä in der nähe von ravennal ** und da haben wir noch
38        zwei monatel * äm * mitgekämpftl * und zwar gegen * man
39        sagt gegen eine * fallschirm*jäger=ä*divisionl * die aus *
40        bayern und * österreichern bestanden haben solll * ich
41        kann das natürlich kann * nich genau bestätigenl * ä ich
42        hatte das unglückl doch am einunddreißigsten märz verwun-
43        det zu werdenl * hab (halt) beinah meinn arm verlorenl **
44        und ä: * das kriegsende:l das: * im: * anfang mai war ich
45        im ** krankenhausl ** (u)nd zwar in tranil irgendwo im sü-
46        den * bei ** bei baril
```

Diese Version der Schilderung der Militärzeit ist wesentlich stärker monologisch angelegt, was im wesentlichen dem Stil der Interviewerin zuzuschreiben ist. Im Gegensatz zu EE gibt AB jeweils nur sehr kurze, teilweise kaum hörbare Bestätigungssignale (*hm*), die die Aufgabe haben, die monologischen Ausführungen lediglich zu unterstützen und den Sprecher zu ermuntern fortzufahren. HF ist bei der Findung der Stichwörter stärker auf sich selbst gestellt. Auch hier erklärt HF – wie schon in Version 2 mit EE –, daß die englische Mandatsregierung am Anfang Bedenken gehabt hätte (Z.8ff.). Im Gegensatz zu Version 2 erwähnt er aber nicht die araberfreundliche Haltung der Mandatsregierung, sondern spricht allgemein von 'feindlicher Politik' (Z.15). Er relativiert auch die in Version 2 offener ausgesprochene Bewertung u.a. durch Einschränkungen wie *anscheinend* ("anscheinend aus befürchtungl", Z.11f.) und *vielleicht* ("daß vielleicht eines tages", Z.12). Dies könnte mit dem anderen Status seiner Interviewpartnerin

(Professorin aus Deutschland) zusammenhängen.[26] Nach der Äußerung über die Gründung der jüdischen Einheiten folgt ein langer Block über die Zusammensetzung der Kompanien, die freiwillige Meldung etc., der hier nicht aufgeführt wird. HF kommt schließlich wieder zurück zum Thema 'Jüdische Brigade' und dann zu deren Einsatz (Z.20ff.). Neu ist die Kommentierung, daß Churchill den Beschluß für den Einsatz der Jüdischen Brigade gegeben haben soll. HF reißt auch hier wieder nur das Faktenwissen über die Aufenthaltsorte an, versucht aber, die Aufenthalte genauer in das Realzeit-Gerüst einzuklinken: "eigentlich in ägypten waren wir schon n jahr vorher↑ * n/ neunzehnhundert*dreienddreißich ä dreiundvierzisch bis vierundvierzich↑ * und ä: ende vierunvierzich kamen wir nach italien" (Z.31ff.). Beides – die Kommentierung und die genaue Zeitangabe – sind daraus zu verstehen, daß HF bei dem Veteranentreffen, von dem er gerade kommt, alle Daten und Fakten dieses Zeitabschnittes wieder neu auffrischen konnte. Da hier keine Zwischenfragen der Interviewerin kommen wie in Version 2, kann HF das Schema weiter elaborieren; er berichtet das ausgedehnte Ereignis des Einsatzes in Italien: genaue Ortsangabe, Zeit, Gegner. Allerdings distanziert er sich von der Veridikalität des letzteren: "ich kann das [...] nich genau bestätigen↑" (Z.40f.). Er begründet dies mit dem spezifischen Ereignis in dieser Zeitlinie, nämlich mit seiner Verwundung, das er durch die Äußerung "ich hatte das unglück↑" (Z.41f.) affektiv markiert. Es wird auch deutlich, daß das Unglück nicht nur darin bestand, daß er verwundet wurde, sondern daß er nach jahrelanger Vorbereitung in der kampfmotivierten Truppe bei der eigentlichen Schlacht (am Senio bei Ravenna) nicht teilnehmen konnte. Durch das unmittelbar vorangegangene Veteranentreffen dürfte diese affektive Bewertung verstärkt worden sein. HF verweist nicht mehr – wie in Version 2 – explizit durch Demonstration auf die Verwundung und löst damit auch keine emotionale Reaktion bei seiner Dialogpartnerin aus. Er berichtet ohne weitere Nachfrage, daß er im Krankenhaus war und wo dieses sich befand, was impliziert, daß er das Kriegsende nicht an der Front miterlebt hat. Interessant ist, daß er nun den Ort präziser angibt, während er auf die Frage der ersten Interviewerin nur Bari angegeben hatte. Hier hat vermutlich die erneute Elaboration des Gedächtnisschemas durch die Wiederthematisierung auf dem gerade stattgefundenen Treffen dazu geführt, daß nun detailliertere Inhalte wieder verfügbar sind. Das Beispiel zeigt, daß autobiographisches Wissen wie generalisiertes Wissen aufgefrischt und die Schemata durch Wiedererzählen neu rekonstruiert werden können.

---

[26] Ähnlich stellte auch Betten (1995a: 407f.) fest, daß man der Interviewerin aus Deutschland anders begegnet als der Interviewerin aus der eigenen *in-group* mit ähnlichem Erfahrungshintergrund.

5.3 Autobiographisches Wissen

Ein Beispiel einer sehr dialogischen Partie in den beiden Interviews mit EE findet sich in einer Passage über autobiographisches Wissen aus HFs Kindheit. Wie oben dargestellt (s. S.393), beruht dieses teilweise auch auf der Aneignung von Berichten anderer:

Beispiel (4)

Version 1:

```
 1   HF: er hat die weitergeführtl ** und ä: eben die großmutter
 2       hat weiter die äm ** ä: * die wirtschaft so * um das haus
 3   EE:            und auch gekochtl                        aber es
 4   HF: * im haus und am hof  auch auch ä: auch gekochtl bis mein
 5   EE: gab auch eine mäd/ * a eine magdl eine * eine
 6   HF: vater wieder                              jal   wir hatten
 7       auch * wir hatten auch hilfe im haus * und im hofl ** ä:
 8       einen knechtl was man genannt hat einen knechtl und eine
 9       magd im hausl * bis mein vater wieder geheiratet hatl **
10   EE:                             wieviel geschwister waren
11   HF: nach einigen jahrenl und ä:m *    dann
12   EE: sie dennl
13   HF:         wir waren zusammen sieben geschwisterl * von der
14   EE:                                           und sie ge-
15   HF: ersten mutter vierl und von der zweiten dreil
16   EE: hörten zur zweiten generatio/l zur ersten  genera/
17   HF:              zur erstenl              #zur ersten jal
18   K                                         #SEHR LEISE
19   EE: ja:l
20   HF:      (zur ersten)# wir waren vier söhnel vier jungensl *
21   K                    #
22   HF: und ä:m nach ä *3* #warten se mall * das muß genau nach#
23   K                      #SEHR LEISE                         #
24   EE:                                               jal
25   HF: vier jahren hat mein vater wieder geheiratetl    das is
26   K              #
27   HF: passiert mit meiner mutter neunzehnhundertneunzehnl kurz
28   EE:                            grippel          es war
29   HF: nach=m kriegl * nach der geburt von meinem jüngeren   ir-
30   EE: nicht   die gripp/ grippe*epidemie damalsl
31   HF: gendein                             neinl das war
32   EE:                            na gutl
33   HF: ir/ irgendeine: * eine verwicklung eine *      was man
34   EE:                          eine e/ eine komplikati-
35   HF: nennt auf hebräisch sibuchl ä: * bei der geburtl nach der
36   EE: onl
37   HF: geburt * komplikationl und ä: es waren damals: es war sehr
```

```
38  EE:                                          jaↄ
39  HF: knapp mit=ä: * medikamentenꜛ (und) auch (mit) ärztenꜛ und
40  EE:                              gab es denn am ort auch
41  HF: ä: * man konnte ihr nicht helfenↄ
42  EE: einen arztꜛ * in diesem kastellaunꜛ
43  HF:                  oh jaↄ     s gab s gab einen arztↄ
44      aber das krankenhaus war in einem nachbarstädtchenꜛ
45  EE:                                 jaↄ
46  HF: simmernↄ * im im kreisstädtchen simmernↄ     und da is sie
47  EE:                     und sie ha/ ham als kind
48  HF: * #da is sie dann gestorbenↄ# **
49  K    #LEISE, SCHNELLER        #
50  EE: mitgeho/ stark mitgeholfenↄ
51  HF:                         wir waren * ä im im alter von
52      zwölf jahrenꜛ * ungefährꜛ * haben  wir mitgemachtↄ nichꜛ *
53      meine arbeit warꜛ * als ich=ä: zwölf jahre alt wurdeↄ * ä:
54      melkenↄ * melken und scht/ und den stall zu zu * ä: * sau-
55      ber zu haltenↄ
```

Version 2:

```
1   EE: und das hat die          familie alles selber * bewirtschaf-
2   HF: große zwetschgenbäume
3   EE: tetꜛ * hatten sie     auch angestellteꜛ mägdeꜛ knechteꜛ
4   HF: jaↄ (hauptsächlich)                           wir
5       hatten ä:m * eine zeit langꜛ wie wir noch klein warenꜛ
6       hatten wir * im haus eine magdꜛ * und im=ä: * im im ä d/ *
7   EE:                              ahaꜛ * wo wo wo ä wo
8   HF: in in der wirtschaft einen knechtↄ
9   EE: schlief derꜛ schlief auch im hausꜛ * der knechtꜛ * oder kam
10      der aus dem dorf jeden morgen ä a/ anↄ
11  HF:                             der knecht hatꜛ
12      * soviel ich  mich erinnern  kannꜛ ist immer abends nach
13  EE:            jaↄ
14  HF: hause gegangenↄ     der hat in einem nachbardorf gewohntꜛ
15      ** aber die magd war bei unsꜛ * sie war auch dort=ä: * ä
16      aus der gegendꜛ aber etwas * von einm ä dorfꜛ das etwas ä:
17      * weiter ab ä: weggelegen warꜛ * u:nd sie hat bei uns ge-
18  EE:            ahaↄ * und in welcher sprache haben sie: also ä
19  HF: schlafenↄ      (???)
20  EE: den den dort üblichen dialekt hat ma/ * ham sie gespro-
21      chenꜛ * oderꜛ
22  HF:       jaↄ  das das is ne ge/ * das is eine sehr inter-
23      essantes themaꜛ wir hatten eigentlich drei verschiedene:
24      ä: wie soll ich sagenꜛ drei verschiedene dialekteↄ [...]
```

In der ersten Version unterbricht EE die Ausführungen HFs immer wieder durch ganz gezielte Fragen: ob die Großmutter auch gekocht hat (Z.3), ob sie eine Magd hatten (Z.3ff.), wieviel Geschwister es waren (Z.10ff.), ob er von der ersten oder zweiten Frau war (Z.14ff.). HF beantwortet hauptsächlich die Fragen und liefert nur Fakten: daß sie eine Magd und einen Knecht hatten, wieviele Kinder es waren etc. Das Faktum der Wiederverheiratung seines Vaters rekonstruiert er anhand von wichtigen Daten, die mit seiner Biographie zu tun haben: dies wird ganz deutlich durch die lange Pause und das explizite "warten se mal↑" (Z.22), das er zudem leise überlegend äußert. Er erwähnt den Tod seiner Mutter ("das is passiert mit meiner mutter neunzehnhundertneunzehn↑", Z.25ff.) ganz offensichtlich, weil er, um die Zeitspanne zu berechnen, gerade einige "Eckdaten" des chronologischen Gerüsts aufgerufen hat. EE greift aber durch Rückfragen in die Elaboration dieses Schemas ein: "es war nicht die gripp/ grippe*epidemie damals↑" (Z.28ff.). Als HF schließlich die Knappheit mit Medikamenten erwähnt, hakt EE ebenfalls nach: "gab es denn am ort auch einen arzt↑" (Z.40ff.). HF berichtet hier ein sehr stark emotional bestimmtes Ereignis, das er aber selbst kaum als solches erlebt haben kann: er war zu diesem Zeitpunkt höchstens zwei Jahre alt.[27] Die Fakten, die er berichtet: Komplikation nach der Geburt des jüngeren Bruders, Medikamentenknappheit, Mangel an Ärzten, kann er daher nur aus Berichten anderer kennen. Sie unterscheiden sich aber nicht von eigenen Erlebnisschemata. Tatsächlich kommt die Betroffenheit auch zum Ausdruck durch das sehr leise und mit erhöhter Sprechgeschwindigkeit geäußerte: "da is sie dann gestorben↓" (Z.48). Es ist aber nicht die Erinnerung an das spezifische Ereignis, das die emotionale Teilnahme auslöst, sondern vielmehr das Faktum an sich, die Mutter verloren zu haben. EE geht aber nicht weiter darauf ein, sondern stellt eine weitere Frage: "und sie ha/ ham als kind [...] stark mitgeholfen↑" (Z.47ff.).

Der Tod der Mutter wird in der zweiten Version überhaupt nicht mehr berichtet. Da EE möglichst alle Fakten wiederaufgezählt haben möchte, fragt sie hier die einzelnen Punkte noch einmal ab: "hat die familie alles selber * bewirtschaftet↑" (Z.1ff.), "hatten sie auch angestellte↑" (Z.3), "wo schlief der [...] knecht↑" (Z.7ff.). Gerade diese Tatsache ist HF nun nicht mehr richtig präsent; das Erinnerungsschema ist nur noch vage. Er thematisiert dies daher auch: "soviel ich mich erinnern kann↑" (Z.12). Genauer Bescheid weiß er dagegen über die Magd, vermutlich auch, weil sie im Haus mithalf und mit der Kinderbetreuung betraut war: "aber die magd war bei uns↑" (Z.15). Die Frage nach dem Sprachgebrauch, die EE sehr abrupt anschließt, ergibt sich daraus, daß HF sich in der ersten Version sehr breit über dieses Thema geäußert hatte[28] und EE auf alle Fälle die entsprechenden Äußerungen noch einmal hören möchte. HF geht auch sofort darauf ein: "das is ein[.] sehr interessantes thema↑" (Z.22f.).

---

[27] HF ist im Oktober 1917 geboren, seine Mutter starb, wie er hier angibt, bereits im Jahre 1919.
[28] Vgl. Ph 45: 4-6.

Die Passage in Version 1 zeigt, daß auch nicht selbst erlebte Gedächtnisinhalte affektiv konnotiert sein können, obwohl hier das Gefühl des Sich-Erinnerns fehlt, falls – wie in diesem Fall – eine bedeutende Konsequenz für das eigene Leben daraus resultiert. Die Wiedergabe des autobiographischen Wissens wird im wesentlichen durch die Fragen der Gesprächspartnerin gesteuert, der hier vorgestellte Passus besteht weitgehend nur aus Antworten zu diesen Fragen. Unklare Fakten werden dabei aber auch entsprechend markiert: "soviel ich mich erinnern kann" (Version 2, Z.12).

6 Schema und autobiographisches Gedächtnis: Zusammenfassung

Aus der Analyse der Interviews wird deutlich, daß sehr viele Ereignisse, die HF berichtet, sog. "länger andauernde" oder "zusammengefaßte" Ereignisse sind. Dies bestätigt die Ergebnisse der Experimente von Barsalou (1988) und anderen, die festgestellt hatten, daß diese Typen von Ereignissen am ehesten memoriert werden, weil sie übergeordnete Bestandteile einer *extended event time line* bilden. Nur wenige Episoden, und hier besonders einschneidende Erlebnisse (wie Angerempeltwerden von der SA, Heimfahrt nach Kastellaun, Kriegsverletzung), werden als spezifische Ereignisse dargestellt. Typischerweise sind das auch Ereignisse, die so prägend für die Biographie HFs waren, daß sie mit mehreren Strängen von ausgedehnten Ereignissen verbunden sind. Das zeigt sich ganz deutlich an der Episode von der Heimfahrt nach Kastellaun (Bsp. 2), die in der 3. Version völlig losgelöst vom ursprünglichen Kontext referiert wird und hier gleichsam Erklärungsfunktion für die Auswanderung besitzt. Darüber hinaus sind diese Ereignisse stark mit einer affektiven Komponente verbunden, die die Memorierbarkeit erhöht. Die Betonung der affektiven Komponente erfolgt durch die Gesamtevaluation des Ereignis- schemas: 'unangenehmes Erlebnis' (bei Bsp. 2), d.h. es wird hier zuerst die Einstellung erinnert, die mit dieser Begebenheit verknüpft ist, und danach werden die Einzelheiten des Schemas aufgerufen. Das gilt in besonderen Fällen auch für nicht unmittelbar erlebte Ereignisse (z.B. Tod der Mutter, Bsp. 4, Version 1). Die Markierung der Affektstruktur erfolgt bei HF vorwiegend auf der lexikalischen Ebene und führt im Extremfall dazu, daß Formulierungsmuster wörtlich wiederholt werden (z.B.: *ich war für die Luft*, Bsp. 2; *es ist mir so zu Herzen gegangen*, Bsp. 1). Die Schilderungen länger andauernder Erlebnisse weichen insgesamt viel stärker voneinander ab, weil mit ihnen viele verschiedene Subschemata verbunden sind, die immer wieder neu kombiniert werden können. Dabei werden auch häufiger Kommentierungen der Ereignisse eingeschoben (vgl. den Kommentar zur Einstellung der britischen Mandatsregierung, Bsp. 3, Version 2 und 3). Autobiographische Fakten werden im wesentlichen nur als Faktenwissen wiedergegeben.

Der Vergleich der Versionen, die von verschiedenen Dialogpartnerinnen aufgenommen wurden, zeigt, daß unterschiedliche Arten der Interviewführung Auswirkung auf den Abruf der Daten haben. Entscheidend für die Elaboration von spezifischen Ereignissen ist die Erwartungshaltung der Dialogpartnerin: geht diese auf das Ereignis ein, wird das Schema weiter ausgeführt, bringt sie dagegen andere Stichwörter, wird in der Regel ein neues Schema elaboriert. Nur in wenigen Fällen – und das sind besonders wichtige Erlebnisse – kommt HF auch nach der Unterbrechung auf das Ereignis zurück (Beispiel Malaria-Erkrankung, Bsp. 3, Version 1). Die Dialogpartnerinnen nehmen damit darauf Einfluß, ob die Erwähnung von autobiographischen Fakten zum Erzählen von Ereignissen in einer bestimmten *extended event time line* führt oder nicht. So weisen etwa die ersten beiden Versionen, die von Eva Eylon aufgenommen wurden, weniger Episoden auf als die dritte Version mit Anne Betten. Dies liegt zum Großteil am Interviewstil, der bei Eva Eylon viel stärker dialogisch angelegt ist. Dadurch werden sehr viele Stichwörter zum Aufruf bestimmter Gedächtnisinhalte von der Interviewerin vorgegeben. Insgesamt hängt sie das Interview am Realzeit-Gerüst auf und steuert so die Erinnerung in eine bestimmte Richtung. Das zeigt sich vor allem beim Abruf der biographischen Fakten in der Kindheit (Bsp. 4). Die Interviewerin Betten dagegen gibt meist nur bestätigende Signale, stellt wenig Zwischenfragen (ihre Fragen sind im wesentlichen übergreifender) und gibt kaum Formulierungshilfen. Dadurch ist der Informant einerseits viel stärker auf eigene Assoziationen angewiesen, kann aber andererseits auch die aufgerufenen Schemata besser elaborieren.[29]

Jedoch sind auch die spezifischen Ereignisse, die HF im Interview mit Anne Betten berichtet, ebenfalls meist sehr stark affektiv konnotiert (etwa das Wiedersehen mit seinem Bruder nach zehn Jahren) und haben daher eine besondere Speichertiefe. Andere Ereignisse werden auch hier nicht erzählt. Das hängt offensichtlich damit zusammen, daß HF als Erzählerpersönlichkeit nach der Definition von Lehmann (1983: 67) kein Monologiker, sondern ein Dialogiker ist: Er behauptet sein Rederecht meistens nicht und geht auf die Fragen der Gesprächspartnerin ein. Daher kommt er nur selten auf bereits aufgegriffene Schemata wieder zurück: Und das eben bei sehr wichtigen und einschneidenden Erlebnissen, die sein Leben und seinen Werdegang entscheidend geprägt haben.

---

[29] Diese Feststellungen bestätigen auch die Ergebnisse von Linton (1986: 54f.), die darauf hinweist, daß der Inhalt der Erinnerungen von der angewandten Methode (chronologisch, kategoriell, einzelne Stichwörter o.ä.) sehr stark abhängig ist.

7 Literatur

Barsalou, Lawrence W. (1988): The content and organization of autobiographical memories, in: U. Neisser/ E. Winograd (eds.): Remembering Reconsidered: Ecological and Traditional Approaches to the Study of Memory, Cambridge: Cambridge University Press, pp.193-243.

Bartlett, Frederic C. (1932): Remembering. A Study in Experimental and Social Psychology, Cambridge: Cambridge University Press [Neudruck mit einer Einleitung von Walter Kintsch 1995].

Betten, Anne (1994): Zur Spontaneität autobiographischer Erzählungen. Vergleich eines Interviews der ehemals österreichischen, heute israelischen Schriftstellerin und Journalistin Alice Schwarz-Gardos mit ihrer schriftlichen Autobiographie, in: Grazer Linguistische Monographien 11. Festschrift für Karl Sornig zum 66. Geburtstag, Graz: Institut für Sprachwissenschaft der Universität Graz, S.1-11.

— (1995a): Emigrationsetappe Frankreich: Zur Ausformung von Erzählungen in mündlichen Autobiographien ehemaliger deutscher Juden, in: E. Faucher/R. Métrich/M. Vuillaume (Hgg.): Signans und Signatum. Auf dem Weg zu einer semantischen Grammatik. Festschrift für Paul Valentin zum 60. Geburtstag, Tübingen: Narr, S.395-409.

— (1995b): Einleitung, in: A. Betten (Hg.): Sprachbewahrung nach der Emigration – Das Deutsch der 20er Jahre in Israel. Teil I: Transkripte und Tondokumente. Unter Mitarbeit von Sigrid Graßl, Tübingen: Niemeyer (Phonai 42), S.1-30.

Boueke, Dietrich et al. (1995): Wie Kinder erzählen. Untersuchungen zur Erzähltheorie und zur Entwicklung narrativer Fähigkeiten, München: Fink.

Brewer, William F. (1986): What is autobiographical memory?, in: D.C. Rubin (ed.): Autobiographical Memory, Cambridge: Cambridge University Press, pp.25-49.

— (1988): Memory for randomly sampled autobiographical events, in: U. Neisser/ E. Winograd (eds.): Remembering Reconsidered: Ecological and Traditional Approaches to the Study of Memory, Cambridge: Cambridge University Press, pp.21-90.

Conway, Martin A. (1990): Autobiographical Memory. An Introduction, Milton Keynes, Philadelphia: Open University Press.

Granzow, Stefan (1994): Das autobiographische Gedächtnis. Kognitionspsychologische und psychoanalytische Perspektiven, Berlin, München: Quintessenz.

Heinemann, Wolfgang/Viehweger, Dieter (1991): Textlinguistik. Eine Einführung, Tübingen: Niemeyer (Reihe Germanistische Linguistik 115).

Hoffmann, Joachim (1985): Die Welt der Begriffe. Psychologische Untersuchungen zur Organisation des menschlichen Wissens, Weinheim: Psychologie Verlags Union.

Konerding, Klaus-Peter (1993): Frames und lexikalisches Bedeutungswissen. Untersuchungen zur linguistischen Grundlegung einer Frametheorie und zu ihrer Anwendung in der Lexikographie, Tübingen: Niemeyer (Reihe Germanistische Linguistik 142).

Lehmann, Albrecht (1983): Erzählstruktur und Lebenslauf. Autobiographische Untersuchungen, Frankfurt/M., New York: Campus.

Linton, Marigold (1986): Ways of searching and the contents of memory, in: D.C. Rubin (ed.): Autobiographical Memory, Cambridge: Cambridge University Press, pp.50-67.

Michel, Gabriele (1985): Biographisches Erzählen – zwischen individuellem Erlebnis und kollektiver Geschichtentradition. Untersuchung typischer Erzählfiguren, ihrer sprachlichen Form und ihrer interaktiven und identitätskonstituierenden Funktion in Geschichten und Lebensgeschichten, Tübingen: Niemeyer (Reihe Germanistische Linguistik 62).

Quasthoff, Uta (1980): Erzählen in Gesprächen. Linguistische Untersuchungen zu Strukturen und Funktionen am Beispiel einer Kommunikationsform des Alltags, Tübingen: Narr.

Rehbein, Jochen (1982): Biographisches Erzählen, in: E. Lämmert (Hg.): Erzählforschung. Ein Symposium, Stuttgart: Metzler, S.51-73.

Riehl, Claudia M. (1993): Kontinuität und Wandel von Erzählstrukturen am Beispiel der Legende, Göppingen: Kümmerle (Göppinger Arbeiten zur Germanistik 576).

— (1998): Schema und Schematheorie, in: A. Nünning (Hg.): Metzler Lexikon der Literatur- und Kulturtheorie, Stuttgart: Metzler, S.487f.

— (demn.): Schreiben, Text und Mehrsprachigkeit. Zur Textproduktion in mehrsprachigen Gesellschaften am Beispiel der deutschsprachigen Minderheiten in Südtirol und Ostbelgien, Tübingen: Stauffenburg.

Rumelhart, David E. (1980): Schemata: the building blocks of cognition, in: R.J. Spiro/B.C. Bruce/W.F. Brewer (eds.): Theoretical Issues in Reading Comprehension. Perspectives from Cognitive Psychology, Linguistics, Artificial Intelligence, and Education, Hillsdale/N.J.: Erlbaum, pp.33-58.

Sanford, Anthony J./Garrod, Simon C. (1981): Understanding Written Language: Explorations of Comprehension beyond the Sentence, Chichester, New York, Brisbane, Toronto: Wiley.

Schank, Roger C./Abelson, Robert P. (1977): Scripts, Plans, Goals, and Understanding. An Inquiry into Human Knowledge Structures, Hillsdale/N.J.: Erlbaum.

Strube, Gerhard/Weinert, Franz E. (1987): Autobiographisches Gedächtnis: Mentale Repräsentation der individuellen Biographie, in: G. Jüttemann/H. Thomae (Hgg.): Biographie und Psychologie, Berlin, Heidelberg, New York, London, Paris, Tokyo: Springer, S.151-167.

Waldmann, Michael R. (1990): Schema und Gedächtnis. Das Zusammenwirken von Raum- und Ereignisschemata beim Gedächtnis für Alltagssituationen, Heidelberg: Asanger.

PETER MAUSER

"Überhaupt: die Sprache hat sich ja sehr geändert"

Beobachtungen zur Flexionsmorphologie an Interviews
mit österreichisch-jüdischen Emigranten

1 Einleitung

Ausgangspunkt für den vorliegenden Artikel ist ein zentraler Aspekt in den ersten linguistischen Analysen der in diesem Band untersuchten Sprechergruppe[1]: das besonders hohe Maß an Normorientierung im Sprechen der jüdischen Emigrantinnen und Emigranten. Losgelöst von der Sprachentwicklung der letzten sechs, manchmal sogar sieben Jahrzehnte in Deutschland oder Österreich haben die deutschsprachigen Juden in Israel an einer Sprache festgehalten, die in unseren Ohren heute vornehm bzw. sogar archaisch klingt: die Interviewten selbst hören den Vergleich mit dem "Weimarer Deutsch" bzw. "Burgtheaterdeutsch" nicht ungern. Betten (1996: 6) spricht vom "Bildungsbürgerdeutsch der 20er Jahre", das unbehelligt blieb von der in jüngeren Sprachgeschichten des Deutschen angesetzten Zäsur nach dem 2. Weltkrieg. Diese Zäsur – von Betten (1994: 392) mit dem Attribut "Untergang des Bildungsbürgerdeutsch" beschrieben – brachte unter anderem einen Normenwandel mit sich: Während sich das gesprochene Deutsch des Bildungsbürgertums der ersten Jahrzehnte unseres Jahrhunderts an der Schriftlichkeit orientierte, gewinnt in den Jahren nach dem 2. Weltkrieg der Einfluß spontaner Mündlichkeit, die bislang zumindest in den gebildeten Schichten allenfalls auf ganz private Situationen beschränkt war, überall an Bedeutung. Es geben m.a.W. nach bisherigem Befund die Interviews ein eindrucksvolles Zeugnis dafür ab, daß noch im Deutsch zu Beginn unseres Jahrhunderts die an der schrift- und literatursprachlichen Norm ausgerichtete sprechsprachliche Variante in Domänen Gültigkeit besaß, in denen sie heute im wesentlichen als obsolet, mindestens aber als unangemessen betrachtet wird. Von der kodifizierten Norm abweichendes Sprechen hat heute in wesentlich mehr Situationen sprachgemeinschaftliche Akzeptanz gefunden.

Angesichts der Tatsache, daß die überwiegende Mehrheit der Interviewten aus Deutschland stammt (von den 170 Interviewten im Corpus stammen nur fünfzehn aus Österreich bzw.

---

[1] Vgl. v.a. Betten (1995) sowie Betten (1994), (1996).

Österreich-Ungarn)[2], stellt sich die Frage, inwieweit diese erste Beurteilung der Sprache der *deutschsprachigen* Juden auch für die aus Österreich vertriebenen Juden Gültigkeit besitzt, oder ob die Interviews der aus Österreich Stammenden mit von der schriftsprachlichen Norm abweichenden Einflüssen – vielleicht auch Dialektismen – Zeugnis der Probleme des Österreichers mit dem ehemaligen Leitsatz "Sprich wie du schreibst!" ablegen könnten. Die Annäherung an diese Frage geschieht im folgenden durch die Analyse eines grammatischen Teilbereichs, der Flexionsmorphologie. Dabei soll auch deutlich werden, welchen Beitrag flexionsmorphologische Analysen zur Differenzierung innerhalb der Dichotomie *Dialekt – Standard* leisten können.

2 Analyse

2.1 Vorbemerkungen

Wenn hier der Versuch einer Zuordnung flexionsmorphologischer Phänomene in den Interviews der fünfzehn aus Österreich stammenden jüdischen Emigrantinnen und Emigranten zu Werten einer kontinuierlichen Skala, die sich zwischen den Polen *Dialekt* und *Standard* ausdehnt, unternommen wird, so müssen bei der linguistischen Analyse folgende Aspekte berücksichtigt werden: von der Standardnorm abweichende flexionsmorphologische Phänomene im Sprechen der Interviewten können nicht als Dialektismen oder dialektnahe Varianten bezeichnet werden, falls mit dem Terminus *Dialekt* eine diskrete Variante bezeichnet werden soll. Obwohl die Interviewten mit wenigen Ausnahmen in Wien und Umgebung aufgewachsen sind, kann nicht ohne weiteres eine sprachliche Sozialisation in einer homogenen sprachlichen Umgebung vorausgesetzt werden, weil oft die Eltern aus den verschiedenen Teilen der ehemaligen österreichisch-ungarischen Monarchie stammten und meist erst kurz vor oder sogar nach dem

---

[2] Von folgenden der fünfzehn "Österreicher/innen" finden sich Kurzbiographien im Transkriptteil dieses Bandes (im folgenden Ph 45): Jehoshua Arieli (12), Paul Feiner (26), Abraham Kadimah (152), Anna Robert (139), Alice Schwarz-Gardos (52) und Herr Y (18). Die Kurzbiographien von Irene Aloni, Rachel Beck, Isak Blumenfeld, Wilhelm Theodor Kahn, Franz Krausz, Moshe Rosner, Siegfried Stern, Lisl Vardon und Marianne Wahrmann sind in Betten (1995, im folgenden Ph 42) bzw. in Betten/Du-nour (1995) nachzulesen. Bei einer Vielzahl von ihnen liegen in diesem Band und/oder in Ph 42 Transkripte bzw. Tondokumente der Interviews vor: Jehoshua Arieli (Ph 42: 239ff., CD Nr. 16; Ph 45: 12f.), Rachel Beck (Ph 42: 406ff., CD Nr. 35), Isak Blumenfeld (Ph 42: 41f., 423f., 438, CD Nr. 37), Paul Feiner (Ph 42: 91f., CD Nr. 12; Ph 45: 26f., 47, 96ff., 116f., 151f., CD Nr. 6), Abraham Kadimah (Ph 42: 435f.; Ph 45: 152), Franz Krausz (Ph 42: 95ff., 171ff.), Anna Robert (Ph 45: 139f.), Alice Schwarz-Gardos (Ph 42: 164ff.; Ph 45: 52f., 96, 120f.), Siegfried Stern (Ph 42: 111ff., CD Nr. 13), Lisl Vardon (Ph 42: 90f., 114ff., 157ff., CD Nr. 14), Marianne Wahrmann (Ph 42: 53ff., 432ff., CD Nr. 3) und Herr Y (Ph 45: 18f., 47f., CD Nr. 15).

1. Weltkrieg aus den (Rand-)Regionen des zusammenbrechenden Vielvölkerstaates nach Wien zogen. Wenn also in der Sprache der Interviewten von der Norm des Standards abweichende Phänomene konstatiert werden, so ist bei jenen, deren Eltern aus Böhmen, Polen, der Bukowina, Ungarn usw. nach Wien zugewandert waren, auch entsprechender regionalsprachlicher sowie jiddischer Einfluß nicht auszuschließen. Trägt man darüber hinaus auch noch den unterschiedlichen sprachlichen Einflüssen nach der Emigration Rechnung (im familiären Kreis z.B. die Sprache des Ehepartners, im öffentlichen Leben eventuell Englisch und vor allem Iwrit), kann im einzelnen oft nicht mehr festgestellt werden, ob es sich bei Normabweichungen um Dialektmerkmale, Bavarismen, oder aber um Interferenzen (mit einer anderen Varietät des Deutschen, mit Jiddisch, Englisch, Iwrit usw.) handelt.

Schließlich kann der Normabweichung auch eine systemimmanente Intraferenz zugrundeliegen, die bei einem Teil der Interviewten mit speziellen Performanzbedingungen (u.a. fehlende Möglichkeit bzw. Notwendigkeit Deutsch zu sprechen), bei allen Interviewpartnern im wesentlichen aber mit ihrem z.T. schon sehr hohen Alter kommentiert werden kann.[3]

Im Einzelfall ist die Differenzierung zwischen Inter- bzw. Intraferenzen nicht unproblematisch: da ich im Iwrit über keine, im Jiddischen über nicht genügend Kompetenz verfüge, sah ich mich in einer Reihe von erklärungswürdigen Phänomenen außerstande, Kriterien oder Anhaltspunkte für inter- bzw. intraferierenden Einfluß anzuführen. Fälle dieser Art sind im folgenden außer Acht gelassen.[4]

Statt einer einheitlichen Transkription wurde – je nach Beschreibungszweck – entweder eine an Orthographie und flexionsmorphologischer Transparenz orientierte weite Transkription, IPA-Transkription oder gesprächsanalytische Transkription gewählt; bei der weiten Transkription unterscheiden zuweilen Bindestrich ("-") und Ist-gleich-Zeichen ("=") zwischen Klitisierung und Flexion.

2.2 Kontrastive Analyse

Die folgende, kurze kontrastive flexionsmorphologische Analyse *Standard – Dialekt* stellt die Grundlage für die linguistische Analyse in Teil 2.3 dar; dabei sind es aus bairisch-sprachgeographischer Sicht sekundäre Dialektmerkmale, die beachtet werden. Kleinräumige, primäre Dialektmerkmale finden gegebenenfalls im linguistischen Analyseteil Beachtung; in der kon-

---

[3] Eine eingehende Beurteilung der Frage nach der Beziehung *Alter – altersspezifische Sprachmerkmale* würde in diesem Rahmen zu weit führen. Es möge hier der Hinweis genügen, daß (wenngleich nur spärliche Untersuchungsdaten vorliegen) Sprachveränderung innerhalb der Morphologie oder Syntax aufgrund höheren (biologischen) Lebensalters feststellbar ist; vgl. die bei Kohrt/Kucharczik (1998: 30) referierte Literatur.

[4] Zur Analyse und Kategorisierung der auftretenden Arten von Sprachenmischung vgl. den Beitrag von M. Dunour in diesem Bd., S.445ff.

trastiven Analyse *Standard – Dialekt* haben sie, aufgrund der oben erwähnten Heterogenität jener Varietäten, die hinter dem Terminus *Dialekt* stehen, nur eingeschränkte Berechtigung.

Die vorliegende kontrastive Analyse erhebt darüber hinaus keinen Anspruch auf Vollständigkeit: sie wurde im Hinblick auf die Relevanz für die Interviews, die es zu untersuchen galt, erstellt.

2.2.1 Morphologie der Nominalphrase

Die Entwicklung der Substantivmorphologie in den deutschen Varietäten wurde von der Historiolinguistik mit zwei dominanten Strukturzügen charakterisiert: Kasusreduktion und Numerusdifferenzierung.[5] Die Numerusdifferenzierung bezeichnet den sprachgeschichtlichen Prozeß der zunehmenden Numeruskennzeichnung am Wortkörper des Substantivs zur Verwirklichung des Distinktionstypus Sg. $\neq$ Pl. (vgl. mhd. *daჳ wort – diu wort* : nhd. *das Wort – die Worte/Wörter*; nhd. *das Mädel – die Mädel* : ostösterr. *das-mädel – die mädeln*). Hand in Hand mit diesem Prozeß geht jener der Kasusreduktion: er bezeichnet die Abnahme der Kasusmarkierung am Wortkörper des Substantivs und die parallel dazu verlaufende Ausgliederung der Kodierung im Kategoriengefüge Kasus auf Begleiter des Substantivs (vgl. die dativische Präpositional- bzw. die stärker dialektale Possessivphrase, die den synthetischen Genetiv im Singular ersetzen: *die schwester vom französischen außenminister* bzw. *dem französischen außenminister seine schwester* '*die Schwester des französischen Außenministers*').

Die Reduktion der Kasusmorpheme am Wortkörper des Substantivs, die sich sprachgeschichtlich auch im Dativ-{-*e*}-Abfall stark flektierender Maskulina und Neutra äußert (z.B. *aus dem Buche* vs. *aus dem Buch*; Erhalt des Dativ-Morphems {-*e*} nur in petrifizierten, z.T. formelhaften, idiomatisierten Wendungen: *ein Phänomen, wie es im Buche steht*), ist im Singular für die Ausweitung des Morphems {-*en*} aus den Casus obliqui auf den Casus rectus verantwortlich zu machen. Dadurch werden – entsprechend dem dominanten Strukturzug Kasusreduktion – im Singularparadigma der betroffenen (zumeist) schwachen Substantive maskulinen und femininen Geschlechts alle Kasus nivelliert (vgl. mhd. Nom. Sg. *woche, sîte* – Gen./Dat./Akk. Sg. *wochen, sîten*, dagegen aber das gesamte Singularparadigma dial. *wochen, seiten*). Die Umsetzung des Strukturzugs Kasusreduktion kann statt der Ausweitung des Morphems {-*en*} allerdings auch durch das Verdrängen des Morphems {-*en*} aus den Casus obliqui und damit Angleichung der Casus obliqui an den Casus rectus geschehen (vgl. standardsprachlich die kasusmorphemnivellierte Flexion des historisch betrachtet substantivierten Adjektivs *Jünger*).

---

[5]   Vgl. zu beiden Prozessen (mit kritischen Anmerkungen zur Verwendung des Terminus *Kasusreduktion*) Mauser (1998: 117ff.).

Im Plural führt der Prozeß der Kasusreduktion zum Abbau des Distinktionstypus Ein.[6] ≠ Dat. Dabei verliert das Substantiv im Dat. Pl. sein Kasusmorphem, wodurch es zu einer völligen Kasusnivellierung im Pluralparadigma der betreffenden Substantive kommt:[7] *für Kinder ab 14 Jahren* vs. *für Kinder ab 14 Jahre.*

Der Prozeß der Kasusnivellierung zeigt sich im Plural über das Flexionsparadigma des Substantivs hinaus, tendenziell übernehmen auch die Begleiter des Substantivs die Kasus-kodierung nicht mehr: *mit-die männer* 'mit den Männern'.

Weiteres Charakteristikum im Bereich der Nominalmorphologie ist bei maskulinen Nominal-phrasen die Dominanz des Singular-Distinktionstypus Nom. ≠ Dat. = Akk. Dieser Distinktions-typus wird durch formale Angleichung des Dativs an den Akkusativ erreicht: *von-ihren bru-der* 'von ihrem Bruder'. Während die im Flexionsmorphem {-*em*} bzw. in der Form *dem* des best. Artikels vorliegende Abschwächung des auslautenden bilabialen Nasals /m/ zu /n/ bei maskulinen Nominalphrasen in der formalen Angleichung von Dativ und Akkusativ mündet, wird bei neutralen Nominalphrasen, wo diese phonologische Abschwächung auch zutrifft, der ansonsten im Singular gültige Distinktionstypus Nom = Akk ≠ Dat. nicht tangiert.

2.2.2 Morphologie der Pronomina

Der Kasusmarker *in*, dessen Homophonie mit der Präposition *in* in bairischen Dialekten eine zufällige ist, ersetzt die Formen des best. Artikels *dem* (Dat. mask./neutr.) bzw. *den* (Akk. mask.):[8] *das gehört-in nachbarn* 'das gehört dem Nachbarn'; *das gehört-in kind von-den nachbarn* 'das gehört dem Kind des Nachbarn'; *ich hab-in nachbarn lange nicht mehr gesehen* 'ich habe den Nachbarn lange nicht mehr gesehen'.

In adnominaler Verwendung gilt beim Possessivum wie beim Indefinitum im Nom. Sg. das genusindifferente Nullmorphem. Im Unterschied zum Standarddeutschen, das im Fem. das (historisch betrachtet pronominale) Morphem {-*e*} in den Formen *eine, meine, deine* etc. aufgreift, gilt in bairischen Dialekten das (historisch betrachtet nominale) Nullmorphem in allen drei Genera: *mein vater/mutter/kind* 'mein Vater/meine Mutter/mein Kind'.

Charakteristisch für das von der Norm des Standards abweichende regionalsprachliche Sprechen sind u.a. die in breiter Verwendung gebräuchlichen enklitischen Pronomina. In sämtlichen Varietäten des Deutschen, ausgenommen der präskriptiv normierten Standard-

---

[6]   Ein. [= Einheitskasus]: Nom. und Akk. Pl. formal vereinender Kasus.

[7]   So wurde mir kürzlich in Regensburg die in der Speisekarte einer Pizzeria angebotene *Pizza mit Meeresfrüchten* von der (deutschen) Kellnerin mit den Worten: "*Pizza mit Meeresfrüchte!*" serviert. Dieses Phänomen als Ausdruck des dominanten Strukturzugs Kasusreduktion findet aber selbst Eingang in die Schriftlichkeit: Mit *Ermäßigung für Eltern mit Kinder* wirbt z.B. eine Salzburger Skiregion für ihre Familienfreundlichkeit im Tarif-Folder des Jahres 1996.

[8]   Zu Entstehung und Verbreitung sowie Gebrauch des Kasusmarkers *in* in einem bairischen Dialekt vgl. Mauser (1998: 130ff.).

sprache, haben sich im Bereich der Pronominalmorphologie zwei Formenreihen gebildet: eine
volltonige und eine schwachtonige. Innerhalb der schwachtonigen Formenreihe nehmen die
Enklitika eine Sonderstellung ein: wenngleich auch sie häufig Reduktionsformen ihrer voll-
tonigen Pendants sind, kann im Unterschied zu den schwachtonigen Formen auf die Enklitika
keinerlei Akzent fallen.[9] Innerhalb der bairischen Varietäten treten pronominale Enklitika beim
Personal-, Reflexiv- und Indefinitpronomen sowie beim best. Artikel auf.[10] Bis zu drei Pronomina können an das Trägerelement, die Enklisebasis – vor allem finite Verben in Erst- und Zweit-
stellung sowie Nebensatzeinleiter –, klitisiert werden: *das weiß-ich nicht*; *das habe-ich-dir ja
gesagt*; *wenn-ich von ihm etwas will, dann gibt-er-mir-es*; *sie fragt-ihn, ob-er-es weiß* etc.

Im Zusammenhang mit den enklitischen Pronomina sei auch noch auf eine weitere Besonderheit bairischer Dialekte hingewiesen, die sog. *Flexion der Nebensatzeinleiter: wenn=s ihr
mir auch eine million gebt=s*.[11]

Unter dem Druck des enklitischen Personalpronomens der 1.Pl. *-mir*, welches durch Assimilation an den Nasal /n/ des Morphems {*-en*} der 1.Pl. im Präsens-Paradigma entstanden war,
erscheint in bairischen Dialekten auch die Vollform mit anlautendem bilabialen Nasal /m/: die
Vollform *wir* in der Normalstellungsvariante *wir haben* lautet in der Enklise *haben-wir*, bzw.
wird mit Assimilation von /ben/ zu /m/ in der Enklisebasis und Angleichung der Anlautqualität
des Enklitikons an die Basis zu *ham-mir*. In einem weiteren Schritt verdrängt das enklitische
-mir die Form *wir* in der Normalstellung *mir haben*.

Beim maskulinen Anaphorikum herrschen häufig suffixsynkretistische Tendenzen zwischen
Dativ und Akkusativ. Während die südbairischen Dialekte Dativ und Akkusativ immer trennen,
fallen in betonter Stellung im Südmittel- und Mittelbairischen Dativ und Akkusativ formal oft
zusammen; in der Enklise bleibt die Differenzierung bewahrt (Dativenklitikon *-ihm*, Akkusativ-
enklitikon *-ihn*). Der formale Zusammenfall von Dativ und Akkusativ auch in der Enklise ist
dagegen seltener.[12] – Beim maskulinen Anaphorikum wird die suffixsynkretistische Tendenz
durch die Ausweitung der Form des Dativs auch auf den Akkusativ verwirklicht: *ihm habe-ich
nicht gesehen* 'ihn habe ich nicht gesehen'; *ihm haben-sie wegschicken müssen* 'ihn haben sie

---

[9]   Vgl. dazu v.a. Altmann (1984).

[10] In bairischen Dialekten, die die Möglichkeit verstärkter Deixis durch das sog. *zusammengesetzte Demonstrativum* – vgl. im Ahd. einfaches Demonstrativum *dër* und zusammengesetztes Demonstrativum *dëse* (< *dër*
+ *se*) – nicht nutzen, ist die Opposition *stark-* versus *schwachtonig* beim einfachen Demonstrativum funk-
tionalisiert: die schwachtonige Reihe übernimmt die Funktion des best. Artikels, die starktonige Reihe dient der
verstärkten Deixis.

[11] Die Zuordnung des Phänomens zur flexionsmorphologischen Kodierung wird im wesentlichen von der Tatsache
getragen, daß hier, im Unterschied zur Klitisierung, das Verbot der Verdoppelung einer syntaktischen Funktion
(bei der Kodierung einer reinen Kongruenzkategorie) keine Gültigkeit besitzt; die Klitisierung des Enklitikons
-er ist im konkreten Beispiel dagegen nicht möglich: **wenn-er er mir auch eine million gibt*.

[12] Nicht gänzlich klar ist mir, wie weit der Synkretismus zwischen Dat. und Akk. beim Enklitikon regional-
sprachlich verbreitet ist (für die Wiener Stadtsprache gilt z.B. Synkretismus auch in der Enklise).

wegschicken müssen'. Zweifelsohne ist in dieser Tendenz der Versuch der Angleichung an den bei maskulinen Substantiven dominanten Distinktionstypus Nom. ≠ Dat. = Akk. erkennbar.

Im Pronominalparadigma der 2.Pl. sind in den meisten binnenbairischen Dialekten die Formen *ihr* und *euch* durch die formal-dualen Formen pluralischer Bedeutung mhd. *ëʒ* und *ënc* ersetzt. Als sog. *bairische Kennwörter* sind sie eines *der* Charakteristika bairischer Dialekte.

Charakteristikum bairischer Varietäten ist im Gebrauch des best. Artikels u.a. die Verwendung auch bei Eigennamen: *der hänsel und-die gretel 'Hänsel und Gretel'*. Im Unterschied zur Standardsprache ist weiters die Verwendung des unbest. Artikels bei Berufsbezeichnungen und vor allem Kontinuativa obligatorisch: *er wird-ein tischler werden 'er wird Tischler werden'*; *er ißt-ein obst 'er ißt Obst'*.

2.2.3 Morphologie der Verben

Im Partizip II schwacher Verben und in der 3.Sg. Ind. Präs. starker und schwacher Verben kommt es innerhalb des Süd- und Südmittelbairischen zwischen dem Morphem {-et} und dem Lexemauslaut zur Assimilation, wodurch bei Lexemauslaut auf mhd. /g/ und /ck/ bzw. /b/ und /pp/ die Allophone [k] bzw. [p] des Allomorphs /t/ anzusetzen sind. Von dieser Assimilierungsregel sind darüber hinaus auch die Gleitlaute [p] nach bilabialem Nasal [m] und [k] nach velarem Nasal [ŋ] betroffen: ['k͡sɔk] *gesag(t)*; ['k͡xɔp] *gehab(t)*; ['nimp] *nimm(t)*; ['o̅ːk͡fɔŋk] *'angefang(t)' angefangen*. Abgesehen vom westlichen Südbairischen ist in allen binnenbairischen Dialekten bei Lexemauslaut auf alveolaren Plosiv das Nullallomorph des Morphems {-t} anzusetzen: ['Rɛːt] *red(et)*; ['pɛt] *bet(et)*.

Im östlichen Südbairischen, im Etschunterland, im oberen Vinschgau, in großen Teilen des Südmittelbairischen sowie im Mittel- und Nordbairischen gilt im Präsensparadigma der 2.Pl. das sog. *suffigierte Morphem*: aus der Vollform mhd. *ëʒ 'ihr'* in der Inversionsstellung *gëbet ëʒ* entsteht ein Enklitikon *-(ë)ʒ: gëbet-ʒ*. Über falsche Segmentierung wird aus dem fakultativen Enklitikon *-(ë)ʒ* das obligatorische Flexionsmorphem {-ts}: *ëʒ gëb=ts*.

Die Bildung des Konjunktivs II kann in bairischen Dialekten auf mehrfache Weise geschehen: entweder synthetisch mit dem Konjunktiv II von *tun* oder *werden* und dem Infinitiv (*ich täte/würde geben*) oder analytisch mit dem Konjunktiv-Suffix /ɐd/ (*ich gebat*), mit Ablaut (*ich gab*) bzw. kontaminiert aus den beiden letztgenannten Bildungsmöglichkeiten (*ich gabat*).[13] Unter den analytischen Bildungen ist innerhalb des Bairischen heute nur mehr jene mit dem Konjunktiv-Suffix /ɐd/ produktiv; kontaminierte Bildungen sind deutlich im Rückgang begrif-

---

[13] Abgesehen von der Bildung des Konjunktivs II mit Ablaut und der kontaminierten Bildung gelten diese Kodierungsmöglichkeiten auch für die schwachen Verben. Zur Herkunft des Konjunktiv-Suffixes /ɐd/ aus dem Konjunktiv-II-Paradigma der ahd. schwachen Verben auf *-ôn* und *-ên* vgl. Reiffenstein (1969).

fen, Ablautbildungen halten sich nur noch relikthaft.[14] Als ein deutliches bairisches Dialektmerkmal ist demnach die Bildung mit dem Konjunktiv-Suffix /ɐd/ zu werten, z.B. *ich wissat
überhaupt nichts* 'ich wüßte überhaupt nichts'.

Der für sämtliche deutschen Varietäten charakteristische Strukturzug der Substitution
synthetischer Kodierungsverfahren durch analytische äußert sich u.a. auch im Tempussystem des
Bairischen. Bis auf wenige Relikte ist hier das analytische Präteritum geschwunden und steht an
dessen temporaler Stelle das periphrastische Perfekt. Abgesehen von jenen Verben, die aufgrund
hoher *token*-Frequenz ohnehin zur Suppletion im Flexionsparadigma neigen (u.a. verbum
substantivum *sein*), kennen bairische Varietäten keine (formalen) Präterita: es wird das Perfekt
verwendet. Nur im formellen Stil und in höheren Bereichen des sozialsprachlichen Spektrums
treten auch (formale) Präterita auf.[15]

Im Präsens-Indikativ-Flexionsparadigma fehlt den bairischen Dialekten die in der Standardsprache aus dem Mitteldeutschen übernommene sog. *Wechselflexion*.[16] Dabei erscheint statt
dessen in regionalsprachlicher Differenzierung die Vokalalternanz entweder numerusspezifisch
(*ich lies(e), du liest, er liest, wir lesen, ihr lest, sie lesen*) oder aber völlig nivelliert (*ich les(e), du
lest, er lest, wir lesen, ihr lest, sie lesen*).

Im gesamten Bereich der Flexionsmorphologie sind es vor allem Apokope, Synkope und
diverse assimilatorische Prozesse, die, wenngleich sie in der Regel nicht als spezifische Dialektmerkmale gelten können, dem normabweichenden Sprechen eignen; die Relevanz dieser
Prozesse ist für dialektales (dialektnahes) Sprechen unbestritten, bedingen sie u.a. doch allopho-
nische Varianten der (Allo-)Morphe aus den verschiedenen flexionsmorphologischen Teilberei-
chen.

2.3 Analyseteil

Der bereits beim ersten Durchhören der fünfzehn Interviews gewonnene Eindruck, daß die
Suche nach flexionsmorphologischen Dialektismen wohl nur bei ganz wenigen erfolgreich sein

---

[14] Zur Verteilung der Konjunktiv-II-Bildung bei ablautenden Verben in einem südmittelbairischen Dialekt vgl.
      Mauser (1998: 343ff.).

[15] Vgl. dazu Rowley (1983) und Gersbach (1982: § 192). Bei Gersbach (1982: 31ff.) findet sich darüber hinaus
      auch eine sehr gute Übersicht über die verschiedenen Theorien zum Präteritumschwund.

[16] Auf der Basis der aus Brechung und *ë-i*-Wechsel resultierenden Vokalalternanz entwickelt sich im Mitteldeut-
      schen – in Analogie zur umlautbedingten personenspezifischen Vokalalternanz der starken Verbklassen VI und
      (z.T.) VII – die *Wechselflexion*: in der 1.Sg. Ind. Präs. der starken Verben erscheinen /iu/ bzw. /ë/, in den
      übrigen Formen des Singularparadigmas gelten /ie/ bzw. /i/; die charakteristischen md.mhd. Präsensparadigmen
      von *wërfen* und *ziehen* lauten beispielsweise: *wërfe/ziehe, wirfest/ziuhest, wirfet/ziuhet, wërfen/ziehen,
      wërfet/ziehet* und *wërfen(t)/ziuhen(t)*. Nur bei starken Verben mit dem Stammvokal /ë/ findet dieses Phänomen
      auch Eingang in die Standardsprache.

würde, erhärtete sich nach genauerer Analyse. "Ergiebig" – wenngleich in höchst unterschiedlichem Ausmaß – waren nur die Interviews folgender Personen: Rachel Beck, Anna Robert, Moshe Rosner, Siegfried Stern und Lisl Vardon.[17]

Ganz deutlich zeigt sich aus dialektgeographischer Sicht die bairische Herkunft bei Siegfried Stern. In seinem Interview, das einen informellen, familiären Charakter hat, sind neben Standardnormabweichungen in den anderen grammatischen Beschreibungsniveaus vor allem innerhalb der Flexionsmorphologie Phänomene anzutreffen, die eindeutig als Bavarismen gewertet werden müssen. Im Bereich der Nominalmorphologie kann der zitierte Strukturzug der Kasusreduktion durch zahlreiche Beispiele belegt werden. Dabei findet man neben dem Abfall des Dativ-Pluralmorphems {-(e)n} auch die fehlende Kasuskodierung durch die Begleiter des Substantivs vor:

(1)   nach *die vier jahre*; mit *die* russen, mit *die* serben; mit dreizehn *jahr*; bei *die* juden; sehr gut vertragen mit *meine* kameraden; natürlich wollt ich zu *meine* kameraden; von vierzig *schüler*; von *meine* kollegen; mit fünfzehn *jahre*; auf *die felder*; mit vierzehn *mädel*; vor acht *tag*; die *einheimische* juden; von *die verschiedene* ortschaften; von *die* landesschützen; mit *diese* menschen; niemand von *diese* banditen; in *die* ortschaften ist [...] kirchtag; mit *felle*; zu *die* eltern; zu *meine* eltern; in *die* waggons, in *die* viehwaggons haben wir gelebt; von der *jüdische* kultusgemeinde; mit *die* fünfzig scheckel; mit *die* autobusse; von *ihre kinder*; von drei *jahre*; von *meine* eltern; nach *einige monate*; was wird mit *meine* eltern sein und *meine ganze* verwandten; unter *die* achtzehn juden; von *die* deutschen; von *die felder*; vor sechs *jahre*; eine von *die größten holzhändler*; mit *die* eltern; vor zirka sechs *jahre*; von *die* bananen; von *die* molkereien; neunzig prozent von *die* kibbuzim sind in *große* schulden; nach zwei *jahre*; vor zwei *monat*; vor zirka zwei *monat*; vor zwei *jahr*; vor zwei *monat*; vor drei *jahr*; vor drei *jahre*; nach drei *jahre*

In diesen Beispielen – sie stellen nur einen Bruchteil der tatsächlichen Belege dar – ist der standardsprachliche Distinktionstypus Ein. ≠ Dat. ungültig, in der Sprache Siegfried Sterns sind Ein. und Dat. nicht mehr disambiguiert. Dies gilt allerdings wohl nicht nur für das ungezwungene Sprechen in der kasuellen Situation (als solche ist die konkrete Interviewsituation zu betrachten), sondern wahrscheinlich auch für höhere Stillagen. In dem folgenden Beispiel gibt Herr Stern (Sigle HS) eine Antwort auf die Frage nach seinem "Vermögen":

Beispiel (2)

```
1    HS:   [...] und #heute # sage ich * wenn mi/ fra/ du hast noch
2    K:              #BETONT#
3          ein #vermögen#⌐ * in in tel aviv⌐ ja⌐ * ich hab zwei töch-
4    K:          #BETONT #
5          ter mit sechs enkelkinder⌐ * das ist mein grö/ größtes ver-
6          mögen⌐ * ob ich ein=ä eine #wohnung# eine #eigenwohnung#
7    K:                           #BETONT #        #BETONT        #
```

---

[17]   Zur allgemeinen Orientierung über diese fünf Interviews vgl. v.a. die Verweise auf Biographien bzw. Transkripte/Tondokumente in Anm. 2 sowie das in diesem Band abgedruckte Transkript von Robert, Ph 45: 139f.

```
8            oder #geld  #  in in der bank das is=ä #uninteressant↓#
9    K:        #BETONT#                        #BETONT         #
10           das #vermögen#  is meine töchter mit die sechs enkelkinder↓
11   K:        #BETONT  #
12           * stimmt des↑
```

Sein Leben gleichsam resümierend stellt Siegfried Stern vorerst in einem fingierten Dialog fest: "ich hab zwei töchter mit sechs enkelkinder↓" um dann abschließend zu wiederholen: "das vermögen is meine töchter mit die sechs enkelkinder↓ * stimmt des↑". Indem er nach der negativen Formulierung (Z.6–8) seine Aussage wiederholt (Z.10), verleiht er ihr Nachdruck und Gewicht. Der Eindruck, daß er sich dabei einer deutlich höheren Stillage bedient, wird vor allem von der Erwartung bzw. Aufforderung Sterns ("stimmt des↑") unterstützt, für seine Aussage, von der er annimmt, daß sie, als eine Art Lebensweisheit, über sein eigenes Leben hinaus Gültigkeit besitze und deshalb wohl Akzeptanz finden müsse, von der Gesprächspartnerin Zustimmung zu erhalten. Obwohl in der betonten Stellung der Wiederholung noch am ehesten mit Normkonformität zu rechnen wäre, fehlt auch bzw. gerade in dieser betonten Stellung die Dativ-Pluralkodierung. Unabhängig vom stilistischen Register wird man – nicht nur aufgrund der oben angeführten großen Zahl von kasusnivellierten Beispielen im Plural – dem Distinktionstypus Ein. = Dat. in der Sprache Sterns absolute Dominanz zuerkennen müssen.

Auch im Singular zeigt sich bei maskulinen Nominalphrasen dieser Strukturzug recht deutlich: durch Synkretismus zwischen Dat. und Akk. bei den Begleitern des Substantivs gleicht sich der Distinktionstypus der gesamten Nominalphrase jenem maskuliner Substantive an. In den folgenden Beispielen für den Dat. Sg. – es handelt sich nur um eine kleine Auswahl – liegt der Distinktionstypus Nom. ≠ Dat. = Akk. vor:

(3a)   ich war der einzige jude in *diesen* dorf; gefallen in-*den* krieg; in *unsern* zimmer;[18] in-*den* nächsten zimmer [...] waren [...] burgenländische persönlichkeiten; mit *den* gedanken; alles in-*den* stich lassen; er ist auch in-*den* krieg gefallen; wegen *den*; aber einer hat nicht gewußt von-*den* andern; von-*den* kopf verlangt lösegeld; mit-*den* donaudampfer; nach-*den* krieg; von *ihren* mann; mit-*den* steiner; mit-*einen* SA-mann; von-ihrem, von-*ihren* sohn oder von-*den* mann; auf-*den* grenzübergang; da ist die frau von-*den* gendarmerieinspektor gestanden mit-*ihren*, mit-*ihren* fünf- oder sechsjährigen jungen; von *einen* irrsinnigen verführen lassen; nach-*den* krieg; von-*den* bundeskanzler von österreich, der kreisky sein bruder, war auch dabei bei *unsern* transport; bei *einen* tisch; gleich nach-*den* krieg; die was hier in-*den* kibbuz ist; hier in-*den* kibbuz; die hat er hier gemacht in-*den* kibbuz; noch *einen* rang zu *einen* general; die was auch kinder in-*den* kibbuz haben; nach *den* dollarkurs; daß dieser ganze *den* kibbuz etwas hilft; die was nebenan in-*den* kibbuz arbeiten; suchen hier in-*den* kibbuz die geschicken; ich bin freitag weggefahren von-*den* land; von-*den* israel-deutschen lehrerverband; als pensionär leb ich in-*den*, in-*den* kibbuz; die müssen das ja abgeben *den* kibbuz

---

[18] Man beachte das mask. Genus von *zimmer*, wie es u.a. aus der in Beispiel (9) zitierten Akkusativform *einen zimmer* hervorgeht.

Nur in wenigen Ausnahmefällen ist der Distinktionstypus Nom. ≠ Dat. ≠ Akk. verwirklicht, vergleiche beispielsweise:

(3b)   an-*dem* zehnten märz; einen kleinen teil haben wir gehalten von-*dem* boden; von-*ihrem*, von-ihren sohn oder von-den mann; mit-*dem* hals zu tun; von-*meinem* vater

Selbst abgesehen von der Tatsache, daß mehrerer dieser Beispiele eine petrifizierte dativische Phrase bzw. Form zugrundeliegt (z.B. lexikalisiertes *vom, im, am* usw. für *von-dem, in-dem, an-dem*), darf der Distinktionstypus Nom. ≠ Dat. ≠ Akk. in der Sprache Siegfried Sterns als überwunden betrachtet werden.

Die zur Verwirklichung des Distinktionstypus Nom. ≠ Dat. = Akk. eintretenden phonologischen Ausgleichsprozesse (Flexionsmorphem {-*(e)m*} > {-*(e)n*}, -*dem* > -*den*) tun sich auch bei neutralen Nominalphrasen vor, allein bleiben sie hier ohne Einfluß auf die Distinktivität der Kasus im Paradigma; der neutrale Distinktionstypus Nom. = Akk. ≠ Dat. bleibt auch trotz der hier in der Regel vollzogenen phonologischen Ausgleichsprozesse erhalten:

(3c)   ich war der einzige jude in *diesen* dorf; einen kleinen teil haben wir gehalten von-*dem* boden, von-*den* grundstück; interniert in-*den* wirtschaftsgebäude; wie-sie-mir das motorrad dann beschlagnahmt haben in-*den* lager; von-*den* geschäft aus; in *unsern* haus; vor *diesen* dachau; mit-*den* donauschiff; bei-*den* österreichischen militär; bei *diesen* herrenvolk; mit-*den* geschäft; nach *einen* jahr; von-*den* ärgern; nach *einen* jahr; mit *diesen* geld; nach-*den* militär; ein paar jahre war er da in-*den* geschäft; in *einen* elternheim; aus-einem, aus-*einen* reichen haus[19]

Anders als bei den maskulinen Nominalphrasen besteht kein Unterschied in der Distinktivität der Kasus im Vergleich zu folgenden (seltenen) Belegen:

(3d)   mitgeholfen in-*dem* geschäft; in-*dem* jahr einmal; nach-*dem* datum der erste sonntag; daß man herausgeht von-*dem* ge- von-*einem* geschäft; aus-*einem*, aus-einen reichen haus

Im Singular findet man weiters den Abbau der Kasusmorpheme am Wortkörper des Substantivs durch Ausweitung des Morphems {-*en*} aus den Casus obliqui auf den Casus rectus:[20]

(4a)   die *unterhosen* ist heruntergefallen

Auch die folgenden Casus obliqui dürften als Indiz dieses Prozesses zu werten sein:

(4b)   haben dagestanden mit-der *unterhosen*, ohne *unterhosen*; auf die andere *seiten*; jede *wochen*; jede *wochen*; jede *wochen*

---

[19] Interessant am Beispiel "aus-einem, aus-*einen* reichen haus" ist vor allem auch, daß zuerst die normkonforme Variante auftritt und erst in der (korrektiven) Wiederholung die von der Standardnorm abweichende.

[20] Wenn von Ausweitung des Morphems {-*en*} gesprochen wird, muß erwähnt werden, daß als Diasystem das Mhd. herangezogen wird; das standardsprachliche Fehlen des Morphems {-*en*} bei den in den Beispielen erwähnten Substantiven im Singular (aufgrund des Übertritts in die gemischte Flexionsklasse) hat mit meiner Beurteilung nichts zu tun: mhd. *hose* flektiert (wenngleich Pluraletantum) schwach, so auch mhd. *woche*; zu mhd. *sît(e)* sind sowohl starke als auch schwache Flexionsformen vorhanden.

Daneben treten aber durchaus auch Belege für die gemischte Flexion historisch schwacher Substantive auf; wahrscheinlich ist für folgende Beispiele Druck der Standardsprache verantwortlich zu machen:

(4c)   unser *kirche* hat gehabt [Anm.: den namen] margaret; in der *woche*; mein mutter hat noch gehabt eine *goldkette*

Auch im Bereich der Pronominalmorphologie wird die starke Affinität zum Bairischen augenscheinlich: in mehreren Fällen erscheint der Kasusmarker *in* für die Formen des best. Artikels *dem* (Dat. mask./neutr.) bzw. *den* (Akk. mask.):

(5)   *in* waffenpaß haben-sie-mir auch nicht weggenommen; man hat-einen *in* hals abgeschnitten; *in* rucksack, nur den rucksack hab ich gehabt; ich müßte *in* elternheim eine anzahlung geben

Beim Possessivum und beim Indefinitum in adnominaler Verwendung finden sich – wenngleich nicht zahlreiche – Belege für das Nullmorphem und damit Genusindifferenz im Nom. Sg.; vergleiche folgende fem. Beispiele:

(6)   *unser* kirche hat gehabt [Anm.: den namen] margaret; und *mein* mutter hat noch gehabt eine goldkette; *ein* junge henn

Ungleich häufiger dagegen sind die Beispiele für die Verwendung enklitischer Pronomina. Aus der Vielzahl der Belege seien nur wenige genannt:

(7)   mein vater hat-*mir* halt gesagt; zuerst haben-*sie-mir* gesagt; wie-*mir* fertig waren; das kannst-*dir* vorstellen; wir richten-*dir-das* geschäft ein; da ist-*es-mir* sehr, sehr gut gegangen

Auch flektierte Nebensatzeinleiter finden sich im Interview mit Stern:

(8)   *wenn=s* du jemand weißt; *wenn=s* du das geschick hast wegzufahren; *wenn=s* ihr mir eine million gebt=s, mit-den geschäft, kann ich nicht bleiben; *ob=s* du mir geld gibst oder nicht, das ist-mir uninteressant

Während die Belege für das enklitische Personalpronomen *-mir* sehr zahlreich sind, finden sich nur verhältnismäßig wenige für das Personalpronomen der 1.Pl. *mir* in der Normalstellung:

(9)   '*mir* meinen nicht die, die einheimische juden, *mir* meinen nur die polnischen juden'; *mir* haben einen zimmer gehabt; und *mir* trinken bei mir kaffee

Die Frage, wie weit die suffixsynkretistischen Tendenzen zwischen Dativ und Akkusativ beim maskulinen Anaphorikum reichen, kann nicht beantwortet werden: sowohl für die betonte Stellung als auch für die Enklise mangelt es an genügend beweiskräftigen Belegen.

Ein auffälliges Dialektmerkmal findet sich beim Anaphorikum im Dat. Pl. Hier erscheinen mehrmals statt standardsprachlich *ihnen* – eine hyperkorrekte Form, die auf ahd. *im* (mhd. *in*)

zurückgeht – die Formen *se* bzw. *sen*, die beide mit süd- bzw. südmittelbairisch *sen* bzw. *senan* in Verbindung zu bringen sind.[21] Durch die Hauptform *se* in den folgenden Beispielen läßt sich ein genus- und kasusindifferentes Flexionsparadigma konstruieren:

(10)   und bin mit *se* gegangen; war auch nach-den krieg dann noch in kontakt mit *se*; und ist mit *sen* [...] in kontakt geblieben

Auch für die standardnormabweichende Verwendung des best. Artikels und des Indefinitums (hier bei Eigennamen bzw. im Gleichsetzungsnominativ) lassen sich Belege finden:

(11)   mein freund *der* steiner, was mit mir gekommen ist; auch mein freund *der* [...] steiner; und ich war so befreundet mit *den* steiner; zwar haben-wir nicht ausgeschaut als wie juden, auch nicht *der* steiner, auch ich nicht; *der* hitler war doch aus braunau; von meinem vater, der ist *ein* österreicher

Bemerkenswert in der Verbalmorphologie im Interview Siegfried Sterns ist das seltene Vorkommen des Morphems {*-ts*} in der 2.Pl. Ind. Präs. Es erscheint zuweilen, wenn der Interviewte (u.a. sich selbst) zitiert:

(12)   'ihr *sollts* freud und leid zusammen tragen, weil ihr so verbunden seid'; 'wenn=s ihr mir eine million *gebts*'

Interessant ist hier vor allem, daß der Sprecher bei Zitaten – zur Erreichung hoher Authentizität – eine Abweichung von der Standardsprache aufgreift, die er ansonsten während des Interviews offensichtlich zu unterdrücken weiß. So könnte es auch zu erklären sein, daß sich im ganzen Interview nur eine einzige Konjunktiv-II-Form mit dem Suffix /ɐd/ findet:

(13)   ich *wissad* überhaupt [...] nicht was anzufangen in kibbuz

Für das erwartungsgemäße Fehlen der Wechselflexion im Singularparadigma Ind. Präs. sprechen folgende zwei Belege:

(14)   die *lies* ich heut noch [...] die deutschen zeitungen; jetzt *seht* man ob er an ist

Diese beiden Belege sind aber nicht ausreichende Grundlage für die Feststellung, welche Verteilung der Folgephoneme von idg./germ. /e/ im Präsensparadigma gilt. Am wahrscheinlichsten ist die numerusdifferenzierende Alternanz mit /i/ im Singular und /e/ im Plural. Ob das /e/ im zweiten Beispiel auf Hyperkorrektismus aufgrund der in der 1.Sg. vorkommenden Abweichung (*ich helfe, nehme, sehe* vs. *ich hilf(e), nimm(e), sieh(e)*) zurückzuführen ist, oder ob

---

[21] Wäre nur die Form *se* für den Dat. Pl. des Anaphorikums belegt, könnte man natürlich eine einfache Ausweitung der Form des Ein. auf den Dat. nicht von der Hand weisen. Da uns allerdings auch die Form *sen* vorliegt, scheint zum Zweifel an der Verbindung mit süd- bzw. südmittelbairisch *sen* bzw. *senan* kein Anlaß gegeben; zu Nebenformen und zur möglichen Herleitung von *sen* bzw. *senan* vgl. Mauser (1998: 233f.).

an wortweisen völligen Ausgleich der Vokalalternanz zu denken ist, kann hier allerdings nicht festgestellt werden.[22]

Auf morphonologischer Ebene finden sich im Partizip II schwacher Verben und in der 3.Sg. Ind. Präs. starker und schwacher Verben Nullallomorphe zum Morphem {-*t*} bei Lexemauslaut auf alveolaren Plosiv:

(15)   mich hat man *verhaft(et)*; mein schwiegersohn, der was jeden tag stattst acht stunden zehn stunden *arbeit(et)* arbeitet; jeder kibbuz *arbeit(et)* für sich

Daneben treten noch zahlreiche weitere (z.T. singuläre) Phänomene auf, wie beispielsweise im hyperkorrekten Beleg:[23]

(16)   und haben uns geführt [...] eisenstücke [ˈaʊ͡ftsulaˈnən] *aufzuladen*

oder im mit Dentalsuffix gebildeten Partizip-II zu *wesen*:

(17)   aber es ist nicht *dagewest*; so bin ich dann versteckt *gewest*; dann sind wir zwei tage in natanja *gewest*

Dieser kurze Abriß, der um zahllose Beispiele, die die Relevanz von Apokope, Synkope und Assimilationen in der Flexionsmorphologie illustrieren, erweitert werden könnte, zeigt recht deutlich, welchen Stellenwert flexionsmorphologische Bavarismen in der Sprache Siegfried Sterns einnehmen.

Dagegen finden sich – wie ich oben bereits vorweggenommen habe – bei allen anderen der fünfzehn Interviewpartner vergleichsweise wenig (bzw. keine) von der Norm des Standards abweichende flexionsmorphologische Erscheinungen. So zeigt sich die Kasusreduktion durch den Abfall des Dativ-Pluralmorphems {-(*e*)*n*} und auch fehlende Kasuskodierung an den Begleitern des Substantivs nur noch in den Interviews von Anna Robert, Lisl Vardon und Rachel Beck. Während im Interview von Frau Vardon lediglich zwei Belege vorliegen:

(18a)   ganze familien mit *kinder*; mit zehn oder fünfzehn *leute* drauf

und im Interview von Frau Robert überhaupt nur ein einziger Beleg:

(18b)   vollgepackt nur mit *lebensmittel*

sind die Beispiele im Interview von Frau Beck etwas zahlreicher:

(18c)   daß es zu *schläge* gekommen ist; ich will nicht sagen, daß-ich zu *die gründer* gehör; mit *die gelder*; mit zwei *finger*; mit acht *finger*; einer von *die verantwortlichen*; viele [...] von *die fertigen bilder*; nein, bei *enkelkinder* ist es gleich; aufgebaut [...] nach *arbeitsplätze*; mit *seine*

---

[22] Diese Regelung – numerusspezifische Vokalalternanz im Regelfall und Nivellierung der Vokalalternanz bei einer beschränkten Anzahl Verben – ist in mittelbairischen Dialekten nicht ungewöhnlich (z.B. regelmäßig *ich iss(e), du isst, er isst, wir essen, ihr essts, sie essen*, aber: *ich mess(e), du messt, er messt, wir messen, ihr messts, sie messen*).

[23] Hyperkorrekte Bildung aus dem Infinitiv [ˈlɔˑn] *laden* bzw. [ˈlɔˑnɐ] mit als Morph /ɐ/ restituiertem Morphem {-*en*}.

papiere; bei *die fahrräder*; mit *die verschiedenen krankheiten*; das war noch alles vorher, vor *die gruppen*; großmutter mit *enkelkinder*

Das Interview von Frau Beck hebt sich auch insofern ab, als sich hier neben mehreren Präpositionalphrasen zur Umschreibung des synthetischen Genetivs:

(19a) *die verantwortlichen*; viele [...] *von die fertigen bilder*; die rechte hand *von dem sekretär*

auch ein Beleg für die Umschreibung mit der Possessivphrase findet; im folgenden Ausschnitt bezieht sich Frau Beck auf den Umstand, daß zahlreiche Emigrant/inn/en aus Deutschland nach Auszahlung von Wiedergutmachungsgeldern die Kibbuzim verließen:

(19b) [...] liegt daran, daß jeder [...] das geld in die eigene tasche stecken wollte [...] und nicht in den kibbuz [...] *in-dem kibbuz sein tasche*

Einzig im Interview von Frau Beck sind noch Beispiele für den bei Herrn Stern häufig belegten Distinktionstypus Nom. ≠ Dat. = Akk. maskuliner Nominalphrasen anzutreffen:

(20a) wie es lebt in *einen* kibbuz; von-*den* herrn stern die tochter; das war die illegale einwanderung nur mit-*den* rucksack; der damalige sekretär von-*den* kibbuz; deswegen war es ein problem mit *meinen* sohn

Der zugrundeliegende phonologische Abschwächungsprozeß zeigt sich auch bei neutralen Nominalphrasen:

(20b) hab ja meine schwierigkeiten [...] mit-*den* aufstehen; mit-*den* auto

Hier hat er aber keinerlei Einfluß auf das Flexionsparadigma; man darf allerdings nicht übersehen, daß die genannten Beispiele einer Unzahl an standardkonformen Beispielen gegenüberstehen, so daß, anders als bei Herrn Stern, dem auch bei allen übrigen Interviewpartner/inne/n gültigen maskulinen Distinktionstypus Nom. ≠ Dat. ≠ Akk. Dominanz zugestanden werden muß.

Auch im Bereich der Pronominalmorphologie liegen vergleichsweise wenig normabweichende Phänomene vor; so wie auch im Interview von Herrn Stern finden sich genusindifferente Formen beim adnominalen Indefinitum (und Possessivum, das hier allerdings nicht belegt ist) im Nom. Sg. im wesentlichen nur mehr bei Frau Beck (durch Suffixsynkretismus im Fem. zwischen Nom. und Akk. können auch Beispiele im Akk. als Indiz gelten):

(21a) und *ein* große bibliothek; aber *ein* mutter will haben, daß [...]; oder gab-es da *ein* große sperre; man hat doch zu unserer zeit bekommen [...] *ein* zulage; daß man hat *ein* arbeit zu machen

Ein einziges Beispiel weist auch das Interview von Frau Vardon auf:

(21b) da macht man *ein* ganz große feier

Enklitische Pronomina finden sich in keinem Interview mehr so zahlreich wie in jenem von Siegfried Stern; sie kommen vermehrt vor im Interview von Frau Beck und Frau Vardon, seltener bereits bei Frau Robert oder Herrn Rosner. Als Enklitikon erscheint in der 1.Pl. zwar in

mehreren Fällen die Form mit assimiliertem Anlaut -*mir*, die Vollform *mir* ist allerdings höchst
selten. Das Enklitikon -*mir* trifft man, neben einem einmaligen Beleg bei Frau Vardon:

(22a)   und so sind-*mir* acht tage gestanden

einige Male im Interview von Frau Beck an:

(22b)   dann schaun-*mir*-es-uns schon [...] an; wenn man geht, sagen-*mir* in-ein spital

Bei ihr tritt auch – ein einziges Mal – die Vollform *mir* auf:

(22c)   *mir* fahren noch manchmal rüber

Interessant ist, daß sich im gesamten Korpus kein einziges Mal ein Beleg für das Pronomen mhd.
ëʒ bzw. *ënc* findet; für die Sprache all jener, die aus der Stadt bzw. aus der Nähe einer Stadt
stammen, ist dies erklärbar: in den städtischen Umgangssprachen ist dieses bairische Kennwort
vom standardsprachlichen Pronomen verdrängt. Verwunderlich ist allerdings, daß auch in der
Sprache Herrn Sterns kein einziger Beleg auftritt; ob dafür stadtsprachlicher Einfluß verantwortlich zu machen ist, kann nicht mit Sicherheit festgestellt werden, wiewohl – nicht zuletzt
wegen der zwei in Wien absolvierten Schuljahre – dies nicht von der Hand zu weisen ist.[24]

Von der standardsprachlichen Norm abweichende Artikelsetzung ist auf die Sprache Siegfried
Sterns beschränkt; die Setzung des best. Artikels bei Eigennamen, um damit Geringschätzung
bzw. Distanz zum Ausdruck zu bringen, entspricht auch standardsprachlichem Usus; vergleiche
einen Beleg bei Herrn Rosner:

(23)   wie *der hitler* in tschechoslowakei gekommen ist, mußte fritz mit seiner frau anni weiterlaufen

Im Bereich der Verbalmorphologie fällt in der 2.Pl. Ind. Präs. auf, daß zwar das Morphem {-*ts*}
vorkommt, allerdings immer nur dann, wenn der/die Interviewte ein Zitat, welches häufig im
imperativischen Modus steht, wiedergibt;[25] mit diesem Phänomen, das bereits aus dem Interview
des Herrn Stern (vgl. Beispiel 12) bekannt ist, werden wir im Interview von Frau Vardon
konfrontiert:

(24a)   '*stehts* auf, *nehmts* kübel und und seife und besen und *kommts*'; 'holt-es euch der teufel, *bleibts*
         liegen'; '*fahrts* nach israel und *beginnts* ein neues leben'; '*schauts*, daß ihr nach israel *fahrts* und
         beginnts ein neues leben'; 'kinder, ihr *könnts* doch in das nicht hineinsteigen'; '*kommts* mit uns
         zurück'

Auch im Interview Moshe Rosners findet sich ein Beleg:

(24b)   'ihr *seids* juden, ihr *seids* feiglinge, ihr habt die kinder weggegeben wie ihr in not ward'

---

[24] Wenngleich das Pronomen der 2.Pl. erwartungsgemäß nicht allzu häufig auftritt, so finden sich doch in allen
      Interviews Belege für *ihr* – im Interview von Herrn Stern beispielsweise mehrere Belege oben in Beispiel (12).
[25] Vgl. bereits Pauls Hinweis (1917: Teil III, § 156), daß das Morphem {-*ts*} im imperativischen Modus auch in
      der städtischen Umgangssprache erscheine (und so zuweilen auch in der Literatur auftrete).

Das Aufgreifen von (flexionsmorphologischen) Dialektismen in diesen Beispielen ist wenig verwunderlich: die Sprecher/innen wollen dem Zitat möglichst große Authentizität verleihen. Aufschlußreich sind diese Belege aber insofern, als sie als ein Indiz dafür gewertet werden können, daß die Sprecher/innen die dialektalen Varianten kennen bzw. beherrschen, sie allerdings unter normalen Umständen offenbar unterdrücken und nur zur besonderen Markierung im Gespräch einsetzen.

Beispiele für Assimilationsprozesse zwischen Lexemauslaut und Flexionsmorphem, die allophone Varianten zu (Allo-)Morphen bedingen, sind in der Verbalmorphologie – abgesehen vom Interview Siegfried Sterns – selten; die Assimilation von {*-(e)t*} an /g/ finden wir in mehreren Belegen im Interview von Frau Vardon:

(25)   hab ich *gesag(t)*; und haben *gesag(t)*; mein großer hat immer *gesag(t)*

Bei Frau Beck treten Beispiele der Assimilation des Morphems {*-(e)t*} an das /t/ des Lexemauslauts auf; daneben finden sich aber regelmäßig Formen ohne Assimilation:

(26)   solange mein kopf noch *arbeit(et)*; nicht nur, daß sie nicht *arbeit(et)*; er *arbeitet* bei [...]; und jetzt *arbeitet* [...] er bei einer firma

Das Interview von Frau Beck ist es auch, in dem noch von der Norm des Standards abweichende Vokalalternanzen im Flexionsparadigma Ind. Präs. auftreten; allerdings kann die fehlende Wechselflexion nur anhand eines einzigen Belegs indiziert werden:

(27)   ich *gib* aus das geld

Recht anschaulich läßt sich der Grad der Dialektizität in den Interviews auch anhand des Vorkommens von präteritalen Formen verdeutlichen: In den ersten 40 Gesprächsminuten im Interview von Herrn Stern finden sich verhältnismäßig viele präteritale Formen von **wesen* (ca. 35); vor allem in der ersten Hälfte dieser 40 Minuten erscheinen sie häufig, was mit dem in diesem Gesprächsabschnitt vorkommenden biographischen Erzählen aus der Kindheit und der Jugend in Österreich (bzw. Österreich-Ungarn) zusammenhängt.[26] Ansonsten verwendet Stern präteritale Formen mehrmals nur von den Präterito-Präsentia (*müssen*: 5 bzw. *wissen*: 2), von *wollen* (3), *werden* (6) und *haben* (5). Einmalige Belege treten von den übrigen Verben aus der Gruppe der Präterito-Präsentia auf, selten nur von schwachen bzw. starken Verben. Erwartungsgemäß zeigen sich also präteritale Formen bei zur Suppletion neigenden Lexemen mit sehr hoher *token*-Frequenz (z.B. verbum substantivum, *haben*). Ansonsten ist das Vorkommen präteritaler Formen von starken und schwachen Verben nicht nennenswert. Auch sechs präteritale Formen von *werden* trüben dieses Bild nicht. Ganz ähnlich ist die Verteilung präteritaler Formen in den ersten 40 Gesprächsminuten im Interview von Frau Vardon:[27] zahlreiche Belege für Präterita

---

[26]   Vgl. dazu beispielsweise das Transkript in Ph 42: 111ff., das aus diesem Gesprächsabschnitt stammt.

[27]   Vgl. dazu die drei Transkripte in Ph 42: 90f., 114ff., 157ff.

von *wesen* (102), viele von *haben* (18). Ansonsten finden sich Präterita noch von den Verben
– großteils Präterito-Präsentia – *müssen* (13), *wollen* (2), *können* (3), *wissen* (4) und *dürfen* (1).
Präterita von starken Verben sind selten: *liegen* (1), *kommen* (1) und *werden* (1). In dieses Bild
paßt weiters der Befund präteritaler Formen in den ersten 40 Gesprächsminuten des Interviews
von Frau Beck.[28] Während von *wesen* 111 entsprechende Belege vorliegen, finden sich neben
jenen von *wollen* (11), *können* (10) und *dürfen* (1) nur noch Präterita zweier weiterer Verben
(*suchen*: 1 bzw. *geben*: 2). Auch hier wird wieder deutlich, daß präteritale Formen nur bei sehr
hoher *token*-Frequenz des entsprechenden Lexems – gleichsam petrifiziert – auftreten können
und daß an die Stelle der präteritalen Formen starker bzw. schwacher Verben das periphrastische
Perfekt tritt. Dieser Befund trifft im wesentlichen auch auf die Interviews von Frau Robert und
Herrn Rosner zu. Völlig anders aber sieht die Beurteilung der Interviews beispielsweise von
Abraham Kadimah oder Franz Krausz aus: bei beiden ist als Erzähltempus das Präteritum völlig
intakt.[29] Präteritale Formen erscheinen nicht nur bei *wesen*, *haben*, den Präterito-Präsentia und
einigen wenigen anderen Verben, sondern bei sämtlichen Verben, ungeachtet der *token*-Frequenz
und damit verbundener Neigung zur Suppletion im Flexionsparadigma; dies darf man wohl als
starkes Indiz für den Einfluß schrift- oder literatursprachlicher Norm deuten.

3 Erklärungsversuch der Analyse

Innerhalb der Gruppe der fünfzehn aus Österreich emigrierten Juden nimmt Siegfried Stern eine
Sonderstellung ein – nicht nur in linguistischer Hinsicht. Der 1910 in Illmitz im Burgenland
(Bezirk Neusiedl am See) geborene Stern wächst zweisprachig auf: Der Vater, aus der Slowakei
stammend, ist ungarischsprachig, die Unterrichtssprache in der Schule vorerst Ungarisch. Nach
eigenen Angaben habe Siegfried Stern einen Großteil seiner Kindheit Ungarisch gesprochen,
wiewohl die Eltern miteinander – die Mutter stammte aus einer seit Jahrhunderten im Burgenland ansässigen Familie – Deutsch gesprochen hätten. Erst durch den Frieden von St. Germain-
en-Laye fallen 1919 große Teile der ehemals westungarischen Komitate an Österreich – als
Folge dieses politischen Umstandes muß Siegfried Stern sich sprachlich plötzlich völlig am
Deutschen orientieren. Auf die politischen Umstände und die damit verbundenen Wirren führt
Siegfried Stern es selbst auch zurück, daß seine schulischen Leistungen das Mittelmaß nie
übersteigen: "kein guter Schüler war ich nicht", kommentiert er seine kurze schulische Karriere.

---

[28] Vgl. dazu das Transkript in Ph 42: 406ff.

[29] Vgl. dazu die beiden Transkripte aus dem Interview von Herrn Krausz in Ph 42: 95ff., 171ff. – S. auch entsprechende Hinweise auf dieses Phänomen in den Analysen von A. Betten und A. Weiss in diesem Bd., S.244
u. 271, Anm. 3.

Weil er dem Berufswunsch des Vaters – dieser hätte den Sohn gerne als Veterinärmediziner gesehen – nicht nachkommen kann, hilft er nach Absolvierung der Pflichtschule (zwei Schuljahre davon in Wien) bereits im jugendlichen Alter von sechzehn Jahren in der väterlichen Gemischtwarenhandlung und auf den Feldern.

Nicht nur, daß Stern zweisprachig aufwächst, es unterscheidet ihn von den vierzehn anderen Interviewpartner/inne/n noch folgende Tatsache: er wächst auf dem Land auf, wohingegen die anderen Interviewpartner/innen zum überwiegenden Teil aus der Großstadt stammen, mit Ausnahme von Franz Krausz (geb. 1905 in St. Pölten, Schule in Graz, Emigration 1933 von Berlin aus, wohin er über Wien gelangte) und Yehoshua Arieli (geb. 1916 in Karlsbad, Emigration 1931) aus Wien. Andere kommen kurz nach der Geburt nach Wien: Irene Aloni (geb. 1906 in Klattau/Böhmen, Wien ab 1908), Isak Blumenfeld (geb. 1912 in Oswiecim/Polen, Wien ab 1914); nur Moshe Rosner (geb. 1902 in Putilla/Bukowina) gelangt erst 11jährig mit den Eltern nach Wien.

Aus sozialökonomischer Sicht formen die fünfzehn Interviewpartner/innen eine relativ homogene Gruppe: im wesentlichen entstammen sie der mittleren bzw. höheren Bürgerschicht; die Väter übten in der Mehrzahl Berufe aus wie (Groß-)Kaufmann, Ingenieur, Bankprokurist etc. Berufe wie der des einfachen Bank- oder Postbeamten sind die Ausnahme, die der Homogenität der Gruppe aber keinen Abbruch tut: denn, worauf auch Betten (1998: 132f.) hinweist, die Gruppe der aus den deutschsprachigen Ländern emigrierten Juden definiert sich nicht so sehr über den Besitz materieller Güter, sondern vielmehr über den hohen Stellenwert, den Bildung für sie hat. In den Biographien der Interviewpartner/innen zeigt sich denn auch ein für diese Bevölkerungsgruppe charakteristischer Bildungsdrang: viele von ihnen konnten die Reifeprüfung vor der Emigration ablegen, teilweise haben sie noch eine weiterführende Fachschule oder ein Studium begonnen, bevor sie dann durch die politischen Umstände zum Abbruch ihrer Studien gezwungen wurden. Trotz dieser jähen Zäsur, trotz der Notwendigkeit, in den ersten Jahren der Emigration jegliche Arbeit anzunehmen, konnten doch die meisten wieder an ihre schulische bzw. berufliche Karriere, wenngleich unter völlig veränderten Vorzeichen, anknüpfen. Auch die Mehrzahl der fünfzehn aus Österreich stammenden Emigrant/inn/en ergriff nach jener Anfangsperiode, die sich über Jahre, manchmal über Jahrzehnte hinzog, einen Beruf in der Verwaltung, einen freien Beruf (Apotheker, Ingenieur, Übersetzer, Graphiker, Chefredakteurin) oder schlug eine akademische Karriere ein. Jene, die als Angestellte in kaufmännischen oder handwerklichen Berufen arbeiteten, passen durchaus auch in dieses Bildungsstrukturbild, wenn man beachtet, daß sie, wie Frau Vardon oder Frau Robert, starke literarische Ambitionen besaßen oder von Akademikern bzw. Intellektuellen in ihrem Umfeld beeinflußt waren (z.B. durch Heirat, im Kibbuz etc.). So ist es eigentlich nur Siegfried Stern, der aus diesem Rahmen fällt: nach verschiedenen Gelegenheitsarbeiten in den ersten Jahren tritt er als Koch dem Militär bei und wechselt schließlich in die Gastronomiebranche (u.a. Compagnon in einem Café).

Bestätigung erhält dieses Bildungs- und Berufsstrukturbild durch die statistische Analyse einer quantitativen Befragung israelischer Bürger österreichischer Herkunft (vgl. Haerpfer 1992). Dieser Analyse zufolge sind bei der Untersuchungsgruppe (2 330 Personen aus den Geburtsjahrgängen zwischen 1892 und 1945, mit dem Geburtsjahr 1920 als Median) höhere Bildungsschichten "in dramatischer Weise überrepräsentiert" (ebd.: 454). Nur 6,7% aller österreichischen Emigranten nach Israel verfügten über die reine Pflichtschulbildung, dagegen sind es 22,5% mit einer Hochschulbildung (vgl. dazu den Akademikeranteil von ca. 1% im Österreich der Zwischenkriegszeit). Zur Erklärung dieser Verteilung wurde auf die, vor allem niedrigere Bildungsschichten treffenden Schwierigkeiten bei der Auswanderung nach Israel hingewiesen (ebd.: 454), wiewohl natürlich nicht unerwähnt bleiben sollte, daß bereits im Österreich der Zwischenkriegszeit Juden in der Bevölkerungsgruppe mit höherer Bildung verhältnismäßig stärker als Nichtjuden vertreten waren.

Will man nun die im Analyseteil 2.3 festgestellte sprachliche Sonderstellung Siegfried Sterns erklären, so kann dies nur unter Hinweis auf mehrere Faktoren geschehen: Stern ist zweisprachig und im Unterschied zu allen anderen Interviewpartner/inne/n auf dem Land aufgewachsen. Sprachlich wurde er offensichtlich nicht so sehr vom Elternhaus oder der Schule, sondern von der *peer-group* in seiner Heimatgemeinde geprägt: die örtliche Umgangssprache bzw. den örtlichen Dialekt wird er wohl dort von seinen nichtjüdischen Freunde erlernt haben. Voraussetzung dafür ist die völlige Integration in die dörfliche *peer-group*. Und gerade auf die Betonung dieser Integration legt Siegfried Stern – nach eigenen Angaben kam er aus einem nichtreligiösen Elternhaus, in dessen Nachbarschaft es kaum andere jüdische Familien gab – in seinen Erinnerungen auch besonderen Wert. Dieser Umstand allein kann m.E. aber die starke Normabweichung im Sprechen Sterns noch nicht befriedigend erklären. Die starke Normorientierung, die bei allen anderen Interviewpartner/inne/n zum Ausdruck kommt, müßte bei ihm u.a. doch zu zahlreichen hyperkorrekten Bildungen führen; tatsächlich stellen solche Bildungen wie der erwähnte Infinitiv ['aʊftsulaˈnən] *aufzuladen* aber Einzelfälle im Ausnahmestatus dar. Offensichtlich fehlt Stern die für die Gruppe der aus Österreich emigrierten Juden charakteristische starke Normorientierung – jene Normorientierung, die als eine Erscheinungsform der sozialschichtspezifischen Bildungsbeflissenheit gewertet werden muß; auch in dieser Hinsicht darf Siegfried Stern also als atypisch für die untersuchte Gruppe bezeichnet werden.

Zwar zeigen sich, wie erwähnt, in der Sprache von Frau Beck und Frau Vardon flexionsmorphologische Dialektismen, allerdings in einem vergleichsweise geringen Ausmaß. Es scheint nicht zulässig, diese in Beziehung zu biographischen Details oder soziologischen Variablen zu setzen. Erklärungsbedürftig ist vielmehr die Tatsache, daß bei den aus Österreich emigrierten Juden eine derart starke Orientierung an der Norm der Standardsprache gilt. Nach meinem Dafürhalten hat wohl das Schicksal der Emigration ein im jüdischen Bildungsbürgertum bereits tief verwurzeltes Kultur- und Bildungsverständnis verstärkt und verschärft: Kultur und Bildung,

Sprache und normorientiertes Sprechen als Möglichkeit der Identifikation in einer Zeit, die den Betroffenen fast alle Identifikationsmöglichkeiten mit der eigenen Vergangenheit stahl. Das Verständnis dieser Identifikationsfunktion der Sprache ist vorauszusetzen, will man Äußerungen wie die folgenden von Anna Robert (Sigle AR), die oberflächlich betrachtet vielleicht sprachpuristisch scheinen mögen, richtig beurteilen:[30]

```
(28)   AR:  ich verurteile keinen menschen ** dessen muttersprache
            nicht deutsch ist! * dann nehm ich in kauf und spricht ebn
            * fehler! aber wenn ich das deutsch anhörn muß von leutn
            die in wien in die schule gegangn sind! * und so da-
            nebnredn! * vielleicht ist ich weiß nicht ob das snobismus
            von mir oder was!


(29)   AR:  [...] * wir ham sogar ei/ eine zeitlang gedacht daß=sie
            gar keine jüdin ist! * aber das #stimmt# nicht! sie ist
       K:                                 #BETONT#
            aus religiösem haus! aber so:was von einem diale/ aber
            stellen sie sich vor! * seit dem vierzehnten lebnsjahr
            is=sie von dort weg! ** da fällt sie in diesen dialekt *
            unverstä(ndlich)
```

Das geschärfte Bewußtsein für Sprache und standardnormorientiertes Sprechen, das aus dem Schicksal der Emigration heraus verständlich wird, hat dazu geführt, daß die aus Österreich emigrierten Juden eine deutsche Sprache tradierten, die in Österreich in den vergangenen 60 bis 70 Jahren dem natürlichen Wandel unterlag – oder, um es mit Frau Robert zu formulieren:

```
(30)   AR:  [...] * #überhaupt#! die sprache hat sich ja sehr
       K:          #BETONT   #
            geändert! *
```

4 Zusammenfassung

Die flexionsmorphologische Analyse der Interviews von fünfzehn aus Österreich stammenden Emigrant/inn/en bestätigt im wesentlichen die bisherigen Untersuchungen: außerordentlich starke Normorientierung gilt nicht nur für die aus Deutschland, sondern auch für die aus Österreich emigrierten Juden. Standardnormabweichende flexionsmorphologische Phänomene sind selten; nur bei einem einzigen Interviewpartner sind zahlreiche Dialektismen unter den von der Standardnorm abweichenden Phänomenen zu konstatieren. Bei allen anderen Interviewpart-

---

[30] Vgl. auch Robert in Ph 45: 139f.

ner/inne/n haben flexionsmorphologische Bavarismen geringe, bzw. in der überwiegenden Mehrzahl der Fälle überhaupt keine Relevanz.

5 Literatur

Altmann, Hans (1984): Das System der enklitischen Personalpronomina in einer mittelbairischen Mundart, in: Zeitschrift für Dialektologie und Linguistik 51, S.191-211.

Betten, Anne (1994): Normenwandel im gesprochenen Deutsch des 20. Jahrhunderts, in: S. Čmejrková, F. Daneš, E. Havlová (eds.): Writing vs Speaking. Language, Text, Discourse, Communication. Proceedings of the Conference Held at the Czech Language Institute of the Academy of Sciences of the Czech Republic, Prague, October 14-16, 1992, Tübingen: Narr, pp. 391-396.

— (Hg.) (1995): Sprachbewahrung nach der Emigration – Das Deutsch der 20er Jahre in Israel. Teil I: Transkripte und Tondokumente. Unter Mitarbeit von Sigrid Graßl, Tübingen: Niemeyer (Phonai 42).

— (1996): Das Deutsch der 20er Jahre in Israel. Bericht über ein Forschungsprojekt, in: Sprachreport H.4, S.5-10.

— (1998): Ist 'Altersstil' in der Sprechsprache wissenschaftlich nachweisbar? Überlegungen zu Interviews mit 70- bis 100jährigen Emigranten, in: Fiehler/Thimm, S.131-142.

Betten, Anne/Du-nour, Miryam (Hgg.) (1995): Wir sind die Letzten. Fragt uns aus: Gespräche mit den Emigranten der dreißiger Jahre in Israel. Unter Mitarbeit von Kristine Hecker und Esriel Hildesheimer, Gerlingen: Bleicher.

Fiehler, Reinhard/Thimm, Caja (Hgg.) (1998): Sprache und Kommunikation im Alter, Opladen, Wiesbaden: Westdeutscher Verlag.

Gersbach, Bernhard (1982): Die Vergangenheitstempora in oberdeutscher gesprochener Sprache. Formen, Vorkommen und Funktionen untersucht an Tonbandaufnahmen aus Baden-Württemberg, Bayrisch-Schwaben und Vorarlberg, Tübingen: Niemeyer (Idiomatica 9).

Haerpfer, Christian W. (1992): Israelische Bürger österreichischer Herkunft. Eine statistische Analyse der quantitativen Befragung, in: E. Weinzierl/O. Kulka (Hgg.) Vertreibung und Neubeginn. Israelische Bürger österreichischer Herkunft, Wien, Köln, Weimar: Böhlau, S.445-487.

Kohrt, Manfred/Kucharczik, Kerstin (1998): 'Sprache' – unter besonderer Berücksichtigung von 'Jugend' und 'Alter', in: Fiehler/Thimm, S.17-37.

Mauser, Peter (1998): Die Morphologie im Dialekt des Salzburger Lungaus, Frankfurt/M., Berlin, Bern, New York, Paris, Wien: Lang (Schriften zur deutschen Sprache in Österreich 27).

Reiffenstein, Ingo (1969): Endungszusammenfall (Suffixsynkretismus) in diachroner und synchroner Sicht, in: Sprache, Gegenwart und Geschichte. Probleme der Synchronie und Diachronie. Jahrbuch des Instituts für deutsche Sprache 1968, Düsseldorf: Schwann (Sprache der Gegenwart 5), S.171-186.

Rowley, Anthony (1983): Das Präteritum in den heutigen deutschen Dialekten, in: Zeitschrift für Dialektologie und Linguistik 50, S.161-182.

Miryam Du-nour

Sprachenmischung, Code-switching, Entlehnung und Sprachinterferenz

Einflüsse des Hebräischen und Englischen auf das Deutsch der fünften Alija

1 Einleitung

In diesem Artikel wird der Versuch unternommen, die verschiedenen Arten der Sprachenmischung bei der in diesem Band untersuchten Sprechergruppe zu analysieren. Das Phänomen der Sprachenmischung kann in allen bi- und multilingualen Gemeinschaften beobachtet werden. Es ist bereits aus vielen verschiedenen Blickrichtungen untersucht worden, unter anderem von Linguisten, Soziolinguisten, Psycholinguisten.[1]

Grosjean (1982: 292) ist der Meinung, daß ein bilingualer Sprecher selbst dann, wenn er in beiden Sprachen die Kompetenz eines monolingualen Sprechers besitzt, selten in der Lage sein wird, beide Sprachen völlig getrennt voneinander zu halten – selbst im Gespräch mit einem monolingualen Sprecher; hie und da werden, zumindest kurzfristig, die beiden Sprachen einander beeinflussen. Faktoren, die Art und Ausmaß einer derartigen Abweichung vom monolingualen Sprechen bestimmen, sind: der Grad der Kompetenz in beiden Sprachen, die Motivation, beide Sprachen voneinander zu trennen, die Haltung der Gemeinschaft zum Bilingualismus, die Situation, der Gesprächspartner, das Gesprächsthema, der persönliche Bezug zum Gesprächsthema und weitere individuelle Faktoren wie Alter, Ermüdung usw.

Der Terminus Sprachenmischung ist ein Überbegriff, allerdings nicht wirklich glücklich gewählt.[2] Der Sprecher kann zwischen den beiden Sprachen innerhalb einer oder mehrerer Äußerungen wechseln, bestimmte Konstituenten aus der einen Sprache in die andere übernehmen. Phonetische, phonemische, grammatische oder semantische Eigenschaften der einen Sprache können die andere beeinflussen. Diese Phänomene wurden Code-switching (CS), Entlehnung bzw. Interferenz genannt. Während Entlehnung und Interferenz ebenso auf der Ebene der Performanz (des Sprechens) wie auch auf jener der Sprache untersucht werden können, ist CS ein reines Performanz-Phänomen. Alle drei Phänomene können, aus linguistischer Warte, im sozialen und kulturellen Rahmen der Sprachen im Kontakt untersucht werden.

---

[1] Die Sprachgemeinschaften, die untersucht wurden, sind entweder Gemeinschaften in bilingualen Ländern wie Kanada oder Belgien, sprachliche Minderheiten wie die Basken in Spanien oder Immigrantengruppen wie die Puertorikaner in New York oder deutsche Nachkriegsimmigranten in Australien, um nur einige zu nennen.

[2] Nach Haugen (1950, Neudruck 1972: 162) impliziert Mischung die Entstehung einer völlig neuen Einheit und das Verschwinden der beiden Konstituenten; ferner suggeriert der Begriff den Eindruck eines mehr oder weniger beliebigen Durcheinanders.

Auf der Ebene der Performanz müssen auch situationsgebundene Elemente Beachtung finden.[3] Entlehnung bezieht sich auf den Gebrauch lexikalischer Elemente einer Sprache in einer anderen Sprache. Etablierte Lehnwörter (*established loanwords*) sind phonologisch und morphologisch in die Empfängersprache integriert und Teil des Lexikons derselben (Grosjean 1982, Muysken 1996, Haugen 1956, 1972). Der Gebrauch etablierter Lehnwörter kann somit nicht als Sprachenmischung betrachtet werden und fällt deshalb nicht in meine nähere Betrachtung.

Code-switching (CS) bezeichnet den "alternate use of two or more languages in the same utterance or conversation" (Grosjean 1982: 145). Nach Grosjean kann sich CS auf der Ebene des Wortes, der Phrase oder des Satzes vollziehen, selbst mehrere Sätze können betroffen sein; sie sind allerdings doch Teil derselben Sprechhandlung.[4] Diese Alternanzen erscheinen einigen Autoren zufällig, andere wieder sind der Ansicht, daß sie regelgeleitet sind, in Abhängigkeit von den grammatischen Kategorien, der Stelle des *switch*, der Wortfolge, gebundenen oder freien Morphemen usw. Poplack (1980: 589) unterscheidet zwischen dem "intimate"[5] CS, welches durch häufige "inter-sentential" *switches* charakterisiert ist, und dem weniger "intimate" CS, für das verhältnismäßig mehr *tag-switches* und *switches* einzelner Nomina charakteristisch sind; von vielen werde der zweite Typus nicht als ein echtes Beispiel für CS, sondern eher als emblematischer Teil des monolingualen Sprechstils des Sprechers betrachtet. Andere sind der Ansicht, daß der Gebrauch von Emblemen nicht in den Bereich des CS gehört. Ihrer Ansicht nach handelt es sich um Entlehnungen aus einer zweiten Sprache, die in die erste Sprache eingefügt werden. Muysken (1995: 180) zum Beispiel schlägt vor, die Entscheidung darüber, ob es sich bei einer speziellen Alternanz um CS oder Einfügung (*insert*) handelt, von der Größe und vom Typ des eingefügten Elementes abhängig zu machen; so wären Nomina eingefügte Entlehnungen, bei Nominalphrasen läge hingegen CS vor. So sehr sich die einzelnen Ansichten auch voneinander unterscheiden, so wird doch deutlich: eines der Kriterien zur Unterscheidung zwischen CS und Einfügung (bzw. emblematischem Teil) ist ein syntaktisches. CS vollzieht sich an klar erkennbaren syntaktischen Fugen (Heller/Pfaff 1996, Poplack 1980), und die Syntax beiderseits des *switch* muß für die entsprechende Sprache grammatisch sein (Clyne 1992).

Einfügung ist "the insertion of a grammatical constituent in one language at an appropriate point, for the type of constituent, in a sentence of the other language" (Poplack/Sankoff 1988: 1179). Nach der Einfügung der Einheit wird der Matrixsatz ohne Störungen fortgesetzt. Einfügungen unterliegen keinen Wortfolge-Beschränkungen. Die eingefügten Konstituenten sind entlehnt, es handelt sich aber nicht um etablierte Lehnwörter (Teil des Lexikons). Die Frage ist, wieweit diese Entlehnungen in den Matrixsatz phonetisch, phonologisch und morphologisch integriert sind. Poplack/Sankoff nennen diese nicht bzw. nicht vollständig integrierten Entleh-

---

[3]   S. auch Gumperz (1982), (1982b).

[4]   Vgl. dazu Romaine (1989: 111).

[5]   *Intimate* bezieht sich auf die Situation des Gesprächs (informell) und die Gesprächsteilnehmer (*in-group*).

nungen *nonce loans*[6]. Grosjean (1982) spricht von Sprachentlehnung im Gegensatz zu Entlehnungen im Sprechen. Es gibt viele Sprechergemeinschaften (z.B. Immigrantengruppen), die regelmäßig (aber nicht ausschließlich) bestimmte Entlehnungen verwenden, die Teil ihres Vokabulars sind, anderen Sprechern dieser Sprachen aber nicht geläufig sind. Muysken (1995) nennt derartige Fälle konventionalisierte CS.

Eine andere Möglichkeit der Unterscheidung zwischen CS und Einfügung geht von der Tatsache aus, daß beide nicht den gleichen Kommunikationszielen dienen. "Intimate" CS versus Einfügungen sind in starkem Maße abhängig von der Gruppenzugehörigkeit der Gesprächspartner. Während in *in-group*-Relationen bevorzugt intersententiale CS auftreten, finden wir in allen anderen Fällen vor allem emblematisches *switching* (Poplack 1980, Poplack/Sankoff 1988). Nach Myers-Scotton (1993) besteht ein Unterschied zwischen, wie sie es nennt, unmarkiertem und markiertem CS.[7] Unmarkiertes CS findet hauptsächlich zwischen bilingualen *peers* in informellen *in-group*-Gesprächen statt. Es kommt bei solchen Sprechern vor, die sich vor sich selbst und vor ihrer *in-group* einer Identität versichern möchten, die nicht mit einem Code allein, sondern mit zwei (oder mehr) Codes, die sie benutzen, verbunden ist. Markiertes CS kommt in allen Interaktionsarten vor, selbst in sehr formellen, und wahrscheinlich in jeder Gemeinschaft. "Marked choices are negotiations to change the social distance [...] to increase it or the contrary" (ebd.: 484).

Fassen wir die verschiedenen Erklärungsansätze zur Sprachenmischung zusammen, so kommen wir zu folgendem Schluß: Es gibt in der Kategorisierung und Bezeichnung Unterschiede, aber im Grunde genommen bestehen zwischen ihnen keine essentiellen Abweichungen. Nach der Analyse des Aufnahmematerials, das unserer Untersuchung zugrundeliegt, schlage ich vor, den Terminus Code-switching nur für "echtes" CS anzuwenden; gemeint ist damit speziell der Wechsel zwischen den Sprachen an syntaktischen Fugen, bei denen beiderseits des *switch* mindestens eine Phrase oder ein konversationeller Zug (*move*)[8] in der jeweiligen Sprache vorkommt. Alle anderen Arten betrachten wir als Einfügungen entlehnter Elemente aus einer zweiten Sprache in die Matrixsprache. Die verschiedenen Phänomene, die mit *switches* und Einfügungen im Zusammenhang stehen, werde ich im folgenden besprechen.

---

[6] Ein von Weinreich (1953) eingeführter Terminus.

[7] Unmarkiert korrespondiert mehr oder weniger mit dem, was in Poplack/Sankoff (1988) als *intimate*, markiert mit dem, was als *nonce loans* bzw. *flagged switches* bezeichnet wurde.

[8] Dieser Begriff ist zu verstehen, wie er in Sinclair/Coulthard (1975) definiert wurde, und auch so wie *mouvement discoursif* in Roulet (1986).

2 Situation und Umstände der Interviews

In einem anderen Artikel dieses Bandes[9] habe ich ausgeführt, daß zum Zeitpunkt der Untersuchung die meisten der Sprecher aus dem Corpus fließend Hebräisch konnten und es in den letzten 60 Jahren im Alltagsleben, am Arbeitsplatz und z.T. in der Familie sowie mit ihren Kindern gesprochen haben. Andererseits sprachen alle auch ein flüssiges und korrektes Deutsch, und ein Großteil erhielt den Kontakt mit der Muttersprache und der dazugehörigen Kultur aufrecht. Das hervorragende Deutsch dieser Sprechergruppe wird in anderen Beiträgen dieses Bandes behandelt.

Die Situation der Interviews war eher formell als informell. Die meisten blieben sich irgendwie bewußt, daß das Gespräch aufgenommen wurde und es beabsichtigt war, das bewahrte Deutsch zu untersuchen. Manche (z.B. der alten Damen, die speziell Kristine Hecker im Altenheim besucht hat) sind jedoch rasch zu einem intimen, lockeren Unterhaltungsstil übergegangen. Die Einstellungen der Gesprächspartner zu den verschiedenen Sprachen finden wir in den Transkripten dieses Bandes, Kap. 1.6 und 1.7. Manche betrachten ihr Deutsch als exzellent, besser als das heute in Deutschland gesprochene Deutsch.[10] Einige behaupten, ein gewisses Manko zu fühlen und oft nach Wörtern suchen zu müssen, vor allem wenn sie über Themen sprechen, die erst nach der Emigration in ihr Leben traten.[11] Die meisten von ihnen haben eine negative Haltung zur "Mischung von Sprachen", weshalb sie bemüht waren, "reines" Deutsch zu sprechen.[12] Tatsächlich sind jedoch Interferenzen und Einfügungen in der Sprache aller Gesprächspartner zu finden, wenngleich Art und Ausmaß variieren: während sie bei einigen tatsächlich nur selten auftraten, fanden sie sich in der Sprache anderer häufiger. Dieser Variationsspielraum hängt sowohl von den Interviewten als auch von den Interviewern ab. 10 Interviews wurden von Frau Eva Eylon geführt – die ihrerseits aber auch Interviewte ist. 22 Interviews wurden von der Autorin des vorliegenden Artikels gemacht, die gebürtige Israelin ist, Deutsch aber seit ihrer Kindheit kennt. Mit den Interviewpartnern verbindet sie teilweise jene Identität und jene Lebenserfahrungen, die diese nach der Immigration gewonnen haben; sie teilt mit ihnen jedoch nicht die Hintergrunderfahrungen ihrer Kindheit und ihrer Jugend. Einige ihrer Interviewpartner sind gute alte Freunde: beim Interview haben sie das erste Mal Deutsch miteinander gesprochen. Die Hauptmenge der Interviews wurde, etwa zu gleichen Teilen, von den beiden deutschen Initiatorinnen des Projekts, Anne Betten und Kristine Hecker, geführt. Während Kristine Hecker einen jüdischen Hintergrund und einige Hebräischkenntnisse hat, hatte

---

[9] M.Du-nour, o. S.182ff.
[10] Vgl. Walk, Ph 45: 143-145; Robert, Ph 45: 139f.
[11] Vgl. E. u. R. Scheftelowitz, Ph 45: 147f.; P. Alsberg in Betten/Du-nour (1995: 326).
[12] Vgl. Walk, Ph 45: 106, Z.3-15; Orni, Ph 45: 145, Z.12-30.

Anne Betten zu Beginn des Projekts keine Hebräischkenntnisse und keine Erfahrungen mit der Realität des Lebens in Israel.

Die Matrixsprache unserer Interviews war Deutsch, die L1-Sprache all unsere Interviewpartner, wenn wir unter der L1-Sprache jene Sprache verstehen, in der ein Mensch aufgewachsen ist und erzogen wurde. L2 war Hebräisch, das sie teilweise oder vorwiegend in den letzten 50 bis 60 Jahren gesprochen hatten. L3 war Englisch, das für viele Hebräischsprecher die L2-Sprache ist. Es tritt bei israelischen Hebräischsprechenden bei der Sprachenmischung als jene Sprache auf, die eingefügt wird, bzw. als jene Sprache, die beim CS beteiligt ist.

Es stellt sich die Frage, weshalb bei so vielen Interviewpartnern Sprachenmischung auftrat – wenn auch in unterschiedlicher Frequenz –, obwohl sie eine ausgesprochen negative Haltung dazu einnehmen. Abgesehen von Argumenten, die später noch diskutiert werden (beispielsweise Kompetenz, Verfügbarkeit usw.), wäre hier auf die Betrachtungen von Myers-Scotton (1993: 478) über markierte und unmarkierte Sprachenmischung hinzuweisen: "Speakers use their linguistic choices as tools to index for others their perceptions of self, and of rights and obligations holding between self and others [...]. They switch between languages because it calls up an identity different than that associated with either of the participating languages". Es ist anzunehmen, daß diese Sprecher dadurch einerseits ihre Zugehörigkeit zu ihrer Gruppe (nämlich den Jeckes) zum Ausdruck bringen wollen, und sich andererseits damit von den Deutschen absetzen wollen.

Die folgende Auswertung des Corpus orientiert sich nicht an der Häufigkeit der Sprachenmischung bei den einzelnen Sprechern, sondern hat als Ziel, die verschiedenen vorkommenden Typen zu eruieren, zu kategorisieren und, sofern möglich, zu kommentieren.

3 Arten der Sprachenmischung

3.1 Code-switching

Die untersuchte Gruppe, wie andere bilinguale Gemeinschaften auch, verwendet CS bei der intimen *in-group*-Kommunikation. Dies konnte ich selbst über viele Jahre beobachten. Ein Beispiel für eine *in-group* CS-Situation aus unserem Material: Das Interview mit Arie Eflal wurde von Kristine Hecker bei ihm zuhause, unter Beisein seiner Frau, die Deutsch spricht, aber nicht deutscher Herkunft ist, geführt. Teilweise war noch eine Freundin der Familie, Margot, auch deutscher Herkunft, anwesend. Gewöhnlich sprechen die drei, nach eigenen Angaben, untereinander hebräisch. Die Anwesenheit von Kristine Hecker hat die Situation mit Sicherheit beeinflußt.

Im folgenden Gesprächsausschnitt (KH = Kristine Hecker, FE = Frau Eflal, MX = Margot) bereitet sich MX vor zu gehen, um ihren Gymnastikkurs zu besuchen:

```
(1)    KH:  sie turnen!
       FE:            at belaw hachi lo tagi'i {du sowieso wirst
            nicht (rechtzeitig)¹³ ankommen}¹⁴ du kommst zu spät
       MX:                                                    ich bin
            sowieso nicht so::
```

Frau Eflal wendet sich an ihre Freundin auf hebräisch, wechselt dann aber ins Deutsche. Die zweite Hälfte ist mehr oder weniger eine Wiederholung; dies betont die Tatsache, daß der Wechsel keinem referentiellen Zweck gedient hat. Die Illokution in beiden Teilen der Äußerung von FE ist ähnlich; es handelt sich aber nicht um eine Übersetzung, die Formulierung ist der sprachspezifischen Phraseologie angepaßt. Margot nimmt den ersten Teil auf, verwendet die deutsche (konversationelle) Entsprechung für den hebräischen Ausdruck 'sowieso' und bricht ihren Satz unvollendet ab.

Die Tatsache, daß sich in unserem Corpus nur wenige Beispiele für "echtes" CS finden betont die Bedeutung situationsspezifischer Faktoren bei der Bestimmung der Art der Sprachen-mischung. Natürlich entstand nach mehr oder weniger langer Gesprächsdauer eine Familiarität zwischen Interviewerinnen und Interviewten. Trotzdem überwog auch dann meist noch der formelle Charakter der Situation; es wurden beinahe keine CS verwendet, auch nicht in den Interviews mit jener Interviewerin, deren L1-Sprache Hebräisch war, selbst nicht in ihren Interviews mit guten alten Freunden.

Eines der wenigen Beispiele dafür, wie durch ein auslösendes Wort¹⁵ – das hebräische Wort *madrich*¹⁶ – das "Gleiten" in die gewohnte Sprache hervorgerufen wird, kann mit einem Aus-schnitt aus der Unterhaltung zwischen Miryam Du-nour (MD) und Prof. Yehoshua Arieli (YA) illustriert werden:

---

[13] Elliptisch.

[14] Innerhalb der Transkriptionstexte wird die Wort-für-Wort-Übersetzung in geschweifte Klammern "{ }" gesetzt ansonsten in einfache Anführungszeichen.

[15] Das Phänomen des *triggering* wird in Clyne (1992: 29) besprochen: Code-switching in der Mitte des Satzes kann von einer L2-Einheit ausgelöst werden – entweder auf das auslösende Wort folgend oder ihm antizipativ vorangehend.

[16] Alle unsere Interviewpartner hatten Schwierigkeiten, für dieses Wort eine deutsche Entsprechung zu finden Einige verwendeten das diskreditierte Wort 'Führer', wenn sie über ihre Zeit in der Jugendbewegung sprachen ("der madrich! der führer der erzieher hat gesagt", Eflal). Andere, die nicht das Wort 'Führer' verwenden wollten, gebrauchten das vom englischen *instructor* beeinflußte 'Instruktor'.

(2)   YA: ich war dann ein *madrich schel ha-hagana be* * *be* * *schlo-*
             schim ve-schmone <u>*schloschim vetescha hajiti*</u> ** neunzehn-
       MD: <u>das mußt du auf deutsch</u>
       YA: hundertneununddreißig war ich ein *madrich*⌐ * eh * also ein
             ** ein ** was ist *madrich*⌐   also ein ** also hab ich
       MD: LACHT
       YA: exerziert für die hagana

Wie weiter unten zu sehen sein wird, wurde Englisch häufig als die vermittelnde Sprache in Unterhaltungen mit den beiden nicht-hebräischsprachigen Interviewerinnen verwendet. Deshalb findet man dort auch ein paar Belege für Wechsel zu kurzen englischen Phrasen, beispielsweise: "it's your turn to ask" (Bayer[17]); "take it or leave it" (Frau X).

Die übrigen Beispiele für CS in unserem Corpus haben emblematischen Charakter und erscheinen eher wie Einfügungen. Ich klassifiziere sie als CS aufgrund ihrer syntaktischen Eigenschaften:

a) Parenthese – Wortsuche oder Kommentar

(3)   [...] mit den ** den * *ech se nikra*** *se seuda schlischit* {wie
       heißt das, das ist die dritte Mahlzeit} am *schabbat* {Samstag}
       (Arieli)

b) Zitate: der Sprecher zitiert direkte Rede, entweder die eigene, oder die eines anderen

(4)   [...] keiner hat gesagt *kol kach kasche li*⌐ es ist mir so
       schwer⌐ keiner   (Bartnitzki)

c) konversationelle Züge als Teil der Äußerung

(5)   [...] das da muß man immer drauf * gefaßt sein⌐* das sind eben
       alte kassetten⌐* ja⌐ nu * *en dawar*⌐ macht nichts   (Vallentin)

d) konversationelle Züge als zweiter Teil einer Dialogsequenz

Im Gespräch zwischen Miryam Du-nour (MD) und Hilde Rudberg (HR) fragt MD nach der Finanzierung der zionistischen Arbeit in Deutschland, für die HR tätig war:

(6)   MD: nein⌐ ist mir nur so ein-
       HR: wenn sie das geld interessierte
       MD: <u>gefallen daß</u>⌐   ** von wo war das <u>geld da</u>⌐
       HR: <u>*barur* * *barur*</u> {klar, klar}   <u>sicher</u>⌐

---

[17] Da es von Bayer (wie auch von Levy, Philipp und Porath) keine Texte und daher auch keine Kurzbiographien im Transkriptteil gibt, sind diese hier in den Anmerkungen beigegeben:
Isack Bayer, * 1902 in Aschbach/Oberfranken: Jüdisches Lehrerseminar, Lehrer und Kantor in Bingen; 1936 als Leiter von Jugendlichen nach Palästina; Erzieher, Musiker, Leihbücherei u.a.m.; musikalische und etymologische Schriften. Aufnahme: Kristine Hecker, Jerusalem 1990.

Kurze respondierende Züge in der L2-Sprache sind nicht selten, es handelt sich dabei entweder um Ergänzungen, Bekräftigungen[18], Ablehnungen oder Verneinungen.

Das nächste Beispiel stammt aus demselben Gespräch; hier wird darüber gesprochen, daß HR mit ihrer Tochter deutsch spricht:

```
(7)    MD: da habt ihr eine geheimspracheı
       HR:                            eh: lo kol kachı *{nicht
           so sehr} mein schwiegersohn kommt aus einem jiddischspre-
           chenden haus * der verstehtı
```

e) konventionalisierte Floskeln

Aus den Interviews von Kristine Hecker (KH) mit Gabriele Vallentin (GV), Irene Levy (IL)[19] und Isack Bayer:

```
(8a)   KH: ich leg=s ihnen hier hin
       GV:                        jaı tod rabaı*toda raba {danke
           schön} LACHT    (Vallentin)

(8b)   KH: ich mach weiter
       IL:                 labriutı* {zur gesundheit} lassen sie
           sich=s gut schmecken    (Levy)

(8c)   [...] wo ist mein stockı slicha {entschuldigung}ı gäste darf
       man nicht schlagenı   (Bayer)
```

f) gesprächsorganisierende Marker

Auch gesprächsorganisierende Marker können als Züge betrachtet werden; deshalb klassifizieren wir ihr Vorkommen in einer Äußerung ebenfalls als CS.[20] Ihre Funktion ist an den Gliederungs-signalen zu erkennen:

```
(9a)   [...] towı ** {gut} sehen sie wenn ich so lange nicht sprecheı
       (Gassmann)
(9b)   [...] towı** da vergeß ich   (Gassmann)
(9c)   [...] da mußte ich aufhören ** paschut {einfach}   (Bartnitzki)
(9d)   [...] jaı ** en dawarı * macht nichts   (Vallentin)
```

Auch englische gesprächsorganisierende Züge kommen häufiger vor:

```
(10)   äh:: by the way * äh marktflecken * unser dorf do dorf war
       wirklich eine art * geschäftszentrum   (Bayer)
```

---

[18] Andere Ausdrücke in dieser Position: *nachon* 'richtig', *bidijuk* 'genau', *tow* 'gut', *betach* 'sicher' etc.

[19] Irene Levy (geb. Welsch), * 1903 in Berlin: Kindergärtnerinnen- und Sozialpädagogisches Seminar, Sozial-arbeit; 1935 Emigration nach Palästina; verschiedene Tätigkeiten in Krankenhäusern von der Putzfrau bis zur Wirtschaftsleiterin. Aufnahme: Kristine Hecker, Zur Shalom (bei Kirjat Bialik) 1990.

[20] In dieser Kategorie befinden sich auch Marker wie: *bekizur* 'in Kürze', *kamuwan* 'natürlich', *derech agaw* 'übrigens' etc.

3.2 Einfügungen

Die vorliegende Untersuchung bestätigt das Ergebnis früherer Arbeiten, daß die am leichtesten eingefügte Konstituente das Substantiv ist, was aber nicht bedeutet, daß Verben, Adjektive, Adverbien, Präpositionen oder andere Partikeln nicht eingefügt werden würden. Die eingefügten Elemente besetzen den entsprechenden *slot* im Matrixsatz (vgl. Poplack/Sankoff 1988: 1176; Muysken 1996: 119); wenn aber die Wortfolge in den beiden Sprachen unterschiedlich ist, kann es vorkommen, daß die eingefügten Elemente jene Stelle einnehmen, die ihnen in der eingebetteten Sprache zukommt. Etablierte Entlehnungen wurden weiter oben bereits als lexikalische Elemente definiert, die in das Lexikon einer anderen Sprache aufgenommen werden. Gemäß der Definition in Poplack/Sankoff unterscheiden sich Gelegenheitsentlehnungen (*nonce loans*) von etablierten Entlehnungen nur quantitativ – in bezug auf Gebrauchsfrequenz, Grad der Akzeptanz, Grad der phonologischen Integration etc. Ich würde es vorziehen, die Fälle der *nonce loans* in konventionalisierte Entlehnungen und Ad-hoc-Entlehnungen zu trennen. Darüber hinaus gibt es aber auch Beispiele für unbewußte Ausrutscher, die der Interferenz zuzuschreiben sind.

3.2.1 Konventionalisierte Entlehnungen

Die Gemeinschaft der aus deutschsprachigen Ländern immigrierten Juden in Israel entwickelte eine lokale Variante des Deutschen, die im Gespräch untereinander und teilweise auch mit heutigen Deutschen verwendet wird. Am auffälligsten an dieser Variante ist die Verwendung konventionalisierter Entlehnungen, zum größten Teil aus dem Hebräischen.

Konventionalisierte Entlehnungen können aus einer operationellen Sichtweise bestimmt und definiert werden als Lehnwörter (oder -ausdrücke), die die Sprecher der Sprachgemeinschaft sehr häufig verwenden und die sich schwer durch Einheiten aus der Basissprache ersetzen lassen. In unserem Fall sollten wir unterscheiden zwischen zwei Arten der Integration konventionalisierter Entlehnungen: a) kulturspezifischen Entlehnungen, die bereits zur Sprache der Juden in Deutschland gehörten, und b) realitätsbezogenen Entlehnungen, die in die Sprache als Ergebnis des Kontaktes mit einem neuen Umfeld und neuen Lebensumständen aufgenommen wurden.

a) Kulturspezifische konventionalisierte Entlehnungen

Viele hebräische (und manchmal auch aramäische[21]) Wörter wurden in alle jüdischen Sprachen integriert, die in den verschiedenen jüdischen Gemeinschaften in der Diaspora rund um die Welt Verwendung fanden. Aber selbst wenn die Juden dazu übergingen, untereinander die Sprache

---

[21] Die Sprache des Talmud ist Aramäisch; vgl. O.J. Wahrmann, Ph 45: 14, Z.25-29.

des jeweiligen Landes zu sprechen, so fügten sie doch stets noch die konventionalisierten kulturspezifischen Entlehnungen ein.[22]

Die Spuren jahrhundertelangen jüdischen Lebens in Deutschland sind als hebräische Entlehnungen, die aus der jüdischen Sprache ins Lexikon des Deutschen bzw. deutscher Regionalsprachen und Soziolekte übernommen sind, zu finden.[23] Diese leben in der Sprache weiter, auch nachdem diese Sprachtraditionen abgebrochen sind. Wörter wie *koscher, gannef, massel* werden nach wie vor verwendet. Der größte Teil dieser kulturspezifischen hebräischen Entlehnungen wird heute jedoch hauptsächlich im Deutsch unserer Sprechergruppe benützt.[24]

Die verschiedenen jüdischen Gemeinschaften hatten unterschiedliche Traditionen in bezug auf die Aussprache hebräischer Wörter beim Lesen der Heiligen Schriften und verwendeten konsequenterweise dieselbe Aussprachevariante auch bei den eingefügten Wörtern. Deutsche Juden verwendeten die aschkenasische Aussprache.[25] Die meisten dieser Wörter kommen auch im Neuhebräischen (NH) vor, werden aber dort entsprechend der Aussprache des NH ausgesprochen.[26] Im Corpus sind zahlreiche Beispiele für kulturspezifische Wörter und Ausdrücke zu finden; beide Aussprachevarianten, die neuhebräische und die aschkenasische, kommen vor, manchmal bei ein- und derselben Person. Die beiden Aussprachevarianten erscheinen unabhängig vom Kontext, in dem sie auftreten. Es kommt vor, daß jemand über seine Kindheit spricht und das Wort in NH ausspricht, über sein neues Leben spricht und die aschkenasische Variante wählt; hier nur ein paar Beispiele der beiden Varianten:

Aschkenasisch	Neuhebräisch	Bedeutung
chómez	*chaméz*	der an Pessach verbotene Sauerteig
kóscher	*kaschér*	der religiösen Speisevorschrift entsprechend
mátzes	*mazzót*	ungesäuertes Brot
schábbes	*schabbát*	Samstag

Nicht alle kulturspezifischen Entlehnungen stehen unmittelbar mit dem religiösen Leben in Verbindung. Sie betreffen auch andere Bereiche, die mit dem jüdischen Leben in der Diaspora zusammenhängen; vergleiche:

Aschkenasisch	Neuhebräisch	Bedeutung
mischpóche	*mischpachá*	Familie
zóres	*zarót*	Sorgen, Not

---

[22] S. auch Forst, Ph 45: 5f., Z.8-50.

[23] Vgl. beispielsweise Siewert (1996).

[24] Dasselbe trifft vermutlich auch für die Sprache deutsch-jüdischer Emigranten in anderen Ländern zu.

[25] Deutschland wird auf hebräisch *Aschkenas* genannt. Die aschkenasische Aussprachevariante unterscheidet sich nicht nur von der sephardischen, sie ist häufig auch anders als die osteuropäische. – Vgl. dazu O.J. Wahrmann, Ph 45: 14f. Z.52-63, Kahn, Ph 45: 17f., Z.11-20.

[26] Zur Aussprache des Neuhebräischen vgl. M. Du-nour in diesem Bd., S.213.

Zuweilen verwendeten Juden auch Codewörter, z.B. *rísches*, was auf neuhebräisch (*risch'ut*) 'Schlechtigkeit' bedeutet und im Aschkenasischen für Antisemitismus stand.

b) Realitätsbezogene konventionalisierte Entlehnungen

Grosjean (1982: 150f.) nennt die Gründe, die von bilingualen Sprechern für die Sprachenmischung angeführt werden. Diese berichten, daß sie dann wechseln, wenn sie kein geeignetes Wort oder keinen geeigneten Ausdruck finden, oder wenn die verwendete Sprache weder direkte noch indirekte Entsprechungen für das benötigte Vokabular besitzt, daß einige Gedanken einfach besser in der einen als in der anderen Sprache auszudrücken sind, daß die Wörter nicht dieselben Konnotationen haben, etc. Des weiteren könnte der bilinguale Sprecher einfach die Begriffe nicht in beiden Sprache erworben haben oder nicht in beiden Sprachen gleichmäßig mit ihnen vertraut sein.

Die meisten unserer Gesprächspartner kamen schon vor der Emigration mit neuen Realitäten im Zusammenhang mit Erez Israel in Kontakt. Sie schlossen sich zionistischen Jugendbewegungen und jüdischen Studentenorganisationen an, bereiteten sich auf die Immigration vor. Hebräische Wörter und Ausdrücke aus diesen Bereichen wurden sehr schnell konventionalisierte Entlehnungen in ihrer Sprache. Man kann sich gut vorstellen, wie schwer es ist, für folgende Wörter deutsche Äquivalente zu finden: *alija* 'Aufstieg' – Bedeutung: Einwanderung nach Erez Israel; *chawer* 'Freund, Kollege, Mitglied einer Gruppe'; *chaluz* 'Pionier' – Bedeutung: jemand, der sich im Kibbuz niederläßt; *hachschara* 'Vorbereitung' – Bedeutung: Ausbildung zur Arbeit in Erez Israel, auch 'Umschichtung' genannt; *schaliach* 'Abgesandter' – Bedeutung: ein Abgesandter aus Erez Israel zur Organisation der zionistischen Arbeit.

Hatten sich die Immigranten in der neuen Heimat erst einmal niedergelassen, wurden viele hebräische Begriffe realitätsbezogene konventionalisierte Entlehnungen in ihrem Deutsch:[27]

a) Wörter für Institutionen, Siedlungsformen usw., wie: *hitjaschwut* 'Ansiedlung', *moschaw* 'kooperative Siedlung', *histadrut* 'Arbeitergewerkschaft', *kupat cholim* 'Krankenkasse'.

b) Wörter für Gegebenheiten und Umstände, die spezifisch für das neue Leben und die neuen Erfahrungen sind, wie: *meschek* 'landwirtschaftlicher Betrieb'; *pardes* 'Zitrusplantage'; *schomer* 'Wächter'; *zrif* 'Holzhütte'; *ulpan* 'Hebräischsprachkurs'.

c) Wörter, die vor allem von bestimmten Gruppen aus dem Bereich ihres Berufes bzw. ihrer Lebensweise benützt werden: für Kibbuzmitglieder beispielsweise die *maskirut* 'Sekretariat' – Bedeutung: zentrale Verwaltungsstelle im Kibbuz; für Landwirte ihr *lul* 'Hühnerstall'; für Hausfrauen die *oseret* 'Haushaltshilfe'.

---

[27] S. auch E. Admoni, Ph 45: 148f.

3.2.2 Ad-hoc-Entlehnungen

"Very often a bilingual knows a word in both languages but the word in the other language is more available at that moment. This phenomenon of 'the most available word' is frequent in bilingual speech and occurs, according to many bilinguals, when they are tired, lazy or angry. They know that with more effort and time they could find the appropriate word or expression in the base language" (Grosjean 1982: 151)

Obwohl manche unserer Gesprächspartner ausdrücklich bemüht waren, diese Art von "Un-reinheit" zu vermeiden, ist sie doch als Phänomen – mit unterschiedlicher Häufigkeit bei den einzelnen Sprechern – immer wieder zu beobachten. Vergleiche folgende Beispiele:

a) das leichter verfügbare Wort

(11a) [...] er ist *rawak* {Junggeselle} (Schwarz)

(11b) [...] das war *eine timhonit*! {Verschrobene} LACHT [...] *eine timhonit*! unwahrscheinlich! (Rudberg)

(11c) [...] ich wollte haben *jam* {Meer} und *harim* {Gebirge} (Bayer)

b) idiomatische Ausdrücke

(12a) [...] die ist leider * *chat stajim* {eins, zwei = ruck, zuck} gestorben (Levy)

(12b) [...] den offenen kopf sozusagen!* das äh * das ist * *touch wood* (Yahil)

3.2.3 Englische Einfügungen

Es gibt in Israel – wie heutzutage in vielen Sprachgemeinschaften – viele Leute, die in ihre Matrixsprache (= Hebräisch) englische Wörter oder Ausdrücke einfügen. Daher ist es nicht verwunderlich, daß dies bei unseren Interviewpartnern auch im gesprochenen Deutsch auftritt. Ihr Kontakt mit dem Englischen war während ihres Lebens ziemlich intensiv.[28] Englische Einfügungen haben einen ähnlichen Charakter und eine ähnliche Funktion wie hebräische Einfügungen. Darüber hinaus fungieren einige der englischen Einfügungen als vermittelnde Übersetzung für hebräische Wörter, weil Englisch für die Sprache gehalten wird, die die deut-schen Interviewerinnen oder die späteren Hörer des Interviews verstehen.

(13a) [...] ich hab angefangen im: * eh im * *office* von der: * zio-nistischen bewegung zu arbeiten (Rudberg)

(13b) [...] wie mein sohn den zweiten *degree* bekommen hat war eine große feier (Levy)

---

[28] Vgl. z.B. Kloetzel, Ph 45: 35f.; Wachs, Ph 45: 36, Z.1-10; Feiner, Ph 45: 116f.

(13c) [...] was nie zum ausdruck kommen konnte weil dauernd *depressed*
       ** wie sagt man auf deutsch⌐   (J. Stern)

3.3 Einfügestrategien

Alle Interviewpartner waren sich der Tatsache bewußt, daß sie – mehr oder weniger häufig – die Sprachen mischen, und daß das ein Problem darstellen könnte. So wollten jene, die von den beiden nicht-hebräischsprachigen Interviewerinnen interviewt wurden, sichergehen, daß sie auch verstanden werden, und fragten daher wiederholt: "Wissen Sie, was das heißt?" – auch wenn sie völlig konventionalisierte Entlehnungen verwendeten. Vergleiche dazu das folgende Beispiel (ES = Elchanan Scheftelowitz, AB = Anne Betten):

(14)   ES: [...] in der *jeschiwe* lernen * sie wissen was *jeschiwe*⌐
        AB: ja⌐

Selbst in Interviews mit der hebräischsprachigen Interviewerin verloren die meisten Interviewpartner nicht aus den Augen, daß die Aufnahmen für den deutschsprachigen Hörer gedacht waren und auch das Niveau ihrer Sprachbeherrschung im Deutschen widerspiegeln sollten. So äußerten sie ihre Bedenken an der Berechtigung ihres Lehnwortgebrauchs (ES = Ernst Schwarz, MD = Miryam Du-nour):

(15)   ES: [...] und zweitens⌐ *kaschrut*⌐* darf ich dieses wort benüt-
             zen⌐
        MD: ja⌐ sicher⌐

Dieselbe Vorsicht ist auch manchmal in bezug auf englische Ausdrücke zu hören:

(16)   [...] zu einem kurs in *high administration*⌐ * darf ich so sa-
        gen⌐   (Hildesheimer)

Selbst mit der Einsicht, daß Einfügungen und CS in dieser Situation legitim sind, geschehen sie meistens doch nicht glatt und unmarkiert. Vielmehr lenken die Sprecher die Aufmerksamkeit auf die Einfügungen, indem sie sie sprachlich hervorheben. Poplack/Sankoff (1988) sprechen in solchen Fällen von *flagged switches*, die auf der Diskursebene gekennzeichnet sind durch Pausen, Verzögerungsphänomene, Wiederholungen, metalinguistische Kommentare und andere Mittel, die die Aufmerksamkeit auf den *switch* lenken und als Folge die glatte Formulierung des Satzes am Punkt des *switch* unterbrechen. Angesichts meiner von der obigen Klassifizierung der Sprachmischungsphänomene abweichenden Kategorisierung und Terminologie ziehe ich es vor, im Anschluß an Myers-Scotton (1993: 482-484) von markierten Einfügungen zu sprechen.

Nur nach langer Zeit im Gespräch mit M. Du-nour fügt E. Schwarz einige unmarkierte hebräische Wörter ein. Das einzige Gespräch, das eine Abweichung von dem sonst beobachteten Normalfall der Markierung der Einfügungen darstellt, ist ein späteres Zusatzinterview zwischen

M. Du-nour und Hilde Rudberg (nach inzwischen längerer Bekanntschaft), wo sie über Geschehnisse aus der Vergangenheit sprechen, die sie beide erlebt haben. In diesem Abschnitt des Gesprächs wechselt Rudberg in eine "intime" Situation über und benützt viele unmarkierte Einfügungen.

3.3.1 Markierte Einfügungen

Die meisten Einfügungen in unserem Material sind, wie gesagt, markiert. Die Mittel, die angewendet werden, um Aufmerksamkeit hervorzurufen, sind bewußte und unbewußte. Die bewußten werden durch Parenthesen oder Diskursmarker ausgedrückt und lenken die Aufmerksamkeit auf die Einfügung; die unbewußten kommen durch Verzögerungssignale, Wiederholungen und Pausen zum Ausdruck, sie sind die Konsequenz der erfolglosen Suche nach dem richtigen Wort in der Basissprache: in diesem Fall wird dann das im Moment am leichtesten verfügbare Lehnwort verwendet. Meistens werden die Einfügungen auch prosodisch durch Betonung markiert. Häufig versichert sich der Sprecher, daß die Mitteilung kohärent ist und vom Zuhörer – entweder der Interviewerin oder einem späteren Hörer des Bandes – verstanden werden kann:

a) durch Parenthese

(17a) [...] ich bin also in diese einheit gegangen↓ die für mich in-
       nerhalb der jahre eigentlich eine :↑ ** ah:↑ wie sagt man da-
       zu↓* eine *cover unit* war ↑ für meine untergrundtätigkeit (Doron)
(17b) [...] ein teil blieb als *notrim* {Wächter}↓ wie das hieß (Doron)
(17c) [...] es war ja↓ hie und da was man genannt hat *risches↓* es war
       ja ein volkstümlicher antisemitismus (Arieli)
(17d) [...] das war↑ wie man auf hebräisch sagt * *ein tahalich* *{Pro-
       zeß} das war eine entwicklung (Schwarz)
(17e) [...] während meine eltern nach einem * wir nennen das hier im
       lande *meschek* * nach einer farmstätte suchten (Frank)

b) durch Zögern vor der Einfügung

(18a) [...] ein äh:: äh *tembel↓* * was heißt *tembel* ↑ * irgendein ein-
       fältiger↓ * (Cederbaum)
(18b) [...] und später hab ich auf=m bau gearbeitet * als äh:: als
       als *tafsan,* ja↓ als zimmermann ja↑ (J. Brünn)

c) durch einen Fehlansatz und Wiederholung

(19a) [...] mit eh:: ba/ eh: *bachurot* mit mädchen (E. Rosenblum)
(19b) [...] es gab ein kurs für indus/ *industrial designer* ↑ * oder
       eh industrielle formgebung im technion in haifa ** [...] für
       indus/ * industrielle formgebung (U. Biran)

Markierung ist ein klares Zeichen dafür, daß sich der Sprecher bewußt ist, einen fremden Code zu verwenden. Zur Sicherung der Kohärenz einer Äußerung werden andere Strategien verfolgt.

3.3.2 Verdoppelung der Aussage

In einigen der letzten Beispiele ist zur Sicherung der Kohärenz die Strategie der Aussage-verdopplung zu erkennen: Die eingefügten Wörter oder Ausdrücke werden sofort übersetzt und in einer anderen Sprache noch einmal geäußert:

a) Hebräisch > Deutsch

(20)   [...] [er hat] die die *kwischim* die chausseen gebaut   (Grossmann)

b) Englisch > Deutsch

(21)   [...] konnte ich nur ein zertifikat bekommen als *research fel-*
        low * als forschungsstudent (Burg)

c) Hebräisch > Englisch > Deutsch

(22)   [...] um gottes willen * was macht ihr da ** es ist äh *ozer* *
        das heißt *curfew* ja⌐ * das heißt ausgehverbot   (Mirjam Michaelis)

d) Englisch > Hebräisch > Deutsch

(23)   [...] oder ein:: ehm: *farmer*⌐ * ein *chaklaj*⌐ * ja ein bauer *
        landbebauer⌐* der ist viel in der sonne⌐ ja⌐   (E. Rosenblum)

All diese Beispiele enden verständlicherweise mit dem deutschen Äquivalent. Aber auch andere Kombinationen kommen vor. Während in den Kombinationen der Beispiele für e) und f) zunächst ein deutsches Wort verwendet wird, fehlt ein solches in den Beispielen g) und h) gänzlich:

e) Deutsch > Hebräisch

(24)   [...] also ich mußte erst mal in die vorbereitungsklasse * das
        heißt *mechina* auf hebräisch   (A. Laronne)

f) Deutsch > Englisch

(25)   [...] später bin ich dann sehr stolz geworden auf die * auf die
        erbschaft* auf die *heritage* der * des äh: deutschen judentums
        (Rapp)

g) Hebräisch > Englisch

(26)   [...] wenn wir *schabbaton* haben * also *sabbatical*   (Arieli)

h) Hebräisch (arabisches Lehnwort) > Hebräisch

(27)   [...] bin ich herumgerannt bei den sogenannten *gafirim* das warn
        die * jüdischen *schomrim* {Wächter}   (Bayer)

Die mehrmalige Wiederholung hängt oft damit zusammen, daß die Wörter nicht genau das
gleiche semantische Feld abdecken: *chaklaj* (Bsp. 23), *mechina* (Bsp. 24) und *heritage* (Bsp. 25)
haben nicht dieselben Konnotationen wie *farmer/Bauer*, *Vorbereitungsklasse* und *Erbschaft*. Im
Beispiel (27) wird sogar eine spezifische Bezeichnung, *gafir*[29], durch eine weniger spezifische,
allgemeinere hebräische Bezeichnung, *schomer*, expliziert.

3.3.3   Suchen und Aushandeln der Übersetzung

Das Hauptanliegen der Sprecher ist zweifellos, verstanden zu werden und sich klar auszudrük-
ken. Einige geben zu: "es fehlen mir manchmal die Worte" (I. Naor), "ich kenne kein Berufs-
deutsch in meinem Beruf" (Doron), "ich spreche auch schon kein reines Deutsch mehr" (Bartnitzki), "wie ich nicht das deutsche wort finde ⌐ * das richtige * das merk ich dann immer selber"
(Eflal). Mit fortschreitender Dauer des Interviews und damit verbundener Müdigkeit steigt
offenbar bei vielen die Häufigkeit des Suchens nach deutschen Wörtern. Die Gesprächspartner
fügen fremde Wörter ein, sie suchen nach einer Übersetzung und wenn sie keine finden, dann
umschreiben sie den Begriff, oder sie hoffen auf die Hilfe und Unterstützung von der Interviewerin oder einem anderen Gesprächsteilnehmer:

a) Umschreibungen

(28)   [...] probation officer [...] sie wissen was das ist⌐ [...]
        probation ist äh:: zu * den leuten zu helfen * daß sie bei ver-
        brechen nicht ins gefängnis kommen [...] wie nennt man das in
        deutsch eigentlich⌐ ** ich weiß gar nicht ** [...] *kzin miwchan*
        heißt es im hebräischen   (Bartnitzki)

Frau Bartnitzki kennt ganz offensichtlich den deutschen Begriff nicht (er ist nicht Teil ihrer
Erfahrungswelt vor der Immigration). Den englischen Begriff verwendet sie in der Hoffnung,
daß die Interviewerin ihn verstehen würde. Weil sie auf ihre Frage keine Antwort und wahrscheinlich auch kein Rückmeldungssignal erhält, beginnt sie den Begriff zu umschreiben: sie
erklärt die Funktion des *probation officers*. Ohne eine befriedigende Erklärung zu erreichen,
unterbricht sie und verwendet den Begriff, den sie in diesem Fall immer verwendet hat: den
hebräischen.

---

[29] *Gafir* war in der britischen Mandatszeit die Bezeichnung für einen Spezialpolizisten. Heute wird dieses Wort
nicht mehr benützt.

b) Unterstützung von der Interviewerin

Wenn die Interviewerin hebräischsprachig ist, liegt es nahe, sie um Unterstützung zu fragen, wie im Gespräch zwischen MD und Dalia Grossmann (DG):

```
(29)  DG:  als eh:: joschewet roschↆ * wie heißt dasↆ          vor-
      MD:                                   vorsitzende
      DG:  sitzendeↆ
```

Aber es ist nicht immer selbstverständlich, daß man tatsächlich Hilfe von jemandem erhalten kann, dessen L1-Sprache nicht Deutsch ist, wie im folgenden Gespräch zwischen MD und Aharon Doron (AD):

```
(30)  AD:  meine großelternↆ * eh: waren zum großenteilsↆ * waren
           viehhändler oder ** eh:: eh: hier ist schon das erste wort
      MD:                                        ja::   ** weiß
      AD:  das mir fehlt * was man auf englisch peddler nennt
      MD:  ich auch nicht * ja:: #reisende kleinhändlerↆ#
      K                           #ZÖGERND              #
      AD:       sochen nose'aↆ                   reisende
           kleinhändlerↆ
```

Andererseits kann oft doch die Bedeutung aus dem Kontext erraten werden – selbst wenn die Interviewerin das hebräische Wort nicht kennt; im folgenden Beispiel aus dem Gespräch von Kristine Hecker (KH) mit Clara Bartnitzki (CB) greift die Interviewerin hilfreich ein:

```
(31)  CB:  [...] ich habe [...] die windeln auf dem keresch ge-
           waschenↆ * ja * auf dem * sie wissen doch ** so einↆ *
      KH:  waschbrett
      CB:           jaↆ waschbrett * jaↆ * hat man waschbrett in
           deutschland gesagt * ja * ich glaubeↆ
```

Manchmal führt der erste Versuch auch nicht zur Lösung, wie am Beispiel aus dem Gespräch von Anne Betten (AB) mit Ayala Laronne (AL) deutlich wird:

```
(32)  AL:  in der nacht sind dann die:: wie heißen die: * die dju
      AB:                                 wanzenↆ
      AL:  kim** wie nennt man das **das sind die::   nein nein *
      AB:             diese schabenↆ
      AL:  dies großen **              diese schabenↆ
```

c) Hilfe von einem dritten Gesprächsteilnehmer

An einer anderen Stelle des schon erwähnten Gesprächs aus Beispiel (1) findet A. Eflal nicht das deutsche Wort und die Freundin MX, die zu Besuch ist, kommt ihm zu Hilfe:

```
(33)  AE:  also ich lese und ich hab nicht viel : * eh:: ** magaↆ *
           vielↆ          heↆ         kontakt * ja * mit der deut-
      MX:        kontakt      kontakt
      AE:  schen sprache
```

3.4   Unmarkierte und unbewußte Einfügungen: Einfügung von Partikeln

Außer den durch Betonung markierten Einfügungen, die in den allermeisten Fällen bewußt sind,
gibt es einige Beispiele für unbetonte und wahrscheinlich auch unbewußte Einfügungen, die im
Diskurs auftreten. Clyne (1978) erwähnt, daß den alten deutschen Immigranten in Australier
unbewußt Konnektoren wie *ob, und, weil* in ihr Englisch rutschen. Dabei handelt es sich um ein
verständliches Phänomen: die Aktivierung der ruhenden Muttersprache in kleinen Funktions
partikeln. Bemerkenswerter ist es dagegen wohl, wenn das gleiche Phänomen in der L1-Sprache
auftritt und unbewußt die Partikeln der L2-Sprache aufgerufen werden. Partikeln, wie Konjunk
tionen oder kurze Adverbien, kamen in der Sprache fast aller unserer Interviewpartner vor, selbs
bei sehr vorsichtigen Sprechern, die eine "Kontamination" ihres Deutsch vermeiden. Meis
handelte es sich dabei um sehr kurze, unbetonte und häufig kaum wahrnehmbare Einheiten.[30]

Die am häufigsten eingefügte Konjunktion ist *awal* 'aber', wofür uns Dutzende von Beispielen
vorliegen:

(34a)   [...] lesen konnt ich schreiben auch *awal* das ham wir nicht
        gelernt   (Bartnitzki)

Auch die hebräische Negation *lo* wird verwendet:

(34b)   [...] auf meinem *lo* {nicht} bezahlten gebiet   (Eran, s. Ph 45: 150,
        Z.11f.)

Hier eine kleine Auswahl der des weiteren auftretenden Konjunktionen und Adverbien:

> *ulaj* 'vielleicht'; *rak* 'nur'; *kmo* 'wie' (vergleichende Konjunktion); *bichlal* 'überhaupt'
> *klomar* 'also' (zusammenfassend); *scham* 'dort'; *po* 'hier'

Manchmal traten die fremden Partikeln auch nach einer Auslösung (*triggering*) auf; derartige
Fälle waren aber selten:

(35)   [...] außerdem waren wir ä:: d/ sogenannte *enemy aliens becau/*
        weil wir früher [...]   (Michaelis-Stern)

Bei einigen der Einheiten handelte es sich um intensivierende Partikeln, die erwartungsgemäl
auch etwas stärker betont wurden:

(36)   [...] so hat man nach und nach *be'emet* {wirklich} nach und nach
        [...]   (Bartnitzki)

(37)   [...] und mein Sohn *afilu* {sogar} heißt Levy! * ich bin stolz
        (Levy)

---

[30]   Die meisten der deutschen Studenten, die die Aufnahmen transkribierten, hörten diese Einheiten nicht einma
       oder interpretierten sie fälschlicherweise als Räuspern oder Stocken.

Nur selten bemerkten die Sprecher, daß sie eine dieser Partikeln benutzten; in diesen Fällen versuchten sie, wie oben auch im Beispiel (34), sich nachträglich zu verbessern:

(38) [...] bis ich *mam/* bis ich tatsächlich wollt gerade wieder *ma-masch* sagen bis ich tatsächlich   (Vallentin)

Diese Partikeln sollten m.E. zu den Interferenzen gezählt werden, und zwar vor allem weil sie unbewußt vorkommen.

4 Multiple choice in der phonologischen und morphologischen Realisation

Multilinguale Sprecher haben mehr als nur ein phonemisches System zu ihrer Verfügung. Sie alternieren nicht nur zwischen Wörtern, sondern auch zwischen Phonemen und Morphemen. Die vergleichende Übersicht (s.o. S.454) der neuhebräischen und aschkenasischen Aussprache-varianten einzelner Lexeme verdeutlicht, daß es sich vornehmlich um Unterschiede der Phonologie[31] und des Akzents[32] handelt. Die in diesen Beispielen vorliegende Differenz findet man auch in einigen konventionalisierten Entlehnungen. So ist beispielsweise der hebräische Spitzname für jemanden, der in Israel geboren ist, *zabár* (mask.) bzw. *zabarít* (fem.). Unsere Gesprächs-partner verwendeten diese Wörter; darüber hinaus verwendeten sie aber auch die jid-dischen/aschkenasischen Varianten *sábre/zábre* (mask.) und *sábra/zábra* (fem.).

Lexeme, die nicht eindeutig einer Sprache zuzuordnen waren, wurden in mehr als einer phonemischen und morphologischen Art realisiert. Beispielsweise wurde das Wort *Fernsehen* selten verwendet, weil es ja auch im Leben und in der Sprache vor der Emigration nicht vorkam. Dagegen wurde der Begriff *television* häufig verwendet, allerdings in verschiedene Sprachen in morphologischer und phonologischer Hinsicht integriert. Wir finden den Begriff mit hebräischer Aussprache *televisija*, mit englischer Aussprache *television* und mit der deutschen Aussprache *Televisión*. Geographische Namen werden desgleichen unterschiedlich ausgesprochen: *Japan* wird einmal, wie im Deutschen, auf der ersten Silbe betont, das andere Mal, wie hebräisch, auf der Schlußsilbe. Die Schweizer Stadt wird einmal wie im Deutschen als *Genf*, dann wieder mit englischer Aussprache als *Geneva*, auch als *Genève*, wie im Französischen, oder als *Geneva* im Hebräischen (wie im Französischen, aber mit /a/ im Auslaut) ausgesprochen.

Weitere Beispiele der Integration ein- und desselben Wortes in verschiedene Sprachen: ein Sprecher spricht die *Gitarre* das eine Mal wie im Deutschen aus, das andere Mal als *gitára*, wie

---

[31] So wird das Graphem "˒" (kamaz gadol) im modernen Hebräisch als "a", im Aschkenasischen als "o" wiederge-geben.

[32] Im modernen Hebräisch fällt der Akzent in der Regel auf die Ultima (ausgenommen sind bestimmte Katego-rien), im Aschkenasischen immer auf die Pänultima.

im Hebräischen. Andere Sprecher wählen die englische Aussprache eines Wortes, obwohl dasselbe Lexem auch im Deutschen vorkommt:

(39a) [...] das wurde dann eine große *mixture*   (Friedländer)
(39b) [...] eine gewerkschaft *organisation*   (Michaelis-Stern)

An diesen Beispielen ist zu sehen, daß man oft, statt von phonetischer, phonologischer oder morphologischer Integration bzw. Interferenz zu sprechen, auch von der Auswahl aus verschiedenen Formen, über die der multilinguale Sprecher verfügt, sprechen könnte.

4.1 Switching zwischen Morphemen

Eine der Beschränkungen, die in verschiedenen Studien erwähnt werden, ist die Beschränkung auf freie Morpheme. Dabei wird die Behauptung aufgestellt, daß *switching* an der Verbindungsstelle zwischen lexikalischen Formen und gebundenen Morphemen nicht auftreten kann (Poplack 1980: 585ff.). Es sind aber zahlreiche Beispiele zu finden, die dem widersprechen: *switching* – im Sinne von Poplack – kann zwischen einem Lexem und einem gebundenen Morphem auftreten, was tatsächlich ziemlich oft vorkommt. Die Wahl zwischen verschiedenen Realisationen kann auch auf Morpheme ausgeweitet werden; die Alternanz kann selbst in der Mitte eines Wortes vorkommen, d.h. Morpheme aus der einen Sprache können eingefügt und an Morpheme bzw. Lexeme der anderen Sprache affigiert werden. Wo eine formale Ähnlichkeit vorliegt, da finden sich auch interessante Hybride:[33]

a) zwischen deutscher und englischer Aussprache

(40)   [...] und da kamen die ganzen damen aus deutschland * die aus-
        gebildeten diät*itions*   (Levy)

Das Lexem ist hier deutsch ausgesprochen, das Wortbildungsmorphem englisch.

b) zwischen zwei Lexemen, die ein Kompositum bilden

(41a)   [...] und die haben ein psychoanalytisches werk*shop* gemacht
        (Michaelis-Stern)
(41b)   [...] der war der *histadrut* manager   (Levy)

Im Beispiel (41a) ist das Bestimmungswort deutsch, das Grundwort englisch, im Beispiel (41b) ist das Bestimmungswort hebräisch (*histadrut* Gewerkschaft), das Grundwort englisch.

---

[33] Vgl. dazu auch Haugen (1972: 165).

4.2 Entlehnung gebundener Morpheme

Nicht nur freie, sondern auch gebundene Morpheme werden aus einer Sprache entlehnt und in eine andere integriert.[34] Weinreich (1953: 30-33) führt aus, daß gebundene Morpheme ihren Weg in eine andere Sprache finden, wenn sie erst wichtige Bestandteile von Entlehnungen sind und später auch auf andere Lexeme ausgeweitet werden. Dies kann bei etablierten Entlehnungen der Fall sein, Weinreich selbst nimmt jedoch an, daß es noch andere Verfahren gibt.

Im Prozeß der Erweiterung des Lexikons hat das Neuhebräische die Entlehnung gebundener Morpheme intensiv genutzt. Beispielsweise ist das slawische Suffix *-nik* im Hebräischen sehr produktiv, es finden sich auch entsprechend viele Beispiele in unserem Corpus; vergleiche beispielsweise: *kibbuznik* 'Kibbuzmitglied', *tarbutnik* 'Kulturbeauftragter', *'mapainik* 'Mitglied der Mapai-Partei'

Natürlich behalten viele Einfügungen in unserem Corpus die grammatische Form der Ausgangssprache, z.B. hebräische Genussuffixe: *-a/-et* für das Femininum (*chawer-a* 'Freundin', *oser-et* 'Haushaltshilfe'), *-im* für den maskulinen Plural (*kibbuz-im*), *-ot* für den femininen Plural (*chawer-ot* 'Freundinnnen'). Das Hebräische integriert auch etablierte Lehnwörter, an die gebundene hebräische Morpheme suffigiert werden (*telefon-im* 'Telefone'). In unserem Corpus finden wir beispielsweise das deutsche Lehnwort *Razzia* (ursprünglich aus dem Arabischen), das auf *-a* auslautet und daher, formal einem hebräischen Femininum entsprechend, auch das feminine Pluralsuffix erhält:

(42) [...] sie sind bei einer der *razziot* ende zweiundvierzich *
      nehmn wir an** äh deportiert wordn (Sela)

4.2.1 Gebundene Morpheme aus dem Deutschen

Manchmal werden aber auch gebundene deutsche Morpheme an hebräische und englische Einfügungen affigiert. Derivationssuffixe, die mit dem Matrixsatz kongruieren, werden oft an konventionalisierte Entlehnungen oder auch Eigennamen von Ländern oder Institutionen angefügt:

(43a) [...] eine *chaluz*ische zionistische jugendbewegung (Arieli)
(43b) [...] ich wollte einen *chaluz*ischen beruf (E. Laronne)[35]
(43c) [...] wo die *hachschar*isten sich zusammengetan haben (Schwarz)
(43d) [...] die *chefziba*ner {die Mitglieder des Kibbuz Chefziba}
       (Arieli)

---

[34] Vgl. z.B. Haugen (1972: 169).
[35] Vgl. auch: mit *goj*ischen Freundinnen, *mapai*isch usw.

4.2.2   Verbale Formenbildung

Englische Verben im Perfekt werden manchmal mit dem deutschen Präfix *ge-* des Partizips
Perfekt versehen und passen sich so an die Grammatik des Deutschen an:

(44a)   [...] zionistisch *geminded* {gesinnt}   (Friedländer)
(44b)   [...] haben sich dann in jeruschalajim *gesettled* {sich nieder-
        gelassen}   (Grossmann)
(44c)   [...] eine andere gruppe * von juden die hier schon * mehr *
        gesettled waren {eingelebt waren}   (Hildesheimer)

Beispiel (44b) und (44c) wurden wahrscheinlich auch beeinflußt von der hebräischen Reflexiv-
form der Wurzel *j.sch.w* 'sitzen', die hier keine adäquate Übersetzung fand.

4.3   Ad-hoc-Entlehnung von Morphemen

a) Plural- und Genussuffixe
Gelegentlich trat das Pluralsuffix *-s* bei den Maskulina an Entlehnungen: *mapainiks, kibbuzniks
gojs*; auch ein Pluralsuffix *-s* an die hebräische Form für 'Theater' kommt vor: *theatrons*.

   Das deutsche Pluralsuffix *-en* trat bei verschiedenen Sprechern mehrere Male beim femininen
Substantiv *balata* 'Fliesen' auf: *balaten*. Das Wort ist im Hebräischen aus dem Arabischen
entlehnt, der Plural wird auf das feminine *-ot* gebildet: *balatot*.

b) Kasussuffixe
Die Integration in den Matrixsatz wird ganz deutlich, wenn das entlehnte Element das deutsche
Kasussuffix erhält. Beispiele für das Genitivsuffix wären: "im auftrag des *magbits*[36]"; "die
behörden des jüdischen *jischuw*s ('jüdische Bevölkerung in Erez Israel'")"; "die mädchen des
*kibbuz*es"; "des *gijus*es ('Mobilisierung')". Dativsuffixe waren selten. Ein ganz besonderer und
bizarrer Fall liegt im folgenden Beispiel vor, wo ein deutsches Dativsuffix an eine hebräische
Pluralform suffigiert wurde: "ulpanimen (*ulpan* 'hebräischer Sprachkurs', pl. *ulpanim*)".

---

[36] *Magbit* ist elliptisch für *hamagbit hayehudit hameuchedet* – der Fonds, der auf englisch "United Jewish
   Appeal" genannt wird.

5 Interferenzen

Weinreich (1953: 1) definiert Interferenzen als "instances of deviation from the norms of either language which occurs in the speech of bilinguals as a result of their familiarity with more than one language [...] it implies the rearrangement of patterns that result from the introduction of foreign elements into the more highly structured domains of language, such as the bulk of the phonemic system, a large part of the morphology and syntax and some areas of the vocabulary." Diese Definition könnte alle bisher besprochenen Phänomene miteinschließen. Ich möchte unsere Diskussion aber auf die Interferenzen im Sprechen beschränken (vgl. ebd.: 11) und durch Beispiele aus dem Corpus belegen. Bei den bisher diskutierten Beispielen für Sprachenmischung handelte es sich in erster Linie um bewußte (wenn nicht sogar beabsichtigte) Phänomene. Nach unserer Definition liegt Interferenz dann vor, wenn im Sprechen eines bilingualen Sprechers unabsichtliche und meist unbewußte Abweichungen von Normen der gerade gesprochenen Sprache vorkommen, die auf Sprachmuster einer anderen Sprache zurückgreifen. Meist ist die interferierende Sprache die L1, deren Muster sozusagen im Hintergrund des Bewußtseins aktiv sind. Aber bei Sprechergruppen, die lange im engen Kontakt mit L2 leben, treten auch Interferenzen aus der erworbenen Sprache in die Muttersprache auf, wie wir bereits in Kapitel 3.4 sahen.

Interferenzen sind auf allen Ebenen zu finden: Phonetik, Phonologie, Morphologie, Syntax, Semantik und selbst Prosodie.[37]

5.1 Phonetik

Es ist eine bekannte Tatsache, daß sich die artikulatorische Prägung eines Sprechers, wenn er das zwölfte Lebensjahr erreicht hat, meist nicht mehr wesentlich ändert. Das kann man in der Sprache aller unserer Gesprächspartner beobachten. Sie sprechen Deutsch in der phonetischen Artikulationsweise, die sie sich in ihrer Kindheit und Jugend angeeignet haben, und des weiteren Hebräisch (wie auch weitere, später erworbene Sprachen) mit einem deutschen "Akzent": sie verwenden deutsche Phone für hebräische und englische Phoneme.[38] So werden hebräische und englische Entlehnungen bzw. Einfügungen ins Deutsche mit der phonetischen Realisation des Deutschen übertragen.

---

[37] Vgl. dazu auch Grosjean (1982: 299), Lehiste (1988: 1ff.).

[38] Vgl. z.B. Goldberg, Ph 45: 125, Z.32-45; U. Biran, Ph 45: 143, Z.59-63.

5.2 Wortfolge

In Übereinstimmung mit der Definition der Einfügung in Kapitel 1 wurde oben festgestellt, daß die eingefügten Konstituenten (jeglichen Typs) die Stelle der Einheit einnehmen, die sie in der Matrixsprache ersetzen; in den meisten Fällen wird dabei auch die Wortfolge der Basissprache nicht gestört. Dies ist aber nicht immer der Fall; wir haben Belege dafür, daß die hebräische Wortfolge manchmal in den Oberflächensatz eindringt:

(45a) [...] und er ist offizier geworden und offizier *miztajen* {aus-
       gezeichneter} geworden   (L. Eisner)

Im Deutschen (und Englischen) werden attributive Adjektive vor das Substantiv gesetzt, während sie im Hebräischen immer auf das Substantiv folgen. In Beispiel (45a) steht das Adjektiv in der im Hebräischen üblichen Position und nicht in der für den Matrixsatz richtigen. Der hebräische Ausdruck *kazin miztajen* (*kazin* 'Offizier') bedeutet: 'er beendete die Offiziersausbildung mit Auszeichnung'.

(45b) [...] die jahre zwanzig waren üb/ zwanziger jahre waren über-
       haupt herrlich   (Porath[39])

Bei hebräischen Nominalkomposita steht das Grundwort in der ersten Position, das Bestimmungswort in der zweiten. So bildet die Sprecherin das Kompositum auch zuerst; erst dann korrigiert sie sich und greift die deutsche Entsprechung auf.

5.3 Genusübertragung

Im Hebräischen haben alle Nomina ein Genus – entweder maskulin oder feminin. Die meisten belebten Nomina besitzen sowohl eine maskuline wie auch eine feminine Form. Dieses Muster führt zur Interferenz und verursacht zuweilen die Bildung nicht bestehender Formen im Deutschen:

(46a) [...] seine frau war *ambassadorin* von schweden   (Eger)
(46b) [...] dann als illegale einwanderer*rin hier gekommen   (Monar)

In beiden Fällen gibt es zum entsprechenden hebräischen Maskulinum ein feminines Pendant. Das Zögern in Beispiel (46b) zeigt deutlich, daß der Sprecher in bezug auf die Richtigkeit dieser Form zweifelt. Im folgenden Beispiel interferiert dasselbe Muster – und führt zur Bildung eines femininen Pendants zu Nazi, hier durch einen Artikel zum Ausdruck gebracht:

---

[39] Alisa Porath (ehem. Foerder, geb. Liselotte Salomon), * 1907 in Berlin: Handelsschule, MTA-Ausbildung Labortätigkeit (bei einem Arzt und am jüdischen Krankenhaus); 1933 Emigration nach Athen, 1935 nach Palästina; Hausfrau, Haushaltstellungen. Aufnahme: Kristine Hecker, Jerusalem 1990.

(47)   [...] ich weiß was sie für *eine* nazi war   (Vardon)

5.3.1 Inkongruente Artikel

Im Prozeß der Entlehnung und Einfügung könnte es zur Interferenz mit dem Genus eines Nomens aus der im Hintergrund aktiven Sprache kommen. Dies wird am deutlichsten im "inkorrekten" Artikelgebrauch.[40]

a) Artikelkongruenz mit dem Nomen, das im Hintergrund des Sprecherbewußtseins steht

(48a)   [...] ich hab grade äh *in der* * fernsehn gesehn wie die ange-
        kommen sind   (Hildesheimer)

Der zum hebräischen Wort *televisia*, das nicht ausgesprochen wurde, gehörige (feminine) Artikel wird vor ein deutsches Wort gestellt, mit dem er allerdings nicht übereinstimmt.

(48b)   [...] es gibt doch hier ein * eine synagoge   (Hildesheimer)

Der Sprecher bessert sich selbst aus – der erste Artikel sollte vermutlich mit dem hebräischen Maskulinum *bet knesset* abgestimmt werden; nach einer kurzen Suche wird der korrekte deutsche Ausdruck verwendet.

(48c)   [...] es gab *ein* teilung↑ ** vielleicht haben sie von *dieser*
        pilug gehört   (Bartnitzki)

Die Sprecherin verwendet zuerst den deutschen Begriff, dann den hebräischen, wohl weil der deutsche nicht genügend spezifisch ist (*pilug* bedeutet 'Spaltung, Schisma'). Das (maskuline) hebräische Wort war vermutlich schon in ihrem Bewußtsein, als sie zuerst ein deutsches Wort aussprach, da sie *ein* statt *eine* sagt. Im Hebräischen gibt es keinen unbestimmten Artikel und keine Kasus-Deklination, nur das Genus wird bezeichnet. Wahrscheinlich wirkt das Maskulinum von *pilug* in den ersten Teil des Satzes, während das Femininum von *Teilung* auf die hebräische Erläuterung übergreift.

b) Artikelkongruenz mit dem Nomen, das ersetzt wurde

(49a)   [...] wie in jerusalem *die::* mazor {Belagerung} anfing
        (Grossmann)

Der Einfügung geht ein Artikel voran, der in der Basissprache mit dem substituierten Nomen in Kongruenz gebracht ist. Das hebräische *mazor* ist maskulin, *Belagerung* ist feminin. Die Sprecherin verwendet einen femininen Artikel, obwohl das deutsche Wort überhaupt nicht ausgesprochen wird; aber das Zögern vor der Verwendung des ersten verfügbaren Wortes beweist, daß es wahrscheinlich irgendwo in ihrem Unterbewußtsein aktiv war.

---

[40] Dieses Phänomen wurde bereits in anderen Studien beobachtet, z.B. Lehiste (1988: 14), Clyne (1972).

(49b)   [...] zur zeit der abstimmung in *den::* in *der umot meuchadot*↑ *
         der UNO↑   (Doron)

Zuerst verwendet der Sprecher die Pluralform des Artikels, die mit dem hebräischen Ausdruck
in Kongruenz gebracht ist. Er korrigiert sich allerdings und verwendet nun für die hebräischen
Wörter den bereits vorweggenommenen Artikel, der mit dem im Deutschen üblichen Begriff
kongruiert.

5.4 Präpositionen

Präpositionen sind Partikeln, die z.T. von anderen Satzkonstituenten bestimmt werden und z.T.
von der semantischen Referenz ihrer Umgebung abhängen. Einer der schwierigsten Schritte im
Spracherwerb ist das Erlernen des richtigen Präpositionsgebrauchs in der L2-Sprache. Der
Gebrauch der Präpositionen bei Verben mit nicht austauschbarer Präposition ist sehr tief verankert; die Wahl der für die L1 richtigen Präposition interferiert mit der in der L2-Sprache
richtigen Präposition. Wie im Corpus feststellbar ist, gilt dieses Phänomen auch in umgekehrter
Richtung. Es gibt relativ viele Interferenzen bei der Verwendung von Präpositionen. Häufig wird
die in einer bestimmten Position passende hebräische Präposition übersetzt und falsch für das
deutsche Wort angewendet. Weil jede Präposition viele Bedeutungen und Funktionen hat, sind
die folgenden Beispiele nach den hebräischen Präpositionen geordnet, die im Hintergrund
stehen. Diese hebräischen Präpositionen wurden im Bewußtsein der Sprecher aktiviert, ins
Deutsche übersetzt und offensichtlich falsch auf der obersten Ebene angewendet:

a) *be* entspricht dem deutschen *in*, *an*, *bei* (Zustand/Umstände); *mit* (Art und Weise; mittels
Werkzeug/Fahrzeug); *um* (Zeit); *für* (Preis, Zahlen) etc.

(50a)   [...] *im* [am] anfang neunzehnhundertdreiunddreißig   (Engel)
(50b)   [...] und *im* ende vierundvierzig   (Rosner)
(50c)   [...] ich hab manchmal zehn *lectures im* tag gegeben   (Bayer)

(51a)   [...] zwölf monate gefängnis *in* [auf] bewährung   (Micha Michaelis)
(51b)   [...] eigentlich *in* [auf] der höhe von   (Philipp[41])

(52)   [...] da haben wir immer mitgemacht *in* [bei] solchen sachen
         (Steinbach)

---

[41] Hilde Philipp (geb. Weinmann), * 1907 in München: Gewerbelehrerinnenseminar, Handarbeitslehrerin, Leiterin
      einer jüdischen Hauswirtschaftsschule in Breslau; 1939 nach Palästina; zunächst Lehrerin, dann Köchin beim
      engl. Militär, wieder Lehrerin, zuletzt stellvertretende Schulleiterin. Aufnahme: Kristine Hecker, Jerusalem
      1990.

Die beiden folgenden Beispiele für die deutsche Präposition *bei* sind mit der phonetischen Stützung durch das hebräische *be* und das englische *by* zu erklären:

(53a) [...] *bei* schiff oder *bei* * per zug   (U. Biran)
(53b) [...] das ist aber glaub ich nur *bei mikre* {Zufall}↓ * das ist nur *by* chance   (Vardon)

b) *le-* folgt – neben anderen Funktionen – einem Verb der Bewegung oder Richtung, geht einem Dativobjekt voran oder bezeichnet den Possessivstatus eines Nomens (*haben*); neben anderen deutschen Präpositionen – *nach, zu, in die/den, für* – ist es auch mit Null-Präposition äquivalent:

(54)   [...] bei der ankunft *nach* sidney   (Friedländer)

(55a) [...] weshalb er nicht *zur* schweiz ausgewandert ist   (P. Alsberg)
(55b) [...] geschrieben [...] *zu* ihrer mutter   (Ch. Rothschild)
(55c) [...] *zum* abitur vorbereitet   (Weinstein)

(56a) [...] und dann wurde das sanatorium *für* winter geschlossen (Bialer)
(56b) [...] hab sie auch zu mir eingeladen *für* tee und kaffee   (J. Stern)

(57)   [...] *in* die kassette sprechen   (Micha Michaelis)

c) *mi-* schließt an Verben der Bewegung an, steht vor Nomina, die einen Beginn oder Ursprung (der Zeit, des Ortes, der Sache etc.), den Stoff, aus dem etwas besteht, etc. ausdrücken. Neben anderen deutschen Präpositionen ist es äquivalent mit *von, aus, an* etc.:

(58a) [...] leute *von* tschechien   (Vardon)
(58b) [...] und sie hat jahrelang *von* migräne gelitten   (Levy)
(58c) [...] man war sehr zufrieden *von* ihr   (Bialer)
(58d) [...] ist neben mir gestorben *von* lungenentzündung   (Rosen)

(59)   [...] da konnte man keine antwort bekommen *aus* mir   (Eran)

5.5 Interferenz und Lehnübersetzungen

Lehnübersetzungen sind ein wohlbekanntes Phänomen im Sprachkontakt. Neue Wörter werden gebildet, neue Bedeutungen werden bestehenden Lexemen gegeben oder neue Verbindungen zweier Lexeme werden aufgrund der Übersetzung eines Konzepts aus einer anderen Sprache geschaffen. In der Regel sind Lehnprägungen in die Sprache integriert, meist ohne Spuren ihrer Herkunft hinterlassen zu haben.

Die im folgenden angeführten Lehnübersetzungen aus dem Corpus sind nicht Teil des Lexikons der deutschen Sprache. Sie sind entweder konventionalisiert in dieser Sprachgemeinschaft, können aber auch *ad hoc* gebildet sein. Dabei handelt es sich um klare Fälle der Interferenz von Konzepten, die im Bewußtsein des Sprechers bestehen und in die Matrixsprache übertragen wurden.[42] Manchmal entstehen dadurch nicht existierende Wörter oder Ausdrücke, manchmal wird eine unangemessene Bedeutungskomponente eines bestimmte Lexems übertragen:

a) Schaffung deutscher Wörter durch wörtliche Übersetzung der hebräischen Wörter oder Ausdrücke

(60a)   [...] waren wir in einem *aufnahmezentrum*   (Mirjam Michaelis)

In Israel gibt es für die Neuankömmlinge in der ersten Zeit Aufnahmeeinrichtungen. Auf hebräisch werden sie *merkas klita* (*merkas* 'Zentrum', *klita* 'Aufnahme, Absorption') genannt.

(60b)   [...] und sie ist ne ähm ** wie nennt man das * *familienärztin*
        (Eger)

In diesem Beispiel liegt wörtliche Übersetzung eines Spezifikums in der medizinischen Versorgung Israels vor (*rof'at mischpacha*, wörtlich 'Ärztin [für die] Familie').

b) Gebrauch deutscher Ausdrücke statt der üblichen hebräischen, in wörtlicher Übersetzung

(61)   [...] hab ich noch ein paar jahre weitergearbeitet teilweise *
        also *teilarbeit*   (Eflal)

Hier kennt der Sprecher den deutschen Begriff *Teilzeitarbeit* nicht und übersetzt wörtlich aus dem Hebräischen. Bemerkenswert ist, daß bei der wörtlichen Übersetzung der angeführten Beispiele (60a und b, 61) die Reihenfolge der Kompositionsglieder umgekehrt wurde und der deutschen und nicht der hebräischen Abfolge entspricht (im Gegensatz zu den in Kapitel 5.2 erwähnten Beispielen).

c) Kollokation gemäß dem Hebräischen

Kollokationen sind weder Idiome noch gebundene Lexeme, doch sind sie sehr sprachspezifisch und im Bewußtsein des Sprechers aktiv. Bei unseren Interviewpartnern waren mehrere Übertragungen hebräischer Kollokationen ins Deutsche zu beobachten:

(62a)   [...] wir lebten [...] *an der grenze* des arbeiterviertels
        (U. Biran)

Bei der Wahl des deutschen Ausdrucks interferiert hier vermutlich die Bedeutung des entsprechenden hebräischen Wortes *gwul* 'Grenze', das in geographischer wie metaphorischer Hinsicht die Trennlinie zwischen zwei Gebieten angibt.

(62b)   [...] die ersten * samenkörner für die zionistische *verwirkli-*
        chung die also äh: * abends eingepflanzt wurden   (Steinbach)

---

[42] Vgl. auch Grosjean (1982: 302ff. und 311ff.).

Das Nomen *hagschama* stellte ein Schlüsselwort in der zionistischen Erziehung dar; es bedeutet wörtlich 'Verwirklichung' und letztlich auch 'Ausführung' oder persönliche Realisierung der zionistischen Idee (d.h. Emigration nach Palästina und Niederlassung dort).

d) Ungewöhnlicher Gebrauch deutscher Verben

Öfters kommen deutsche Verben vor, die falsch im Kontext stehen. Es handelt sich dabei um Lehnübersetzungen der in diesem Kontext benützten hebräischen Verben:

(63a) [...] die ist nach amerika weil sie * ihr mann konnte sich hier
       nicht *einordnen*   (Levy)
(63b) [...] sie haben nachher äh gut äh ** bauplätze bekommen und
       haben sich gut *eingeordnet*   (Levy)
(63c) [...] ich war in der hagana * und hab mich *rumgedreht* an allen
       an möglichen und unmöglichen plätzen   (Rudberg)
(63d) [...] und dort sollten wir auf ein schiff *aufsteigen*   (I. Naor)

In den Beispielen (63a und b) steht die Wurzel *s.d.r.* im Hintergrund, die die Basis für Verben und Nomina, die mit Ordnung zu tun haben, ist; im reflexiven Stamm *hitpa'el* wird sie im gesprochenen Hebräisch für 'zurechtkommen, sich einrichten' verwendet. Das hebräische Verb wurde wörtlich übersetzt und reflexiv verwendet. Beim Beispiel (63c) steht das reflexive Verb *histowew* im Hintergrund, das wörtlich 'sich umdrehen', im gesprochenen Hebräisch aber 'sich herumtreiben, verkehren, reisen' etc. heißt. Im Beispiel (63d) steht im Hintergrund das Verb *la'alot* 'herauf-, aufsteigen', das im Hebräischen in diesem Kontext das entsprechende Wort ist.

e) Wörtliche Übersetzung idiomatischer Ausdrücke

(64a) [...] den *offenen kopf* sozusagen!* das äh * das ist * *touch
       wood*   (Yahil)

Das Idiom 'offener Kopf' steht im Hebräischen für einen offenen oder lebendigen Geist.

(64b) [...] die hagana hat *mit lichtern* junge leute *gesucht*   (E. Roth-
       schild)

Hier wurde das hebräische Idiom *chipes benerot* wörtlich übersetzt: 'hat mit Kerzen gesucht'. Es entstand aus dem Brauch am Pessachvorabend, mit brennenden Kerzen alle Ecken des Hauses nach Resten des *chamez* abzusuchen.

f) Falsche Lehnübersetzung aufgrund der Polysemie im Hebräischen

Eine sichere Quelle für semantische Abweichungen von Lexemen in einer Sprache ist eine Polysemie in der anderen Sprache. Oft trifft der Sprecher die falsche Auswahl unter den möglichen Übersetzungsvarianten:

(65a) [...] *schluß* neununddreißig ** ist mit dem letzten schiff vor
       dem krieg gekommen   (Bartnitzki)

Hier liegt wohl eine Beeinflussung durch das hebräische Wort *sof* vor, das 'Schluß, Ende' bedeutet.

(65b) [...] aber sie sind nicht * gamisch! * na * elastisch genug
         (Levy)

Gamisch steht im Hebräischen für 'elastisch, flexibel'. Die Sprecherin verwendet erst eine Einfügung und sucht dann nach einer Übersetzung, findet aber nur die falsche Variante.

(65c) [...] und da konnte ich kein auto nehmen * der ** das * der
         erlaubnis ** licence ** führer ** ist auch gestohlen worden
         (Eflal)

Der Sprecher sucht nach dem deutschen Wort, greift die verfügbare Lehnübersetzung des hebräischen Begriffs *rischajon* auf, was auf hebräisch 'Erlaubnis, Lizenz' bedeutet und elliptisch für *rischajon mehiga* steht, führt dann das englische Wort an, um zuletzt den richtigen deutschen Terminus *Führerschein* zu treffen; allerdings ist er sich nicht sicher genug, sodaß er ihn nicht vervollständigt.

(65d) [...] wir durften nur zwei und zwei [zu zweit] auf die straße
         gehen   (Ch. Rothschild)

Hierbei handelt es sich um die Übersetzung des hebräischen Ausdrucks *schnajim schnajim.* Gemeint ist nicht 'in Zweierreihe', sondern daß sie nicht allein, sondern nur zu zweit auf die Straße gehen durften.

(65e) [...] der geist gottes schwebte über den wassern * the wind the
         wind of of elohim * of of god   (Gassmann)

Ru'ach bedeutet 'Geist' und auch 'Wind'. Der Sprecher verwendet zwar das richtige deutsche Wort, bei der Übersetzung ins Englische wählt er aber das falsche Wort: statt 'Geist' verwendet er 'Wind'.

6 Zusammenfassung

Da in den verschiedenen Arbeiten zum Thema unterschiedliche Definitionen und Terminologien zur Beschreibung der Sprachenmischung vorkamen, schlage ich hier vor, den Terminus Code-switching nur auf den Wechsel zwischen Sprachen bei syntaktischen Fugen anzuwenden, wenn auch mindestens ein konversationeller Zug in jeder der beiden Sprachen vorhanden ist. Bei Einfügungen handelt es sich um in die Matrixsprache entlehnte Elemente aus einer zweiten Sprache. Die Interferenz stellt eine Abweichung von der an der Oberfläche auftretenden Sprache dar, die unabsichtlich und meist unbewußt abläuft und von im Bewußtsein des bilingualen Sprechers aktiven Mustern der anderen Sprache hervorgerufen wird.

In unserer bilingualen und oft multilingualen Sprechergruppe, deren Deutsch fließend und kultiviert ist, und die theoretisch eine negative Einstellung zur Sprachenmischung hat, kommt letztere doch bei den meisten Sprechern vor, wenn auch nicht im gleichen Maße.

Einfügungen aus dem Hebräischen und dem Englischen waren häufiger als Interferenzen. Die Gründe für Einfügungen von L2-Elementen in die L1 sind oft Müdigkeit oder Lücken in der Kompetenz bzw. Fehlen von Wörtern, die erst in ihrem neuen Leben auftraten, oder Wörtern, die Sachen benennen, die erst nach ihrer Emigration in die deutsche Sprache kamen. Markierte Einfügungen sind häufiger als unmarkierte. Dies hängt hauptsächlich mit der Situation der Gespräche zusammen. Unmarkierte Einfügungen finden, wie auch andere Arbeiten auf diesem Gebiet nachgewiesen haben, in informellen *in-group*-Gesprächen statt. Die Situation in unseren Gesprächen war einerseits bei einem großen Teil nicht *in-group*, da die Interviewerinnen zum Teil von außen kamen, andererseits waren sich viele Interviewte bewußt, daß die Aufnahme (sprach-)wissenschaftlichen Zwecken dienen sollte, weshalb die Situation zumindest in einem gewissen Sinne von ihnen als eher formell empfunden wurde. Das dürften auch die Gründe sein, daß fast kein richtiges Code-switching stattfand. Viele Einfügungen werden bewußt markiert und können bzw. sollen somit als Signal der Zugehörigkeit zu der Gemeinschaft der israelischen "Jeckes" und der Absetzung von den "richtigen" bzw. heutigen Deutschen dienen.

Diese Gemeinschaft von Juden, die in den 30er Jahren nach Erez Israel (Palästina) einge-wandert sind, hat in den 50 bis 60 Jahren, in denen sie im hauptsächlich hebräischsprechenden Umfeld gelebt und sich eingelebt hat, eine spezielle Varietät des Deutschen ausgebildet, die ihrer *in-group*- und zum Teil auch *out-group*-Kommunikation dient.

Diese Varietät ist hauptsächlich durch Einfügungen charakterisiert, aber auch Lehnüberset-zungen und Morphem-Entlehnungen werden nicht als "fremd" empfunden. Obwohl die Mehr-zahl der zu beobachtenden Einfügungen Nomina waren, konnten in phonetischer, morphologi-scher, grammatischer oder syntaktischer Hinsicht keine Beschränkungsgesetzmäßigkeiten festgestellt werden. Die eingefügten Einheiten waren Lehnwörter, die hier in konventionalisierte und Ad-hoc-Lehnwörter unterteilt werden. Die Ad-hoc-Entlehnungen sind häufig das "erste verfügbare Wort" und Folge einer momentanen individuellen Verlegenheit. Konventionalisierte Entlehnungen sind ein Teil der Sprachvariante dieser Sprechergemeinschaft. Sie umfassen kulturspezifische und realitätsbezogene Entlehnungen. Letztere sind Wörter oder Ausdrücke, die im Zusammenhang mit dem neuen Leben und der neuen Umgebung stehen.

Die meisten der Einfügungen geschahen bewußt. Es wurden verschiedene Strategien zur Markierung der Einfügung angewendet: Parenthese, Verzögerungsphänomene, metalinguistische Kommentare etc. Andere Strategien wurden zur Sicherung der Kohärenz der Äußerung eingesetzt: Übersetzung, Paraphrasierung etc. Die einzigen Einheiten, die unbewußt eingefügt wurden, waren unbetonte Partikeln wie Konjunktionen oder Adverbien.

Interferenz kann auf allen Ebenen auftreten: Phonetik, Phonologie, Morphologie, Syntax, Semantik und selbst Prosodie. In unserem Corpus habe ich diejenigen Interferenzerscheinungen untersucht, die durch im Hintergrund aktive Modelle einer anderen Sprache verursacht wurden. Die Interferenzerscheinungen wurden bei der Genuskennzeichnung, bei Artikeln und Präpositionen gefunden. Lehnübersetzungen können desgleichen als Interferenzen klassifiziert werden, vor allem wenn sie unbewußt geschehen. Es handelt sich dabei um wörtliche Übersetzungen einzelner Wörter und Ausdrücke, neue Zusammensetzungen und falsche Lehnübersetzungen, die durch die Wahl der falschen Bedeutungskomponente einer Polysemie im Hebräischen entstanden sind.

So mag die Vielfalt der hier an einem speziellen Fall des Sprachkontakts gemachten Beobachtungen und Analysen auch allgemein zum Verständnis der kognitiven, linguistischen und psychologischen Prozesse beitragen, die beim Phänomen der Sprachenmischung aktiviert werden.[43]

7 Literatur

Betten, Anne (Hg.) (1995): Sprachbewahrung nach der Emigration – Das Deutsch der 20er Jahre in Israel. Teil I: Transkripte und Tondokumente. Unter Mitarbeit von Sigrid Graßl, Tübingen: Niemeyer (Phonai 42).

Betten, Anne/Du-nour, Miryam (Hgg.) (1995): Wir sind die Letzten. Fragt uns aus: Gespräche mit den Emigranten der dreißiger Jahre in Israel, Gerlingen: Bleicher.

Clyne, Michael (1972): Perspectives on Language Contact, Based on a Study of German in Australia, Melbourne: The Hawthorn Press.

— (1978): Some (German-English) language contact phenomena at the discourse level, in: J. Fishman (ed.): Advances in the Study of Societal Multilingualism, The Hague, Paris, New York: Mouton (Contributions to the Sociology of Language 9), pp.113-128.

— (1992): Linguistic and sociolinguistic aspects of language contact, maintenance and loss. Towards a multifacet theory, in: W. Fase/K. Jaspaert/S. Kroon (eds.): Maintenance and Loss of Minority Languages, Amsterdam: John Benjamins, pp.17-35.

Goebl, Hans et al. (Hgg.) (1996/1997): Kontaktlinguistik. Ein internationales Handbuch zeitgenössischer Forschung. 2 Halbbde., Berlin, New York: de Gruyter (Handbücher zur Sprach- und Kommunikationswissenschaft 12).

Grosjean, Francois (1982): Life with Two Languages: An Introduction to Bilingualism, Cambridge/ Mass., London: Harvard University Press.

Gumperz, John J. (1982a): Language and Social Identity, Cambridge: Cambridge University Press.

---

[43] Ich danke Dr. Peter Mauser für seine Hilfe bei der Übersetzung dieses Aufsatzes vom Englischen in Deutsche, Dr. Markus Haider für eine Vorauswahl der Beispiele aus dem Corpus und Prof. Dr. Hans Goebl für Literaturhinweise.

— (1982b): Conversational code switching, in: Gumperz, John J. (ed.): Discourse Strategies, Cambridge: Cambridge University Press, pp.59-99.

Haugen, Einar (1950): The analysis of linguistic borrowing, in: Language 26, pp.210-231. (Reprint in: Haugen 1972, pp.161-185).

— (1956): Bilingualism in the Americas: A Bibliography and Research Guide, Alabama: American Dialect Society.

— (1972): Studies by Einar Haugen, The Hague: Mouton.

Heller, Monica/Pfaff, Carol (1996): Code-switching, in: H. Goebl et al. (Hgg.): Kontaktlinguistik. 1. Halbbd., S.594-609.

Lehiste, Ilse (1988): Lectures on Language Contact, Cambridge/Mass.: MIT-Press.

Muysken, Pieter (1995): Code switching and grammatical theory, in: L. Milroy/P. Muysken (eds.): One Speaker, Two Languages. Cross-disciplinary Perspectives on Code-switching, Cambridge: Cambridge University Press, S.177-198.

Muysken, Pieter (1996): Syntax, in: H. Goebl et al. (Hgg.): Kontaktlinguistik. 1. Halbbd., S.117-123.

Myers-Scotton, Carol (1993): Common and uncommon ground: Social and structural factors in codeswitching, in: Language in Society 22, pp.475-503.

Poplack, Shana (1980): Sometimes I'll start a sentence in Spanish Y TERMO EN TERMINO EN ESPANOL. Towards a typology of code switching, in: Linguistics 18, pp.581-618.

Poplack, Shana/Sankoff, David (1988): Code-Switching, in: U. Ammon/N. Dittmar/K. Mattheier (Hgg.): Soziolinguistik. Ein internationales Handbuch zur Wissenschaft von Sprache und Gesellschaft. 2. Halbbd., Berlin, New York: de Gruyter (Handbücher zur Sprach- und Kommunikationswissenschaft 3.2.), S.1174-1180.

Romaine, Suzanne (1989): Bilingualism, Cambridge/Mass.: Basil Blackwell (Language in Society 13).

Roulet, Eddy (1986): Complétude interactive et mouvements discursifs, in: Stratégies interactives et interprétatives dans le discours. Actes du 3ème colloque de pragmatique de Genève (Cahiers de Linguistique Française 7), pp.189-206.

Siewert, Klaus (1996): *Olf, bes, kimmel, dollar, hei...* Handwörterbuch der Münsterschen Masematte, Münster, New York: Waxmann.

Sinclair, John M.H./Coulthard, Malcolm R. (1975): Towards an Analysis of Discourse, London: Oxford University Press.

Weinreich, Uriel (1953): Languages in Contact. Findings and Problems, New York (Publications of the Linguistic Circle of New York 1).

Gesamtregister zu Ph 42 und Ph 45

In das Register wurden ausschließlich die Namen der Interviewten aufgenommen. Dabei sind aus Ph 42 nur Transkript- und CD-Stellen verzeichnet; sie sind kursiv gesetzt. Es folgen (nach Gedankenstrich und recte) aus Ph 45 zunächst die Transkriptstellen, sodann (nach Strichpunkt) die Verweise auf Besprechungen in den Aufsätzen und zuletzt die CD-Stellen.